神社と古代民間祭祀

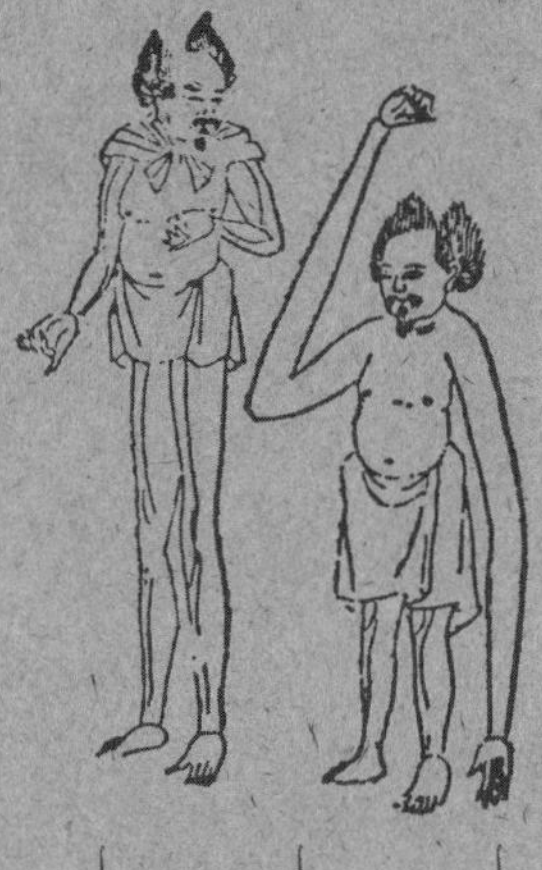

大和岩雄

白水社

目次

第一章　まつろわぬ神々

第二章　民間信仰と白神祭祀

第三章　怨霊・祟神・御霊信仰

第一章　まつろわぬ神々

アラハバキ神社――まつろわぬ神と非農耕民

アラハバキ神は、まつろわぬ土着の地主神が征服者に屈したものといわれているが、この神については、征服・被征服の視点だけでは論じきれない。

本居宣長・平田篤胤の「カミ」についての見解

本居宣長は、日本の「カミ」について、『古事記伝』（巻三）で次のように述べている。

さて凡て迦微《カミ》とは、古御典等《イニシヘノフミドモ》に見えたる天地の諸《モロモロ》の神たちを始めて、其《ソ》を祀れる社に坐ス御霊《ミタマ》をも申し、又人はさらにも云ハず、鳥獣木草のたぐひ海山など、其余何《ソノホカナニ》にまれ、尋常《ヨノツネ》ならずすぐれた徳のありて、可畏《カシコ》き物を迦微《カミ》とは云なり、〔すぐれたるとは、尊きこと善きこと、功《イサヲ》しきことなどの、優《スグ》れたるのみを云に非ず、悪《アシ》きもの奇《アヤ》しきものなども、よにすぐれて可畏《カシコ》きをば、神と云なり、（後略）〕抑迦微《ソモソモカミ》は、貴《タフト》きもあり賤《イヤシ》きもあり、強《ツヨ》きもあり弱《ヨワ》きもあり、善《ヨ》きもあり悪《アシ》きもありて、心の行《シワザ》もそのさま〴〵に随《シタガ》ひて、とり〴〵にしあれば、大かた一《ヒト》むきに定《キ》めて論《イ》ひがたき物になむありける。

この宣長の文章を、私が略した部分も含めて全文引用し、源了園は「日本における『神』観念の比較文化論的考察」、石田一良は「日本上代の神観念」を書いている。[1] このように、「神観念」に関する論考を書くとき、無視できないのが宣長の文章である。

ただし、「鳥獣木草のたぐひ海山など」の霊《タマ》を「カミ」とする宣長の神観念について、両氏は共に縄文時代のカミ観念とみる。そして、源了園は「平面的」と批判し、石田一良は日本文化の「重層性」を無視していると批判する。しかし、小林秀雄は、『本居宣長』で、源・石田の両氏が引用した部分を全文引用して論述し、この文章は「神といふ言葉が生きて使はれてゐた、その現場（神代のこと——引用者注）を、はっきり思い描いた上で」書いた文章だとみている。だから小林秀雄は、宣長の文章には「次のやうな含みがあると考へてい丶。神とは何かと問ふ諸君の眼には、御覧の通りの私の返答（前述の宣長の「カミ」についての文章——引用者注）は、定義としてまことに覚束無いものに映るだらうが、上代の人々の心に、第一、そのやうな問ひが浮んだ筈もない」とも書いている。(2)

　小林秀雄流の表現を私流に解せば、たとえ宣長のカミ観念が縄文時代的なものであったとしても、古代人がそのようにカミをみていたとしたら、それでいいではないかということであろう。宣長は、古代の「人は皆神なりし故に、神代とは云ふ」とも書いている。この視点が重要だと私は思う。

　三氏は引用していないが、宣長はこの文章のあとに、次のように書いている。

「然《シカ》るを、世人の外ッ国にいはゆる仏菩薩聖人などと、同じたぐひの物ごとと心得て、当然《シカルベ》き理と云ことを以て、神のうへをはかるは、いみじきひがことなり、悪《アシ》く邪《ヨコシマ》なる神は、何事も理にたがへるしわざのみ多く、又善き神ならむからに、其ほどにしたがひては、正しき理《コトワリ》のまゝにのみ之もあらぬ事あるべく、事にふれて怒《イカ》り坐る時などは、荒《アラ》びたまふ事あり、悪き神も、悦ばば心なごみて、物幸《サキ》はふること、絶《タエ》て無きにしもあらざるべし、又人は然《サ》はえ知《シ》らねども、そのしはざの、さしあたりては悪《ア》しと思はるゝ事も、まことには吉《ヨ》く、善しと思はるゝ事も、まことには凶《アシ》き理のあるなどもあるべし、凡て人の智《サトリ》は限《リ》ありて、まことの理はえしらぬものなれば、かにかくに神のうへは、みだりに測《ハカ》り論《イ》ふべきものにあらず」まして善《ヨ》きも悪《アシ》きも、いと尊《タフト》くすぐれたる神たちの御《ミ》うへに至りては、いとも〳〵妙《タヘ》に霊《アヤシ》く奇《クス》しくなむ坐《シ》ませば、さらに人の小《チヒサ》き智《サトリ》以て、其《ノ》理《コトハ》りなどちへのひとへも、測《ハカ》り知らるべきわざに非ず、（後略）

　このように書く宣長が、もし源・石田両氏の批判を読んだとしたら、「小き智」をもって「カミ」を論ずるものと言ったのではないだろうか。

　宣長は、未開のアニミズムを「カミ」といっているのではない。「小き智」からみれば一見そのように解せるが、このような「小さき智」（「仏・菩薩・聖人などと、同じたぐひの物ごとと心得て、当然《シカルベ》き理」をもって「カミ」を論じる知恵）で論じても、「カミ」は「測《ハカ》り知らるべきわざに非ず」といっているのである。だから、キリスト教の「ゴッド」や宗教学の神観念をもち出して、宣長の「カミ」はアニミズムから一歩も出ていないと批判しても、このような「神」観念で「神のうへをはかるは、いみじきひがごとなり」と、宣長にいわれるだけであろう。

宣長がいおうとしたのは、「カミ」は「悪《ア》しと思はるゝ事も、まことには吉《ヨ》く、善しと思はるゝ事も、まことには凶《アシ》き理のあるなどもあるべし」ということ、つまり、「カミ」は人智に測り知れないアンビヴァレント（両面的、両価的）な存在だということである。だから、「まことの理」を知らぬ有限な「人の智」「小き智」をもって、「妙《タヘ》に霊《アヤシ》く奇《クス》し」き「カミ」を「みだりに測《ハカ》り論《イ》ふべきものにあらず」なのである。

この宣長の「カミ」観念を具体例で示したのが、宣長の弟子の平田篤胤である。彼は『鬼神新論』で、「吉事《ヨゴト》凶事《マガゴト》互に往替る」と書き、悪神が善神である例として、次のように書く。

　大禍津《オホマガツ》日神《ヒノカミ》と称《マヲ》すは、亦名《マタノミナ》は八十《ヤソ》枉津《マガツ》日神《ヒノカミ》とも、大屋《オホヤ》毘《ビ》古神《コノカミ》とも称《マヲ》して、此は汚穢き事を悪《キラ》ひ給ふ御霊《ミタマ》の神なる因て、世に穢らはしき事ある時は、甚く怒り給ひ、荒び給ふ時は、直毘神《ナホビノカミ》の御力にも及ばざる事有りて、世に太《イミ》じき枉事《マガワザ》をも為し給ふ、甚建《イトタケ》き大神に坐《マ》せり。然れども又常には、大き御功徳《ミイサヲ》を為し給ひ、又の御名を瀬《セ》織津《オリツ》比《ヒ》咩神《メノカミ》とも申して、祓戸神《ハラヒドノカミ》におはし坐て、世の禍事罪穢を祓ひ幸《サキハ》へ給ふ、よき神に坐せり。穴かしこ。悪き神には坐《マシ》まさず。

このような見解については、次のような質問があるだろうと、篤胤は書く。

　然《サ》やうに善神も、或は禍事《マガコト》をなし、悪神も或は福を与へ給ふ事も有りといはじ、何れ善神、いづれ悪神と、別《ワケ》云ふべき証《アカシ》なく、甚《イト》混《マギ》らはしき事に非ずや。

そして、この問に答えて、

　此は我《ガ》翁（本居宣長のこと――引用者注）の云《イワ》く、凡て神と称《マヲ》す物は、仏家に謂ゆる仏、また儒家にいはゆる聖人、などとは異なるものに坐《マシ》ませば、正き善神とても、事に触て怒り給ふ時は、世《ノ》人を悩まし給ふ事もあり、邪なる悪神も、稀々《マレ〳〵》には善き所為も有るべし、とにかくに神の御事は、彼の仏菩薩聖賢など云ふ物の例を以ては云ふべからず、善神の御所為には、邪なる事は、つゆも有るまじき事ぞと、理をもて思ふは、儒仏の習気《ナラヒ》なり。

と述べている。本居宣長や平田篤胤にとっては、キリスト教やイスラム教の神と聖観念も、儒仏と同じであったろう。宣長や篤胤のいう「カミ」観念は、のちの国家神道に通ずる側面は別として、神統譜に入らぬ「カミ」や民衆の祀る「カミ」について論じるとき、無視することのできない視点である。アラハバキ神についても、この視点でみる必要がある。アラハバキ神の禍津神《マガツ》・荒ぶる神的性格を一面的にみると、この神の本質はみえてこないであろう。また、本書で述べる他の神々も、この視点を抜きにしては、本質がみえてこないと思う。

柳田国男は、『石神問答』に載る白鳥庫吉への手紙で、次のように書いている。(3)

柳田国男・中山太郎の「アラハバキ」についての見解

武蔵には荒脛《あらはばき》社と称する由来不明の小社数多く候処、西多摩郡小宮村大字養沢のアラハハキのみは門客人明神社と書くよしに候。西国にも客人と云ふ地名神名有之候。

また「雷神信仰の変遷」では、ミサキ神について、「ミサキは先鋒であり又使者である。或は門客人《かどまらうど》もしくは荒脛巾《あらはばき》、又荒エビスと称へたのも同じ神であった」と書く。(4)

「ミサキ」について、『石神問答』には、「辺境を守る神の義なり」「境の神なりと云ふは決して牽強に非ず」と書かれており、このような意味で、柳田国男はアラハバキをミサキ神と同じと解したのであろう。

柳田国男の書く養沢の荒脛《あらはばき》社は、『新編武蔵風土記稿』(巻一五〇)に拠ったものである。同書は、「門客人明神社」と書いて「アラハハキ」と読んでいる。祭神を豊石窓神《とよいわまど》・櫛《くし》石窓神の二神にしているが、『古事記』は、この二神は天石戸《いわと》別神の亦《また》の名で御《み》門《かど》の神だと書く。現在、小宮村は五日市町に編入され、荒脛社は養沢《ようたく》神社になっている。

中山太郎は「地主神考」で、

安芸の厳島神社は、祭神市杵島比売命となってゐるが、その地主神は、現時、門客神となってゐる、エビス神と信じてゐる。

原祀神である地主神が、後祀神から「客神」の名の下に、敬遠された事実は可なり多く存してゐる。前に言った日吉社の客神も、その一例であるが、武蔵大宮町の氷川神社摂社にも、門客人社と云ふがある。祭神は豊磐窓・櫛磐窓の両神となってゐるが、古くは荒脛巾《アラハバキ》神社と称したのを、神職が今の名に改め、足摩手摩の二神を配祀した（新編武蔵風土記稿巻一五三）。氷川神社は現今では、官幣大社に列せられ、祭神は日本武尊となってゐるが、これは、官僚神道の言ひであって、土俗神道からは、異説を挟むべき余地が存してゐるのである。（中略）

荒脛巾神に関しては、何故か奥羽に広く分布されてゐて、寡見に入ったとこでは、奥羽以外には、僅に、前掲の武蔵と甲斐の両国だけである。陸前国宮城郡多賀城大字市川の阿良波々岐明神は、俚俗の伝に一宮の末社だと云うてゐる。これに祈る者は、報賽として、脛巾を献するが、理由は不明である（原漢文意訳）。同国玉造郡一栗村大字下一栗の、荒鉏《アラハバキ》権現社は、創建及び祭神ともに不詳である（以上、封内風土記）。岩代国北会津郡湊村大字赤井の荒脛巾神社は、祭神金山比古命であるが、鎮座の年代は不明である（新編会津風土記巻二七）。甲斐国都留郡下和井村の百蔵山春日神社は、同村の氏神である。地蔵尊の立像アラハバキ二体（衣冠の形座像）背後に文明十五年の銘がある（甲斐国志巻七二）。

これ等の記事に徴するも、遂に荒脛巾神の正体は、明白にならぬ。

と書き(5)、次のような推測を付記している。

私は最初は、荒脛の名に縋って、然も此の神が奥羽に多いところから、例の「常陸風土記」や「上野国誌」などにある八束脛系の祭神ではあるまいかと、考へて見たが、それはどうも穏当で無いと考へ直して、他に手掛りを求めることゝした。その結果を――勿論、私の想像説ではあるが――言へば、原祀神たる地主神が、後祀神の為めに総てを奪はれ、漸く客神と云ふ名の下に、社伝の奥から門の方へ敬遠され、こゝに門客神と称へられるやうになったので、神職からは門に由縁のある豊櫛両磐窓神に付会され、土俗には客をキャクと訓むところから、脚を聯想さ

せ、遂に脛巾の名を負ふやうになったのではあるまいか、と考へて見た。併しこれは私の想像である。(5)

石上堅・谷川健一らの「アラハバキ」の見解

石上堅は、アラハバキ神を門《かど》神とみて、

客神《まらうどがみ》(歳神・祖先神)である主神に対しての眷属神(小神)で、本来は主神代行者なのだが、源はその地の地主神《じしゆじん》(開拓祖先神・地神・農耕神)であり(先鋒・使者)の資格にあたるものだ。門客人《カドマラウド》・荒脛巾《アラハバキ》・荒エビスともいわれ、随身門内の随身のように、武装の荒々しい御霊の神で、神と人間との中間にたつもので、多くは神の威力・霊力とを、人間に持ち伝えた神の子で、同時に巫祝の家の始祖であった者なのである。

と書き、柳田説に立って自説を述べ、「ハバキ」という理由については、

脛巾《はばき》をつけて旅を続けて来たゆえの称呼で、元は、遠来の「遠津神《とうつ》」のことで、この神がほんとうは、その土地草分けの地主神であったのだ(春日大社の廊に祀られる榎本神社など)。それが、あとから来た今来《いまき》の神に、その本殿を譲って、別殿の神となったのだ。遠津神という印象が、脛巾をはかせてしまったのであり、これがさらに、神門に安置される左右の武臣にまで変る原因でもあった。

と書く。(6)

谷川健一は、アラハバキの神とは、

一、もともと土地の精霊であり、地主神であったものが、後来の神にその地位をうばわれ、主客を転倒させられて客人神扱いを受けたものである。

二、もともとサエの神である。外来の邪霊を撃退するために置かれた門神である。

三、客人神としての性格と門神としての性格の合わさったものが門客人神である。主神となった後来の神のために、侵入する邪霊を撃退する役目をもつ神である。

と書き、東北のアラハバキ神社について、多賀城の阿良波々岐明神の位置が、「多賀城をかこむ築地の外にしかもその

築地の近くに置かれていること」は、「あきらかに外敵退散のために置かれたことを伝えている」とし、「外敵とは何か。陸奥の鎮守として創建された多賀城の役割は蝦夷を治めること以外には何もなかったはずである」と書く。また、荒鎺《あらはばき》神社（中山太郎は「荒鉏」と書くが、原本には「荒鎺」とある）の「鎺」は「鎺金《はばきかね》」といい、「刀や薙刀などの刀身の区際《まちぎわ》にはめて鍔《つば》の動きをとめ、刀身がぬけないようにする鞘口の形をした金具のことである。脛巾《はばき》をつけたような形からそういう。邪霊をうけとめて侵入させない役目をする意をあらわすのに、わざとむずかしい鎺の漢字をあてたと考えることができる」と書き、この神社が、かつての玉造郡玉造郷にあることから、「玉造柵をまもるための門神」とみる(7)（「柵」は蝦夷の反乱にそなえた砦《とりで》。多賀城も多賀柵という）。

阿倍臣比羅夫《ひらふ》は、斉明天皇五年（六五九）に津軽に遠征し、後方羊蹄《しりへし》に政所を置いたと『日本書紀』は書くが、谷川健一は、「そこは今の青森市の茶屋町から西南に入ったシリベシの林であり、その林には義経の片脛巾をまつる荒脚巻《あらはばき》明神がある。義経公の片脛巾をまつるというのは、もとより後世の付会である。とすれば、このアラハバキ神社は、後方羊蹄の政所の脇に置かれ、政所を外敵から守るためのものではなかったか、と類推することが可能である。多賀城にせよ、玉造柵にせよ、後方羊蹄の政庁にせよ、そこに侵入する邪霊を防ぐための神がアラハバキであった。このばあいの邪霊は抽象的で眼に見えない存在ではなく、明らかに蝦夷であった」と書き、「東北におけるアラハバキ神社の特異性」をみる。しかし、侵入する邪霊、つまり蝦夷を防ぐアラハバキ神は、「熟《にぎ》蝦夷をして荒《あら》蝦夷を防がせた」ように、「その神の実体は蝦夷の神であった」から、「異族である隼人に宮門を守らせ、犬吠えをさせるのとおなじ心理」で「蝦夷の神をもって外敵である蝦夷を撃退させようとした」と書き、アラハバキは「もともと名前をもたない蝦夷の神であったのが、やがて門客人神として体裁をととのえられ、大和朝廷の神社の中に摂社または末社として組み入れられていった」と結論する(8)。

吉野裕子は、箒（「ハハキ」から「ホウキ」に転じている）神の「ハハ」は蛇の古語で、「蛇木《ハハキ》」「竜樹《ハハキ》」だとし、「アラハバキ」は蛇神「荒波々木」の「ハハ」が落ち、「荒神」になったとみる。すべてを蛇神にしてしまう発想には同調できないが、ハハキとハバキの関連について述べている点には注目したい[9]。

『東日流外三郡誌《つがるそとさんぐうし》』の信憑性

アラハバキ神が「有名」になった一因に、『東日流外三郡誌』がある。この本が一般に知られたのは、青森県北津軽郡市浦村の『市浦村史』の資料編として、昭和五十年に出版されて以後である。『東日流外三郡誌』には、「荒吐《あらはき》神」「荒吐族」「日高見荒覇吐王国」の表記が、ひんぱんに出てくる。

佐治芳彦は『謎の東日流外三郡誌』（昭和五十五年）、近江雅和は『隠された古代——アラハバキ神の謎』（昭和六十年三月）、佐藤有文は『津軽古代王国の謎』（昭和六十年三月）で、やや見解のちがいはあるが、『東日流外三郡誌』の記述を前提に、アラハバキ（『東日流外三郡誌』では「アラハブキ」）の神を信仰していた荒吐族を、縄文時代までさかのぼらせて自説を述べている。

谷川健一は、『東日流外三郡誌』について、「明らかに偽書であり、世人をまどわす妄誕を、おそらく戦後になってから書きつづけたものである。たとえばその書物の編纂者は安倍一族の子孫の秋田孝季とその縁者の和田長三郎吉次であり、編纂のために、二人は寛政元年（一七八九）以来、三十三年の歳月をかけて、北は北海道から南は九州まで、日本諸国をめぐり歩いて史料蒐集につとめた。この二人は長崎においてバテレン（宣教師）トマスに師事して、西洋史学を学び、これをとり入れて、東北日本史を語るという、当時においては画期的な追究をもなしとげたという。これは和田長三郎の末裔と称する和田喜八郎氏が、その著『東日流蝦夷王国』の序文で述べた一節である。だが、禁教時代にキリスト教を布教する外国人が存在したなどということはおよそ多少の知識のある者は考えることは不可能である。また『東日流外三郡誌』上巻一四三ページに次の文章がある。『依て都人の智謀術数なる輩に従せざる者は蝦夷なるか。吾が一族の血肉は人の上に人を造らず人の下に人を造らず、平等相互の暮しを以て祖来の業とし……』元禄十年七月に秋田孝季が書いたとあるこの文章が、福沢諭吉の有名な言葉を下敷にしているのをみるとき唖然とするのである」と書き、「『東日流外三郡誌』の文章は拙劣である。また拙劣ながらも野趣をおびた近世文の趣きをもっているというものでもな

い。こうした書物は一顧にも値しない」と結論する。(10)

原文が和田家蔵の「外三郡誌」を取捨選択してまとめたという『東日流六郡誌』（昭和六十二年）の解説文（山上笙文執筆）にも、原書に「明治年間の新知識が追記」され、「さらには、昭和二十年代以降に追補されたと思われる記事もみられる」とある。この『六郡誌』の内容は、谷川健一が批判する『外三郡誌』にもそのままあてはまる。谷川説について、佐治芳彦は、『東日流外三郡誌の原風景』（昭和六十二年）で反論しているが、谷川健一がとりあげている具体的な事実については、なんら説得力のある反論をしていない。

たぶん、『外三郡誌』の最終編纂者は、先祖の書いた『外三郡誌』の紹介者になっている和田喜三郎だろう。現在の『外三郡誌』は、彼が編纂・追補した昭和二十年以降の書である。その点では、谷川健一がいうように「偽書」である。しかし、私が『古事記成立考』などで述べたように、『古事記』の最終編纂時期は成立時期より後代であるが、『古事記』の記述すべてが最終編纂時期の書下しだとはいえない。それは『外三郡誌』についてもいえるであろう（もちろん『古事記』と『外三郡誌』では質的に大きな差があり、同列に論じられないが、成立過程の共通性を推測していうのである）。原古事記が存在したように、原外三郡誌というべきものが存在したと私はみる。そのような立場から、ここでは、現存の『東日流外三郡誌』についての谷川健一の見解を認めたうえで、同書のアラハバキ関係の記述をとりあげることにする。

『外三郡誌』がアラハバキでなくアラハブキを強調する意味

竹内建は、アラハバ（ハ）キの表記として、荒吐・荒脛巾・荒脛・荒城・阿羅破婆枳・阿羅破比・藁覆・新井・荒波々岐・荒鋤・粗脛巾・荒巻・荒羽貴・荒羽々気・新城などをあげ(11)、近江雅和は、阿羅破婆枳・荒羽々気・荒波々幾・荒波々岐・荒羽吹・荒羽貴・荒吐・荒脛巾・麁脛縢・粗脛・荒鋤・藁覆をあげる。

竹内建は、アラハバキの「ハバ」が略されたのがアラキだとみて、荒城・新井・荒巻・新城の表記も含めているが、私はこの見解は採らない。

『東日流外三郡誌』は、「東日流荒波吹族之事」の項で、「あらはぶき族と曰す候は、荒吐《あらはき》また荒羽《あらは》吐《はき》とぞ後世に曰すも、荒波吹《あらはぶき》とぞ曰してまことに候」と書き、「ハバキ」でなく「ハブキ」にこだわっている。これは原外三郡誌の編者の主張で、現外三郡誌の実質的編者の和田喜三郎の主張ではなかろう。

和田喜三郎は、著書『東日流蝦夷王国』や、他の単行本の解説などでも、すべて「アラハバキ」といい、「アラハブキ」とは書かない。『東日流外三郡誌』について書く論者も、みな和田喜三郎にならって「ハバキ」と書く。和田喜三郎は、原編者のいう「ハブキ」は特殊だとして、一般的な「ハバキ」に改めているが、原編者の意向を尊重すれば「ハブキ」である。息を吐くの「吐」を用いて荒吐族・荒吐神と書く原編者が、特に「ハブキ」を主張するのは、「脛巾」でなく、タタラの「羽鞴《はぶき》」のイメージを、この神についてもっていたからであろう。

『日本書紀』（一書の二）の天石窟《いわや》の条に、鹿の皮で「天羽鞴《あまのはぶき》」を作ったとある。「ハブキ」は「フイゴ」のことである。『万葉集』（巻十九）に、「羽振《はぶ》き鳴く鴫《しぎ》」（四一四一）、「打ち羽振《はぶ》き　鶏は鳴くとも」（四二三三）とあるように、鳥の羽ばたきもまた「羽振《はぶき》」という。「フイゴ」を「ハブキ」というのも、鳥の羽ばたきと同様に風を起こすからである。

『外三郡誌』は、荒吐族は蝦夷ではなく、日向族に故地を奪われて東北に来た長髄彦の後裔と、朝鮮・中国東北地方から来た渡来人が混血した氏族だと書く。このような荒吐族について、原編者が特に「ハブキ」と書き、「吹く」にこだわっているのは、東北山地の採鉱・冶金関係氏族を荒吐族とみたてたためと考えられる。東北の採鉱・金属精錬技術は、畿内から移住した人々と、日本海ルートで渡来した人々の技術によることを、この伝承は暗示している。

十三湊の安東氏の経済力は、東北の農作物によるものでなく、採鉱・冶金関係氏族による金属資源と、中国東北地方および朝鮮との貿易による。このことは、黄金文化を築いた平泉の藤原三代についてもいえる。非農耕的生産物にかかわる人々によって、東北の権力者は支えられていた。原外三郡誌が、「アラハバキ」でなく「アラハブキ」を強調していることは、非農耕氏族・非水田稲作氏族の視点から、東北史・東北文化を見直すべきことを示唆してくれる。

中山太郎も引用する『新編会津風土記』（巻二七）の岩代国北会津郡湊村赤井（現在は会津若松市湊町赤井）の荒脛巾《あらはばき》神社の祭神は、採鉱・冶金にかかわる金山比古神である。この神社の西北二キロほどの地を金掘《かねほり》という。この地の石盛山について、『拾要抄』は、「昔は夥しく良金を産し、麓の渓流にも金砂ありしとぞ。坑を穿ちし処、蜂房の如し。蒲生秀行の時（慶長八年）より、忠郷の時（元和六年）まで、前後の貢額三百六十万五百両」とあり、金掘にかかわる人々が金山彦神を祀ったのが、赤井のアラハバキ神社である。

赤井のアラハバキ神社が金山彦神を祀るのに対し、陸前国玉造郡一栗村（宮城県玉造郡岩出山町）のアラハバキ神社について『封内風土記』は祭神不詳と書く。だが、「ハバキ」に「鎺」の字をあてていることからみて、この神社もまた金属（たぶん鉄）にかかわる人々が祀る神社であろう。

「ハブキ」は、採鉱・冶金・鍛冶氏族にかかわる用語だが、「ハバキ」も山人を示す用語で、どちらも平地の稲作農民にとって、「荒夷《あらえびす》」「異《まれ》（客）人《びと》」としては同じであった。

荒脛巾・七拳脛・長髄彦

採鉱・冶金にかかわる人々は山人である。アラハバキの表記でもっとも多く用いられる「脛巾」は、膝下から脛の部分を被うものをいい、男女とも、山働きや旅行に用いる。特にそれは、山道を歩くのに欠かすことができない。だから、「脛巾」の表記には山人のイメージがあるが、山に住む人というよりも、山づたいに歩く人（古代の道は尾根）、「漂泊する山人」のイメージが強い。採鉱地を求めて移動する人々こそ、「荒脛巾」にふさわしい。

「荒脛巾」は、山地を平地人よりも早く歩く駿足の人である。「七拳脛《ななつかはぎ》」「八束脛《やつかはぎ》」と呼ばれる人が古文献に登場するが、「七拳」「八束」は長さを示す表現で、脛の長い人をいう。熱田神宮には、ヤマトタケルの東征の時の従人七拳脛の子孫と称する神職がいるが、この七拳脛を、『熱田太神宮縁起』は「駿足をもって駈ける」人と書く。「七拳」「八束」という表現は、駿足の行動を足の形状で示したものである。久米部の祖を『古事記』は「七拳脛」と書くが、上田正昭らが論証しているように、(12)久米部は山人集団である。

「ハバキヌギ」という行事が東日本にある。旅に出た村人を村境まで迎えに出るのが「坂迎え」で、その後、旅人と共に飲食をして再び村の生活にもどす饗応を「脛巾脱ぎ」という。ハバキを脱ぐことが、再び村へ定着（帰着）することを意味するのである。この行事には「ハバキオヤ」をたてる。特に、よそ者が村に定住する場合、保証人の「ハバキオヤ」なしには村に定着・定住できない。渡世人（ヤクザ）がカタギになることを「足を洗う」というのは、「ハバキヌギ」と同じ意味である。平地人・定住者からみれば、「ハバキ人」は渡世人であり、異(夷)人であって、「まつろわぬ者」でもあった。

長髄彦《ながすねひこ》の「長髄」も、「七拳脛」「八束脛」と同じ意味である。神武東征軍の側からみれば、いずれも「まつろわぬ者たち」であった。宇陀の兄猾《えうかし》・弟猾《おとうかし》（神武東征伝承では、兄猾は討たれ、弟猾は服従したとある）のうち、弟猾は、『新撰姓氏録』（左京神別、竹田連条）では、「八束脛」と書かれている。このように、長髄彦・七拳脛・八束脛も「アラハバキ」である。しかし、「アラハバキ」のなかには、服属しないまつろわぬ者と、服属したまつろう者がいた。前者が長髄彦・兄猾であり、後者が久米部・弟猾である。『東日流外三郡誌』では、荒吐族は大和から逃げてきた長髄彦の末裔になっている。

『越後国風土記』逸文に載る八掬《やつか》脛は、「其の脛《はぎ》の長さ八掬《やつか》、力多く太《はなは》だ強し。是《こ》は土雲《つちくも》の後なり。其の属類《たぐひ》多し」と書かれている。土蜘蛛（土雲）がまつろわぬ者であることは、記・紀の神武天皇東征伝承に明らかである。葛城で神武軍に抵抗し討たれた土蜘蛛を、『日本書紀』は「赤銅《あかがね》の八十梟帥《やそたける》」と書く。「八十」は多いを示す形容詞だから、「ヤソタケル」は「多くの戦士」の意だが、この戦闘集団を「赤銅」というのは、彼らが採銅にかかわっていた葛城の山人であることを示している。「赤銅」の「ヤソタケル」たちも、荒羽吹、荒吐である。

「羽鞴《はぶき》」の「鞴」は「蹈鞴《たたら》」のことだが、「タタラ」は朝鮮語の「走る」の動詞닫다（tatt'a）である。「蹈鞴」と書くように、タタラには蹈《ふ》むの意もあるから、「脛巾《はばき》」という表記は、蹈鞴を蹈む足の強さとも重なっている。関東のアラハバキ神社にワラジなどが奉納され、足神《あしがみ》になっているのも、そのことと無関係ではなかろう。

地主神で客人神でもあるアラハバキ

中山太郎は、アラハバキを地主神とみて、地主神から客人神に変わったと推測するが(5)、石上堅(6)も谷川健一(7)も同じ見解である。たしかに、後世には門客人神的性格が強くなっているから、「地主」から「客人」へという相反する性格の神に逆転したようにみえるが、冒頭で述べた日本の「カミ」の性格からすれば、変わったのではなく、「カミ」の一面が強調された結果として「客人神」になったのであろう。門を守るとは、外来者（客人）から内を守ることだから、「門」には地主神的要素が含まれており、「門客人」には両面性がある。

ところが、このように解さず、『東日流外三郡誌』を重視してアラハバキを論じる諸氏は、権力の交替による神格の変質とみる考えを拡大してアラハバキを論じている。だが、権力の交替一辺倒では、アラハバキ神の本質はみえてこない。まつろわぬ神がまつろわぬ神を討つ話になっているのは、被征服者が新しく征服者の尖兵となったためだという解釈は否定しないが、「カミ」のもつ両面性も無視できない。アラハバキ神を、辺境に追いつめられた被征服者の祀る神とする視点だけでは、金山彦を祀るアラハバキ神社の存在や、『東日流外三郡誌』がアラハブキを主張し、「荒吐」「荒羽（波）吹」と表記する理由は解けない。

「マレビト」の漢字表記は「客人」もあるが、「異人」とも書く。アラハバキは異人としての非農耕民のイメージをもつが、荒脛巾・荒吐・荒羽吹という表記には、山地で採鉱・精錬にかかわる漂泊する人のイメージがある。これらの人々は、特に山人のなかでも、目一つで一本足の山人として異人・異族のイメージをもたれていた[13]。そのことは、「夷」の表記が示している。彼らは、まつろわぬ者としての「アラエビス」であった。この「エビス」が客人《まれびと》とみられてきたことは、エビス神社の項で述べる。

柳田国男は、門客人神と荒ハバキ・荒エビスを同じとみているが、大別すれば、ハバキは山、エビスは海にかかわる。エビスには、海から寄り来る客人《まれびと》神のイメージが強く、門神・随神のイメージは薄い。それに対し、ハバキが門神になっているのは、山人・狩猟民等に戦闘的要素が強かったからであろう。軍事集団の久米部も山人だが、彼らは顔に入墨をした異族であった（海人も入墨をしていた）。

関東の武蔵野台地は、草木の茂る平地で、関西の中央政権からみれば、脛巾がなくては歩けない異族たちの地であった。武蔵国造が最初に祀った氷川神社は、山深い奥多摩町（東京都）の奥氷川神社だといわれているが、本社の氷川神社が、門客人社として今もアラハバキ神を祀っているのは示唆的である。

アラハバキは、門客人神として矢大臣になっている例があるが、柳田国男は「一つ目小僧その他」の序で、「目一つ五郎考の中に、郷里のうぶすなの社殿の矢大臣が、片目は糸見たやうに細かったといふことを書いてしまふと、それからはどこの御宮に参拝しても、きまって門客人の木像に注意をせずにはゐられなくなる。その木像には年を取った赭ら顔の方の左の眼が、潰れてゐるのが多く、またさうでないのもある」と書いている。[13] 片目がつぶれているのは、門客人神が、常人でない姿をした異人《まれびと》であることを示している。門神にはなっていないが、客人神の西宮の夷《えびす》神が足萎《あしなえ》の蛭児《ひるこ》とされているのも、「マレビト」が常人と異なることを証している（蛭児は海に流され、「マレビト」のエビスとして海から依り来る）。

以上述べたように、アラハバキの山人的、非農耕（非水田稲作）民的性格を抜きにしては、アラハバキの実像は見えてこない。稲作農耕重視の常民民俗学の視点でなく、柳田国男が初期に注視した「非常民」の視点からみる必要がある。なお、アラハバキは禍・凶・枉・悪と書かれる「マガツ神」だが、マガツ神は「世の禍事罪穢を祓ひ幸《サキハ》へ給ふ、よき神」（平田篤胤『鬼神新論』）であり、その霊威は、異（客）人であることによって強力である。冒頭に述べた本居宣長の見解に照らして、この点も確認しておく必要がある。

注

（1）源了園「日本における『神』観念の比較文化論的考察」、石田一良「日本上代の神観念」。両論文とも、『神観念の比較文化論的研究』所収、昭和五十六年。
（2）小林秀雄『本居宣長』四六四頁、昭和五十二年。
（3）柳田国男「石神問答」『柳田国男集』第十二巻所収。
（4）柳田国男「雷神信仰の研究」『柳田国男集』第九巻所収。
（5）中山太郎「地主神考」『日本民俗学』第一巻所収、昭和五年。
（6）石上堅『日本民俗語辞典』一〇七三頁、昭和五十八年。

（7）谷川健一『白鳥伝説』三四三頁、昭和六十一年。
（8）谷川健一、注7前掲書、三四三―三四九頁。
（9）吉野裕子「箒神と荒神」『日本人の死生観』所収、昭和五十七年。
（10）谷川健一、注7前掲書、三四七―三四八頁。
（11）竹内健『津軽夷神異文抄』九一頁、昭和五十二年。
（12）上田正昭「戦闘歌舞の伝流――久米歌と久米舞と久米集団と」『日本古代国家論究』所収、昭和四十三年。
（13）柳田国男「一目小僧その他」『柳田国男集』第五巻所収、「妖怪談議」『柳田国男集』第六巻所収。

大甕《おおみか》神社——まつろわぬ星神と荒ぶる神

当社は、茨城県日立市久慈町大甕にあるが、かつては大甕山上に鎮座していた。『大甕倭文神宮縁起』によれば、甕星香々背男《みかぼしかがせお》がこの地の巨巌に拠っていたのを、倭文《しとり》神武葉《たけは》槌《づち》命が討ち、そのあと大甕山に留まったのを祭った。そして元禄八年十一月、徳川光圀が、甕星の荒魂を封じ込めた宿魂石に遷し、倭文部の裔孫に祀らせたのが、現在の神社であるという。

甕星香々背男と倭文氏

『大甕倭文神宮縁起』は、祭神武葉槌命に悪神香々背男を討てと命じたのは武甕槌命《たけみかづち》・経津主命《ふつぬし》だとするが、この『縁起』は『日本書紀』の国譲りの条にヒントを得て書かれたものである。

すなわち、経津主神と、この神に「配《そ》へて」遣わした武甕槌神の二神が、「諸《もろもろ》の順《まつろ》はぬ鬼神等《かみたち》を誅《つみな》ひて、果《つひ》に復命《かへりことまう》す」と記した『日本書紀』本文の注に、

一《ある》に云はく。二《ふたはしら》の神遂《つひ》に邪神《あしきかみ》及び草木石の類《たぐひ》を誅《つみな》ひて、皆已《みなすで》に平《む》けむ。其《そ》の不服《うべな》はぬ者は、唯《ただ》星の神香香背男のみ。故、加《また》倭文《しとり》神建葉槌命を遣せば服《うべな》ひぬ。故、二の神天に登るといふ。

とあり、一書の二に、

天神《あまつかみ》、経津主神・武甕槌神を遣して、葦原中国を平定《しづ》めしむ。時に二の神曰さく、「天《あめ》に悪《あ》しき神《かみ》有り。名を天津《あまつ》甕星《みかほし》と曰《い》ふ。亦《また》の名は天香香背男。請ふ、先《ま》づ此《こ》の神を誅《つみな》ひて、然して後に下りて葦原中国を撥《はら》はむ」。

とある。

この二つの伝承を整理すると、次のようになる。

	一書の二	本文注
悪しき神	天津甕星・亦の名天香香背男	星神香香背男
場　所	天（高天原）	地（葦原中国）
討った神	経津主神・武甕槌神	経津主・武甕槌の二神が遣わした倭文神建葉槌命
経　過	甕星を討ったあと、高天原から葦原中国へ降りる	星神を討ったあと経津主神・武甕槌神は葦原中国から高天原へ登る

『大甕倭文神宮縁起』は、一書の二と本文注を合わせて下敷きにしているが、右の比較からみても、本文注より一書の二のほうが合理的である。本文注は、倭文神建葉槌命を入れるために、一書の二に載る本来の伝承を地上の話とし、「天津甕星」という名や天香々背男の「天」を削り、経津主神・武甕槌神に建葉槌命を加えたのであろう。この改変は倭文氏の手によるものだろうが、なぜ、悪神香々背男の征討に建葉槌命を加えたのだろうか。

「倭文」の訓み方について、『日本書紀』は前記の本文注で、「倭文神、此をば斯《し》圖《と》梨《り》俄《が》未《み》と云ふ」と書くが、天武天皇十三年十二月二日条に載る「倭文連」が「倭文宿禰」になった賜姓記事では、「倭文、此をば之《し》頭《つ》於《お》利《り》と云ふ」と書く。「シツ（シヅ）」は日本古来の織物の一種で、梶・麻などの緯《よこいと》を青・赤などに染め、乱れ縞模様に織り出した布である。この「シツオリ」から「シドリ」「シヅリ」と呼ばれるようになったのである。

「倭文《しつおり》」に「倭　文《やまとのあや》」という漢字をあてるのは、渡来の織物より古い固有の織物だからである。この「倭文」が神事に使われたことは、『万葉集』に、「神の社《やしろ》に　照る鏡　倭文《しつ》に取り添え」（巻十七・四〇一一）、「倭文《しつ》幣《ぬさ》を　手に取り持ちて」（巻十三・三二八六、巻十九・四二三六）とあることからもわかる。「幣」は神に捧げる供物である。

倭文にかかわる氏族が倭文氏だが、『旧事本紀』の天神本紀には、「伊佐布魂命、倭文連等の祖」とある。また『新撰姓氏録』摂津国神別にも、「倭文連。角凝魂命男伊佐布魂命の後なり」とある。「伊佐布魂」の「イサフ」は「諌ふ、禁ふ」と書き、「とがめ戒める、責める、制止する」の意だから（中田祝夫・和田利政・北原保雄『古語大辞典』）、悪霊を「イサフ」には、伊佐布魂命を祖とする倭文神の登場が必要なのである。『延喜式』臨時祭式の羅城御贖《らじようのみあがい》（天皇が即位後に一度だけ行なう祓いのこと。羅城門の前で行なわれたので、この名がある）にも、「倭文八尺」とあり、倭文が祓いに使われている。『万葉集』には「倭文幣《しつぬさ》」とあるが、「御麻《みぬさ》」という用語があるように、幣は衣服の材料である。祓具としての御幣は、榊の枝に四手《しで》（垂）や麻苧《あさを》や木綿などをたらしたもので、神主はこの御幣を振って祓いを行なう。

西田長男は、「御幣の材料で、布帛を織り、衣服を縫い、この衣服を罪を犯した者、穢れた者が着ることによって、罪や穢れが衣服にすっかりくっついて祓い浄められると、考えられていた」と述べている[1]。このような布のもつ呪力を代表したものが「倭文」なのだから、悪神征討に建葉槌神が登場したのであろう。

倭文神建葉槌命を祭神とする倭文神社は、『延喜式』神名帳には、伊勢国鈴鹿郡、駿河国富士郡、伊豆国田方郡、甲斐国巨摩郡、近江国滋賀郡、上野国那波郡、常陸国久慈郡（静神社）、丹後国加佐郡・与謝郡、但馬国朝来郡、因幡国高草郡、伯耆国川村郡・久米郡など、各地にある。また『和名抄』の郷名「倭文」も、常陸国久慈郡、淡路国三原郡、美作国久米郡、因幡国高草郡にある。

このように各地に倭文神社（丹後・伯耆には二社ある）や倭文郷があるのに、卜部兼方（『釈日本紀』）、一条兼良（『日本書紀纂疏』）は、倭文神の建葉槌神を「常陸国に坐す」と書く。たぶん、『日本書紀』の一書の二と本文注の記事から、次のような三段論法の推論をしたためであろう。

一、倭文神建葉槌命は、経津主神・武甕槌神によって香々背男征討に遣わされている。

二、経津主神・武甕槌神は香取・鹿島の神で、常陸国久慈郡に倭文郷・倭文（静）神社がある。

三、よって、倭文神建葉槌命は常陸国の神である。

大甕神社の神の性格

星神香香背男を討った倭文神建葉槌命を常陸の神とした『釈日本紀』や『日本書紀纂疏』は、水戸光圀の命で『大日本史』を編纂していた史官たちも読んでいる。建葉槌命が常陸の神だとすれば、香々背男を祀る神社が常陸になければならない。『日本書紀』（一書の二）に、天津甕星の亦の名が天香々背男とあるから、「甕星」の「甕」のつく久慈郡の大甕山を、香々背男伝承地にしたてたのであろう。

『大甕倭文神宮縁起』では、甕星香々背男が変じた大甕山の巨石を武葉槌神が蹴ると、一つは神磯として今に伝わる「おんねさま」になり、あとの石は石神・石塚・石井に飛んだとある。石神・石塚は、『新編常陸国誌』や『常陸郡郷考』『大日本地名辞書・坂東』などの伝承にも出てくるが、「おんねさま」と石井のことは登場しない。石井は笠間市石井であり、「おんねさま」は、「御根磯」という、当社から三キロほどのところにある小島である。潮が満ちてくると見えなくなるので、港へ出入りする航路上の霊域として畏敬されている。「おんねさま（御根磯）」には、大甕山の怪石が飛んで生じたという伝承があるが、「おんねさま」について『水府志料』は、「大磯、長六間、横五間」と書き、次のような伝承を載せている。――神亀元年（七二四）春のころ、毎夜大磯（御根磯）あたりから一条の光が空高く上がり、海岸の山に照り輝いた。光は秋になっても続き、村人は恐れおののいた。九月十八日のこと、一人の童子が山に登り、「我はこの海上をつかさどる海神なり、我を祀れば、長く海上を守護し、海の幸を与えるであろう」と叫んで息が絶えたので、村人は山上に綿津見神を祀った。

このお告げによって創建されたのが津神社だが（『茨城県神社誌』）、津神社の祭礼（九月十八日）の神事は、大甕神社の神官が行なう。そのとき、「おんねさま」のみえる海岸で浜降り神事（この神事については大洗磯前神社・酒列磯前神社の項参照）があるが、大甕神社の神官がこの神事を行なうことからみても、津神社は大甕神社の浜宮的性格をもつ。この津神社の鳥居は「おんねさま（御根磯）」に向いており、津神社は「おんねさま」の浜祭場といえる。

現在の津神社の祭礼は「おどう」といい、童子の命日である九月十八日に行なわれるが、大甕山の巨石の一部が飛んでいったという伝承をもつ御根磯と、大甕神社の元鎮座地・現鎮座地は一直線上に並び、両鎮座地からみて御根磯は冬至日の出方位にあるから、「御根」とは、一陽来復の根所の意であろう。

津神社は、冬至の日、この根所から昇る朝日を拝する位置にある。冬至は太陽の死と再生の日で、カレンダーのない古代では、一年の境界の日であった。

ところが、大甕神社の現鎮座地から見た冬至日没方位にも、怪石が飛んでいったという石神の石神社（東海村大字石神外宿字中の堂）がある。その延長線は吾国山《わがくにさん》山頂に至るから、冬至の朝日は、御根磯の海上から出て、吾国山に落ちる。吾国山の吾国山神社の境内に、香々背男を祭神とする星宮神社があり、この山を越す道祖神峠は、笠間の石井から来る街道である。この冬至日没線上にある手子后《てごさき》神社（東茨城郡内原町田島）も、石名坂の怪石が五つの石に砕け、その一つを神体石にしたという伝承をもつ。

このように、大甕神社の石が飛んでいく方位は、「おんねさま（御根磯）」と当社を結ぶ冬至日の出・日没線上にあり、日祀り的性格をもつが、福島県原町市大甕（かつての大甕村）には、式内社の日祭《ひまつり》神社（大甕神社ともいう）がある。大甕神社と同じく海岸の近くの丘陵上にあり、交通の要衝にあたる。また、大甕神社から二一キロ余南の海岸にある大洗磯前神社には、大甕磯神社がある。大洗磯前神社・酒列磯前神社の項で詳述するが、この神社も、鳥居は冬至日の出方位に向き、「おんねさま」と似た磯があり、「大奈母知《おおなもち》少比古奈命《すくなひこなのみこと》」が石となって東海から現れたという伝承をもつ。

甕神信仰が海人にかかわることは、『神社と古代王権祭祀』の鹿島神宮の項で詳述したが（鹿島には「おんねさま」と同じ意味の甕島があり、この「ミカシマ」から「カシマ」になったという伝承がある）、本来の甕神は、海人たちが祀る神なのである。

天津甕星と武甕槌神

『播磨国風土記』託賀郡法太里甕坂の条に、

> 昔、丹波と播磨と、国を境ひし時、大甕を此の上に掘り埋めて、国の境と為しき。故に甕坂といふ。

とある。

大和の北の境（坂）は、ワニ坂（『古事記』は丸邇坂、『日本書紀』は和珥武鐰《たけすき》坂）というが、山城の埴安《はにやす》彦を討つため、この坂に忌瓮《いはひべ》を据えたと、『古事記』『日本書紀』は書く。また『古事記』の孝霊天皇条には、大吉備津日子命と若吉備津日子命が

針間《はりま》の氷河《ひかは》の前《さき》に忌瓮を居《す》ゑて、針間を道の口と為《し》て吉備国を言向《ことむ》け和《やは》したまひき

とある。吉備の「道の口」が針間（播磨）の氷河の「前《さき》」だが、前《さき》は坂《さか》（境）であり、「忌瓮」は甕のことである。

『筑後国風土記』逸文にも、「筑紫」の地名起源について、

昔、此の堺の上に麁猛神《あらぶる》あり。往来の人、半は生き、半は死にき。其の数極《いた》く多《さは》なりき。因《よ》りて人の命尽しの神といひき。時に、筑紫君、肥君等占へて、筑紫君らが祖甕依姫《みかよりひめ》を祝《はふり》と為して祭らしめき。それより以降、路行く人、神に害《そこな》はれず。ここをもちて、筑紫の神といふ。

とある。

甕の霊力によって堺の向こうの麁猛神《あらぶる》の「荒《あれ》」を「和《やわ》」らげるために、甕を斎《いはひ》（忌）瓮《べ》として堺（坂）に据えたのである。この甕の霊力が依るのが甕依姫である。

『万葉集』には、「……言の禁《いみ》も　なくありこそと　斎瓮を斎ひ掘りすゑ……」（巻十三・三二八四番）とあり、同じような歌が三二八八番にもある。これらの歌について、松村武雄は、「妖言の災を攘ひ除かうとしている」と書き、甕を境界に置くのは「外からの邪霊、災禍をして地界の内に入れまいといふ希求に基づく『阻止の祭儀』」であると述べている。(2)

天津甕星は高天原と葦原中国の境界にいるが、この甕星を『日本書紀』（一書の二）では経津主神と建甕槌神が討っている。鹿島神宮の祭神の武甕槌神の「甕」も「甕星」「大甕」の甕と同じである。荒ぶる神（天津甕星）を荒ぶる神（武甕槌神）が討ったのである。

中山信名は、当社の旧鎮座地大甕山の石名坂にかかわる伝承を、『新編常陸国誌』に、石塚村（いまの東茨城郡常北町石塚）の話として、次のようにのべている。

コヽニ小祠アリ、其傍ノ土中ニ石ノカケタルモノ大小数箇アリ、ホルニ随テ出ヅ、尽ルコトナシ、古老伝ヘテ云、太古ノ時、久慈郡石名坂ノ石長ジテヤマズ、マサニ天ニイタラントス、静明神コレヲ悪ミテ、金履ヲ以テ蹴折ル、

其石三段トナル、一ハ石名坂ニアリ、一ハ石神村ニアリ（前ニ所謂久慈郡ノ石神ナリ）、一ハ即コレナリ。

石名坂の石については、『常陸郡郷考』も「昔久慈郡石奈坂に怪石あり。漸長大にして天を凌ぐ」と書き、同じ伝承を記している。この石名坂の伝承は、天にとどくまで石が大きくなる怪石を、静明神（倭文神）が金の履物で蹴折ったとしているが、倭文神（静明神）が登場することからみて、この伝承が、『大甕倭文神宮縁起』の、甕星香々背男が巨巌に拠っていたという伝承になったのであろう。なお、現在の大甕神社本殿も宿魂石という巨岩の上にある。

これらの石が飛んだ場所は、すべて古くからの交通の要所にある。石塚（常北町石塚）は、現在も国道一二三号線と常陸太田市と笠間市を結ぶ道路の交点にあり、那珂川に面して水路の便もある。石井（笠間市石井）も国道五〇号と三五五号の交点にあり、栃木県益子町に向かう街道の基点になっている。また涸《ひ》川が流れている石神（東海村石神外宿）も、奥州浜街道（国道六号）と久慈川河口の交点で、海・川・陸の要所である。そして、石名坂も同じである。そのことは、「大甕倭文《しづ》神社のしおり」に次のように書かれている。

当地は阿武隈山系の最南端に位置し、東は渺茫たる太平洋に臨み久慈川の河口を天然の良港とした久慈浜の後背地として古くから開かれ、南高野の貝塚、甕の原古墳群など歴史的な遺跡が数多く残っております。また此から海岸道が開かれ、古代における交通の起点として、奥州へ通ずる街道の要衝を占めておりました。

明和八年（一七七一）奥州岩瀬郡須賀川村の泉屋忠兵衛による「従是、泉川道」という泉川道標（日立市指定有形文化財）が立っているのも、そのことを示している。大甕神社は、このような場所にあるから他の石神の原点になり、海岸の近くにあるから大甕の祭祀も行なわれ、鎮座地が大甕山と呼ばれたのであろう（大甕祭祀については大洗磯前神社・酒列磯前神社の項参照）。石名坂は、『新編常陸国誌』に「坂上ヨリ坂下ニ至ル二三里、路甚ダ嶮狭、僅カニ両馬ヲ容ル。所謂一夫険ヲ守ラバ、万夫過グル能ハザルノ地也」と書くような坂である。この坂を防げば、奥州へ陸路では行けない。北畠顕家の率いる奥州の軍勢と太田の佐竹貞義が戦ったのも、この地である。奥州へ向かう浜通りの境の神として、当社は坂上に鎮座していたのである。

『日本書紀』が、天孫降臨のとき、まず経津主神と武甕槌神に、高天原と葦原中国の境に居る天津甕星を討たせているのは、この神を誅さなければ葦原中国へ下りることができなかったからである。天津甕星は、天孫降臨のときに高天原と葦原中国の境界を塞いでいた猿田彦神と同じ境界神である。猿田彦が天孫ニニギを案内しているのは、星神が航海の道案内の神であることと重なる（そのことについては住吉大社の項で詳述する）。道中を妨害する神が道案内の神なのは、境界性が両面性と同義だからである。

天津甕星（星神香々背男）は、『日本書紀』の一書の二では、天（高天原）と地（葦原中国）の境界神・塞の神と同じイメージの神として、交通を塞る「悪しき神」になっている。だが本文の注では、この神は地上で最後まで「不服《うべな》はぬ者」として抵抗している。「不服はぬ者」が、「不服はぬ者」「まつろわぬ者」を討つ神になっているのは、アラハバキ神と同じである。

天津甕星はまつろわぬ神の代表になっており、武甕槌神はまつろわぬ神を討つ代表になっているが、これは甕神の両面性・境界性を二つに分けたもので、本来は一体のものである。

注

（1）　西田長男『神々の原影』八七頁、昭和五十九年。
（2）　松村武雄「地堺に於ける宗教文化」『民俗学論考』昭和五年。

ミシャグチ神社——縄文時代以来の「カミ」と諏訪信仰

この神は、室町時代の古い文献に御左口神《みさくちかみ》・御作神《みさくかみ》として登場し、御社宮司神《みしゃぐじかみ》とも書かれている。現在は御社宮司神の表記がもっとも多いので「ミシャグジ」と訓まれるが、古い文献では「サクチ」「サク」だから（「ミ」は敬称）、「サク」が「サグ」「シャグ」、「チ」が「ヂ」、さらに「ジ」になったのであろう。「サクチ」が原義で、「サク(作)」の「チ(霊)」の意と考えられる（理由は後述）。しかし、「サ」よりも「シャ」という例が多いから、本稿では「ミシャグチ」と書く。

「ミシャグチ」とは何か

『諏訪旧跡志』は、

御左口《ミサクチ》神、此神諸国に祭れど神体しるべからず。或三宮神、或社宮司、或社子司など書くを見れど名義詳ならざるゆゑに書も一定せず。或説曰、此神は以前《ムカシ》村々検地縄入の時、先づ其詞を斎ひ縄を備へ置て、しばしありて其処より其縄を用《モ》て打始て服収《マツロヒ》むとぞ。おほかたは其村々の鎮守大社の戌亥にあるべし。此は即石神也。これを呉音に石《シヤク》神《ジン》と唱へしより、音はおなじかれど書様は乱れしなり。

と書く。

石神説は、柳田国男の『石神問答』で山中笑も述べているが、[1] 石を祀らない御左口神もあり、石を祀っても御左口神といわない例があるから、柳田国男は石神説に反対して、「駿河志料に志太郡上青島の左宮司社、里人はサゴジ・サクジ又はシャクジと称す。前代に田畠検地の時祭れる祠なりといひ、或は又尺杖を埋め祭るともいふとある。同国三保の村にも三保神社の摂社として、佐久神を里中の森に祀って居る。安倍郡誌に依れば、今日は杓文字《しゃもじ》神社と称へ、竿神の訛なるべしといふ説がある。往古此村開拓の時、其測量に使用した間竿を祀ったものと伝へて居る」と書き、「諏訪は御《み》左《さ》口神《くちかみ》の信仰の最も早く顕はれて居る土地であるが、爰にも略々右に近い伝説を止めて居る」と書いて、前述の『諏訪旧跡志』の検地縄入りの条だけを引用し、「検地丈量の伝説が斯くの如く一致して居るのは、或は境の神として祀って居た為では無いか」と書き、シャクジを尺神とみて、「石神でないことだけは今日では疑ひが無い」と書く。(2)

『諏訪旧跡志』は、柳田国男の引用する文章の後に、「此は即石神也」と書いているが、自説に都合が悪いから、柳田国男はそこを省いている。『諏訪旧跡志』の著者が「此は即石神也」としたのは、境の神に石神が多いからである。『諏訪旧跡志』の引用例だけでみれば、石神とみた方がいい。

しかし、長野県には今井野菊の調査によれば(3)御左口神は六七五社あるが、「石神《しやくじん》」表記は三例しかなく、御左口信仰の中心である諏訪(一〇九社)には皆無である。だから、後世になって御左口神を石神として祀ったとしても(長野県以外の県に多い)、本来の御左口神は、単純に石神とはいえない。

柳田国男は、『石神問答』の再刊の序では、「信州諏訪社の御左口神のことが少しづつ判って来て、是は木の神であったことが先づ明かになり、もう此部分だけは決定したと言ひ得る」と書いている。(1)

藤森栄一によれば、御左口神の祠には「御左口の木」という古木が多くあり、高島藩の「一村一限地図」にも、諏訪の各所に御左口という名の独立樹があるという(4)(藤森栄一は諏訪の人)。柳田国男も、そのような諏訪の諸例から、「木の神」に「決定」したのだろう。しかし、長野県を中心に、関東・東海地方の「御左口神」を実地踏査した今井野菊は、御左口神の祀られている所に古樹はあるが、その木の根元に祠があり、御神体として石棒が納められているのが典型的な御左口神のあり方だと、述べている。(5)

藤森栄一も、御左口神の「神体は石棒や石皿・石臼であるばあいが多い。新しく作りだされたリアルな、一見男根状のものもまれにはあるが、立石状自然石や、明瞭な石器時代の石棒頭がもっとも多い。その石棒も、縄文後期以降に多い、石剣や石刀や、磨かれた緑泥片岩の小型石棒は少なく、中期縄文に多い安山岩敲製《たくせい》の雄大な石棒である」と書いている[6]。

このように、ミシャグチ神は石にもかかわっているから、「木の神」と「決定」するわけにはいかない。しかし、石といっても多くは石棒や石皿・石臼で、男女の性器を意味しており、加工した石、それも縄文時代の古い加工石だから、自然の石を多く神体とする石神と、石棒や石皿・石臼など加工石を神体とする御左口神を、単純に一緒にすることはできない（ただし、これは諏訪の場合で、他県には自然石をミシャグチという例がある）。

また、御左口神は、石や木だけでなく、いろいろのものに憑《つ》く。人にも憑くのだから、石神説や柳田説には同調できない。

宮地直一の『諏訪史（第二巻）』は、前・後編を含めて諏訪大社の研究だが、そこに載る上・下社の祭事一一九例のうち、下社の四四の祭事に御左口神は登場しない。御左口神が登場するのは、上社の正月一日の御占神事、二月晦日《みそか》の荒玉社神事、三月丑日の前宮神事、十二月二十二日からの冬季祭（二十二日の一ノ御祭、二十四日の大忌祭、二十五日の大夜明祭）だけである。

正月一日の御占神事では、神長が御左口神を勧請し、御占でその年の頭屋郷（諏訪大社に奉仕する三県《あがた》の郷）と神使をきめる。『守矢神長官古事』に、「古は御頭に長たる人あり、此御社宮神也」とある。御占できまった頭屋郷の長が「御頭に長たる人」であり、「神主」ともいう。「神主」というのは、ミシャグチが憑いた人だからである。神主となるために、頭屋の長は「御頭屋」に籠る必要があった。神長は、御頭屋のそばの木に「御左口付申《みしやぐちおろし》」をし、そのミシャグチを御頭屋に勧請して頭屋の長に憑ける。「付申」という表記には、神を木に下《おろ》すこと、人や石棒に付《つ》けることの、二つの意味がある。

神使に対しては、精進屋で神長によって「御左口付申」が行なわれる。その結果ミシャグチ神になった神使が参加して、二月晦日の荒玉社神事が行なわれる。

荒玉社の神事では神使がミシャグチになっているが、三月丑日の前宮《まえみや》の神事のミシャグチは、笹に憑いたミシャグチである。十二月二十二日の冬季祭に、御室《みむろ》（「穴巣」ともいう）の中へ笹についた御左口神（「笹の御正体」という）を入れる。このミシャグチが三月丑日まで御室に籠り、同日、前宮に入るのである。

　ミシャグチ神は、正月一日と二月晦日の神事では人に憑き、三月丑日と十二月二十二日の神事では笹に憑いている。このようにミシャグチ神は、人や物に憑くスピリット（精霊）である（宮地直一も「土地に即した原始神の一種」としての「精霊」とみる[7]）。

「ミシャグチ」は「御作《みさく》（咲）霊《ち》」

「大殿祭祝詞」に「久久遅命是木霊也」とある。「久久《くく》」は木、「遅《ぢ》」は霊である。『日本書紀』は「木の祖句句廼馳《くくのち》」と書き、『古事記』は「木の神、その名久久能智《くくのち》」と書く。倉野憲司は、「チ（ヂ）」は「ヲロチ・ミヅチ・ノッチなどのチと同じく霊力あるものの尊称」と書き[8]、西郷信綱は、「イカヅチ、ヲロチなどのチと同じで一種の霊格をさす」と書き[9]、西宮一民も、「精霊の意で、『をろち』（大蛇）や『いかづち』（雷）の『ち』と同じ」と書くが[10]、このように、チ（ヂ）は霊・魂・スピリットを意味する。

「ミ」は敬称だから、シャグ霊《チ》、サク霊《チ》ということになるが、文献上のもっとも古い用例は「御作神」である。このことから、北村皆雄は、「御作神（その後は御左口神・御社宮神）の字があてられているのは、土地の開拓と結びつけられた残影を留めているのであろうか」と書き、「〈サク〉・〈シャク〉について、地面を掘ること、鑿《さく》る意味の〈さくる〉〈しゃくる〉から解釈する今井野菊さんの意見もある。〈畑をさくる〉〈畑をしゃくる〉などと、今でも生きている言葉である。昔、大きな沼であったのを開いて田にした神が〈シャグジ〉であるという、長野・上松の〈ミシャグジ〉由来伝もあるという。岡谷市在住の郷土史家小口伊乙氏によると、土地を開くことを古人は〈さく〉といったといい、〈ミシャグジ〉の所在地は、田んぼと山裾の接触地で水田に接していることに注目している」と書いている[11]。

　土地を開くのを「サク（作）」というのは、新しく開拓することだけではない。「サクル」「シャクル」という言葉は、すでに開拓された土地を耕し、穀物・植物を作る意味がある。花が開くことを「サク（咲）」というが、「作」「咲」は、サカエ（栄）、サカリ（盛）と同根で、内に秘められた生命力が外に表出した状態（開く）である。

室町時代の文献で御作神・御左口神と漢字を宛てられた「サクチ」「シャグチ」は、開くという意味をもったスピリットと推測されるが、「畑をさくる(しゃくる)」というのは、地下にとじこめられていた生命力を、掘りおこすことで外へ表出させる行動である。

吉田敦彦は、天岩屋の前で天鈿女命が上と下の口を開いて踊ったことを、「開かせる呪法」とみて、八百万の神を笑わせ（口を開かせ）、その笑いで、岩屋に籠っていた天照大神の心を開かせ、天岩屋戸を開かせたとみる（『古事記』には「八百万の神共《とも》に咲《わら》ひき」とある）。また、天孫降臨の時、高天原から葦原中国へ行く境界を塞《ふさ》ぐ猿田彦神に女陰を見せて道を開かせたのも、もの言わぬ海鼠《なまこ》の口を小刀で裂いて口を開かせたのも、開かせる呪法とみる(12)。

開くことが、作《さく》・咲《さく》である。そのような霊力を「シャグチ」「サクチ」というのだから、「ミシャグチ」は「御作《みさく》(咲)霊《ち》」の意と推測できる。

「サ(シャ)ク」の語義

口を開かせるために海鼠の口を小刀で裂いたという『古事記』の話も、「裂《さ》く」話である。「裂く」とは二つに分かれることだが、「開く」もまた分かれることである。別《わけ》・若《わか》は同根の言葉だが、生命力の表出としての「サク」の結果が「ワケ・ワカ」である。ホムチワケ（垂仁天皇皇子）・ホムタワケ（応神天皇）の「ワケ」も、日の御子としての「ワカ」の意であり、「アラタマ」としての御左口神が諏訪神（建御名方命）の御子神とみられているのと重なっている。

『神長官守矢満実書留』の寛正五年（一四六四）の条に、「御左口神と申も（中略）当社之王子御一体」とあり、永禄八年（一五六二）の武田信玄の下知状には、御左口神は「王子胎内ノ表躰ナリ」とあるが、『守屋神長古書』には、「当社にて御社宮神というは皆御子孫の事言う也」とあるから、「王子」は諏訪神の御子神の意である。

生命力の表出は、内に籠っていることが前提になる。「サク(シャク)ル」とは、地中に籠っている土地の生命力を表出させることだが、ツボミに籠った生命力の表出が「花咲く」である。神使（幼童）が精進屋に三十日弱のあいだ籠ることを、王子（御左口神）が胎内に籠る意とみるのも（武田信玄下知状）、御左口神の性格を示している。女陰が開く、つまり咲くことは、胎内の子の誕生である。「作《さく》」であり、「裂《さく》」である。

中山太郎によれば、沖縄本島で噛み酒を「ミシャグ」、宮古島では「ウム、サク」といい、『おもろさうし』には「ウム（ミ）、シャグ」と記されているという[13]。また、『豊受太神宮年中行事今式』（巻五）には、酒を「サクチ」というとある。「サクチ」は「シャグチ」でもあり、御左口神と同じである。なぜ、酒がそのように呼ばれるのか。理由は、酒の酔いが、体の中にねむっていた生命力を表出させると、古代人はみたからであろう。「ウム（ミ）、サク（シャグ）」が、そのことを示している。

柳田国男は、サカ・サキ・サク・サケは同義で、「限境の義」とみているが[1]、この「限境」は、異界と接する空間上の両義性をもつ場所である。このような坂・崎・裂・避に対し、作・咲・酒は異質なものに転換する行為であって、空間に対して時間上の両義性を示しており、空間・時間のちがいはあっても同じである。

大酒神社が大避神社・大裂神社と書かれているのも（大酒神社・大避神社の項参照）、「酒」「避」という一見異質のイメージに同じ意味があるからである。それは「サキタマ」の「サキ」に「先」「前」「幸」をあてることからもいえる。幸福は、普通の状態（時間的・空間的な）よりも一歩先に行くか、前に居るかしなくては得られないのだから、「先」「前」と共通している。だから、サカ・サキ・サク・サケは、柳田国男のいう空間的意味だけでなく、時間的意味も含めて解すべきであろう。

サカ・サキ・サク・サケが空間・時間の両方の意味で同義だとしても、サカには境界、サキには境界およびそれを破るイメージ、サク・サケには開くイメージがある。特に、サクの開くイメージには、出生・生産の意味も含まれているから、シャグチ・サクチは「作（咲）霊」の意と考えられる。

荒（新）魂としてのミシャグチ

今井野菊の調査によれば、御左口社の祭神は、猿田彦神が一番多く、他に天鈿女命・保食神《うけもち》・お産神《さん》・産土神《うぶすな》・疫除神《やくよけ》・諏訪明神御子神などが多いという[14]。このような祭神と「作《サク》（咲）霊《チ》」は矛盾しない。

猿田彦神は、道祖神・境界神・塞の神である。御左口神の名にはサカ・サキの意味もあるのだから、先導神でもある猿田彦をミシャグチ社が祭神とするのは当然である。関東や東海の御左口神に石神《しゃくじん》が多いのは、道祖神として祀っていた石神が、諏訪信仰の影響で御左口神になったためだろう。しかし、前述したように、諏訪にもっとも近い山梨県では、石神を御左口神とする例はすくない。これは御左口神が本来作神であって、単なる道祖神・塞の神ではなかったためである（そのことは後述）。また、ミシャグチ社の祭神が天鈿女《あめのうずめ》になっているのは、猿田彦の妻だからであるが、開き開かせる霊力をもつ神だからでもあろう。これらの神は「サキタマ」「アラタマ」である。

御左口神が保食神・お産神とされたのは、作（咲）霊に出生・生産・生育の意味があるからである。産宮神《みさぐち》・産護神《さごち》という表記もそのことを示しているが、荒魂《あら》は新魂《あら》・現魂《あら》とも書き、生魂《いく》・前魂《さき》とアラ魂は同義である。御左口神が疫除神・諏訪明神御子神とされるのも、アラ（荒・新）タマだからだが、荒魂・生魂に対するのが和魂《にぎだま》・足魂《たりたま》である。諏訪明神の御子神の御左口神は、荒魂・生魂であるゆえに荒魂（玉）社と前宮の祭神であり、これに対して、本宮の諏訪明神の建御名方神は和魂・足魂とみられたのである。

建御名方命という神名は、諏訪の神を官社として中央での地位を高めるために作られたもので、そのような工作を行なったのは信濃国造の金刺氏《かなさし》である（くわしくは『神社と古代王権祭祀』の諏訪大社の項参照）。だから、金刺氏が大祝になっている下社では、御左口神の祭祀はない。

神の示現の直前・直後の状態が荒魂・生魂であり、示現した後は和魂・足魂になる。神はこの二面性をもつ。諏訪神と縁の深い神社に生島足島神社（長野県上田市下之郷）があるが、「生島足島」は、生魂・足魂の「魂」が「島」になった神名である。『延喜式』神名帳の摂津国東生郡に難波坐生国咲国魂神社が載る（通称「生国魂神社」）。生国の「生」は生魂・生島の「生」で、咲国の咲は和魂・足島の「和・足」にあたる。「咲」はシャグヂ・サクチの「シャグ・サク」である。

「生島足島」「生国咲国」と書かれるように、荒（新・生）魂と和（足・咲）魂は対で、本居宣長のいう神の性格を示している。精進屋・頭屋・御室に籠っている御左口神は、アラタマ・アレタマ・サキタマであり、籠りから出た御左口神は、ニギタマ・タリタマ・サクタマになる。荒と和、生と足、前と咲は対応する。この両義性をもった御左口神が、建御名方神の導入によって、建御名方神の御子神として荒・前のイメージに限定され、荒玉社や前宮にかかわる神になったのであろう。

建御名方神と守屋神の闘争伝承は、守屋神長の土着信仰（御左口神信仰）を信濃国造が掌握しようとする争いの反映であり、祭政を握った信濃国造金刺氏は、御左口神の「御正躰」の神使（幼童）に対して、建御名方神の「御正躰」の大祝（幼童）を新設した。大祝が新設の職であることは、上社祭祀の神長守屋氏が、建御名方神でなく御左口神を「付《つ》申《け》」ていることからも証される。御左口神の総社（御頭《おんとうみ》御社宮司《しゃぐじ》社）が守屋氏の神長屋敷にあるのは、中央にまで有名になった諏訪大社の祭神（建御名方神）に対して、守屋氏が本来の神を守りぬいた結果であり、暗黙の自己表現である。

ミシャグチ神とソソウ神

ミシャグチ神だけでなく、縄文時代以来、諏訪人が信仰した神にソソウ神（蛇神）がある。

前述のように、十二月二十二日の冬季祭の一の御祭には、御室（地面に大きな竪穴を掘り屋根で覆った穴倉）に笹の御左口神を入れる。この神を「第一の御正躰《ごしょうたい》（または「御躰」）」という。翌日、「第二の御正躰（御躰）」として入れるのが、ソソウ神である。「小正躰」「カヤの御正躰」ともいうのは、茅で作った小蛇だからである。

『画詞』（神長本）には、二十三日に入れた小蛇の「カヤノ御正躰」について、

かやの正躰入畢《いれおわり》、昔も今もいひきをかき賜《たまふ》、霊神厳重なり。

とある。いびきをかくとは、冬眠する蛇からの連想である。

二十四日には、御室の萩で組んだ「萩組の座」に、二十二日に入れた一の正躰（ミシャグチ神）を左から、二の正躰（ソソウ神）を右から入れる。座といっても、『諏訪神社旧記』には「入る」とあるから、斎屋としてのなんらかの囲いがあったと考えられる。この日の神事を「大巳祭《おおみのまつり》」という。大巳祭では、茅で作った「小正躰」の小蛇を麻と紙で飾り、ソソウ神が諏訪湖から神原の御室へ至る道順を述べる「申立《もうしたて》」を行なう。ソソウ神は、諏訪湖から来て帰る蛇神である。

ただ、ソソウ神は「第二の正躰」であって、「第一の正躰」は御左口神である。その点で、御室神事は単なる蛇神信仰ではない。

御左口神こそ、官祭以前の諏訪信仰のまさに「第一の正躰」である。この御左口神がソソウ神と聖婚を行なうのが、大巳祭の荻組の座である。

二十五日の神事については、「神体三筋御入」（神長本・擬祝本『画詞』）、「神体御入」（『旧記』）とある。この「神体」は、『旧記』『年中神事次第』『諏訪神社縁起（上）』などの記載を照合すると、長さ五丈五尺・太さ二尺五寸の御房三筋を榛《はん》の木で結んだもの（榛の若木は水分に富み、やわらかいから、縄のようにして御房を結んだのであろう。榛は古くから祭祀に関する神聖な植物とされているが、外皮の斑紋は蛇の鱗に似ている）と、長さ四尋一尺・周り一尺八寸の又折《またおり》を入れる（伊藤富雄は「又折は御房の付属物であることは察せられますが、その語義も用途も不明」〔「諏訪神社の竜蛟信仰」「季刊諏訪」六号〕と書いている）とあるから、御房三筋と又折のことであろう。この御房と又折を麻と紙で飾りにつけたものを「むさて」という。

『古記断簡』の「御室之事ノ条」に、

或人云、ムサテハ十二月ノ祭日ヨリ次年三月祝日ノ時マテ籠《コモル》、蛇ノ形ナリト云人モアリ

と書かれており、『諏訪神社縁起』にも同じようなことが記されている。二十四日の神婚によって妊娠した蛇神、御左口神の子を宿したソソウ神が、春まで御室に籠るのである。諏訪明神は蛇神といわれるが、それはこのソソウ神をいう。

諏訪大社の本来の神は、ミシャグチ神とソソウ神である。この二神の神婚神事が、十二月二十二日からはじまる冬季祭だが、この神事のはじまりを「穴巣始」という。穴巣（御室）の籠りは神婚の結果の懐妊の籠りである。冬期に行なわれるのは、冬籠りという言葉があるように、この時期が籠りの時期だからである。折口信夫は「冬《ふゆ》」を「殖ゆ」と解すが[15]、十二月の末から三月末まで穴巣に籠っている御左口神を、精進屋の御左口神と同じく「王子胎内の表体」（『諏訪神社資料』巻下）というのは、御室の冬籠りが「御魂《みたま》の殖《ふ》ゆ」であることを示している。

ミシャグチ神の分布

ミシャグチ神は諏訪（一〇九社）を中心に信濃の各地で祀られているが（全県で六七五社）、その分布は長野県だけに限らない。今井野菊の調査によると、一〇〇社以上の県は、静岡県二三三社・愛知県二二九社・山梨県一六〇社・三重県一四〇社・岐阜県一一六社である[3]（一〇〇社以上の県のうち滋賀県二二八社をあげているが、ほとんど「大将軍」で、一般の石神信仰が大将軍信仰になったものだから、私はミシャグチ信仰のなかには入れない）。長野県に接する県は、新潟・富山・群馬・埼玉・山梨・静岡・愛知・岐阜だが、ミシャグチ信仰は新潟・富山にはまったくない。また、群馬県六七社・埼玉県四四社・山梨県一六〇社は、諏訪の狩猟神「千鹿頭《ちかと（う）》神」と重なった数だから、ミシャグチ神は隣県でも静岡・愛知・岐阜に多く分布しているといえる。ところが、隣県でもない三重県に多いのは、何を語っているのだろうか。

伊勢から信濃に入るには、天竜川・豊川から入るコースと、木曾川から神坂《みさか》峠を越えて天竜川を上るコースがある。これらのコースに、ミシャグチ神が多く祀られているから、ミシャグチ神は伊勢から来た神かというと、そうとはいえない。いうまでもなく、このコースは信濃から東海・近畿へ出るコースでもあり、ミシャグチ信仰は海人系氏族の信濃入りのコース（穂高神社の項参照）を逆に通って伊勢に至ったようである。

新潟県や山形県に諏訪神社が多いのは、坂上田村麻呂の蝦夷地侵攻に官祭の祭神建御名方神が諏訪神として利用されたためであり、鹿児島県に諏訪神社が多いのは、信濃の地頭で御射山《みさやま》祭にも参加していた島津氏が、守護として薩摩入りするとき持っていった諏訪社が普及したことによる。ところがミシャグチ神の分布は、このような諏訪神の全国分布とは異なっている（中世以降、信濃の小県の歩き巫女《みこ》が、全国に巫女の守護神として諏訪神、守護仏として善光寺如来を普及させたのも、諏訪神社の全国分布に影響している）。

『日本書紀』に載る持統五年の信濃の神の祭祀も、『古事記』のみに載る建御名方命の伝承も、特殊な記事である。建御名方神は、諏訪の人々にはもともと無縁の神であったが、中央政権にとっても、記・紀の記事が特殊であるように、諏訪神重視は一過性のものであって、仁明天皇の承和九年（八四二）五月に南方刀美神が従五位下の位階をうけるまで、諏訪神は「無位」であった。同じ年に、陸奥国柴田郡の大高山神（宮城県柴田郡大河原町の大高山神社）が、やはり無位から従五位下になっていることからみても、諏訪神は、持統朝の官祭以降しばらくは無視されていたといえよう。

陸奥の大高山神については、その後叙位の記事は見あたらないが、諏訪大社は、承和九年十月に八坂刀売神が無位から従五位下となり、嘉祥三年（八五〇）には南方刀美神・八坂刀売神がともに従五位上、仁寿元年（八五一）従三位、貞観元年（八五九）正月に建御名方富命が従二位、八坂刀売命が正三位、さらに同年二月には正二位と従二位に昇り、貞観九年（八六七）に従一位と正二位、天慶三年（九四〇）に正一位と従一位、永保元年（一〇七四）には八坂刀売神も正一位となっている。

しかし、このように位階は昇っても、上社の前宮では相変わらず御左口神を祀り、諏訪大社の重要な神事は、前宮とその所在地である神原《ごうばら》で行なわれていた。このことは、当時の上社本宮は国司が参加する官祭用のもので、諏訪神の祭祀の中心は神原であったことを示している。前述した中世の御室神事もその一例だが、信濃の人々にとって、諏訪の神とはミシャグチの神であった。信濃へ移住した人々がこの霊験あらたかな神を故地に伝えたのが、東海地方や伊勢に多く祀られているミシャグチ神であろう。

ミシャグチは木や石に降りてくる霊魂・精霊で、人にも憑く。信濃や東海地方、伊勢・志摩のミシャグジ神も、神木、石棒、石、森、藪を祀る家の祝神である。だからミシャグチ神は、建御名方神としての諏訪神社とは分布が異なっている（諏訪神社は静岡県一〇一社・岐阜県八二社・愛知県一一社・三重県七社）。

三重県の場合、諏訪神社七社に対してミシャグチが一四〇社もあるのは、信濃へ移ったという伊勢津彦の末裔によってミシャグチ信仰がひろまったことを示している。三重県のミシャグチの多くが伊勢・志摩の海辺に近いところに祀られているのは、伊勢・志摩の海人たちが信仰していた海から依り来る神と、重なったためであろう。ミシャグチは、冬籠りした「御魂の殖ゆ」だが、「ミタマノフユ」を『日本書紀』（一書の六）は「思頼」と書く。海の彼方の常世からもたらすものが「ミタマノフユ」であり（大洗磯前神社・酒列磯前神社の項参照）、伊勢は常世の波のよせる地であった（『日本書紀』垂仁紀）。

御左口神と千鹿頭神

ミシャグチ信仰が伊勢の海の民の信仰と重なるのは、非農耕民という点で海人・山人が共通しているからである。誤解をおそれずにいえば、ミシャグチ信仰は「縄文的」といえよう。

今井野菊は、御左口社の調査で、[3] 山梨・埼玉・群馬のミシャグチ社は千鹿頭神を祀る社と重なっていると書いているが、諏訪信仰の千鹿頭神は、御左口神と共通性をもっている。『守矢実長系譜』に、ミシャグチの総社を自邸で祀る神長官守矢氏の「一子口伝」の「血祠の骨子」である系譜が述べられているが、祖神の「洩矢の神」の子「守宅ノ神」（後に「守田ノ神」と変わる）について、『守矢実長系譜』は次のように書く。

守宅ノ神、生レテ霊異幹力アリ。父ニ代リテ弓矢ヲ負ヒ大神ニ従ヒ遊猟シ千ノ鹿ヲ得。一男アリ、コレヲ名ヅケテ「千鹿頭ノ神」ト云フ。千鹿頭ノ神継イデ祭政ヲツカサトル。

中山太郎は、「ミシャグチ」の「シャグ」は「サグ」「サゴ」といわれることと、早川孝太郎の報告に（「民族」三巻一号）、「三河国北設楽郡振草村大字小林の、二月初午の種取りの神事に、鹿の腹に納める苞《つと》を、鹿のサゴ（胎児）と言うてゐる」とあることから、御左口神を鹿の胎児とみている。[13] 私は「シャグチ」を「作《さく》（咲）霊《ち》」とみるが、作（咲）は植物（畑作・田作）だけでなく動物にもかかわる。狩猟と焼畑の振草村の「種取り神事」の「種」も、植物の種よりは動物の種（この場合は鹿）である。「穴巣始」の「穴巣」という表現にも、動物の冬籠り、冬眠のイメージがある。

御左口神の憑いた神使の精進屋の籠りを「胎内の表体」と称しているが、この表現にも狩猟性がみられる。諏訪郡のミシャグチ社の神体は縄文時代の石棒が多いと、考古学者の藤森栄一は述べている。[4] 諏訪の山地は、日本でも有数の縄文遺跡と遺物の多いところである。そのころの住民の信仰が連綿と伝わってきたのが、御左口神であろう。その狩猟的な面が千鹿頭神だから、守宅神の子という系譜になっているのだろう。

洩矢《もりや》も守宅《もりや》も同じだが、父子関係にしたのは、狩猟性を示す始祖神洩矢（御左口神）が定着して農耕性をもったことから、狩猟的「洩矢」と区別して農耕的「モリヤ」を「守宅」とし、さらに、守宅が「守田」に名を変え（「宅」「田」

を守るという表記は定住農耕を示している）、一方、千鹿頭神を守宅神の子として、狩猟的な面も残したのであろう。『諏訪神社旧記』は、守矢神は「有霊異幹力」だから千鹿頭神になったと書いている。

今井野菊の千鹿頭神の分布調査によると、長野県一三社、山梨県八社、埼玉県一二社、群馬県二〇社、栃木県一二社、茨城県七社、福島県一五社で[16]、御左口神が平地の東海地方に分布しているのに対して、千鹿頭神は山地の関東から東北へと伝わっている。野本三吉は、分布図から、「一つの流れは、茅野、諏訪といった、いわば『八ヶ岳』山麓から、山岳にそって群馬県の『榛名山』を経て『赤城山』へすすみ、さらに『男体山』へと流れてゆく、栃木の『男体山』を軸にして分布した千鹿頭神は、更に『八溝山』を通過して福島県へ移動してゆく。大雑把な見方をしても、こうした山岳地帯沿いの移動先が予想できるのである。それは、諏訪を追われた洩矢民族の直系としての末裔『千鹿頭民族』という空想をふくらませてゆくのだが、狩猟採集的生活を軸とした『山人』的イメージとしても結晶してくるのである。東北地方の分布が、いまだに未踏査なので、これからの踏査によらなければ何ともいえないが、『マタギ』の生活や信仰とも、あるいは重なりつつ、東北にも分布しているのではないかとも思われるが、いずれにしても、狩猟民族としての性格を色濃くもっていることは事実だ」と書いている[17]。

「諏訪を追われた洩矢民族の直系としての末裔『千鹿頭民族』という空想」とあるが、現実は、狩猟生活を行なっていた山地民が、千鹿頭信仰を山づたいに伝えたのであろう。

諏訪神の狩猟神的性格とミシャグチ

三月酉日の大御立座神事は、御頭祭・三月頭・酉日祭などとも呼ばれているが、『上宮神事次第大概』が記すこの神事の供物を摘記すると、

一、当日七十五箇の備物を奉る。
二、鹿頭は諸郡の狩人その他の人々の献上により、自然に七十五頭の数に揃ふ。
三、大祝に魚・鳥・兎・耳裂鹿《ミミサケノシカ》を備ふ。此外に二十二餉魚鳥の備物あり。
四、七十五頭の中、耳の裂けたる鹿あるを不思議とする。

以上の外、大祝に雁を供する。

とある。供物に、田畠からの収穫物はまったくない。

諏訪神が全国の狩人に信奉されていたことは、日向国奈須村の狩の故実『後狩詞記』に、「諏訪の払い」という呪文がみられ、日光の男体山を中心とした『日光狩詞記』に、鹿を射止めたとき、諏訪神へささげる呪文をとなえて鹿の頭を諏訪のほうへむける儀式が記されている。男体山周辺には、千鹿頭神を祀る神社が多い。

『神道集』の「諏訪大明神の秋山祭の事」では、諏訪明神が田村丸（坂上田村麻呂）に、「私は千手観音・普賢菩薩の垂迹だが、前々から狩猟の遊びが大好きであった」といっている。この言葉にも諏訪神の性格があらわれているが、この発言に田村丸は、「どうして千手観音や普賢菩薩である諏訪明神が殺生の道を好まれるのか」と質問する（上社が普賢、下社が千手）。問に答えて、「神前に贄《にえ》として懸けられ、五戒・十善の行ないをすることによって成仏できることを畜生に気づかせるため」だと、諏訪明神は虫のいい身勝手な返事をし、「殺生を職とする者に利益を施し、また有情《うじょう》の畜生を助けるため」に垂迹神として示現したといっている。

同じ話は『神道集』の「諏訪縁起の事」にも載っている。長楽寺の僧正が、田村丸と同じ質問をすると、「野辺に住む　獣《けもの》我に縁なくば　憂《う》かりし闇に　なほ迷はまし」という歌で答えて、諏訪明神は、鹿や鳥や魚などがみな黄金の仏となって雲の上に昇っていく夢を僧正に見せる。この話も、殺された生き物は、諏訪明神によってすべて成仏することを示している。

このような仏教説話は、神仏習合の過程において、本来は狩猟神であった諏訪神の原点の信仰を逆手にとり、諏訪信仰を広めるために作られたものである。諏訪神人の売る神符をもっていれば、鳥獣をとっても獣肉を食べても神仏の罰はないといわれ、それが狩人や山人たちの護符になったのも、この説話と同じ発想があったからである。

御左口神・千鹿頭神・守矢（洩矢・守宅）神は、諏訪神として同性格だが（神長守矢氏とその代理のみが、御左口付中《みしゃぐちおろし》・御左《みしゃ》口上申《ぐちあげ》ができ、御頭御社宮司社〔ミシャグチの総社〕が神長屋敷の屋敷神として祀られていることからも、守矢神＝御左口神である。

また、『諏訪神社旧記』は守矢神の別名を千鹿頭神と書いている）、諏訪大社関係文献には、守(洩)矢神は建御名方神と戦って敗北したとある。『守矢神長系譜』には、建御名方神の孫児玉彦命が、「大神（建御名方神のこと——引用者注）の御辞言《ミコト》ノマニマニテ千鹿頭神ノ跡ヲ継イデ祭政ヲツカサドル」とある。このような記述は、古い諏訪神を祀る氏族から、建御名方神という新しい神名の神を祀る氏族へと、諏訪の祭政が移ったことを意味する。

現在のミシャグチ信仰に道祖神・塞の神的要素が強いのは、平地農耕民の信仰に同化してしまったためで、山地狩猟民的性格は御左口神から分離して、千鹿頭神になったのであろう。

神使「密殺」「虐殺」の理由

柳田国男は、諏訪大社の耳裂鹿や、神主の片目を傷つける話は、耳や目を傷つけることによって神のいけにえ、神の代表者たることを示すことだと推定し、「右の如く推定を下して進むと、さらに今一つ以前の時代の信仰状態をも窺ひ得るやうな気がする。それを至って淡泊な言葉でいひ現はすと、ずっと昔の大昔には、祭の度ごとに一人づつの神主を殺す風習があって、その用に宛てらるべき神主は前年度の祭の時から、籤または神託によって定まってをり、これを常の人と弁別せしむために、片目だけ傷つけておいたのではないか」と書き、「この推測には或程度までの根拠がある」とも書く(18)。

柳田国男は、神主を殺すのは「いけにえ」で、神主が「いけにえ」になるのは「能く神意宣伝の任を果すため」とみているが(18)、はたしてそういえるだろうか。

神主を殺す話で連想するのは、耳裂鹿が奉納される、いわゆる御頭祭の神使である。藤森栄一は、

上社《かみしや》の旧神楽大夫《かぐらたゆう》茅野氏をたずねたときの、談話の中で、「神使に選ばれた御頭郷の十五才の童男のうちに、祭後、ふたたびその姿をみたものがない例がうんとある。密殺されたものらしい。そこで、その選をおそれて逃亡したり、乞食または放浪者の子をもらい育てておいて、これにあてたことがある」ということを聞いた。

と書いているが(19)、柳田国男は、

自分が神主を殺すの目を潰すのといったために、ぎょっとせられた祠官たちがあるか知らぬが、御安心めされ、

祠官は多くの場合には神主ではなかった。神主即ち神の依坐《よりまし》となる重い職分は、頭屋《とうや》ともいひ或ひは一年神主とも一時上﨟《ひとときじやうらふ》とも唱へて、特定の氏子の中から順番に出たり、もしくは卜食《うらはみ》によってきめたりするものと、一戸二戸の家筋の者に限って出て勤める、いはゆる鍵取りなるものとがあったのである。

と書いている。神使になるのは、一月一日の御占《みうら》神事に御左口付申《みしやぐちおろし》の占いできめられる御頭郷の童男である。この神使について、藤森栄一は次のように書く。

「画詞」の記述のうちに、妙ちきりんな一条があった。神使出発に際して、一度乗馬した神使を馬の向う側につき堕《おと》している。そのときは、わからないままにほおってしまったが、これは何を意味するか。

そのつもりで読むと、まだ一杯ある。江戸中期の「歳中神事祭礼当例勤方之次第」によれば、擬祝が御杖を飾り、ついで副祝か神使を藤で縛《しば》るという一事がある。これはいったい何んだ。

また、「信府統記」五の場合はもっとひどい。「前宮の内に入れて七日間通夜をさせ、祭日にはだして葛をもって搦《から》め、馬に乗せ、前宮の馬場を引きまわし、打擲《ちようちやく》の躰をなす」

宮地博士の伝聞（『諏訪神社の研究』）には、まだひどいのがある。「百回の行をさせた上で、藤蔓で後手に縛って馬に乗せる。藤蔓の痕が容易に消えないので三年のうちに命を失なってしまう。また、乗馬出発にさいして、神人が棒で地面を敲《たた》き、馬をおどして暴走させた」等々、神使虐待の話はきりがない。[20]

この「神使虐待」は、「密殺」が「虐待」に変わったことを暗示している。柳田国男は、殺すのが目を潰すことに変わったとみる。藤森栄一と柳田国男の記述は、殺す点では共通しているが、虐待と片目の点がちがう。

柳田国男は、殺される犠牲者は「死んだら神になるといふ確信がその心を高尚にし、能く神託預言を宣明することを得た」と書くが、神使は「死んだら神になる」のではない。一月の御占神事で決まった神使は、二月の初めから一ヵ月弱、御左口付申《みしやぐちおろし》をした精進屋に籠って御左口神になる。この御左口神を「密殺」「虐待」するのだから、「犠牲」「いけにえ」の視点だけでは、神使の「密殺」「虐待」は解けない。

ミシャグチ神への供物の鹿頭と鹿の血

御頭祭の供物の鹿頭について、『官国幣社特殊神事調』は、「当日社頭に持来るものの中には、生血の滴るものあるも其の俎を奉るなり」と書くが、『播磨国風土記』（讃容郡）に、「妹玉津日女命、生ける鹿を捕《と》り臥《ふ》せて、その腹を割きて、其の血に稲種まきき。仍《よ》りて、一夜の間に苗生ひき」とある。鹿頭を供物とすることは狩猟とかかわるが、稲種を一夜にして苗にする生命力は、鹿の血が酒と同じ「サクチ」であることを示している。

『播磨国風土記』賀毛郡雲潤《うるみ》里の条に、太水の神が、「吾は宍《しし》の血を以ちて佃《たつく》る」といったとある。「宍」は動物の肉をいうが、この話でも、田作りに動物の血がかかわっている。この雲潤の里は後に酒見郷になるが、『日本書紀』（神武天皇即位前紀）は、菟田《うだ》の血原《ちはら》に「弟猾《をとうかし》大きに牛酒《しし》を設けて、皇師《みいくさ》に労《ねぎら》へ饗《みあへ》す。天皇、其の酒宍《しし》を以て軍卒に班《あか》ち賜《たま》ふ」と書く。たぶん、動物の血（生肉も含む）と酒を体内に入れることによって起きる生理的興奮状態の共通性が、「シシ」の表現に酒を用いたのであろう。だからこそ、「宍の血」の説話をもつ地が「酒見」郡になったと考えられるのである。

「千鹿頭」を「血方」と書く例から（小山市田間の血方神社は諏訪神社とも関係があるが、お産の神、血の神として女性の信仰が厚い）、鹿の数の多さを表現する「チ」の意味だけでなく、鹿の血の「血」の意味もあったろう。血方神社がお産の神であることからも、千鹿頭神が御左口神（御作神）と同性格の「サクチ」の神であることがわかる。

鹿の血の話は、「五月夜《さよ》」に鹿の血にまいた稲種が一夜で苗になったという話として讃容郡の地名説話になっているが、「サ」は「サク（作・咲）」の「サ」と同じく呪力を示しており、「夜《ヨ》」は「一夜《ひとよ》孕《はら》み」か「常夜《とこよ》」の「ヨ」である。夜は籠りの時をいい、一日の死である。血は死につながる。

記・紀には、イザナギがカグツチを斬った血によってイハサクやフツヌシの祖のミカハヤヒなどの神々が生まれたとあり、血から神々が誕生している。これは、『風土記』の稲種が一夜で苗になった話や田作りの話、さらに、殺されたカグツチの死体から山の神々が生まれた話（『古事記』）と関連する。こうした伝承からみて、鹿の血の話は、鹿を殺すことを前提にした説話である。

『古事記』には、スサノヲに殺されたオオゲツヒメの体の各部分から穀物の種や蚕が成ったとあり、『日本書紀』にも、月夜見《つくよみ》尊に殺された保食神《うけもち》の死体から穀物や牛馬・蚕が成ったとある。記・紀は、月夜見尊やスサノヲを黄泉《よみ》の国の支配者と書くが、この「ヨミ」の神に殺されることによって五穀が生まれるのは、血によって一夜で種が苗になる話と共通する。

黄泉の国は死の国である。死をとおして生があることを、これらの伝承は示している。鹿の血の話からみても、御左口神（神使）は殺される必要があった。諏訪大社には、殺す行為が「虐待」という形で残ったのであり、この神事がもっとも重要な神事として伝わったのも、ミシャグチ神が「作《さく》（咲）霊《ち》」の神だからであろう。

大林太良は、オオゲツヒメやウケモチ神の死体化生神話の牛馬・蚕の化生は後からの付加で、穀物起源が最初の伝承とみて、『古事記』が粟の国をオオゲツヒメと書いていることから、オオゲツヒメなどの死体化生神話を、粟を中心とした雑穀栽培の焼畑耕作文化の伝承とみる。(21)

縄文的・焼畑的信仰とまつろわぬ神

佐々木高明は、日本の焼畑でつくられる作物のうち、もっとも広く栽培されている基幹作物は、ソバ・アワ・ヒエ・大豆・小豆だと書くが、(22)保食神の死体から化生した「陸田種子《はたけつもの》」は「粟・稗・麦・豆」である。諏訪地方で「サクル」「シャクル」というのは、主に「畠」であって「田」ではない。御作神とは、「陸田種子」にかかわる表記と考えられる。つまり、御左口神（神使）虐待の行為は、縄文時代からの諏訪山地（八ヶ岳山麓）の「サクチ」神事の名残りといえよう。そのことは、御左口神の神体に縄文時代の石棒が多いことからもいえる。

山を焼くという行為は草木の死であり、意識的に焼くのは「殺し」である。その行為によって山は生きる。カグツチの死体は、頭は正鹿山津見《まさかやまつみ》（「まさか」は正真正銘の意だから、真の山の神霊）、胸は淤騰《おど》山津見（「おど」は弟の意）、腹は奥山津見、陰《ほと》は闇《くら》山津見（「くら」は谷の意）、左の手は志芸《しぎ》山津見（「しぎ」は茂るの意）、右の手は羽山《はやま》津見（端山の意で麓）、左の足は原山津見（山裾の原の意）、右の足は戸《と》山《やま》津見（「戸《と》」は「外」で、山からみて外の里に近い山の神霊）の神々を生んでいる。すべて山の神々であることも、山地民の焼畑を意味している。なぜなら、カグツチは、別名を「火之《ほの》炫毗《かがび》古《こ》」「火之《ほの》迦具《かぐ》土《つち》」というように、火の神だからである。

カグツチの死体からは、山と山麓、山麓につながる原が生まれている。これらの場所は、数年作ると別のところへ移動する焼畑の場所を示しているともいえる。いろいろの雑穀がオオゲツヒメの体の各部から化生しているが、焼畑は土地の使用年数に合わせて、一年ごとに土地に合う作物をつくる。こうしたことが、死体化生伝承に反映したのであろう。

松村武雄は「カグツチのカグは『赫』・『輝』であり、ツチはシホツチ（塩土翁に於ける）、ヌヅチ（野の霊）、ミヅチ（水の霊）などに於けるツチと同じ範疇に属する語辞で、江戸時代からいはれているやうに、やはり『霊威』を意味する」と書いているが(23)、倉野憲司は、「土《ツチ》のツは助詞ノと同じ、チは霊威を示す語」と書く(24)。『古事記』の注釈本は、ほとんど倉野説を採っている。このように、「カグ」の「チ」が火・光の霊なら、「サク」の「チ」は作（咲）の霊である。カグツチが殺されたように、サクチの「御正躰」としての神使も殺される。殺さなくなっても、殺す所作をしたのである。

以上述べたように、ミシャグチは縄文時代以来の古い信仰のおもかげを残している。このような信仰をもつ人々は、まつろわぬ者たちであった。「順《まつろ》はぬ鬼神《かみ》」「不服《うべな》はぬ者」である天津《あまつ》甕星《みかほし》は海人にかかわるが、山人・海人は異族・夷《えびす》として同じであった。

応永十五年（一四〇八）十月朔日の奥付のある、常陸国瓜連《うりつら》の常願寺所蔵の『日本書紀私鈔』は、「巻二星神香々背男」の条で、香々背男・天津甕星神の亦の名を建御名方神と書く。たぶん建御名方神が、高天原からの天孫降臨と葦原中国の国譲りに反対したまつろわぬ神だったからであろう。諏訪の伝承では洩矢神（御左口神）がまつろわぬ神になっているが、『古事記』が建御名方神というまつろわぬ神を諏訪明神にしたのも、本来の諏訪神に、まつろわぬ神のイメージがあったからだろう。

「まつろわぬ者」とは、稲作農耕の平地民とその支配者が祀る神を祀らない者をいう。だから、諏訪の神事を稲作農耕の面だけからみていては、諏訪信仰は解明できない。記・紀の神話についても同じことがいえる。記紀神話の深層も、神統譜に載らない神々の検証によって見えてくる。その意味でも、諏訪信仰の研究は重要である。（建御名方神の登場、諏訪の風神信仰、大祝祭祀に至る古代諏訪の政治的状況、信濃と大和王権の問題などについては、『神社と古代王権祭祀』の諏訪大社の項を参照されたい。）

注

(1) 柳田国男「石神問答」『柳田国男集』第十二巻。
(2) 柳田国男「人形とオシラ神」、注1前掲書所収。
(3) 今井野菊「御社宮司の踏査集成」『古代諏訪とミシャグジ祭政体の研究』所収、昭和五十年。
(4) 藤森栄一『銅鐸』一六五頁、昭和三十九年。
(5) 今井野菊『古代諏訪とミシャグジ祭政体』五〇頁。
(6) 藤森栄一、注4前掲書、一六二頁。
(7) 宮地直一『諏訪史』第二巻前編、五九頁、昭和六年。
(8) 倉野憲司『古事記全註釈』第二巻、一二九頁、昭和四十九年。
(9) 西郷信綱『古事記注釈』第一巻、一四頁、昭和五十年。
(10) 西宮一民「神名の釈義」『古事記』所収、昭和五十三年。
(11) 北村皆雄「ミシャグジ祭政体考」、注3前掲書所収。
(12) 吉田敦彦「小さ子とハイヌウェレ」五六頁―五七頁、昭和五十三年。
(13) 中山太郎「御左口神考」『日本民俗学・1』所収、昭和五年。
(14) 藤森栄一の『銅鐸』(一六一頁)に、今井野菊から聞いた話として書かれている。
(15) 折口信夫「花の話」『折口信夫全集』第二巻所収。
(16) 今井野菊「ちかとさま」『諏訪信仰の発生と展開』所収、昭和五十三年。
(17) 野本三吉「千鹿頭神へのアプローチ」、注16前掲書所収。
(18) 柳田国男「一目小僧」『柳田国男集』第五巻。

(19) 藤森栄一、注3前掲書、一五五頁。
(20) 藤森栄一、注3前掲書、一五六頁。
(21) 大林太良「オオゲツヒメ型神話の構造と系統」『稲作の神話』所収、昭和四十八年。
(22) 佐々木高明『日本の焼畑——その地域的比較研究』九二—一五五頁、昭和四十七年。
(23) 松村武雄『日本神話の研究』第二巻、三六六頁、昭和三十年。
(24) 倉野憲司、注7前掲書、一八八頁。

手長《てなが》神社・足長《あしなが》神社——異人《まれびと》・土蜘蛛伝承と祝人

諏訪の手長社・足長社

長野県の手長神社（諏訪市上諏訪茶臼山）と足長神社（諏訪市志賀桑原）は、どちらも『和名抄』の桑原郷にある。『山海経《せんがいきょう》』（中国古代の地理書、戦国時代に書かれた原本に、秦・漢時代に次々に付加された）によれば、手長人・足長人は、中国の外界に住む異人であり、長臂《ちょうひ》国には手長人、長股《ちょうこ》国には足長人が住むと書かれている。「長臂の国はその（赤水）東にあり、魚を水中に捕え、両手にそれぞれ一匹をもつ」とあり、晋の郭璞《かくはく》の注に、「旧説に云う。その人の手、下に垂れて地に至る」とある（第六・海外南経）。また、「長股《ちょうこ》の国は雄常

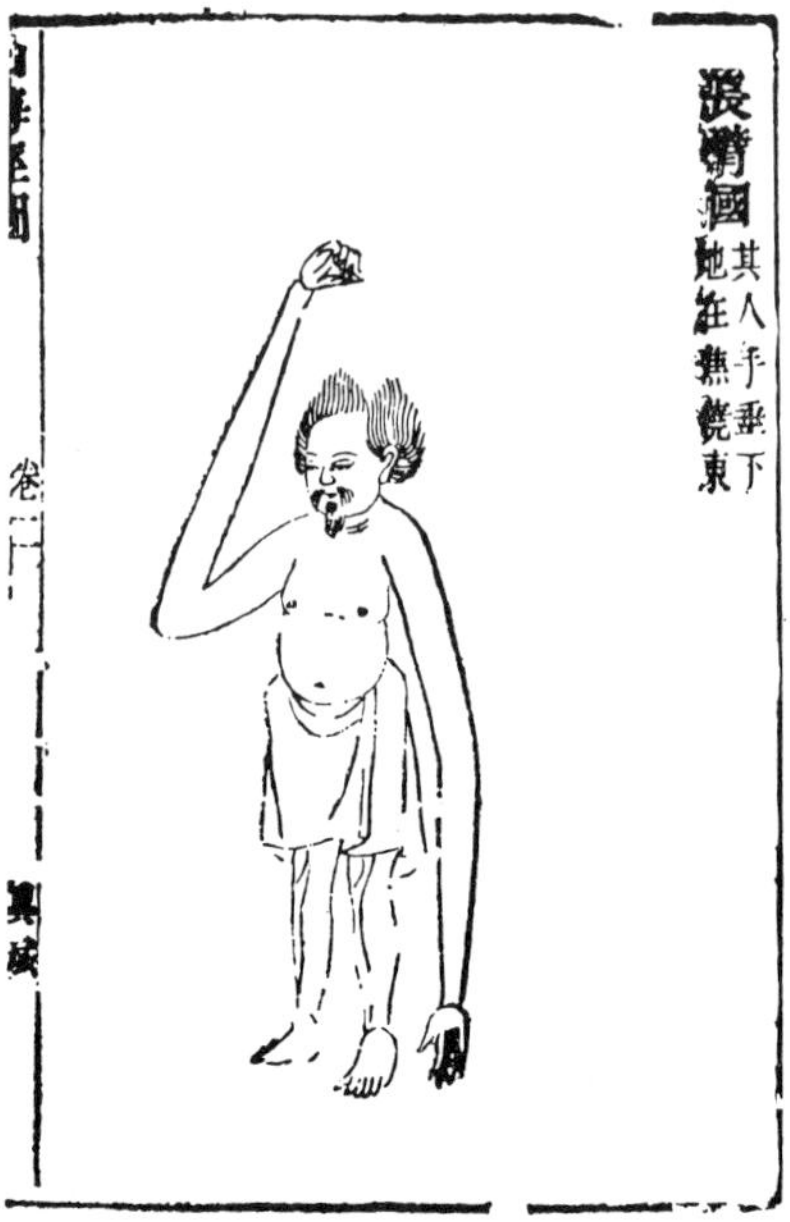

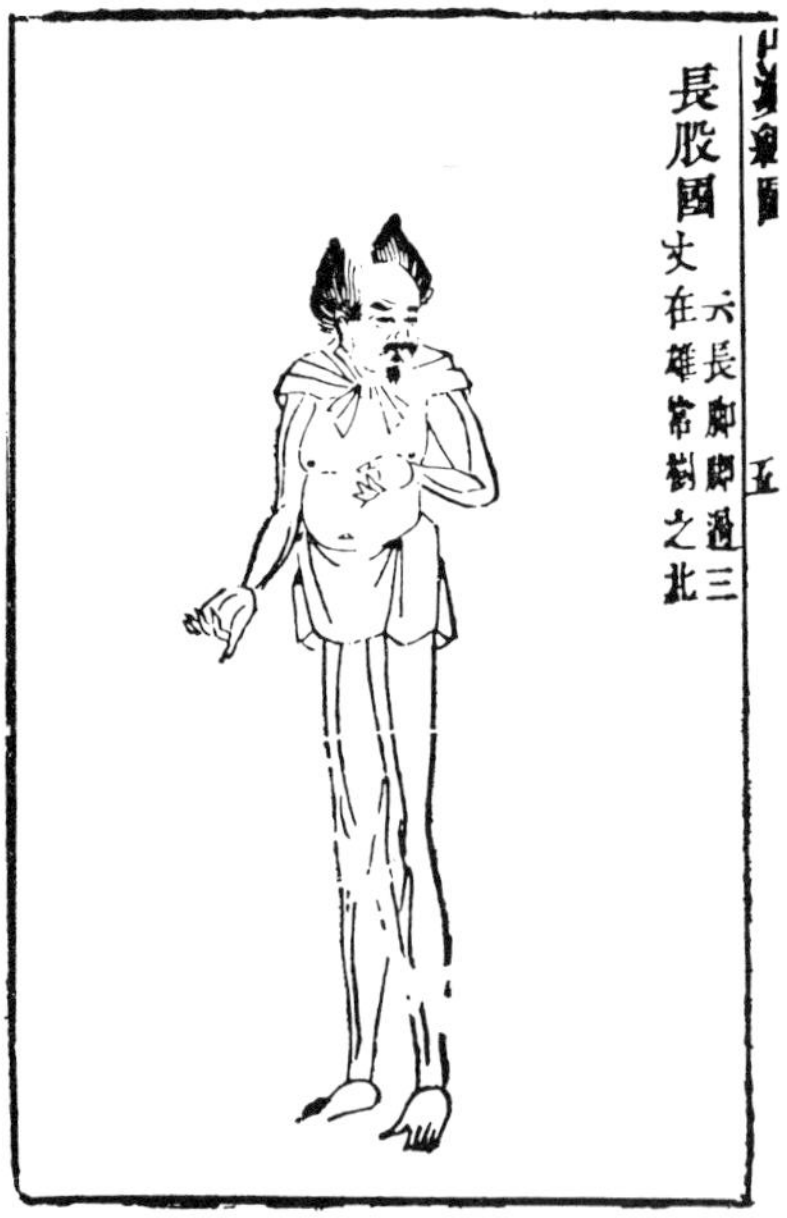

『山海経』の長臂人・長股人

の北にあり、その人となり脚長く、髪ふりみだす」とあり、郭璞の注に、「長臂の人の躰、中人の如し。而して臂の長さ二丈。以って之を推《お》してはかるに、則ちこの人の脚三丈を過ぎるか」とある（前頁の図は『山海経』に載る長臂人・長股人の絵）。

この長臂・長股は、清涼殿の荒海の障子に描かれていた。この絵を見た清少納言は、

北の隔てなる御障子は、荒海の絵、生きたるものども恐しげなる、手長足長などをぞ、描きたる、上の御局の戸をおしあけたれば、常に目に見ゆるを、にくみなどして笑ふ。

京都御所所蔵の手長足長図

と、『枕草子』（二十一段）に書いている。『大鏡』（巻三）、『禁秘抄』（上巻）、『古今著聞集』（巻十一）なども、手長足長図についてふれている。

現在、京都御所所蔵の内裏の手長足長図は、足長が手長を背負って海に入り、魚を捕る図である。これは『三才図会』（明の王圻の図解百科辞典）のなかの、

長脚国は赤水の東にあり、其の国人長臂国と近く、其の人常に長臂人を負ひて、海に入りて魚を捕ふ。長臂国は倭国の東にあり、其の国人海東にありて、人手を垂るれば地に至る。

とある図によるものである。清少納言の見た手長足長図は、この『三才図会』による現在の手長足長図ではなく、『山海経』の長臂人・長股人の絵であったと考えられる。

この絵は、女房たちに気味の悪いものと思われていたと、清少納言は書いているが、『塵添壒嚢鈔』（巻四）の「手長足長事」には、

神輿ナンドノ水引に、手長足長ト云フ者アル（中略）、唐ノ皇居ニハ皆奇仙異人、画ケリ、サレバ〔千字文〕ニモ、宮殿ノ構ヘヲ云フニ仙霊ノアヤシキ人ヲ画彩トエガキイロドルト侍リ。然レバ吾朝ノ内裏ニモ、加様ノ人形アルナ

リ、中ニモ手長足長ヲ画ケルヲバ、荒海ノ障子ト云フ也。其ノ姿神輿ノ水引ニ画ケルナルベシ。

とあり、中国の皇居の「奇仙異人」の絵にならって描かれたと書かれている。

諏訪の手長神社・足長神社は、『山海経』の長臂人・長股人を描いた絵をヒントにした社名とみられるが、柳田国男も、諏訪の手長・足長社について、「いはゆる荒海の障子の長臂国、長脚国の蛮民の話でも伝はったものか」と書いている。(1) 私は、内裏の絵のことを伝えた人物として、『三代実録』貞観五年（八六三）条の、「信濃国諏訪郡人右近衛将監」の金刺舎人貞長を想定する。諏訪の金刺舎人は信濃国造の一族で、下社の大祝である。上社の大祝の創始も信濃国造の意図による以上、手長・足長社も、金刺氏の意向で創建された神社であろう。たぶん、諏訪の土着神に「手長・足長」の名をつけたと考えられる。

『諏訪旧蹟誌』（安政四年〔一八五七〕）は、祭神を手名椎《てなづち》（手長神）、足名椎（足長神）と書く。この神は八岐大蛇に呑まれようとする娘の父母の名で（『日本書紀』は「手摩乳《てなづち》・足摩乳《あしなづち》」と書く。テナヅチは女、アシナヅチは男）、手足が長いという意味はない。それを祭神名にしたのは、土着神としての類似性によるのであろう。

手長神社の鎮座地は、かつては諏訪湖畔であった。たぶん、古くから諏訪湖の漁猟民が祀っていた神が、手長神になったのであろう。『山海経』も、長臂人は水中に入って魚を猟《と》ると書く。長股人についてはそのような記述がないが、足長神社の所在地は山寄りで、桑原山の南麓にある。足長神社の近くには御頭御《おんとうみ》社宮司《しゃぐじ》社があり、近くの御衣着平《みそぎだいら》（現在は「御曽儀平」と書く）は、初代上社大祝（御衣祝有員）の居館があったとされ、ミシャグチ平とも呼ばれる。ミシャグチ神は山人が祀る神である。このような神社配置からみて、湖の魚をとる漁民が祀っていた社を手長社とし、山の狩猟民が祀っていた社を足長社としたのであろう。足長社は、荒脛巾《あらはばき》社と同じイメージであったと考えられる。『山海経』が長臂人・長股人をまったく別の異人として書くように、現在も両社の間に交渉はない。

関東・東北の手長神と九州の手長神

宮地直一は、諏訪の伝説として、「上諏訪の手長神社の祭神は、諏訪明神の家来で、手長・足長と呼ばれてゐる大男（デイラボッチとも呼ばれてゐる）で、

此神領地に数箇所水溜のあるのは、手長・足長の足跡の凹地に水が溜ったのだと言はれている」と書いている。(2)

喜田貞吉は、「手長足長」という論考で、

関東・奥州には殊に手長の社が多い。中にも有名なのは磐城郡宇多郡今相馬郡新地村の手長明神で、是は貝塚と関係のある神らしい。奥羽観蹟聞老志に、

新地村の中に農家あり、貝塚居《かひづかやしき》といふ。往昔神あり、平日は伊具の鹿狼山《かろうさん》に居て好んで貝子を食ふ。臂肘甚だ長く、屢長臂を山巓に伸べて数千の貝子を東溟の中に撮り、其の子《み》を嚼《くら》ひ、殻を茲の地に棄つ。委積して丘の如し。郷人其の神を称して手長明神と謂ふ。委殻の地之を貝塚と謂ふ。其の朽貝腐殻如今なほ存す。

とある。同書伊具郡の条にも同様の事が書いてある。同郡山上村にも手長明神があって、類似の説を伝へ、附近には貝塚があり、参詣者は貝殻を納めるを例とするといふ。常陸風土記那賀郡大櫛田の条に、「上古、人あり、体極めて長大、身は丘の上に居て、手は蜃《おほうむぎ》を採て之を食ふ。其の食ふ所の貝積りて岡を為す」とあるのと全く同一説話で、蓋し後世海岸から離れた地に貝塚のあるのを見て、手の長い人が遠方の海から貝を取ったものだとの空想を描いたものであろう。

と書く。(3)「蜃」は大蛤のことだが、この巨人を手長明神というのは、『山海経』の手の長さ二丈（約六メートル）の長臂人のイメージによる。同じ巨人でも、三丈（約九メートル）の長股人でなく、すべての伝承が手長なのは、『山海経』で魚や貝をとるのが長臂人だからであろう。

このように、関東・東北の手長神伝承は、巨人伝承がからんでいるが、壱岐の手長神社には巨人伝承がない。壱岐の式内名神大社の天手長男神社は、芦辺町湯岳の興《こう》触《ふれ》にあったと山口麻太郎は推定しているが、(4)この地には国府があり、この神社は名神大社だから、壱岐県主らが祭祀していた神社とみられる。壱岐氏は、宗像大社の摂社織幡《おりはた》神社の神主でもある。織幡神社について、鎌倉時代末期に成立したといわれる『宗像大菩薩縁起』は、織幡大明神は「神功皇后三韓征罰之時」、宗像の神の「御手長」につける「赤白二流之旗」を織った神だと書く。この旗（幡）をつけた御手長をふり

下ろすと海は干潮になり、ふり上げると満潮になり、神功皇后の航海をたすけたとある。「御手長」は沖ノ島に「立て置きたまへり」とあるが、「御手長」は旗杵《はたざお》のことだから、杵が手とみられ、手長といわれたのであろう。

手長―織幡神社―壱岐氏という関係からみると、壱岐の手長神社（三社）は、『宗像大菩薩御縁起』の「御手長」にかかわる神社とみられる。宗像大社の大祭は御長手神事と呼ばれるが（「御長手」は「御手長」のこと）、この場合、「御手長」が神の依代になっている。『神社と古代王権祭祀』の宗像大社の項で書いたが、御手長を依代とする宗像女神は航海神である。壱岐に三社ある手長神社のうち、二社はヒメ神（名神大社の天手長比売神社と小社の天手長比売神社）である点からも、手長神社は宗像女神と重なる。巨人伝承の手長は、中国でも日本でも男のイメージである。その点でも、壱岐の手長と諏訪や関東・東北の手長はちがう。壱岐の勝本町の本宮の沖合一キロばかりの海上にある無人島を、手長島という。この島の真東の本宮の地に壱岐郡の手長比売神社（名神大社）がある。そして、手長島と手長比売神社を東西に結ぶ線上に、白瀬島という小島がある。これらは、宗像の沖・中・辺の三社の関係と重なっている。

このように、手長神といっても東と西では性格がちがっているが、後述するように、基本的に変わりはない。

神と人の仲介者・祝人としての手長

『台記』仁平四年（一一五四）正月十四日条に、

景良雖二六位奉二仕端座手長一（中略）公卿座将監手長、以将・弁・少納言座無二手長一。

とある。景良は六位だが、座の端にいて「手長」として奉仕し、公卿の座には将監が「手長」として奉仕するが（将監の官位は六位）、将・弁・少納言には「手長」がつかないという意である。

『玉海』仁安二年（一一六七）二月二日条に、

摂政・左府・下官・内府等、皆手長以下人兼居レ之。

とあり、摂政らには手長以下の奉仕人がいるとある。

『大諸礼』に、「手長といふは膳部の方より請取、通《かよひ》の方へ渡すを手長といふなり」とあり、饗宴の給仕人とみられている。柳田国男は、女の給仕人を「仲居《なかゐ》」というのは、「客と亭主の仲に居て亭主の差出す食物を客に供し、客人の御託を然るべく所謂張場へ伝へるからで、最初は恐らくは広く侍女の義に用ゐられて居たのであらう」と書き、美濃白山の石徹白《いとしろ》村の白山仲居《なかおり》神社（白山中居《ちゅうきょ》神社）の「仲居」と同じ意だとする（この神社は、霊峰白山と俗地の中程にあることから、柳田は、神と人とを仲介し、「民意を神に白《もう》し神意を民に宣するの役を勤むる者の祖神」を祀ったと解している）。この「仲居の自説を強める為に、足長手長のことを述べたい」と柳田は書き、次のように書く(5)。

侍者を手長と云ふことは、足利時代の武家礼節の書に多く見えて居るのみならず、古くは宇治拾遺物語の寂照上人飛鉢事の条にも、「今日の斎筵《いつきのには》には手ながの役あるべからず、各々我鉢を飛せやりて物は受くべしとのたまふ」などゝもあって、寺方でも武家と同じく給仕人を手長と謂って居る。手長の意味は主公自ら手を延ばして物を調へると同一の結果を得るからで、言はじ居間から玄関又は勝手元へ届くやうな手を云ふことであろう。熊本藩などは近い頃まで他の地方で筋とか名づくる一大庄屋又は一代官の管轄する行政区劃をば何々手《て》永《なが》と呼んだ。此も領主の手を延長させる代りに代官を置くからの名かと思ふ。所が各地の神社の末社に手長と云ふ神があるのは、此までの人は皆其理由を訝《いぶ》かって居り、或は常陸古風土記の大串丘《おほくしのをか》の話などに思ひ合せて、例のダイダラバウ系統の巨人伝説を以て由来を説かうとして居る。併しそれでは何の為に一小末社に跼蹐して居るかも分らぬことになる。比はやはり神の仲居即ち巫祝の家の神と解するのが自然である。

ところで、手長をつとめるのは「将監」である。前述の金刺舎人貞長は「正六位上右近衛将監」とあり、近衛府（左近衛・右近衛）の役職である。一般に六位だから、「雖㆓六位㆒」と書かれている。将監の上が少将だが（五位）、『康平記』の康平五年（一〇六二）正月二十日条に、

左近少将政長為㆓尊者手長㆒同少将俊明為㆓主人手長㆒。

とあり、左近衛少将も手長になっている。

前述の金刺金人貞長が載る『三代実録』（貞観五年（八六三）九月五日条）の記事の全文は、

右京人散位外従五位下多臣自然麻呂賜二姓宿禰一、信濃国諏方郡人右近衛将監正六位上金刺舎人貞長賜二姓大朝臣一、並是神八井耳命之苗裔也。

とある。自然麻呂については、宮内庁雅楽寮所蔵の『楽所系図』に「舞楽神楽等元祖」と書かれており、現在の宮内庁雅楽寮の多氏は多自然麻呂の末裔である。自然麻呂は、貞観元年（八五九）の大嘗会に右近衛将監として列している（『三代実録』）。ということは、金刺舎人貞長の右近衛将監は自然麻呂の後をついだとみられる。だから、一緒に宿禰と朝臣の姓《かばね》を賜わったのだろう（同じ多氏系でありながら、自然麻呂が宿禰、貞長が朝臣である理由は、拙著『日本古代試論』で述べた）。

『三代実録』の貞観三年四月条に、「喚二左右近衛楽人於北殿東庭一奏二音楽一」とあり、天長十年（八三三）にも、「左右近衛府奏楽」（『続日本後紀』）とあり、近衛府は奏楽にかかわっている。また、神泉苑で御霊会が最初に行なわれたときにも、左近衛中将藤原基経、右近衛権中将藤原常行が祭儀をとりしきっていることは、左右近衛府の性格を示している。左右近衛府の創設は大同二年（八〇七）である。この年に近衛府が左近衛府、中衛府が右近衛府になった。多朝臣入鹿は、延暦二十一年（八〇二）に近衛将監となり、左右近衛府のできる一年前の大同元年に中衛少将になっている。入鹿は『体源抄』所収の「楽家多氏系図」に、「入鹿―自然麻呂―春野（後略）」とあり、「舞楽神楽元祖」の自然麻呂の上にある。入鹿は左右近衛府の創立にかかわっているが、自然麻呂も貞長も右近衛将監である。入鹿は多氏の本宗家に属し、自然麻呂や貞長などの傍流とちがうから、従四位下参議にまで昇っている。この入鹿をトップにかかげる系図は、自然麻呂の系統の格式を高めるためのもので、自然麻呂の父は入鹿ではないだろう。

金刺舎人貞長が大朝臣になったのは、信濃国造（金刺舎人）が『古事記』に、多氏の始祖神八井耳命の後裔と記されているからだが、神八井耳命（神武天皇皇子）は、記・紀によれば、二代目の天皇になるべきところを、自分は祭祀のみ行う祝人になるといって、弟に皇位を譲ったとある。自然麻呂が元祖と書かれる舞楽神楽は、神まつりのためのものである。祝《はふり》は「羽振り」の意だが、旗をつけた手長を振るのも比礼振り（『神社と古代王権祭祀』の宗像大社の項参照）も羽振りである（これらが舞として芸能化されたので、その所作を「フリッケ」という）。この羽振りは、神を招く所作であり、鳥となって天に昇り、神に近づく所作でもある。これは神と人との仲を執りもつ行為であり、だから多氏は「仲臣《なかつおみ》」なのである（祝が羽振りであることと「仲臣」の意味については、『神社と古代王権祭祀』の石上神宮・多神社の項で詳述した）。

多氏の例でも明らかなように、手長神には仲臣・祝人的性格がある。手長を「神の仲居」とする柳田国男の解釈は妥当であろう。斎場で手長が行なうべき役目を、直接鉢を飛ばして行なったという『宇治拾遺物語』の記述も、手長が祭祀にかかわることを示している。柳田国男の書く熊本の「テナガ」が代理の意なのも、手長が神の代理だからである。

「マツロハヌ」手長足長の土蜘蛛

このような「手長」の解釈は、壱岐の手長神社や宗像大社や織幡神社の「御手長」には合うが、巨人伝承の手長・足長には合わないようにみえる。柳田国男もそのように書いている(5)。だが、荒海の障子の手長足長図は「神仙異人」である。神仙異人は、中国でもわが国でも、神と人の仲介に立つ者である。だから常人の姿をしていない。

アラハバキ神が門客人社になっているように、内裏の手長足長図も、邪霊の入るのを防ぎ、入った邪霊を払うため、異形の姿を描き、後宮の女房たちをこわがらせた。これは屋根の鬼瓦が、邪霊退散を願って置かれるのと同じである。

手長・足長の問題では、土蜘蛛にふれる必要がある。『日本書紀』や『風土記』に登場する土蜘蛛については、穴居していた先住民という解釈が一般的である。だが、そのような解釈だけでは、なぜ土蜘蛛と呼ばれたかが見えてこない。

『日本書紀』の神武天皇即位前紀に、

曽富県《そほのあがた》の波多《はた》丘岬《をかみさき》に、新城《にひき》戸畔《とべ》といふ者有り。又、和珥《わに》の坂下《さかもと》に、居勢祝《こせのはふり》といふ者有り。臍見《ほそみ》の長柄《ながら》丘岬《をかさき》に、猪祝《ゐのはふり》といふ者有り。此の三処《みところ》の土蜘蛛《つちぐも》、並に其の勇力《たけきちから》を恃《たの》みて、来庭《まう》き肯《か》へず。天皇乃ち偏師《かたいくさ》を分け遣して、此を誅《ころ》さしめたまふ。又高尾張邑に、土蜘蛛有り。其の為人《ひととなり》、身短くして手足長し、侏儒《ひきひと》と相類《あひに》たり

とある。この手足が長い異人は、『山海経』の長臂・長股人とちがって、巨人ではなく侏儒《こびと》である。だが、どちらであれ、異形の異人という点で同じである。

常陸の海岸に依り来った「大奈母知少奈比古命」は、大と小の二つのイメージをもつ神である（大洗磯前神社・酒列磯前神社の項参照）。異人《まれびと》としての神の使いは常人ではないから、巨人と侏儒の二つのイメージをもっている。だから、土蜘蛛を巨人とみる例もある。『越後国風土記』逸文は、

美麻紀《みまき》天皇の御世、越の国に人あり、八《や》掬脛《つかはぎ》と名づく。其の脛の長さは八掬、力多く太《はなは》だ強《こわ》し、是《こ》は土雲《つちくも》の後なり。其の属類《たぐひ》多し。

とあり、土雲（土蜘蛛）の後裔を、足長の巨人八掬脛とみている。

土蜘蛛という名については、「マツロハヌ」先住民で穴居していたから土蜘蛛と呼ばれたというのが一般的解釈であり、波多丘岬の新城戸畔、和珥坂下の居勢祝、長柄丘岬の猪祝がなぜ土蜘蛛かについては、ほとんどふれていない。「丘岬」や「坂下」は堺だが、境界は聖域である。「戸畔」は「戸辺」で、境界の意であり、彼らは神八井耳命と同じ祝人である。ただし、土着の祭祀者として、大和へ侵入した外来者の祭祀に従わず、自分たちの祭祀に固執したため、

弥生時代の土器に描かれた祝（羽振り）

「マツロハヌモノ」として土蜘蛛と呼ばれ、異形の人とみられたのである。祝人は常人とちがって手と足が長いと考えられていたから（図は弥生時代の土器に描かれている祝人の図で、手長である）、「マツロハヌ」祝人は、この特徴を誇張して、手足のみ長く体は侏儒の土蜘蛛と表現され、蔑視されたのであろう。壱岐の「手長」神社にも、この意味が含まれていると考えられる。

柳田国男は、諏訪や関東・東北の手長・足長神が巨人の異人伝承を伴っていることは、神と人の仲介者・祝人としての手長と結びつかないというが、(5) 手足が長い土蜘

蛛が「マツロハヌ」祝人であることからみて、両者は無縁ではなかろう。土蜘蛛的異人伝承のある手長・足長神信仰圏は、古い信仰に固執した「マツロハヌ」地域であった。そのことが、壱岐などの手長信仰とは異質の、土蜘蛛的な手長のイメージを生んだのであろう。それは荒脛巾信仰についてもいえる。

手長が祝（羽振り）の意であることは、弥生時代の土器に描かれている祝人が手に羽根状のものをつけ、または長い手を振っていることからいえるが、これは鳥の所作である。鳥は天と地を行き来できるから、神と人を仲介する存在とみられ、祝人は鳥にみたてられて「羽振り」と呼ばれたのである。この「ハフリ」は邪霊や穢《けがれ》を「祓う」意味にもなった。「諏訪大明神画詞」に載る明神の奇瑞譚には、「長手アリヤ、目キタナキモノ取テ捨ヨ」と明神がいったとある（宗像大社でも「手長」と「長手」は同じ意味で使っている）。手長（長手）による「ハフリ」は、幣をつけた榊を振る「ハラヒ」になっていくが、これも祝人の役である。

足長の八掬脛について、アラハバキ神社の項で、足長のイメージが駿足になったと書いたが、駿足には羽振り的要素もある。柳田国男は、諏訪の手長・足長神の伝承を紹介して、「例へば上州人の気魄の一面を代表する八《や》掬脛《つかはぎ》といふ豪傑の如きも、なるほど名前から判ずれば土蜘蛛の亜流であり、また長髄彦、手長足長の系統に属するやうに見える」と書き、上州の八掬脛（八束小脛）は羊太夫の家来だが、「日々羊太夫の供をして道を行くこと飛ぶが如くであったのを、或時昼寝をしてゐる腋の下を見ると、鳥の翼の如きものが生えてゐた。それをむしり取ってから随行が出来ず」と書いている[1]。足が長かったのでなく鳥の翼の如きものがあったという伝承にも、手長的要素がうかがえる。

『日本書紀』は、ヤマトタケルの従者の七掬脛《ななつかはぎ》を膳夫と書くが、この関係は羊太夫と八掬脛の関係と重なる。手長が膳部の給仕人とみられたことからみて、膳夫は手長の意味だが、この膳夫七掬脛を熱田神宮の神官が祖としていることからみても、祝人的性格が推測できる。

諏訪の手長・足長神社も、古い諏訪信仰の祝人たちの神社であったにちがいない。それは、足長神社の地が上社の聖地ミソギ平（ミシャグチ平）の近くにあることからも証される。

注

（1）柳田国男「ダイダラ坊の足跡」『柳田国男集』第五巻所収。
（2）宮地直一『諏訪史』第二巻前編、六五頁、昭和六年。
（3）喜田貞吉「手長足長」「民族と歴史」第一巻四号
（4）山口麻太郎「天手長男神社」『式内社調査報告』第二四巻所収、昭和五十三年。
（5）柳田国男「立山中語考」『柳田国男集』第九巻所収。

エビス神社——海から寄り来る異人《まれびと》神

エビス神の総本社は西宮神社である（兵庫県西宮市社家町）。大阪の今宮戎《いまみやえびす》神社（大阪市浪速区恵美須西町）を始め、各地に数多く祀られるエビス神社は、いずれも西宮のエビス神の分霊であり、別宮である。今宮は、本宮（古宮）に対する別宮・新宮の意である。

祭神について

西宮神社のエビス神は、『伊呂波字類抄』（橘忠兼著の日本最初のいろは別の国語辞典、天養元年〔一一四四〕成立、治承年間〔一一七七―一一八〇〕に増補されている）の「広田社」の条に、

広田 五所大明神 本身阿弥陀 在摂津国

矢洲大明神 観音　南宮 阿弥陀　夷《エビス》 毘沙門　児宮 地蔵　三郎殿 不動明王　一童 普賢　内王子 観音　松原 大日　百大夫 文珠　竈殿 二所

とある。

広田神社（西宮市大社町）は、『日本書紀』に、神功皇后が朝鮮遠征の帰途、武庫泊（務古水門《むこのみなと》）に定泊したとき、天照大神が皇后に憑《つ》いて、「我が荒魂は皇居に近づくべからず。当《まさ》に御心を広田国に居らしむべし」といったので、山背根子の娘の葉山媛をして祀らせたとある。

この広田神社を『伊呂波字類抄』は「世俗、西宮ト号ス」と書く。『群書類従』が収める「西宮歌合」も、大治三年（一一二八）に広田神社の社頭で行なわれている。

ところが、夷社が有名になるにつれて、夷社が西宮と呼ばれるようになった。治承四年（一一八〇）の輪田崎神幸（輪田崎神幸は夷神が輪田崎沖に現れたことに由来する神事）では、広田社・南宮社・西宮社が並列して呼ばれており、西宮は

広田社と別であることがわかる。

宝治元年（一二四七）から建長元年（一二四九）ころ成立した『源平盛衰記』には、福原新都について、「地形無双に侍り、北には神明迹を垂れ、生田・広田・西宮、各甍《いらか》を並べたり」とあり、やはり広田と西宮は別に書かれている。しかし、その後も広田社を西宮と呼び、両社は混同されているが、十三世紀には西宮は夷社に定着した。だが、『源平盛衰記』に、

蛭子《ひるこ》は三年迄足立たぬ尊《みこと》とておはしければ、天石櫲樟《あまのいはくす》船《ぶね》に乗り奉り、大海原に推し出して流され給ひしが、摂津国に流れ寄りて、海を領する神となりて、夷三郎殿と顕れ給ひて、西宮におはします。

とあり、夷だけでなく三郎殿を含めて西宮となっている。十五世紀中葉に書かれた、『神皇正統記』にも、

蛭児とは西宮の大明神、夷三郎殿是なり。此御神は海を領し給ふ。

とある。

「夷三郎殿」と書かれているが、戎社と三郎社は別々である。神祇伯『仲資王記』の元久元年（一二〇四）八月の戎社遷宮の記事に、

十四日、今夜戎三郎両社遷宮

とあり、戎社と三郎社の両社の総称が西宮戎社になっている。

また、鎌倉時代末期の十四世紀初頭に書かれた『二十二社本縁』の広田社の条には、

摂社に夷と号するは、蛭子にて坐すとも申伝ふる也。

とあり、同時代の北畠親房の『二十一社記』にも、

摂社の号を夷、蛭子に坐すと申伝へたり。

とあり、蛭子は夷社の祭神であって、三郎殿の祭神ではない。

西宮神社の現祭神は蛭児大神と天照大神・須佐之男大神、大国主神（相殿）となっているが、この主祭神蛭児をまっ

たく否定する説がある。
吉田東伍は、「按ずるに、蛭子説採るべからず。（中略）延喜式大国主西神社と号するに因れば、其大国主神（父大己貴にても子事代主にても）たる事疑ふべからず」と書いている。[1] この吉田説を発展させたのが喜田貞吉である。
喜田貞吉は、『延喜式』神名帳に載る大国主西神社が西宮神社になったとみて、夷社は大国主命、三郎殿社は事代主命とみる。三郎殿社を事代主命とする理由として、「事代主神は、これを『古事記』所伝の系図によるに、木俣神すなわち御井神、および阿遅鉏高日子根神すなわち迦毛大神の弟にして、実に大国主神の第三男に当るなり。すでに第三男たり。この第三男の神をもって夷神の三郎殿として祭らんは、あに適当ならずや」と書き、蛭児説を否定している。[2]
事代主神説は、喜田貞吉以前からもある。中山太郎は、事代主神説について、「此の説の由来する所は、大凡二つに区別する事が出来る。第一は、ゑびす神像が鯛を抱へてゐる所より推して、記・紀に、事代主命が、出雲国島根郡三穂崎にて漁されしとある故事から想ひつき、更に、ゑびす神を三郎と云ひし事の、恰も事代主命が、大国主命の第三子に相当するに持ち込みて、此の説を成したとの事である。第二は、喜田貞吉氏の主張で、ゑびすを蝦夷の意となし、摂津の大国主西神社は、大国主命にして、古く蝦夷民族を征服して、これを統治し、蝦夷人より武神として崇拝せられ、三郎殿たるゑびすは、その三子事代主命にてあれば、ゑびす神は即ち事代主命なりとの説である。第一説に比較すれば、第二説が学問的であり、且つ、研究的である事は言ふ迄もないが、併し、その結論に於いては、要するに同じ誤謬に陥ってゐるもので、仮定の上に立って想像を逞しうしたものである」と書き、事代主命説は「到底、私には承認しかねるのである。碩学喜田貞吉氏に於いてすらも尚然りである。

西宮神社の神札

殊に、ゑびす神を三郎殿と称するを根拠として、事代主命が大国主命の第三子なるを以て、ゑびす神は事代主命なりと云ふに至っては、余りに、第一説の無価値と、距離が遠くないので、寧ろ驚かざるを得ない」と批判している(3)。

蛭児・大国主・事代主以外に、彦火火出見・少名毘古那・椎根津彦説もある。いずれも記・紀の神統譜の神名からとったものだが、こうした祭神考について、中山太郎は、「ゑびす神は神祇には相違ないが、これは決して官憲が認めた神祇ではなくして、ただ、民間の信仰を受けてゐた神に過ぎないからである。されば、延喜の『神名帳』を見ても、此の神の名は記して無い。更に六国史を見ても、此の神を官社に列した記事は見出されぬ。ゑびす神は、結局、民間信仰の為に、時代と共に発達進化した神に外ならぬのである。更に此の意味を言ひ換へれば、ゑびす神は、俗信の対象として崇拝されたものに過ぎぬのである。随って、民間信仰の資料を基礎としない、ゑびす神の研究は、私には首肯しかねるのである」と批判している(3)。

私は、この民衆が祀るエビス信仰の視点で、「エビス神」について考えていきたい。

なぜ鯨がエビス神といわれたか

中山太郎は、前掲のように書いたうえで、「此の立場にある私は、専ら研究の基調を民間信仰の資料に置き、直ちに、ゑびす神の真相を捕捉することゝした。その結果は、福神として崇拝されつつあるゑびす神は、実に鯨を崇拝したに起原を発し、それが現在の如くに、発達進化した事を突き留め得たのである」と述べている(3)。

そして、鯨をエビス神とする理由の一例として、「エビスと云ふ神も以前は漁村のみの神であったらしいが、或はそれが鯨では無かったかと思ふ仔細がある。百年ほど以前出羽の飛島見物に往った内地の船が、島の附近で五頭の鯨の並んで浮いて居るのを見て、エビス様どうかそこを退いて通して下されと云ったと云ふことが、菅江真澄の齶田《あきた》乃《の》刈寝《かりね》に見えて居る」という柳田国男(「巫女考」、「郷土研究」一巻四号所収)の文章を、一例にあげている。

また、茨城県や佐渡の方言で鯨をエビスといい、『日本捕鯨彙』引用の『蝦夷風土記』、『北海道漁業志要』に、松前(北海道)では「蛭子神《エビス》」「恵比須」、『鯨史稿』に伊豆では「ゑびす」というとあり、山口県大津郡の鯨歌に「姿こそ島の蛭子《エビス》に似たり」とあり、『日本永代蔵』に「横手節と云へる小歌の出所を尋ねけるに、紀路大湊太地と云ふ里の妻子のうたへり。此の所は繁昌にして若松群立ちける中に、鯨恵比須の宮を斎ひ、鳥居に其魚の胴骨立ちしに、高さ三丈ばかりもありぬべし云々」とあることなどをあげ、こうした事例から、鯨がエビスであることが証されると書く。

また、大正六年三月から五月までに、全国十二町村の捕鯨地に対して、「鯨をゑびすの名を以て呼ぶことあるや」と問うたところ、次のような回答があったと書いている。

宮城県（陸前国）牡鹿郡荻浜村役場回答

昔、鰹釣船が、沖合に於いて、鯨を発見したる際は、鯨と云はず、エビスと申したる由。これ、鯨には、多数の鰹群をなして附随する由なれば、その場所にて大漁し得るため、申す名ならむ。

千葉県（安房国）安房勝山町役場回答

当勝山町にては、古へより捕鯨の業は行はれたるものに候へども、鯨のことをゑびすと申さず候。然れども、鯨を捕獲したる折に、第一の功労ありし者に、その捕獲したる鯨の最上の肉若干を賞与す。これを一般の漁民は「ゑびすの実《ミ》」と云ふと、語り居り候。

石川県（能登国）鳳至郡宇出津町役場回答

一般的にあらざれども、当業者の間にありては、鯨をゑびすと云ふことあり。その出所詳かならざれども、案ずるに、鯨の来遊するや、鰮、鳥賊等の魚族を襲うて、近海に回遊せしめ、為に、豊漁の図をなすことあるを以て、俗に、恵比須神は、漁を保護する神となすの習慣より、かく称するに至りしならん。

新潟県（佐渡国）佐渡郡両津町役場回答

鯨をゑびすと唱ふることは、独り本町のみならず、本郡何れもの漁業地を通じての名称なり。要するにこの名称は、鯨は至って猛勇なる海獣にして、漁場にて出会し、若し大声を発するか、或は無断にて漁獲に着手するに於いては、必らず、鯨魚飛躍して、大害を興ふる例あるを以て、「御ゑびすさん」と尊称して、福神になぞらへ、所謂、分配を受くると云ふ意味なるべし。

長崎県（肥前国）北松浦郡平戸町役場回答

当町村は、従来捕鯨業に関係あるを以て、取調べたる所、別段に鯨を指して、ゑびすと云ふ語ありしや否やは不明なるも、鯨納屋に於いて、納屋主の坐する畳を、ゑびす畳と称し来たれる由、聴き及び候。

このような事例から、中山太郎は、「鯨をゑびすと称したことが明白に知れる」と結論している。(3) はたしてそういえるだろうか。

鯨がエビスと呼ばれるのは、魚の大群がいることを鯨が知らせてくれるからではないだろうか。そのことは、荻浜村・宇出津町・両津町などの回答から推測できる。また『蝦夷風土記』が鯨を「蛭子神《エビスガミ》」というのは、「鯨好食二鰊魚一松前之地鰊時与二漁舟一雑還而浮」とあるように、鰊《にしん》の大群の所在を知らせるからである。

また、南方熊楠の「本邦に於ける動物崇拝」（「人類学雑誌」二九一号）に、「志摩国磯部大明神は、今も船夫漁師に重く崇めらる。鮫を使者とし厚く信ずる者、海に溺れんとする、鮫来り負ひて陸に達すると云ふ。（中略）神使の鮫は、長さ四五間、頭細長く体に班紋あり。『ゑびす』と名づくる種に限る。（中略）毎年一定の海路を游ぎ来るに、無数の堅魚、之に随行するを捕へ、利を得ること莫大なり云々。古老の漁人の話に、海浜にゑびすの祠多きは、実は、此の『ゑびす鮫』を斎き祀れるなりと云々」とあり、寺内正路の報告にも、高知県安芸郡室戸町では、鰹魚船らが出漁したとき、鮫・鱶の交った鰹群は大漁となるので、「ゑびす附《つき》」というとある。

中山太郎は、右の例に加えて、次のような例もあげている。

「郷土研究」（四巻八号）

秋田県仙北郡花舘村にては、捕れし鮭の数が千本に達する毎に、千本祭を行ふ。今は、豊漁を悦ぶ祝賀なれども、昔は鮭の供養なり。又、鮭や鱒は、捕ると直ぐに撲殺するが、之を打ち殺す時には、「ゑびす」と云ふ掛声をなす風習あり。秋田県にては、一般にゑびす社は、川の畔、殊に鮭などの獲れる川の岸に、多く存するなり（摘要）。

『日本風俗志』（巻上）

陸奥三戸郡湊村には、大祐大明神とて、工藤祐経が子の犬房丸大祐を祀る。昔大祐の此の地に来るや、その従者に、又次郎、長才の兄弟があって、鮭を漁してその主を養ひしが、二人共頗る巧みにて、或時二人の兄弟、新井四川にて、兄又次郎は鮭千本、弟長才は八百本を獲たることありとて、今も漁夫等が鮭を獲る時は、「ゑびす槌」にて、その魚の頭を「千魚又次郎八百長才」の咒文を唱へて打ち、以て大漁を願ふ風がある（摘要）。

このような例からみても、「エビス」は豊漁をもたらす福神である。そのことは、中山太郎が全国の捕鯨地十二町村に、「漁夫は、ゑびす神を漁業の守獲神として、崇拝するものにや」と問うて得た回答からもいえる。(3)

石川県（能登国）鳳至郡宇出津島町役場回答

当宇出津湾頭小和田と称する所に、小祠あり。ゑびす神社と云ふ。此対岸峯山と云ふ所にも、新ゑびす社ありしが、数年前郷社に併合されり。漁民此神を尊崇し、豊漁又は漁船新造祝等の際は、必ず該神社に詣で、奉告し献饌する等の習俗あり。又漁民にして、ゑびす神の画像を所有せざる者無く、毎年一月に至れば、これを神床に掲げ、神饌酒餅を献供し、以て豊漁を祈るを常とす。

鹿児島県（薩摩国）薩摩郡上甑村役場回答

本村はゑびす神を漁神として信仰し、旧暦十一月三日例祭として、ゑびす祭を執行致候。尚大漁ありたる場合、及び初漁等の如きは、初穂として、魚及び酒等を神前に捧ぐ。各漁師は各戸ゑびす神を安置しあり。又漁無き場合は、ゑびす神の前に酒等を備へ、豊漁を祈る事も有之候。

宮城県（陸前国）牡鹿郡荻浜村役場回答

当地方の漁師は、一般にゑびす神を信仰し、大漁の際は、ゑびす神のお蔭なりとて、頭付の魚を献上し、売上代金は、必ず先づ神棚に供へ、然る後に使用す。漁師は漁不漁はゑびす神の支配するもの、如く信じ居れり。

山口県（長門国）大津郡仙崎町役場回答

漁民は総て、ゑびす神を漁業の神様として信仰すること、今に有之候故に、捕鯨歌中にもゑびすの神様云々と云ふことある由、但し歌の全文を知るを得ず。以前は海岸所々に此神の御室を設けありしが、現今は多く合社せしを以て、其跡を存せず候。

千葉県（安房国）勝山町役場回答

一般漁民はゑびす神を信仰し、出漁の際は必ず大漁の祈願をなす旧慣あり。例へば釣を垂るゝにも「南無おゑびす様、大きなものを食はせて」とか、或は網を掛くるにも「南無おゑびす様、沢山かゝらしてください」とか云うて、仕事に取りかかるには、総て南無おゑびす様を称ふるなり。

つまり、エビスは漁民の福神であって、鯨はその化身の一例にすぎない。波平恵美子は、

鯨などの海獣やサメ、フカなどの大型魚は魚群を追い回わすことが多く、それらに追われている魚を獲ることは大変容易で、非常に漁が良いという。そこでそれらの海獣や魚が追い回わす魚群のことを『エビスづき』などという。さらに、それらの魚群そのものを『エビス』と呼ぶことが、熊野灘などではあるという。このように、魚群に付いて回り、豊漁を容易にしてくれるサメや鯨だけでなく、鯨の胎児やサメの死骸さえもエビスという。

と述べている。[4] 野口武徳も、

熊野地方の漁船は帰港して岸に近づくと、まず海神のエビスに対して初魚を献じたというし、熊本県の天草地方や秋田県男鹿半島では、海人《あま》が海に潜ろうとするとき、貝などをおこすカネで舷《ふなばた》を叩き、エベスサマと唱えてから跳り込むという。隠岐の知夫《ちぶ》村の海人は、釣糸を垂れるとき、しきりに『チュッ、エビスエビス』と唾を吐くような声を出す。同じ隠岐福浦では、漁に出て海から上った石をエビスサンといって神棚に飾る。これが多いと漁が多いといって、殊に西の方の海から上げたものを尊ぶ。鯨をエビスと呼ぶ地方は広いが、そのほかにもイルカやサメをエビスと呼ぶ所もある。また長崎県の壱岐、五島、徳島県の日和佐《ひわさ》その他の各地で、水死人を拾うことをオエビ

スサンを拾うといって、こうすれば漁が多いという。また海中から拾い上げた、漁網の中央にある浮子（あば）、あるいはカツオの大漁のとき初漁として進ぜる大ガツオそのものをエビスという所が、和歌山県西牟婁郡田並町（現串本町）にある。

と書いている。(5)

エビス＝鯨ではないことは、波平・野口両氏の例からもわかるが、鯨は魚の大群を知らせるだけでなく、「鯨一頭とれれば七浦うるおう」という言葉があるように、鯨そのものがもたらす富は大きかった。そのことも、鯨が「エビス」の象徴となった理由であろう。

エビス神の神体の石とヒルコ

落合重信は、「西宮戎がどのような起源をもつかはむずかしい問題である。結局、西宮神社とその周辺で語られる次のような伝承のうちに、その真因があるのでないかと私は考える」と書いて、次のような伝承を記している。

昔、鳴尾の浦（西宮の東方三キロ）の漁夫が、武庫の海で夜漁りをしていたとき、その網が平常より重く感じられたので、悦び引き上げてみれば、魚ではなく、奇しき神像のようなものが懸った。漁夫は何心なくつぶやきつつ、それを海中に遺棄し、なお沖遠く行くうちに、和田岬の辺にさしかかった。そこでもまた網を曳いていると、ふしぎや先ほどの武庫沖で見送った神像がまた懸ってきたので、こんどはただごとでないと勘づき、像を船に乗せて家に帰って斎《いっ》き祀った。

ある夜の夢に神の託宣があり、われは蛭児神なり。国々を回ってこの地に来たが、この地より少し西方に好き宮地がある。そこにおらんと欲する、よく計らえよとおしえられた。漁夫は驚いてこの夢の状《さま》を里人に語り、一同の同意を得て、ついに御像を輿に乗せ、西の方お前の浜さして進み、しばらく仮宮に停めたのち、その里人共々相図って、好適の地に鎮めまいらせたのが、現在の戎社である。

このような伝承から、落合重信は、「当社の起源は、寄り神的な考えを根底とする漁民（海士《あま》）信仰の一つだったのではなかろうか」と書いているが、[6]「漁に出て海から上った石をエビスサンといって神棚に飾る」習俗も、西宮のエビス神来臨伝承と関連している。

折口信夫は、壱岐では「一般に、舟にはふなだま様、網にはえびす様が御座るといふ。其為か、網につけた魚をかきこむうけの中の一つには、烏帽子形の木をさし込んで、此がえびすさんだと言うて居る」と書いているが、[7]西宮のエビス神像が網にかかったという伝承も、壱岐のエビス信仰と同じ根をもつ海人伝承であろう。

波平恵美子は、漁をしている際に波に打ち寄せられたり網にかかった石などを、エビスと言って祀る例をあげている。

大分県杵築町の納屋部落の守護神であるエビス社の御神体は石である。これはある時漁師が網を引いていたところ、三度までも丸い、先の尖った石が引掛ったのを奇瑞として祀ったものである。(中略)また、鹿児島県では、毎年まぐろ漁の初めに、両親がそろった若者を選んで目隠しをさせ、海中の石を拾わせ、それを「エビス石」、エビスの御神体として祀る。九州本土の、同県肝付郡内之浦や宮崎県福島町でも同様の習慣がある。特に、甑島の内川内《こうち》部落では、島内の他の部落と同じように漁期の初めに若者が目隠しをして海底から石を拾うが、人形の形をした石を拾うと大漁であるという。[4]

また吉井貞俊も、前述の西宮神社の伝承を述べ、「エビス信仰の本質である海の彼方から幸いが寄りついてくるという寄神信仰の根本がよく物語られていると思われる。西宮の場合これが神像ということで伝承されているが、もっとナイーブな形で伝えられているのが南九州一帯に見られるエビス石の習俗である」と書き、波平恵美子のいう鹿児島の例をあげ、次のように書く。

北九州若松にある恵比須神社の鎮座由緒にも語られていることで、ここの場合は漁師が海底からピカピカひかり輝く石を拾ってきたということになっている。海の民俗学を専攻された桜田勝徳氏によると、このエビス石の習俗が下関の蓋井島《ふたおい》にも残り、ここでは十一、二歳の両親が揃っている男の子の中から選んで海底にもぐらせる。少年は眼をとじたまま潜水して石をとり浮上すると、若者頭も眼をとじたままヒトフゴモ(一符薦)でこれを受けとって、この薦で包んだものを祠の中に安置すると、それがエビス神になる、と紹介されているが、その時、このような素朴な海中捜神の儀礼は、関門海峡どまりで、瀬戸内海には入っているとは思われない、とその著『海の宗教』の中でいっておられる。果してそう簡単にいいきれるものであろうか。先年瀬戸内海の一島である大崎上島の木の江に出向いた際、その地の識者である有田元介氏のお宅を訪ねたが、神棚にあったエビス神は、やはり海の中から拾いあげた石であった。また隠岐の島に渡ったとき聞いた話では、漁に出て海からひき掲げられてきた石をエビス神といい神棚に祀る、その時に西方の海から上ってきた石を尊ぶということであったから、こういうエビス石の習俗は、もっともっと広い範囲に分布していることであろう(8)。

真弓常忠は、対馬のエビス神祠九十一社をあげているが、そのうち神体のわかる五十二社のうち八〇%の四十一社が石で、そのほとんどが海辺にあり、寄神ともいわれていると書き、醴豆《つつ》郡府内の夷崎にある恵比須社の神体は、沖に浮いた七つの石が依って来たものだと書いている(9)。

茨城県の大洗磯前神社の祭神、大奈《おおな》母《も》知《ち》少比古《すくなひこ》奈《な》神は、国造りを終えて東海に去ったが、民を済《すく》うために、一尺ばかりの石となって海辺に忽然と寄り来《きた》ったという（『文徳実録』斉衡三年十二月二十九日条。詳細は大洗磯前神社・酒列磯前神社の項参照）。

海に流されたヒルコは寄り来る神とみられていたが、それが石なのはなぜか。

折口信夫は、石が子を産み、石が成長する伝承から、石は玉(魂)であり、うつぼ（神霊の宿る所）であると書き、卵・貝・繭《まゆ》と同じとみる。エビス石は神棚に祀られる程度の小石だから、卵・貝・繭のイメージである。折口信夫は、蛭児については次のように書く。

　ひることいふ神は、生れたけれども親神の気に入らず、天岩楠船或は天葦船に入れられて、流されます。天葦船の方は見当が附きますが、岩楠船は、堅い石の様な楠の船か、楠石とでも云うて、中が空になってゐる様なものか、判然しません。ともかく、さういうものに入れられて流されたと、なって居ます(10)。（傍点は引用者）

ヒルコが海に流されるために乗せられた天岩楠船（天葦船）を、一種のうつぼ舟と折口はみているが、ヒルコが未成熟で不具なのは、卵の中の未成熟のイメージであろう。この卵・繭などのイメージをもつエビス石が、西宮神社の伝承では神像になったのである。

蛭児《ひるこ》と日子《ひるこ》

ヒルコは、「蛭児」（紀）、「水蛭子《ひるこ》」（記）と書かれている。松村武雄は、「蛭」と書く理由について次のように書いている。

南島出身の学者奥里将建氏が、その著『琉球人の見た古事記と万葉』の中で、琉球の或る島で、蛭をビルと呼び、また発育の悪い児女をビールーと呼ぶ地方があることを指摘し、記・紀の蛭児を解して、「ヒル子は、日本書紀に〝雖已三歳脚猶不立〟とあるから、手足が萎えた不具の児であったらう。このやうな不具の児や発育の遅い児を、琉球ではビールー又はビーラーと言って居る。ヒル子の解釈に対しては、学者間に色々と議論が有る様だが、琉球語のビールーを考へたら、すぐ解決される」と、説いてゐられる。

ヒル（蛭）は、本原的には南方語らしい。この語辞の日本古代語は、言語学的に見て、piru であった筈であり、そしてそれは、台湾語の vĩri と血縁を有すると考へられ得る。パイワン蕃の如き、ツァリセン蕃の如き、みな蛭をヴィリと呼んでゐるし、更にまた台湾と九州との間に横はる南島に於ても、ビルと称せられてゐる。奄美大島東方村古仁屋に於ける方言の如き、これである。日本内地でも、比較的に台湾や南島に近い九州の方言では、「蛭」をビルと呼んでゐる。そしてまた蛭は、骨無しのやうに軟骨であるところから、生来身体の虚弱な者を南島でビルと呼ぶこと、喜界島や奄美大島の方言の示す通りであるが、日本内地でも、九州をめぐる島々、たとへば対馬などでは、成長の悪く遅いものをピリケといひ、喜界島の方言で足などの萎えしびれることをピルクミュイといふのに呼応してゐる。[11]

「ヒル」のイメージは、貝殻の中の骨無しの「カヒ」や、卵の中の足萎《あしなえ》の「ヒナ」のイメージである。

折口信夫は、「ひるこのひるは、蛾や蝶を表す意味の、ひる・ひゝると同じことばかと思ひます[10]」と書いているが、金田一京助も、蛹や蛾がヒル・ヒヒルといわれている例をあげて、ヒル↓ヒラ↓シラと転じてオシラ神信仰になったと推論する。(12)

繭の中の蛹が「ヒル」と呼ばれることからみて、天岩楠船に乗せられて流される蛭児は、繭の中の蛹でもある。

「ヒルコ」を日子《ひるこ》と解釈する説もある。松前健は、天磐楠船を容器とみて、「容器で流される太陽的存在にヒルコがある。ヒルコは恐らく日神の妻としての日妻《ひるめ》に対して、日神の子としての日子《ひるこ》であり、その分身として、かつその代表として水に流される存在なのであろう。この神が流された後再び漂着して祀られる伝説は各地に多いが、その中でも平田篤胤の『古史伝』所収の〝斎部家牒〟には、椎根津彦が漁をしている時、夜海原を照して流れて来たのが、この蛭子のイハクスブネであり、これを祀ったのが広田西宮三郎殿であるという。もちろん後世の附会だろうが、この話でも流れくる幼童は光り輝やく神である。この夜光り輝やきつつ流れる神の舟が、諸国に多い燈籠舟や虫送り舟などの風と合わせ考えられるべきものであることは想像し得られよう。その他八幡愚童訓や惟賢比丘筆記などにある、大隅正八幡宮の縁起、震旦陳大王の娘の大比留女が、朝日の光を受けた夢を見て懐妊し、父王によって母子もろともウツボ舟に載せられ流される話や、また『広益俗説弁』に見える蚕神の本縁譚、天竺霜夷大王の姫金色女が、継母によってウツボ舟で流される話などみなこの類である」と書いているが(13)、容器としての天磐楠舟、つまりうつぼ舟は、折口説の卵・繭・貝のイメージであり、エビス石である。

『八幡愚童訓』によれば、震旦《しんたん》国の陳大王の娘オオヒルメが、七歳のとき朝日の光を受けて懐妊して出産したので、母と子を空船《うつろぶね》に乗せて流したところ、船は日本国大隅の磯に着いた。その子（ヒルコ）が祭られたのが大隅八幡宮（鹿児島神宮）の八幡神だという。この伝承も、蛭児伝承と同根の、うつぼ舟による貴種流離譚である。

折口信夫は、蒜《ひる》と韮《にら》は同じ言葉で、「ニラ」は「ミラ」というから、ヒル―ミラ―ニラと変化したとみる。そして次のように書く。

（蒜や韮は）春になって葉が出て来ると、それを目あてにして掘り出すのです。すると白い玉が出て来る。我々は、植えておくから、初めから白い物を知ってゐるが、昔の人は、此事を知って居たでせうか。勿論、経験では知ってゐるとしても、その経験を除外して考へれば、青い物から白い物を見出す驚きの心の、信仰の様に続いてゐる事が考へられます。それだから、青い物の所を掘って見ると、円い茎(玉)が出て来るといふ事になるのです。かういふ物に対する概括としてのことばが、韮とか、或は蒜とかいふことばで言はれてゐるのではないかと思います。(中略)かひこなる卵と同じ様なもので、或時期が来ると、葉が出て来る。かういう所が、此植物に、ひるといふ系統の名前を附けた理由ではないかと思います。それに就いて、どういふ点を主としたのかといふと、それは玉の形をしてゐる所にあるだらうと思ひます。[10]

魂としてのカイコもヒルコである。折口信夫は、祝詞の「兆《きざし》は弱蒜《わかひる》にゆう」とある「弱蒜」を、一般に「小昼時」と解しているのに対して、朝日の昇る時と解している。[10]「弱蒜」は夜明け、暁《あかつき》、曙《あけぼの》、黎明の時期、つまり一日の境界の時期をいう。岩崎蝶仙は、沖縄の石垣島の昔話では、竜宮の韮畑が竜宮とこの世の連絡口であったことを紹介している。[14] 蒜類は通常、家の入口に供えられる。私の郷里(長野県上伊那郡)でも、農家の軒先にニンニクを束にしてつるしてある例を、子供の頃にみた。柏常秋によれば、沖永良部島では、稲麦の播種祭のあと、祭に用いた大蒜、小石・海水を竈《かまど》に供え祈願するという。[15] 竈が境界を意味することは、飯島吉晴の「竈神の象徴性――生と死の媒介者」にくわしいが、[16] エビス石が小石で、「ミズヒルコ」をエビス神とするのは、沖永良部島の祭の大蒜・小石・海水と重なる。

飯島吉晴は、「ニンニク等を、魔除けとして用いるのは、単にその強い臭いばかりでなく、球根で表わされる霊魂に、本来の意味があったことが予想される」と書き、「ヒル」に死と再生、境や他界の神霊の意味があるとみる。[16]「ワカヒル」「ヒルコ」は、「ヒル」の未成熟の状況をいう。骨なしの蛭、地中の球根の蒜などは、「ヒルコ」のイメージである。弱蒜《わかひる》を朝日のころの意と折口信夫はみるが、朝は夜と昼の境界である(「アケノサ」が「アサ」になったのであり、闇と明の境の意が「アサ」にある)。神楽歌に「朝日子」という言葉があるが、この言葉は「ヒルコ」と同じ意である。

以上述べたように、「ヒルコ」は蛭《ひる》(蒜)児《こ》であり、日子《ひるこ》である。

荒ぶる異人《まれびと》としての夷神

佐渡の方言で鯨をエビスというと書いたが、鯨だけでなく、海豚《いるか》・胡獱《あしか》などもエビスという。アシカを「胡獱」と表記するように、海の異獣がエビスである。

『分類漁村語彙』には、「トド」もエビスというとある。内海延吉は「シャチや鯨をエビスと呼んだ処は多い。この両者の漁民感覚にはあきらかに違いがあったようだ。鯨のように、イワシを連れて来るのは、漁を授けてくれるエビス神であったが、シャチは恐ろしい神としてのエビスとして畏敬したのである」と書いている。[17] 荒魂としてのエビス神がシャチである。サメ・フカがエビスといわれるのも、シャチと同じ意味からだろう。

野口武徳も、「シャチやイルカは、舟にぶっつかってくる、網は切るといった海の暴れん坊であるが、これをなぜエビスと言ったか。これらもやはり通常沿岸には寄って来ない魚である。物質的な利害では漁民に対して相反する二つのものであるが、このように時たま訪れるものを神と考えたものとみられる」と書いている。[5] 荒ぶる神は、異境・異界（ニライ・カナイ、常世など）から寄り来るものであった。

西宮夷は寄り来る神だが、荒ぶる神でもある。『看聞御記』は、建久二年（一一九一）夷宮が鳴動し怪異があったと書き、応永二十六（一四一九）朝鮮兵の対馬侵入や凶作などの異変を知らせるために西宮夷宮が震動し、夷宮の神人が、女武者に率いられた軍兵数十騎が上京する幻影をみたと記している。

『石清水宮寺縁事抄』には、

　摂津国武庫山八神功皇后異国ヲ討給時、三万八千荒神ノ武兵ヲ置給山也。仍称《イフ》㆓武庫山㆒。其三万八千荒神ハ御㆓座西宮㆒

とあり、三万八千の荒ぶる神が西宮（夷宮＝西宮神社）に座すとある。

文明十八年（一四八六）に編纂された『百首歌抄』（『西宮小志』所収）に「摂州西宮沖《おき》に住める釣する奥《おき》の荒えびす」とある奥夷社は、西宮の境外社だが、この歌は、エビス神が荒ぶる神で、奥(沖)から寄り来る神であることを示している。

その奥夷社は現在、西宮神社の境内に移され荒夷社と呼ばれているが、『日本書紀』は、広田神社の祭神を天照大神の荒魂と書く。伊勢神宮の荒宮も天照大神の荒魂を祀るから、広田神社（西宮）は日神の荒宮といえる。また、広田神社の摂社夷宮（西宮神社）は日神の子（ヒルコ）を祭神にしているから、同社と奥夷社は日神の子の荒宮といえる。

この寄り来る荒ぶる神は異人《まれびと》でもある。夷・戎と書かれるように、エビスは異人・異形のイメージをもつが、西宮のエビス神は異相である。『摂陽群談』に、

摂州西の宮の祭神蛭子尊は、毎年正月九日に、広田社へ臨幸す。その形容異相なり。人の見ることを悪み、此の日村の者とも悉く門戸を閉ぢて、出づる事なし。門松も逆に立つ、これを居籠祭と云ふ。或時、同村の染物屋、過って此の日外出し、神の御幸に逢ひて、祟のあらん事を恐れて、畜生の如く、腹這ひて遁げ去る。今に、その家を畜生紺屋と云ふ。

とある。エビスの不具・異相について、波平恵美子は、次のような例をあげている。

勝本浦（壱岐）ではおえべっさんは皮膚病にかかっていたと信じられているが、それはエビとカニを食べたからで、したがって漁師はエビやカニは口にするべきではないという。佐賀県西彼杵郡潮戸町附近では、エビスは八大龍王の「ヤウチ」で、大黒さんの息子であり、せむしであるという。また磐城石城郡では十月に山の神講と恵比須講をするのは、山の神はかんかち（眇目）で、恵比須さまは骨無しで、外聞が悪いので出雲での神々の集りに行くことができないので留守をしているからだという。福岡県鐘崎ではエビスさんを祀っているが、エビスさんは「耳が遠いから」といって、詣ると必ず棒や木切れで叩いて詣でたことを知らせたという。今ではもうないが、かっては神社の前にはいつも棒や木切れが置いてあったという。千葉県成田附近では、農村におけるエビス信仰の見られる所であるが、そこでは恵比須さまは脚が悪いから、あるいはツンボだから出雲の集会に出られず留守番をなさるなどという。先の石城郡でも、内郷村では、エビスが片目とか、つんぼとか、左利きであるとかいう。そこで「エ

ビスゼン（膳）」といえば、通常のやり方とは置き方を逆にしたものをいう。その他「エビス」の語が修飾語として頭に付くと、それは何か劣ったもの、不完全なものを示す。（中略）福岡県の鐘崎や佐賀県の名護屋では、アワビの貝がらの、目が一つしか明いてないものを「エビス貝」と呼ぶ。これを見付けるとアマたちは幸があるという。これはエビス神が片目であるという信仰と関係があるだろう。(4)

漂泊の鍛冶神天目一箇神は一眼で跛であり、山の神も同じ片目で一本足とみられていたように、平地の定住農耕民は、異業・異界の人を不具・異形とみていた。エビス（ヒルコ）神は、流離漂泊の神（だから磐楠船・葦舟で流される）でもあるから、不具・異形の異人《まれびと》であり、寄り来る荒ぶ神のイメージをもっていたのである。

「夷三郎殿」について

エビス神は「夷三郎殿」と呼ばれている。夷の本地が毘沙門であるのに対し、三郎殿は不動である。『石清水宮寺縁事抄』は、松童（八幡・天満天神の末社の神）の本地を「不動」と書き、「呪咀神也。又高良分神也と貞観三年行教が夢の記に見ゆ。高良板敷の下に御座。別社無し。悪神たるに依って目を放つべからざるが故に」と書く。三郎殿も同じ荒ぶる神で小童とみられていたから、不動が本地として比定されたのであろう。「夷三郎殿」は「大奈《おおな》母《も》知《ち》少比古《すくなひこ》奈《な》命」という神名と共通している。柳田国男は、大奈母知少比古奈命が石となって寄り来った伝承は「処々の恵比須神の由来」を推測させると述べている。(18)

三郎殿を小童とみれば、夷は巨人のイメージである。だがヒルコという名には小童のイメージがあり、三郎殿とよく似た性格の五郎殿は、南九州では巨人になっている。『石清水文書』（巻十一）に載る松童の託宣では、松童に憑《つ》く荒ぶる神に小神と大神があり、「小神は俄かに嗔り、大神は稍々怒るなり」とあるように、松童は小人と巨人の二面性をもっている。一寸法師が打出の小槌で（恵比須槌も打出の小槌）小人から大人になるように、松童も蛭子も夷も三郎殿も、小人と巨人の二つの異人のイメージをもっていたとみられる。だから、本地を不動とする三郎殿と、本地を毘沙門とする夷とが一体化して、「夷三郎殿」と呼ばれたのであろう。

小人に荒ぶる神のイメージがあることは、『日本書紀』のスクナヒコナ伝承からもいえる。

一箇《ひとり》の小男《をぐな》有りて、白蘞《かがみ》の皮を以て舟に為《つく》り、鷦鷯《さざき》の羽を以《も》て衣にして、潮水《しほ》の随《まにま》に浮き到《いた》る。大己貴神《おほあなむち》、即ち取りて掌中《たなうら》に置きて、翫《もてあそ》びたまひしかば、跳《をど》りて其の頰《つら》を噛《く》ふ。乃ち其の物色《かたち》を怪《あやし》びて、使を遣して天神に白《もう》す。時に、高皇産霊尊《たかみむすび》、聞しめして曰《のたま》はく、「吾が産みし児、凡て一千五百座有り。其の中に一の児最悪《いとつら》くして、教養《をしへごと》に順《したが》はず。……」とのたまふ。此即ち少彦名命是なり。

とあるように、一千五百座のうち最悪の神がスクナヒコナである。普通の神でない点で、不具のヒルコのイメージと重なる。

一方、巨人の荒ぶる神のイメージはスサノヲにあり、民間伝承ではダイタラボーにある。ダイダラボーは「大多良坊」「大道法師」などともいう。柳田国男は、『日本霊異記』に載る道場法師と大道法師は同じだと書くが、[19] 道場法師は雷神の子として生まれたチイサコで、尾張国阿育知郡片蕝《かたわ》里の話に登場する。また、道場法師の孫娘の力女も「人と為《な》り少し《ちひさ》」とあり、やはり片輪《かたわ》里の話に登場する。「カタワ」は不具の意で、ヒルコと重なる。この小子《ちいさこ》は大力を発揮するから、柳田国男も指摘するように、大道法師・大多良坊的な巨人でもあり、小人と巨人は一体である。一寸法師が「小さな体に大きな力」をもっているのも、そのことを示している。高良大社の板敷の下にいる小人が八幡神の従僕となって活躍する松童伝承も、その一例であろう。

柳田国男は松童について、「社によっては、之をミサキと呼ぶ者もあった。ミサキは先鋒であり又使者である。或は門客人《かどまらうど》もしくは荒脛巾《あらはばき》、又荒エビスと称へたのも同じ神であった」と書く。[19]「夷三郎殿」の「三郎殿」がなくなり、夷社と荒夷社になっていることからみて、三郎殿がミサキ神＝荒夷社になったとも考えられる。いずれにしても、エビス神は、小人または巨人として現れる荒ぶる異人神である。

水死体をエビス神として祀ること

折口信夫は、壱岐の郷の浦では、「れふ方《カタ》は、水死人の死骸や骨を見つけると、大喜びをする。其を、おえべっさんにして祀ってやると、其礼に、れふを守ってくれるのである」と書いている。[7] 桜田勝徳も、「海に漂う死人を拾い上げると、エビスさまを拾うたといって喜び、これを鄭重に祀る例、及びかくして祀って大変によい漁をしたという話は、広く漁村に行われているところである」と書く。[20]

波平恵美子は、「エビス神は不具の神であるという信仰が存在することは、エビス神が元来穢れと係わりを持つ存在であることを示しているのではないか。筆者がこれまでに分析枠として用いてきた『ハレ』と『ケガレ』と『ケ』という分類のカテゴリーを用いて論じれば、不具性は日本の文化の中ではしばしば『ケガレ』と結びついている。水死体を『エビス』と信じて拾い、それを祀るという、極めて不可解な信仰も、エビスが元来穢れをその属性として持っている神だと考えれば当然のことであり、納得のできることと受け入れることができる」と書き、「穢れが、『ハレ↕ケガレ』の価値体系の中で、価値の逆転を生じ、ケガレが持つ力が逆にハレの持つ力へと転換したのだと考えることができる。したがって、穢れの、漁業において働いていた負の力が、正(プラス)の力となって働き、豊漁をもたらすものとして信仰の体系の中で、認識されるのだというように解釈する。[4]」

波平恵美子は、従来の「ハレ」と「ケ」、つまり非日常(祭り)と日常の観念に「ケガレ」の観念をもちこんだが(その視点で書かれた論文集に『ケガレの構造』がある。本稿で引用した論文も『ケガレの構造』に収録されている)、「ハレ」「ケ」の分類は観念上のことだから、何が「ハレ」で何が「ケ」かという現実の規定はあいまいである。そのあいまいな民俗学用語に、さらに「ケガレ」を加えて三分類したのが波平説だが、「ハレ」と「ケ」の二分類でさえあいまいなところへ「ケガレ」をもちこんだため、さらに混乱を起こしている。桜井徳太郎・谷川健一・坪井洋文・宮田登・波平恵美子の共同討議[21]で、波平恵美子は、「ケガレ」の混乱・無秩序・カオスに対して、「ハレにはその逆に、正常化された、秩序づけられた」状況だといい、一方、谷川健一と坪井洋文は、ハレには「カオス的な面もある」といい、見解が分かれている。

波平恵美子は、ハレはケガレの対極にあるとし、ケガレ(水死体)という価値体系が逆転とすることによってハレ(豊漁)になるとみる。そして、水死体をエビスとみる構造をそのように解している。だが、不漁も豊漁も、「漁」は漁業者にとっては「ケ」であって、豊漁だけが「ハレ」ではない。だから、水死体をエビスというのは価値体系の逆転ではない。

東の海に厄を流し去る対馬の厄払いの歌に、[22] 恵比須・大黒が「宝の浦から千両万両、積み込んで」寄り来るとある。流されたヒルコは、福の神として寄り来るエビスだから、流された水死体（ヒルコ）は福の神である。不具・異形は、「ケガレ」として流されるが、ケガレが放たれ流されるのは（祓）、福・豊饒をもたらす「カミ」として寄り来ることを前提としている。厄払いとして「鬼は外」といわないかぎり、福（エビス）は内に来ない。つまり、鬼＝福であり、同様に鬼＝エビスである。福神としてのエビスが荒ぶる神なのは、鬼でもあるからである。「鬼は外、福は内」の鬼と福は一体である。福神の対極に厄神・鬼神がいるのではなく、福（夷）神＝厄（鬼）神なのである。

夷神が厄神であることは、『明月記』の貞永二年（一二三三）二月十七日条に、「近日咳病世俗称二夷病一。去比夷狄入京万人翫見」とあり、疫病が夷病と呼ばれていることからも窺える。夷病と呼ばれたのは「夷狄入京」が原因とみられたからであり、夷病をもってきた厄神は異人である。この厄病を夷病というのは、水死体を夷神というのと同じ発想である。このような発想からすれば、ハレ↕ケガレの「↕」は「＝」で、「ハレ＝ケガレ」である。

ただし、単純にハレ＝ケガレというわけではない。そのためにはミソギ・ハライ・コモリなどの儀礼が必要である。ヒルコが海に流されるのはミソギ・ハライを意味し、磐楠舟に乗せられるのはコモリを意味する。大祓の祝詞に、種々《くさぐさ》の罪を祓うために「速《はや》さすらひめ」を根の国に「さすらひ失ひてむ」とある。この「サスラヒメ」は「ヒルコ」にあたる。流される国を根の国というが、同じ神が寄り来るとき、根の国は常世の国になる。

だから、七福神は宝船に乗って寄り来る。そのとき舳にいるのが恵比須である。恵比須神像でわかるように、本来は海人の神であったが、この寄り来る福神は、陸に上がるや商人・農民の神として全国に拡がった。大阪の今宮戎神社は、今も大阪商人の信仰に支えられている。

注

(1) 吉田東伍『大日本地名辞書・上方』九九三頁、明治三十三年。
(2) 喜田貞吉「夷三郎伝」「民族と歴史」第三巻第一号、大正九年。
(3) 中山太郎「ゑびす神考」『日本民俗学・三』所収、昭和五年。
(4) 波平恵美子「水死体をエビス神として祀る信仰」「民族学研究」四二巻四号、『ケガレの構造』所収、昭和六十一年。
(5) 野口武徳「船霊とエビス」『日本民俗文化大系・3、山民と海人』所収、昭和五十八年。
(6) 落合重信「西宮神社」『日本の神々・3』昭和六十一年。
(7) 折口信夫「壱岐の水」「民族学」第一巻第二号、昭和四年、『折口信夫全集』十五巻所収。
(8) 吉井貞俊「海からの神——えびす信仰のひろがり」『出雲と瀬戸内の神々』所収、昭和五十六年。
(9) 真弓常忠「エビス信仰の源流」「神道史研究」二六巻一号、昭和五十三年。
(10) 折口信夫「石に出で入るもの」「郷土」第二巻第一・二・三号合冊号、昭和七年、『折口信夫全集』第十五巻所収。
(11) 松村武雄『日本神話の研究』第二巻、二四一—二四二頁、昭和三十年。
(12) 金田一京助「関東のオシラ神」「民俗学」五巻十一号。
(13) 松前健「日本の太陽船と常世国」『日本神話の新研究』所収、昭和四十四年。
(14) 岩崎牒仙「鼠の花籠(三)」『旅と伝説』所収、昭和六年。
(15) 柏常秋「沖永良部島の竈神」「日本民俗学」二巻四号。
(16) 飯島吉晴「竈神の象徴性——生と死の媒介者」「民族学研究」四二巻四号。
(17) 内海延吉『海鳥のなげき』一〇頁、昭和四十五年。
(18) 柳田国男「玉依姫考」『柳田国男集』第九巻所収。
(19) 柳田国男「雷神信仰の変遷」、注18前掲書。
(20) 桜田勝徳「漁村におけるエビス神の神体」「国学院雑誌」四七巻一〇号。
(21) 桜井徳太郎・谷川健一・坪井洋文・宮田登・波平恵美子『ハレ・ケ・ケガレ』一七〇頁、昭和六十一年。
(22) 宗武志「対馬民謡集」『日本民俗誌大系・二』所収、昭和五十年。

第二章　民間信仰と白神祭祀

白《しら》神《がみ》社――オシラサマ信仰と「シラ」の原義

柳田国男と折口信夫の「シラ」考

『月の出羽路』という江戸時代後期に書かれた地誌は、羽後国仙北郡横沢村の「白神」の条に、次のように記している。

○白神 世におしら神、また おしらさまと申す 社

祭日は三月十六日　斎主斎藤九兵衛

そもそも此の御神は養蚕の御神霊にして、谷を隔てて生ひ立つる桑の樹の枝を伐りもて、東にあたれる桑の朶《えだ》を雄神とし、西の方なるを雌神として、八寸あまりの束の末に、人の頭を刻作りて、陰陽二柱の御神に準えて、絹綿をもて包み秘め隠し、巫女それを左右の手に握りて、祭文、祝詞、祓を唱へ、祈禱加持して祭る也。此のおしらを行神《おこなひがみ》といふ処あり。是に姫頭、鶏頭、馬頭なんぞの品あり。(後略)

また『信達一統志』(岩代国〔福島県〕信夫郡・伊達郡を「信達」という)の巻之八、名倉荘上島渡邨条には、

白神社　藤といふ所の傍にあり　養蚕守護の神也と云ふ。

とある。つまり、白神は養蚕にかかわる神とみられている。

柳田国男は「巫女考」で(「郷土研究」に大正二年三月から大正三年二月まで、川村杳樹のペンネームで執筆)、オシラ神(漢字では「御白神」がもっとも多いが、「雄素」「麻白」「緒白」などとも書く)を蚕神とする説に対して、この神と白山権現との関係を述べている。

オシラ神を蚕の神としては諸国に多き白神又は白塚の名の由来を説明し得ぬのみならず、巫女託宣に此神体を持出

す仔細が全く不明になる。オシラサマの正しい本名が白神であることは前の羽後仙北の白神社の外に、北海道渡島《をしま》の岬端白神崎の白神山にも石室の奥にオシラサマを祀ってあると云ふのでよく分る。而して此等の白神は或は白山権現では無かったかと思ふ。和貫稗貫二郡志に陸中稗貫郡亀ヶ森村の葛ヶ坂一名傀儡《くぐつ》坂の事を記し、後に自分の述べんとする傀儡の箱石の古伝説を説いて、「傀儡は神子の類なり、俗にモリコ又はイタコと云ふ、木の切を以て白山神明の形を刻み、此に絹布の裂《きれ》を多く蔽ひ、之を舞して児童のまじなひとす」とある。津軽でオシラを神明と呼ぶことは既に挙げた。白山の神は今でも姫神であるが、古くは陰陽二体の神であったらしい証拠には、同社の社僧が建武の頃に認めた起請文の用紙に正しく男女神の御影を写したものがあると云ふ（宮司長屋基彦氏談）。芸州広島の国泰寺の附近にある白神社は、以前竹竿に白紙を挟みて海中瀬の在る処に立てたものを神に祭った。社伝に菊媛とあるのは即ち菊理媛神であらうと云ふ（秋長夜話後篇）。書紀神代巻の一書に、「是時菊理媛神亦有二白事一」とある「白事」などゝは全然関係なかったにしても、白山の神を白神と云ふのは有得べきことで、殊に此社の下級の神人が、殆ど漂泊とも言ふべき旅行を以て、権現の信仰を全国に伝播した事実に考へて、オシラ神と云ふ物の少なくも起原のみは、白山神明の神根《かみをさ》に用立てた移動的霊位即ち手草であったと見るがよいかと思ふ[1]。

このような見解に対して、ニコライ・ネフスキイは、柳田国男への書簡で（大正九年九月二十日付）、加賀の白山以外にも白山はあるから、柳田説は「認め難い」と書き、翌日発信（九月二十一日）の書簡では、ハクサン神と、被差別部落のシラヤマ神は、呼称で区別されていると書いている[2]（ネフスキイの書簡については白山比咩神社の項参照）。

折口信夫は、「オシラ」を「オヒラ」と書く。昭和四年、雑誌「民俗芸術」に発表した「偶人信仰の民俗化並びに伝説化せる道」で、「おひら様と言ふ言葉については、古くから、私はひなの音韻変化だと考へて居た」と書き、

金田一京助先生の論文で拝見すると、おしらはおひらと言ふのが正しい。おしらと言ふのは、方言を其まゝ写したのだ、と説かれてゐる。この所謂おひら様は、いつ奥州へ行ったものか、此は恐らく、誰にも断言の出来る事ではないと思ふが、少くとも、此だけの事は言へそうだ。元来、東国にかう言ふ形式のものがあったか、其とも古い

時代に、上方地方から行った旧信仰が止まったか、或は其二つの融合したものか、結局此だけに落ちつく様である。と書いている。(3)

柳田国男は、昭和六年に雑誌「方言」に掲載された「西はどっち」という論考では、「私は断言しないが、シロ神・オシラサマのシラもシロも、共に蚕をヒヽルと謂った古音の崩れて伝はったものでは無いかと思ふ」と書き、蚕神説に傾いている。(4)

この柳田説をうけて、折口信夫は、昭和七年に雑誌「郷土」に発表した「石に出入するもの」(全集では「石に出で入るもの」に改題)では、「ひゝるとひるとは同じことばと見て差し支へないと思ひます」と書き、「ひる」は「ひな」になるとして、「我々は、ひなどりといふ名前を、ひらとりと言うてゐる例を知って居ます。比良鳥或は夷照などと書く、高天原から天孫降臨の前提として顕れた神の名前です」と述べ、「オシラ」を「オヒラ」といい、雛《ひな》を語源とする自説を補強している。(5)

ところが柳田国男は、昭和二十八年に『新嘗の研究(第一輯)』に発表した「稲の産屋」では、「蚕をオシラサマといふ方言は普通であり、それは又蚕蛾蛹等を含めて、すべてを比流《ひる》もしくは比々流《ひひる》と呼んで居た古語と、音韻の行通ひがあるかと思はれた故に、一たびは之を同一伝承の分岐したものか、さうで無いまでも奥羽地方のオシラサマも、名だけは少なくとも此方から、運ばれて行ったものの如く推定して居った。今となってはそれがさう早急に、きめてしまふべきものでなかったことを、反省せずには居られない」と書いている。(6)

このように前説をひるがえした柳田国男は、「シラ」の語源を「ヒル(ヒヒル)」に求めず、沖縄で「シラ」という産屋や稲の貯蔵所に求め、「オシラサマ、或はシラヤマ様」という「処々の山の口の小さな祠」に祀られる神と、「ハクサン神とは全く別の神であった」と断言する。(6)

しかし、白山《はくさん》信仰とオシラ神信仰は関連あるとみて「ヒル(ヒヒル)=シラ」とした柳田国男の前説と、それをヒントに折口信夫が主張した「ヒル=ヒナ=ヒラ」説は、無視すべきではなかろう。

柳田国男は、稲や人の産屋を沖縄で「シラ」ということと、三河の霜月神楽の「白山《しらやま》」の行事を関連させているが、白山行事は加賀の白山の布橋行事と関係がある（白山比咩神社の項参照）。

霜月神楽のシラ山が洞穴の表現であることは折口信夫が書いているが、(7) 加賀の白山だけでなく、全国の白山といわれる山には、死と再生儀礼の洞穴がある。だから、シラと呼ばれる産屋も死と再生の籠《こも》りの洞穴で、シラ神が「ハクサン神とは全く別の神であった」ことを証するものではなく、その逆であろう（白山行事や白山信仰は死と再生の儀礼と信仰で、「シラ」に死と再生の意味があることは、白山比咩神社の項で詳述）。

蚕を「オシロサマ」「シラ神」ということと、蚕の古音を「ヒヒル」ということから、柳田国男は「ヒル＝シラ」と推測しているが、(4) 折口信夫は「ヒル」について、蚕だけでなく、植物の蒜《ひる》、時間の昼《ひる》、日留子《ひるこ》（蛭児・日子）・日留女《ひるめ》（日女）なども含めて考察し、「蒜は地下茎をもち、年々春毎に芽を出すもの」であり、(8) 昼は「我々は日中を考へて居るが、昔は、日が昇ればひるだった」(5) と書き、この「ひる」に対する言葉が「よ」だとして、「一例で言ふと、夜《ヨ》といふのは、竹の節《ヨ》と同じで、竹の節などの、うつろの中に籠ってゐる状態がよであって、それから出た形がひる」だと書く。そして、「ひるといふことばは、初めて出現した時を表はすことばで、魂で言へば、よに籠ってゐた魂の現出した時が、ひる」だとする。(5)

この「よに籠って」いる状態は、死の状態である。「ヨル」と「ヒル」は、死と生、闇と明、黒と白の関係と対応する。生は再生であって死を前提とする。「よに籠る」の「夜」は、時間の「ヨ」だが、空間のうえで「ヒル」を遮断した行為が、「洞穴」や「産屋」に入る(隠る)行為である。「シラヤマ」が洞穴で、「シラ」が倉・産屋なのも、「よに籠る」ためである。このように、「ヒル」と「シラ」の生のイメージは、死を包含したイメージである。

「カヒ(殻・貝)」に籠った「コ(子)」が蚕《かひこ》である。蚕は「よに籠って」いる状態であり、この籠りから生まれた蛾を「ヒル」「シロ」という。蚕が死と再生のイメージを強く示しているからこそ、オシラ神は蚕神になったのであろう（養蚕神社の項参照）。

前述のように、柳田国男は、晩年に書いた「稲の産屋」で初期の推論を否定しているが、「シラ」を生まれ清まると解する「稲の産屋」の所論の「生」を「再生」と解せば、初期の所論を否定せずに白神信仰の性格が把握できるであろう（この問題についても白山比咩神社の項で詳述する）。

白神信仰と紀伊国

柳田国男監修の『民俗学辞典』（昭和二十六年刊）は、「オシラ様」について次のように書く。

二体一組、一尺内外の木（宮城県には竹のもある）の棒の先端に男女・馬の顔を彫刻または墨描きしてあって、それにオセンタクと呼ぶ布片を着せている。桑が多く用いられる。農神・蚕神とされ、今はイタコとよぶ盲の巫女が主に司祭する。福島県のオシンメ様、岩手・山形のオクナイ様も実体は同じものだが、山梨・関東地方のオシラ様は馬鳴菩薩風の絵像である。巫女は祭日に、この一対の木片の神体を両手に執ってオシラ祭文を語りながら、アソバセルと称して採物風に打ち振る。オシラ様は多く村の旧家に伝来され、巫女は祭日にのみ関与する点など、家の神の仏教渡来前の姿を考えさせる。その管理が家刀自から巫女の手へと推移したことは、福島県下のオシンメ様がほとんど巫女と関係ないことからも推察される。オシラの神体に布片をつけ顔を描いたのは中世の変化で、もとは御幣や玉串に出たものと考えられる。[9]

私は、家の主婦や娘たちが屋敷神として祭祀していたオシラがイタコ（盲目の巫女）の祭祀に移行したとみるが、巫女が祭祀することによって白神信仰の性格はより明確になったと考えられる。

折口信夫は、その巫女を「熊野神明の巫女」と推測し、オシラサマはその「巫女が持って歩いた一種の神体」とみる[3]が、中山太郎は、熊野比丘尼《びくに》・白（八百）比丘尼が持ち歩いたと推測する。[10] 五来重は白比丘尼とみる。[11] 私は、熊野に白神信仰があるところから、熊野・白比丘尼説を採る（白比丘尼とオシラ神については養蚕神社の項参照）。

『万葉集』巻九に、大宝元年（七〇一）持統天皇と文武天皇が紀伊国に行幸したときの歌十三首が載るが、そのなかの一首に、

湯羅《ゆら》の崎　潮干《ひ》にけらし　白神の　磯の浦廻《み》を　あへて漕《こ》ぐなり（一六七一）

とある。「白神の磯」については、和歌山県有田郡湯浅町栖原《すはら》の栖原山を白上(神)山ともいうことから、この山の麓とする説があるが、そこと由良(湯羅)は十二キロも離れているので、白崎(日高郡由良町大引の西北の岬)に比定する説もある。だが、白崎は十三首のなかに、

白崎は　幸くあり待て　大舟に　ま梶しじ貫き　またかへり見む(一六六八)

とうたわれているから、白神＝白崎と断定することはできない。しかし、「白」がつくこのような地名が、藤原京時代の紀伊国最西端の海辺にあったことは確かである。十三首の歌のなかには、

藤白の　み坂を越ゆと　白たへの　我が衣手《ころもで》は　濡れにけるかも(一六七五)

とあり、「藤白」という地名もある。この坂は海南市藤白の南にある坂だが、この地で有間皇子は斉明天皇元年(六五八)十一月に絞首されている。白神・白崎のある由良の後方の山地を白馬山地という。このように「白」地名が多いのは、この地が「シラ」(再生の生命力)にかかわるからであろう。

紀伊国では、「白」を神官名にも用いている。『日前国懸両太神宮御鎮座本紀』(江戸時代中期ごろの写本、原本成立時は不明)には、神官として「白冠人二、人母人二」と記されている。これらの神官は、「社人之上臈、今断絶」とあるように、女性であった。「人母《じんぼ》」を「神母」の意と西田長男はみるが、(12)「人母」より上位の神官を「白冠」という。また、『感応秘密修法集』の「鎮守霊荷神」には、那智権現の二神は「太夫《タユウ》」「白太《ハクタ》」という兄弟神で、「補陀落山ニ座《オハシ》マス。本地、観音ナリ。日本ニテハ那智権現ト名《ナヅ》ク」とある。この二神の名称は、傀儡女《くぐつめ》が祀る「白太夫」を二つに分けた名だが、傀儡女はオシラサマをあやつるイタコの前身であり、ここにも白神信仰がうかがわれる(白太夫については百太夫社の項参照)。

オシラ信仰を熊野神明の巫女または熊野比丘尼が伝えたと、折口信夫(3)・中山太郎(10)らは述べているが、両氏には具体的な検証はない。しかし、前述したような私の不充分な検証からも、紀伊国の白神信仰が推測できる。

『万葉集』に白神・白崎などの地名が載るから白神信仰があったというのは、それだけでは説得力がない。だが、白

神・白崎の地を『日本書紀』は日高と記し、白神信仰があったことを暗示している。

神功皇后摂政紀の元年二月条によれば、神功皇后はこの地（日高）で皇子の誉田別《ほむたわけ》と会っている。そして、この地から小竹宮《しののみや》に移ろうとしたとき、「是の時に適《あた》りて、晝《ひる》の暗《くら》きこと夜の如くして、已《すで》に多くの日を経《へ》ぬ。時人《ときのひと》の曰《い》はく、『常《とこ》夜《よ》行く』といふなり」とある。

この「常夜行く」の「常夜」について、折口信夫は、「宣長も、冥土・黄泉などの意にとって、常闇《トコヤミ》の国の義としてゐる。常闇は時間について言ふ絶対観でなく、物処について言ふもので、絶対の暗黒と言ふ事である」と書き、「常夜行く」の「〝ゆく〟は継続の用語例に入るもので、絶対の闇の日夜が続く義」、または「単純に〝常夜の国に行ってゐる〟やうなあり様を言ふ」語と解す。[13]

『常陸国風土記』は、「常陸《ひたち》」という国名について、常世の国だから「常陸」なのだと説明しているが、一方では、「日高見国」というとも書く。この点は、「常夜行く」地が日高であるのと共通している。どちらも海と陸の境にある異境である。白神・白崎の地名がこの日高にあることは、「白」のもつ意味を示している。

なぜ、日高で神功皇后は「常夜行く」経験をしたのか。「常夜行く」とは「よに籠る」と同義であり、神功皇后はこの地で死と再生の儀礼を行なったと解してよかろう。この地で誉田別に会ったというのは、彼女が誉田別（応神天皇）として再生したことを意味する。このことは、神功皇后がそのあと神功皇后紀にまったく登場せず、武内宿禰と誉田別皇子の記事だけになることからも裏づけられる。

「常夜行く」とは、産屋（シラ）に籠るのと同じである。「常夜行く」地は「シラ」の地であり、「シラ」には死と再生の意味がある。豊玉姫の産屋が海辺につくられたのも、誕生が再生とみられていたからであろう。海辺は、死霊の行く海との接点である。『古事記』によれば、黄泉国の伊邪那美命が「見るな」といったのに伊邪那岐命が見ると、伊邪那美命は蛆と雷神が巣くう体に変身していた。産屋の豊玉姫も「見るな」といったが、夫の火遠理命が見ると、ワニに変身していた。籠りは変身の過程であり、籠りの期間は、見てはならないタブーの時期である。この伝承からも、黄泉と産屋に共通性があることがわかる。

神武紀によれば、三毛入野命は熊野から浪の秀《ほ》を踏んで常世郷へ往ったという。このように、海上他界の常夜（世）へ渡る地として紀伊国があるのだから、その延長上に補陀落《ふだらく》渡海も生まれたのであろう。補陀落山への渡海は、永遠の不死（死と再生の輪廻《りんね》）を願って海上他界へおもむく行動であり、一種の白神信仰の仏教化と考えられる。

オシラ神信仰にかかわる白太夫を二つに分けた白太・太夫という二神の本地が補陀落山で、それが日本では那智権現だという伝承からも、白神信仰と熊野・那智信仰の関係が推測できる。なお、日前《ひのくま》・国懸《くにかかす》神宮の神官の最高位を「白冠」というが、この役には社人の婦人が就くという。オシラサマの祭祀も、古くは白神を祀る家の婦人が行なっていた。

このように、日前・国懸神宮にも「シラ」のイメージがある。

なお、オシラサマを舞わせてオシラ祭文をとなえるのは盲目の巫女イタコだが、イタコの修行のオオハイ（大拝）では、地元の出羽三山と共に熊野と白山の神を「ナーム熊野さ大権現。ナーム白山大権現」ととなえて礼拝する。ここからは、熊野・白山信仰とオシラ信仰の関係が推測できる。

シラ・ヒラ・ヒナ

> 「オシラ」は「オヒラ」ともいう。ネフスキイは書簡で、青森県上北郡天間村の中村武志の手紙を紹介しているが、その文中に「お平様」とある。

あの世（異界・他界）とこの世の境を、『古事記』は「黄泉比良坂」、『日本書紀』（一書の六）は「泉津平坂」と書く。なぜ「平（比良）坂」なのか。倉野憲司は、「サカはもともと『堺《さか》』の意であるが、いつとはなしに『坂』の意に解せられるやうになり、またヒラ坂のヒラも、元来は『崖』の意であったものが、その本来の意が忘れられて、『平《ひら》』即ち平坦の意に解せられるやうになったものと思はれる。『竹取物語』の蓬莱の玉の枝の条に『その山、見るにさらに上るべきやうなし。その山のそばひらをめぐれば、云々』とあるが、この『そばひら』は『岨崖《そばひら》』と解すべき語で、ヒラの古意が残ってゐるものと思はれる。（現に沖縄語ではヒラが坂の意に用ゐられてゐる由である）」と述べている[14]。

「そばひら」が崖の意だとしても、「元来は『崖』の意」だとはいえないだろう。沖縄で「ヒラ」は坂の意に用いられているが（『おもろさうし』）、坂は堺（境）の意だから、境界としての意味の「ヒラ」が坂・崖の表現に使われたと考えられる。「シラ」「ヒラ」は、時間と空間の境界を意味する言葉である。

『日本書紀』は、崇神天皇の命令で大彦命が北陸へ向かう途中、和珥坂で少女のうたった

　御間城《みまき》入彦《いりひこ》はや　己《おの》が命《を》を弑《し》せむと　竊《ぬす》まく知らに　姫遊びすも

という歌を載せ、別伝で、山城の平坂で童女がうたった歌だと書く。「崇神天皇（御間城入彦）は殺されるのも知らずに、姫遊びをしている」という意だが、この歌は、崇神天皇が生死の境にいることを伝えている。

「ヒラ」は「ヒナ」ともいう。出雲国の祖建比良鳥命を、『出雲国造神賀詞』は武夷《ひな》鳥命、『日本書紀』（崇神天皇六十年）も「武日照《たけひなてり》命、一云武夷鳥」と書く。『万葉集』で柿本人麻呂（二九・二二七・二五五）や大伴家持（四一六九・四一〇〇・四一八九）は、「天さかる夷《ひな》」とうたっている。『肥前国風土記』逸文は、賊を「誅《う》ち夷《ひら》ぐ」と書く。「夷《ひら》ぐ」とは平定の意である。夷（異賊）を討つのが「平《たいら》ぐ」であり、崖や坂の「平《ひら》」（境界）がないのが「平《たいら》」である。このように、「平《ひら》」に二つの相反する意味があることは、「白」に闇（黒）の意味と、生と死を結ぶ境界の意味があることと共通する。

折口信夫は、「奥州で『おしらさま』と言ふのは中央の発音では『おひらさま』で、例外なく『おひなさま』としてよい。即、『ひな』が東北に行って『しら』となったのである」と書く。そして、「ひな」は雛や鄙・夷のことだが、『ひな』は『とこよ』と同義語で、異郷・他国と言ふことらしく、其處から時あって出て来て、国々のいろ〳〵の穢れをとって行くものと考へてゐたのである」と書く(8)。

だが、「シラ」「ヒラ」の意味からすると、『とこよ』と同義語」であるだけでなく、「とこよ」（常世・常夜）と「このよ」との接点、異境・境界（平坂）とみることもできる。

『古事記』は、天若日子の死を弔った阿遅志貴高日子根《あぢしきたかひこね》神が、喪屋を斬り伏せて昇天するとき、高比売（大照比売）が「み谷二渡らす」とうたった歌を、「夷振《ひなぶり》」と書くが、『上宮聖徳太子伝補闕記』に載る、片岡山で飢えて死んだ旅人を

うたった歌も「夷振」と書かれている。

『日本書紀』は、『古事記』の歌と、「天離《さか》る　夷《ひな》つ女《め》の　い渡《わた》らす迫門《せと》　石川片淵」を載せて、二つの歌を「夷曲《ひなぶり》」と書く。「い渡らす迫門」とは境界であり、そのそばに「天離る夷」の女がいるのである。このように、「夷」は異界(とこよ)であっても、境界・結界のそばの異境だといえよう。「常夜行く」紀伊の日高・白崎は、夷であり境界である。

空間的な夷《ひな》に対し、雛《ひな》は常夜（殻の中の籠り）から現れたばかりで、時間的境界にいる。折口信夫は雛について、「其処（異郷・他国）から時あって出て来」たと、空間的にみているが、それは、生まれたばかりの鳥の子でなく、人形の雛をいっているからである。「ヒナ」は時間的・空間的な境界を意味する。

「雛」という小さな人形（傀儡《くぐつ》）を操る傀儡女が祀る神を、「白(百)太夫」という。オシラサマを操るイタコも新しい時代の傀儡女であり、オシラサマは「白太夫」である（この問題については百太夫社の項参照）。

ネフスキイは、柳田国男への書簡（大正九年三月二十六日付）で、(2)岩手県稗貫郡の傀儡坂《くぐつさか》にオシラ神が祀られていることから、「オシラサマは傀儡師と深い関係を有する事だけは争はれないものです。遠野のテンヤも一種のクヾツ(巫女)であった。津軽辺では今でも時々オシラサマを背負って来る物貰ひの女が見えるさうです」と書き、「くぐつに関係深い百太夫――人形の始めといはれてゐる――は、元は仰せの如く白太夫《しら》と申されたのかも知れません」「八百比丘尼や白《しら》比丘尼にも関係がありさうに思はれる。序でに白拍子の事も考へ合せて見ると皆々甲州の白神筋と同じく、口寄巫に関聯して元はオシラ神と緻密な関係をもったらしい」とも書く。(2)

オシラ様が傀儡坂で祀られていることからも、傀儡（人形廻し）と坂の関係と、シラ・ヒラが意味する境界(坂)とヒナ(人形)の関係がうかがわれ、シラ・ヒラ・ヒナの同義性が考えられる。

全国にある白神信仰

中山太郎は、オシラ様は「東北地方の特殊神」ではないとして、次のように書く。

> 武蔵国西多摩郡の各村落にては、此の神（但し神体は異ってゐて、此の地方のは仏像である）を祀り、今にオシラ講といふのが各村に在ることが証明された。柳田国男先生の記事によって知った、越後長

岡辺では昔は蚕の事を四郎神と云ひ、正月、二月、六月の午の日に、小豆飯を以てこれを祭ったのや、上野国勢多郡宮田村などでも、正月十四日の夜をオシラマチと呼び、神酒と麺類とで蚕影山の神を祭ったとあるのも、共にオシラ神の分布されたものと見ることが出来るやうである。

更に「延喜式」の神名帳に載ってゐる武蔵国播野郡の白髪《シラカミ》神社も、後には祭神清寧天皇と伝へられたが、これなども清寧帝が偶々白髪であったといふ故事から、白髪に付会したさかしらで、古くはシラカミと訓んだものと解する方が穏当であって、然もオシラカミに関係があったかも知れぬ。美作国苫田郡高野村大字押入に白神神社があり、社記を刻した長文の石碑が建ててあるが、それに由ると、即ちシラカミと訓むことが明白である。出雲国大原郡佐世村大字下佐世に白神明神があり、俚俗に祭神は素尊と稲田姫との二柱で、素尊の髪が白いので、斯く称すのだというてゐる。猶ほ同村には白神八幡といふ神社もある。此の俚伝も、前の清寧帝のそれの如く、シラカミに後世から付会したものであることは言ふまでもない。紀伊国有田郡田栖川村に白神磯といふ地名がある。これは『万葉集』に『由良の崎汐干にけらし白神の　磯の浦みを敢て漕《こ》ぎなむ』とあるのがそれである。安芸の広島市の国泰寺の付近にも白神神社といふがある。以前は竹竿に白紙を挟んで、海中瀬のある所に立てたものを神に祭った。此の二つは共にオシラ神であることは言ふまでもないが、海辺に祭られた理由に就いては、私には判然せぬ。而して是に関して、想ひ起されることは、下総銚子町の歯櫛神社の由来である。『利根川図誌』などによると、歯櫛の二字から構想して、長者の娘が失恋して入水し、歯と櫛が漂着したので、神と祀ったのであるなどと、とんでもない怪談を伝へてゐるが、これは古くシラカミに白紙の文字を当てたのを、更にハクシと訓み過って、歯櫛の伝説となったことが知られるのであって、何か海辺に此の神が由縁を有してゐたこと、前記の紀州や安芸のそれや、及び渡島の白神岬などと共に考ふべき点である。阿波国美馬郡口山村宮内の白人神社や、『筑後国神名帳』に載せた上妻郡の白神神社も、これまたシラ神であって、阿波のは白神を白人《はくじん》と訓み習はしたのを、後にかゝる文字を当てたものと見るべきである。[15]

長文の引用になったのは、この文章に全国の白神の分布が示されているからである。中山太郎は、「海辺に祭られた理由に就いては、私には判然せぬ」と書いているが、白神が「トコヨ」との境界にいる神、生者と死者の国を結ぶ境界の神である以上、海辺（境界）に祀られているのは当然である。

『延喜式』神名帳の能登国能登郡の白比古神社も、海辺の「白浜」（鹿島郡田鶴浜町白浜）にある。『大日本地名辞書』（五巻）は、「白浜、田鶴浜の西に隣る。延喜式、白比古神社、此に在り。（神祇志料）白比古は新羅神の謂にや、白浜今金崎村と改称す」と書く。『能登志徴』には、白浜の地名の由来について、氏神の白比古神社の神体が海辺に漂着したため白浜というとあり、この神も海辺にある。前述した熊野の白神信仰でも、「白」のつく地は海辺である。

白山信仰も白神信仰とかかわっていることは、オシラ祭文が東北地方独特のものでなく、白山信仰圏にあることからもいえる。白山美濃馬場に近い岐阜県郡上郡美並村の総合民俗調査が載る『美並村誌』民俗篇に、姫と馬を蚕神にまつるオシラ祭文と同じ話を、高原の服部きくが語っており、根村の藤田きんは、天神さまに笹とツツジをお供えして、オシラ祭文をとなえるいい伝えがあったことを述べている。このように白神信仰は、オシラ様を祀る東北・関東だけでなく、全国に分布している。

白《しら》の火・日としての「シラヌヒ」

中山太郎は、武蔵の白髪《しらかみ》神社を白神神社とみるが、そうだとすれば、『肥前国風土記』総記、『肥後国風土記』逸文に載る白髪山を、白神山とみてもよいであろう。

白髪山は、『肥後国誌』によれば、氷（火）川の上流の種山村にあるといい、白上山ともいう。氷川の源流には白山があり、その近くに白岩戸があり、中流の立神《たちがみ》という大岩のある断崖は、シラタケまたはシラタキと呼ばれている。

白髪山について、肥前・肥後の『風土記』は、肥君らの祖建緒組《たけおくみ》が賊を平定し、八代郡の白髪山の麓で日が暮れたので宿をとったとき、「其の夜、虚空《おほぞら》に火あり、自然《おのづから》に燎《も》え、稍々《やや》に降下《くだ》りて、此の山に着焼《もえつ》き」た様を見たので、そのことを朝廷に奏上したところ、崇神天皇が、「火の空より下《くだ》りて山に燃えしも恠《あや》し、火の下りし国なれば、火の国と名づくべし」といったので、火(肥)の国と称したと書く。

また、別伝として、景行天皇が海を渡っているうちに日が暮れてしまい、着くところがわからなくなったとき、海上に火の光がみえたので、その火によって岸に着いた。だから火の国と命名したとある。この別伝の伝承は、「火の主を知らぬ」とあり、「不知火《しらぬひ》」の語の由来譚になっている。

「不知火の文字に書かれたるは足利家の季世よりなど書出したるなるべし」と『肥後国誌』が書くように、「不知火」は室町時代以降の表記である。谷川健一は、「シラ(白)は南島語では産を意味する。産の神をシラの神と呼び、産の忌をシラ不浄と呼んでいる。そして産室の地炉にもやす火を『シラの火』と名付けている。筑紫の枕詞の『しらぬひ』は『斯良農比』とか『之良奴日』とも表現されている。比、日は甲類の音韻だが、火は乙類なので不知火ではないことは通説となっている。そこでは『ひ』は『火』にはなり得ない。それをそのまま『シラの火』にあてることはできないが、『シラ』ということばは誕生につながる語として、生かせるとおもう」と書き、火の国の地名起源の「しらぬひ」は「シラの火」ではないだろうかと、推論している[16]。

私も、火の国の「シラヌヒ」を「白の火」とみる谷川説に同調する。問題は、筑紫の枕詞の「シラヌヒ」だが、『古事記』は筑紫を「白日別」と書くから、この枕詞の「シラヌヒ」の「ヒ」は火でなく、「白の日」であろう。

『古事記』の大年神神統譜に載る「白日神」は、韓神・曽富理神・聖神と共に秦氏系氏族が祀る渡来神だが、白山神にもその要素がある(くわしくは白山比咩神社の項参照)。日本海沿岸の養蚕は、

白神信仰と朝鮮

朝鮮半島の養蚕技術が入ったものといわれているが、オシラ神は蚕神でもある。藤原相之助は、蚕神のオシラ神と白山信仰が関連すること、新羅が斯羅《しら》・斯盧《しろ》と書かれていることから、オシラ神を新羅神とみる[17]。加藤宗一も、白山信仰と白神信仰を重ねて、新羅の帰化人がオシラ神信仰を越前・加賀へもちこみ、それを東北へひろげたとみる[18]。布目順郎も、オシラ神を蚕神とみて、朝鮮語の絹を意味する Sir との関連から、「オシラ神のシラは新羅神ひいては新羅国に由来するのかもしれない」と書く[19]。

オシラ神＝新羅神とはいえないし、白山は加賀白山だけではないから、藤原・加藤説には賛成できないが、オシラ神信仰は、わが国固有の信仰とはいえないようである。

ネフスキイは、前掲の柳田国男への書簡で、シベリヤのシャーマンと、オシラサマを扱う日本の巫女との関係を述べているが、石田英一郎も、「私はオシラ様の本質的な性格は、北アジアのシャマニズムなどと共通する、わが国の民間巫道のなかに求めうべきものと信じている」と書く。(20)

柳東植は、『朝鮮のシャーマニズム』で、「新羅の始祖を、『朴赫居世』と名付けたが、『朴』(Pak)は『밝』(Park)の当字であるらしく、『赫』『白』とも記写される。『밝』(Park)の対字として多く用いられるものが、白である。とくに、天神の降臨地と信じられた山岳の名称にこの字を当てた。例えば、白頭山、太白山、長白山、白雲台などである。山岳を天神の降臨した神岳と仰ぎ、『밝뫼』(Park moi 光明山)と呼ぶことに由来するもので、天神光明信仰を端的に表象するものである」と書いている。(21) 光明山が白山の意だから、白日は光明の意である。

白冠を女祭祀者の最高位の呼称とする日前《ひのくま》神宮は、神体を鏡とする日神信仰の神社である。紀伊国も朝鮮半島と密接であることは、文献や考古学上の遺物から証される。また、白山や白比丘尼の越前・若狭と朝鮮とのかかわりの密接さも、文献・考古資料から裏づけられる（くわしくは白山比咩神社・養蚕神社の項参照）。

白神信仰については、白山信仰と同じく、ツングース系シャーマニズムの影響が無視できない。日本列島の人々がもっていた「シラ(ロ)」(転じて「ヒラ」「ヒナ」)の観念に、朝鮮で빈 (Paik) という「白《はく》」の観念が重なったのが、わが国の白神信仰であろう。

『古事記』は「稲羽《いなば》之《の》素兎《しろうさぎ》」と書く。素衣＝白衣、素羽＝白羽の表現からみて、素兎は白兎だが、この兎は裸《あかはだか》だったとある。生まれたばかりの状態が「素」であり、どんな色にも染まるのが「白」である。この原初の生命をいう「シラ(ロ)」が、朝鮮から入った白山《はくさん》神信仰と習合したと考えられる。

海辺には住まない兎が海辺の伝承に登場するように（この説話は南の海洋民の伝承といわれている）、「素兎」の「素《しろ》」は、海上から生命を生みはぐくむ霊力が依り来るという信仰から生まれたものである。白神、白崎の地名が海辺、岬にあるのも、そのことを示している。誤解をおそれずにいえば、海上の「シラ」の「火」は日本列島の人々のイメージだが、白日のイメージは朝鮮半島的である。新羅の迎日県には白日峯があり、白日は白山のイメージである。海照《あまてる》の「シラ」のイメージに、朝鮮の天照《あまてる》（白日）の「白山《はくさん》」の観念が重なって、白山信仰にみられるような山中他界観が生まれ、死と再生の輪廻の中で、生者と死者、此岸と彼岸の境界の神としての白神信仰が、日本的シャーマンの手によって拡められた。その一例が、オシラサマを操るイタコであろう。

柳東植は、「日本の巫儀の構造は、朝鮮のそれとまったく同じものである。まず神下ろしをなし、御託宣を伝えてから、神送りの行事をなす。ただシャーマニズムの特質である歌舞賽神行事が、オシラサマアソバセに変形されているところに日本的巫儀の特徴が見られる」と書いている。(21)「白」にはツングース系シャーマニズムのイメージが強いが、「素」には南方系の海洋的要素があり、この要素が「日本的」な巫儀の構造の特徴になっている。

いずれにしても、固有と外来の信仰が複雑にからみあっている事実は、日本人が雑種民族であることを信仰の面で示している。

注

（1）柳田国男「巫女考」『柳田国男集』第九巻所収。
（2）ニコライ・ネフスキイ「ネフスキイ氏書翰」『柳田国男集』第十二巻所収。
（3）折口信夫「偶人信仰の民族化並びに伝説化せる道」『折口信夫全集』第三巻所収。
（4）柳田国男「西はどっち」『柳田国男集』第十九巻所収。
（5）折口信夫「石に出で入るもの」『折口信夫全集』第十五巻所収。
（6）柳田国男「稲の産屋」『柳田国男集』第一巻所収。
（7）折口信夫「山の霜月祭――花祭り解説」『折口信夫全集』第十七巻所収。
（8）折口信夫「ひめなすびとひなあそびと」『折口信夫全集』第十七巻所収。

(9) 柳田国男監修『民俗学辞典』七七―七八頁、昭和二十六年。
(10) 中山太郎『日本巫女史』五五八頁、昭和四年。
(11) 五来重「布橋大灌頂と白山行事」『白山・立山と北陸修験道』所収、昭和五十二年。
(12) 西田長男「日本の聖母」『古代文学の周辺』所収、昭和三十九年。
(13) 折口信夫「古代生活の研究――常世の国」『折口信夫全集』第二巻。
(14) 倉野憲司『古事記全註釈』第二巻、二五六頁、昭和四十九年。
(15) 中山太郎、注10前掲書、五五七―五五八頁。
(16) 谷川健一「不知火の巫女」『古代史ノオト』所収、昭和五十三年。
(17) 藤原相之助『東西古俗考』二五五―二八九頁、昭和十八年。
(18) 加藤宗一『日本製糸技術史』一―七頁、昭和四十一年。
(19) 布目順郎「帰化人と養蚕」『養蚕の起源と古代絹』所収、昭和五十四年。
(20) 石田英一郎「桑原考――養蚕をめぐる文化伝播史の一節」『桃太郎の母』所収、昭和三十一年。
(21) 柳東植『朝鮮のシャーマニズム』三九頁、昭和五十一年。

白山比咩《しらやまひめ》神社――「シラヤマ」と「ハクサン」と古代朝鮮

祭神について

加賀、越前、美濃の国境に聳《そび》える白山《はくさん》（二七〇三メートル）は、養老元年（七一七）越前の行者泰澄《たいちょう》が入山して以来、山岳修験の霊山になったという。『延喜式』神名帳の加賀国石川郡の項には、白《しら》山比咩《やまひめ》神社とある。白山比咩神社の本宮（里宮）の地を加賀馬場といい（石川県石川郡鶴来町三宮）、他に越前馬場（福井県勝山市平泉寺《へいせんじ》町平泉寺）、美濃馬場（岐阜県郡上郡白鳥町長滝）がある。明治維新後の神仏分離によって、越前馬場の平泉寺は白山神社、美濃馬場の長滝寺は白山長滝神社になっている。白山山頂（御前崎）には白山比咩神社の奥宮がある。

白山比咩神社は、菊理媛《くくりひめ》を主神とし、伊奘諾《いざなぎ》神・伊奘冉《いざなみ》神を配しているが、奥宮は菊理媛神のみを祀っている。『延喜式』神名帳の白山比咩神社は一座だから、菊理媛が白山比咩とされていることになる。

菊理媛を祭神とする初見は、大江匡房（一〇四一―一一一一）の『扶桑明月集』の次の記事である。

天降八王子麗白山菊理比咩神也

しかし、天徳元年（九五七）三月、僧浄蔵の口伝によって成立したといわれる『泰澄和尚伝』に、白山の神は伊奘冉尊で妙理大菩薩と号すとあることから、祭神を伊奘冉尊とする説もある。だが、浅香年木が「『泰澄和尚伝』試考」で論証しているように、『泰澄和尚伝』の祖本と主張される、いわゆる『天徳本』の実在は疑わしく、口授者を浄蔵とするのも仮託にすぎない(1)」から、十世紀に祭神を伊奘冉尊としていたとみるわけにはいかない。

建保三年（一二一五）正月、白山本宮蔵人所の絵覚賢渓路公が揮毫し、白山本宮で本尊としていた絹本着彩白山大権現像は、中央正面に唐衣唐冠で威儀を正し、手に団扇をかざして座した女神を描いている。その手前左右の男女両神はやや小さく、斜めに向き合うように描かれており、右の男神は、黒衣縫腋の袍を着し、老懸した巻纓の冠を頂き、左脇に弓を手挟んで座し、左の女神は、中央の女神と同じ服装で、両手を袖中に潜めたままで団扇を持っている。

この図像について、中央が菊理媛、右下が伊奘諾尊、左下が伊奘冉尊といい伝えられてきたところから、本宮の祭神も、そのような配置で祀られている。この中央の女神を伊奘冉尊としているのが『泰澄和尚伝』である。『泰澄和尚伝』は越前平泉寺側の文献だから、加賀本宮側の菊理媛に対抗して伊奘冉尊を主神にしていると考えられるが、このことは、伊奘冉尊とする文献がその後の越前側の文献に多いことからもいえる。私は、主神を伊奘諾尊とする『元亨釈書』が書かれた元亨二年（一三二二）に近い時代に、越前側が伊奘冉尊説を主張したと推測したい。

菊理媛神は、『日本書紀』（一書の十）と『旧事本紀』（陰陽本紀）によれば、黄泉国から逃げ帰る伊奘諾尊が伊奘冉尊と泉津《よもつ》平坂《ひらさか》で争ったとき、泉守道者《よもつもりみちひと》と共に争いをやめさせたという。白山大権現像において、主神の菊理媛の左右に伊奘諾・伊奘冉尊が配祀されているのは、そのためである。

加賀本宮の口伝には、泉守道者を祭神とする説があり、『新撰一宮記』『神代巻講述鈔』『倭漢三才図会』も、泉守道者を菊理媛・伊奘冉尊と共に祭神にしているが、泉守道者は、その名のとおり、黄泉国への道を守る者である。

菊理媛はこの神とヒコ・ヒメの関係になるから、折口信夫は両神を「黄泉《よみ》の精霊」といい、(2) 五来重は菊理媛を「死霊の託宣（口寄）をかたった、イタコの祖先のごとき神」とみている。(3) 白山比咩を菊理媛と重ねたのは、白山比咩に菊理媛的性格があったからであろう。

「シラヤマ」と「稲の産屋」

柳田国男は、「愛知県の東北隅、三州北設楽の山村に、近い頃まで行はれて居た霜月神楽の中に、シラ山と称する奇特なる行事があった。数多の樹の枝や其他の材料を以て、臨時に大きな仮山を作り、前後に出入りの口を設け、内には桟道を懸渡して、志願ある者をして其中を通り抜けさせた。是を胎内くぐりといふ言葉もあり、又障り無くこの行道を為し遂げたことを、生れ清まはりと呼んで居たとも伝へられる。我邦の山嶽信仰の、是は普通の型とも見られようが、それをシラ山と名づけたのには、或は埋れたる古い意味があるのかもしれぬ。加賀の名山などは、夙く白山《はくさん》と字音に呼ぶことになって居り、之を菊理媛の神の故事に結びつけた神道家の説も新らしいものでは無いが、今迄の常識者は寧ろ春深くまで、消え残る高嶺の雪を聯想して怪しまなかった。しかし考へて見れば是もやゝ無造作に過ぎて、命名の詮も無いやうである」と書いている。(4)

柳田国男は、常に白雪のある山だから「白山」と呼ばれたという俗説に疑問をいだき、三河の霜月神楽の花祭の「シラ山」との関連を述べたのである。

ニコライ・ネフスキイは、大正九年四月の柳田国男への書簡で、加賀の白山《はくさん》だけが「シラ山」でないとして、次のように書く。(5)

　白山《ハクサン》の事だけをシラヤマといふならいいけれども他国にも白山《シラヤマ》があると存じます。
　例へば、
　　筑前国の古所山　別称白《シラ》山　白髪山
　　讃岐国の松山　別称白峰《シラミネ》
　　対馬国　白岳《シラタケ》　など御座います
　また陸奥国西津軽郡の南方に白神《シラカミ》岳、北海道、渡島に白神《シラカミ》岬といふ地名もあり、御承知で御座いますが一寸御参考に申上げます。

ネフスキイのあげた山以外にも、吉田東伍の『大日本地名辞書』によれば、秋田県南秋田郡と大分県海部郡・大野郡に白山があるが、常に白雪をいただく高山ではない。

折口信夫は、柳田国男が書く霜月神楽の白山《シラヤマ》について、「伊勢の神楽の真《ま》床襲衾《どこをぶすま》にあたるもの」で、「此に這入って生れ出る」ものとみる。そして、「白山と言ふと、すぐに越の白山が思ひ出されます。(中略)とにかく、此山を白山と言うたのには、何か由来があったと思はれますが、一つの聯想は、此山に菊理媛を祀った(一宮記)とある事です。此神は、黄泉《ヨモツ》比良坂に顕れた神で、伊奘諾神が禊ぎをする前に現れてゐます。其から考へて行くと、菊理《ククリ》は泳《ククリ》で、禊ぎをすゝめた神らしく思はれるのです。白山に祀った神が、果して菊理媛であるかどうか訣りませんが、併し、此神が白山の神になったのは、生れ変ると関係のある、白山《シラヤマ》の聯想からではなかったでせうか」と書いている[6]。

柳田国男は、白山《しらやま》に、「生れ変る」「生れ清まる」の意味があることから、「シラ」と「オシラサマ」信仰を結びつけ、このオシラサマは農神で、「春の農始めには穀物の種子を持って、高い空から御降りなされるものと信じ」られているとして、白山を「稲の産屋」とみる[4]（柳田国男は、産屋が「シラ」と呼ばれた理由として、産屋の穢れを「シラフジョウ」、妊婦を「シラピトゥ」、産婦を「ワカジラア」と呼ぶことを例にあげている[4]）。

折口信夫は、白山を「這入って生れ出る」真床襲衾と推測し、柳田国男は「稲の産屋」とみるが、宮田登は、早川孝太郎の花祭に関する記述に、白山から出てきた人たちを見物していた老婆が、「ほら見よあんなに多勢赤ん坊が出たに」といったとあることから、「白山に入って出てくることを、人間の誕生になぞらえている」とみる。そして、白山から出てきた人（「神子《かんこ》」という）たちが、白山の橋に使われていた米俵を背負い、両手に扇子を持ち、さらに口に一本くわえて船を漕ぐ真似をすることについて、「扇子は翼を意味し、口にくわえたのは稲穂だという。すなわち鳥の姿をして、稲穂をくわえ、誕生してきたことを表現する舞いなのである。こうした白山の儀礼が、人間の誕生と稲霊の再生を象徴することは、ほぼ間違いないように思われる」と書く[7]。このように、「シラ」には誕生の意味がある。

なお、大分県大野郡の白山（傾山ともいい、山麓の村を白山村といった。現在は清川村と三重町に編入されて白山村はない）について、『大日本地名辞書』（西国）は、「東麓は木浦鉱山なり。北麓にも廃坑あり。今クローム鉄鉱を出す所あり」と書く[8]。また、秋田県南秋田郡の白山（現在の秋田市上新城白山）にも銀鉱があった。白山沢銀山という。ネフスキイの書く「陸奥国西津軽郡の南方」の「白神岳」は、向白神岳《むかいしらかみ》（一二四三メートル）をいうが、秋田県にかけてのこの山地を白神山地といい、鉱物資源が多い。鉛、亜鉛、銅の生産で知られた太良《だいら》鉱山（秋田県山本郡藤里町）も白神山地にある。

また、大分県の海部郡の白山について、『大日本地名辞書』（西国）は、「小佐井村丹生村の南峰にして、高五百二十米」と書くが[9]、この白山は『和名抄』の丹生郷にある。『豊後国風土記』海部郡丹生郷の条には、「昔の人、此の山の沙《すなご》を取りて朱沙に該《あ》てき。因りて丹生の郷といふ」と書かれている。丹生川上神社の項で書くように、丹生は水銀のことである。『続日本紀』文武天皇二年九月二日条に、豊後国から真朱が献上されたとあるが、たぶん丹生郷の水銀であろう。真朱の産地の山を白山といっているのだから、白山は「白い山」の意味だけではない。

小林一蓁は、「若尾五雄氏は白山の『白』が鉱石と関連があるのではないかと考えられている（『金属・鬼・人柱』）。白山坐神が山の神であってみれば当然かもしれないが、白山神の神格としても鉱山神を考えなければならないようにおもう。（中略）近世の文献ではあるが、白山にも泰澄が黄金の額を打った岩という『額打岩』（『白山禅頂記』）、白山越前馬場からの禅定道にある『不動の滝』の下には砂金があり（『続白山紀行』）、平泉寺には金を埋めた札が立っていたという（『続白山紀行』）。あるいは白山頂の『御宝蔵』（「皮籠ヶ岩屋」とも）は権現の金蔵という（『越前虞子』）。さらには泰澄の従者臥行者は芋掘藤五郎と兄弟で、藤五郎は山中で黄金を掘り出したという（『金沢古蹟志』）」と書いている[10]。

白山の黄金伝説は、白山に金鉱があったことを意味しないが、泰澄に芋掘藤五郎伝承があり（柳田国男は「芋掘」の「イモ」を「鋳物師」の「イモ」とみる[11]）、鉱山を白山《しらやま》という例があることからも、農業の視点だけで白山信仰を解釈しようとする方法には一考の余地があろう。

「シラヤマ」の意味するもの

「シラ」には誕生の意味があるが、単なる誕生でないことは、白山比咩神社が、黄泉国の精霊の菊理姫を祭神にしていることからもいえる。五来重は次のように書いている。

三河の白山行事の白山は、これをシンボライズした円錐形の建物に、白木綿を巻いたものであったというのは、むしろ円錐形モガリ（もんどり型モガリ）をあらわしたのではないかとおもう。今も墓上構造物としてそのミニュチュアが墓にのせられているけれども、起源的には風葬死体を掩って、その荒れすさぶ死霊を封鎖したのである。もっとも早川氏の貴重な聞書には、白山の構造は二種類あって、もう一つの方形の屋根は吹貫であったという。これは青柴で四方が葺かれ「雪白の幣帛に埋れた建物」であったという。青柴で四壁を囲い天井が吹貫けている構造は、葵祭に上賀茂神社がミアレ神事をおこなう「ミアレの御囲」の構造とおなじである。したがってこれは私のモガリの分類では青山型モガリにあたり、白山はいずれにしても、死霊封鎖のモガリであり、その中に入ることは「死者」となることを意味したであろう。(3)

五来重は、白山《しらやま》を「産屋」でなく「殯《もがり》」(葬儀の準備などが整うまで、遺体を棺におさめてしばらく仮に置いておくこと。また、その所)とみて、白山の神事を「擬死再生」の行事とみる。

霜月神楽の白山に入って出ることを「胎内くぐり」と呼んでいると、柳田国男は書いているが、(4)「胎内くぐり」は死と再生の儀礼である。白山には洞穴のイメージがうかがわれる。折口信夫も、洞穴へ入るのも白山を作って入るのも同じことだと書いている。(6)

大分県南海部郡本匠村大字風戸に白谷《しらたに》という地があり、白谷川が流れている。この白谷について、『角川地名大辞典』(大分県)は、「石灰岩の多い谷であるのでこの名がある。洞穴が多く、地獄谷の奇景がある」と書いている。しかし、白谷の「白」が洞穴にかかわる「白《しら》」でもあることは、大分県直入郡久住町の白口岳(一七三五メートル)が、火口があるため「白口《しらくち》」と呼ばれていることからも証せられる(火口跡は池になっている)。『出雲国風土記』によれば、死者の行く黄泉《よみ》の穴は洞窟である(平田市猪目の磯の窟・猪目洞穴)。

大分県の海部郡の白山について、『豊後国志』は、「白山最高有石罅、窟中方丈許」と書き、大野郡の大白山について、「有一窟洞、口狭内広、下梯而又入」と書く。霜月神楽の白山には、白い布でつつまれた橋が突き出ている。その橋を柳田国男は「桟道を懸渡して」と書くが、これは、大白山の洞窟へ梯をかけて入るのと似ている。人工と自然のちがいはあっても、どちらも「白山《しらやま》」という点で共通している。なお、対馬の白岳(長崎県美津島町州藻)は、山頂が二つにわかれて南を男岩、北を女岩というが、女岩には洞窟があって、中に女神が鎮座している。

白山比咩神社のある白山《はくさん》山頂にも、白口岳と同じく火口があり、池になっている。鎌倉時代の成立といわれる『白山大鏡第二神代巻初一』は、白山の三所の峯と麓の間に、三十七所の神仙洞秘所があると書き、三十七の神仙洞の洞窟の名称とその由来をあげて、この秘所は白山開基の泰澄が修行した「仙崛」だと書く。このように、白山でも洞窟が重要な意味をもっている。

折口信夫は、菊理媛の「菊理《ククリ》は泳《クグリ》で、禊ぎをすゝめた神らしく思はれる」というが、菊理媛は泉津平坂《よもつひらさか》の場面に泉守道者と対で登場し、禊ぎのところには登場しない。だから折口信夫は、禊ぎの条に出るべき菊理媛が、泉津平坂の黄泉道守（泉守道者）のところに、「原話が錯倒して」登場したとみる。[12] しかし、『旧事本紀』（陰陽本紀）の菊理媛の記述からみると、「原話の錯倒」とはいいがたい。『日本書紀』よりももっと明確に、泉守道者と対で書かれている。前述したように、折口信夫も別の稿では、泉守道者と菊理媛を「黄泉の精霊」とみている。[2] だから、菊理姫は、禊よりも黄泉《よみ》にかかわる神と解すべきであろう。

「ククリ」は、「胎内ククリ」の「ククリ」でもある。この場合の胎内は、洞穴の意である。ククリ姫はヨミの穴を潜《くぐ》るのだから、ヨミ姫の意ともいえる。ただし、「ヨミ」に「黄泉」「泉」という字をあてるように、穴だけでなく水を潜る意も含んでいる。『泰澄和尚伝』によれば、白山の火口跡に水がたまった緑碧池から、白山比咩が九頭竜王に化身して示現したという。この緑碧池は「ヨミの穴」であり、生まれ清まって出る「シラの口」なのである。霜月神楽の白山《しらやま》に入って出るのも、死と再生の儀礼である。

霜月神楽の白山には、祭りの二日目の夕刻、白装束の男女が神主の案内で橋を渡って入る。この男女は、安政二年（一八五五）の記録によれば、六十歳の還暦になった男女で、「浄土入り」という。そして、白山から出てきた男女を「赤ん坊」「神子」といっていることからも、死と再生の儀礼であることがわかる。白山に入った人はじっと中で坐っている。明け方近くになって、夜を徹して舞い踊っていた鬼たちが、白山の扉を打ち破って乱入し、籠っていた人々の周囲を乱舞し、中央から吊り下がっている梵天《ぼんでん》をばっさり切り落とす。これが終わって人々は白山から出てくるのだが、この鬼は、『日本書紀』（一書の九）が書く、伊奘諾尊を追ってきた黄泉の国の鬼（雷）と似ている。鬼のあばれる夜は夜《よ》見国《みのくに》である。

『出雲国風土記』の夜見島について、加藤義成は、「夜見は、黄泉《よみ》すなわち死の世界に通ずる語」とみているが、[13]『出雲国風土記』の黄泉の国の入口の洞穴は海岸にある。折口信夫も、夜見（黄泉）の国は、「海岸の洞穴から通ふ海底、或は海上遙かな彼岸」の「死の国」とみられていたと書く。[14] 海上や海底を他界・根の国・夜見の国とみるだけでなく、山上も他界とみられているが、記・紀や『風土記』の記述では、山上他界観より海上他界観の方が強い。この点で、「シラ山」信仰は、単に日本列島だけに限定できない問題を含んでいる。

人工の「白山《しらやま》」は死者を蘇生させる死と再生の装置であり、「白山《はくさん》」も同じイメージをもっているが、洞穴だけでなく「山」に視点を置けば、白山信仰と朝鮮半島との関係が見えてくる。

朝鮮の白山信仰

崔南善は、「不咸文化論」で、朝鮮には白（park）の字をもつ白頭、長白、祖白、太白、小白、鼻白、旗白、浮白、白雲、白月、白馬、白鶏、白華などの山が至るところにあり、白の音（または訓）の転註・仮借とみられるものを加えれば、朝鮮の山の多数にのぼると書く。[15] また、『朝鮮常識・風俗篇』には、朝鮮では天主（王）の子孫が域内の代表的山嶽に鎮座していて、そこの住民の生死禍福を管掌していると考えられていると書き、「生」はその聖山から俗界に出て来ること、「死」は俗界から聖山に帰還することで、聖山は生命の故郷であると書く。そして、朝鮮語の「生」を나다（nada 生まれる、〔芽が〕出る、〔歯が〕はえること、古語나다・나・다は現われるの意）、「死」を도라간다（trakanda 帰る、戻ってゆく）というのは、この原始的哲学を表わす表象語であると述べている。[16]

崔南善は、金剛山（山頂にピロ峯があるので、park 山に属する）を代表的な山としてあげ、人が死ねば魂は金剛山に帰るとされ、金剛山の霊源洞は死者が帰って棲む地で、地獄の入口であったと書くが、これは、白山を黄泉の国の入口とみるのと同じである。

『東国與地勝覧』には、高句麗の始祖朱蒙（東明王）が麒麟に乗って洞窟に入り（死）、地中から「朝天石」のあるところへ出てきた（再生）と書かれているが、『世宗実録地理志』によれば、朝天石のあるところを白銀灘という。山と川のちがいはあっても、死と再生の場所に「白」表記が登場する。

わが国の白山と呼ばれる山にも洞窟があることは前述したが、東明王を祀る東明祭は隧穴《ずいけつ》の中で隧神を祀っていた（『三国史記』『三国遺事』）。永留久恵は、対馬の白岳（嶽）の洞窟に女神が祀られているのは、「高句麗の隧穴を想わせる」と書いているが、(17) 貞享三年（一六八六）に成った『対州神社誌』は、白嶽が対馬に三山あると記している。また金井典美は、「韓国に近い対馬には、白岳・白嶽・白山などという山が八つある」（『故郷の神山』）と書いている。対馬の「白」のつく山は、朝鮮にかかわりをもつと推測できる。『三国遺事』は、古朝鮮の建国について、「都を阿斯達に立つ」と書き、阿斯達は「白岳といい、白州の地にあり。あるいは開城の東、今の白岳宮これなり」と書く。古朝鮮を建国した檀君の都が「白岳」であったことからも、朝鮮の白山信仰のもつ意味がわかる。

水谷慶一は、「四世紀頃よりアジアの東北部に蟠居した民族に勿吉《もっきち》があり、これは後に靺鞨《まっかつ》と名を変えるが、この靺鞨の七つの部族の中に、『白山部』という支族が存在することである。『白山部』は、白頭山を主峰とする長白山脈をはさんで咸興、間島、豆満江流域の諸平野から日本海に至る広大な地域を占めていた。彼らは高句麗族と同じくモンゴロイドの血を混じた穢《わい》、貊《はく》系のツングース族であり、七世紀末、唐によって高句麗が滅亡した後は全ツングース族を糾合して渤海国を建国した雄族である。渤海の建国者、大祚栄が『白山部』の出身だとする説が古くからあり、高句麗や渤海の水軍の活躍を通じても推察せられるように、彼らは航海に長じた民族であった。白頭山＝太白山の信仰は、おそらく彼ら『白山部』の中で育まれ、日本海を渡って運ばれたものと想像されるのである」と書いている。(18)

金延鶴は、白山（밝달、park tar）の「밝」を「山」の古語とし、「『밝』族である我々の祖先は彼らが崇仰する聖山を『밝달』とよんだのであって、彼らが住む所々でこのような『밝달』を崇拝し祭祀したのである。（中略）『밝』は部族名としては『貊』『狛』『百』『白』と記写されたようである」と書いている。(19)

このツングース系の信仰は、地理的位置からみて、「白山《はくさん》」と無関係ではなかろう。

白山と韓神信仰

白山には三つの山（御前峰・大己貴岳・別山）があるが、御前峰に白山妙理大菩薩が鎮座したため御前峰の地主神は別山に移ったという伝承がある。

水谷慶一は、『白山』を現今の朝鮮語の発音でよめばペッサン Paek-San になるが、これが案外、『別山』の名称の起りではなかろうかと思うのである。ちなみに朝鮮語では濁音と半濁音の区別がないから、ペッサンはベッサンでもいいわけである。つまり、白山は、上古、ペッサンと（あるいは、それに近い音で）呼ばれた時代がながく続いたのだが、奈良時代に仏教が入るに及んで、ベッサン（白山）神が最高峰の御前峰を仏教系の白山妙理大菩薩に明け渡して鎮座の場所を移したさいに、名称も共に移動して、以来、その山を『別山』と称するようになったではなかろうかと考えてみるのである」と書いている。[18]『泰澄和尚伝』が別山を「小白山」と書いていることからみても、水谷説は無視できない。

朝鮮には、儒教式祭祀以外に、巫女が主催する別神クッ・都堂クッといわれる部落祭がある。クッは、儒教の祭に対してシャマニズム、巫式の祭りで、古い型といわれている。このクッを、江原道・慶尚道などの日本海側の地域で、特に「別神クッ」「別神祭」と呼んでいるのが問題である。

この地域は「貊」にかかわる地であり、海を渡れば、加賀白山《はくさん》の地域に到る。別山を白山と解せば、別神は白神と考えられる。

別神祭は、三年、五年ないし十年など周年ごとに営まれる盛大な祭だが、この祭には仮面劇が行なわれる。別神祭の仮面劇について、依田千百子は、「必ずといってよいほど死と再生の場面が含まれている」と述べているが[20]、このように、別神祭も白山信仰とかかわっている。

白山の別山を小白山というのは、大（太）白山に対しての表現だが、朝鮮の太白山祠について、『東国與地勝覧』（巻四十四・三陟祠廟）は、「太白山祠　在山頂　俗称天王堂」、「春秋祀レ之」と書く。『虚白堂集』（巻十一）によれば、太白山祠の神は、四月八日に村の城隍（部落の聖域）に降臨し、村人の行なう旗旄鼓笛の盛大な迎接を受け、五月五日にいたって山祠に戻るという。四月八日に山の神が里に降りる例は、日本各地にもある（日本の山の神は秋に山へ戻る点がちがう）。

ただし、太白山神は、普通の山の神ではなく「鬼淫」（『成宗実録』二十一年正月、巻二三六）であり、「吉凶立応　前有

太守死者数人　皆曰　白頭翁為祟　人心尤畏忌　或曰　夢見白頭者　皆死」（『林下筆記』巻十六）とある。鬼神・白頭翁と化して祟る神であることは、白山神《しらやまかみ》が陰神、祟神といわれるのと共通している（このことは後述する）。

このような朝鮮半島の祭祀・信仰は、日本列島と無関係ではない。浅香年木は、日本海シンポジウムで、「韓神信仰《からかみしんこう》」について、

韓神信仰と申しますのは、『日本書紀』の皇極天皇元年（六四二）条に、「村々の祝《はふり》の教えのままに、或いは牛馬を殺して、諸々《もろもろ》の社《やしろ》の神を祭る」という表現で登場する信仰であります。（中略）この韓神信仰で、特に問題になる点の一つは、その分布の特異性にあります。厳しい抑圧の対象とされておりました韓神信仰は、もとより広い範囲に定着していたはずでありますが、たとえば延暦十年（七九一）の禁令では、伊勢・尾張・近江・美濃・紀伊・若狭・越前の七カ国、だいたいお分かりと思いますが、紀伊半島から、現在の中部地方の西側を廻って、越前、この当時の越前国は加賀国を含みますので、いまの石川県の辺りまでの範囲に相当しますが、この七カ国を対象に特に禁制が強化されております。さらに一〇年後の延暦二十年（八〇一）には、この七カ国のなかでも、特に北陸道のみに限定して、国家権力が厳しい弾圧令を試みております。

と述べ、「北陸道の、特に越前国、この場合は後の加賀国を含みますけれども、この越前国やその周辺地域において、韓神信仰が、とりわけ猖獗をきわめていた、というふうに理解されるのであります」と述べている。(21)

『日本霊異記』にも、八世紀の中頃、摂津国の金持が、年ごとに一頭の牛を殺して韓神の祭に用いたとある。このような「殺レ牛用レ祭二韓神一」に対する禁令に、特に越前の人々が応じなかったことも、白山信仰と韓神信仰が無関係でないことを推測させる。

前述の『與地勝覧』の太白山祠の春と秋の祭の「繫牛於神坐前、狼狽不顧而走」を、『林下筆記』（巻十六）は、「山下人殺食　無災謂之退牛」と書く。本来は牛を殺して食べていたのが禁じられたため、「繫牛於神坐前、……而走」となったのである。そのことは、「山下人殺食……」の記述につづいて、「官荷聞之　定監考日納於官邑人厭牛会　有山僧

沖学　焚其祠　妖祠乃亡　因無献牛之事　監考亦廃」とあることからもいえる。

金烈圭は、「殺食無災」について、「食べても災がない」と読むのが妥当であるとし、これは「たんなる食肉ではない。呪術的食肉である」とみて、次のように書く。

生の牛肉を食べることによって、神に接することができると信じた事例があることから、呪術的食肉の傍証が成り立つと思われる。牛を食べるということは、すなわち、牛が象徴する生成力を所有するようになることを意味する。虎肉を食べて山にはいれば、獣や鬼神を防ぐことができるという俗信も、呪術的食肉から由来したものである。退牛は、二つの意味をもっている。第一は、祠神に捧げられたために、祠神の力が加わった牛であるという考えである。この意味からすると、その牛は祠神と同一である。その牛肉を食べるのは、少なくともその祠神の力を分与してもらうことを意味する。第二にこの祠神は、白頭翁として象徴される恐ろしい山神である。その山神の患は、虎患であると思われる。山神に捧げられても無事な牛は、その山神に勝った牛である。したがって、その牛肉を食べることは、山神に勝つ力を所有するという意味になる。どちらの退牛の意味をとっても、退牛に基づく呪術的食肉は、マナ（Mana）の所有を意味している[22]。

「牛を殺して韓神を祭るのに用いる」という『日本霊異記』の記事から、牛を犠牲に用いたとみる見解が多いが、本来は「殺食」であったろう。この「殺食」は、「鬼淫」と呼ばれる太白山祠の「山下」で行なわれたが（金烈圭の書く「祠神」とは、この「鬼淫」の白山神である）、越前の「殺牛」も「殺食」であったにちがいない。この行為が特に越前（加賀も含めて）で盛んに行なわれたのは、そこが白山山下であったためと考えられる。

金烈圭は、「牛食」を死と再生の「生成力象徴」の儀礼とみるが[22]、白山信仰の儀礼も死と再生の儀礼だから、信仰の本質は同じである。

白山開基の泰澄は秦氏

泰澄は白山を開山し、白山神と習合させて、十一面観音に代表される変化《へんげ》観音信仰を普及させたといわれている。浅香年木は、この信仰を韓神信仰の一種とみているが[23]、変化観音が白山神の本地仏になっていることも、死と再生をくりかえす変化の思想と重なっている。

『白山大鏡第二神代巻初一』（鎌倉時代の成立とみられている『修験道史料集⑴東日本編』所収の本書の解題）は、泰澄について、

越前国足羽南郡阿佐宇津渡守　為二泰角於父一生　古志路行者秦泰澄大徳

と書く。泰澄の父が阿佐宇津（麻生津）の渡守で、秦氏であることが注目される。山岸共は、「『泰澄伝記』の三神氏（三上氏か）より秦氏とする方が、ふさわしいといえよう」と書く(24)。

山岸共はふれていないが、足羽郡に秦氏がいたことは、天平神護二年（七六六）十月の『越前国司解』に、足羽郡足羽郷の秦文麿・秦荒海・秦文、上家郷の秦前田麿・前多麿（前田麿の子）・秦安倍、利刈郷の秦井出月麿、伊濃郷の秦八千麻呂らの名が載ることからも証される。だから、足羽郡の泰澄が秦氏であってもおかしくない。泰澄は丹生郡の越知峯に籠ったというが、丹生郡人として秦嶋圭、丹生郡弥太郷に秦得麿の名がみえている。泰澄の父は阿佐宇津（麻生津）の渡守（津守）だが、敦賀郡の津守郷には秦下子公麿がいる。

『元亨釈書』（巻十五、方応の部）によれば、泰澄の母は、「白玉」が懐に入るのを夢に見て泰澄を孕《みごも》ったとある。加羅の王子角鹿阿羅斯等《つぬがあらしと》の妻はもともと白石であり、新羅の王子天日矛の妻は赤玉であった。白玉を懐中にして妊娠した伊野は、白石・赤玉から美女になったヒメコソ神と共通している（『神社と古代王権祭祀』の比売許曽神社の項参照）。この加羅・新羅の王子伝承が秦氏の伝承とかかわっていることからも、白山開基の泰澄を秦氏とする伝承は無視できない（白神信仰が秦氏にかかわることは、白髭神社・百太夫社・養蚕神社の項参照）。

白山の布橋と朝鮮の死霊祭

朝鮮の聖山（白山）は死者の棲む他界とみられ、その山の洞穴は地獄の入口とされていた。山岸共は、「『白山禅頂私記』は白山を浄土として直接地獄にふれないが、民間では地獄として説くことも行われ、後にはこの方が盛んになったようである。天文二十三年（一五五四）、白山は噴火し地獄を生じたが、恐らくこの説を助長したであろう」と書いている(25)。

山上で六道を巡れば浄土に往生できるといわれ、六道（地獄）巡りが行なわれたので、火口に油屋地獄・鍛冶地獄などの名がついているが、火口跡の緑碧池から白山比咩が出現したという『泰澄和尚伝』の記事からみても、火口は死と再生の入口・出口であり、「白口」である。『白山記』は緑碧池を翠池と書き、この池は神代の御陵《みささぎ》（剣御山《つるぎおやま》）の麓にあると書く。神代の御陵とは神の墓の意であり、白山山頂は神の死と再生の聖地である。

この山頂（浄土であり地獄である彼岸としての聖地）と俗界を結ぶところが、笥笠の地である（石川県石川郡吉野谷村笥笠）。現在、笥笠中宮神社があるが、かつての中宮寺の所在地である。この地には、俗界と他界を結ぶ橋があり、橋を渡ったところに彼岸所があった。

『白山記』に、

荒御前中宮下有レ橋、名二一ノ橋一、不レ立レ柱、其岸高シテ未レ計二何十丈ナルカヲ一、渡ルニレ之無二余念一、敢不二横目一、偏念ニ二権現一渡レ之。

とある。五来重は、この記事が『観経四帖疏』の二河白道の記事に似ていることから、橋に布を敷いて白道とし、この布橋を渡る行事があったとみる（「二河白道」とは、現世（東岸）と極楽（西岸）との間に水・火の二河があり、その中に幅四五寸の白道が通っていて、一心に念じて進まなければ極楽に到達できないという道）。

布橋は越中立山《たてやま》（現、雄山神社）の布橋が有名である。芦峅《あしくら》寺の宿坊村と仲宮寺の間の峡谷の三途川にかけられた高い橋で（長さ二五間、高さ一三間、昭和四十五年に復元された）、この橋の俗界（宿坊村）側に閻魔《えんま》堂があり、他界（仲宮寺）側に姥堂《うばどう》がある。両堂の間には、白布三枚が並行して長く敷かれ、道の両側には布幕が張りめぐらされ、一般見物人を遮断する。白衣の死装束をした信者（霜月神楽の白山《しらやま》に入る人たちも同じ白装束で橋を渡るが、この橋も白い布を敷いた布橋である）は、閻魔堂から出て布橋を渡り、姥堂に入る。姥堂に入るのを「浄土入り」というのは、白山《しらやま》へ入るのを「浄土入り」というのと同じである。このような共通性からみても、立山の布橋（白道）を渡って浄土へ入る行事は、白山信仰の影響と考えられる。

五来重は、白山笥笠の彼岸所が姥堂にあたり、姥堂の本尊は荒御前祀に祀られていたのではないかと推測している。(26)

布橋は、加賀馬場だけでなく、石徹白《いとしろ》（岐阜県郡上郡白鳥町石徹白）の中宮寺（現在の白山中居神社）にもあった。布橋が、立山でも白山でも中宮寺の所在地にかけられているのは、そこが俗と聖の中をとりもつ場所だからである。[26]白山には加賀・越前・美濃の三馬場があるのに、中宮は笥笠と石徹白の二ヵ所しかない事実について、五来重・小林一蓁[10]は、泰澄は越前馬場から石徹白を通って白山道を開いたが、後に美濃馬場ができ、石徹白が美濃馬場の禅定道になったので、別の市ノ瀬（石川県石川郡白峰村）の登路を新しく開いたとみて、中宮が二ヵ所なのは、本来は登山口が二つしかなかったためとみる。私もこの見解に賛同する。

布橋大灌頂は、「灌頂《かんちょう》」という語から、密教行事のようにみられているが、五来重は、「けっして密教の灌頂ではない」として、「民俗宗教としての擬死再生」の儀礼にもとづいて白山修験道が「創案」したものとみる。[26]だが、「擬死再生」としての死と再生儀礼は、白山信仰として朝鮮（特に日本海沿岸）にもみられるから、この白い布による布橋行事を、わが国固有の民俗行事とみるわけにはいかない。

朝鮮の死霊祭で用いる白布を「道《キル》・魂道・橋《タリ》・仏事《フルサ》橋《タリ》」という。崔吉城は「朝鮮の祭りと巫俗」で、「全羅・慶尚・江原地域の死霊祭においても白布を魂橋として、神体をその上にのせて送る。（中略）平壌の橋祭《タリクツ》においても白布は魂道や魂橋になる。また、橋祭の巫歌には『あの世から来た道を私は行く　その来た道はどこでしょう　極楽へ私は行く』とある。ここに橋や道は〝この世〟と〝あの世〟の連結の観念がある」と書いている。[27]立山の布橋には、朝鮮の死霊祭の白布による橋祭の影響が考えられる。

崔吉城は、一九七一年に釜山市東萊で行なわれたサノグ（生祝祭。一人暮らしで、死後、死霊祭を行なってもらえる可能性のない人が、生前に行なう死霊祭）の「霊山迎」について、「二〇メートル余りある白い布を、飾りつけた高い柱の頂上から垂らして祭壇の前にある柱の低いところに結びつけ、傾斜のゆるい白い坂道を作る。その上にノクチョン（神体）と位牌を刺した神籠をのせて頂上に向けて送りながら、〝竜船歌〟という巫歌を唱う」と書く。[27]ソウルの死霊祭でも、遺族が六～七メートルほどの長さの白い布を、四人で張りながら持つが、これも死霊の白道であろう。

白山の布橋は生と死を結ぶ白道であり、この白山信仰の中核になる行事にも、朝鮮の死霊祭との関係がみられるのである。

生と死の境界と「コトドノワタシ」

白山比咩は山の神だが、白山が黄泉国とみられているように、単なる山の神ではない。白山比咩は、此岸と彼岸の境にいる山（異界）の神とみられていた。つまり、塞の神的性格をもっていたのである（地獄の姥神も塞の河原にいる）。此岸と彼岸をつなぐ橋のたもとに姥堂・彼岸所があるように、ククリヒメは泉津《よもつ》平坂《ひらさか》にいる。平坂は布橋、白道である。白山でも立山でも布橋が中宮にあるのは、「ナカ」が「ハシ」だからである。「シラ」には死と生の「中」「橋」の意がある。新潟県津川町の姥堂は、神仏分離の際、橋姫神社と改名したという。姥を橋姫に改めたことからみても、姥堂に祀られる姥尊の性格がわかる。

ククリヒメは、彼岸から此岸に戻ったイザナギと、彼岸にとどまった黄泉大神のイザナミの間に立って、仲をとりもっている。五来重は、ククリヒメを「死霊の託宣（口寄）をかたった神」「いわばイタコの祖先のごとき神であった」と書くが、[26] イタコ（巫女）は此岸にいて彼岸の人の言葉を伝え、ククリヒメは彼岸にいて彼岸（黄泉《よみ》）の人の言葉を此岸の人に伝えている。その点でイタコとククリヒメはちがうが、役割は同じである。

黄泉の国のククリヒメのイメージは姥堂の姥尊像のイメージであり、姥尊像は、地獄の三途川の脱衣婆のような醜悪な老婆の姿であった。立山の姥尊像について、津村淙庵は『譚海』で、「おそろしき事いふばかりなし」と記している。明治初年の廃仏棄釈のときには、「醜体、言語道断の邪神」としてまっさきに捨てられ、魚津の真言宗実相院にひきとられ、姥堂は打ちこわされた。

黄泉のイザナミは、「膿沸《うみわ》き虫流《うじたか》る」「凶目《しこめ》き汚穢《きたな》き」姿であった（『日本書紀』一書の六）。イザナミの言葉を代弁するククリヒメも同類とみてよかろう。神仏分離を推進した国学者流神道家たちは、彼らがバイブルとする記・紀に載る神々を「キレイゴト」に見すぎて、黄泉《よみ》におけるイザナミ・ククリヒメのイメージに通じる姥尊像を、「醜体、言語道断の邪神」として捨てたのである。

そのククリヒメのこの世の代弁者が、冥土の死者の言葉を伝えるイタコである。柳田国男は、「イタコ或はモリコと云ふ口寄巫が持ちあるく木の神体」は「東北の諸国でオシラ神、オシラサマ又はシラアなどと称する物」であり、イタコが祀る白神は白山権現と関係があると書いている。(28)

イタコは、オシラ神をとおして死者と生者の仲介者となる。ククリヒメは、俗界に対してイザナミ（黄泉大神）の代弁をする冥土のイタコである。立山の案内人を「チウゴ」「ナカカタル」（中語）という。柳田国男は、「中語は字の如く神と人との中に在って語る者」と書くが、(29)イタコもククリヒメも「中語」である。白山・立山の中宮寺に姥堂があるのは、姥尊（白山比咩・山姥神）が「中語」だからである（五来重は、立山の布橋行事や姥堂は中世末期に白山の行事が移ったものとみる）。(26)柳田国男は、石徹白《いとしろ》の「中居」も「チウゴ」とみるが、(29)布橋が中宮・中居にあることからも、白山比咩の実像がわかる。

石徹白の白山中居神社の伝承によると、イザナギ・イザナミが船岡山の坂路に千引岩を引いて、許度度《ことど》渡しの呪言をとなえたところ、船岡山一帯に白雲がたなびいたので、千引岩・許等度・白雲から一字ずつとって「石度白《いとしろ》」と名づけたが、その後、泰澄が白山山頂に登ったとき「わが宿願貫徹セリ」と言ったので、「石度白」を「石徹白」と書くようになったという。これは『風土記』などに載る地名付会伝承と同じものだが、根拠は、ククリヒメの場合と同じく記・紀にある。

『古事記』は、黄泉の国のイザナミが、黄泉の国から逃げ帰ろうとするイザナギを追って黄泉比良坂《よもつひらさか》まで来たので、イザナギは「千引の石を其の黄泉比良坂に引き塞《さ》へて、其の石《いは》を中に置きて、各《おのおの》対《むか》ひ立ちて、事戸《ことど》を度《わた》す」と書く。『日本書紀』（一書の六）にも同じ記事が載り、「絶妻之誓」と書く。この「コトド」は一般に夫婦の縁切りの呪言とみられているが、鈴木重胤は『日本書紀伝』に、「顕国と黄泉と相通ふ事を断ちて、別処と為すなり」と書く。単なる夫婦でなく、此岸と彼岸とに別れた夫婦の話になっているのだから、単なる縁切り話ではなく、この伝承の視点は生と死の境界にある。

「コトドワタシ」を含むイザナギの黄泉国からの逃走説話については、古墳の横穴式石室の構造を反映したものとする説が古くからあるが、横穴式石室の閉塞施設の板石や石積みを、白石太一郎は「コトド」とみている[30]。

横穴式石室は人工の洞窟である。洞窟の入口、つまり「白口」を塞ぐ「コトド」が千引石であり、天岩戸である。機《はた》織女《おりめ》の日女《ひるめ》は、梭《ひ》で女陰を突いて死に、天岩屋に入り、天照大神として再生する。そのためには、「コトド」としての天岩戸を開く必要があった。「コトド」は生と死の境にあり、「コトドを渡す」とは籠ることである。籠りは、再生すなわち生まれ清まるためにある。

白山や姥堂へ入ることを「浄土入り」というが、これも籠りである。広瀬誠は、姥堂に籠っていた人たちについて、「小半時にして四方の扉は一斉に開かれ、闇黒世界は一転してまぶしい光明世界となり、このとき浄土出現の法悦にひたったのだという。(中略)忌み籠る暗黒の堂に突如として光明世界が開けるあたり、何か天の岩戸神話を連想させるものがある」と書いているが[31]、「白光」「白日」とは太陽の光をいう。

このように、「白」には日光のイメージがあるが、このイメージは暗黒を前提にしている。再生は隠り(死)を経ずしてはありえないことを、古代人は観念していた。

「ハクサン」と「シラヤマ」

ネフスキイが柳田国男にあてた大正九年九月の手紙に、次のように書かれている。

> 北神谷の鎮守様は御承知の通り白山神社です。之をあやまってシラヤマ神社と云ふと百姓が非常に怒る相です。「我々は立派な百姓ですがバンタではあるまいし」と。

バンタは被差別部落をいう。宮田登は、このネフスキイの見解を採って、「明らかに白山《はくさん》社と白山《しらやま》社はおのずとわけられねばならないのである。白山《はくさん》という場合には、中世以来の加賀白山信仰の強さを考え、白山《しらやま》信仰という場合には、加賀の白山のみでは説明しえない要素をもっているものなのである」と書き、被差別部落に伝わる『長吏由来之記』に、長は黒、吏は白を意味し、この黒白を統合する力をもつ人が「長吏」と書かれていること、その長吏が死の儀礼に直接たずさわっていることから、霜月神楽の白山《しらやま》が「生れきよまるため、生れかわるための装置」であるように、長吏の能力も白山《しらやま》と同じだから、長吏と呼ばれる部落民たちが白山《しらやま》神社を祀ったとみる。(32) だが、「長吏」は単に被差別部落の人々をいう呼称ではなく、加賀白山の寺社にかかわる人も「長吏」と呼ばれている。また、加賀白山修験団の中心的な存在を荘厳講といい、その勧進役や、加賀白山七社長吏の元締を、「惣長吏」といっていた。

柳田国男は「所謂特殊部落ノ種類」で、

関東地方ハ穢多部落ノ氏神ハ例ノ浅草新谷町ヲ始トシテ多クハ白山神社ヲ祀レリ。此点ハ頗ル興味アル事実ニシテ、他ノ特殊部落ニモ此神ヲ崇祀スル例少ナカラズ。讃州木田郡下高岡村ノ白山相人ハ極メテ卑賤ナル陰陽師ニシテ白山ニ仕フ。生計ノ為ニ箕ヲ作ル。奥州地方ノ「モリコ」又ハ「イタコ」ト名ヅクル一種ノ巫女ハ口寄ヲ為スニ白山明神ノ名ヲ唱ヘテ祈ル。又甲州ニ昔白神筋ト称スル特殊部落アリシガ如キ、何レモ偶合ニ非ザルナシ。

と書き、「祇園ノ犬神人、高野ノ聖、鞍馬ノ願人《グワンニン》」のように、「白山権現モ古クハ此類ノ特殊部落ヲ養ヒシカト思シク、其配札ニ仮托スル者諸国ヲ巡行シ、白山相人ト称スル賤民各地ニ居住ス」と書く。(33)

前述の『長吏由来之記』も、天竺の長吏の由来として、天竺の王の四人の王子の第三王子が白山権現の変化《へんげ》であると書き、加賀の白山と結びつけている。加賀白山の長吏と被差別部落の長吏は無関係ではない。同書は日本の長吏について、延喜天皇の第一皇子が白山権現に変化して長吏の祖になったと述べ、「長」と「吏」を二つに分けて、

「長」 天 月 胎臓界 仏 母 夜 迷 過去 悪 黒 愚者 俗 水 竹 国土 愁 鄙 女 親 下

「吏」 地 日 金剛界 神 父 昼 悟 現在 善 白 智者 出家 波 木 草木 祝儀 都 男 子 上

とし、「これにより大明公家俗人土人男女老若以下魂畜類に至るまで万事長吏の二字に編れたることさらになし。しかるをもって天竺大唐吾朝にも古今長吏なり。天下守護不入のものは長吏なり」と書く。

白山が死と生、俗と聖を統合する場所で、そのために布橋があり、中宮（中居）が重要な意味をもっているという観念が、加賀白山の祭祀・行事にかかわる人々を「長吏」とし、長吏の祖を白山権現の変化としたのであろう。

江戸に「新町穢多村」として知られた新鳥越付近に白山権現があったが、それについて『浅草志』は「祭神陰神」と

書く。陰神は女神のことだが、この陰神の白山権現を『浅草志』は「疱瘡《ほうそう》神」と書く。柴田道子は『被差別部落の伝承と生活』で、部落の白山信仰にふれて、天然痘（疱瘡）などの業病を排《はら》ってくれる神として祀られていたと書くが、『泰澄和尚伝』によれば、泰澄は天平九年（七三七）、五十六歳のとき、十一面法を使って疱瘡流行の終熄に効力を発揮したので、大和尚位を授けられたという。このように、加賀の白山信仰と被差別部落の白山信仰は深くかかわっている。

ちなみに、加賀白山は、寛文元年（一六六一）までは「ハクサン」「シラヤマ」の音と訓の読みを使っていたが、この年から「ハクサン」と音読に統一するようになった。時あたかも、江戸幕府の封建制と身分制度が確立した時期であった。

注

(1) 浅香年木「『泰澄和尚伝』試考」『白山信仰』所収、昭和六十一年。
(2) 折口信夫「妣が国へ・常世へ——異郷意識の起伏」『折口信夫全集』第一巻所収。
(3) 五来重「布橋大灌頂と白山行事」『白山・立山と北陸修験道』所収、昭和五十二年。
(4) 柳田国男「稲の産屋」『柳田国男集』第一巻所収。
(5) ネフスキイ『月と不死』一九九頁、昭和四十六年。
(6) 折口信夫「山の霜月舞」『折口信夫全集』第一七巻所収。
(7) 宮田登「シラと稲霊」『原初的思考』昭和四十九年。
(8) 吉田東伍『大日本地名辞書・西国』四〇頁、明治三十四年。
(9) 吉田東伍、注8前掲書、三〇頁。
(10) 小林一蓁「白山修験道組織」注1前掲書所収。
(11) 柳田国男「炭焼小五郎が事」『柳田国男集』第一巻所収。
(12) 折口信夫「水の女」『折口信夫全集』第二巻所収。
(13) 加藤義成『出雲国風土記参究』七五頁、昭和三十二年。
(14) 折口信夫「国文学の発生（第四稿）」『折口信夫全集』第一巻所収。
(15) 崔南善「不咸文化論」『朝鮮及び朝鮮民族』第一集所収、一九二七年。

(16) 崔南善『朝鮮常識・風俗篇』一九四八年。
(17) 永留久恵『海神と天神』一四七頁、昭和六十三年。
(18) 水谷慶一「白頭山と白山信仰について」「東アジアの古代文化」四八号。
(19) 金延鶴「檀君神話와로오해이좋」「歴史学報」第七輯、一九五四年。
(20) 依田千百子「朝鮮の山神信仰」『朝鮮民俗文化の研究』所収、昭和六十年。
(21) 浅香年木「信仰からみた日本海文化」『古代日本海文化の源流と発達』所収、昭和五十五年。
(22) 金烈圭『韓国民間伝承と民話の研究』二八二—二八三頁、一九七八年。
(23) 浅香年木「古代の北陸道における韓神信仰」「日本海文化」第六号、昭和五十四年。
(24) 山岸共「泰澄伝承」注1前掲書所収。
(25) 山岸共「白山信仰と加賀馬場」『白山・立山と北陸修験道』所収。
(26) 五来重「布橋大灌頂と白山行事」『白山・立山と北陸修験道』所収。
(27) 崔吉城『朝鮮の祭りと巫俗』一七五—一七六頁、一九七九年。
(28) 柳田国男「巫女考」『柳田国男集』第九巻所収。
(29) 柳田国男「立山中語考」『柳田国男集』第五巻所収。
(30) 白石太一郎「ことどわたし考」『橿原考古学研究所論集』所収、昭和五十年。
(31) 広瀬誠「立山の御姥信仰」『白山・立山と北陸修験道』所収。
(32) 宮田登「白山信仰と被差別」『白山信仰』所収。
(33) 柳田国男「所謂特殊部落ノ種類」『柳田国男集』第二七巻所収。

志呂志《しろし》神社・向日《むこうび》神社――「白日」と「向日」と「日読み」

志呂志神社と白日神

『古事記』の大年神神統譜には白日神が見え、その兄弟神として、韓神《からかみ》・曽富理神《そほり》・聖神《ひじり》が記されている。これら四神について、西田長男は、「秦氏の以ちいついている神々が連記」されているとし、白日神について次のように書く。

松岡静雄氏は、白日神を『新羅神』の謂いであろうと論ぜられた。或いは臆測を逞しうするに、式神名帳に所載の近江国高島郡志呂志神社は、日吉三宮と呼ばれ、今、鴨村に鎮座し、その地はもと賀茂別雷神社の社領であったともいうから、神系の上からしても、『白日』が『志呂志』に転訛したものではなかろうか。即ち、志呂志神社の祭神は、日吉二宮（今の大宮）の祭神大山咋神や賀茂別雷神社の祭神別雷神や兄弟又は伯叔父に当られる白日神で、ために斯く日吉三宮と呼ばれたのではあるまいか。そうして、この志呂志神社は滋賀郡小松村大字鵜川に鎮座の白鬚神社、即ち、かの比良明神とも同一祭神を祀っているのではなかろうか。而して『比良神』が『夷神《ヒナ》』で蕃神の意であろうことは殆ど疑いを納れないであろう。この白鬚神社、即ち比良神は、諸国に分布している白鬚社の本祠とせられるが、殊に武蔵国高麗郡の諸村には到るところにその分祠の存在しているよりするに、一層そのように思われるのである。高麗郡が、続日本紀、霊亀二年五月の条に見えるように、駿河国以下七ヵ国の高麗人八千七百九十九人を遷して創置せられたものであることはいうまでもなかろう。上にも述べたように、率川神社の別社の漢国社の三座の祭神が韓神・園神・白日神であるということは、中世においてもこの白日神が蕃神と考えられていたことを語るものにほかならないであろう[1]。

西田長男のいう「蕃神」は、『新撰姓氏録』が渡来系氏族を「諸蕃」としたことをうけた表現だが、このような表現を私は採らない。

比良神が夷神＝蕃神であることは「殆ど疑いを納れない」とあるが、ヒラ・シラ・ヒナが同根で、シラ（ヒラ）神が朝鮮の白山信仰とかかわることは、白神社と白山比咩神社の項で述べた。だが、私見では、シラ（ヒラ）神信仰は、在地の信仰に渡来の信仰が重層したものである。

「夷《ヒナ》」は「夷《エビス》」ともいい、マレビト（客人・異人）の意で、この用語は渡来の人をいうだけではない（そのことはエビス神社の項で述べた）。だから、ヒラ（シラ）神＝渡来神とする見解には賛成できないが、「白日」が「志呂志」に転じたとみる点では西田説を採る。

ただし、西田長男は白日神と比良神を同一神とみているが、共通性はあっても同一とはみなしえない。吉田東伍(2)や中島利一郎(3)は、「シロシ」と「シラ（ロ）ヒゲ」は転訛の可能性があるから、「シロシ」は「白髭」からの転とみるが、同じ名の神社が近くに二社あるとみるよりも、白日神を祀る神社と、シラ（ヒラ）神を祀る白鬚神社の二社があったとみたほうがよかろう。志呂志神社（滋賀県高島町鴨）を白鬚神社の転とみるのは、「シラヒゲ」の「ゲ（ケ）」が落ち、「ヒ」が「シ」に転じたとみるからだが、それよりも、「白日《しらひ》」が「志呂志《しろし》」になったと考えるほうが自然である。

志呂志神社のかつての境内に、鴨稲荷山古墳がある（全長五〇メートルの前方後円墳）。明治三十五年の道路工事中に、後円部の東南に開口した横穴式石室から擬灰岩製家形石棺が発見され、石棺から遺物が出土した。さらに大正十二年、梅原末治らによって発掘調査が行なわれ、石棺内から金製垂飾耳飾、金銅製冠、双魚佩、沓などの金・金銅製の装飾品が出土した。冠と耳飾りは、新羅の王都慶州の金冠塚の出土品と類似しており、双魚佩と沓も、朝鮮半島の古墳からほぼ同類のものが出土している。また、水晶切子玉、玉髄製切子玉、琥珀製切子玉、内行花文鏡、双竜環頭大刀、鹿角製大刀、鹿角製刀子などが出土しているが、環頭大刀、鹿角製刀子も、朝鮮半島に類似のものがある。棺外からは馬具と須恵器が出土している。この遺物からみても、鴨稲荷山古墳は新羅的要素が強い。このような古墳が旧境内地にあることも、志呂志神社が白日神を祀った神社であることを推測させる。

大年神神統譜には、秦氏の祀る神と共に山城鴨氏の神が入っているが、志呂志神社も鴨村（現在は高島町大字鴨）に鎮座し、この地はもと賀茂別雷神社の社領であった。山城鴨氏と秦氏が下鴨神社の祭祀を行なっていたことは『神社と古代王権祭祀』の賀茂神社の項で述べたが、志呂志神社にも、鴨氏と共に秦氏がかかわっていたと考えられる。

向日神社と白日神

本居宣長は、『延喜式』神名帳の山城国乙訓郡に、「大歳神社大。月次新嘗」と並んで「向神社」（現在の向日神社）があることから、『古事記』の大年（歳）神の子白日神を向日神の誤りとみる（『古事記伝』）。本居宣長のいう大歳神社（京都市西京区大原町灰方町）は、向日神社（京都府向日市向日町北山）の西二・五キロほどの地にあるが、大歳神社の境内社にも向日神社がある。これは、大年神の御子神の白日神を、向日神とみてのことであろう。

元慶三年（八七九）、神祇官に提出された『向日二所社御鎮座記』によれば、向日神は大年神と神須《かむす》治曜姫《ちかぐやひめ》の間に生まれた子であり、白日神は、『古事記』によれば、大年神と伊努《いぬ》姫の間に生まれた子である。「鎮座記」はスヂカグヤ姫の母を活須日神とするが、『古事記』はイヌ姫の母を活須日神と書くことからみて、カグヤ姫という名はイヌ姫をヒントに作られたと推測できる。このように向日神を白日神に重ねて神統譜を作っている以上、向日神は白日神とみてよかろう。

向日神社の祭祀氏族は火明命を祖とする六人部《むとべ》氏だが、当社の北隣を物集女《もづめ》といい、『和名抄』の山城国乙訓郡物集郷の地である。物集連は『新撰姓氏録』では秦氏系だが、『正倉院文書』（天平勝宝七年（七五五））には、葛野郡人の「鋳工秦物集広立」が見え、『続日本後紀』の承和元年（八三四）二月条には、葛野郡人物集応永が秦忌寸になったとある。この秦氏系氏族が向日神社のすぐそばにいたことは無視できない。

『延喜式』の四時祭式には、各地の御歳社に、各社共通の幣物以外に、特に「白馬・白猪・白鶏」を供える規定がある。『倭姫命世記』は、稲穂をくわえて鳴く真名鶴を「大歳神」と記しているが、真名鶴は「白鳥」である。このようなかかわりから、大歳神の御子神に白日神を入れたのであろう。

白日神を祀る神社の位置

「白」に「日」がつくのは、白日神に太陽光輝のイメージがあるからである。

「向日二所社御鎮座記」によれば、神社の裏の峰（八尋矛長尾岬）を「朝日の直刺《たださ》す地、夕日の日照《ほで》る地、天離《あまさかる》る向津《むかつ》日山」といい、その山に鎮座したと書かれているが、『日本書紀』は神功皇后摂政前紀に、伊勢の度会の五十鈴宮の神を天疎向津媛《あまさかるむかつひめ》と書く。この神名は、一般に天照大神の荒魂といわれているが、天照大神を『日本書紀』が「大日孁《おほひるめ》貴《むち》」、『万葉集』が「天照日女《ひるめ》之命」と書くように、天照大神は向津媛が日神に成り上がったものである。向日神の母神須《かむす》治曜姫《ぢかぐやひめ》や白日神の母伊努《いぬ》姫は向津媛だといえる。志呂志神社の本殿に平安時代後期の女神像があるが、この女神も向津媛のイメージによるヒメ神であろう。

向日神社から見て、冬至の朝日が昇る方位に朝日山がある。宇治平等院から見て真東の山だから朝日山と呼ばれているが、向日神社がこの山の冬至の朝日遙拝地点になっているのは、偶然とはいえないだろう。というのは、夏至の日の出方位に清水山があり、この山の東面を「日の岡」といい、西麓に日向宮があるからである。日向宮は宇治郡の式内社日向《ひむか》神社に比定されている。なお、志呂志神社から見た冬至日の出方位には竜ヶ岳山頂（一一〇〇メートル）、夏至日の出方位には見月山山頂（一二三四メートル）がある。

白日神の信仰が朝鮮にあることは、『三国遺事』（高麗の僧一然（一二〇六—八九）編）が記す、日・月祭祀にかかわる延烏《えんう》郎《ろう》・細烏《さいう》女《じょ》の伝承からも推測できる。この伝承で祭天儀礼を行なった場所を『三国遺事』は「迎日県」と書くが、迎日県は現在の慶尚北道迎日郡と浦項市に比定されている。向日と迎日の違いはあるが、迎日郡には白日峯がある。

向日神社の冬至日の出方位に朝日山があるように、白日峯の冬至日の出方位（迎日県九竜浦邑長吉里）には迎日祭祀の岩（霍岩）がある。この岩は「わかめ岩」と呼ばれ、この地方の名産の海藻の採れるところだが、延烏郎は海藻を採りに行き、岩に載って日本へ渡ったと『三国遺事』は書く。中国では、太陽を象徴するのは三本足の鳥である。岩にのる延烏郎とは、海上の岩から昇る朝日の説話化であろうが、白日峯の冬至日の出方位にある霍岩は、太陽の岩といってよかろう。この岩礁地帯は現在も聖域になっている（金宅圭の論文「新羅及び日本古代の神仏習合に就いて」にくわしい）[4]。

新羅の迎日県の白日峯と、大年神系譜の白日神の「白日」は同じであり、白日神は渡来の神とみてよいだろう。

南方熊楠は、向日神について、「万葉集に家や地所を詠むとて、日に向ふとか日に背《そむ》くとか言うたのが屢ば見ゆ。日当りは耕作畜牧に大影響有るのみならず、家事経済未熟の世には家居と健康にも大利害を及せば、尤も注意を要した筈だ。又日景《ひあし》の方向《むき》と増減《ぞうげん》を見て季節《きせつ》時日《じじつ》を知る事、今も田舎に少なからぬ。随って察すれば頒暦《はんれき》など夢にも行れぬ世には、此点に注意して宮や塚を立て、其影を観《み》て略《ほぼ》時節《じせつ》を知た処も本邦に有ただろう。されば向日神《むかひのかみ》は日の方向から家相地相と暦日を察するを司った神と愚考す」と書いて、『エンサイクロペディア・ブリタニカ』のオリエンテーションの項や、ノーマン・ロキャー著の『ストーンヘンジ』を参照している[5]。

日読みと白日（向日）神

オリエンテーションとは、日の出の方向を基準として方位や暦日（空間と時間）をきめることだが（Orientaition〔方位〕という言葉はラテン語のOrior〔昇る〕からきている）、ストーンヘンジについては、中軸線が夏至の日の出線になり、その他の石の組合せによって日と月の出入りが観測できるとして、古代の天文観測所とする説がある。また、神殿の集会所とする説もある。

冬至や夏至の「観測」を、わが国では「日読み」という。「日読み」はもっとも重要な「マツリゴト」であった（くわしくは『神社と古代王権祭祀』の「天照御魂神と王権祭祀」の章参照）。「日」という漢字には「コヨミ」の意味もあり（『大漢和辞典・巻五』）、『左氏伝』に「天子有二日官一、諸候有二日御一」とあり、その注に、日官・日御は暦数を典じる者とある。

松村武雄は、南方説について、「この考説は恐らく妥当にして向日神の本質を摑み得てゐると思ふ」と書いて、「月読尊」も「時の測定」をあらわす神名で、「古き代の日本民族が季節・時日――農耕に大切な事象に大きな注意、関心を抱いていた」ことを示していると書く[6]。

同じ桂川の流域に「日読み」の神社（向日神社）と「月読み」の神社（葛野坐月読神社）があるのは、偶然でなく意図的であろう。

向日神社が「日読み」の神社であることは、前述したように、冬至・夏至日の出方向に朝日山・日の岡があることからもいえるが、白日神の兄弟神に聖神《ひじりのかみ》があり、柳田国男によれば、聖《ひじり》は「日知り」だという(7)。とすれば、「日読み」と「日知り」の神が兄弟神なのはきわめて自然である。

志呂志神社の祭祀氏族は、鴨氏（それ以前は三尾氏。三尾氏については白鬚神社の項参照）と秦氏とみられ、向日神社は尾張氏系の六人部《むとべ》氏と秦氏とみられる。『神社と古代王権祭祀』の「天照御魂神と王権祭祀」の章で述べたように、天照御魂神社の祭祀氏族は尾張氏・物部氏・秦氏系氏族である。養蚕《こかい》神社の項でも述べるが、養蚕神社の本社の木島坐天照御魂神社は秦氏が祀っており、白日神社といってもよかろう。この神社の三柱鳥居は、稲荷山の冬至、比叡山（四明岳）の夏至の日の出遙拝のためにあり（くわしくは『神社と古代王権祭祀』の木島坐天照御魂神社の項参照）、いわば「日読み鳥居」である。

志呂志神社、向日神社、木島坐天照御魂神社は、かつては川のそばにあった（現在は護岸工事によって川から離れている）。新羅の白日峯の夏至日の出遙拝線上の基点に閼川《アルナレ》があるが、朝鮮語の「アル」は日本語の「アレ（生れ）」である(8)。この川のほとりに新羅の始祖王赫居世が降臨しているが、「赫」は太陽光輝の「白日」の意である。アグ沼のほとりで日光に感精した女の話が『古事記』の新羅国王子天之日矛説話に載るが、このアグ沼も閼川と同じである。異伝には、閼川でなく蘿井（na-ŏr）とあるが、「ナ」には「生まれる」と「太陽」の意があるところから、三品彰英は蘿井を「みあれの泉」「日の泉」と解している(9)。

川・沼・井（泉）などのそばで日女《ひるめ》（向津媛）が日光（白日）を受けて日の御子（神の子）を生むのは、日の御子が「日読み（マツリゴト）」を行なう「日知り」の人だからである。

「シラ・シロ」には死と再生の意があるが、その「白」に「日」がつく場合は、誕生・生育にウェイトがある。その点が、シ（ヒ）ラ神とシラヒ神のちがいである。

白（向）日神と火雷神

元慶三年（八七九）に書かれた「向日二所社御鎮座記」によれば、向日神社を上社、火雷《ほのいかづち》神社を下社として「向日二所社」と呼ばれていたという。火雷神社は、『山城国風土記』逸文に、「いはゆる丹塗矢《にぬりや》は、乙訓《をとくに》の郡の社に坐ます火雷神なり」とあり、「乙訓社」とも呼ばれた。明応二年（一四九九）に僧済承が書いた『太秦広隆寺来由記』にも、乙訓社は「今向日神社是也」とあり、向日神社と共にまだ「向日二所社」であった。

乙訓社は、『延喜式』神名帳では「乙訓坐火雷神社」という名神大社である。『山城国風土記』逸文には、火雷神を丹塗矢といい、この丹塗矢と玉依《たまより》姫の神婚によって上賀茂神社の祭神賀茂別雷《わけいかづち》神が生まれたとある。玉依姫は下鴨神社の祭神「多多須《たたす》玉依比売」のことであり、丹塗矢・鳴鏑矢《なりかぶらや》は雷光・日光のことである。『古事記』は、「大山咋《おほやまくひの》神、亦《また》の名は山末之大主神。この神は近つ淡海《あふみの》国の日枝《ひえ》の山に坐し、また葛野《かづの》の松尾《の》に坐して、鳴鏑を用《も》つ神ぞ」と書く。この神も大年神の子白日神と兄弟神である。松尾大社は秦氏の奉斎した神社だが、『本朝月令』が引く『秦氏本系帳』には、丹塗矢が「松尾大明神」だとある。つまり、『古事記』『山城国風土記』『秦氏本系帳』によれば、丹塗矢＝鳴鏑矢＝火雷神＝乙訓社＝松尾大明神＝大山咋神となる。ということは、向日二所社の下社は秦氏の奉斎社とも考えられ、前述した秦氏系の物集氏が注目される。

物集氏は、「鋳工」であるが、『古事記』の丹塗矢伝承によれば、三島溝咋耳の娘の勢夜陀多良《せやだたら》比売が厠《かわや》に入っていたとき、三輪の神が丹塗矢に化して女陰を射したという。「セヤ」については「征矢《そや》」「兄矢《せや》」説などがあるが、陀多良比売の「タタラ」は鋳造、鍛冶にかかわる踏鞴《たたら》のことである。『神社と古代王権祭祀』で書いたように、鏡作や新屋の天照御魂神社も鋳造・鍛冶にかかわっている。

向日二所社は、日光（日）にかかわる白（向）日神と、雷光（火）にかかわる火雷神を二所に祀ったものであり、その祭祀氏族は、『向日二所社御鎮座記』を書いた天照御魂神の祭祀氏族の尾張氏系六人部《むとべ》氏と、木島坐天照御魂神社・養蚕神社の祭祀氏族の秦氏（向日神社の場合は支族の物集氏）である。

「シラヌヒ」が「白の火」であり「日の火」であるように、向日二所社も「日」と「火」の神を祀っている。この二つの「ヒ」は発音に違いがあるが、この違いは文字のない時代に「日」と「火」を区別するためのもので、古代人は「日」も「火」も「霊《ひ》」の具体的表現とみていた。シラヒ神は、結局は白霊神なのである。

注

（1）西田長男「古事記の大年神の神系を通路として」『古代文学の周辺』所収、昭和三十九年。
（2）吉田東伍『大日本地名辞書』第二巻、七五四頁、明治三十三年。
（3）中島利一郎『日本地名学研究』一一三頁、昭和三十四年。
（4）金宅圭「新羅及び日本古代の神仏習合に就いて」『新羅と飛鳥・白鳳の仏教文化』所収、昭和五十年。
（5）南方熊楠「ヒジリと云ふ語」「郷土研究」三巻二号。
（6）松村武雄『日本神話の研究』第二巻、五八五頁、昭和三十年。
（7）柳田国男「聖と云ふ部落」『柳田国男集』第九巻所収。
（8）三品彰英『増補日鮮神話伝説の研究』三九八頁、昭和四十七年。
（9）三品彰英、注8前掲書、三二一頁。

白鬚《しらひげ》神社——近江と北陸の白神信仰

近江高島と武蔵高麗の白鬚神社

近江の白鬚（髭）神社は、比良山系の北端の断崖が琵琶湖の西岸にせまる、明神崎の突端に鎮座する（滋賀県高島郡高島町鵜川）。「白鬚」という社名の初見は、弘安三年（一二八〇）の原図にもとづいて応永二年（一三九五）前後に書かれた「比良荘堺相論絵図」である。

だが、鎌倉時代以前に当社がなかったわけではない。平安時代中期の文献を編集した『天満宮託宣記』に当社は「比良宮」とみえ、平安時代中期の貞元二年（九七七）に書かれた『最鎮記文』には、「近江国高嶋郡比良郷」にあると書かれている。『三代実録』貞観七年（八六五）正月十八日条に、「近江国の無位の比良神に従四位下を授く」とある。社伝には、天武天皇の御代に比良明神と称したとある。

「比良神」が「白神」であることは前項で述べたが、保延六年（一一四〇）の『七大寺巡礼私記』古老伝の引用と思われる『元亨釈書』（元亨二年（一三二二）成立）寺像志に、比良明神が老翁として現れたとある。この老翁のイメージが、白神を白鬚神にしたのであろう。

高麗《こま》神社（埼玉県入間郡日高町新堀字大宮）について、『新編武蔵風土記稿』所引の「大宮社々伝」（大宮社は高麗社のこと）は、

元正天皇ノ御宇霊亀二年、高麗王ヲ始トシテ、千七百九十九ノ高麗人、当郡（高麗郡——引用者注）ニ来住シ、土地ヲシラキ（「ヒラキ」が「シラキ」になっているように、関東、特に武蔵の人は「ヒ」を「シ」という——引用者注）、耕作ノ業ヲ営ム。聖武天皇ノ天平二十年高麗王薨ズ、即チソノ霊ヲマツリ、高麗明神ト崇ム。マタコレヲ大宮明神ト称フ。

王薨スル日、鬚髪共ニ白シ。仍テ白髭明神トモ祭シ。

と書き、高麗王が老翁だったから高麗明神は白髭明神ともいうとある（近江は「白鬚」、武蔵は「白髭」と書く）。

しかし、老翁の姿で神が示現するのは一般的だから、それだけの理由で「シラヒゲ」と称したとはいえない。近江の白鬚明神は、「老翁の白（比良）神」という意味で「シラヒゲ」と称したと考えられるが、高麗明神も、白神的要素があったからこそ「シラヒゲ」と称したのであろう。

高麗王は、『続日本紀』大宝三年（七〇三）条に載る高麗王若光とみられているが、若光の母国高句麗は、唐・新羅によって六六八年に滅亡した。その後、六七〇年に高句麗王族の安勝が新羅の庇護のもとで小高句麗国を建てたが、それも六八四年に滅びた。この小高句麗国とわが国は交流があり、高句麗の遺民は日本列島に亡命した。『続日本紀』霊亀二年（七一六）五月条に、「駿河・甲斐・相模・上総・下総・常陸・下野の七国の高麗人、千七百九十九人を武蔵国に遷し、高麗郡を置く」とある。たぶん若光は、安勝と同じ高句麗王族だったのであろう。

高句麗が滅び、高句麗遺民が朝鮮で作った小高句麗国は、「白」「百」「貊」「狛」と表記される白《はく》（貊）族の本拠地の一つにあった。ツングース系の白族（白山部）が白山信仰をもっていたことは、白山比咩神社の項で詳述した。高麗明神が白髭明神を名乗るには理由があったわけである。

「なる子まいり」と名替え神事

白鬚神社の本社は近江で、全国の分霊社は四百社といわれ、記録に残っているだけでも、北は青森県から南は九州まで、約二百社に及んでいる。武蔵の高麗《こま》の白髭明神は、前述の社伝からみても、本来の神名ではない。別名でも大宮明神の次に書かれているから、高麗王を祀る高麗明神の別名を、白鬚信仰が全国に普及する過程で白髭明神とし、社伝のような伝承を付加したのであろう。だから、本稿では近江高島の白鬚神社を主に書く。

白鬚神社の秋の大祭（九月五日・六日）には、「なる子まいり」が行なわれる。誕生年の翌年の幼児（男女とも）が白鬚神社に参詣し、神から名前を授かる神事である。この別名を数日のあいだ本名として使えば無事に成育し、幸福な一生がおくれるといわれている。現在も、九月五日の例祭には、北は福井、南は京阪神方面から多くの人が「なる子まいり」に参詣する。

「なる子」は「成る子」である。産屋を「シラ」ということからみても、白(比良)神を祀る白鬚神社にふさわしい祭である。この「なる子まいり」で連想されるのは、建内宿禰《たけのうちのすくね》が品陀《ほむだ》和気《わけ》命(応神天皇)を連れて、近江・若狭を経て越前の角鹿《つぬが》に至り、仮宮を造って居たとき、夢の中で、伊奢沙和気《いささわけ》大神(気比大神)から神の名を名乗るようにいわれ、名を易《か》えたという『古事記』の伝承である。

この伝承では、気比《けひ》大神と太子《ひつぎのみこ》が互いに名を交換したとあるが、そうではなくて、太子が気比大神の神名に名を改めたのであり、「なる子まいり」の名替えと同じである。

塚口義信は、「太子が伊奢沙和気大神之命と夢の中で名前をかえる話は、成年式における改名儀礼の神話的表現と考えてよいであろう」と述べているが、(1) 岡田精司は、白鬚神社の「なる子まいり」の例をあげて、塚口説の「成年儀礼」よりも、「通過儀礼とみるべきであろう」と書いている。(2)

「なる子まいり」の例からみれば、成年式の成年儀礼でないことは確かだが、単なる通過儀礼でもない。白神信仰の重要な要素である死と再生の観念が、変身という形で、この改名伝承に示されていると考えられる。

ホムタワケは近江・若狭を巡幸したあと角鹿に仮宮を建てて住んだとあるが、仮宮は霜月神楽の「白山《しらやま》」に相当する。死装束をして「白山《しらやま》」に入り、籠りが終わって「白山」から出た人を「神の子」という。品陀和気命が、仮宮に籠っているとき(擬死)に見た夢の啓示で気多大神の神名(イザサワケ)に改名したのは、白山儀礼と同じ死と再生の儀礼を意味している。「なる子まいり」で別名を名乗ることによって健康に成育し幸福な生涯をおくれるのは、神の子として生まれかわるからである。「成る子」の「成る」は再生の「ナル」であろう。

「鵜川」と産屋と白石

このような再生の生命力が、「白神」の霊力であり、神威である。

沖縄では、産屋《うぶや》を「シラ」という。白山《しらやま》としての仮宮は、神の子として再生するための産屋ともいえる。産屋を海辺に作って鵜の羽で葺いたと『日本書紀』は書くが、白鬚神社の所在地を「鵜川」という。鵜川とは、鵜の羽で葺いた産屋を川辺に建てたことによる名か、あるいは、そのための鵜が棲んでいたことによる名ではないだろうか。そう考えれば、比良(白)神が鵜川に鎮座することや、「なる子まいり」の意味がはっきりする。

敦賀半島の西北端の白木浦に、式内社の白城神社がある（敦賀市白木）。この神社を鵜羽《うのは》明神という。「鵜羽」は、「鵜川」よりも明確に産屋を示している。この白木では、お産のたびに産屋を焼いて建て直したというが、谷川健一は、この習俗を記・紀の火中出生譚に結びつけ、白木のある敦賀半島で産屋に砂を敷く産砂《うぶすな》が産土《うぶすな》神の語源だとみて、次のように書いている。

> ではなぜ産屋に砂をしいたのだろうか。それは砂や土の上にワラをおけば、床板の隙間から風が入りこむというような寒い目にあわなくてもすむということがある。その上、砂は地熱をもつ。こうした実際の効用のほかにもう一つの意味がウブスナにはかくされていると私はおもう。常宮（白木と同じ敦賀半島にある地名、気比神宮の摂社常宮神社がある——引用者注）で聞いた話だが、海のなぎさのそばに産屋をたて、砂を床《ゆか》にして子どもを産むのを、まるで海亀のようだと地元の人びとは話しあったという。海亀は季節をさだめて海の彼方からやってき、砂に穴を掘って卵を産みつけ、その卵を地熱によって孵化させる。この海亀を連想したということは、もともとなぎさの近くで産屋をたてて子どもを産むという行為が、海亀や鮫などわだつみを本つ国とする海の動物たちの産卵にあやかったのではないかという類推へと私をみちびく。（中略）事実、白木や丹生の大敷網には海亀がたまに入ることがあるという。(3)

また、この地域では、「砂の上で生まれたので亀の子と一緒」といわれているという。この記述から連想するのは、『日本書紀』の垂仁天皇三十四年三月二日条の、当社の祭祀氏族三尾君《みおのきみ》の始祖伝承である（三尾君が当社の祭祀氏族であることは後述する）。

天皇が山城国に行幸したとき、綺戸辺《かにはたとべ》という美人がいることを聞き、矛を執って祈《うけ》いをして、「必ずその美人に会いたいので、道の途中で瑞兆が現れてほしい」というと、行宮に至るころに大亀が河の中から出てきた。その亀を天皇が矛で刺したところ、たちまち亀が白石に化したので、天皇は側近の者に、「このものによって推しはかると、かならず霊験があるだろう」といった。そして、後宮に召された綺戸辺は、三尾君の始祖の磐衝別《いわつくわけ》命を生んだという。

大亀が河にいるはずはないから、本来は海の伝承であろう。亀が白石になったというのは、亀が海辺に卵を残していったということではなかろうか。それが、亀が矛で刺されて白石に化したという変身・転生説話になったと思われる。一種の死と再生の伝承である。というのは、同じ垂仁紀の二年条に載る、加羅国の王子都怒我阿羅斯等《つぬがあらしと》の白石の話と関連するからである。

ツヌガアラシトが国にいたとき、ある村で自分の牛が行方不明になった。調べてみると、殺されて食われてしまったことがわかったので、その代償に、村で祀っている神がほしいといったところ、村人は白石を献じた。やがてこの白石が美しい乙女になったので妻にしたが、いつしかいなくなってしまった。行方をきくと、日本に行ったというので、追って日本へ来たという（この白石は豊国国前郡と難波の比売許曽社の神だとある）。

美人と白石と求婚のモチーフは、どちらの話にも共通している。たぶん、白石が美人になった話が変型して、三尾君の始祖伝承になったのであろう（『日本書紀』の写本の三尾君始祖伝承には「白石」「石」の二つの表記がある。日本古典文学大系本の『日本書紀』は「石」の方をとっているが、ツヌガアラシト伝承との関係からすれば「白石」であろう）。

亀が白石に変じ、白石が美女に変じる転生・変身説話からみて、白石は卵のイメージであろう。三尾君は越前・加賀・能登ともかかわり（このことも後述する）、ツヌガアラシトは越前・敦賀にかかわる。越前の笥飯《けひ》浦にアラシトは着いたとあるが、気比神宮の摂社の角鹿《つぬが》神社は、ツヌガアラシトを祀っている。ホムダワケの改名伝承は白鬚神社の「なる子まいり」と重なるが、「なる子まいり」の神事は転生・変身の「シラ」神事である。改名が健康・招福を約束するように、亀が白石に変ずるのも祥瑞である。

これらの伝承が「白」のつく神社にあって渡来人にかかわり、求婚・誕生・養育にかかわっていることからも、白神信仰の「シラ」の意味が推測できる。

白城神社と信露貴彦神社

鵜羽明神と呼ばれる白城神社の祭神について、『特選神名牒』は、「白城は新羅とて新羅の神なるべし。新撰姓氏録に、新良貴。彦波瀲武鸕鷀草葺不合尊男稲飯命之後也。是出於新良国。即為国主。稲飯命出於新羅国王之祖也、とみえ、神社覈録に今鵜羽明神と称すとあるを思ふに、新羅の天日矛の後裔此国に留り、其遠祖鵜葺不合尊又は稲飯命を白城神と祭れるならん、地名の白城も新羅人の住ゐより起れる名なるべし」と書いている。

『大日本史』にも、「今在㆓白木浦㆒称㆓白木明神又鵜羽明神㆒、蓋祀㆓新良貴氏祖稲飯命㆒」とあり、『神祇志料』も、新良貴氏の祖稲飯命を祀ると書く。

稲飯命について、『日本書紀』は、「剣を抜きて海に入りて、鋤持神《さひもちのかみ》となる」と書き、『古事記』は、「妣《はは》の国として、海原に入り坐《ま》しき」と書く。この「妣の国」は新羅国とみられているが、『古事記』は須佐之男《すさのお》命についても、「妣の国根の堅州《かたす》国」へ行ったと書く。『日本書紀』は「根国」と書くが、一書の四に、新羅に天降り、五十猛命と船で出雲へ来たとある。この伝承は、根の国を新羅とみている。

日本海沿岸の人々にとって、妣《はは》の国・根の国は日本海の彼方にあり、その地が現実の新羅に設定されたのである。そのことは、式内社の信露貴彦《しろきひこ》神社（敦賀市沓見）についてもいえる。『気比宮社記』には「志呂気神社　或書㆓白木大明神㆒」とあり、白城神社と同じである。ただし、信露貴彦神社とあるのは、姫神社が別に存在するからである。同じ沓見にある式内社の久豆弥（沓見）神社を「女ノ宮」、信露貴彦神社を「男ノ宮」といい、五月三日の沓見祭には、太陽をかたどった御幣が男ノ宮から女ノ宮へ神幸し、三三九度と称する儀式をもって祭は終了する。このことからも、両社の祭神がヒコ・ヒメの夫婦神であることがわかる。

白城神社のある白木浦は、隣接する美浜町丹生に原子力発電所ができるまでは、陸の孤島といわれていた。旧藩時代に無高とされたのは、田畑合わせて六町五反ほどで、享保四年（一七一九）から現在に至る白城神社の「霜月祭の神事控帳」によれば、戸数十五戸にほとんど変化はない。このような地の神社が『延喜式』神名帳に登載されたのは、白神信仰の聖地だったからであろう。

「根の国・妣の国」から依り来るシラ神

白城神社は海辺にあるが、能登国の式内社白比古神社も海辺にあり、神が漂着したという伝承をもつ。白鬚神社の老翁の神も、魚を釣っていたという伝承が多い。

各地の白鬚神社のなかには、「客人明神《まろうど》」と呼ばれるものもあるが、「シラ（再生の生命力）」は海の彼方から来る神霊とみるのが、日本列島の海辺の民の観想であった。沖縄の『宮古史伝』によれば、海の彼方から女人（または女神）が「白舟《しらふね》」に乗ってくると、「世は豊かに栄える」と伝えられているという。この海中他界観が、朝鮮から入った白山《はくさん》信仰と習合して、「シラヤマ」としての山中他界観が生まれたと考えられる。白山信仰を伝えた新羅は、海辺の人々にとっては海上他界（根の国）であり、渡来人にとっては「妣《はは》の国」であった。

谷川健一は、不知火を「シラ（白）ノ火」とみて、この火は「竜宮の火」だと書くが、[4]竜宮とは、海の彼方の「妣の国根の堅州《かたす》国」であろう。だから、神武紀の稲飯命は海原へ入り、新良貴氏の祖となっている。「トコヨ」は、「常夜」とも書く死の国・闇の国のイメージと、「常世」という生命力に充ちた不老不死の国、朝日の昇る光明の国のイメージを併せ持っている。つまり、「根の国・妣の国」のイメージは、死と再生のイメージでもある。

海原に入った稲飯命は、その名のように、再生した穀霊（稲種）として海から依り来る。このシラ神が、天から降臨するシラヒ神になったのであろう。誤解をおそれずにいえば、海照《あまてる》（シラ）神が天照《あまてる》（シラヒ）神になったのである。

稲飯命が新良貴氏の祖であるように、白城神社と信露貴彦神社も、白神を祀る点では白鬚神社や白比古神社と同じである。

福井県南条郡今庄町今庄の新羅神社を『延喜式』神名帳の信露貴彦神社に比定する説があるが、この神社は、園城寺の新羅明神（新羅善神堂）を遷座した神社で、信露貴彦神社ではない。『越前国名蹟考』は、「新羅明神は三井寺の鎮守也。続古事談云、新羅明神は素盞嗚尊、本地は文殊なり」と書き、園城寺（三井寺）中興の祖圓珍（智証大師）が唐から帰朝の折り、新羅明神が加護したので、園城寺の鎮守とし、この神を越前に勧請したと書く。

今庄には白鬚神社もあり、明治四年に新羅神社は白鬚神社に合祀されている（明治八年に氏子の運動によって旧地に戻った）。合祀されたのは、新羅神社と白鬚神社に共通性を認めてのことであろう。この今庄を流れる川を白鬼川というが、日野川ともいう。「白鬼」は「シラキ」の宛字だが、「シラキ」を「日野」ということにも、「白日」のイメージがうかがえる。この川の上流の日野山は「雛《ひな》岳」ともいい、皇女白姫の霊が祀られていたと『鯖江志』は書く。ヒナ・ヒラ・シラに共通の意味があることは白神社の項で書いたが、雛岳に白姫が祀られ、この山を原流とするのが白鬼川で、白鬼川に沿って白鬚神社と新羅神社があることは、無視できない。海中他界が山中他界となって白神信仰は山に移っているが、雛岳は近江の白鬚神社の裏にひろがる比良山系と同じ存在であり、ヒナ・ヒラは「白」の意である。

「シラキ」という神社が現実の新羅にかかわることは否定しないが、白神信仰の視点を除外しては、その本質は見えてこない。

「比良」が「白鬚」に変わった理由

白城神社が、あまり人が住めない敦賀半島の突端にあるように、北海道渡島の白神岬も津軽の竜飛岬と対する最南端にあり、紀伊の白神・白崎も最西端の岬である。近江の白鬚神社が鎮座する明神崎も、湖上に突き出た岬にある。

このような位置は、海と陸の境界で、異界（根の国・妣の国）にもっとも近いところであり、白神が祀られているのもそのためであろう。

このような岬に祀られる神を「ミサキ神」ともいう。白鬚神社の祭神が猿田彦なのは、猿田彦がミサキ神、境界神、塞の神だからである。稲飯神を鋤持《さひもち》神と書くが、「鋤持」の鋤には塞の意味もあり、この神には、剣や矛を持ったミサキ神猿田彦のイメージがある。

黄津平坂《よもつひらさか》は、この世とあの世の境界にある。『古事記』は黄泉比良坂と書くが、比良(平)は境界の意である。境界のもつ両義性からしても、「ヒラ」「シラ」は生と死を統合した観念である。猿田彦は、高天原と葦原中国の境にいて天孫の道案内をしている。

比良(白)神が記紀神話の猿田彦に比定され、比良神社を白鬚神社というのは、「トコヨ」のイメージが、常闇《とこやみ》の常夜から、不老不死の「トキジクノコノミ」の実る国《みの》としての常世に変わったことと、関連しているのであろう。

本来の比良明神のもっていた死んでよみがえる再生観が、不老不死の長生観に変わったため、観阿弥の「白鬚」では、白鬚明神は六千歳の長寿になっている。比良山の主として、琵琶湖が七度まで葦原になるのを見たとあり、三河の花祭(霜月神楽)の白鬚神は、琵琶湖が七度桑原になり、八度水海になったのを見てきた翁になっている。変化する琵琶湖と変化しない(長寿の)白(比良)神の関係に、死と再生の変化は不老不死の非変化でもあることが明示されている。時代が新しくなるにつれて、シラ神には不老不死の面が強くなった。そのことが、比良明神から白鬚明神に社名が変わった根本的理由であろう。

三(水)尾・白鬚・白山

白鬚神社のある高島町には、式内社の水尾《みお》(三尾)神社と志呂志神社があり、三社を結ぶ線はほぼ正三角形になる。

白鬚神社の近くに白蓮山長谷寺がある(高島町音羽)。この神社の縁起や、大和の長谷寺所蔵の『長谷寺縁起絵巻』では、長谷観音像を刻む依木を運ぶ場面に、この依木を守護する白鬚・白髪の老翁(三尾明神)が描かれている。また『三尾大明神本土記』からも白鬚神社と水尾神社の密接な結びつきがうかがえることから、橋本鉄男は、老翁で示現する比良(白鬚)明神、三尾明神は「名を異にしてはいるものの、その主体は一つであることが知られる」と書いている。[(5)]

三尾君の始祖伝承がシ(ヒ)ラ神信仰にかかわることは前述したが、他にも例証がある。それは三尾君と白山との関係である。水尾神社と志呂志神社の鎮座地は、『和名抄』の高島郡三尾郷である。

『日本書紀』は、継体天皇即位前紀に、男大迹《おほど》(継体天皇)の父彦主人王《ひこうし》は「近江国高島郡三尾」の「別業(別邸)」にいたと書くが、この三尾が三尾郷である。

また、天平五年（七三三）の『山城国愛宕郡記帳』には「越前国坂井郡水尾郷」が載る。彦主人王は、越前国坂井郡の高向から振媛《ふるひめ》を娶《めと》って継体天皇を生んでいるが、同じ郡に水(三)尾郷があることからも、三尾君と継体天皇と越前と密接さが推測できる。加賀の白山は越前国の人々が信仰した山でもあり、それを開山した泰澄は越前の人である。三尾君堅槭《かたひ》の娘倭媛と継体天皇の間に生まれた椀子《まろこ》皇子は三国公の始祖で、三国公は天武朝に「真人」になるが、三国真人は、奈良朝に至っても越前国坂井郡の雄族として活躍している。

『旧事本紀』の国造本紀は、三尾君の祖磐衝別命《いわつくわけ》を祖とする氏族に加我(賀)国造をあげている。加賀は白山信仰の中心地である。白髭神社、水尾神社、志呂志神社はみな高島町にあるが、高島町は、比良山系の北端に位置する。ヒラ山はシラ山だが、北陸と近江の二つのシラ山は、三尾君を通して結びついている。

なお、『新撰姓氏録』（未定雑姓・和泉国）には、「近義首《こむぎのおびと》。新羅国主《しらきのこにきし》、角折王《つぬをり》の後なり」とある。栗田寛は、「角折王はものに見えず、三代実録貞観十五年九月に、肥前国 白 角折神《シラキノツヌオリ》と云ふあり、白は新羅にて、新羅の角折神、即角折王にはあらざるか」と書いている。[6]「白」を「シラキ」と訓むのは栗田寛の訓み方であって、『三代実録』は「白角折神」と書くだけだが、この「白角折神」と「三尾角折君」は、三尾君と白神の関係からみて、なんらかの関連があると考えられる。

三尾明神は、新羅明神・白山明神と共に園城寺の鎮守神になっているが、『寺門伝記補録』に、

三尾神、在於北道　現白山明神　彼此一体分身神也（中略）社司秦河勝之胤　有臣国ト云者　始任当社神職　自厥以来　秦氏連綿相継

とある。中世の記事ではあるが、三尾明神と白山明神が「一体分身神」で、秦氏が「連綿相継」いで社司をつとめているというのは、比良(白)明神としての白鬚神社と水尾神社の関係、白神と秦氏の関係（志呂志神社・向日神社と養蚕神社の項参照）からみても、無視できない。

なお、当社と北野天満宮は「白太夫」の関係での結びつきがあるが、この問題は北野天満宮の項で述べる。白鬚神社の信仰が全国に分布し、分霊社が四百社を越えるのは、白太夫による。白太夫は百太夫ともいうが、白鬚神社関係では特に「白太夫」と表記されているのは、「白」へのこだわりからであろう。

注

（1）塚口義信「『日本書紀』応神天皇即位前の『一伝』について」「古代文化」二三巻一一号。
（2）岡田精司「継体天皇の出自とその背景」「日本史研究」一二八号。
（3）谷川健一「産屋の砂」『古代史ノオト』所収、昭和五十三年。
（4）谷川健一「不知火の巫女」注3前掲書所収。
（5）橋本鉄男「白鬚神社」『日本の神々・5』所収、昭和六十一年。
（6）栗田寛『新撰姓氏録考証』下、一三五一頁、明治二十七年。

百太夫社《ひゃくだゆう》——傀儡《くぐつ》と漂泊芸能民の信仰

百太夫を祀る傀儡と遊女

宇佐八幡宮の末社に百太夫社がある（宇佐市松隈）。石清水八幡宮にも百太夫社があったことが、暦応年間（一三三八—一三四二）に書かれた『遷宮記』に載る。また、大江匡房（一〇四一—一一一一）の『遊女記』は、住吉大社と広田神社に百太夫を祀る神社があり、遊女たちが商売繁昌のために祈願する神だと書く。このほか、百太夫社は祇園の八坂神社、日吉大社、宗像大社、長門の住吉神社にもある。京都の北野天満宮、太宰府天満宮にも、百太夫社という末社がある。能の「道明寺」に、

我は天神の御使　名をば誰とか百太夫の神と申す翁草

とある「百太夫」のことである。百太夫も白太夫も同じであり（理由は後述）、白(百)神の「神」が「太(大)夫」になったのである。

養老の公式令に「五位称二大夫一」とあるように、五位以上の殿上人を「大夫」という。無官大夫敦盛は五位の無官であった。福島正則が「左衛門大夫」と呼ばれたのは、天正十一年に佐衛門尉《じょう》に任ぜられ、従五位下になったからである。喜田貞吉は、

嘉祥四年正月の太政官符で、五畿内七道諸国の諸神、たとひ官社でなくとも、よしや公簿に載って居ないでも、すべて正六位上の位に叙せられた。其の後更に諸神に位一階を進められた事が数回ある。然らば苟も神であれば、皆少くも五位になって居る筈である。即ち大夫様である。而して伏見のお稲荷様が正一位になられると、掃溜の隅の小さい狐神までも、同じお稲荷様といふ名に均霑して、正一位何々大明神の赤い幟を樹《た》てゝ居ると同じ様に、傀

傀儡子等の勝手に祭って居る各自所持の偶像の道祖神も、皆一様に五位の大夫様に均霑し、所謂百太夫の名称を生じたものと思はれる。果して然らば其の大夫様なる道祖神を守り神として祭って居る傀儡子、即ち遊芸人や遊女どもが、それから転じて大夫の名を得るに至るべきは、想像し易き順序である。

と書いている。(1)

傀儡《くぐつ》（傀儡子、傀儡師）の祀る偶像の道祖神が百太夫だというのは、大江匡房が『遊女記』で百太夫の別名を「道神」と書き、『傀儡子記』で次のように書くからである。

傀儡子は、定まった所、定まった家もなく、氈帳《せんちょう》を穹盧《きゅうろ》とし、水草を逐《お》って移り歩く。頗《すこぶ》る北狄の風俗に類似する。男は皆弓矢を使い、狩猟を以って仕事とし、或は両刃の剣を七、九本同時に弄《もてあそ》ぶ。或る者は木で作った人形を、生きた人を動かすように舞わせ、相撲をとらせ、ほとんど本物の魚・竜・亀・蚊の如き戯芸を見せる。また、砂や石を金銭に変え、草や木を鳥獣に化す。一人前の女は、愁《うれい》顔で泣くまねをし、腰を振って歩き、虫歯が痛いような笑いを粧《よそお》い、朱を施し白粉を塗り、倡俳《わざおぎ》や歌、淫《みだら》な楽などの妖媚を求める。父母も知らず、誠もなく、しばしば、行きずりの人に逢えば、容姿にかまわず、一夜の契《ちぎ》りを結ぶ。身を売って富める故に、好いた人には、金繡の服・錦布・金の釵《かんざし》・鈿匣《らでん》の具を献じる。一畝の田も耕さず、一枝の桑も採らぬ故に、県官に属さない。みな土民でなく、自ら放浪の人となり、上に王公がいても無視し、傍らに役人・村長《むらおさ》がいても怕《おそ》れない。課役をなさず、一生を楽しむ。夜は百神を祭り、鼓舞喧騒し、福助《ふくじゅ》を祈る。（下略。原文は漢文）

「百神」とは、『遊女記』の百太夫のことである。

遊女が傀儡（子）であることは、室町時代の国語辞典『下学集』（下巻・術芸）に、「呼二遊女一曰二傀儡一」と書かれていることからもいえるが、遊女が百太夫を祀っていたことは、平安時代末期の『梁塵秘抄』（後白河院撰）に、次のようにうたわれている。

遊女の好むもの　雑芸《ぞうげい》鼓《つつみ》　小端舟《こばしぶね》　簦《おおがさ》　翳《かざし》　艫取女《ともとりめ》　男の愛祈る百太夫

……いかに祭れば百太夫　験《しるし》なくて　花の都へ帰すらん

なぜ遊芸人遊女を「太夫《たゆう》」というか

傀儡の神を「百太夫」と呼ぶことについて、喜田貞吉(1)は、神社は「皆少くも五位になって居る筈である。即ち大夫様である」ことを根拠にしている。これは、傀儡や遊女らの祀る百(白)神だけが「大夫」であることの説明にはならない。これら遊芸人、遊女らが太夫と自称したのは、殿上人のように殿上に上がったからではなかろうか。

『遊女記』に、「人妻・妾となりて、身を没するまで寵せらる」とあるが、後白河院は、江口遊女の一臈《いちろう》丹波局に、六十三代天台座主承仁法親王を生ませている（『玉葉』『山槐記』『天台座主記』）。丹波局は、安徳天皇の後の皇位決定にあたって、高倉天皇の遺子三宮と四宮と、木曽義仲の推す以仁王の王子のうち、誰を選ぶか難行したとき、夢想によって四宮がふさわしいことを後白河院に進言し、御鳥羽天皇を即位させている（『玉葉』『源平盛衰記』）。

後鳥羽天皇は、水無瀬離宮に江口・神崎の遊女、または白拍子（舞女）をよんで、今様・朗詠・舞などの盛宴を催しているが、宴が終われば、遊女・白拍子は天皇の寝殿にも招かれた。その結果、舞女滝が覚仁法親王を、舞女石が熙子内親王を、舞女姫法師が僧覚誉・道伊・道縁の三人を生んでいる（『本朝皇胤紹運録』『明月記』『大日本史・皇妃伝』）。

御鳥羽院が最も寵愛したのは、白拍子亀菊である。承久の乱の直接の原因は、彼女に給された摂津国長江・倉橋両荘の地頭職停廃をめぐる鎌倉幕府との交渉にあった。承久の乱（一二二一）に敗れた上皇が隠岐島に配流されたとき、ついていったのは亀菊であり（『承久記』）、配流の地で崩御したとき、そばにいたのも彼女である（『広隆寺手書』）。

平安時代にも、陽成天皇の皇子元良親王の寵を受けた遊女こきの例がある（『元良親王集』）。これらは確かな史料があるものだが、埋もれた事例はもっと多かったにちがいない。鎌倉時代中期に、遊女は光孝天皇（八三〇―八八七）の皇女の後裔、傀儡は村上天皇（九二六―九六七）の後裔という伝承が成立したのも（『伝法絵流通』『郢曲相承次第』『今様相承系図』）、遊女たちが皇胤を生んだからであろう。

なぜ傀儡と遊女は同じにみられたか

大江匡房の『傀儡子記』では、傀儡は一所不住の漂泊民とされているが、匡房の『遊女記』の遊女は、摂津の江口・神崎にいた遊女たちで、一所不住ではない。『傀儡子記』も、前述の文章につづいて次のように書く。

> 東国の美濃・参河・遠江などの党を豪貴となし、山陽の播州、山陰の馬州などの党、これに次《つ》ぎ、西海の党を下となす。

このように、すでに定住地があっての放浪である。

また、『中右記』永久二年（一一一四）四月六日条によれば、丹波国の傀儡が小舎人に馬や綿をとられたと訴えており、『明月記』建暦二年（一二一二）十月五日条では、近江国吉富荘広宿の傀儡が喧嘩の相手を検非違使庁に訴えており、「上に王公がいても無視」し役人を相手にしないというのとは異なる。訴訟を起こしたのは、彼らも課役に応じていたからであろう。ただ、その課役が定住農耕民とちがっていたことや、かつて課役に応じない生活をしていたことが、匡房の記述になったのであろう。だから、匡房の『傀儡子記』が平安朝末期の傀儡の生態を正しく伝えたとみるのは誤りだが、その記述に近かったことは確かであろう。

諸橋轍次の『大漢和辞典』は、「傀儡」について、中国の辞書の『広韻』に「戯也」、『集韻』に「木偶戯」とあるから、人形使いのことだと書く。「木偶戯」とは『傀儡子記』の「舞二木人一」のことである。孟元老の『東京夢華録《とうけいむかろく》』に、北宋の崇寧・大観年間（一一〇二―一一二一）の頃、都の大道で「枝頭傀儡」「懸糸傀儡」が流行したとあるが、注記（入矢義高・梅原郁の訳注本）には、「〝枝頭〟は〝杖頭〟の誤り。人形に付けた細い棒を下から支えてあやつる人形芝居」とあり、「懸糸」については、「人形を付けた糸を上から指につるしてあやつるマリオネット」とある。

中国では人形操りが主であった傀儡に、日本では遊女・売春の面が強いのは、女性が主流だからであろう。『傀儡子記』は「名儡」として「小君・孫君」の名をあげるが、柳田国男は、「中世の社会に於てクグツの副業は売色で、遊女は又一派の巫女であった。（中略）往来の旅人は此種の婦人を古くからキミと名づけた。キミは遊女の雅名にして兼て又巫女の総称の一つであった」と書いている。(2)鎌倉時代になると、宿駅の傀儡女は「宿々の遊君」と呼ばれ、漂泊する娼婦が「クグツ」と呼ばれた。他の文献に登場する歌謡の名手の傀儡も、多くは女である。建長元年（一二四九）七月二十三日付の「関東下知状」に見える、駿河国宇津谷郷今宿の傀儡集団は、みな尼僧の姿をした女性で、その中心者である栄耀尼は、宇津谷郷の預所代とされた者四代のうち、三代を聟《むこ》とした。預所代を聟とする傀儡が駿河にいることからも、「豪貴」な東国の傀儡の一面と、女性上位がうかがわれる。

宇津谷郷（現在の静岡市宇津谷）は、平安時代中期以後の東海道の道筋にあたり、宇津ノ谷峠がある。この地の宿駅が今宿だから、栄耀尼は宿駅の遊女（傀儡女）の統率者だったのだろう。山路興造は、「宿駅で旅人の相手をした傀儡の女たちの姿は、『本朝無題詩』などの詠に登場する。その詩文には実感をともなわぬものもあるが、藤原基俊の『秋月出レ関赴二遠城一　傀儡群至妨二行行一』にはじまる一文は、基俊に群がる傀儡女を駅亭に上げ、翠《みどり》の黛《まゆずみ》や紅白粉《べにおしろい》で化粧した彼女らがうたう流行歌や舞に心を惑した体験を叙している。曲終れば憫然として客に無礼を謝し、愛情を求めて一夜の契りを結ぼうとする彼女たちこそ、当時の傀儡子の実態であったのだろう」と書いている。(3)こうした傀儡の生態が、放浪の遊女とみられたのである。遊女としての傀儡には、中国の傀儡（人形操り）のイメージは薄い。

西宮の百太夫社と「エビスカキ」

中国の傀儡と同じ人形操りの傀儡師らが祀る神社に、西宮の百太夫社がある。

『遊女記』の広田神社の百太夫社については、平安末期か鎌倉初期に成立した『伊呂波字類抄』の広田神社に関する記述に、

夷 毘沙門　三郎殿 不動明王　百太夫 文珠

とある。現在は、広田神社の摂社西宮夷社（西宮神社）の本殿西方にあるが、天保十年（一八三九）までは、西宮夷社の北百メートルほどの産所《さんじよ》村に鎮座していた。『西宮大神本記』には、

百太夫社、伝曰、此浦に道薫といふ翁あり。蛭子《ゑびす》の御神を慰め奉るとて、小さき人形を作りて舞しむ。是西宮人形まはしといふ因縁なり。

とある。『摂陽落穂集』(巻三)にも、前述の記事につづいて、

此人形あるをもって、西の宮に笠井氏といふ人形芝居の株あり。浪華人形芝居の株も、此所より得たるか。浄瑠璃語るもの、皆百太夫と名を付るは、此人形百太夫と称する、其由縁なるべし。

と書く。このように、西宮の百太夫社には人形操りの傀儡の面が強いが、『摂津名所図会』は、「関西の官道にして、京師より行程十七里、大坂より五里なり。市中に京・大坂の分れ道あり。(中略)市店旅舎多し」と書いている。これは江戸時代のことだが、西宮はそれ以前からの交通の要衝であったから、遊女としての傀儡もいたかもしれない。

住吉と広田の百太夫社は、遊女の信仰が厚かったと『遊女記』に書かれているから、人形操りの傀儡だけの百太夫社とはいえないようだが、信者の主体は人形操りたちである。

享保(一七一六—一七三五)かそれ以前の著述といわれる『名所西宮案内者』は、百太夫社について、

境内を北にはなれて半町ばかりに祠あり(産所村にあった百太夫社——引用者注)。磐楠船の神代(西宮夷社の祭神蛭子神が磐楠船で流されたことをいう——引用者)、此浦に住める翁、道君と名づく。大神の三歳脚立給はぬと申すころにや(蛭子大神は三歳になっても歩くことができなかったので磐楠船で流されたと『日本書紀』は書く——引用者注)、人形雛形をつくりてなぐさめ育て奉りし翁とて、今も生れ子の百日にあたれる日は、皆此神前に連れ詣で、名を定め、寿をいのれる也。(中略)世の諺に西宮の人形廻し、亦人形を道君坊と申すも、此神のいはれにや。(後略)

と書き、『摂陽落穂集』(巻三)は、

西の宮百太夫の事。西の宮恵美須の北に小宮あり。内に納る像は三歳計なる小児の坐したる人形なり。是神にあらず、毎年正月白粉をもって、厚さ三四分ばかり顔にぬりおくなり。此辺に其年生れたる小児宮参の時、此人形の顔をなでゝ、その白粉を小児の顔にぬるなり。是ほうそう悪病を除くといふ。又いはく是日本人形の初めなりと。(後略)

と書く。『画証録』(喜多村信郎)は、著者が文化八年(一八〇九)に参詣したとき受けてきた神像の神札を載せている。

百太夫社の神札（『画証録』所載）

百太夫社の御神像は、今は開帳しないが、この神札とほぼ同じだという（図参照）。

人形操りの傀儡は「夷かき」「夷舞わし」と呼ばれる。吉井良尚は、夷かきの「かき」は部曲《かきべ》の意で、広田・西宮両社に隷属していた下級神人の傀儡が夷神の縁起譚を主題として人形を操ったとし、「夷舞わし」は「かき」が通じなくなってからの言い方とみている(4)。

「エビスカキ」の記事は、応永の頃（一三九四—一四二八）の公家の日記『満済准后日記』や、天皇の日常の記録『御湯殿上日記』『看聞御記』（御崇光記）に散見する。『御湯殿上日記』の天正十八年（一五九〇）正月十八日条には、

此程まいり候ゑびすかきみな〳〵一だんとの上手にて、ほんの能のごとくにしまゐらせて、一だん〳〵おもしろき事なり。

とあり、「能のごとく」人形を操っている。

貞享元年（一六八四）に書かれた『雍州府志』には、

浄瑠璃太夫は、文禄年中より慶長に及び監物某と次郎兵衛某、摂州西宮の傀儡師を招き、相共にこれを経営す。監物と次郎兵衛は浄瑠璃を語り、西宮人形を舞う。（本文は漢文）

とある。万治年間（一六五八—一六六〇）に書かれた『東海道名所記』も、「浄瑠璃ハ其頃、京ノ次郎兵衛とかや云うもの、後に淡路の丞と受領せし、西の宮のえびすかきを語らひ、四条河原にして、鎌田の政清が事を語りて、人形をあやつり……」と書く。

また、慶長十九年（一六一四）九月二十一日に院御所で操り浄瑠璃を、「夷舁《えびすかき》ノ類ノ者推参」して演じたことが、『平

時慶卿記』『山科言継卿記』に載る。

江戸の町々を廻ったのも、西宮夷社の傀儡師であった。長唄「外記節傀儡師《げきぶしくわいらいし》」に、

浮世の業や西の海、汐の蛭子《ひるこ》の里広く、国々修業の傀儡師、連《つれ》に離れて雪の下、椿にならぶ青柳の、雫も軽き春雨に、楽屋を冠り通るにぞ。塀構へなる窓の内、呼びかけられて床しくも、立止まれば麗しき、女中の声にて傀儡師、一曲舞わせと望まれし、詞の下より取あへず、声悪しけれど箱鼓、拍子とり〴〵人形を、あまた出だして夫々と、唄ひけるこそをかしけれ。

とあり、この歌詞からも、傀儡師の人形舞わしの様子がうかがえる。『塵塚談』は、

傀儡師を、江戸の方言に山ねこといふ。人形まわし也。一人して小袖櫃のやうの箱に、人形を入れ背負ひて、手に腰鼓をたたきながら歩行く也。小童其の音を聞きて呼び入れ、人形を歌舞せしめ遊観す。浄瑠璃は義太夫ぶしにして、三絃はなく、芦屋道満の葛の葉の段、時頼記の雪の段の類を、語りながら人形を舞はし、だんだん好みも終り、是れ切りといふ所に至りて、山ねこといふ鼬の如きものを出して、チチクワイチチクワイと、わめきて仕舞ふなり。我等十四五歳頃までは、一ヶ月七八度づつ来りしが、今は絶えてなし。

と書いているが、これは江戸時代中期の江戸市中の傀儡師の様子である。

この「エビスカキ」「エビスマワシ」は、西宮と淡路の「サンショ」の傀儡師たちである。

西宮と淡路の散所の傀儡師

『西宮神主家日記』に、文化八年（一八一一）十二月、百太夫の講を組み、大阪の「芝居人形屋」で浄瑠璃語りを行なったとある。この日記によれば、元禄の頃（一六八八—一七〇三）には、産所村は三四十戸あり、皆人形舞わしを営んでいた。享保五年（一七二〇）三月と同九年四月には、尼崎城主姫君の芝居見物ありと記されている。享保八年（一七二三）十月、産所村八郎兵衛が神主に対して同村困窮の由を訴え、境内でのあやつり興行の許可を請求しており、享保十二年（一七二七）、西宮境内で広田神社遷宮を記念した興行が行なわれている。しかし、寛保元年（一七四一）十一月五日

西宮の傀儡師（『摂津名所図会』より）

の条に「産所村近年退転同様に困窮云々」の文章がみえるから、戸数は減っていったようである。だが、文化十三年（一八一二）の条にも、産所村吉二郎・小六の寄進にかかわる人形芝居が催され、上がり高を百太夫社に納めたとある。

嘉永（一八四八―一八五三）の頃には、産所に家は一軒もなく、天一神社と呼ぶ小祠が野の中に一つあっただけという。[5] 天保十年（一八三九）に百太夫社が西宮夷社境内へ移転したのは、産所に住む人がいなくなったためであろう。現在も西宮市産所町の地名は残っており、阪神電車西宮駅の北の郵便局前に「傀儡師故址」の碑がある。

百太夫社は、浄瑠璃人形芝居の発祥地といわれる淡路島の三原郡三条町にもある。『淡路座秘書』（『南水漫遊拾遺』）には、次のように書かれている。

西宮に道薫といふ人、御神の御心をなぐさめけると、是より海上波風静かにして、猟舟多くの魚を得る事久し。時に道薫しばらくいたみて、身まがりければ、また風起り波高くして、猶更猟もなかりしかば、百太夫といふ人人形を作りて、神の御前なる箱のかたはらに身をひそめ、人形を以て、我は道薫なり、尊の御機嫌を窺はん為参りたりとて、御心をなぐさめける。是よりまた波風静まりて、猟もありけるとなり。其後時の帝此事を聞し召され、禁庭の政に出勤すべき由勅諚有けるゆへ、百太夫都に登りて、此儀をつとむ。是によって、

大日本者神国故以㆘慰㆓神慮㆒者㆖為㆓諸伎芸首㆒

かくの如き号を下され、諸国諸社の神いさめの事勅免ありしより、胸に箱をかけ、人形を以て神をいさめしなり。是傀儡師の始也。百太夫は諸国を巡りて、淡州三原郡三条村といふ処にて身まがりけるに、何某の四人百太夫に傀

傀儡師の業を習ひて、此後傀儡のわざをなさり。是淡路座操《あやつり》の権与なり。右淡路座の操凡四十余座あり。当時諸国へ聞えて名高きは、上村日向掾を最上とす。往来帯刀御免にして、芝居の表口に大日本諸芸首といふ額を懸る。

これと似た記述は、『淡路常磐草』三条村の条にも載る。百太夫は木偶を操って国々を巡り「衆神を祭り」、淡路国三条に留まって、その術を伝えたという。つまり、人形操りは淡路の百太夫社を祀る人々によって始められたというわけだが、通説では、淡路の傀儡師は西宮の傀儡師の一派が移ったものといわれている。『淡路座秘書』も、「西宮に道薫といふ人」と書き、西宮を原点にしている。道薫は、西宮の百太夫社の道君のことである。『淡路常磐草』は、西宮夷社の祭神蛭子と道薫が登場している。三条は産所の別表記である。

淡路の場合、享保・元文（一七一六―一七四〇）の頃がもっとも盛んで、四十余座が活躍していたというが、[5]西宮の産所は、享保八年（一七二三）に「困窮」を訴えており、寛保元年（一七四一）に「産所村近年退転」「困窮」と『西宮神主家日記』にある。淡路「サンジョ」が隆盛になるのに反比例して、西宮の「サンジョ」は衰退していったのである。

前述した『東海道名所記』に、浄瑠璃は、「西の宮のえびすかきを語らひ」京の次郎兵衛が四条河原で始めたとあるが、「西の宮のえびすかき」は、後に淡路丞（天正十九年（一五九一）没の弘田源之丞のことといわれる）を受領したとあるから、淡路の百太夫社を祀る傀儡師の出自は、通説どおり西宮の「サンジョ」である。西宮夷社は、西宮の「サンジョ」に傀儡師がいなくなっても、百太夫の神符の販布を淡路の傀儡師が行なったから、困らなかったのであろう。また、淡路の傀儡師が、百太夫は淡路で亡くなり、後裔はわれわれだと主張しながらも、西宮の祭神蛭子と西宮百太夫社（厳密には広田神社摂社の夷社の百太夫社）の道君（薫）とのかかわりを強調し、夷神と百太夫を祀っているのは、彼らも「エビスマワシ」であったことを示している。

江戸時代、彼らが人形をあやつりながら歌った「傀儡師唱歌」がある。[5]

（前略）そも〳〵西の宮の戎《えびす》三郎左衛門の尉《じょう》は、信なる人には福を与へ、富貴に守る神なりと、祝ひ申せば、御坐も奇麗に、御注連縄引いて、氏子衆が集まって、笛や太鼓、鞨鼓、鐘の声、いづれも屹とかまへて、乙女の鈴の声にひかされ、戒殿は浮いて来た。烏帽子・狩衣・折目高に着なして、四乳の草鞋でしゃんならしゃ、しゃんならしゃとやらして、ある時の遊山に、舟に棹さし、沖へ漕ぎ出でし、沖にもなれば、須磨の浦にはすまにすさぎ、立つ波に引く波をつけて、はゝま千鳥が反呼ぶ声は、ちりやちり〱ちりやちり〱と、ちり飛ぶところを漕ぎ寄せて、鯛を釣って踊った。尽せぬ御代こそめでたけれ。

このような傀儡師唱歌をうたいつつ各地を廻った夷舞わしによって、エビス信仰や、鯛をかかえたオエビスサマのイメージが、全国に拡がったのであろう。

宇佐八幡宮の百太夫社と古表・古要社

淡路の百太夫を祀る神社は、現在、三条八幡神社と呼ばれ、社殿が二つ並んでいる。向かって右が八幡神社、左が恵比須社である。恵比須社の祭神は、右から恵比須・百太夫・道薫坊・秋葉神であるが、鯛をもったエビスがひときわ大きいことからも、淡路の傀儡師が「エビスカキ」「エビスマワシ」であったことがわかる。

三条八幡社は、宇佐から勧請されたといわれているが、宇佐八幡宮（現、宇佐神宮）と石清水八幡宮の末社にも百太夫社がある。『太宰管内志』が引く「宇佐宮永享五年現記」や、『宇佐宮造営日記』に、

応永廿七年十一月十一日　百太夫殿社　立レ柱　奈古若狭守重光造二進之一

とあることから、西田長男は、宇佐八幡宮末社の百太夫社の創立を、応永二十七年（一四二〇）の頃とみる。(6)

宇佐八幡宮放生会の「傀儡子舞」の傀儡船は、古要《こよう》神社（大分県中津市伊藤田）、八幡古表《はちまんこひょう》神社（福岡県築上郡吉富村小犬丸字吹出浜）の二社から出る。西田長男は、正応から正和の頃（一二八八―一三一六）に成った『宇佐託宣集』には、「細男舞・久久津舞に古表・古要両社の預かることは未だ見えていない」ので、「正応・正和の頃にはなおこれらの両社はこれに関係していなかったのではあるまいか」と書く。また、古要・古表のように神社の名を音読している例がはなはだ珍しいことや、百太夫社創建が応永二十七年（一四二〇）であることから、この時期に両社の放生会の傀儡子舞の奉仕が始まったとみるが、八幡宮の傀儡子舞の「伝統は、平安朝にまで溯らせることが出来る」とみる。(6)しかし、そう

だとすれば、平安時代から応永二十七年までの傀儡子舞はどうなっていたのだろうか。
西田長男はあげていないが、『宇佐宮造営日記』に、

徳治二年丁未被レ行之以来、当年応永廿七年庚子ニ至マテ、百十四年退転之有間

とあり、鎌倉時代末の一三〇六年（徳治二年）から室町時代初頭の一四二〇年（応永二十七年）まで、放生会は中絶している。この間は南北朝の争乱期で、九州も南朝・北朝側にわかれて争っていた。「百十四年」ぶりに放生会が復活したのは、争乱がおさまったからである。この復活を機会に、百太夫社は創建されている（百太夫社は応永二十七年の創建）。たぶん、百太夫社と一緒に古表・古要両社も創建されたから、百年ほど前に書かれた『託宣集』には、両社のことが載らなかったのだろう。

現在の古要・古表両社の人形は、元和三年（一六一七）三月に藩主細川忠興が寄進したものだが、鎌倉時代の作風が認められるから、元和の際に鎌倉時代のものを模したとみられている。ということは、両社を創建した人々は、放生会に室町以前から傀儡子舞をもって参加し、「百十四年」ぶりの再開のときにも古い人形を使ったため、江戸時代に両社の人形を作ったときにも古風を模したのであろう。放生会の傀儡子舞・細男《くわしお》舞は中絶していても、舞そのものが中絶していたわけではない。そして放生会再開のとき、これらの舞を行なう人々は、百太夫社・古表・古要社を創祀したのであろう。

百太夫社（百体社とも呼ばれる）は、宇佐八幡宮の西方一キロの、いわゆる「隼人塚」のそばにある。
『太宰管内志』は、

宇佐ノ町西より入口ノ左にあり、道ノ傍なり、石ノ鳥居あり、額に百体殿とあり、神殿・拝殿あり、西向也、社家ノ伝に、養老年中宇佐ノ神軍を以て隼人を討ち平げし時、此所に隼人ノ亡霊を祭れりし物なりと云、柱あり社官六人の姓名を記せりと云、此社の神官六人は皆楽人なり。

と書く。この神社のそばに、「傀儡子化粧水」という古表・古要両社の真名井がある。古表社の社記が引く、天保十一

年（一八四〇）宇佐八幡宮大宮司が中津藩主に提出した書上に、

宇佐百体殿の辺りに御手洗の真名井有レ之候、この御池水を以て四十神の神体（古表社の傀儡人形をいう——引用者注）を清め、傀儡子執行有レ之候、今俗に神角力と唱申候

とある。西田長男は、この書上からみて、「これらの井は両社（古表・古要社——引用者注）の傀儡子（人形のこと——引用者注）を洗い清めたところで、それが斯く百太夫社の傍に特に置かれているのは、両社の傀儡子がこの百太夫社に深い関係を有していたことを思わしめよう」と書いているが、(6)私も同感である。

放生会の八幡宮の神体（銅鏡）は、香春の古宮（元宮）八幡宮（香春神社の項参照）を八月九日に出発し、各地を巡幸し、十三日に百太夫社の前に到着する。この地に隼人塚（隼人の首塚といわれ、「凶首塚」とも呼ばれるが、賀川光夫は「少くとも六世紀末、七世紀前葉の横口式石室を有する古墳」(7)とみるから、奈良朝の隼人征討の隼人の墓とはいえない）があることからみて、隼人征討のときの隼人の霊を祀る放生会にとって、ここは重要な聖地であったと考えられる。勅使の一行は、この隼人塚に官幣を安置し、八幡宮からの出迎えの神輿を待って、神体（銅鏡）と共に最終地の和間浜の浮殿に向かう。このような場所に百太夫社が建てられたのは、放生会再開の前年の応仁二十七年十一月であった。

「八幡宇佐宮放生会之記」に、傀儡船は上毛郡小今井と下毛郡今津役から各一艘を出すとあり、『豊前志』には下毛郡千間と上毛郡吉富の所役とある。三社の創建後も社名が記されていないのも、傀儡舞がこの地の傀儡師たちの奉仕だったからであろう。古要神社のある今津町伊藤田《いとだ》（「放生会之記」の今津役、『豊前志』の千間）の北の北原《きたばる》は、中世まで北原散所と呼ばれ、傀儡師が住んでいた。(8)この傀儡師らも、放生会の傀儡子舞と無関係ではなかろう。

彼らは、再開された放生会の傀儡子舞を行なうにあたり、新しい意気込みに燃えて百太夫社・古表社・古要社を創建したと考えられる。隼人塚のそばに社殿を造営したのは、放生会が特に隼人とかかわるからであろう。

石清水八幡宮の西鳥居外の末社として、『遷宮記』に夷社・三郎殿社・百太夫社が載るが、『遷宮記』は暦応二年（一三三九）に書かれているから、石清水八幡宮の百太夫社は宇佐八幡宮の百太夫社よりも古い。ただし、石清水の百太夫

社は夷社・三郎殿社とセットであり、広田神社のエビス神（西宮神社）が夷三郎殿と呼ばれることからみて、石清水八幡宮の百太夫社は、たぶん西宮系の百太夫社であろう。西宮系の百太夫社は遊女よりも傀儡師の祀るところであり、したがって宇佐八幡宮の百太夫社も同系統とみられる。百太夫社に関する限り、宇佐八幡宮→広田（西宮）でなく、その逆である。しかし、放生会にかかわる宇佐八幡宮や香春神社の祭祀氏族という面からみれば（香春神社の項参照）、豊前の人形操り（傀儡芸）が畿内に拡がっていった可能性もある。

傀儡の源流についての諸見解

喜田貞吉は、大正七年七月に、「朝鮮の白丁と我が傀儡子」という論文を発表している。(9) この論文は、大正七年四月に今西龍が発表した「朝鮮白丁考」(10)に触発されたものだが、喜田は、「余輩今西君の此の考証を読みて、直ちに我が傀儡子の事を連想せり」と書いている。そして、前述した大江匡房の『傀儡子記』『遊女記』の全文を引き、「之を朝鮮白丁の習俗に比較せよ。容易に其の双方が、甚だ多く相類似せるを発見し給ふならん」と書き、傀儡子白丁説を主張する。この喜田説を受けて、瀧川政次郎も白丁説を採り、「傀儡戯・傀儡子族と百太夫信仰」で、

今西氏の考証に拠れば、高麗時代の白丁民には、「才人」「禾尺」の二種があり、才人白丁は主として歌舞、遊芸に従事し、禾尺白丁は主として柳器（柳行李）の製に従事するが、倶に狩猟を事とする漂泊民であって、その女はいずれも巫術・卜筮・売色を業とするといふ。我が国の傀儡子族は、川端の柳の枝のかわりに、川端の竹（いずれも無主物）を採って、抑器の代りに竹器（篚、升箸、ザルの類）を作った。傀儡子族の婦女であるクグツ、遊女のことを「うき竹の賎《しづ》の女《め》」といふのは、この故であって、白丁民の生態は、『傀儡子記』に述べられてゐる傀儡子族の生態に酷似してゐる。

と書き、「私は白丁族と我が傀儡子族とが同一種族であることを断ずるに躊躇を感じないのである」と書いている。(11) また、「細男と才人白丁」では、

細男は一般にサイノオと訓まれている。これを才男と書いてサイノオと訓ましているものもあれば、青農と書い

てセイノウと訓ましているものもある。セイノウは、サイノフの音便であって、「才夫」と書くのが正しかろうと思う。フはモノノフ（武士）、アベノヒラフ（安倍比羅夫）、アヅミノヒラフ（安曇比羅夫）のフであって、男の意である。ゆえに才夫は才男となり、やがて細男と書かれるようになったと思う。ゆえに細男もこれをサイノフと訓むのが正しいのではないかと思う。卑見に従えば、才夫《さいのふ》は才人白丁の男の意であり、細男の舞すなわち才人白丁の舞であって、クグツの舞というに等しい。何となれば、朝鮮の漂泊優倡民である才人白丁の日本に渡来したもの、すなわち傀儡子族であるからである。細男の舞は、一に磯良舞とも呼ばれるが、磯良はイソラにあらずして、シラである。これを芝良舞と書いたものもある。シラは新羅《シラ》であって、磯良舞すなわち朝鮮舞の意である。

と書く。(12)

この喜田・瀧川説よりも、折口信夫の説が学界では通説化している。折口信夫は、「ククツ」の語源について、傀儡師の持って歩いた人形は、「旅行用具の中に納めて携帯する事が出来たのだと思ふ。さうした霊物を入れる神聖な容器が、所謂、莎草《クグ》で編んだくゞつこであったのだらう。さう考へて見ると、此言葉の語原にも、見当がつく。くゞつは、くゞつこ・くゞつとの語尾脱略ではないだらうか」と書き、安曇磯良を祀る「筑前志賀《シカ》ノ島の祭りに、人形を船に乗せて、沖に漕ぎ出で、船の上から、海底をのぞかせる式」があることや、神楽歌の磯良の登場などから、くぐつを海部の一部とみる。そして、このくぐつにかかわる神事芸能や、志賀島（志賀海神社）の祭が「宇佐八幡と関係の深い」ことから、八幡神との関係について、「くゞつは海部《アマベ》の一部であるが為に、海部の祀る神は、海部降服の後は、主神たる八幡神に対して精霊の位置に置かれた」とみて、百太夫はクグツが祀って来た「祖先伝来の神」だと書く。(13)

この折口説をうけて、弟子の西田長男は「神楽歌の源流」(6)を書き、西角井正慶は「さいのを抄」(8)を書いている。林屋辰三郎も、『中世芸能史の研究』で、折口説の上に立って自説を述べている。しかし、これらの説を瀧川政次郎は批判して、「西角井・西田の両君は、共に折口信夫氏の説を受けて、磯良の舞すなわち細男の舞は、海部族のもつ芸能であって、我が国の芸能が海部・山部（国栖《くず》）の芸能に源流すると為す折口氏の説は、『千古の確論』であるとさえ言っておられる。しかし私は、これを千古の確論とは考えない」と批判し、人形を操る細男舞は、「安曇族が外来族である傀儡子から伝習した芸能であって、安曇族の間に固有に発生した芸能ではない」と書く。(14)

また、「村屋辰三郎、西田長男の諸氏は、王朝傀儡子を奈良時代の乞食者《ほかいと》の後身と断定し、その祖先を上代の海部・山部等の漁撈民・狩猟民に求めておられるが、王朝の傀儡子は、いかにしてこれらの大陸半島の芸能（百戯）を学んだのであろうか。その説明のないことは、私の大いに不満とするところである。彼らが行なった軽業・奇術までが、海部・山部の発明であるとは、どうしても考えられない。遣唐留学生・留学僧の中には、雅楽その他の芸能を習って帰った者があるが、奇術や幻術まで学んで帰って、これを漂泊賤民であるクグツに教えたとは考えられないことである。ゆえに私は、我が傀儡子族のもつ芸能は、彼らがまだ朝鮮にいた頃に中国人もしくは中国に流寓している西域人から学んだものであるという推定を下している。（中略）傀儡子外来民族説の否定は、日本芸能史家の中国文献の知識の欠如から来ているのではないかと思う」と批判している。(15)

この瀧川政次郎の批判に対して、批判された三氏は答えず、山田宗睦が、「わたしが瀧川説を支持できないのは、強引な推論よりも、売春や漂泊が、道徳的な大和民族にありえようはずがないから、それは帰化白丁族のもたらしたものという、民族的偏見が根底にひそむからである」と批判しているが、(16)私は瀧川説の推論を「強引」とは思わない。

山田宗睦は『遊行女婦・遊女・傀儡女』だけを読んで「強引な推論」と批判するが、瀧川は白丁傀儡子説を前著『遊女の歴史』に詳述しているので、山田宗睦が批判した著書には要点しか載せていない。だから、これだけみたのでは「強引」とみえるかもしれない。私も瀧川政次郎の肩をもつわけではなく、山田宗睦も批判するように、瀧川の白丁傀儡子観は、民族的偏見によって自らの皇国史観を裏づけようとする発想だと思う。

たとえば、磯良《いそら》は磯良《しら》といい、芝良《しら》舞と書くことから、瀧川は、このシラを新羅《しら》とみて、磯良舞は朝鮮舞だと書き、「細男の舞人が白布をもって面を覆うているのは、新羅が面縛して皇軍に降った態を模したもの」と勝手に推測し、朝鮮人である「傀儡子をして面縛して舞を舞わしめることは、隼人が潮満珠の呪力によって溺れ死せんとする態を行なわしめられると同じく、朝鮮人をして被征服者たる念を深くせしめんが為であったと考えられる」と書く[17]。このような民族的偏見による推断に、私はついていけない。

『古事記』は、「皇軍」を率いた神功皇后の始祖を、新羅国王子天之日矛としている。このような系譜をもつ神功皇后伝承は、瀧川流の皇国史観を否定するものである。瀧川政次郎の偏見は、「細男舞の起源を説く伝説が、神功皇后の三韓征代に関係している」とみることにあるが、磯良に関する伝承は、磯良が神功皇后の水先案内をつとめたという話であって、新羅が「皇軍」に降ったこととは関係ない。

このように、瀧川説には問題があるが、傀儡の芸能を土着の海人のものと限定して考える折口説と、それを発展させた説にも問題がある。志賀島を拠点とする安曇海人にとって、国境のない頃の朝鮮は身近な存在であったから、朝鮮の才人白丁の芸能を安曇海人が学ばなかったとはいえない。だが、芸能は一子相伝で、容易に他人に教えられるものではない。だから私は、朝鮮の漂泊芸能民は渡ってこなかったという前提に立つ、純粋土着の「ほがい人」説や「海人」説にも従えない。鈴鹿千代乃の『神道民俗芸能の源流』(昭和六十三年六月刊)に載る「傀儡子の神——百太夫」「傀儡子讃」も同じ説だが、喜田・瀧川説を抜きに海人傀儡説を発展させた論には賛同しかねる。

私は、瀧川政次郎のように傀儡イコール才人白丁だとは思わない。折口説は「千古の確論」ではないが、日本芸能の起源の正論の一つである。だが、百太夫社を信仰する人形操りの傀儡《くぐつ》については、喜田・瀧川説をまったく無視すべきではないと思う。

安藤正次は、大正八年に発表した「久具都(傀儡子)名義考」で、

崔世珍の訓蒙字会を按ずるに、傀儡の朝鮮語は 당대 (Koang tai) である。Koang の ng が gn になるのは、多数の例があることで、朝鮮語で ng に終るものを、国語に用ゐる時は、ga, gi, gn, ge, go (精しくいへば、nga, ngi, ngu, nge, ngo.) に転用する。当の音は tang であるのを tagi に用ゐて tagima を当麻と記し、望の音は mang であるのを magn に用ゐて maguda を望陀と書く、捷解新語に特送 (t'euk song) をつくそぎといへるが如き、これである。

国語で桶をたごといふのが、朝鮮の tʻong から来たといふ説が正しいとすれば、これもその一例である。かくて、koang が kugu となり、tai が tu となり、くゞつといふ国語となったものであらうと思ふ。

と書いている。[18] この見解を、折口らはまったく無視している。折口説の継承者も同様であり、瀧川政次郎も自説に都合のいいこの説を引用していないのは、史学者の瀧川が国文学者の論考を知らなかったからだろう。

この安藤説を引用しているのは、西村真次が昭和八年五月に書いた「中世の漂泊民衆」である。西村は、「『傀儡子』は昔からクグツと訓み慣らしてゐるが、其語原については色々の説がある。私達が、けれども最も妥当性に富んでゐると考へるのは、安藤正次氏の朝鮮語 koang-tai と同源であるといふ主張である。既にクグツといふ語が朝鮮語と同源であるとすれば、傀儡子は朝鮮人、満洲人、従って日本人とも同種のツングース系のものと考へなければならぬ。大江匡房が彼等の生活を叙して、『頗類㆓北狄之俗㆒』といったのも、単なる文飾でなくて、何かさうした譬喩を彼に選ばしめる動因が存してゐたかも知れない」と述べている。この見解に私は注目したい。[19]

シラ神と白神《ペク》と秦氏

百太夫は白太夫ともいう。西田長男は百太夫より白太夫が古いとし、磯良は「シラ」と訓むのが正しいという栗田寛の見解（『国文論纂』所収の「古謡集」）の根拠になっている「芝良」という用例について、「『磯良』といふ固有名詞を『イソラ』と音訓雑えて湯桶読で訓むよりは、『シラ』と音だけで訓んだ方が、正しいといふと語弊があろうが、少なくとも古い訓みかたであったろうと思われる」と書き、「東北地方に遺っているイタコの遺子《あやつりこ》おしら様の『しら』も、磯良、即ち芝良に起源するものではないかと臆測している」と書いている。安曇磯良は海の底（根の国・常世）より現れるからこそ「シラ」なのである（「シラ」の意味については白神社・白山比咩神社・白鬚神社の項参照）。このシラ神信仰と秦氏系渡来氏族の白神信仰が重なったのが、白太夫信仰と考えられる。白比丘尼伝承も同じであろう。わが国の漂泊芸能民の傀儡を、すべて渡来の「才人白丁」とする瀧川説は採らないが、だからといって、折口のいう平地人から差別された海の民・山の民説も採らない。日本人と日本文化が雑種であるように、両方の説を混合することによって、真相が見えてくるのではなかろうか。

平地民にとって、海の民・山の民は異族であり、外来の民も異族であった。言語・習慣のちがうこれらの異族は差別の対象であったが、畏怖すべき人々でもあった。そして、これら境外の民は「夷《えびす》」と呼ばれた。

疫病は、厄神と共に境外から異族がもたらすものとみられていたが、一方において、厄神は疫病を追う福神ともみられていた。西宮夷社の百(白)太夫社が「ほうそう悪病を除く」神とみられたのは、夷神と同性格だからである。だからこそ、百(白)太夫信仰はエビス信仰と強く結びついたのだろう。

百(白)太夫社は散(産)所で祀られている。だから、散所(山荘、山椒)太夫という視点から「太夫」を考える必要がある。散所は被差別部落の一つであり、百(白)太夫信仰は、被差別部落の白山《しらやま》信仰などからみて、散所や被差別民の視点からも考える必要があるが、これらの問題は稿を改めて書く。

ただし、百(白)太夫信仰について、秦氏のことは付記しておきたい。宇佐八幡宮には、百太夫社が創建される前から傀儡子舞はあった。この舞に安曇磯良が登場することは、海人がかかわっていたことを証している。『傀儡子記』の百神は才人白丁が祀る白神《ペク》である。日本へ渡来した才人白丁は、秦氏の中へ組みこまれていったと推測される。漂泊芸能民や白比丘尼が秦河勝・秦道満を祖とすることは、養蚕神社と大酒神社・大避神社の項で述べるが、海人による芸能を大衆化する過程には、才人白丁の力があったにちがいない。宇佐八幡宮の傀儡子舞も、そういう経過をとったのであろう。

宇佐八幡宮の最初の祭祀氏族は、秦氏系の辛島勝である。放生会の出発地の香春《かわら》の古宮八幡宮にも百太夫社があるが、香春の神は新羅の神であり、祭祀民族の赤染《あかぞめ》氏も秦氏系氏族であった。傀儡子舞を奉仕する上毛・下毛の両郡に秦氏系氏族を中心とした渡来氏族が密集していること、『随書』が書く秦王国がこの地域にあったことからも（香春神社の項参照）、秦氏系渡来人は無視できない。

古要神社のある伊藤田には、六世紀前半から七世紀後半までの陶器窯跡群が七ヵ所ある。[20] 陶器は渡来系氏族（主に伽倻・新羅系）の工人によって作られた。伊藤田には、傀儡子舞の古要神社だけでなく、中世まで北原散所があり、傀儡師らがいたことは明らかだから、この地の傀儡師は渡来工人と無関係ではなかろう。古代の工人たちは、一ヵ所に永住せず、材料と需要のあるところへ移動した。その点では、傀儡師らと同じ漂泊性をもつ。

中世以降の百(白)太夫信仰が、秦氏に関係があるとはいわないが、古代の日本列島へ渡って来た朝鮮半島の才人白丁は、秦氏の統制下に入るか、自ら秦氏に結びつこうとしたかの、どちらかであったと推測される。白山・白日・白神信仰と百(白)太夫信仰の習合が、そのことを示唆しているように思われる。

注

(1) 喜田貞吉「遊芸人・遊女等を太夫といふ事」「民族と歴史」第一巻二号。
(2) 柳田国男「巫女考」『柳田国男集』第九巻所収。
(3) 山路興造「傀儡」『中世の民衆と芸能』所収、昭和六十一年。
(4) 吉井良尚「西宮の操人形」『摂播史蹟研究』昭和十八年。
(5) 吉井太郎(良尚)「西宮の傀儡師」「民族と歴史」第一巻一号・二号、大正八年。
(6) 西田長男「神楽歌の源流」『古代文学の周辺』所収、昭和三十九年。
(7) 賀川光夫『宇佐』一一一頁、昭和五十一年。
(8) 西角井正慶「さいのを抄」『古代祭祀と文学』所収、昭和四十一年。
(9) 喜田貞吉「朝鮮の白丁と我が傀儡子」「史林」第三巻三号。
(10) 今西龍「朝鮮白丁考」「芝林」第九巻八号。
(11) 瀧川政次郎「傀儡戯・傀儡子族と百太夫信仰」『西宮神社の研究』所収、昭和五十四年。
(12) 瀧川政次郎「細男と才人白丁」『遊女の歴史』所収、昭和四十年。
(13) 折口信夫「偶人信仰の民俗化並びに伝説化せる道」『折口信夫全集』第三巻所収。
(14) 瀧川政次郎、注12前掲書、一五一頁。
(15) 瀧川政次郎、注12前掲書、一一七頁。
(16) 山田宗睦『道の思想史――神話』一九五頁、昭和四十四年。
(17) 瀧川政次郎、注12前掲書、一五四頁。

(18) 安藤正次「久具都(傀儡子)名義考」「歴史地理」第三三巻三号。
(19) 西村真次「中世の漂泊民衆」『日本文化史点描』昭和十三年。
(20) 小田富士雄『九州古代文化の形成(上巻)』四五五頁、昭和六十年。

第三章　怨霊・祟神・御霊信仰

神田《かんだ》神社——平将門の怨霊と片目の神

当社は「神田明神」の名で広く知られている。社伝によると、聖武天皇の天平二年（七三〇）の創建で、武蔵国豊島郡芝崎にあった。芝崎は、現在の東京都千代田区大手町から皇居の外苑あたりをいう。徳川家康の江戸の都市計画によって慶長八年（一六〇三）駿河台に遷り、元和二年（一六一六）江戸城の鬼門除けとして現在地（千代田区外神田二丁目）に遷座した。

当社は、芝崎の地名が示すように、本来は漁民たちが祀ったミサキ神（州崎明神）であったが、平将門が祭神になったため、州崎明神は二の宮に祀られるようになった。『御府内備考』によれば、神田明神のそばに、了円法師が延暦年間（七八二—八〇六）に開基した天台宗の末寺があり、将門の天慶の乱（天慶二年（九三九）三月〜同三年（九四〇）二月）の後、将門ゆかりの平氏が将門の墓をこの寺につくった。ところが亡霊の祟りで「天変地妖」がつづくので、嘉元三年（一三〇五）時宗の真教上人が東国へ来たときに供養を行ない、「蓮阿弥陀仏」の法号を追贈して板碑に法号を刻み、塚の側に建てて、ようやく祟りがおさまったという。以後、この寺を時宗の「芝崎道場」と呼び、神田明神はその鎮守として尊崇されたとある。

平将門と菅原道真

また、『永享記』や安房国の『洲崎大明神社司旧記』には、天慶の乱の十年後の天暦四年（九五〇）九月、将門塚がしきりに鳴動し、暗夜に光を放って異形の武将が現れ、祟るので、この「荒魂」を祀って霊を鎮めたとある。

神田明神の祭神が平将門であることは、すでに、『北条五代記』に載り、『神田』『将門』などの謡曲が作られ、舞台で演じられているから、室町時代には一般に知られていたことになる。

『北条五代記』や前述の文献には、将門の首が飛んだ話は載らないが、社伝によれば、将門の首は京の東の市に晒《さら》されたが、三日後に白光を放って東天に飛来し、武蔵国豊島郡芝崎に落ちた。そのとき、天地が暗転鳴動し、住民は恐怖におののいたので、塚を築いて将門の首をねんごろに葬った。その首塚は神田明神から百歩の地にあったが、しばしば祟るので、徳治二年（一三〇七）、時宗の二祖上人が神田明神に合祀したところ、ようやく守護霊となって鎮まったという。

　将門の首の話は、鎌倉初期から中期に成立した『平治物語』に載っている。獄門の首が笑ったというのである。この話の原型は、呉王夫差《ふさ》を諌《いさ》めたため両眼をえぐりとられて晒された伍子胥《ごししょ》の首が、三年のあいだ瞳を閉じず、呉王の滅亡を見て笑ったという故事によるとみられるが、中世末記の軍記『鎌倉公方九代記』に、「異朝には眉間尺《みけんじゃく》が首のみ死せずして、楚王を殺しけん。本朝には相馬の将門が首、三年迄死せざりける」とある。「眉間尺が首云々」とは、眉間尺の首を釜に入れて煮ても死なず、首が楚王と格闘して喰い殺したという故事による。

　中国の故事は英雄伝説だが、将門伝説もそれをヒントにつくられているから、反逆者の将門も、鎌倉時代にはすでに英雄として祀られていたことになる。だが、英雄といっても、非業の死をとげた英雄だから、怨霊とみられ、御霊神の菅原道真に重ねられたのである。『将門記』には、将門を「帝位」につけようとする託宣に道真が登場する。

　　時ニ一昌伎アリ、云ヘラク。八幡大菩薩ノ使ヒゾトクチバシル。「朕ガ位ヲ、蔭子平将門ニ授ケ奉ル。其ノ位記ハ、左大臣正二位菅原朝臣ノ霊魂表スラク。右八幡大菩薩八万ノ軍ヲ起シ、朕ガ位ヲ授ケ奉ラム。今須ラク三十二相ノ音楽ヲ以テ早ク之ヲ迎ヘ奉ルベシト。爰ニ将門ハ頂《ウナジ》ヲ捧ゲ再拝ス。況ムヤ、四ノ陣ヲ挙《コゾ》リテ立チテ歓ブ。数千併テ伏シ拝ム。

　大意は、一人の巫女が八幡の託宣だといって、位記（皇位につくべき理由の記録）を菅原道真の霊が表記し、八幡大菩薩の軍が将門を皇位につけるから、三十二相の音楽で大菩薩の軍を迎えよと口ばしった。そこで将門は頭を下げて巫女（八幡大菩薩）を再拝し、四つの陣の数千の兵は歓び、伏し拝んだというのである。この神話が事実であったかどうかはわからないが、この託宣によって、将門は公然と「新皇」を名のるようになったという。

幸田露伴は『平将門』で、この託宣は将門側近の興世王や藤原玄明らが創作した「仕掛花火」であろうとみて、「道真公が此処へ陪賓《ばいひん》として引張り出されたのも面白い。公の貶謫《へんてき》と死とは余ほど当時の人心に影響を与へてゐたに疑ひない。現に栄えてゐる藤原氏の反対側の公の亡霊の威を藉《か》りたなどは一寸《ちよつと》をかしい。ただ将門が菅公薨去の年に生れたといふ因縁で、持出したのでもあるまい」と書いている。露伴は「一寸《ちよつと》をかしい」というが、「現に栄えてゐる藤原氏の反対側の公の亡霊」だからこそ、その「威」をかりたのであろう。道真の霊は単なる「亡霊」ではなく、荒ぶる神とみられたから、神の威をかりたのである。その点では、「菅公薨去の年に生まれたといふ因縁で、持出したので」はない。菅原道真の亡くなった延喜三年（九〇三）が将門誕生の年になっているが、これも、道真の薨去前後に生まれた将門を道真の生まれ変わりとする輪廻《りんね》思想によって創作した話で、事実ではないだろう。しかし、将門と道真を重ねている点で、当社は関東版天満天神社といえる。

将門と道真は、非業の死をとげたという面で重ねられただけではないようである。将門の本拠地（茨城県岩井市岩井）の東に隣接する水海道市の大生《おう》という部落は、古くは菅原村と呼ばれ、菅原天満宮がある。社伝によれば、道真の死後、遺言により、三男景行が画像と遺骨をもって筑波山山麓の羽鳥に来て遺骨を葬り、後にこの地に移って社殿を造営したという。

この天満宮の境内の鳥居のそばに一対の古い石碑があるが、この石碑について、梶原正昭・矢代和夫は次のように書いている。(1)

これはもと〝鳥居所《とりゐど》〟という畠の中にあり、〝鳥居戸の石〟とも〝刀磨ぎ石〟とも呼ばれていたもので、幅四尺・高さ六尺ほどのアーチ型の扁平の石である。いまはすっかり苔に蔽われ、表面も磨滅してしまっていて、文意を読みとることはむずかしいが、火災以前の大正九年に（大正十一年に火災にあい、社殿・宝物・古記録類はすべて焼失してしまった）飯島六石氏がこれを拓本にとり、研究の結果、そのうちのひとつをつぎのように解読されている。

常陸羽鳥菅原神社之移
菅原三郎景行兼茂景茂等相共移
従筑波霊地下総豊田郡大生郷
常陸下総菅原神社
為菅原道真卿之菩薩堤供養也
常陸介菅原景行所建也
菅原三郎景行卅四歳也
菅原兼茂卅七歳也
菅原景茂三十歳也

菅
公
墓　地
移従羽鳥

定菅原景行羽鳥之霊地墳墓也
延長七年二月廿五日

氏によれば、右の百二十六字は、草隷篆楷の四体が混用されていて、時代色の古さをうかがわせているとのことである。

『尊卑分脈』によれば、景行・兼茂は道真の子で、ともに従五位上常陸介と注記されており、景茂は『尊卑分脈』にはもれているが、前田家所蔵の『菅家伝』には載っている。

「常陸羽鳥菅原神社之移」とある羽鳥は、茨城県真壁郡紫尾村大字羽鳥である。羽鳥にある天神塚（または日月塚）が道真の遺骨を葬った墓といわれているが、近くの歌女《うたつめ》神社にある板碑には、次のような文字が刻されている。

延長四年二月廿五日

常陸羽鳥菅原神社　　所
為右菩薩供養也　　建
菅景行源護平良兼共也

延長四年（九二七）は、道真が亡くなった延喜三年（九〇三）から二十五年後である。この板碑には、菅景行のほか源護・平良兼の名が載るが、源護は将門の伯父国香の外戚であり、平良兼は将門の伯父である。この二人は、板碑を刻した八年後の承平五年（九三五）から将門と争っている。羽鳥の菅原神社は延長九年（九三〇）に大生に移されているが、移転の理由について、梶原正昭・矢代和夫は、「最初の墳墓地である羽鳥から、何故に大生郷にその社殿を移したかは不明だが、大生郷は将門の勢力圏にきわめて近く、良兼の本拠地である羽鳥をもし故意に棄てて彼の地に移ったのだとすれば、あるいはこの間に景行が良兼から離れ、将門に接近するようになったのかも知れぬ。すでにこの頃から同族抗争への底流があって、当時常陸介であった景行も、何らかの関係をもっていたとも考えられなくはないし、菅原神社の移転もこれと関連した動きであったとも想像できなくはない」と書いている(2)。

平将門の本拠地のそばへ菅原神社が移転した時期からみて、私もこの説に賛成である。このような背景も、将門伝説と菅原道真が結びついた一因であろう。

カタメ明神と呼ばれた理由

当社の伝承では、祟り神、荒魂として将門の霊が現れており、その点で将門は、御霊神としての菅原道真と重なる。

将門を祀る神社は当社の以外にも多いが、みな同じ性格をもっている。将門を祭神とする鬼石神社（群馬県多野郡鬼石町）と鬼王神社（東京都新宿区西大久保）の「鬼」も、御霊神の性格に由来する（逆に、鬼神を祀ったことから後に祭神を将門にしたとも考えられる）。

『将門純友東西記』は、

将門がムクロ、首ヲ追テ武州ニ来リ、其霊アレテ郷民ヲナヤマス。故ニ一社ヲ建テ、眄《カタメ》明神ト号ス。眄ハ一目ナキ目ナリ。将門、貞盛ガタメニ弓手ノ眼ヲ射貫《イヌカ》ル。故ニ郷民社ヲヨンデ畸トイフ。遙カ後ニ神田ト云。社ノホトリニ田アルユヘニ、シカ云フト云ヒ伝ヘタリ。

とあり、祭神が「畸明神」で、後に「神田明神」に変わったことを述べている。その理由を「社ノホトリニ田アルユヘ」としているが、そういう神社は現在も多く、まして、神田明神が農業神（田の神）ではない以上、社名を「神田」というのは不自然である。「カタメ明神」ではイメージが悪いから、「カタメ」を「カンダ」に変えたという推測もできよう。

「畸明神」については、アラハバキ神社の項で、柳田国男が片目の神をアラハバキ（門客人）神として書いている例をあげたが、片目の神は異人《まれびと》神として荒ぶる神である。京都の御霊神の菅原道真は、後に学問の神になるが、武蔵の御霊神の平将門は、関東の土地にふさわしいアラハバキ神として祀られるようになったのであろう。同じ怨霊神でも、祀られる人と場所のちがいによって、菅原道真は「文」の神、平将門は「武」の神になったのである。ただし、この場合の「武」の神は勝利の神ではなく、したがって、将門はいわゆる武神ではない。敗者でありながら、その敗北の怨念が、荒ぶる神として武神的性格をもったのである。

柳田国男の書く門客人神としてのアラハバキ神は、矢大臣で武将だが、アラハバキ神や門客人神の性格には、敗者、被征服者のイメージがある（これらの神は東北・関東に多い）。敗けて征服者側の門番となった例に隼人があるが、アラハバキ神も、征服者が祀る本殿の神の門神に成り下がっている。

門客人神の客人《まろうど》は、異人《まろうど》とも書かれるように、反体制のまつろわぬ神であった。平将門は、敗者・反逆者として門客人神やアラハバキ神の性格をもっていたからこそ、荒夷《あらえびす》と呼ばれた東国人たちのシンボルとなり、英雄神として祀られたのである。

将門は、中央との回路では、同じ非業の死をとげた菅原道真と結びつき、御霊《ごりよう》神となった。御霊神とは、権力に反逆し、または反逆したと疑われ、流刑・憤死・誅殺・刑死の憂き目にあった人たちの怨霊である。その点では将門も同じだが、将門の場合は、中央にとっての流刑地の異境で、異境の人々によって祀られた御霊神である。

怨霊とは、現権力者に対する敗者の怨み、負の情念の象徴化であるが、将門伝説の将門は、負の情念を超えた視点で描かれている。その代表は、『僧妙達蘇生注記』の記述である。この書は、将門が殺されて十年ほどたった天暦五年(九五一)に入定した出羽国田川郡竜花寺の僧妙達が、生前「法華経」を読誦していた功徳によって、七ヵ月後に蘇生し、閻魔王から多くの人の生処を教えられたことを記しているが、そのなかに、

下総国居住平将門、一府之政禁断、城東悪人之王也。彼禁断之縁、則日本州之悪王可被召遣、是前生治領天王者也。

(下総国に居住する平将門は、一府の政治を禁断した城東の悪人の王だが、彼の禁断の理由は、日本中の悪王を召し仕えさせるためであった。これは、将門の前生〔生処〕が領土を治める天王だったからである。)

と書き、天王として当然のことを行なったのだから、将門を討った方が悪いとし、さらに次のように述べている。

而天台座主尊意者、為国王師、随其詔命修悪法、而将門令殺、依是罪報、経十一劫不可得人身、故将門与尊意者、一日之内十度合戦无間。

(天台座主の尊意〔勅命によって、将門調伏のため延暦寺の大講堂で不動安鎮の法を修した。菅原道真の怨霊調伏にも活躍し、その法力を高く評価されていた〕は、国王の師となり、其の詔命に随って悪法を修し、将門を令殺した。依って罪の報いで、十一劫を経るまで人身を得ることができず、尊意は将門と一日のうちに十度合戦する運命を課せられた。)

しかし、尊意は「国王」の命に従って悪法を修し、将門を殺したのだから、元凶は国王で、一日十度の合戦の本意は将門対国王である。だが、将門の行為は反逆ではない。なぜなら彼は天王であり、国王より上だからである。同記は、罪の報いを受けるのは尊意=国王であって将門ではないとして、次のように書く。

同国在天台内、永絶五穀、一心観井惶、奉造多宝塔、依是功徳力、兜率天生、戌亥角金銀瓦葺屋立、可令坐其上。

(同国〔現生〕にいたとき、天台の内にあって、五穀を永く絶ち、観世菩薩を敬い、多くの宝塔をつくった。その功徳で兜率天に生まれかわり、戌亥《いぬい》の角に金銀瓦葺の屋敷を立て、そこに住まわせられた。)

この記述は、源為憲の『三宝絵詞』（東寺本）に、「妙達和尚ノ入定シテヨミガヘリタル記ニ云」（中巻）として引用されている。この書は、永観二年（九八四）冬、冷泉院の皇女、尊子内親王の仏門生活の伴侶として書かれた仏教説話集である。ということは、天暦五年（九五二）から永観二年（九八四）の間に、『僧妙達蘇生注記』が成立したことになる。将門が殺されて二、三十年の間に、このような発想による将門伝承が生まれていることに、私は注目したい。

この『蘇生注記』は妙達の著といわれているが、妙達でないとしても、妙達に近い人（弟子）の手によるものであろう。妙達は出羽国の僧であり、『蘇生注記』（この書は、将門だけではなく、他の人の「蘇生」も多く書かれている）を見ると、信濃・越後から東の関東・東北の記述が多い。すなわち、妙達の発想は東国の人々の発想であり、中央に対する東国人たちの思いを将門に託して書いたのであろう。

妙達のいた寺、竜光寺の大檀越は、将門の乱のときの太政大臣藤原忠平であるが、彼についても妙達は、除目に負い目を貪って多くの人を損なった報いにより、九頭の竜になったと書く。この書き方は、尊意を「十一劫を経るまで人身を得るべからず」と書いているのと同じだが、自分の寺の大檀越を、人として蘇生できない悪人に仕立てている点に、筆者の激しい反権力・反中央の思想がうかがえる。

皇女のために書かれた『三宝絵詞』は、『蘇生注記』を引用して、次のように述べている。

下総国にありし平将門は、これ東国のあしき人世といへども、先世に功徳をつくりしむくひにて天王となれり。天台座主尊意は、あしき法を行て、将門をころせり。この罪によりて、日ことにももたひたたかひす。同国天台別院座主そうねむは、先世に将門がをや也。一生仏の寺にすみて、観音をたのみたてまつり、おほくのうたをつくり、心よかりき。此功蹟によりて、都率天の内院に生たり。

前半は原文に沿っているが、後半はちがう。悪い天台座主に対して、将門の親で「そうねむ」という善い天台座主を創作し、天台座主は悪いという原著者の思想を薄めて伝えている。もちろん、原著にある「国王」などは、まったく登場してこない。

この後半の発想は、将門の子の良門が猛き者から仏に帰依して多くの功徳を積み、兜率天に生まれたというような伝説（『本朝法華験記』）になり、子が父に代わっただけの仏教宣伝説話になっていく。だが、最初の妙達の将門伝承は、国家権力（国王）と仏教権力（天台座主尊意）に対抗した伝承であり、中央権力者に荒夷と呼ばれた東国人の発想から生まれたものである。この『蘇生注記』の発想が、畸明神《かため》という呼称にあらわれている。だが、『蘇生注記』の反骨の将門伝説がしだいに薄められていったように、「片目」明神も、いつしか「神田」明神と呼ばれるようになったのであろう。

妙見信仰と将門

ここで将門に関連して、妙見信仰にもふれる必要がある。

『源平闘諍録』という平家物語の増補本に、将門が妙見大菩薩の加護を受け、承平五年（九三五）八月の蚕飼河の合戦で勝利した話が載っている。妙見の加護によって将門は板東八国を従え、下総国相馬郡に都を建てたが、神慮を恐れず横暴だったので、妙見大菩薩は叔父の平良文に移ってしまい、将門は滅びたとある。

将門と妙見信仰が、千葉氏の祖平良文との関係で伝えられているのは、千葉氏が妙見信仰を関東の各地に伝えたからである。

妙見とは北辰、つまり北極星のことである。北極星と北斗七星が一般の人々には一つづきに見え、北斗七星が妙見菩薩の化現といわれるようになったのであろう。この星神を祀る神社を妙見社、北辰社、七星明神などという。「七」にかかわる伝承が将門伝説に多いのは、妙見信仰と無関係ではない。

『俵藤太物語』は、将門について、

その有様殊に世の常ならず、身長《たけ》は七尺に余りて、五体は悉く鉄《くろがね》なり。左の御眼《まなこ》に瞳二つあり。将門に相も変らぬ人体《にんてい》同じく六人あり。されば何れを将門と見分けたる者は無かりけり。

と書くが、この七人将門は、『絵本将門一代記』などにも書かれている。

奥多摩と秩父と山梨県との境、雲取山の屋根伝いにある「七ッ石山」は、藤原秀郷《ひでさと》（俵藤太）に討たれた七人将門がそのまま石になったものだという。『ものがたり奥武蔵』には、秀郷が射た将門は七人の将門のなかの影武者の一人で、本人は埼玉県里山村の近くに隠れて余生を送った。だからその地を「将監ヶ入り」と呼んだが、今は「宗ヶ入り」というとある。将門の子孫には「七人組」もいる。『平将門故蹟考』に載る甲斐国和田の鎮守を、『北都留郡志』は、山梨県北都留郡七保町和田（現在は大月市七保町）の常門神社にあてており、同社の祭神は相馬小太郎常門（将門も相馬小太郎といい、常門は将門の二男）で、旧神主は常門の末裔と称し、相馬姓を名乗っている。和田の戸数十四戸のうちの七戸は、山深いこの地に落ちのびた常門の子孫と伝え、「七人組」と称し、総髪していた。もし総髪をきらって月代《さかやき》にすれば、必ず死ぬといわれたと『甲斐国誌』は書く。

千葉県東葛飾郡治南町大井には、将門の家臣（坂巻若狭）の末裔という「大井七人衆」の伝承があり、坂巻姓の四十戸の中には、現在も大井の妙見祠の妙見講を行なっている家がある。また、千葉県東葛飾郡木間瀬村白山には、将門が京からの帰りに拝した白山神社に植えた七本の桜のうち、今も一本が残っているという。

このような将門伝承は、北斗七星の「七」から生まれた伝承といえよう。『七仏所説神呪経』には、北辰は七仏に変化・化現するとあるが、常門神社の神体の鏡には「七仏」が刻されている。この七仏に、変化・化現する妙見と将門が重なり、七人将門伝承が生まれたのであろう。

前述の『俵藤太郎物語』の伝承は、巨人・鉄人物語の要素をもっている。伝承の巨人や鉄人には一ヶ所弱いところがあるが、『俵藤太郎物語』では、将門の急所は「コメカミ」になっている。七人の将門のうち、動くコメカミをもつ将門のコメカミを狙って矢を射たところ、本物の将門が倒れ、残る六人の影武者は消え失せたとある。

『将門純友東西軍記』も、「将門ハ其身金鉄ノゴトクシテ、コメカミ許リ人身ナリ。秀郷是ヲ知テ、コメカミヲイルトモ云ヘリ」と書くが、この将門の弱点を秀郷は、将門の妻妾の桔梗姫《ききょう》（秀郷の娘または妹だという）の通報で知ったといい、彼女は密告したことを悔いて自害したという。この伝承も、七人将門伝承に付随して生まれたものである。

『相馬日記』の七人墓伝承では、延命寺（茨城県相馬郡藤代町仏島）の裏の塚から七人将門をかたどった七人の武者塑像と、馬の土形が出たという。この寺は、将門供養のために覚鑁上人が建てたという伝承をもつ。

七人塚について、梶原正昭・矢代和夫は、

北相馬郡守谷町の西林寺は、俳人一茶でむしろ有名であるが、この寺の裏にも、将門の影武者七騎の七騎塚があったという。近くの高野村の海禅寺は、この辺りの将門遺跡の中心となす観があるが、将門はじめ七人の影武者の墓があり、将門の墓は、首を落された将門の胴塚であると伝える。千葉県佐倉の将門山は、天禄三年秀郷の臣左衛門佐が将門七騎武者の霊を祀ったところといわれるが、これは、天禄五年秀郷の第三子・第四子が相ついで病死したので、将門の祟りのためであるといって、老臣安倍左衛門佐をして七騎武者の霊を茂呂御門に祀り、〝将門権現〟と崇めたというのと同様である。

愛知県名古屋市の熱田神宮の大福田祠裏に七つ塚がある。これは平将門の霊七変影を祭り、土中に封じて七塚と号したという塚である（熱田之記）。（中略）〝七〟に因む塚は、その他、千葉県猪鼻台の七天皇塚（親天皇一、子天皇六）、東京都王子稲荷の七曜塚、西多摩郡州村の七塚、福井県大野郡五個村の七人塚と枚挙にいとまがない。

と書いている。(3)

柳田国男は「七塚考」(4)で、熱田神宮の平将門の「七塚」の例や、将門以外の多くの七つ塚の例をあげ、たとえば、

土佐国には、吉良の七人ミサキ、比枝山の七人ミサキなど云ふ荒神の信仰があった。前者は長曽我部元親の為に腹を切らされた吉良左京進以下七人の霊である。諸所で崇をした故に之をかく称へて怖れて居た。比枝山の七人御先の方は吉良氏と共に腹を切った比枝山掃部《かもん》の家族六人の者と、之を隠まって失敗し腹を切ったと云ふ長福寺の住職との霊である。

と書いている。それ以外にも柳田は、石見国鹿足郡吉賀郷や越前国大野郡に伝わる七人殺戮の七人塚の伝承を四つほど紹介し、石見や越前などの伝説で七人すべてが境界で殺されていること、「七人ミサキ」の「ミサキ」が「其語義から見ても神の性質から考へても境を守る神であるらしい」ことから、この伝承は殺された人の霊を境に塚を築いて祀る信

仰によるものとみている（ミサキ神がアラハバキ神と同じ性格の神だという柳田の見解については、アラハバキ神社の項を参照）。

しかし柳田は、「七」という数字が登場することについては、「七星崇拝の旧習」によるとみて、七つ塚伝承は、「多分は御霊を以て境に祭る神なりとする上古からの思想と、斗星鎮護の道密両家の説とが合体」したものとみる。「斗星」とは「北斗七星」のことであり、「道密両家」というのは、妙見信仰が道教と密教にかかわっているからである。さらに柳田は、伝承が「七人殺戮」という殺人にかかわっていることについて、「所謂七星の剣先を以て害敵を征服せんと企てた法術」が「七星崇拝」にあったとみている。剣に北斗七星を刻している七星剣や、石上神宮の七枝刀などの「七」と七人塚伝承は、無関係ではなかろう。

また柳田は、この七人塚伝承の中心人物として「五郎兵衛」という名があることに注目し、美作国英田郡土居村大字土居の七人塚について、「此は昔五郎兵衛と云ふ悪徒、検見の折、公命に忤《さから》ひ又切支丹を信ずるにより、公吏出向ひて之を擒へ、同村大字竹田との堺なる山家川傍の岩鼻に於て之を磔刑に処し、家内八人の中幼孫一人を残して他の七人を殺してしまった。故に此塚を七人塚といふ」と書いている。そして「五郎」については、「其最も有名なのは鎌倉の御霊神社が権五郎景政を祀る」ことと関係があるとみて、権五郎景政が片目であることから、「片目の話と何かの関係がありそうである」と書くが[4]、神田明神は前述のように、畸《かため》明神と呼ばれていた。

片目—五郎—七人塚—七人将門—畸明神は、一本の線で結ばれている。

祭神変更騒動と氏子たち

中山太郎は、「将門の首塚[5]」で次のように書く。

> 東京の神田明神は、将門の首を祭ったもので「浅草の鳥越神社は手を、牛込の津久土神社は足を祭ったものだといふ伝説は、江戸期の三百年を通じて、民間に俗信されてゐた。これに就いて、余事ではあるが、面白い話があるので付記する。それは明治四年に、教部省から、神田明神は従来将門を祭るとあるが、将門は叛臣であるから、神として崇敬すべきものではない。爾来祭神を、大己貴命・少彦名命の両神と改めるから、左様承知すべしといふ沙汰があった。然るに、血の気の多い神田ッ児は、此の沙汰

を奉ぜず、叛臣か逆徒か、そんな事は知らぬ。先祖代々氏神様として、拝礼して来たものが、明治になってから、崇敬出来ぬといふ理窟はない。教部省でそんな理窟を言ふのなら、神田ッ児は別に神田明神（将門を祭神した）を拵へると言ひ出して、面倒な事態を惹き起した。そこで、当時の松田東京府知事が仲裁に入り、（一）神田明神の祭神は教部省の言ふ如く改めること。（二）その代り新に将門神社を摂社として設くることの条件で、手打になり、大正十二年の震災までは、本社に並んで摂社の将門神社が存してゐたものである。

一方、梶原正昭・矢代和夫は、これと異なる伝承を『将門伝説』に載せている。(6)

明治七年の九月十九日、明治天皇が蓮沼村に行幸しての帰路に、親しく神田明神に参拝し幣物を納められたことがあった。ところが、国賊である将門の霊を祀った神社に主上が参拝されたというわけで、教務省では物議沸騰して大変なさわぎになったらしい。その月のうちに、にわかに〝神田大明神〟の勅額がはずされ、神庫の中に納められてしまったという。この勅額は、寛文十一年（一六七一）に、従一位右大臣大炊御門経孝が勅命によって染筆し、額面として神殿に掲げたものだと伝えられている。そしてこの勅額のかわりに、あらためて時の太政大臣三条実美が染筆した、〝神田大神〟の額を掲げ、これまでの将門主霊神を退けて摂社とし、常陸国鹿島郡大洗の磯前神社から少彦名命の御神体として一石をもってきて一の宮というものを新造したという。（中略）

将門はこうして主神の座をおろされてしまったのだが、事はそれだけですまなかった。今度は、神田明神の氏子たちの方が総代を立てて、神主側が勝手に神格を高めようとして恥知らずな行為をしたと、その非を鳴らして騒ぎ立てたのである。そこで、神主もよんどころなく別殿を造営し、二の宮・洲崎女神の像を移し、社の表に〝将門神社〟の扁額を掲げたのだという。

ところが、当社の『案内記』は、「明治元年、勅祭社に准ぜられ、勅使の参向があった。しかし維新政府の施策は、はじめのうち様々にゆれ動いた。明治七年八月火急のこととして新治県常陸国鹿島郡大洗磯崎神社より少彦名命の分霊を勧請して合祀し、一方平親王将門公の霊を別殿に移した。翌九月、明治天皇陛下は、蓮沼に於ける陸軍大演習の途次当社に御立寄になり、幣物を賜ったのである」と書いている。

将門の霊が摂社に移されたのは、中山太郎の書く明治四年でなく、明治七年であろう。明治天皇が参拝する前か後かは定かでないが、天皇が参拝するからといって勝手に祭神を変えたことに氏子たちが怒って騒ぎ出し、中山太郎の書くような経過があったのは確かであろう。大正十二年の関東大震災で元禄以来の神殿が焼失したときも、将門の霊の祟りと噂されたので、昭和九年の再建のときには、摂社の将門神社を再建せず、将門は相殿神として本社へ戻っている。

大洗磯前神社から祭神をもってきたのは、神田明神の前身がミサキ神だったからであろう。将門が祭神になったため、洲崎明神は二の宮に移されたが、もともとミサキ神には御霊神的性格があった（七人ミサキと七人将門がその一証）。最初の鎮座地の芝崎という地名も、当社がミサキ神であることを示しており、将門の首が芝崎に落ちたのも、柳田国男[4][7]が書くような首塚信仰によるもので、首塚の主がミサキ神となったのである。だから、大洗磯前神社の祭神少彦名《すくなひこな》命もまったくの別神とはいえないが、当社の氏子の神田ッ子たちにとっては、将門と少彦名命はまったく別神であったにちがいない。

明治新政府の意向で神社の祭神が変えられ、本来の主神が摂社に落とされた例は他にもある。また、社格を高めるため、氏子たちが神主と相談して祭神を変えた例もある。だから、明治以後の文献では神社祭祀の実体は見えてこないが、祭神変更騒動ひとつをとっても、当社の信仰の主体が民衆であることは明らかである。ただし、民衆といっても当社の場合は漁民であり（江戸時代は職人・町人）、将門を祀る他の神社も、農村だけでなく、山人・狩猟民とかかわる山村に多い。

中山太郎は、「平将門の子孫と称する家は、私の故郷である下野国には、各地に渉り幾十戸といふほど夥しく残ってゐる。（中略）多くの将門の子孫と称する家々は、殆んど言い合せたやうに、古くは修験山伏の業を営むか、若しくはそれより下級の神事に由緒ある、巫覡の徒であった」と書く。[5] 修験山伏は妙見信仰にもかかわり、採鉱・鍛冶の職とも結びつく。

若尾五雄によれば、日光市鉢石町の妙見宮（現在、磐裂《いわさく》神社）は勝道上人が星宮として創建したと伝え（『栃木県神社史』）、勝道上人の先祖の池速別皇子は片目の息子であったという(8)（下野国芳賀郡南高岡の鹿島神社の社伝）。この伝承は、睛《かため》明神と呼ばれた当社の祭神平将門が妙見信仰とかかわることと、一脈のつながりがあるだろう。

土地に定着している農耕民にとって、これらの人々は異人であり、客人であった。非農耕民も、自分たちを一般定着民と比較して異端とみていたであろう。その異端のシンボルが平将門であった。山人や鍛冶・採鉱の人々を片目・片足の異人とみるのも、彼らが普通人でなかったことを示している。将門にかかわる巨人・鉄人伝説も、異端の人々のイメージと重なる伝承である。だからこそ、異端児将門は彼らの神となったのであろう。

とはいえ、中央から見れば、一般の農民も含めて東国人はすべて異人であり、東国の地は異端・異境であった。将門伝説が東国人の間に英雄伝説として普及し、神田明神が武蔵野の人々の厚い信仰を受けた背景には、そのような歴史的事実があったのである。

注

（1）梶原正昭・矢代和夫『将門伝説』三八頁、昭和五十年。
（2）注1前掲書、三九―四〇頁。
（3）注1前掲書、八〇―八一頁。
（4）柳田国男「七塚考」『柳田国男集』第十二巻所収。
（5）中山太郎「将門の首塚」『日本民俗学・4』所収、昭和四年。
（6）注1前掲書、三〇八―三〇九頁。
（7）柳田国男「境に塚を築く風習」、注4前掲書所収。
（8）若尾五雄「鉱山を教えた神」『金属・鬼・人柱その他』所収、昭和六十年。

御霊《ごりょう》神社・今宮《いまみや》神社——怨霊と疫神と民衆

上御霊神社・下御霊神社とその祭神

上御霊神社は、崇道天皇と追称された廃太子早良《さわら》親王（平安遷都に先立つ長岡京遷都に関連して起きた藤原種継暗殺事件に連座して皇太子を廃され、淡路へ移送されるまでの十余日、乙訓寺に幽閉中、自ら飲食を断ち憤死。光仁天皇の皇子で桓武天皇の実弟、母は桓武天皇と同じ高野新笠）、井上皇后（光仁天皇の皇后。厭魅大逆、謀反大逆の罪で幽閉中毒殺）、他戸《おさべ》親王（井上皇后の子。井上皇后が聖武天皇の長女であったことから光仁天皇の皇太子となったが、母の厭魅、謀反の罪で廃太子となり、母と共に幽閉中毒殺）、藤原吉子（平城天皇即位のとき謀反の疑いで幽閉され、毒を飲んで死ぬ。伊予親王の母）、橘逸勢《はやなり》（嵯峨天皇の崩去のとき恒貞親王を擁して謀反をはかり、伊豆に流される途中、遠江で死去）、文室宮田麻呂《ふみや》（左遷を恨んで謀反をはかり伊豆へ流刑）のほか、菅原道真と吉備真備を祀っている。

また下御霊神社では、前記の早良親王・藤原吉子・橘逸勢・文室宮田麻呂のほか、上御霊社の井上皇后・他戸親王に代わって伊予親王（桓武天皇の第三子。母は藤原吉子、謀反の罪で大和川原寺に母吉子と共に幽閉、母と共に毒を飲んで自殺）と藤原広嗣《ひろつぐ》（天平十年に大宰府へ左遷されて反乱を起こし、誅殺された）を祀っている。

上御霊神社は、宝亀六年（七七五）に毒殺された井上皇后と他戸親王の怨霊《おんりょう》を鎮めるための祭祀を行なった上出雲寺の鎮守社に、延暦四年（七八五）に自殺した早良親王を加えて御霊社にしたのが始まりといわれている。

延暦十一年（七九二）に早良親王が祟ったため（『日本紀略』延暦十一年六月十日条）、延暦十九年（八〇〇）に崇道《すどう》天皇を追号し、延暦二十四年（八〇五）には親王のために淡路に寺院が建立されている。

延暦十一年の祟りは、親王に代わって皇太子となった安殿《あて》親王（平城《へいぜい》天皇）が病気がちであることから取沙汰されたものだが、大同二年（八〇七）に伊予親王と母の藤原吉子が毒を飲んで憤死したのは（大同元年（八〇六）三月に桓武天皇崩御、五月に安殿親王が即位）、安殿親王即位をめぐる政争による。この母子の怨霊慰撫《いぶ》のため、弘仁十年（八一九）には本位号に復し（『日本紀略』弘仁十年三月二十一日条）、承和六年（八三九）には、親王に一品、母に従三位が追贈されている。下御霊神社にのみ伊予親王が祀られ、他戸親王と母の井上皇后が祀られていないのは、伊予親王を中心とした神社だからであろう。上御霊神社は桓武天皇即位をめぐる事件の怨霊、下御霊神社は平城天皇即位をめぐる事件の怨霊を鎮めるための神社で、この二つの神社に、早良親王をはじめ非業の死をとげた人々の御霊が追祀されたのである。

政争の敗者の怨霊と御霊会

御霊会《ごりょうえ》の初見は、『三代実録』貞観五年（八六三）五月二十日条である。その記述の大意は、「神泉苑で行なわれた御霊会は、左近衛中将藤原基経と、右近衛権中将藤原常行が、勅命によって施行・監督し、王公卿士はみな列席した。霊座六前に几筵《きえん》を設け、花果を供え、恭《うやうや》しく祀りをした。律師慧《え》達《たつ》を講師とし、金光明経一部と般若心経を講ぜしめ、雅楽寮の伶人に音楽を奏させ、天皇近侍の児童、良家の稚子を舞人とし、大唐舞・高麗舞を行ない、また雑楽散楽を競いあった。当日は、宣旨によって、神泉苑の四門を開き、都の人たちが自由に出入りし、従覧するのを許した」とある。そして、御霊については次のように書かれている。

所謂御霊は、崇道天皇、伊予親王、藤原夫人、及び観察使、橘逸勢、文室宮田麻呂等是なり。並びに事に坐《つらな》りて誅せられ、冤魂《えんこん》属《おに》と成る。近代以来、疫病繁《しき》りに発《おこ》りて、死亡するもの甚だ衆《おほ》し。天下以為《おもへ》らく。此の灾《わざはひ》は御霊の生《な》す所なりと。京畿より始めてここに外国《げこく》（地方のこと——引用者注）に及び、夏天秋節《かてんしゅうせつ》に至る毎《ごと》に御霊会を修《ず》して往《おり》往《おり》に断《た》たず。或は仏を礼し経を説き、或は歌ひ且《か》つ舞ひ、童貫の子をして靚粧《せんしょう》して馳射《ちしゃ》し、膂力《りょりょく》の士をして袒裼《たんせき》して相撲せしめ、騎射芸を呈《あらは》し、走馬勝を争ひ、倡優嫚戯して、遞《たがひ》に相ひ誇り競はしむ。聚《あつま》りて観る者、塡咽《てんえつ》せざるなく、遐邇《かじ》因循《いんじゅん》して、漸く風俗を成す。今年春の初め、咳逆《しはぶき》、疫《えやみ》と成りて、百姓多く斃《たふ》れ、朝廷為に祈り、是に至りて乃《すなは》ち此の会を修す。以て宿禱《しゅくとう》に賽《さい》せしなり。

御霊として祀られた人々のうち、人物名のない「観察使」について、国史大系本の『三代実録』は、「藤原仲成か」と注しているが（仲成は弘仁元年〔八一〇〕の薬子の乱で敗死している）、仲成は上・下御霊社の祭神ではないし、役職だけというのはおかしいから（怨霊は特定の人物の御霊）、この「観察使」は不明というしかない。

『三代実録』によれば、京畿の都市民たちは疫病の原因を御霊の祟りとみなし、夏から秋のはじめの疫病流行の季節に神仏習合の御霊会《ごりようえ》を行なった。この疫病退散の民間祭祀を朝廷主催で行なったのが、貞観五年の御霊会だといわれるが、『三代実録』が記している人物や、上・下御霊社の祭神は、すべて皇位継承や政権の座をライバルと争って破れ、非業の死を遂げた人々であって、一般庶民とは関係がない。御霊として一般化したのは、この特定個人の怨霊が疫病と結びついたためであって、これらの御霊は、最初は権力者のみに祟ったのである。

天平の宮廷で活躍した僧玄昉《げんぼう》が、大宰府観世音寺へ左遷されて死んだとき、その死について『続日本紀』（天平十八年〔七四六〕六月十八日条）は、「世相伝て云ふ。藤原広嗣が霊の為に害する所」と書いている。広嗣の謀反は、『公卿補任』がいうように、玄昉と吉備真備を討つためと、玄昉らの讒言《ざんげん》によって左遷されたのを怨んでのことであった（広嗣が筑紫で兵を挙げたのは天平十二年九月初旬で、十月下旬に反乱は終わっている。広嗣を斬死させるよう奏聞したのも玄昉だと『尊卑分脈』は書く）。だから、玄昉が左遷されて死んだのは広嗣の御霊の祟りだと『続日本紀』は書くのである。このように、奈良時代の御霊の祟りは、祟る側が怨む特定個人が対象であって、一般庶民は無関係であった。だが、「世相伝て云ふ」とあるように、怨霊の噂は一般庶民によって拡がった。

橘奈良麻呂の変により、その一党が獄死した直後の勅（『続日本紀』天平宝字元年七月八日条）に、

> 勅して曰《のたま》はく、「此者《このごろ》、頑奴《がんぐ》潜《ひそ》かに反逆を図《はか》る。皇天遠からず、羅《ら》して誅に伏せしむ。民間或は亡魂に仮託し、浮《ふ》言紛紜《ごんふんふん》、郷邑を擾乱《じようらん》するもの有らば、軽重を論ぜず、皆与《とも》に罪を同じくす。普《あまね》く遐邇《かじ》に告げて宜《よろ》しく妖源を絶つべし。

とある。「亡魂に仮託」して怨霊の祟りを噂する者を、「妖源」として罰するというのである。

このような勅を出したにもかかわらず、百年近くたつと、前述のように、民衆の妖言を無視できずに政府は御霊会を主催した。理由は、早良親王の祟りが従来の怨霊よりも強く受け取られたことと、平安京の都市化が平城京以上にすすみ、疫病の被害が大きくなったためである。御霊会の「寃魂《えんこん》」が、平安京遷都の直前・直後の皇位継承の政争に巻きこまれた人と、平安京から地方へ流された人に限定されていることからみても、御霊信仰と桓武天皇は深くかかわっている。早良親王・井上皇后・他戸親王はいずれも桓武天皇との皇位争いの敗者である。平安京をつくった桓武天皇に祟った怨霊が、平安京に流行した疫病と結びついたのが、貞観五年の官催の御霊会であろう。

怨霊と疫神と御霊会

『日本霊異記』（中巻第一話）は、天平元年二月に長屋親王が讒言によって服毒自殺したことを記し、つづいて、

天皇勅して、彼《そ》の屍骸を城の外に捨てて、焼きくだきて河に散らし、海に擲《す》つ。唯親王の骨は土左の国に流す。時に其の国の百姓死ぬるもの多し。云《ここ》に百姓患《うれ》へて官に解《げ》して言《まを》さく「親王の気に依りて、国の内の百姓皆死に亡《う》す可《べ》し」とまをす。天皇聞《きこ》し皇都に近づけむが為に、紀伊国海部郡椒抄《はじかみ》の奥の島に置く。

と書いている。『続日本紀』天平八年（七二九）二月十三日条には、長屋王を生駒山に葬ったとあるから（十二日に自害）、『日本霊異記』の記述は事実ではないが、長屋親王（長屋王邸跡から出土した木簡には「長屋親王」とあるから、正史の「王」より『霊異記』の「親王」が正しい）の気（怨霊）は疫病をもたらしており、祟りが一般庶民に及んだ話になっている。

『日本霊異記』は、弘仁年間（八一〇—八二三）に成った書だが、編者の僧景戒は、紀伊国の海部郡に隣接した名草郡（現在は両郡が合併して和歌山県海草郡）の出身といわれている。たぶん、海部郡に伝わっていた民間伝承を景戒が採って、中巻第一話としたのであろう。長屋親王の死から『日本霊異記』の成立まで約百年弱たっているが、その間に、疫病は怨霊がもたらすという信仰が民間に普及していたのである。

『続日本後紀』の承和二年（八三五）四月三日条に、「諸国疫癘流行す。病苦の衆たちは、疫病は鬼神に従って来るとす。すべからく祈禱を以ってこれを治す。又般若の力不可思議なり。よろしく十五大寺に令し、大般若経を転読す」と

あり、「疫病は鬼神に従って来る」とみられている。長屋親王の「気」は、寃魂の「気」である故に鬼気（怨霊）とみられ、庶民はそれを疫病の原因とみたのである。

このような一般庶民の発想が民間祭儀としての御霊会を生み、それが貞観五年（八六三）の、神泉苑における官催の御霊会に発展したのであろう。

『三代実録』の貞観七年（八六五）五月十三日条に、政府は災疫を防ぐため、神泉苑で僧らに般若心経を読経させ、七条大路と朱雀道の東西の衢《ちまた》で僧たちに朝夕二回般若心経を読ませ、夜には佐比寺の僧恵照をして疫神祭を修せしめたとある。西垣晴次は、「御霊会の名称はないが、貞観五年の神泉苑での御霊会で般若心経が読まれたこと、疫神祭の文字がみえることからしても、これが御霊会であったことは疑えない」と書くが、[1] 御霊会は、貞観五年の御霊会の記述（『三代実録』）にあるように、「事に坐《つらな》りて誅せられ」鬼神となった寃魂（御霊）を、疫病の原因とみて行なう祭儀である。ところが、貞観七年の条には寃魂を祭ったとは書かれていない。それは単なる疫神祭で、御霊会ではなかったのであろう。民間の御霊会には、「歌舞」「馳射」「騎射」「走馬」「相撲」「倡優嫚戯」などの競技が伴っており、貞観五年の政府主催の御霊会も、雅楽寮の伶人に音楽を奏させ、天皇近侍の児童、良家の稚子《わくご》を舞人として、歌舞を競わせている。このような催しが貞観七年の疫神祭にはないことも、それが御霊会でなかったことを証している。般若心経が読まれているが、般若心経は疫病退散のための経だから、この経が読まれたからといって、疫神祭イコール御霊会とはいえない。

官主催の御霊会が貞観五年に営まれた後、民間の御霊会は禁止された。『三代実録』は、貞観七年の疫神祭の一ヵ月後の六月十四日条に、

是の日、京畿七道の諸人、事を御霊会に寄せて、私に徒衆を聚《あつ》め、走馬騎射をすることを禁ず。小児の聚りて戯《たはむ》るるは、制の限りに在らず。

と記している。民間の御霊会を禁止したのは、疫神祭では僧が祈禱し般若心経を読むだけだが、御霊会には民衆が集まって歌舞や競技を行なうので、その祭事に事寄せての政治批判と騒動を恐れたためであろう。

今宮神社の創建

疫神祭で疫病の流行がおさまればいいが、そうはいかない。正暦五年（九九四）六月二十七日に北野の船岡で官催の御霊会が行なわれたのは、「去る三月以後、疫癘により病死の輩、幾千といふを知らず、種々の祈禱あるも其の応《しるし》なきに似たり、路頭、死人の伏骸連々なり」（『本朝世紀』）、「四月より七月に至る。京師の死者半ばを過ぐ」（『日本紀略』）という疫病の大流行があったからである。平安京は、「死亡する者多く路頭に満ち、往還の過客鼻を掩《おほ》ひて之《これ》を過ぐ。烏犬《うけん》食に飽く、骸骨巷《ちまた》を塞《ふさ》ぐ」（『本朝世紀』）という惨状であった。

五月に、左京三条南油小路西の、普段は使っていない井戸の泥水を飲めば疫病に利くという「狂夫の妖言」が拡がって、庶民がこの古井戸に群集して泥水を呑んだり、六月になると疫神の横行の噂に貴賤を問わず門戸を閉ざし、都大路から人の姿が消えるという状態のなかで（『本朝世紀』）、六月二十七日、船岡で御霊会が行なわれた。木工寮修理職で神輿二基を作って安置し、僧の読経と伶人による音楽が行なわれ、幾千万人とも知れぬ都人士女が幣帛を捧げ、儀礼が終わると難波海へ神輿を流した（『日本紀略』）。この正暦五年の御霊会については、「公家《くげ》の定めにあらず、都人蜂起し勧修するなり」（『玄和世紀』）、「此れ朝議にあらず、巷説より起る」（『日本紀略』）と書かれている。貞観五年の御霊会のように神泉苑でなく、北野船岡で行なわれたのは、そのためであろう。だが、このときも民衆は幣帛を捧げるだけで、本来の御霊会の祭（歌舞、競技）は禁じられていた。

この御霊会の数年後の長保三年（一〇〇一）五月九日には、紫野で御霊会が行なわれた。このときは、「疫神を祭り御霊と号す。天下の疫疾に依ってなり」と『日本紀略』が書くように、御霊会＝疫神祭となり、「是の日の前に神殿三宇と瑞垣などを木工寮修理職所が造る」とあるように、神殿までが造営されている。特定個人（権力闘争の敗者）の怨霊の祭から疫神の祭に御霊会を変質させ、神殿を作って場所を限定しているところに注目したい。時の政府は、御霊によって起こる民衆の政治批判のエネルギーを、管理統制したのである。

『日本紀略』は、この神殿を「今宮と号す」と書く。これが京都府北区紫野今宮町の今宮神社である。さらに十四年後の長和四年（一〇一五）六月二十六日に、花園の今宮が「西洛の人の夢想と託宣」によって創建され、政府の援助協力を待て御霊会が行なわれた。この御霊会では、京の東西の民衆が日夜をわかたず御幣や神馬を奉献し、今宮の垣の内は、積まれた御幣で隙間もないほどで、これは紫野の今宮の御霊会と同じであったと『小右記』は書いている。この今宮が、京都市右京区花園の今宮神社である。

現在、紫野・花園の今宮神社に摂社として疫神社があるが、疫神社の祭神が本来の今宮の祭神である。御霊神社と今宮神社は御霊会にかかわる神社であるが、御霊神社が特定個人の怨霊、今宮神社が疫神を祀るのは、以上述べたような御霊会の変質によるものであろう。

御霊会の政府管理と民間信仰

政府は、御霊会の怨霊を疫神にすることと、新しく神社を創建すること（今宮の創建）によって、民衆の政治批判と争乱を管理統制しようとし、社寺以外で御霊会を行なうことを禁止したために、庶民は特定個人の怨霊を岐神《ふなど》に変え、御霊として祀っていた。

『本朝世紀』天慶元年（九三八）九月二日条には、顔や衣冠を彩色で表現し、臍下に陰陽を刻絵した男女の人形を神像とし、これを岐神と称し、その前に机を置き、その上に幣帛を捧げ香花を供するのを、時の人は「御霊」を祀るといったとある。この記事は、御霊を祀った場所を「街衢」と記すが、柴田実は、「より正確には大路小路の辻であったことは、正暦五年（九九四）五月十五日の条に明証がある。この日は疫癘攘除のために宮中で臨時仁王会が修せられるとともに、市中では小路の辻ごとに高座を設けて同じくこの経を講ぜしめた」と書く(2)。

『神祇令』に規定された疫病退散儀礼の道饗祭は、京域の四隅で行なわれた。『延喜式』にも、「京城四隅疫神祭」「畿内堺疫神祭」が載る。疫神祭が境で行なわれていたからこそ、御霊は岐神・道祖神になったのであろう。岐神は陰陽を刻絵した人形だが、このような人形は、大江匡房の『遊女記』の「道神」、『傀儡子記』の「百(白)太夫」である。これらの人形を、遊女や傀儡は福神として祀っていた（百太夫社の項参照）。

茨城県久慈郡金砂郷《かなさごう》村では、六月十五日の天王祭に、疫病除けと称して藁人形を作って村境まで送り出す。また七月十日には、オスケ人形という藁製の武者人形を村境に並べて祭をする。「オスケ」は「御助」で、疫神・厄神の攘災のために助太刀してくれるという意である。境界のオスケ人形、武者人形は、八岐大蛇《やまたのおろち》を退治する素戔嗚尊と重なる。八岐とは、大路・小路が入り交じった境界、辻をいう。大蛇は疫神・厄神であり、素戔嗚尊はその神を討つ神だが、『備後国風土記』逸文では、素戔嗚尊は疫神になっている（八坂神社の項参照）。今宮神社の摂社疫神社の祭神は、素戔嗚尊である。

討った素戔嗚尊と討たれた八岐大蛇が本来同一の存在であることは、室町時代末期の一条兼良の『日本書紀纂疏』に書かれており、江戸時代から現代まで多くの学者が述べている。岐神・道祖神の猿田彦神が、記紀神話で塞《さえ》ぎる神と先導神の両面性をもっているように、神の性格を一面的にみることはできない。疫神としての岐神を、遊女・傀儡らは福神として祀っている。

日本では、悪神が善神、善神が悪神に、相互転化する例が多い。

夷神《えびすかみ》は福神だが、『明月記』の貞永二年（一二三三）二月十七日条に、「近日咳病世俗称二夷病一」とあり、疫病が夷病とみられている。

『今昔物語集』（巻二十七第十一）に、世間に咳病がはやったとき、赤い袍に冠をつけた者が或る男の前に現れて、「我レハ此レ古ヘ此ノ国ニ有リシ大納言伴ノ善雄ト云ヒシ人也。伊豆ノ国ニ配流セラレテ早ク死ニキ。其レガ行疫流行神ト成テ有ル也」と名乗ったとある。この善雄という人物は、『伴大納言絵詞』などで知られるとおり、政敵をおとしいれようとして応天門を焼いたため、失脚している。彼も伊豆へ流されて亡くなり、「行疫流行神」になっている。その点では御霊神社の祭神と同じだが、『今昔物語集』によれば、この「行疫流行神」は福神である。というのは、前文につづいて、「我レハ心ヨリ外ニ公ノ御為ニ犯ヲ成シテ重キ罪ヲ蒙レリキト云ヘドモ、公ニ仕ヘテ有シ間我ガ国ノ思多カリキ。此レニ依テ今年天下ニ疫病発テ、国々ノ人皆病死ベカリツルヲ、我レ咳病ニ申行ツル也。然レバ世ニ咳病隙ナキ也。我レ其ノ事ヲ云ヒ聞カセムトテ、此ニ立タリツル也。汝ヂ怖ルベカラズト云テ、掻消ツ様ニ失ニケリ」とあるからである。咳病の流行を止めるために現れたというのは、八岐大蚊退治の素戔嗚命と同じであり、「寃魂」の怨霊が防疫の福神になったのと同じである。
『今昔物語集』のような説話が民衆の間に伝えられたのは、「判官びいき」という言葉に象徴されるような心情が民衆の間にあったからである。御霊会が騒乱のきっかけになることを権力者が恐れたのもそのためであり、今宮が作られた理由もそこにある。

やすらい祭と疫神と福神

「やすらい祭」は紫野今宮神社の摂社疫神社の祭であるが、その語源は、この祭の歌の詞章に「や、とみ草の花や、やすらい花や」とあることによる。「やすらい」については、桜の花が散るのを疫病の前兆とみて、「花よやすくあれ」、ながく枝にとどまってほしいという意味で「やすらへ花や」といったという説があるが、江戸時代の『日次記事』は「安楽花《やすらい》」と書く。

井上満郎は、「とみ草の花」について、「とみくさは富草で、豊穣を祈る言葉であった。疫病を避け、鎮めるだけでなく、積極的にみのりをも願ったのである。畏怖だけでなく、期待がこめられている」と書くが[3]、この富草の花がやすらい花であることから、「安楽花」と書かれたのであろう。この発想は、夷神《えびす》に対する発想と同じであり、疫神を福神に変える祭が「やすらい祭」なのである。その祭も、盛大になりすぎたため、久寿元年（一一五四）に禁止されている（『百練抄』久寿元年四月条に、「近日、京中の児女、風流を備え鼓笛を調え、紫野社に参る。世にこれを夜須礼《やすらい》と号し、勅して禁止す」とある）。やすらい祭の踊や囃物は、疫神の鎮送攘災だけでなく、福神を呼びこむ積極的な意義があった。『梁塵秘抄』（巻十四）には、紫野今宮へ「歌笛たいこ・すりがねにて神あそびと名づけてむらがりあつまり」とある。この「むらがりあつまり」を恐れて、政府は禁止令を出したのである。今宮が、もともと御霊会の管理統制のために創建されたことを思えば、この事実はまさしく、歴史のアイロニーといってよい。

『康富記』の応永八年（一四〇一）五月九日条に、「今日紫野今宮祭也、近衛西洞院獄門内構旅行」とある。『康富記』の筆者中原康富は、獄門を今宮神社の御旅所とすることについて、「尤彼獄内者、囚人楼舎之間、穢所争可構之哉、不審々々」と書いている。「不審々々」とみるのは当然だが、今宮祭は御霊会が源流なのだから、囚人は流罪になった敗者の怨霊と重ねられ、獄門は異界（流刑地）とみられたのであろう。御旅所を獄門に設定することによって福神効果を高めようとする発想は、水死体をエビス神とする漁民の発想と共通する。

中原康富のような知識人の合理的思考からは「不審々々」であっても、民衆からすれば、このような逆転の発想は自然であった。獄門を御旅所にすることによって神威の効力（疫病、災厄をはらす霊力）を高めようとしたのは、民衆の知恵である。

紙谷威広は、疫神・厄神が福神に転化する民俗例を多数あげているが、民俗例であるために近世以前にさかのぼることができず、その起源を近世以降とみる。(4) しかし、「カミ」に関する本居宣長の見解からみても、近世以降とはいえない。「福神」という言葉は古代までさかのぼれないが、皇極紀の大生部多の常世虫信仰にみられるように、福神観は古くからあった。

宗武志によれば、(5) 節分（年取り）の晩に「お厄《やっこ》払いましょう」と呼び歩き、「払おうばい」と呼び入れられると、次のような歌をうたって祝儀をもらったという。

なんぼめでたいな　めでたいな
めでたい事を申そうなら
鶴は千年亀万年
東方朔は　八千歳
浦島太郎は　九千歳
権藤の婆さん　百六つ
三浦の大助　百七つ
お家の旦那は　百八つ
この隅々の悪魔外道を

この厄払いが　背《せな》にせったろうて
西の海と思えども
東の海にざらりざっと　こけっこう

この歌は、やすらい祭の踊歌に、

や　とみ草の花や　やすらい花
や　とみをせはみくらの山　やすらい花

とあるのと共通している。厄払いは富を呼ぶものでもある。また、この神は海から来て海に流される。紫野の今宮神社の創立の原因になった正暦五年（九九四）の紫野の御霊会も、『日本紀略』によれば、異界から来た疫神を祀った神輿二基を、最後に「難波海」へ流している。この点では厄払いの民俗例と同じである。

また、『日本霊異記』に載る長屋親王伝承でも、長屋親王の遺骸は焼きくだいて海へ流され、骨が土佐に漂着して疫病を流行させたとある。このような平安初期の民間伝承の発想が、近世の厄払いの歌詞にまで連綿とつづいていることからみても、疫（厄）神を福神に転化する発想は、近世以降のものとはいえない。

疫神・厄神・崇神などの「悪神」は、悪をもって悪を征する神として、「善神」に転化する。御霊会の発想は、そのような悪（怨霊）を逆手にとった弱者（民衆）の論理である。そのことは、前述した『今昔物語集』の伴大納言の説話で明らかである。疫神祭の行なわれる京の辻には「宝倉《ほくら》」（小祠）が建てられ、鳥居には長福神、福徳神、白朱社などの名前がつけられ、そこに洛中の人々が集まって酒をくみかわしたりした。だから政府は淫祀として破却させたが（『百練抄』応徳二年（一〇八五）七月条）、その宝倉（ホコラ）の神体は前述の陰陽二神の人形が多かった。政府にとっては淫祀であっても、民衆にとっては、「長福」「福徳」「やすらい」こそ「カミ」に求めるものであり、境界で寃魂・怨霊疫神を祀る民衆の御霊信仰は、祀ることによって祟り神を福徳神に変えるものであった。「難波海」へ疫神の神輿を流したのも、福神として依り来ることを願ってのことであった。

注

(1) 西垣晴次「民衆の宗教」『日本民俗文化大系・4』所収、昭和五十八年。
(2) 柴田実「祇園御霊会――その成立と意義」『中世庶民信仰史の研究』所収、昭和四十一年。
(3) 井上満郎「古代の御霊信仰」『天満天神』所収、昭和六十三年。
(4) 紙谷威広「福神と厄神」『講座日本の民俗宗教・3』所収、昭和五十四年。
(5) 宗武志「対馬民謡集」『日本民俗誌大系・二』所収、昭和五十年。

〔付記〕 柴田実は、御霊神は「疫旱の原因として本来行疫神たる性格をもっていたはずであるのに、かえって、それをまつることによって疫旱の災厄から逃れようとする、むしろ防疫の守護神のごとく信ぜられている」と述べているが(「御霊神」『講座日本の民俗宗教・3』所収)、私は「守護神」化という見解をさらに進めて「福神」化とみた。御霊の問題については、八坂神社と北野天満宮の項でさらにくわしく述べる。

八坂《やさか》神社——牛頭天王と朝鮮の巫と陰陽道

八坂神社は、明治以前は「祇園感神院《ぎおんかんじんいん》」「祇園社」と称していたが、明治の神仏分離の際に八坂神社と改め、仏教的要素を消した。当社の最大の例祭祇園祭は、大阪の天満祭、東京の神田祭と共に、日本三大祭といわれた。祇園祭の源流は「祇園御霊会」だが、天満祭と神田祭の源流も御霊会である。ただし、当社の祭神は「牛頭天王《ごずてんのう》」であり、当社に神社的性格よりも仏寺的性格が強かった理由はそこにある。

牛頭天王について

当社の縁起・社伝は、牛頭天王を最初から祀っていたように書くが、牛頭天王の初見は十二世紀をさかのぼらない。『本朝世紀』久安三年（一一四七）四月二十九日条に、延久二年（一〇七〇）の祇園社焼亡を「牛頭天皇御足焼損」と記しているのが初見である。『扶桑略記』は巻末が嘉保元年（一〇九四）で終わっているが、延久二年の祇園の焼亡を「天神御体は之を取り出し奉る」と書き、「天神」と記しているから、久安三年の時期の牛頭天王を延久二年にさかのぼらせて書いているのである。

『日本紀略』延長四年（九二六）六月二十六日条に、「供二養祇園天神宮一」とあり、『年中行事秘抄』の天慶五年（九四二）六月二十一日条には、「感神院天神」とある。「牛頭天王」の時代になっても、公式の宣命では「祇園天神」であった。『本朝世記』が載せる久安三年（一一四七）七月二十七日の宣命文には、「掛畏《かけまくもかしこき》支祇園天神乃広前爾《ひろまへに》」とある。

祇園社について論じている論考の多くは、祇園社の創建イコール祇園牛頭天王社の創建とみているが、肥後和男が祇園牛頭天王社を平安末からの名称とみるように[1]、イコールではない。私も前述の文献から、牛頭天王を祭神とした時期は十二世紀以降とみる（安倍晴明〔九二一—一〇〇五〕の著作といわれる『簠簋内伝《ほきないでん》』に祇園社の牛頭天王の由来が載るが、中世の偽作だから初見とはいえない）。

藪田嘉一郎は、「牛頭天王は印度の祇園精舎の守護神という振れこみであるが、これは日本で言い出したこと」だと書き、「辟邪神としての毘沙門天王」をモデルにして、「全く日本に於てダイオニサス的信仰の下に作られた神」と推論する。[2] たしかに、牛頭天王が載る経典、義浄三蔵訳の『仏説武塔天神王秘密心点如意蔵王陀尼経』、不空三蔵訳の『天刑星真言秘密』をはじめ、『牛頭天王経』『波利采女経』『八王子経』『薬宝賢経』『六字経儀軌』『法賢訳経天星軌上』『双身毗沙門軌』は、わが国で作られた偽経だから、これらの経典に載っているからといって、インド起源だとはいえない。

しかし、「牛頭」という表記を藪田説のように、和製とするわけにはいかない。村山修一は、「起源をインドに発することだけは、『翻訳名義集』（巻三）の説明によって知られている。そこでは牛頭山はまた摩羅耶山・高山・摩梨山ともよび、山中旃檀の樹多く、山客牛頭に似たるをもって、牛頭旃檀とも名づける。白檀は熱病に、赤檀は風腫《しゅ》に効あり、火傷・刀傷にも速効を示すところから、牛頭天王なる疫神信仰が発生したのである。これが密教にとりいれられ、やがて天文道・陰陽道と習合した宿曜道の神へと発展した。宿曜道の経典である『文殊師利菩薩及諸仙所説吉凶時日善悪宿曜経』二巻は大同元年（八〇六）、空海がシナより伝えたもので、それ以前には『北斗七星延命経』『安宅神呪経』などが輸入されていたが、『宿曜経』には二十八宿が説かれ、そのうちの牛宿ははなはだ吉祥で三量あり、牛頭の形をし、風梵魔神、姓は奢拏耶那で、乳粥香花薬を食すとある。つまり牛頭天王は宿曜道に入って星宿神ともなった」と述べている。[3]

『翻訳名義集』の記述は、牛頭山、牛頭旃檀の説明で、牛頭天王の説明ではない。だから、この記述をもって「牛頭天王なる疫神信仰」の発生を説くわけにはいかない。また『宿曜経』は、二十八の星宿のうち、牛頭の形をした星を牛宿というと説明しているのだから、この記述をもって、「牛頭天王は宿曜道に入って星宿神」になったと書くのも飛躍である。村山修一のあげる文献は、「牛頭山」「牛頭」の例証にはなっても、「牛頭天王」の例証にはならない。

村山修一は原文をあげていないが、『翻訳名義集』の原文（巻第三、衆香篇三十四）には、次のように書かれている。

牛頭旃檀、或云。此方無故不翻、或云義翻与薬。能除レ病故。慈恩伝云。樹類白楊。其質涼冷。蛇多附之。華厳云。摩羅耶山。出二旃檀香一。名曰二牛頭一。若以塗レ身。設入二火坑一。火不レ能レ焼。正法念経云。此洲有レ山。名曰二高山一。高山之峰。多有二牛頭旃檀一。若諸天二修羅一戦時。為レ刀所レ傷。以二牛頭旃檀一。塗レ之即愈。以此山峰状如二牛頭一。於二此峰中一。生二旃檀樹一。故名二牛頭一。大論云。除二摩梨山一。無レ出二旃檀一。白檀治二熱病一。赤檀去二風腫一。摩梨山云二離垢一。在二南天竺国一。

この記述は、塗薬としての牛頭旃檀の効用と牛頭の説明であって、インドで「牛頭天王なる疫神信仰が発生した」ことを示す文章ではない。

朝鮮にも「牛頭」「牛頭山」の地名があり、『日本書紀』の欽明天皇十三年是歳条に、

百済、漢城と平壌を棄つ。新羅、此に因りて、漢城に入り居り。今の新羅の牛頭方・尼弥方なり。

と書かれている。

この「牛頭方」について、日本古典文学大系の『日本書紀』の頭注は、「江原道春川の古名、牛頭州または牛首州に当るとされるが、一説には黄海道金川郡内の牛峰県にあてる。方は百済の五方の『方』が転化して一定の地区・地域をさす話となったものであろう」と書く。また、『三国史記』（巻三十七）は、高句麗の州郡県の記述のなかに、

牛岑郡（一に云ふ牛嶺、一に云ふ首知衣）　牛首州（首一に頭に作り、一に云ふ首知若、一に云ふ烏根乃）

と記している、『東国與地勝覧』（巻四十二、巻四十六）によれば、牛岑郡は黄海道牛峯県、牛首州は江原道春川府で、牛首州は牛頭州とも書く。

『三国史記』（巻二）には、新羅の第十代奈解尼師今の二十七年十月、百済軍が牛頭州に侵入したので、軍を派遣して退却させたとあるが、この牛頭州は通説として江原道春川に比定されている。また、『三国史記』（巻二十三）には、百済の始祖温祚王が、十八年十一月、楽浪の牛頭山城を襲撃しようとして臼谷まで行ったが、大雪にあって引き返したと

もあり、この牛頭山城は黄海道道牛峯に比定されている。

今西龍は、朝鮮の「牛頭」「牛頭山」について、「朝鮮に於ても疫病を駆逐する印度牛頭天王を祀りし地は少なからざりしなるべく、従て牛頭の名のこれに因りて生ぜし地も少なからざるべきなり」と書くが[4]、インドには、「牛頭」という山や「牛頭旃檀」という塗薬はあっても、「牛頭天王」を祀る風習はない。朝鮮の牛頭を強いてインドに結びつけるとすれば、朝鮮の仏教徒が、インドで牛の頭の形をした山が「牛頭山」と呼ばれたことをヒントに、朝鮮の同じ形の山を「牛頭山」と呼んだということは考えられる。しかし、そうかといって、牛頭天王の信仰がインド↓中国↓朝鮮経由で日本に来たということにはならない（朝鮮の「牛頭」については後述する）。

インドの牛頭は塗薬と山名、中国の牛宿は二十八宿の星座の名の一つ、朝鮮の牛頭は山名・地名だから、牛頭天王信仰は、インド・中国・朝鮮の「牛頭」をヒントに、祇園天神を母胎として日本で生まれた、陰陽道的要素の強い信仰と考えられる。

武答天神から牛頭天王へ

八坂神社は、平安末以前は祇園天神と呼ばれていた。問題はこの「天神」である。

平安時代末から鎌倉時代初頭に成立した『伊呂波字類抄』（諸社、祇園の条）に、「牛頭天王因縁。天竺より北方に国あり。其の名を九相という。その中に園あり。名を吉祥という。その園の中に城あり、その城に王あり。牛頭天王という。亦の名を武荅天神という云々。其の父の名を東王父天といい、母の名を西王母天という。この二人の中に生れし所の王子、名を武荅天神という。この神王、沙渇龍王の女、名を薩迦陀という。これを后と為し、八王子を生む。従う神八万四千六百五十四神なり」とある。

この記述では、牛頭天王は武荅天神になっている。「武荅《むとう》」は天神と天王の二つの書き方があるが、「牛頭」は天王のみで、「牛頭天神」とはいわない。また、『牛頭天王縁起』が武荅天神の子を牛頭天王にしていることからみても、武荅天神（天王）↓牛頭天王の経過が推測できる。

鎌倉末期成立の『釈日本紀』は、『備後国風土記』に曰《いわ》くとして、次の記事を引いている。

疫隈《えのくま》の国社《くにつやしろ》。昔、北の海に坐《いま》しし武塔《むたふ》の神、南の海の神の女子《むすめ》をよばひに出《い》でまししに、日暮れぬ。彼の所に将来《しやうらい》二人ありき。兄の蘇民《そみん》将来は甚《いた》く貧窮《まづ》しく、弟の将来は富饒《と》みて、屋倉《いへくら》一百《もも》ありき。爰《ここ》に、武塔の神、宿処《やどり》を借りたまふに、惜みて借さず、兄の蘇民将来、借し奉りき。即ち、粟柄《から》を以て座と為し、粟飯等を以て饗《みあ》へ奉りき。爰《ここ》に畢《を》へて出でませる後に、年を経て、八柱のみ子を率て還り来て詔りたまひしく、「我、将来に報答《むくひせ》為む。汝が子孫其の家にありや」と問ひたまひき。蘇民将来、答へて申ししく、「己《の》が女子《むすめ》と斯《こ》の婦《め》と侍《さぶら》ふ」と申しき。即ち詔《の》りたまひしく、「茅《ち》の輪《わ》を以て、腰の上に着けしめよ」とのりたまひき。詔の随《まま》に着けしむるに、即夜《そのよ》に蘇民の女子一人を置きて、皆悉《みなことごと》にころしほろぼしてき。即ち、詔りたまひしく、「吾《あ》は速須佐雄《はやすさを》の神なり。後の世に疫気《えやみ》あらば、汝《いまし》、蘇民将来の子孫と云ひて、茅《ち》の輪を以て腰の上に着けた人は免れなむ」と詔りたまひき。

「疫隈の国社」は、広島県芦品郡新市町大字戸牛小字天王（旧江熊《えのくま》）の、現在素戔嗚《すさのお》神社と呼ばれる祇園社のこととされているが、この伝承にも牛頭天王はまったく登場しない。この『風土記』の記事を『釈日本紀』に載せた卜部兼方（生没年不詳。鎌倉時代中期の古典学者、神道家）は、「先師（兼方の父兼文――引用者注）申して云ふ。此れ則ち祇園社の本縁なり」と書き、備後国の一地方社の伝承でなく、京の祇園本社の縁起としている。たぶん、本社の伝承が、備後の分社の伝承として『備後国風土記』に書かれたのであろう。

この『備後国風土記』逸文について、秋本吉郎は、「鎌倉時代初期の偽作とする説（新考）があるが、古代の風土記記事とすべきであろう」と書く。(5) とすれば、和銅年間（七〇八―七一五）に祇園社の分社が備後国にあったことになるが、西田長男(6)は秋本説を批判し、河村秀興の『牛頭天王配素尊弁』の「此風土記者、六十代醍醐天皇御宇延長年中所レ撰也」を引用して、和銅六年（七一三）より二百十二年後の延長三年（九二五）、太政官符によって撰進された第二次風土記の記事とみる。柴田実・村山修一(7)も延長の風土記とみているが、私もその見解を採り、十世紀前半の祇園の祭神は武答天神（武塔神）であって、牛頭天王ではなかったとみる。

蘇民将来と朝鮮の伝承

『備後国風土記』逸文の伝承の主体は蘇民将来である。依田千百子は、「日本の蘇民将来伝承」は朝鮮の処容伝承に「非常によく似ている」と書いて、『三国遺事』の処容説話を引いている。(8) 柳田国男編『民俗学辞典』は蘇民将来について、「木製六方形の短かい棒に蘇民将来子孫守などと記したもの。祝棒の系統で、社寺が正月十四・十五日に守札のように分与することが多い。東北地方の所々にこれを奪いあって得た者が幸運にあたるとする行事がある。また疫病除けに、門口に『蘇民将来子孫の宿』と書いて貼ったり、作物の害虫除けにこの守札を田畑に立てる土地もある」と述べ、『備後国風土記』逸文の記事を載せている。(9)

また、村山智順編著の『朝鮮の鬼神』は、

諸病除には、「蘇民将来之子孫海州后入」の文を縦三寸、横一尺の赤紙に書きて門戸に貼る。

と書いている。(10) 処容伝説では、処容の額を画いた絵を門にはっておけば疫神が入らないとされているが、これは『民俗学辞典』が記す日本の風習と同じである。処容が蘇民将来、疫神が武答天神に相当する。

伊勢では、今も木札に「蘇民将来子孫門」と書いて門口にかかげているが、元禄・享保の頃（一六八八―一七三六）に書かれた『牛頭天王符』は、白楊樹を削って「蘇民将来子孫門懸」と書いた護符を祇園社が出していたことを記している。朝鮮の赤紙が木札や削掛け・祝棒になっているが、疫病除けの護守としては同じである。この用い方が処容伝説に似ていることからみても、朝鮮から日本へ伝わった風習であろう。

『備後国風土記』逸文には、茅輪の話だけで護符は載っていない。しかし、室町時代に成立した『祇園牛頭天王縁起』（続群書類従本）は、牛頭天王が竜王の娘を妃にして竜宮で八年暮らしたという竜宮伝承を載せ、竜王の娘の母の蘇民将来の娘を「乙姫」として、朝鮮の「海州后入」と似た記事を載せている。そして、茅輪を作り、赤い絹で蘇民将来の子孫なりという札を作って帯に付ければ、災難を免れると書いているが、赤い布は、「蘇民将来子孫海州后入」と記した朝鮮の赤い紙と同じである。

「蘇民将来之子孫海州后入」とは、蘇民将来の子孫の海州の后がわが家に入っているという意だが、『備後国風土記』

逸文では、北海の神である武塔神が南海の神の娘を妻にしている。また、『伊呂波字類抄』は、武答天神が「沙渇羅《さから》竜王の娘薩迦陀《さかだ》を后となす」と書く。この南海神・竜王の娘は「海州の后」であろう。『備後国風土記』逸文には、武塔神が「蘇民の女子《むすめ》一人を置きて、皆悉にころしほろぼしき」とあるが、これは蘇民将来の子孫を女とする朝鮮の呪符とつながっている。

室町時代の「長享二年（一四八八）十一月吉日」に書き写したと奥書にある、吉田家旧蔵本の『祇園牛頭天王縁起』も、続群書類従本と本文の内容はほぼ同じだが、「勘文云、牛頭天王事」という牛頭天王示現の文が付加されている。その文には、天王が八王子の第七王子（八王子を七男一女とするのは続群書類従本と同じ）を、将来の娘（乙女子《をとめこ》）のところに遣わしたとある。この話は、処容伝説の東海竜王が七人の男子のうちの一人（処容）を新羅王のところに遣わし、美女と結婚させた話と同じである。

処容伝説では、七人の男子のうちの一人となっており、七番目の男子とする縁起の話と異なるが、朝鮮の済州島には、七番目の男子とする伝承もある。(11)

昔ソウルに許政丞という大金持が住んでいた。彼には七人の息子があり、この息子達は成長するとそれぞれ離れてくらすようになった。長男はソウルの三角山、次男は白頭山、三男は金剛山、四男は鶏竜山、五男は太白山、六男は儒達山を領有した。七番目の息子は済州島が景色もよく、遊びやすいと聞いて済州島に向った（他の伝承によるとソウルで悪い事をしたため流罪になって済州島へ来たという）。七番目の息子は、ふちだけの破れ笠に、襟だけのボロ着をきて、紐だけ残った草鞋を履き、片手に神火、片手に仙火を持ち、水の中も、山川も、駿足で一瞬に千里万里を行く。豚の肉とキビの餅を好み、特に雨や霧の深い時や夜に活動し、海女や美女を好み、一緒に暮らそうとして憑いて病をおこすという。但し、よく祭れば巨富を得させてもらえるが、祭らぬと貧乏になるという。

済州島に来た七番目の子をトッチェビ、敬称でヨンガムという。トッチェビはトッケビの済州島の方言である。トッケビは一種の妖怪で、済州島では漁夫や海女に憑《つ》く疫神・厄神だが、人や部落の守護神、農漁神、鍛冶神でもある。疫神であり守護神であるヨンガムは、竜王の子の処容と重なる。処容伝説では、処容の留守に疫神が訪れ、処容の妻と寝ているところを、外出から帰った処容にみつかっているが、疫神は、処容の顔を画いた絵が門に貼ってあれば入らぬと誓って立ち去ったので、新羅の国の人々は、邪鬼を追い払い吉事を迎えるために、処容の顔を描いた絵を門に貼ったという（『三国遺事』）。この処容と疫神は、善と悪の両面性をもつマレビト神の姿で、もとは一体だから、処容の妻は処容の分身の疫神とも同衾するのである。

これは、武塔神と蘇民将来についてもいえる。武塔神は人を皆殺しにする疫神だが、蘇民将来は守護神である。「牛頭天王祭文」（宝暦八年〔七五八〕書写の奥書がある神宮文庫蔵のもの）では、牛頭天王の本地が薬師如来、蘇民将来の本地が薬王菩薩になっているのも、牛頭天王（武答天神）＝蘇民将来の観念があったからであろう。いずれにしても、蘇民将来信仰は朝鮮からの伝来と考えられる。

祇園社と八坂造

朝鮮との関係は、祇園社の社家に伝わる古文書にも記されている。社家の建内家に伝わる『八坂御鎮座大神之記』には、斉明天皇二年（六五六）、韓国《からくに》の調進使伊利之使主《いりしおみ》が再来したとき、新羅国牛頭山の神素戔嗚尊を遷祀したとある。『日本書紀』の斉明天皇二年八月八日条には、「高麗、達沙《たぢさ》等を遣して調《みつぎ》進《たてまつ》る。大使達沙、副使伊利之《いりし》、総《すべ》て八十一人」とある。

八坂神社前宮司高良美忠は、伊利之の長男真手の子孫が代々八坂造になったと書いているが(12)、八坂造は『新撰姓氏録』（山城諸蕃）には、狛《こま》国人の之留川麻之伊利佐《しるつまのいりさ》の後裔とある。伊利佐は伊利之のことである。『日本後紀』巻二十七、天長六年（八二九）四月乙丑条（『日本紀略』に引用の逸文）に、「山城国愛宕郡丘一処、給二右衛門督紀朝臣百継等一、為下祭二祀神一地上」とある。高原美忠は、「百継の妻真巣子が八坂造真鉏の女であり、八坂造の家に男子がないので入って八坂造の家をついだと、建内家で伝えている」と書いているが(13)、建内家は祇園社の祭祀氏族で、紀百継の後裔と称している。『紀氏本系帳』によれば、百継の母も八坂造の女《むすめ》である。

天長六年（八二九）は祇園社の創祀（私は貞観十一年〔八六九〕から貞観十八年〔八七六〕の間を創祀とみるが、くわしくは後述）より四十年ほど前だが、紀百継が「愛宕郡丘一処」を賜わったのは、祭祀の神地となすためである。この紀百継を八坂造と結びつけていることからみても、祇園社創祀以前に八坂造による祭祀が行なわれていたことが推測できる。

近世末に成立した『感神院牛頭天王考』には、天智天皇五年（六六六）、乙相庵那が高麗国の進調大使として来日し、八坂郷に牛頭天王の神祠を建てたとあるが、『日本書紀』の天智天皇五年十月二十六日条に、「高麗、乙相庵那《おつさうあむす》等を遣して、調進す」とある。このように、斉明紀・天智紀の高句麗使の記事を、祇園社が祭祀と祭祀氏族に関連させて伝えていることからも、祇園の神が渡来神であることが推測できる。

播磨の広峯神社と祇園の関係と渡来人

京都の祇園社の神については、播磨国餝磨《しかま》郡の広峯神社のある広峰山から遷座したという伝承が多い。

『伊呂波字類抄』は、貞観十八年（八七六）に常住寺の十禅寺円如が広峰から八坂郷の樹下に遷したと書き、『二十二社本縁』も「播磨の広峰より遷し坐し」と書く。『二十二社註式』には、播磨国明石浦に初めて垂迹し、同国広峰に移り、元慶年間（八七七—八八四）感神院に移ったとある。近世に書かれた『峰相記』には、老僧からの聞き書として、吉備真備が天平五年（七三三）に唐から帰国したとき、「憑《つ》いて」きた牛頭天王を広峰山に祀り、後に平安京の祇園荒町に勧請したとあり、ゆえに「当社（広峯神社——引用者注）ヲ以テ本社と云ベシト」とある。

播磨国広峰からの遷座という伝承について、松前健は、「いろいろな書に記され、まったくの造作とばかりは言い切れない。『三代実録』貞観八年七月の条に、神階を授けられている播磨国無位速素戔嗚神は、これであろうとする説もある。あるいはそうかも知れない」と書き、スサノヲが「海人と結びつき、また巫覡信仰とも結びついていたらしきこと」、スサノヲの「崇拝にも、渡来人がとかく結びついていたらしいこと」、『備後国風土記』逸文に、スサノヲと祇園にかかわる伝承が載っていることから、「これらの備後から播磨にかけて分布していた、古い海人系のスサノヲの崇拝を、渡来系の巫覡の徒が取りこんで、これを巫覡の守護神武塔神と同一視した。これを、平安になって、広峰辺にいた仏僧たちが、播磨から山城に遷し、仏典の牛頭天王と同一視した」と書き、行疫神の牛頭天王と、八坂造らが古くから

信仰していた竜神とが重なって、牛頭天王社になったと推論する。(14)

たしかに、仏典には牛頭天王が記されているが、牛頭天王が載る経典のすべてが平安時代末か鎌倉時代以降に日本で書かれた偽経であることは、通説となっている。新羅から牛頭天王が遷座したという伝承があり、蘇民将来が朝鮮の信仰であることからみて、牛頭天王は渡来人たちの創作に成る神であろう。その渡来人たちは、松前健も推測するように、瀬戸内海沿岸の渡来人で、八坂造と関係があったと考えられる。だからこそ、播磨の広峰と京都の八坂が結びついたのであろう。

広峯神社は現在、姫路市白国字広峰山に鎮座するが、「白国」は、『播磨国風土記』餝磨郡枚野里の条に「新良訓《しらくに》と号《なづ》くる所以《ゆえ》は、昔、新羅の国の人、来朝《まゐき》ける時、北の村に宿りき。故、新羅訓《しらくに》と号《なづ》く」とある新良訓である。『播磨国勝地実録』餝磨郡之部、広峰山の条に、

貞観十一年、京都洛中外疫気大流行而不㆓鎮止㆒。当㆓此時㆒清和天皇下㆓詔勅㆒云々。因而分㆓祭広峰㆒古名新羅国社

とある。『三代実録』の貞観八年（八六六）七月十三日条の「播磨国無位速素戔烏神に従五位下を授く」の速素戔烏神が広峯神社の祭神だとすれば、貞観年間に広峰の神を八坂に遷したという伝承と時期的に重なり、この時期に「ハヤスサヲ」を八坂に遷して祀ったことが推測できる。

武塔神・須佐雄神と朝鮮の巫

肥後和男は、武塔神について、「これは朝鮮の古語で舞天といふに当るのではなからうか。舞天のことは三国志の魏書の東夷伝に見ゆること周知の通りである。即東夷伝の中の濊伝に『常に十月の節を以て天を祭る。昼夜飲食歌舞す。之を名づけて舞天と為す』とある。この舞天は天を祭ってをどることを漢訳して云ったので格別さうした濊語があったわけではないとも考えられるが、今日朝鮮に於いては巫を総称してムーダンといふことは諸書に見えてゐるので或はそれと関係があるかにも思はれる。武塔は今日の支那音ではウタであるとのことであるが、ムタフという日本音が古いとしたらムダンに近いといはれないであらうか」と書く。(15)

そして、武塔神が朝鮮の巫とかかわる理由として、「備後風土記に武塔神を北海の神であるとするのは、それが元来日本の神で無いことを示してゐるのである。それが我がスサノヲ神なりと云ったのは、我国について云へばスサノヲ神に当ることを云ふのであって、本より武塔神が外来の神なることを暗示するものである。従つて武塔といふ言葉も外来のものとしてよい」と書く。また、『新撰姓氏録』の山城国諸蕃の条に、「八坂造　同(高麗)国人、之留川麻乃意利佐之後也」とあることをあげ、「続日本紀承和四年二月廿七日条には、『山城国愛宕郡八坂郷』と見えて、八坂の地は一の郷をなす程の戸口を有したのである。勿論それが八坂造の一族のみより組織されたものではなく、旧来の住民があって八坂の神を信じてゐたのであり、そこに八坂造が加へられたのであろうが、それは相当に有力なものであったろう。なんとなれば『造』とは云ふまでもなくある集団の統率者に与へられた姓《かばね》であり、これを有するものは即貴族であったからである。それでかの有名な八坂法観寺の如きも聖徳太子創立説が伝へられてゐるが、実はこの帰化高麗人なる八坂造によって建立せられたであらうとの考証が、田中重久氏によって提出されたのも頗る根拠があるやと考へられる。(「考古学」九五)とかくさうした有力な朝鮮系の帰化氏族が、この地に早く住んだことが明白である以上、武塔神を以て彼等の奉祀せる神とすることは頗る有力な根拠を得たといはなければならぬ。恐らく彼等は本国の習慣をここに移して巫をしてその神を祭らしめたのであらう。そこから武塔神の名が成立したものと考へるのである。現今に於いても朝鮮ではその民族宗教としては巫覡教なのであって、或る場合には彼等が神なのである」と述べている。(16)

『備後国風土記』逸文は、武塔神は速須佐雄神のことだと書くが、スサノヲという神名を朝鮮語とみる説がある。

江戸時代に藤貞幹は、『衝口発』で、新羅の第二世の王「南解次次雄」の「次次雄」が「素戔嗚」と古音相通じるとして、「素戔嗚ノ尊は辰韓の主なり」と書いている。本居宣長は、このような説を述べる藤貞幹について、「みだりに大御国のいにしへをいやしめおとして、かけまくもいともかしこき皇統をさへ、はばかりなくあらすじに論じ奉れる」狂人だと批判しているが、今西龍は「此説甚だ面白し」(17)、水野裕は「卓見」(18)と書く。

水野裕は、「スサノヲ」は本来「スサヲ」だとして、『備後国風土記』逸文の「速須佐雄神」、『三代実録』元慶八年三月二十七日条の隠岐国の「建須佐雄神」や、『出雲国風土記』逸文の意宇郡大草郷の「須佐乎命」、島根郡方結郷の「須佐袁命」の例をあげている。そして、

小倉進平博士の、『朝鮮語の方言の研究』について、巫に関する現代朝鮮語の方言を調べて見ると、咸鏡南道の端川、咸鏡北道富寧、茂山、会寧、吉州、鏡城、慶興、平安北道義州では、su-su̇y と言い、咸鏡北道の明川では、su̇-su̇ŋ-i 黄海道黄州では su̇-s-sɔŋ 全羅南道済州、城山、西帰、大静などでは、sin-baŋ といったとある。さてこれらの、su̇ŋ-su̇ŋ, su̇-su̇ŋ-i, su̇sɔŋ, sin-baŋ などは、いずれも巫を意味する語であって、次次雄と同系の語であることは明らかである。かくて新羅の王号が巫を意味する次次雄（慈充）がススング、スサングなどという語と同系であるとすると、この語がわが国に伝えられれば、語尾のŋが原日本語では、母音uとなるので、ŋ＝ng→u と変音すると、「ススング」・「スサング」が、「ススウ」・「スサウ」と変化し、「スサヲ」とか「スソウ」となるのである。

と書き[19]「スサヲ」の神は「呪術師的・巫覡的性格による命名であった」と解している[20]。「次次雄」は朝鮮の第二代の王で、『三国史記』の注には次のように書かれている。

次次雄・或云慈充。金大問云。方言謂巫也。世人以巫事鬼神、尚祭祀、故畏敬之、遂称尊長者、為慈充。

（次々雄を慈充ともいう。金大問〔新羅三十三代聖徳王の時の学者〕は、「国の言葉で巫を言う。世間の人は巫が鬼神に事《つか》え、祭祀を尚《とうと》ぶので、巫を畏敬した。だから尊長の人を称する言葉になり、慈充となった」といっている。）

武塔神を朝鮮語で巫をいうムーダン（ムダン）と解す肥後説と、素戔嗚神を巫のススング（スサング）と解す水野説は、いずれも巫にかかわる点で注目される（「ススング」は、正しくは「ススング」である）。

水野裕の見解は、藤貞幹と今西龍の見解を受けたものだが、田中勝蔵も同じ見解である。田中説は、次次雄の別名の「南解」について、『古事記』や『旧事本紀』がスサノヲに「建速」また「速」をつけ、『三代実録』や『備後国風土記』[21]がスサヲ神に「建」「速」をつける例をとりあげて、「南解」と「建速」は同義とする。くわしくは田中勝蔵の諸論考に譲るが、朝鮮語では「南」は「大」の意で、「大」に「健・今・千・君」などの漢字をあてていることから、田中勝蔵

は南＝健とみて、崇神紀で矢田部造の遠祖「武《たけ》(健)諸隅《もろすみ》」が「大母隅」と書かれている例をあげる。また、「解」は「プル」(太陽・火の意)で、プルはプラ・プヤともいわれるところから、それがパヤ・ハヤになったとみる。

肥後和男は、敷田年治が『日本紀標註』(巻二)で、「備後風土記には進雄神に作れり」と書くことから、古写本に「須佐」でなく「進」と書いた例があったろうとみているが、[1]一条兼良も『日本書紀纂疏』で、素戔嗚は「進雄に作る」と書く。田中勝蔵は、「進」はススングからの転とみる。[21]『二十二社註式』は祇園社の祭神を「進雄尊」と書く。室町時代になっても、『日本書紀』『古事記』『旧事本紀』『古語拾遺』の一般的な書き方をせず、祇園社の祭神を「進雄尊」と書くのは、進雄尊という表記が定着していたからであろう。

秋葉隆は、ムウダング(ムーダン・ムダン)の主意は「歌舞を以て降神する巫女」のことで、男巫はパクサ(ス)ムムウダングというと述べ、スス(サ)ングは「歌舞巫」の意だと書いているが、[22]祇園社の神事が歌舞を伴う盛大な祭であったことからみても、武塔神・進(須佐)雄神の性格が推測できる。歌舞は、降神儀礼や疫(厄)病除災儀礼にとって、もっとも重要な巫の神事である。

『備後国風土記』逸文の記事と共通する『三国史記』の処容伝説には、処容のうたい舞った歌が載っているが、巫歌は処容歌と呼ばれ、高麗朝・李朝の宮廷では、年末の「辟邪進慶」の神事に際して処容舞が必ず舞われていた。このように、巫の歌舞にかかわる処容伝説と武塔・進(須佐)雄神伝説が共通点をもち、ムーダン・ススングが朝鮮の歌舞巫女・歌舞巫にかかわる名称であることからみて、武塔神・進(須佐)雄神は、この歌舞巫女・歌舞巫の名をヒントにした神名と考えられる。

『三国史記』の注に、次次雄は巫のこと、巫は鬼神につかえるとあるが、鬼神と巫は一体化して、『三国史記』では疫神(鬼神)と処容(巫・次次雄)になり、『備後国風土記』逸文では、武塔神・進雄神(速須佐雄神)と蘇民将来になったのだろう。

陰陽道と牛頭天王と牛宿

武答天神が牛頭天王になったのは、陰陽道の影響と考えられる。

『峰相記』は、牛頭天王が播磨の広峰山から京都の祇園に遷った経過について、次のように記している。

昔、霊亀二年、吉備大臣入唐、学ぶ所十三道、殊に陰陽を極芸とせり。天平五年帰朝、当山（広峰山のこと――引用者注）の麓に一宿ひ給へり。爰《ここ》に夢にも非ず、現にも非ず、貴人出で来て、我れ古丹《こたん》の家を追出され、蘇民が為に助けられて添人と成りし巳来、居所定まらず。汝と唐朝にて契たりしを憑《や》みて追ひ来る云々。則ち当山の崇め奉る牛頭天王是れ也。数年を経て、平安城を立てらるゝ時、東方守護の為に祇園荒町に勧請し奉る。

牛頭天王の祇園への勧請譚に、「陰陽を極芸」とする吉備真備（六九三―七七五）を登場させていることからみても、陰陽道とのかかわりが推測できる。また、平安時代中期の有名な陰陽家安倍晴明（九二一―一〇〇五）の著といわれる『簠簋内伝《ほきないでん》』（鎌倉時代の末の祇園社の社家の晴朝が晴明に仮託して書いたもので、陰陽道のテキストとして広く用いられていた）の序文に、牛頭天王縁起が載ることも、祇園社と陰陽道の関係を示している。

西田長男も、「祇園の社務家が代々『晴』の一字を称するのは単なる偶然でなく、かならずや安倍清（晴）明のそれを受けたものであろう。（中略）すなわち、祇園社の社務家は天台末に属する僧侶であると同時に、安倍家の流れを汲んだ陰陽師でもあったようである。換言すれば、いわゆる『法師陰陽師』であったのであろう。それは祇園社の性格からおのずからそうなったのでもあろう」と書き、(6) 陰陽道の影響を推論している。

牛頭天王の「牛」は、陰陽道で重んじる二十八宿の「牛宿」の牛によるものとみられる。『簠簋内伝』巻五の「同時宿之事」の条では、牛頭天王が主にいる所は牛宿となっている。この牛宿は二十八宿の「総体」で「本宿」だから、諸宿の始まりは「牛（丑）」からであると『内伝』は書く。『内伝』の序文に牛頭天王縁起が載るが、その冒頭に、

北天竺摩訶陁国の霊鷲山ハ艮《ウシトラ》、波《ハ》尸《シ》那《ナ》城ハ西、吉祥天ノ源ノ王舎城ノ大王ヲ、名ヅケテ商貴《シヤウキ》帝ト号ス。曽ッテ帝釈天ニ仕ヘテ、善現天ニ居シ、三界ノ内ニ遊戯《ユケ》シテ、諸星ノ探題ヲ蒙リ、名ヲ天刑《ギヤウ》星ト号ス。信敬ノ志深キニ依リ

テ、今、娑婆世界ニ下生シテ、改メテ牛頭天王ト号ス。

とある。また、『神道集』（巻第三の十二）の「祇園大明神事」には、

抑《ソモソモ》祇園大明神者、世ノ人、天王ノ宮申。即牛頭天王トハ是也。牛頭天王ハ武答天神王ノ等部類ノ神也。天刑星トモ武答天神トモ、牛頭天王トモ崇メル奉。

とあり、牛頭天王は陰陽道の星神天刑星になっている。『内伝』によれば、牛頭天王が主に牛宿にいるのは、天刑星の法によるのだという。また、『備後国風土記』逸文では、武塔神は疫神と同じく、人を皆殺しにする荒ぶる神だが、「天刑星」も歳星所生の妖星で、天の刑罰の疫病は天刑星がもたらすものとみられていた。だが、天刑星は疫神を排除する辟邪神でもあり、福徳をもたらす歳徳神でもあった。この点で武塔神（速須佐雄神）と共通している。『内伝』は天刑星を「天道神」とし、「天道神ハ牛頭天王也、万事大吉」と書く。

星曼荼羅

　この天道神を「北天の主」と『内伝』は書くが、武塔神は、『備後国風土記』逸文によれば北海の神である。牛宿（おうし座）も北方七宿に属している。

　『内伝』が、牛頭天王のいる霊鷲山の位置を艮《うしとら》（丑寅）と書くのは、牛宿の場所が北方七宿では丑寅に位置するからである。図は星曼荼羅だが、いちばん外側の上が北方七宿である。二番目が十二宮だが、十二宮の牛は真西である。霊鷲山を艮、波戸那城を西とする『内伝』の書き方は、二十八宿の牛と十二宮の牛に対応する。このことからも、陰陽道の発想によって牛頭天王が生まれたことがわかるが、『伊呂波字類抄』は、牛頭天王の「父の名を東王父天といい、母の名を西王母天という」と書く。これも道教の視点に拠っている。天神が天王になっているが、天王

が仏教よりも道教の神の称号として使われていることからみても、牛頭天王は陰陽道的である。

牛宿の艮の方位は鬼門である。蘇民将来の札には鬼門の防災の意味もある。牛頭天王には、鬼門の神としての意味もあったのだろう。だから、宮城鎮護の比叡山延暦寺の守護神として平安京の鬼門に位置していた赤山明神は、牛頭天王と一体だといわれ、祇園社も平安朝中期には延暦寺の京都別院になっていた。『日本紀略』天延二年（九七四）五月七日条に、「以二祇園一為二天台別院一」とあり、『神道集』（巻三ノ十三）の「赤山大明神」の条には、

抑赤山大明神者、本地地蔵菩薩也、其本地ノ名ヲ尋ヌレバ、武答天神王也。此レ牛頭天王ト一躰応迹ノ変作也。

とある。

この武答天神から牛頭天王への転換は、天台密教の総本山延暦寺との関係が深くなり、艮《うしとら》重視の視点が、牛宿にかかわる牛頭天王を生んだ結果と考えられる。武答天神の性格に陰陽道と密教の知識を加えて、牛頭天王は創作されたのであろう。その際、前述した「牛頭旃壇」や「牛頭山」も、「牛頭」という表現のヒントになったと思われる。なお、『内伝』は「吉祥天ノ源ノ王舎城ノ大王ヲ、名ヅケテ商貴帝ト号ス」と書くが、商貴帝は鍾馗《しょうき》をヒントに作られたとみられる。鍾馗は中国では、疫病神を追いはらい魔を除く神と信じられているから、商貴（鍾馗）帝＝天刑星＝牛頭天王とされたのであろう。この神がいた王舎城を「吉祥天ノ源」と書くが、牛宿は吉祥宿である。

牛頭天王が牛宿を意識して創作されたとみられるのは、牛頭天王の第七王子を将来の娘と結婚させたという『牛頭天王縁起』（吉田家旧蔵本）の記述からもいえる。『三国遺事』の処容伝説や、済州島のトッチェビ（ヨンガム）伝説の七人の男子は、北斗七星の七星を意味するが、七番目の男子がトッチェビになっている点で、トッチェビ伝説は『牛頭天王縁起』と共通している。北斗七星は貪狼星・巨門星・禄存星・文曲星・廉貞星・武曲星・破軍星の七星だが、『諸尊要鈔』や『七曜災穣決』は、この七星を二十八宿にあてはめている。牛宿は七番目の破軍星だから、牛頭天王を牛宿とみて第七王子にしたとも考えられる。続群書類従本の『祇園牛頭天王縁起』が八王子を「七男一女」と書くのも、「七男」を七星の意とみていたからであろう。

安倍晴明に仮託した陰陽道のテキスト『簠簋内伝《ほきないでん》』は、八王子を星神に比定し、

八王子ト八、大歳・大将軍・大陰・歳刑・歳破・歳殺・黄幡・豹尾等也。

と書く。大歳神は木星で歳星である。大将軍は金星で太白星をいう。大陰神は土星で鎮星をいい、大歳神の皇后である。歳刑神は水星で辰星、歳破神は土星で鎮星、歳殺神は火星で熒惑《けいわく》星、黄幡《おうばく》神は羅睺《らご》星、豹尾《ひょうび》神は計都《けいと》星である。第七の星は黄幡神だが、この神の本地は摩利支天王で、丑・未・辰・戌の方向のみに運行するという。このように丑を基点としていることからみて、『牛頭天王縁起』の第七王子は黄幡神とも考えられる。摩利支天も障礙《しょうがい》を除くインドの民間信仰の神で、鍾馗と同じである。障礙神は荒ぶる神だが、黄幡神の羅睺星は日月の光明を障蔽する障礙神である。

以上述べた事例からも、牛頭天王が陰陽道にかかわっていることは明らかである。祇園信仰が民間信仰として普及したのは、陰陽道要素が強かったことも一因であろう。

祇園社の創祀と竜蛇神

祇園社の創祀については諸説あるが、八坂神社蔵の『祭神御事歴等取調書草案』には、

「祇園社本縁録曰、貞観十一年、天下大疫之時、為㆓宝祚隆栄人民安全疫病消除鎮護㆒、卜部日良麻呂奉㆑勅、六月七日、建㆓六十六本之矛㆒（長二丈許）、同十四日、率㆓洛中男児及効外百姓㆒而送㆓神輿神泉苑㆒祭焉。是号㆓祇園御霊会㆒。爾来、毎歳六月七日十四日為㆓恒例㆒矣」とある。室町時代に書かれた『二十二社註式』は、観慶寺（祇園寺）を定額寺にしたという承平五年（九三五）六月十三日付の太政官符を引用し、この寺は山城国愛宕郡八坂郷の地一町にあり、檜皮葺の堂・礼堂・神殿・葬礼堂の四宇があったと記し、山城国解を引用して、故常住寺十禅師伝燈大法師円如が貞観年中（八五九―八七六）に創立したと記している。

鎌倉時代初頭に全十巻が完成した『伊呂波字類抄』には、「昔常住寺十禅師円如に託宣あり、貞観十八年八坂郷の樹下に移し奉り、其後藤原基経威験に感じ、数宇の台を壊《こぼ》ち運んで精舎《しょうじゃ》を建つ」とある。貞観十一年（八六九）は天長六年（八二九）より四十年ほど前である。たぶん、天長の祭祀の地は、神域はあっても社殿はなかったと推測される。その地に社殿を建てたのは貞観年間とみられる。

『三代実録』によれば、貞観十一年六月二十六日、左右京職に路上の屍を収葬させる勅が出ている。疫病が蔓延するのはこの時期で、祇園祭も六月である。貞観十四年正月には、「是の月、京邑《みやこ》に咳逆《しはぶき》の病発《やまひおこ》り、死亡する者衆《おほ》し」とある。このような貞観十年以降の疫病の流行が、社殿造営になったと考えられる。ただし、造営の動機は疫病の流行だけではなさそうである。

『二十二社註式』は社殿造営を貞観十八年（八七六）と書くが、一方では、「牛頭天王は初め播磨明石浦に垂跡、広峰に移り、其後北白河の東光寺に移り、人皇五十七代陽成天皇の元慶年中に感神院に移る」とも書いている。元慶年中（八七七―八八四）とするのは、『伊呂波字類抄』に載る藤原基経とのかかわりからである。貞観の次が元慶だが（この改元は、清和天皇が譲位して陽成天皇が即位したことによる）、藤原基経は元慶年間に関白太政大臣になっており、人臣で関白になった最初の人物である。寿永三年（一一八四）の「感神院司解」（『二十二社註式』所収）にも、「当社は鎮護国家の社壇、霊験殊勝の大神、元慶の聖王、陽成天皇の御宇から崇め奉ってより」とある。たぶん、円如によって貞観末に観慶（祇園）寺が創建され、元慶年間に感神院祇園社が基経の崇敬によって拡張・整備されたのであろう。藤原基経が精舎（僧の道場）を建てたと『伊呂波字類抄』が書いていることからみて、この精舎の建立が、インドの祇園精舎との連想から、祇園社という名称を生んだのであろう。

基経の崇敬は、個人的なものではなく、関白太政大臣としての政治的意図による。その目的は、疫病退散だけでなく、貞観十七年以降の旱害に対する祈雨にあったと考えられる。

『三代実録』によれば、貞観十七年（八七五）、元慶元年（八七七）と元慶二年には畿内に旱魃があり、神泉苑で祈雨が行なわれている（貞観十七年六月二十三日条、元慶元年七月十日条）。貞観十七年六月の神泉苑での祈願について、『三代実録』は次のように書く。

・廿三日甲戌　雨ふらざること数旬、農民、業を失ふ。経を転じ幣を走し、仏神に祈請すれども猶未だ嘉澍《かじゅ》を得ざりき。古老の言に曰《い》ひけらく、「神泉苑の池中に神竜有り。昔年炎旱《えんかん》して、草を焦《こが》し石を礫《くだ》きき。水を決《ひら》きて池を乾し、鍾鼓の声を発せしに、時に応じて雷雨しき。必然の験なり」と。是《これ》に勅して、右衛門権佐従五位上藤原朝臣遠経を遣し、左右衛門府の官人衛士等を神泉苑に率て、池水を決出せしめ給ひき。正五位下行雅楽頭紀朝臣有常、諸楽人を率て、竜舟を泛べ鍾鼓を陳《つら》ねて、或は歌ひ或は舞ひ、聒《かまびす》しき声天に震ひき。

・廿四日乙亥　寅の時微雷細雨あり。須臾《しゅゆ》にして乃ち霽《は》れ、未の時雷数声にして雨を降しき。但し京城の外は塵を湿《うるほ》すに及ばざりき。

・廿五日丙子　申の時雷電小雨あり。少時にして天晴れき。

・廿六日丁丑　廿四日より今日迄、神泉苑に池を乾し楽を挙げて昼夜やまず。是に至りて、楽人衛士等に禄を賜ひて罷《や》めき。

六月十五日から二十日まで、神泉苑で十五人の僧が祈雨のため大雲輪請雨経法を修したが、ききめがないので、古老の言に従って、二十三日から神泉苑の池水を流出させ、歌舞を行なったのである。元慶七年七月にも、祈雨のため神泉苑の池を乾《ほ》している（貞観十七年のような歌舞は行なわないが、池水は城南の水田に灌漑している）。『三代実録』は古老の言として、神泉苑には神竜がいると書くが、神泉苑は大極殿の巳の位置にある。一方、祇園社の位置は大極殿の辰の位置にある。

神泉苑の巳、祇園社の辰の位置は、どちらも竜蛇神信仰にかかわる方位とみていい。藤原基経の祇園社創建・造営は、八坂の井泉の竜蛇神信仰を、関白太政大臣としての「マツリゴト」の中にとりこんだものといえよう。天長六年（八二九）に紀百継が八坂の地を祭祀の地として賜わっているのも、大極殿の辰方位の井泉を、巳方位の神泉苑と共に、竜蛇神の信仰の地として重視していたからであろう。そして、この八坂の地を神仏の本格的な祭祀場として寺社を建立したのが、藤原基経なのであろう。

松前健は、祇園の神を竜蛇神とみて、『続古事談』によると、祇園社の宝殿の下に竜穴があり、延久二年（一〇七〇）の焼亡のとき、梨本の座主が、これを計測しようとしたが、深さが五〇丈以上もあってなお底が知れなかったといい、また保安四年（一一二〇）、『山法師追捕セラレケルニ、オホク宝殿ノ中ニ、ニゲ入タリケレバ、其中ニミゾアリ。ソレニオチ入タリトゾイヒケル』という事件があったことが記されている（『続古事談』巻四、神社仏寺の条）。『釈日本紀』にも、『祇園神殿下有下通二竜宮一穴上之由、古来申伝之』と記され、この殿下の竜穴とは、竜宮に通じる穴であることを示している。現在でも、本殿の母屋の下には、深い池があり、高原美忠前宮司によると、ちょうど池または井の上に神殿が架せられている形となっているという（『八坂神社』）。つまり、この社の祭神は、元来、その池または井に棲む竜神であり、最初はその井泉そのものが祭儀の対象とされていたものが、後世になって、その上に神殿を架せられたものであろう」と書いている[14]。

『備後国風土記』逸文では、北海の神の武塔神が南海の竜王の娘（竜女）のところへ妻問いに出かけているが、武塔神も北海の竜神である。この竜神が星神になって、牛頭天王と名を変えたのである。

祇園社の祭神と御旅所と神泉苑

『二十二社註式』引用の太政官符は、貞観の末、観慶（祇園）寺の創建に際して建てられた神殿には「天神、婆利女、八王子」が祀られたと記すが、『備後国風土記』の武塔神が天神、南海神の女子が婆利女、その間に生まれた八柱の御子が八王子である。そして、『伊呂波字類抄』の「牛頭天王因縁」の沙渇竜王の娘薩迦陀は、婆利女に対応する。

吉田家所蔵本の『牛頭天王縁起』の扉紙の裏には、祭神の「御本地」について、

東御前　八王子　　文珠
中御前　牛頭天王　薬師如来
西御前　婆利妻女　十一面

とある。ここでは武荅天神が牛頭天王、婆利女が婆利妻女になっているが、これは貞観末の創建時の神殿の祭神と共通している。ところが、『二十二社註式』の祇園社の項には、

西間　本御前　奇稲田媛垂跡、一名婆利女　一名少将井、脚摩乳手摩乳女

中間　牛頭天王、号二大政所一、進雄尊《スサノヲ》垂跡

東間　蛇毒気神、竜王女、今御前也

とある。奇稲田《くしいなだ》姫は脚摩乳《あしなづち》・手摩乳《てなづち》の娘で、八岐大蛇の犠牲になるところを素戔嗚尊に助けられ、尊の妃になっている。だから、本御前の婆利女を奇稲田姫にして八王子を落とし、新しく今御前を作ったのであろう。

『備後国風土記』逸文が載る『釈日本紀』は、「武塔天神は素戔嗚尊。少将井は本御前と号す奇稲田姫か。南海神の女子は今御前か」と書いている。南海神は南海竜王のことだから、『二十二社註式』の竜王女と南海神の女子は重なる。『伊呂波字類抄』も、南海神の女子を沙羅竜王の娘と書く。南海竜王の娘婆利女（妻女）が竜王女であるにもかかわらず、『二十二社註式』は婆利女と竜王女を別にして、蛇毒気神を載せている。この今御前の蛇毒気神を『神祇正宗』は、沙渇羅竜王の娘と書く。このように竜王・竜王女・蛇毒気神が登場するは、当社の本来の性格が竜蛇神だったためであろう。『備後国風土記』逸文と似た朝鮮の伝承が竜王伝承であることからも、八坂造による祭祀が祇園社祭祀の本源であると推測できる。

平安末期に書かれた『拾芥抄』の二十二社への奉幣記事に、「祇園、五位一人勅使。感神院三前、八王子前」とあり、八王子は感神院（祇園社）から独立して祀られている。「感神院三前」は『二十二社註式』の祭神であろう。だが、元禄三年（一六九〇）の『祇園社明細書』には、東殿八大王子・本殿牛頭天王・西殿婆利采女になっている。現在は、東殿が稲田姫命、本殿が素戔嗚尊、西殿が八柱御子で、八王子（八柱御子）は元へ戻っている。

『二十二社註式』は、祭神の奇稲田姫を「一名婆利女、一名少将井」と書く。少将井について、『山州名跡志』は、「むかし少将井の尼といひし歌読あり。其園に井あり。彼井げたの上に、神輿をすえ奉りしより、世俗に、彼王子（祇園八大王子）の神輿を少将井と申す也」と書く「神道和歌」の注を引用している。『神祇正宗』も似た説明を載せている。この少将井の御旅所（東洞院冷泉通）は京都の名井で、『枕草子』（一六八段）も名井五泉の中にあげている。昭和四十七年に平安博物館によって発掘調査され、井戸の遺構が確認された。

もう一つの御旅所を「大政所《おおまんどころ》」という（東洞院高辻、後に四条京極）。高原美忠は、大政所の井について、「御旅所のあった頃からの井で、毎年六月六日に水をかえる。この井の甃は石工の鑿を用いず自然石を積み上げてある。比類なき名水で、この水を飲めば疫を免れるという。六月七日に神輿御旅所に入られると共にこの井の蓋を開き、十四日烏丸四条の辻に神輿の通りかかられた時、この辻で打つ太鼓の音を聞くと共に蓋をする古例である」と書いている[23]。両御旅所が名井のある場所であることと、祇園社が井泉の上に建てられていることからも、祇園社の本来の性格が推測できる。高原美忠は、「本殿母屋の下には池がある。今はセメントで蒲鉾型に覆がしてあるが、昔はこの覆はなく、青々とした水を湛えているのがよく見えた。今、八十才くらいの翁媼が、子供のころ、本殿に屋根替があり、床下に入って見たという数人が現存している。これを火災の時、御神体が水中に入って炎上するのを防ぐためなどといっている人もあるが、そういうものではなく、水の上に祭るところに意義があるのである。こういう池とか井の上にある神社は他にもある」と書いている[24]。

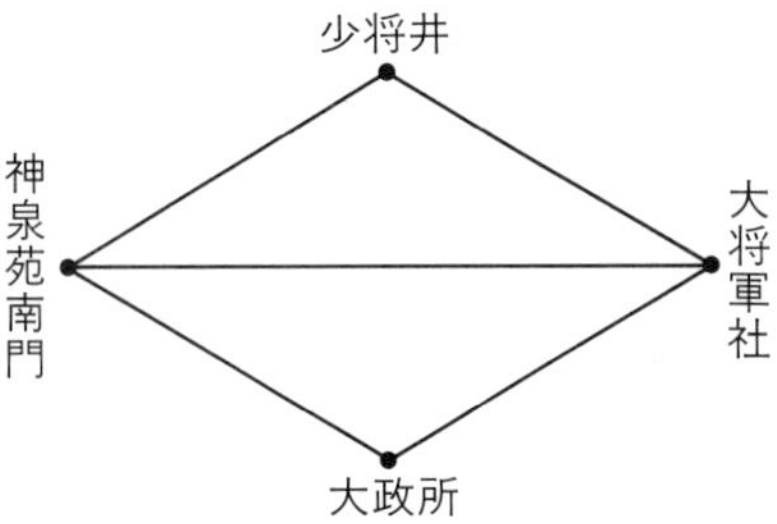

京の名井のなかで、なぜ「大政所」が御旅所になったのか。「大政所」は祇園社の主祭神をいうが、この場所は、竜神のいる神泉苑が平安時代の大極殿の巳方位なのに対し、神泉苑南門の辰方位にあり、大極殿の辰方位の祇園社と共通しているからであろう。少将井が大政所のほぼ真北にあるのも、大政所と神泉苑を基準にしてのことであろう。神泉苑南門を基点として、寅方位に少将井、卯方位に大将軍社、辰方位に大政所があり、この関係はほぼ上図のようになる。このような配置は、偶然の一致とはいえないだろう。神泉苑・祇園社が大極殿の辰・巳の方位にあること、葬地としての鳥辺野が大極殿の巽《たつみ》の方位にあることも、陰陽道にもとづく位置設定と考えられる。

そのことは、大極殿の真北の子方位と、西北西の戌方位に大将軍社があり、北北西の亥方位に北野天満宮、北北東の丑方位に水火天満宮、東北の艮《うしとら》に上御霊社、東北東の寅方位に幸《さち》

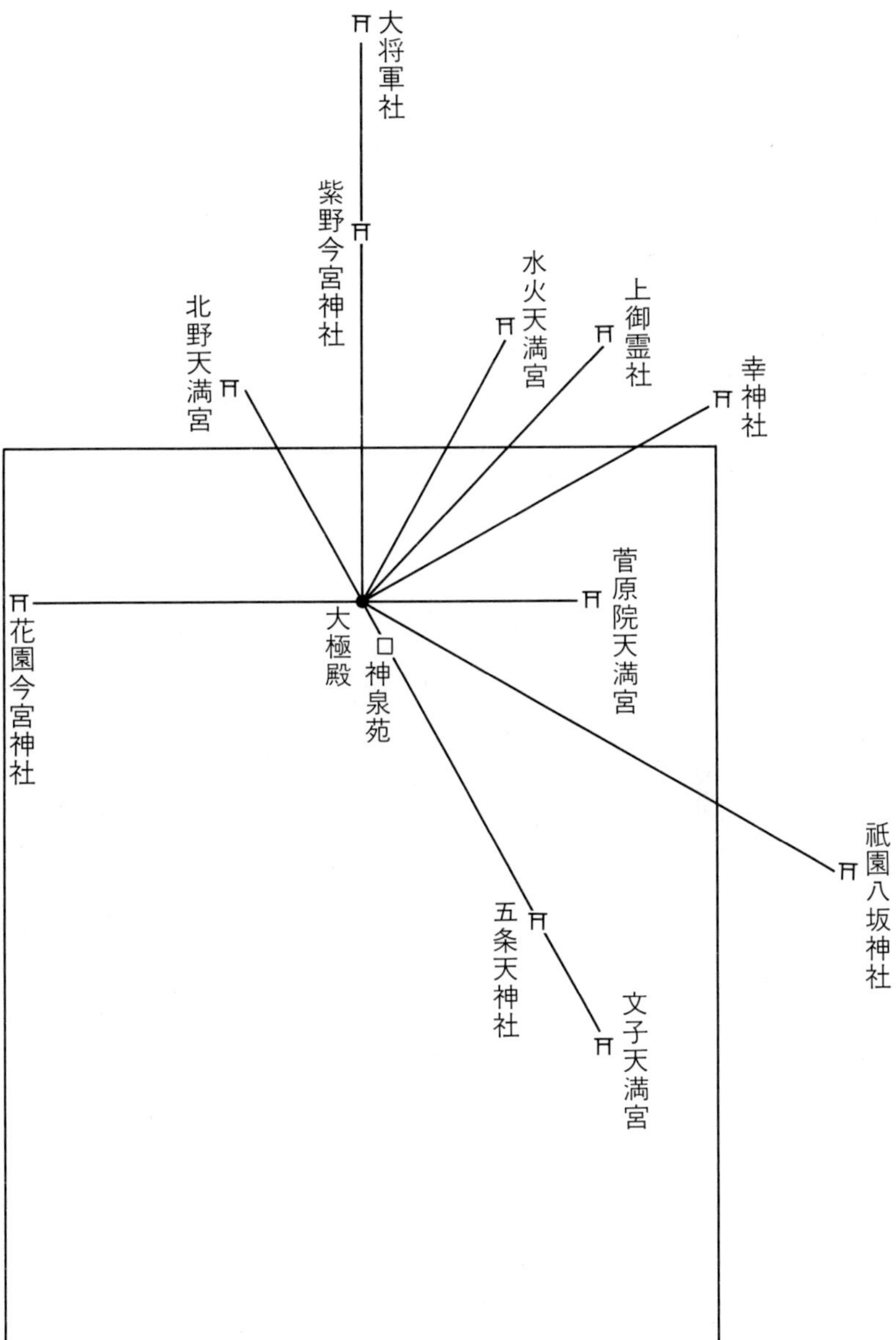
大将軍社
紫野今宮神社
北野天満宮
水火天満宮
上御霊社
幸神社
菅原院天満宮
花園今宮神社
大極殿
神泉苑
祇園八坂神社
五条天神社
文子天満宮

211　八坂神社

神社、東の卯方位に菅原院天満宮が位置することとも関係があろう。これらの神社は、祇園社と同じく、御霊会と疫病退散にかかわる神社である。今宮神社が御霊信仰にかかわることは前項で述べたが、紫野の今宮神社は大極殿の真北の子方位にあり、そこは大将軍社と大極殿を結んだ線上に当たる。また、花園今宮神社は西の酉方位にある。祇園社は東南東の辰に位置するが、南南東の巳には、文子《あやこ》天満宮、書聖天満宮（道祖神社）、五条天神社があり、これらは前頁の図のようになる。

なお、下御霊社が神泉苑南門の寅方位、中御霊社が艮方位に位置するのも、祇園社御旅所の位置設定からみて、やはり意図的なことと思われる。また、上御霊社と中御霊社が、それぞれ大極殿と神泉苑南門の鬼門の艮（北東）に位置するのも、偶然の一致とはいえないだろう。

『御旅所社家記』によれば、大政所の地に住んでいた秦助正が、天延二年（九七四）に祇園神の神託を得て、自分の家を御旅所にし、東洞院方四方を御旅所の敷地として寄付したという。このような記述も、秦氏が八坂造と共に渡来氏族である点から興味をひく。

祇園御霊会について『釈日本紀』は、洛中洛外の人々が神輿を神泉苑へ送るのが祇園御霊会だと書くが、『神社正宗』や『山州名跡志』にも、貞観十八年に疫病が流行したので六月七日・十四日に疫神を神泉苑に送り、次の年も疫神が祟ったので再び疫神の神輿を神泉苑に送り、以後、これを祇園会と称したとある。これらの記述によると、神輿を置く場所（御旅所）が祇園社で、祭場は神泉苑だったようである。八坂の井泉（祇園社本殿の下の井泉）は、本来は神泉苑の竜神の御旅所だったのであろう。つまり、本来の祇園御霊会は、大極殿の巳と辰の方位にいる竜神の祭祀であったと考えられる。ところが、八坂の地に神殿が作られたため、神泉苑の辰方位の井泉を御旅所にする必要が生じ、少将井が選ばれたのであろう。

祇園社の祭が朝廷によって本格的に行なわれた最初は、天延三年（九七五）である。『日本紀略』によれば、同年六月十五日、円融天皇の疱瘡の治癒祈願のため、太政大臣藤原兼通が公卿らと共に当社に参詣し、奉幣・走馬・東遊などがあった。『師遠年中行事』は、このときが朝廷も含めた祇園祭の始まりだと書いているが、秦助正が御旅所を自宅にするよう神託を得た年は、一年前の天延二年である。この年の三月に、観慶寺感神院（祇園社）を延暦寺別院にするという太政官符がでているから、延暦寺別院になった機会に御旅所が新設され、延暦寺の力によって、数ある疫神関係の神社のなかから特に祇園社が選ばれ、天皇の疱瘡治癒の祈願所となったのであろう。秦氏と延暦寺の関係の深さは、大酒神社の摩多羅神が延暦寺にかかわっていることからも証される（大酒神社・大避神社の項参照）。赤山明神・摩多羅神・牛頭天王は、障礙神・辟邪神として、天台密教では一体化している。

これらの神は竜蛇神的性格をもつが、御霊会が官祭として行なわれた最初の祭場が神泉苑であることからみても、御霊が竜蛇神と一体化していたことがうかがえる。天満天神が雷神になるのも、雷神が竜蛇神の化身だからである。神泉苑と祇園社の関係からみて、貞観五年の神泉苑の御霊会が、貞観末の祇園社の創祀に直結したと考えられる。貞観末に祀られた天神は北海の竜王武荅天神、婆利女は南海の竜王の娘、八王子は天神と竜女の御子神であったと推測できる。武荅天神が疫神退散の御霊会と結びついたのは、そのルーツが朝鮮の疫神伝承の竜蛇神だったからであろう。

付記

① 牛頭天王の「牛頭」は、牛宿だけでなく、十二宮の牛宮にもかかわる。『宿曜経』は牛宮について、「四足畜牧のことをつかさどる。この宮に生まれた人は、福多く、親友足り、長寿、人に貴敬される。厩牧の任をつかさどるに適す」と書くが、祇園社のある八坂の地には八坂馬飼連がいた。神亀三年（七二六）の「山背国愛宕郡雲下里計帳」の戸主秦人真君の条に、「女、八坂馬飼造鯖売」が載る。太田亮は、八坂造をこの八坂馬飼造の後裔とみて、八坂馬飼造を「高麗族にして、山城国愛宕郡八坂郷の馬飼部の伴造家也」と書く（『姓氏家系大辞典』第一巻、昭和十一年）。牛宮についての関心が八坂造にあったことも、牛頭天王の「牛頭」と無関係ではなかろう。

妙見曼荼羅

② 牛宿は七曜に分類すると日曜である（二〇三頁の星曼荼羅参照）。日曜は、「官職を拝命し、軍隊を教練し、医術を行ない、牧畜をなし、また祭祀を営むによい」とされており（吉田光邦『星の宗教』昭和四十五年）、牛宮と同じく牧畜にかかわっている。

③ 馬飼造は牛も飼っていた。肥後和男は牛頭を、農耕祭式としての牛の供儀にかかわる名とするが（『古代伝承研究』昭和十三年）、朝鮮では、牛などの首を切って竜王の棲む池や淵に投じる祈雨祭儀が行なわれ、日本でも、降雨祈願に牛馬を殺して河伯（竜王）に祈ったと皇極紀にある。この殺牛祈雨の風習は、韓神祭祀であることからみても、牛頭と無関係ではなかろう。しかし、牛頭天王という表現は十二世紀以降のものだから、本稿は陰陽道と密教の影響を主として書いてみた。殺牛祭祀の韓神信仰については、北野天満宮の項でふれる。

④ 図の妙見曼荼羅は十二支の丑を牛頭人身としており、他の十二支の動物も「頭」がつくから、「牛頭」には十二支の丑の意もある。この場合、祇園王子神と関係ある七番目の破軍星は、竜頭・蛇頭にかかわるが、竜・蛇（辰・巳）は大極殿からの祇園社・神泉苑の方位であり、祇園社の竜蛇神的性格と重なっている。

⑤『日本書紀』は、素戔嗚尊は新羅に天降り、曽戸茂梨《そしもり》にいたと書くが、建内繁継撰の『八坂旧記集録』、松浦道輔著『感神院牛頭天王考』は、「ソシモリ」の「ソシ」は朝鮮語で「ソシと呼ひ《い》（また約てソイともいふ）、頭をモリと称ふ」（『感神院牛頭天王考』）と書く。この曽戸茂梨=牛頭説については、言語学者の金沢庄三郎（『日鮮同祖論』昭和四年刊）、朝鮮史学者の今西龍（『新羅史の研究』昭和八年）、鮎貝房之進（『日本書紀朝鮮地名考』昭和十二年）が、牛頭でなく京城（ソホリ）であることを詳論している。建内繁雄と松浦道輔の説は、神仏分離の神祇政策のなかで祇園社が生き残るため、牛頭天王の仏教的要素を取り除く手段として牛頭=曽戸茂梨説を唱えたもので、学者の間では認められていないが、まったく否定し去

るわけにもいかない。ソシモリ(ソホリ・ソフリ)は神降臨の聖地をいい、牛頭と直接には結びつかない。だが、ムーダン(巫)が殺牛祭祀を行ない、牛が聖獣であることからみて、朝鮮の牛頭の地名や山名は、神祀りの聖地としてつけられたとも考えられる。とすれば、武答天神から牛頭天王に神名を変えた人々は、素戔嗚尊の「曽戸茂梨」から「牛頭」の名を考案したとも推測できる。ただし、十二世紀の祇園社の関係者が朝鮮語を知っていたということが前提になるが。

注

(1) 肥後和男『古代伝承研究』三一五頁、昭和十三年。
(2) 藪田嘉一郎「御霊信仰の成立」『日本古代文化と宗教』所収、昭和五十一年。
(3) 村山修一「祇園社の御霊神的発展」『本地垂迹』所収、昭和四十一年。
(4) 今西龍『朝鮮古史の研究』一一八頁、昭和十一年。
(5) 秋本吉郎、日本古典文学大系『風土記』頭注、四八九頁、昭和三十三年。
(6) 西田長男「『祇園牛頭縁起』の成立」『神社の歴史的研究』所収、昭和四十一年。
(7) 柴田実「祇園御霊会——その成立と意義」『中世庶民信仰の研究』所収、昭和四十一年。村山修一、注3前掲論文。
(8) 依田千百子「朝鮮のまれびと説話」『朝鮮民俗文化の研究』所収、昭和六十年。
(9) 柳田国男『民俗学辞典』三三二頁、昭和二十六年。
(10) 村山智順『朝鮮の鬼神』三四七頁、昭和四年。
(11) 玄容駿『済州島の民話』二二一—二二二頁、昭和五十三年。張籌根『韓国の民間信仰』三六四頁、昭和四十七年。
(12) 高良美忠『八坂神社』二七頁、昭和四十七年。
(13) 高良美忠、注12前掲書、二八頁。
(14) 松前健「祇園牛頭天王社の創建と天王信仰の源流」『大和国家と神話伝承』所収、昭和六十一年。
(15) 肥後和男、注1前掲書、三一八頁。
(16) 肥後和男、注1前掲書、三一九—三二〇頁。
(17) 今西龍『新羅史の研究』二四頁、昭和八年。

(18) 水野祐『出雲国風土記論攷』七三六頁、昭和四十年。
(19) 水野祐、注18前掲書、七三六―七三七頁。
(20) 水野祐、注18前掲書、七三八頁。
(21) 田中勝蔵「秦氏帰化年代考」「徳島大学紀要、社会科学」第一二巻、昭和三十五年。「日本古代巫称攷」「徳島大学紀要、社会科学」第十四巻、昭和三十七年。
(22) 秋葉隆『朝鮮巫俗の現地研究』七九頁、昭和二十五年。
(23) 高原美忠、注12前掲書、一九六頁。
(24) 高原美忠、注12前掲書、九四頁。

北野《きたの》天満宮——菅原道真の怨霊をめぐる権力者と民衆

当社は菅原道真を祭神とし、北野神社、天満天神宮とも呼ばれている。当社が北野の地（現在の京都府上京区馬喰町）に創建されたのは天暦元年（九四七）六月であり、菅原道真は延喜三年（九〇三）二月二十五日、五十九歳で大宰府の配所で亡くなっている。

菅原道真の死と怨霊の祟り

菅原道真は、醍醐天皇の昌泰四年（九〇一）正月二十五日に、右大臣から大宰権師に左遷された。それに先立つ同月七日、左大臣正三位藤原時平が左大将となって従二位に昇り、右大臣正三位菅原道真は右大将となり、時平と同じ従二位に昇っているから、まったく突然の出来事である。

同時に、道真の子で大学頭だった高視が土佐介、式部丞の景行が駿河権介、右衛門尉兼茂が飛騨権守に左遷されて都を追われ、文章得業生だった淳茂は播磨国へ流された。また、宇多法皇の第三子斉世《ときよ》親王が、仁和寺で出家させられている。親王の妃は道真の娘で、道真は、斉世親王を皇位につけようとしたという讒言《ざんげん》によって、都を追われたのである。

道真が亡くなった年の七月には旱魃《かんばつ》があり、神社への祈雨奉幣や仏寺での読経が行なわれたが、翌年の延喜四年には、閏《うるう》三月に疫病が流行し、四月には雷電が激しく、七月には前年につづいて旱魃になった。五年には、四月十五日に月蝕と同時に大彗星が現れ、乾（西北）の天にかかって「光芒三十余丈」もあり（『日本紀略』）、翌月の五月三日まで十幾夜も出現したので、朝廷では罪人などを赦免する詔を出している。

道真の死後の旱魃、疫病、さらに大彗星の出現は、たぶん京の人たちの間では、道真の怨霊と結びつけられたにちがいない。特に大彗星の出現は、道真の亡霊そのものの出現とみられたかもしれない。

『菅家御伝記』によれば、京都より道真に随行し、大宰府の道真の墓所の墓守りをしていた味酒《うまさけ》安行が託宣をうけ、延喜五年八月十九日に墓所に祠廟を建立し、「天満大自在天神」と称したという。この祠廟は、菅聖廟、安楽寺、天満宮安楽寺とも呼ばれた。大彗星出現の三ヵ月後に祠廟が建てられたことからみても、「託宣」の最大の原因は、大彗星の出現にあったと考えられる。

大彗星が出現した翌年の延喜六年四月には、梅の実ほどの雹《ひょう》が降り、同八年には再び旱魃が襲い、京都をはじめ諸国の神社に祈雨の奉幣をしても効果がないので、京中の路傍の死体を埋め隠して穢《けがれ》を浄め、神に降雨を願っている。この年の十月には、道真左遷の主謀者の一人藤原菅根が亡くなり、翌年（延喜九年〔九一九〕）には張本人の藤原時平が三十九歳の若さで亡くなった。道真の死後六年目である。翌十年と十一年の正月の朝賀は、うちつづく旱害と疫病の流行で中止された。しかも延喜十三年三月には、時平らと共に道実左遷の計画に加わり、道真が左遷された日に右大臣に昇進した源光が、狩猟中に泥地に馳せ入って死んだ。遺骸は泥中に沈み、ついに発見できなかったが、同年八月には、同じ一味徒党の藤原清貴が殿上にいるとき、鵄《とび》が殿中に入って鼠をとり、その鼠を清貴の肩に落としたという。

このように、単純な天変地異でなく、菅根・時平ら道真左遷に直接かかわった人々のあいつぐ死亡、源光の横死や清貴に対する異変は、道真の怨霊の祟りの実証と受け取られた。

異変はさらにつづく。十三年の凶作のため十四年の正月の朝賀は中止され、五月には左京の大火で皇太后や親王の宮が焼けている。十五年には疱瘡《ほうそう》が大流行して翌年までつづき、十六年の朝賀も中止された。十七年には旱魃がつづき群盗が出没し、十八年には雷火のため東寺金堂が焼け、十九年の夏から秋にかけては、旱魃で京の近衛以東から二条以北の井泉が涸渇《こかつ》している。この年、醍醐天皇の勅令によって、藤原時平の弟仲平が大宰府に下向し、延喜五年に創建された祠廟の地に社殿を造営した。現在の太宰府天満宮の草創である。

二十年にも旱魃、咳病（今の流行性感冒。当時は肺炎などになり死亡する率が高かった）が流行したため、二十一年の正月の内宴は中止され、二十二年には、疫病流行のため十一社に祈願して仁王経を読ませている。翌二十三年になっても咳病の流行はおさまらず、正月に咳病を除くため紫宸殿で臨時読経が行なわれたが、三月二十一日に皇太子保明親王が、咳病をこじらせて二十一歳の若さで崩じた。皇太子の死も、『日本紀略』が「挙レ世云、菅師霊魂、宿念所為也」と書くように、道真の祟りとされ、四月二十日に道真を本官の右大臣に復させて正二位を追贈、さらに道真左遷の文書破棄の詔を出し、翌日には「延長」に年号を改めた。

北野天満宮の創祀と藤原氏

道真左遷がまちがっていたことを公式に認めたからといって、道真の怨霊の祟りがおさまったわけではない。延長と改元した後も祟りはつづく。延長三年（九二五）には、保明親王と時平の娘仁善子の間に生まれた慶頼王が疱瘡のため死亡し、延長八年（九三〇）六月には、清涼殿に落ちた雷で大納言藤原清貫ら殿上人五人が死亡した。そして、この異変にショックを受けた醍醐天皇は病の床につき、寛明親王（朱雀天皇）に譲位するが、九月にはあえなく崩御した。これらの死も道真の怨霊のしわざとみられ、それを鎮めるための神社が創祀された。北野天満自在天神宮である。

貞元元年（九七六）十一月の太政官符によると、北野天満宮の前身は、僧の最珍と弘宗が建立した北野寺という仏寺で、創建は天慶年間（九三八―九四七）であったらしい。

『北野縁起』によれば、天慶五年（九四二）七月、多治《たじ》比文子《ひのあやこ》（奇子）に道真の託宣があり、生前によく遊んだ右近《うこん》馬場に自分を祀るよう告げたが、文子はしばらく自分の家に叢祠を構えて道真を祀っていた（現在の下京区天神町の文子天満宮）。しかし、天慶十年（九四七）三月十二日、近江国比良《ひら》宮禰宜神良種《みわよしたね》の子、太郎丸（当年七歳）に託宣があって、同年六月（四月二十二日に天暦に改元）、北野天満宮が建てられ、多治比文子の祀る叢祠も合祀されたという。

菅原道真の霊が北野天満宮の神として祀られたきっかけの一つに、比良宮の禰宜の子への託宣がある。比良宮とは、近江の白鬚神社のことである。

貞元二年（九七七）に北野寺僧最鎮が書いた『最鎮記』によると、右近馬場の乾角にあった朝日寺（この寺は明治の神仏分離のときまであり、俗に東向観音と呼ばれた観音寺に対し、西脇観音堂と呼ばれた）の僧であった最鎮のところへ、近江国高島郡比良郷居住の神良種が尋ねてきて、「火雷天神御託宣」を示したという。最鎮は、北野天満宮が創祀されると、北野寺の僧になっている。おそらく、文子や太郎丸への託宣の黒幕は最鎮であろう。もちろん、最鎮のバックには菅原氏がいたと考えられる。というのは、託宣によって建てられた北野天満宮について、『最鎮記文』は、「菅家人々、両部上下勤㆓仕二季之礼奠㆒、致㆓種々之祈禱㆒、霊験日新」と書き、菅原氏が祭祀を主催したと記しているからである。

高取正男は、『最鎮記文』所収の貞元元年（九七六）の官符には、北野寺とあり、北野の社は聖廟とも寺ともよばれるものとして出発している」と書いている。[1]『最鎮記文』の本文は、北野天満宮について、「寺家焼亡」と書き、「氏人住僧」は小さな殿舎に住んでいたが、天徳三年（九五九）九条右大臣によって増築され、宝物も供えられたと述べているから（『菅家御伝記』にも同じ記述が載る）、私も高取説を採りたい。とすれば、朝日寺の僧最鎮のところへ白鬚神社の良種が託宣をもちこんだのは、予定の行動だったろう。

林屋辰三郎は、「奇（文）子は除外され、菅原氏と結ぶ僧侶によって北野社は独占されるに至る」と書くが、[2]北野天満宮の旧社家のうち上月氏は、多治比文子の子孫といい、桂女と同じように女系でもって相続し、累代「文子」を称し、明治初年まで天満宮の巫女として奉仕していた。しかも下京区天神町の文子天満宮が北野の摂社になっていることから（現在は北野の境内に移動している）、私は文子除外説は採らない。

北野天満宮の創祀と祭祀の背景には、菅原氏だけでなく、九条家がいた。九条右大臣は藤原師輔《もろすけ》である。師輔は天徳三年、北野社に大規模な神殿を造営、神宝を寄進して面目を一新し、永延元年（九八七）には師輔の子の摂政兼家《かねいえ》が勅命で社殿を改造し、北野祭を官幣の祭とした。こうして社格が急上昇した当社に対し、寛弘元年（一〇〇四）には一条天皇が行幸している。

師輔の兄は実頼で、実頼は時平の娘を妻とし、その間に生まれた頼忠は、時平の子保志の養子になっている。師輔・兼家の父子が当社を尊崇し、その隆昌を図った意図について、角田文衛は、政敵の衰亡を狙ったとみる。[3]つまり、道真の怨霊が祟った時平の血を引く一族を追い落とすためとみて、摂政太政大臣・実頼（九〇〇—九七〇）は、温厚な長者の風格があり、九条家に対して殊さらに敵意を含んでいなかった。これに反して師輔の方は、心中で兄の実頼をまるで仇敵の如く憎悪し、その子族の滅亡を熱烈に神仏に祈願していた。『小右記』の正暦四年（九九三）閏十月十四日条によると、参議左兵衛督の実資は、師輔の激烈な憎悪や敵愾心を知って今さらながら愕き恐れ、慄然としている。

と書き、師輔が北野天満宮を後援したのは、兄の実頼やその子の頼忠にも道真の祟りがあることを願ってのことだとみる。

角田文衛は、師輔の父忠平（時平の弟）も道真の怨霊を利用したとみて、「延長元年における保明親王の薨去と菅家の怨霊を誰が結びつけたのかは明らかでない。ただ明瞭なのは、左大臣・忠平が法務僧正の増命と気脈を通じてこの浮説を案じ顔に肯定し、優詔の渙発によってその噂を公式に認め、政策の具としたことである」と書き、さらに、醍醐天皇が摂関家の嫡流を時平の子孫と認めていることに対し、延長八年の清涼殿へ落雷事故を利用し、これを「菅家の怨霊と結びつけ、気の弱い醍醐天皇を死に追いやったのは、天台座主で、忠平の密旨を承けていた尊意であった」と推測する。(3)

醍醐天皇は文人肌の神経質な人であったが、時平の三人の息子、保忠・敦忠・顕忠も神経質な貴公子で、怨霊を恐れる人々であった。大納言保忠と権中納言敦忠は、道真の怨霊を恐れるあまり心を病み、若くして亡くなっている。角田文衛は、「菅家の怨霊を見えざる武器とし、時平の子孫の衰亡に成功した忠平の姦智さは見事であった。然もそれを他人には殆ど察知させない佞悪さは、天晴れと言うほかはない」と書き、この忠平のやり方を師輔が学んで、こんどは兄とその子孫を衰亡させるために、天満宮を利用したとみる。(3)

当の権力者の死を、政争に敗れた敗者の怨霊の祟りと噂するのは民衆である。だから、権力者にとって都合が悪ければ、こうした噂は禁令を出して封じこめるが、都合がいいとみれば逆に怨霊を利用する。道真の怨霊も、北野天満宮の創祀と発展も、そうした政治的思惑を抜きには考えられない。ただし、当時の天変地異や疫病の流行と道真の死がうまくかみ合ったことも、忠平・師輔らに幸いしたのであって、彼らの「姦智」「佞悪」だけで事は成しえなかったであろう。

政治的思惑による雷神の怨霊化

『続日本後紀』承和三年（八三六）二月一日条によれば、同年二月、天神地祇を北野で祀ったという。『西宮記』（巻七裏書）には、元慶年間（八七七―八八五）藤原基経によって「為二年穀一、祈二雷公一有二感応一」ったので、毎年の秋に「令レ祭二雷公北野一」とある。『醍醐天皇御記』にも、太政大臣の基経が元慶年間に雷神を祀り、毎年豊作を祈って秋に祭祀を行なったが、仁和年間（八八五―八八九）に祭祀がすたれ、毎年不作がつづいたので、寛平（八八九―八九八）の初め、宇多上皇がこの祭祀を復興し、以来、延喜四年（九〇四）の現在まで、毎秋祭祀が行なわれているとある。

雷の多い年は豊作だといわれるのは、雷がめぐみの雨をもたらすからである。「稲妻」「稲びかり」という言葉も、そのことを示している。『続日本紀』大宝二年（七〇二）七月八日条に、「山背国乙訓郡に在る火雷神は、旱毎《ひでりごと》に雨を祈《こ》ふに頻《しき》りに徴験《しるし》あり」と記されており、『日本霊異記』は、田に水を引く雷神の子道場法師の話を載せている（道場法師については子部神社の項参照）。

北野で祀った雷神と、延長八年（九三〇）六月二十六日に清涼殿に落ちた雷とが結びついて、北野の雷神は道真の怨霊となったのだろう。前述のように、この落雷で大納言クラスをはじめ五人が亡くなり、ショックで病臥した醍醐天皇は九月に崩御している。

比良宮の神主の子、太郎丸が述べた前述の託宣には（『託宣記』）、

我レ瞋恚乃身と成たり、其瞋恚乃焔天爾満たり。諸乃雷神鬼は皆我加従類……

とあり、「雷神鬼」が天神（道真）の従神になっているが、「瞋恚の焔」は怨霊であり、落雷による焔でもある。農村に雨をもたらす雷神も、都市では家を焼き人を殺す神になっている。「為二年穀一祈二雷公一」の北野の天神を政治的に利用するには、清涼殿に落ちるような雷公であってほしかった。すなわち「慎恚の身」の天神が必要だった。だから、そうした性格の天神社を、北野に創祀したのであろう。

当社の摂社地主社は天神・雷神を主祭神にしているが、この神は年穀のための「雷公」である。この地主神の上に、

「雷神鬼」を従類とする「慎恚の身」の菅原道真が祀られたのであり、天神としての雷神は鬼となって、主祭神の座を、天神になった道真に譲ったのである。

道真を祀る託宣は、多治比文子と太郎丸の二人に下りている。この二人は対立する勢力で、文子の側は、太郎丸のバックにある菅原氏らによって力を失っていったとみられているが、力を失った理由については二つの見解がある。一つは、忠平が逝き、さらに九条右大臣師輔が薨《こう》じ、有力な外護者のバックアップがなくなったとみる見解であり(4)、もう一つは、師輔が天徳三年に社殿を増築した段階で、「賤妾」といわれた文子の系統の民間宗教家側が敗北したとみる見解である(5)。

私はどちらの説も採らない。忠平らは両方を利用したと思う。文子の述べる託宣に「有二鎮国之恩一」とあり、官衙《かんが》に対し天神宮伝領の保証を請うていることからみて(『北野縁起』〔正確には『北野天満自在天神宮創二建山城国葛野上林郷一縁起』〕)、民間巫女も勝手に行動しているわけではなく、忠平・師輔らにつながる菅原氏の意を受けていたはずである。だが、天慶五年(九四二)の民間巫女の託宣だけでは効力がなかったから、天暦元年(九四七)叡山を動かして比良宮の神主の子に託宣させたのであろう。この託宣には、天神(道真)が在世のとき天台の堂寺の燈分を止めたが、その罪は深いから懺悔《ざんげ》して法華三昧堂を建立せよとあり、天台の叡山との関係を明示している。『最鎮記文』では、比良宮の神良種は最初に北野の朝日寺の最鎮に託宣を告げているが、朝日寺は天台系である(4)。

対立とは、この天台・比良宮側と民間巫女・巫覡の対立であって、九条家はどちらも利用したからこそ、多治比文子系も当社の祭祀氏族として残ったのであろう。

鎌倉時代に描かれた『北野天神絵巻』の根本縁起といわれる承久本が、九条家と天台家に深くかかわっていることを源豊宗(6)・桜井好朗(5)は指摘しているが、笠井昌昭は、北野天神は九条家の「守護神」で、承久本絵巻は「その性格の強調」のために描かれたとみており、源豊宗も「九条家守護」の性格があったと書く。

「為二年穀一祈二雷公一」の天神は権力者に政治的に利用され、菅原道真の怨霊に仕立てられて、北野天神天満宮が創建されたのである。

学問の神・天神講・白太夫

当社は、菅原道真を祀る以上、建前《たてまえ》としては菅原氏の氏神である。貞元元年（九七六）の太政官符でも、菅原氏の氏人をもって領知することが確認されており、北野使は菅原氏が任命されることが慣例であった。菅原氏の家職に儒学があり、そのため、当社は儒家の神、さらに詩文の神となり、現在は学問の神として崇拝されている。

『本朝文粋』によれば、寛和二年（九八六）に書かれた慶滋保胤《よししげやすたね》の「賽二菅丞相廟一文」の一句に、「就二天満天神廟一会二文士一献二詩篇一以三其天神為二文道之祖、詩境之主一也」とあり、寛弘九年（一〇一二）の大江匡衡の敬白文には、「右天満自在天神、或塩二梅於天下一輔二導於天上一、照二臨万民一、就レ中文道之大祖、風月之本主也」とあり、この敬白文が奉納された年の九月には、道真の四代後裔の菅原輔正が、当社に文人を招き宴を設け、詩篇を献じている。

鎌倉時代になると、元久元年（一二〇四）に北野宮歌合の儀が行なわれ（『北野誌』）、「聖廟法楽」と呼ばれ、以後、和歌・連歌の御会が江戸時代末までつづいた。特に室町時代が盛んだった。この「聖廟法楽」は天神講のはじまりで、毎月十八日に当社で詩歌を詠じ、歌舞・管絃を行なった。そして天神講の普及が、詩文・芸能の神として天神信仰が全国にひろがるきっかけになったのである。

天神講の普及は、当社の白太夫による。白太夫は百太夫ともいい、漂泊芸能民をいう。彼らが奉ずる神を白神・白(百)太夫神ということは、第二章で述べた。当社の末社の白太夫社は、道真の従者の味酒安行、あるいは度会春彦、または延勝のことといわれているが、『東向観音縁起』には、白太夫である春彦が、道真の薨《こう》じた翌月の三月九日に筑紫を出発し、九ヵ国を「無レ所レ不レ至遊行シテ」貴賤に観音像の結縁を伝え、最後に道真の長男のいる土佐に赴き、そこで亡くなったとある（観音像は東向観音寺の本尊の十一面観音で、道真が紅梅殿の梅と松の古木で刻んだ像といわれている）。この伝承も、白太夫が道真の功徳を伝える遊行者であることを示している。

西田長男は、当社の白太夫は近江の比良宮（白鬚神社）の神人で、「彼らは『太夫』とも呼ばれていたように、白鬚神社の祭神白鬚明神の神威を宣布するために諸国を巡遊していた宗教芸能人であった。この白太夫が当代の流行神たる天満天神の信仰をいち早く取り入れ、本祠白鬚神社の末社としていつきまつるほか、白鬚明神の霊験とともに、菅神のそれをも布教して歩いたのである」と書いている。(4)

京都の民間巫女の多治比文子の次に、白鬚神社の神主の子に託宣させたのは、この神社が白太夫の本拠地であったためとも考えられる。このような託宣者の性格も、天神信仰が民衆にひろまった一因であろう。

牛と天神

「天神さま」には牛がつきものである。仏教の大自在天は八臂《はっぴ》三眼で白牛に載っているから、天満大自在天神も牛に乗っているのだといわれているが、それは逆で、天神信仰が牛にかかわっているからこそ、牛に載る大自在天に擬せられたのであろう。

道真が祭神になる前の北野天神は、雷神で祈雨の神であった。『日本書紀』の皇極天皇元年（六四二）七月条に、牛馬を殺して諸社神を祭り降雨を祈ったとあるが、佐伯有清は牛と祈雨の民俗例をあげている。(7) 大和国添上郡の「投牛山」は、牛を屠《ほふ》って降雨を祈ったために名づけられたものであり、和歌山県西牟婁郡北富田村庄川の牛屋谷の滝は、旱天のとき牛の首を滝壺の棚に置く習俗があり、福島県南会津郡大戸村や同郡長江村、兵庫県加東郡、広島県雙三郡八幡村では、池や沼に牛の首を投げ込んで雨乞いをし、静岡県志太郡西益津村では、大きな牛を藁《わら》で作って池に投げこむと、三日のうちに雨が降るといわれているという。藁でつくった牛や張子の牛を川・沼・池へ投げこんで雨乞いをする風習は、全国各地にみられる。

このような民俗例からみるならば、祈雨のための天(雷)神祭祀と殺牛祭祀が重なり、天神と牛の組合せになったと考えられよう。しかし、祈雨だけが理由ではなさそうである。天(雷)神は怨霊として祟り神になっているが、『日本霊異記』には、摂津国の富豪が聖武天皇のとき、漢《から》(韓)神《かみ》の祟りを祓うため、七年の期限をきって毎年一頭の牛を殺して祭ったとある。漢神とは外来神だが、疫神も外から来る。

『三代実録』貞観十四年（八七二）正月二十日条に、

是の月、京邑《みやこ》に咳逆《しはぶき》の病発《やまひおこ》り、死亡《し》ぬる衆《おほ》かりき。人間《よのひと》言はく、「渤海の客来り、異土の毒気の然《しか》らしむるなり」と。是の日、建礼門前に大祓して厭《はら》ひき。

とある。また同年三月二十三日条によれば、「今春以後、内外に頻りに怪異あらはれ」る原因は、正月に「蕃客」が来たためとみて、陰陽寮で占い、「紀盈《きみ》てる例《あと》に随ひて来朝」したのだから「已《や》むをえぬ、国憲《くにののり》として召すべし」といって、京に入れたという。

蕃客と疫神・鬼魅が同じにみられていたことは、鬼魅などの外来者の入京を防ぐ道饗《みちあえ》祭、疫神の入京を防ぐ疫神祭、蕃客送堺神祭の祭祀が同じであることからもいえる（『神祇令集解』季夏条、『延喜式』四時祭の道饗祭条、臨時祭の宮城四隅疫神祭・畿内堺十処疫神祭・蕃客送堺神祭・障神祭条）。『日本霊異記』は「漢神の祟り」を「祟れる鬼神」と書き、漢神を鬼魅とみている。

『延喜式』宮城四隅疫神祭条には、鬼魅などの外来者を京師に入れないため、京城の四隅の道の上で祭祀を行ない。そのとき牛皮を用いるとあり、障神《さえのかみ》祭・道饗祭のときにも牛皮を用いている。障神祭は、蕃客入京の二日前に、京城四隅で臨時祭として執行された。疫病・鬼魅・蕃客は漢神だから、この神の祟りを防ぐため、『日本霊異記』の説話では牛を殺しているのである。『続日本紀』の慶雲三年（七〇六）是年の条にも、「天下諸国疫疾ありて、百姓多く死す。始めて土牛を作りて大いに儺《な》す」とある。これも、漢神の祟りを祓うための殺牛と同じく、疫神を祓うため土で牛を作って祀ったのである。

北野で最初に祀られた雷神は、この地が京城の堺であることからみて、鬼神・漢神でもあったろう。『続日本紀』延暦十年（七九一）九月条に、牛を殺して漢神を祭るのを禁じたとある。これは漢神を祭ることを禁じたのではなく、牛を殺すことを禁じたのである。だが、それが守られなかったため、その後も禁令は出されている。しかし民衆からすれば、祈雨や疫神を防ぐために殺牛祭祀はもっとも効果があった。佐伯有清は、牛を殺して肉を食べ、酒を飲み、多くの男女が会集して怨霊神をにぎやかに祀るのが殺牛祭祀の核心であったから、禁令は守られなかったとみるが(8)、天神信仰の牛にも、祈雨だけでなく、鬼神（怨霊・疫神）の祟りを祓う殺牛祭祀の意味があったのだろう。

以上述べたように、天神信仰はさまざまな要素を含んで、上は摂関家から下は一般民衆に至るまで広い階層の崇敬を受け、全国に拡がっていったのである。

注

（1）高取正男「御霊会と志多良神」『京都の歴史・I』所収、昭和四十五年。
（2）林屋辰三郎「天神信仰の展開」『天満天神』所収、昭和六十三年。
（3）角田文衛「菅原道真と北野神社」「歴史と人物」昭和五十二年五月号。
（4）西田長男「北野天満宮の創建」『神社の歴史的研究』所収、昭和四十一年。
（5）大野功「平安時代の怨霊思想」「日本歴史」一一四号、昭和三十二年。桜井好郎「天神信仰の表現構造」「文学」四十七年七月号。
（6）源豊宗「『北野天神縁起絵巻』について」『新修日本絵巻物全集』一〇、昭和五十二年。
（7）佐伯有清『牛と古代人の生活』一一二頁、昭和四十二年。
（8）佐伯有清「殺牛祭祀と怨霊思想」『日本古代の政治と社会』所収、昭和四十五年。

子部《こべ》神社——雷神信仰と祟神と小子部

当社は『延喜式』神名帳の大和国十市郡の項に「子部神社二座並大。月次新嘗」とあり、久安五年（一一四九）の日付のある『多神宮注進状』に、祭神は天火子日命・天火子根命と記されている。

小子部《ちいさこべ》連と神八《かむや》井《い》耳《みみ》命

子部神社のすぐ西に、小子部神社またはスガル神社と呼ばれる小祠がある。これは『多神宮注進状』の裏書に、「蜾蠃神社一座、雷蜾蠃《いかづちすがる》の霊、亦雷神と云う。是即小子部連の遠祖なり。子部の里にあり」と記されている神社だが、「雷蜾蠃」とあるのは、雄略紀七年七月三日の条に、次のような説話が記されているからである。

天皇、小子部連蜾蠃に詔して曰はく、「朕《われ》、三諸岳《みもろのをか》の神の形を見むと欲ふ。汝《いまし》、膂力《ちから》人に過ぎたり。自ら行きて捉て来《まうこ》」とのたまふ。蜾蠃、答へて曰さく、「試に往《まか》りて捉へむ」とまうす。乃《すなは》ち三諸岳に登り、大蛇を捉取《とら》へて、天皇に示《み》せ奉る。天皇、斎戒《ものいみ》したまはず。其の雷《かみ》虺虺《ひかりひろめ》きて、目精《まなこ》赫赫《かかや》く。天皇、畏《かし》みたまひて、目を蔽ひて見たまはずして、殿中に却《かく》入れたまひぬ。岳に放たしめたまふ。依りて改めて名を賜ひて雷《いかづち》とす。

『日本霊異記』の冒頭にも、「雷を捉へる縁」と題して同じような話が載り、三諸岳が雷丘になっている。また同書には、道場法師とその娘力女の話が載るが、柳田国男は、この伝承も小子部連が伝えたものであろうとして、「道場法師とその娘たちも、同じ小子部の一門であるか、又はしか信じられた語り物の主人公であり、これを記録に留めた日本霊異記の著者沙門景戒も、事によるとこの系統に属する人かも知れぬ」と書く(1)。

この道場法師の話には、小子部連の始祖説話と同じく小子、雷、蛇が登場するから、柳田国男は同一氏族の伝える小《ちいさ》子《こ》説話とみたのだろう。道場法師は、雷神の子として尾張国に生まれた小子である。この小子は頭に蛇を二まきして、蛇の頭と尾を後ろに垂らしていた。十歳のとき都に出て、「力ある王」と力くらべして勝ち、元興寺の童子となって鬼を退治したあと、出家して道場法師と名乗ったという。雷神の子の道場法師が小子であることと、雷という名をもつ人物の姓が小子部連であることからみて、小子と雷は一体である。

雄略天皇は小子部蜾蠃(雷)に「汝、膂力《ちから》人に過ぎたり」といったが、小子の道場法師も人に過ぎた力の持主であり、一寸法師、桃太郎、金太郎など昔話の主人公の「小さな体に大きな力」と共通する。柳田国男は、太古に国土を開いたという巨人の名が通例「大道法師」と伝えられることから、日本の巨人伝説の「大太《だいた》もしくは大多良《だいだら》」という巨人と大道法師・道場法師の伝承の根を同じとみている。

「大太」「大多」は「大」「太」「多」という姓をもつ氏族を連想させるが、『古事記』や『新撰姓氏録』によれば、大・太・多の漢字表記を用いるオホ氏と小子部氏は、ともに神八井耳命(神武天皇皇子)を祖としている。

つまり、「大」「太」「多」と書く氏族と「小」子部と書く同祖氏族は、「小さな体に大きな力」のような対の関係になっている。

ヤマトタケルを『日本書紀』は「日本童子《やまとをぐな》」と書くが、童男は小子の意味である。ヤマトタケルは大碓命《おおうす》の弟の小碓《おうす》であり、一寸法師や道場法師と同じく、「小さな体に大きな力」のタケルである。国作りにおける大己貴《おおなむち》(大穴牟遅・大穴持・大汝)と少彦名《すくなひこな》の組合せも、このような「小子の大刀」の発想にもとづくものであろう。崇神紀に大田田根子、雄略紀に小子部蜾蠃が登場するが、オオタタネコは三輪山の神の祭祀者、チイサコベは三輪の神を捉えることのできる人で、いずれも三輪山にかかわっている。大と小のつく名が一体となって、神の祭祀に関係しているのである。記・紀は、神八井耳命が皇位を弟に譲って神祀りに専念するといったと書くが、この神八井耳命をオオ氏・チイサコベ氏が始祖とすることも、これらの伝承や氏族名に一貫したものが推測できる。一貫したものとは、一般・平均・通常性でなく、大か小かの異常性である。神祀りにかかわる人は、こうした異常・異人性をもつ人であり、子部神社と多神社、小子部連と多臣の対《つい》は、その代表的な一例であろう。

祟り神としての子部の神

『大安寺伽藍縁起幷流記資財帳』によれば、舒明天皇十一年、百済川のそばにあった子部神社の社地の一部を切りとって寺院や九重塔を建て、百済大寺と号したところ、子部神社の神が怒って九重塔や金堂を焼いたという。『三代実録』の元慶四年（八八〇）十月二十日条にも、百済大寺を舒明天皇が創建したとき、寺のそばにあった子部大神が怨みを含んでしばしば堂塔を焼いたとある。たぶん火災は落雷が原因であったが、子部神社の祭神が雷神なので、社地の一部を切りとられた子部大神の怒りとする伝承になったものと思われる。小子の形の雷神、それが子部神社の祭神名の「火子」である。雄略紀に、三諸岳の神は、大蛇の形をしてはいるが雷であり、その雷を捉えた小子部蜾蠃は、雷という名を天皇から賜わったとある。

『日本霊異記』には、小子部栖軽《すがる》は雷を捉えて籠に入れて宮殿にもちかえったとあり、『日本書紀』にくらべて雷は零落している。栖軽が死ぬと天皇は、雷を捉えた雷岳に葬り、柱を立てて「雷を取りし栖軽が墓」と記したところ、雷が怨んで柱を焼こうとしたが、柱の裂け目にはさまれて捕えられてしまう。だから、柱の文を「生きても死にても雷を捕へし栖軽が墓」と書き改めたという。

当社の祭神は雷神であると共に、雷神を捉える神でもある。北野天神社の天神が「雷神鬼」を従類にしていたと『天満宮託宣記』は書くが、天神の菅原道真にあたるのが小子部蜾蠃《すがる》（栖軽）である。北野天神と子部の神が祟り神として共通していることからみて、北野天神の原型は子部神社にあるといえよう。

近江の比良宮（白鬚神社）の禰宜神良種の子で七歳の太郎丸に、天神が憑《つ》いて託宣したとき、天神（道真）は石清水・賀茂の両社にもまして霊神で、最近都に頻発する火災はすべて火雷天神の怨霊によるもので、「焼爾焼払テム」のは「小童部毛立出めりや」といったとある。つまり、小童部《ちいさこべ》のせいだというのである。この託宣の前に、天神は十万五千の雷神鬼を従えているとあるが、この数は、雷神鬼が小童であることを示している。それは、『日本霊異記』の道場法師の説話の雷神の子が小童で、『常陸国風土記』の哺時臥《くれふし》山伝説の雷神の子も小蛇だったことと共通している。柳田国男は、天神の従者の老松を、男山(石清水)八幡宮や高良大社の伝承の「松童に該当する小神」とみて、北野天満宮の末社の松童社の祭神を太郎丸とする説があることを、「雷神信仰の変遷」で述べている。(1) 西田長男は、老松、富部をいずれも小童とみる。(2) 小子部蜾蠃はこうした小童を率いる火雷天神だから、小子部雷というのであろう。

雷と桑

雷を捉えることのできる小子部雷は、雄略天皇から蚕を集める役目をも命じられている。蚕は桑にかかわるが、雷除けには「桑原《くわばら》〳〵」と唱える。というのも、桑の原に落ちた雷は再び天に昇ることができないので、桑原には落雷がないといわれるからである。桑の雷除け呪力については、石田英一郎の「桑原考」にくわしい。(3)

雄略紀には、天皇が后妃に養蚕の事を勧めるためスガルに国内の蚕を集めさせた日を三月七日と書く。『大戴礼記』夏小正には、「三月桑を摂る」「妾子蚕を始む」とあり、『礼記』月礼には、「季春の月、后妃斎戒して、親《みずか》ら東の桑をとり、蚕事を勧む」とある。この三月に行なわれる后妃の蚕事をわが国でも行なうために、小子部蜾蠃が登場している。とすれば、雷に対する桑の霊力も小子部蜾蠃はもっているといえよう。

『詩経小雅』節南山、小宛に、「螟蛉《めいれい》に子有り、蜾蠃これを負う」とある。螟蛉とは桑の木にいる青い小虫のことだが、螟蛉は子供を養うことをしないので蜾蠃(地蜂)が背負って教育するというのである。また『法言学行』にも、「螟蛉の子殪《たお》れ、而《しか》して蜾蠃に逢う」とある。蜾蠃という名が桑と幼児養育にかかわる点が注目される。石田英一郎は、蚕桑に関する中国の民間説話には、扶桑伝説と同様に「男女の関係を中心とするものがすくなくない」と書くが、この「男女の関係」とは性交のことである。だから、蚕桑伝説は「古くさかのぼれば(あるいは水辺の)桑樹の下に神とまぐわいする神妻というような類の根本観念に導かれていたものではあるまいか」と石田英一郎はみる。(3)『日本霊異記』の、「天皇、后と大安殿に寝て婚合《くなかひ》したまへる時に、栖軽知らずして参《ま》ゐ入りき」という記事からも、中国の蚕桑伝説と小子部の性格との深いかかわりがうかがえる。

桑のことを「若木《じゃくぼく》」というのも、「若」に「子」の観念があるからである。扶桑伝説では、神木の桑から日が天に昇るという。いずれも、生まれること、生命力、生長力にかかわる。また『新撰姓氏録』山城国諸蕃、秦忌寸《いみき》の条に、普洞王の男《こ》、秦公酒《はたのきみさけ》、大泊瀬稚武天皇諡は雄略の御世に、奏《まを》して称《まを》す。普洞王の時に、秦の民、惣《すべ》て却略《かす》められて、今《い》見《ま》在《あ》る者は、十に一つも在らず。請《こ》ふらくは、勅使を遣して、検括招集《めしあつ》めたまはむことをとまをす。天皇、使、小子部雷を遣し、大隅、阿多の隼人等を率て、捜括鳩集《まぎあつ》めしめたまひ、秦の民九十二部、一万八千六百七十人を得て、遂に酒を賜ひき。爰《ここ》に秦の民を率て、蚕を養《か》ひ、絹を織り、云々。

とある。秦の民を集めたのが小子部雷で、その秦の民は蚕を養って絹を織っている。この記事は、蚕《こ》を集めるつもりが子を集めてきたという雄略紀の伝承と重なるが、集めてくるのはどちらも小子部雷(蜾蠃)である。小子部氏の始祖が子と蚕の両方にかかわるからこそ、その名も中国文献で桑と子育てに関係する「蜾蠃」としたのであろう。なお、雄略紀の嬰児(小子)が『姓氏録』で秦の民に変わっているのは、子部が管理した火炬《ひまつり》の小子、童女について、『延喜式』の斎宮式や主殿寮式に、「秦氏童女」「秦氏子孫堪事者為レ之」とあることとかかわるであろう。

注

(1) 柳田国男「雷神信仰の変遷」『柳田国男集』第九巻所収。
(2) 西田長男「北野天満宮の創建」『神社の歴史的研究』所収、昭和四十一年。
(3) 石田英一郎「桑原考——養蚕をめぐる文化伝播史の一節」『石田英一郎著作集・第六巻』所収。

第四章　海と山の神々

大洗《おおあらい》磯前《いそざき》神社・酒列《さかつら》磯前《いそざき》神社——海から依り来る神とミサキ神

大洗《おおあらい》磯前神社（茨城県東茨城郡大洗町磯浜町）と酒列《さかつら》磯前神社（茨城県那珂湊市磯前町）は、常陸の大河那珂《なか》川を間に南北四キロほど隔たった岬に鎮座する。いずれも前面は太平洋の荒波くだける岩礁地帯である。『延喜式』神名帳では、諸本によって社名表記に若干の相違はあるが、鹿島郡に「大洗磯前薬師菩薩神社名神大」、那賀郡に「酒列磯前薬師菩薩神社名神大」とある。式内社で「菩薩」という仏教的な名をもつ神社は、他に筑前国糟屋《かすや》郡の「八幡大菩薩筥崎宮名神大」と豊前国宇佐郡の「八幡大菩薩宇佐宮名神大」の二社だけである。

大奈母知少比古奈命

『文徳実録』は斉衡三年（八五六）十二月二十九日の条に、「常陸国からの知らせによると、鹿島郡大洗磯前に神が新たに降《くだ》った。海水を煮て塩を作っていた人が夜半に海を望むと、天のあたりが光り輝いていた。翌朝になって見れば、水ぎわに高さ一尺ばかりの二つの怪しい石があった。塩たきの翁は不思議に思ったが、翌日には、この石の左右に侍すように二十余の小石があった。その石は、不思議な採色がしてあり、あるものは形が僧に似ていたが、耳と目がなかった。そのとき、人に神が憑いて、『我はこれ大奈母知少比古奈《おほなもちすくなひこな》命なり。昔、此の国を造り終へて、東海に去りしが、今、民を済《すく》ふため、また帰り来たり』といった」と記している。

天安元年（八五七）八月七日の条では、大洗磯前・酒列磯前神は官社になっている。同年十月十五日条には、大洗磯前・酒列磯前の両神は「薬師菩薩名神」と号すとある。

オオナモ（ム）チとスクナヒコナを一体化した書き方は、『万葉集』や『風土記』にもみられ、『万葉集』には、

大汝《おほなむち》　少彦名《すくなひこな》の　神こそは　名づけ始《そ》めけめ　名のみを　名児《なご》山と負ひて……（巻六、九六三番）

大穴道少御神《おほなむちすくなみかみ》の　作らしし　妹背の山を　見らくしよしも（巻七、一二四七番）

とあり、『播磨国風土記』餝磨《しかま》郡筥丘《はこおか》の条にも、

大汝少日子根命《おほなむちすくなひこね》、日女道《ひめぢ》丘の神と期《ちぎ》り会ひましし時、日女道丘の神、此の丘に、食物、又、筥《はこ》の器等の具を備へき。故、筥丘と号《なづ》く。

とある。

『古事記』と『日本書紀』はオオナモ（ム）チ・スクナヒコナを二神にしているが、『古事記』は、

大穴牟遅と少名毘古那と、二柱相並ばして、此の国を作り堅めたまひき。

と書き、『日本書紀』（一書の六）も、

大己貴命と少彦名命と、力を戮《あは》せ心を一にして、天下《あめのした》を経営《つく》る。

と書く。

このように、二柱は「相並び」「力を戮せ心を一にして」いるが、前掲の『文徳実録』は、大奈母知少比古奈命は「両怖石《ふたつのあやしきいし》」となって現れたと述べている。

金沢庄三郎、三品彰英、大林太良によれば、[1]「オホナ」「スクナ」は「大」「小」の対を意味し、「ナ」はアルタイ語系の土地を表わす言葉で、生・成を意味するという。私もこの見解に賛成する。

西郷信綱も「ナ」を土の意とみて、「スクナビコナはオホナムヂの対称または連称」で、「スクナビコナはオホナムヂの和魂であったと考えられる」と書く。[2] しかし『日本書紀』（一書の六）には、海から依《よ》り来る「小男《をぐな》」の神をオホナムチが「掌中《たなうち》に置きて、翫《もてあそ》びたまひしかば、跳《をど》りて其の頬《つら》を嚙《く》ふ」とあり、また、タカミムスビの子として、「最悪《いとつら》くして、教養《をしへごと》に順はぬ」のが「少彦名命是《これ》なり」とある。だから、スクナビコナは「和魂《にぎたま》」というより「荒魂《あらたま》」である。「和魂」は「足魂《たりたま》」、「荒魂」は「生魂《いくたま》」ともいい、荒魂・生魂は生まれたばかりの魂で、これがスクナであり、オホナは和魂・足魂で、成長した魂である。

鎮魂祭の招魂《たまふり》は生魂、鎮魂《たましずめ》は足魂で、この二つを総称して「鎮魂祭《たましずめのまつり》」というように、オホナ（「ムチ」「モチ」は敬称）とスクナ（「ヒコ」も敬称）は、「荒魂・和魂」「生魂・足魂」「招魂・鎮魂」といった対称的神格の二神、あるいは連称で一神として書かれている。松村武雄も、「両神は本原的には同一存在の二つの現れである」と推論する。(3)

国造りの神としての「大奈母知少比古奈命」の「大奈母知」は和魂、「少比古奈」は荒魂であり、その和魂と荒魂を、『古事記』と『日本書紀』は別々に書き、『万葉集』『風土記』『文徳実録』は合体した形で書いているのである。「大奈母知少比古奈命」は、「昔、此の国を造り終へて、東海に去りし」とあるが、オホナモチについては、

天の下造らしし大神、大穴持命（『出雲国風土記』意宇郡母理郷）

国作らしし大神……すなはち大穴持命（「出雲国造神賀詞」）

去る神護中に、大隅国の海中に、神有りて島を造る。其の名を大穴持神といふ。ここに至りて官社となす。（『続日本紀』宝亀九年十二月十一日条）

と書かれ、スクナヒコナについても、

日の本の　野馬台《やまと》の国を　かみろきの　宿那毘古那《すくなびこな》が　葦菅《あしすげ》を　殖《う》え生《おほ》しつつ　国固《くにがた》め　造《つく》りけむより……（『続日本後紀』嘉祥二年三月二十六日条）

とある。

右の『続日本紀』の記事に「去る神護中」とあるのは、『続日本紀』天平神護二年（七六六）六月五日条の、大隅国の「神造新島」の震動がやまないので民の流亡が多いという記事を指す。

鹿児島県国分市の小村《おむら》浜沖の岩嶼を「神造島《かみつくりしま》」といい、大穴持神が造った島といわれている。『続日本紀』の天平宝字八年（七六四）十二月二十八日条に、三つの島ができ、民家六十二区、八十余人が埋まったと記されている。

この島は桜島の噴火によってできたものだが、古代の人々はオホナモ(ム)チが作ったと考え、当地に大穴持命を祀った（『延喜式』神名帳に載る大隅国贈於《そお》郡の大穴持神社）。国造りの神のオホナモチは巨人とみられていたのである。

関東から中部地方に分布する巨人ダイダラボウの伝説について、柳田国男は、国造りの神の伝承とみるが、(4)『常陸国風土記』那賀郡大櫛岡の条には、有名な巨人伝説が載っている。

上古《いにしへ》、人あり。躰は極めて長大《たけたか》く、身は丘壟《をか》の上に居ながら、手は海辺の蜃《おほうむぎ》を摎《くじ》りぬ。其の食《くら》ひし貝、積聚《つも》りて岡と成りき。時の人、大拵《おほくじり》の義を取りて、今は大櫛の岡と謂ふ。其の践《ふ》みし跡は、長さ三十余歩、広さ二十余歩なり。尿《ゆまり》の穴の径《わたり》、二十余歩ばかりなり。

巨人の食べた貝が岡になったというのは、大串貝塚（東茨城郡常澄村大串）のことだが、磯前神社の鎮座する大洗は、その近くにある。

大洗というのは、巨人ダイダラボウが東海の水で足を洗ったからだと伝えられる。『古謡集』に、越後国頸城郡の諏訪明神の神楽歌が載っているが、その詞書に、「社家の習俗、大汝神をダイボと申し、少彦名をゾケと申す。其故を知らず」とあり、また、神楽には弓矢と、長さ五尺ばかりのの形をしたチギ、一尺五寸ほどのまたの格好をしたビラを打ち合わせて舞ったとあり、チギ、ビラについて、「ダイボ、ゾケの図を造り玉へる古事のまねたかとおぼゆ」とある。このダイボとゾケについて、尾畑喜一郎は、「ダイボは巨人伝説のダイタラボッチ、ゾケは頭の意（新潟では頭のことをずこといふ）であらう。つまりは、頭部の異常に発達した小人の相を模したものと理会される」と書いている。(5)「ダイタラボッチ」はダイダラ坊のことである。

ともあれ、斉衡三年の記事は、「大奈母知少比古奈命」という「巨人＝小人」が、「大洗」の「磯前」に再び帰って来たことを伝えている。磯前とは岬のことだが、スクナヒコナは岬から常世へ去ったと『日本書紀』が書くように、岬は神が去来するところである。

なお、大洗は那珂川の河口近くにあり、磯前神社の西北西約一・三キロほどのところに、関東地方では屈指の磯浜古墳群がある。全長一〇五・五メートルの前方後円墳「鏡塚」、直径九五メートルの円墳「車塚」をはじめとして、二、三の小円墳や前方後円墳からなる古墳群である。鏡塚古墳について大場磐雄は、その出土遺物から築造年代を五世紀前半に置いている。(6)『新編常陸国誌』で中山信名（天保七年〔一八三六〕五十歳にて没）は、車塚について、大洗磯前神社の神官大塚氏の屋敷の後にありと書き、「甚大造ナリ、大塚ヲ以テ氏トセルモノ、蓋シコノ塚アルヲ以テナリ」と書き、或人の説として、「大洗神ノ墟《イホリ》ナルベシト云ヘリ」とも書いている。酒列磯前神社の境内にも古墳群がある。

『文徳実録』斉衡三年条によれば、国造りを終えて東海の彼方に去った「大奈母知少比古奈命」が再び帰って来たのは、民《たみ》を済《すく》う（済民）ためだという。『日本書紀』（一書の六）は、

「ミタマノフユ」と冬至と常世

大己貴命と少彦名命と、力を戮《あは》せ心を一にして、天下を経営《つく》る。復顕見蒼生《またうつしきあをひとくさ》及び畜産《けもの》の為に、其の病を療《をさ》む方《みち》を定む。又、鳥獣・昆虫の災異を攘《はら》はむが為に、其の禁厭《まじなひや》む法を定《さだ》む。是を以て、百姓《おほみたから》、今に至るまでに、咸《ことごとく》に恩頼《みたまのふゆ》を蒙《かがふ》れり。

と書く。「済民」とは、民衆に「ミタマノフユ（生命力）」を受けさせることである。

安永寿延は、「常世の国はもっとも素朴な恩頼《みたまふゆ》の原郷、つまり生命のエネルギー的な勢威の根元である」と書き、この常世から「人間世への回帰」という神話的観念は、穀霊の死と再生の信仰と結合した「原初の新嘗祭に支えられていた」とみるが、(7)新嘗祭は冬至に行なわれる。

大洗磯前に「大奈母知少比古奈命」が現れたという報告は、斉衡三年十二月二十九日に中央へもたらされている。おそらく、この神は冬至の頃に出現し、中央政府に報告されたのが十二月二十九日なのであろう。

古代メソポタミア地方や中国でも、古くは冬至が正月であった。わが国では新嘗《にいなめ》という。高崎正秀は、新嘗がかつては正月であったとし、「日本は南北に長いのですから、昔は正月は津々浦々日本全国同じ日に一様に来るものではなかった。次々に暖い方から寒い方へ、お正月が流行病の様に蔓延し、伝染して来るといった方がよいかもしれない。さういふ時代が長かったのではなかろうか」と述べ、正月の神の訪れは南から北へと進んだとみる。(8)この神を折口信夫は、「海から来る常世のまれびと」と書く。(9)

正月とは、古い年が去って海の彼方（常世）から新しい年が来ることであり、その具象化が初日の出である。大洗磯前神社の海岸の岩の上に立つ鳥居は、冬至の日の出方向に向く。社殿もまた、東南東三〇度の海の彼方を向いている。社務所発行の「案内パンフレット」には、「現在は歳旦祭を午前六時執行。終って宮司以下神職は神磯に下り初日の出奉拝の式を行ふ。初日の出を拝さんと海岸に集る者数万」とあるが、この初日の出の奉拝は、かつては冬至の日の行事であったろう。大奈母知少比古奈命の出現の時期や鳥居の方位が、そのことを示唆している。

海の彼方に常世の国があることは、『古事記』の神武東征の条に「御毛沼命《みけぬ》は、浪の穂を跳《ふ》みて、常世国に渡りまし、稲氷命《いなひ》は、妣《はは》が国として、海原に入りましき」と書かれていることからもいえる。海は妣の国として死者の行く場所であるとともに、再生の生命力（「ミタマノフユ」）をもたらす場所であった。常世とは、死者をよみがえらせるところで、はるかな国としての常世と現世との境がミサキ（磯前）なのである。

大奈母知少比古命は東海から来たが、東海は常世の意である。常世を沖縄では、海の彼方の「ニライカナイ」のこととみる。「マレビト」は、この常世・ニライカナイから来ると、折口信夫はくりかえし述べている。来る日は主に正月である。冬至は、太陽の死と再生のときで、一年の終わり（死）と始まり（再生）であった。暦のない、いわゆる自然暦の頃は冬至が正月であったから、(8)常世の神は冬至に来た。この古代の観念が、斉衡三年の常世神の来臨にも現れているのである。

「マレビト」としての常世神は「済民」のために来た。前述のように、「済民」とは「恩頼《みたまのふゆ》」のことだが、それは「御魂の殖《ふ》ゆ」である。冬至から日照時間は次第に長くなっていく。冬に至ることは「殖ゆ」の開始で、終わりは始まりである(9)（冬が「殖ゆ」であることは、『折口信夫全集』の各所で述べられている）。この始まりの冬至に常世の神が海から依り来るのは、「殖ゆ」の生命力をもたらすことが「済民」になるからであろう。

有賀祭をめぐって

大洗磯前神社の大祭に、網掛祭《あがけ》（八朔祭《はっさく》ともいう）と有賀祭《ありが》（秋季神事祭）がある。『明神本縁』には、九月二十五日（いまは十月十一日）、有賀村明神祠官が矛を持ち、村民数十人が護衛して来て、矛を神殿に安置して祭を行ない、帰るとあり、「有賀村所レ祭、亦鹿島神也」とある。

　網掛祭にかかわる網掛神社の地は、当社と直線距離で約一〇キロほどだが、有賀は約二三キロもある。網掛は、その名からもわかるように、漁業にかかわる人々の住む地だが、有賀の人々は漁業と関係がない。

　網掛祭には盾と矛を持ってくるが、主役は鬼板という盾である。この盾に対して、有賀祭では矛が主役である。かつては、有賀神社（祭神は鹿島神）の神官が馬上に矛を奉じ、村民が法螺《ほら》貝を吹きつつ供奉して来た。のちには矛を馬車・牛車に立てて来るようになったが、早朝に出発しなければ祭儀ができなかった（『東茨城郡誌』によれば、午前三時に出発して、大洗には十一時に到着）。近距離にも鹿島神を祭る神社があるのに、遠距離の有賀神社の神官や氏子が来なければ祭祀ができなかったのは、なぜだろうか。

　海幸彦・山幸彦伝承でもわかるように、海と山は深くかかわっている。大洗磯前神社の二大祭の一つを有賀の人々が行なう理由は、有賀神社の位置にあると考えられる。有賀神社は、式内社立野《たちの》神社（論社）のある水戸市谷津《やつ》にあったといわれているが、この地は、晡時《くれ》臥《ふし》山（朝房山）の冬至日の出方位の線上にあり、それを延長すると大洗磯前神社に至る。

　晡時臥山については、『常陸国風土記』が、三輪山伝説と同類の神人婚姻譚を載せている。神人婚姻の結果うまれた神の子は小蛇で、器に載せて安置しておいたとあるが、この器が、晡時臥山伝承では重要な役目をもつ。その小蛇が天に昇ろうとしたとき、器を投げて晡時臥山の峯にとどまらせ、小蛇を「盛りし瓫《ひらか》と甕」は、片岡の村に神社を建てて祭ったとある。

　この片岡社が式内社立野神社で、のちに有賀神社になったことは、『日本の神々・11』の大井神社の項で論証したが、有賀神社の神主と氏子が大洗磯前神社の祭祀をするのは、晡時臥山—有賀社（片岡社）—大洗磯前社が、冬至日の出線上に位置することと、甕の祭祀の共通性によるものであろう（大洗磯前神社の甕の祭祀については後述する）。それは、大洗の地名にかかわるダイダラボウ伝説の共通性からもいえる。

『新編常陸国誌』によると、有賀神社のある晡時臥山（朝房山）山麓に大足村《おおだら》がある。現在の東茨城郡内原町大足だが、「大足」は「ダイダラ」のことである。日本歴史地名大系の『茨城県の地名』も、「大足の地名は関東に広く分布するダイダラ坊の伝説に由来し、その住した所と伝える」と書く。晡時臥山を源流として大足を通る桜川の水が入りこむ千(仙)波沼にもダイダラボウ伝説があるが、この沿は、晡時臥山と有賀神社の元の鎮座地と大洗を結ぶ冬至日の出線上にある。

このような事例からも、有賀神社の神主や氏子が大洗磯前神社を祭祀する理由が推測できる。

有賀祭は「浜降り祭《はまくだ》」ともいうが、「浜降り祭」は、神の漂着した場所（浜）で行なう祭をいう。浜降り祭を行なう神社の位置と浜降りの祭場が、冬至日の出方位線上にある例は、他にもある。

酒列磯前神社の神磯に「護摩壇磯」「清浄石」という立方形の岩がある。酒列磯前神社の春の大祭の浜降り祭（磯出祭・やんさ祭ともいう）に参加する那珂町の鹿島三島神社の位置は、大洗磯前神社に対する旧有賀社（片岡社）の位置と同じである。この祭に参加はしないが、東茨城郡桂村の石船《いわふね》神社も、護摩壇磯に漂着した神を祀るという伝承をもち、冬至日の出方位の神磯で浜降り神事を行なう。また、日立市の神峰《かみね》神社は、神峰山（五九八メートル）頂上を聖地とし、その浜降りの場所（日立市浜の宮）は、晡時臥山と大洗の関係と同じく、神峰山頂から見た冬至日の出方位にあり、西金砂《かなさ》神社の本宮である金砂本宮神社（久慈郡金砂郷村下宮河内）は、浜降り神事を日立市の水木浜の田楽鼻で行なうが、水木浜は金砂本宮神社の冬至日の出方位にある。金砂の神は、あわび貝の船に乗って水木浜に来臨し、金砂本宮に鎮座、さらに西金砂山に遷座したと伝えられる。いずれも、海から依り来る神が山に鎮座している。

神峰神社の祭神はイザナキ・イザナミだが、金砂本宮神社の祭神はオホナモチ（オホナムチ）である。金砂本宮の神は大洗の神と同じであり、神峰神社の神も国生みの神だから、本来は大洗や金砂の神と同性格である。大洗は、神峰の神の浜の宮、金砂の神の水木浜と同じ意味で、磯前神社設立以前から晡時臥山の神の浜宮の地であったと考えられる。だからこそ、晡時臥山の冬至日の出方位に位置するのであろう（この関係は鹿島神宮と筑波山についてもいえる。筑波山の冬至日の出方位が鹿島の地である)。

なお、祭儀を「浜降り」「磯出」といっても、神は山へ降臨して浜へ降ったのではなく、逆に「海から山へ」登ったのである。海へ出て神事を行なうのは、原郷が海にあることを証している。海から山へという神の経路は、海から次第に陸の奥へ入っていった人々の移動と重なっている。

ミサキと海から依り来る神

「磯前」は磯の岬の意である。岬は海に突き出たところをいうだけではない。「石神問答」で柳田国男は、「国の境即ち直に外域に対する地方をさしてミサキと申すことゝなり。延いては一邑落一平原のサカヒ又はソキをミサキと呼ぶ……」といい、「ミサキと云ふ語は本来境に祀る神を意味して居たのでは無からうか」と書く。そして、ミサキ社が「境の神なりと云ふは決して牽強に非ず。備中都窪菅生村生坂には四ノ御前大明神あり(吉備温故)。是などは正しく四隅神の思想なり」とも書く[10]。

ミサキ神の代表は猿田彦だから、この神は境の神として、塞の神、道祖神になっている。だが、記・紀にみる猿田彦の容貌描写は、後世の「鬼」「天狗」を想像させる怪異な荒ぶる神のイメージである。異人《まれびと》に荒ぶる神の要素があることは第一章で述べたが、「荒《あら》」は「新《あら》」であり「生《あれ》」である。荒魂を生魂と書くように、冬至の「御魂の殖ゆ」の御魂は荒魂・生魂である。冬至の前日の鎮魂祭を「魂鎮《しづ》め」というが、祭儀の主体は招魂、魂振りである。「御魂の殖ゆ」は、「御魂の振り」によって新生する生命力である。ミサキは、この生命力をもたらす神が海の彼方から依りくる場所である。このミサキは海人にとって聖地であった。

『日本書紀』(一書の六)は、スクナヒコナがオホナモ(ム)チとの国造りを終えた後、「行きて熊野の御碕に至りて、遂に常世郷《とこよのくに》に適《いでま》しぬ」と書く。ミサキは、常世の神スクナヒコナが去っては訪れる地、『文徳実録』の「去往㆓東海㆒」の地である。また『日本書紀』(一書の六)は、「粟茎《あはがら》に縁《のぼ》りしかば、弾《はじ》かれ渡りまして常世郷に至りましきといふ」と書き、実った粟にはじかれて飛んでいく穀霊(種)をスクナヒコナに擬している。すなわち、スクナヒコナが植物の死(収穫)と再生(種の発芽)の象徴だとすれば、ミサキは、去り行く年と新しく来る年を迎える場所だといえる。だからこそ「大奈母知少奈比古奈命」は、東海（常世）を臨む常陸（日立）の磯前に、冬至のころ海から依り来ったのであろう。

酒列磯前神社の「酒列」

「酒列」の語義について吉田東伍は、「一説、酒列《さかつら》はサカナミとよみ、逆浪の義かといへり」（『大日本地名辞書・坂東』）と書き、社務所の案内パンフレットは、「当地海岸の相当区間で、広汎に亘っての岩石群が南に約四十五度に傾斜して列なっている処がある。然るにその内一部分のみ反対に北に傾いた個所がある。その様相から『逆列《さかつら》』の地名が生まれた。そこでお酒をつくられた神を祀る当社の名に『酒列』の文字を当てられた」という伝説があると書くが、私はこれらの説は採らない。

「サケ」の「ケ」は、『日本書紀』の武烈天皇条の歌謡に「……玉笥《たまけ》には飯さへ盛り、玉盌《たまもひ》に水さへ盛り……」とあり、『万葉集』に「家にあらば笥《け》に盛る飯《いひ》を草枕旅にしあれば椎の葉に盛る」（一四二番）とある「笥《け》」である。『和名抄』は「笥　介《け》　食を盛る器なり」と書く。「御食《みけ》」「朝食《あさげ》・夕食《ゆふげ》」も、この入れものの「笥」が内容物に転じたものであり、したがって「サケ」の「ケ」も、食器・食物の両方の意味をもつと考えられる。

「サ」については、『古事記』の応神天皇条に、ワニの臣の娘矢河枝比売が天皇に酒をすすめたとき、天皇が「この蟹《かに》や何処《いづこ》の蟹」とうたった歌の一節に、「和邇《わに》坂《さ》の土《に》」とあり、「坂」を「サ」と訓んでいる。「坂《さか》」の「カ」は「処」を表わし、「サ」そのものに「坂」の意があるとする本居宣長の『古事記伝』での見解が、一般には受け入れられているが（「サ」は方向を意味するという武田祐吉の見解があるが、この見解は倉野憲司・土橋寛が批判するように私も採らない）、「丸邇《わに》坂に忌瓮を据え」と崇神記にあるように、甕は坂（境界）に据えられる。

酒の入った甕を境界に並べ（酒列）、外から来る邪霊をふせぐ例が、スサノヲの八岐《やまたの》（八俣）大蛇《おろち》退治の物語だが、場所については、出雲国の簸《ひ》（肥）の川上（『古事記』および『日本書紀』本文と一書の一）、または簸の川上の鳥上峯（一書の四）、簸の川上の山（一書の三）、安芸国の可愛《え》の川上（一書の一）などとある。里に住む人々にとって川上や峯や山は、境界すなわち「サカ」であった。川のような境を「ヒラサカ」という。

「酒（サケ・サカ）」の「サ」も、「坂」「境」「堺」の「サ」に通じる。つまり、「サケ」には坂・境の「サ」（供物）の意味があるといえよう。とすれば、「酒列」は神祀りの聖地である。

天平十八年（七四六）の平城京出土木簡に「常陸国那賀郡酒烈埼」とあり、「酒列」は斉衡三年（八五六）以前からの地名である。「酒烈埼」は、平磯から磯崎までの約四キロほどの岩礁地帯をいう。この磯のつらなりは、海坂としての「磯前」だが、山麓が平野に突き出たところを「山崎」という。山城国の式内社酒解《さかとけ》神社は、『延喜式』神名帳に「元の名は山埼社」とある。この例からみても、海坂が列なる「坂列」が「酒列」と表記されたと推測できる。

『古事記』は、息長帯日売（神功皇后）のうたった歌として、「この御酒《みき》は　我が御酒ならず　酒《くし》の司《かみ》　常世にいます　石立たす　少御神《すくなみかみ》の　神寿《ほ》き　寿き狂ほし……」という歌謡を載せている。この歌の「クシ」を『古事記』は「久志」と書くが、一般に「酒」の字をあてるのは、この歌が造酒の歌だからである。

この「常世にいます　石立たす　少御神」を祀るのが酒列磯前神社であり、大洗磯前神社はオオナモチを祀っている。そのことも、「坂列」を「酒列」とした理由であろう。

なぜ「薬師菩薩」なのか

大洗と酒列の両社は、神名帳では「薬師菩薩神社」と書かれている。「薬師」になっているのは、「酒《くし》」が「薬師《くし》」だからであろう。

「酒《くし》」「薬《くすり》」などは、「奇《く》し」「奇《くす》し」と同根である。酒を「百薬の長」というのも、奇《くす》しき霊力が酒にあるからである。『伊予国風土記』逸文では、スクナヒコナは薬と温泉の神になっている。十世紀中頃に書かれたといわれる歌物語『大和物語』にも、「小薬師久曽」と呼ばれる小男の話が載っているが、この小男の薬師は、スクナヒコナのイメージによる。

『伊豆国風土記』逸文に、「大己貴と小彦名と、我が秋津《あきつ》洲《しま》に民の天折《あからさまにし》ぬることを憫《あはれ》み、始めて禁薬《くすり》と湯泉《ゆあみ》の術《みち》を定めたまひき」とあり、オホナムチも同じ性格をもつが、それは両者が一体の神だからであり、神仏習合信仰の影響から大洗・酒列両社が「薬師菩薩神社」と呼ばれたのも、そのためであろう。

磯前は、海と陸の境、海坂である。この海坂のミサキの地は、荒ぶる神が東海の常世から去来するところである。

大洗磯前神社と鹿島神宮の関係

前述したように、大洗磯前神社では、旧八月朔日（八朔）に例祭として八朔祭、俗称「網《あ》掛《がけ》祭」が行なわれる（いまは八月二十五日）。『大洗磯前明神本縁』は、この神事は昔は鹿島神宮の神官が来て行なったが、道のりが遠く、風雨にあうことが多いので、鹿島神社を祭る宮ヶ崎・網掛の両村の神官が代行することになったと書き、「宮崎・網掛両村祠官二人が矛と盾を護送して来る。盾は幅二尺長さ三尺ばかりの盾で、鬼板という。古い絵が盾いっぱいに書いてあるが識別はできない。しかし、どの絵もみな魑魅魍魎《ちみもうりょう》のようである。鬼板を持つ者を政所といって青襖を着る。扈従《こじゅう》の四人は肩衣袴を着る。一名を代官といい、三名を士という。馬に乗って来て、神殿の北の壇場に上り、鬼板を三五七の数で翻し、間に三度喊《とき》の声をあげる。そして、矛と盾を一度鎮めて四海静謐《せいひつ》を祈る。再び喊をあげ、神殿に戻り、無事に終わったことを告げて村に帰る。相伝によれば、昔は鹿島の祠官が来てこの礼を行なった」（原漢文）と書く。

この祭の主役が、「鬼板」という楯であることが重要である。『日本書紀』崇神天皇九年三月十五日条に、天皇の夢に神が現れて、「赤盾八枚・赤矛八竿を以て、墨坂神を祠《まつ》れ。亦黒盾八枚・黒矛八竿を以て、大坂神を祠れ」といったとあるが、墨坂と大（逢）坂は大和国の東と西の境界である。盾と矛は境界の祭祀に使う。大洗磯前神社のもっとも重要な神事に盾と矛を用いることからみても、この神社の位置が「海坂」としての境界とみられていたことが証せられる。

楯を「鬼板」というが、神代紀に、イザナギが黄泉国《よみ》から逃げてくるとき、追いかけてきた雷に桃を投げて退散させたとあり、「此桃を用《も》て鬼を避《ふせ》く縁《ことのもと》なり」とあって、雷は鬼とみられている。「鬼板」とは鬼を防ぐ盾であると同時に、鬼そのものでもある。鬼や雷は荒ぶる神であるとともに、荒ぶる神を防ぐ神、境の神で、盾であると同時に矛、矛であると同時に盾である。だから、鹿島の神官（いまは網掛・宮崎の神官）は盾と矛を持ってくるのだろう。

この祭祀を昔は鹿島神宮の神官が行なっていたのは、鹿島の祭神が建御雷神で、矛と盾の両面性をもつからである。鹿島の神官のかわりに祭祀を行なう網掛神社は、神明雷神社とも呼ばれるが、祭神は建御雷神だから、鬼板（楯）の性格は変わらない。鬼板は鬼神・雷神を意味している。

『大洗磯前明神本縁』は、十一月から正月にかけて海に濃霧が発生し、「海烟」といってなにも見えなくなるが、神殿前から鹿島灘の間三十歩は「海烟」がなく船が見えるのは、古来の伝えによれば、鹿島と大洗の神霊が往来する道路だったからであり、近村に鹿がいないのは、鹿がいれば鹿島明神の使だとして鹿島へ連れて行って放つのを常としたからである、とも記している。このように、大洗磯前神社と鹿島神宮は密接である。

大甕磯神社について

鹿島神宮の祭神の本来の性格が甕《みか》神であることは、『神社と古代王権祭祀』の鹿島神宮の項で述べたが、大洗磯前神社の境内には大甕磯《おおみかいそ》神社がある。大甕のもつ霊力についても鹿島神宮の項で述べたが、建御雷神は建甕槌神が本来の表記である。この甕の信仰は、特に海人に強い。建甕槌神は、『古事記』では大物主神を祖とするが、大物主神は海を照らして依り来る神だと記・紀は書き、また、大己貴(大穴持・大汝)神の別名だとも書く。この神は三輪の神だが、建甕槌神は『古事記』の神統譜では大物主神を祖としている。

「酒」を「サ(坂・境)」「ケ(供物)」の意と私は推論したが、酒は「ミワ」ともいう。『播磨国風土記』宍禾《しさわ》郡伊和村の条に、「伊和村本の名は神酒《みわ》なり大神、酒《みわ》を此の村に醸《か》みましき。故、神酒《みわ》の村と曰《い》ふ」とあり、『和名抄』には「神酒 美和」とある。また、『万葉集』には、「斎串《いぐし》立て神酒《みわ》すゑ奉る神主の……」(三二二九番)とあり、この「みわ」は、『古事記』や『万葉集』の「斎瓮《いはひべ》(忌瓮)を据《す》ゑ」の「いはひべ」にあたる。折口信夫[11]は、「泣沢の神社《もり》に三輪すゑ祈れども……」(二〇二番)と『万葉集』にうたわれている「三輪」を「神甕《みわ》」とみるが、これも「神酒」の意であろう。酒は甕に入れるから、酒を「甕」、甕を「酒」で表わしているのである。

「サケ」の「ケ」が「笥」で、食物や飲み物を載せたり容れたりする物から食物や飲み物に転じたように(その例として「椀《もひ》」から「水《もひ》」に転じた例がある)、「甕輪《みかわ》」が「酒《みわ》」になったのである。

伴信友は『神名帳考証』で、寛文三年(一六六三)に平磯村で発見された古墳の四囲数百歩に陶器が埋めてあり、そこが磯前明神の跡と伝承されていることから、酒列磯前神社は「酒瓶ヲ列ネタルニテ」と書く。土器が四囲に並んでいるのは、神域表示でなく葬墓祭祀によるものだが、「酒列」を「酒瓶を列ネタ」とみる見解に注目したい。甕は境界にすえられることからも、酒とかかわっている。

本来、坂(境)に盾と矛を立てるのは中国の風習であって、わが国では甕と石である。「大奈母知少奈比古奈命」は石神だが、石神が塞の神、道祖神、『日本書紀』のいう岐神(来名戸之祖神《くなどのさへ》)であることは、柳田国男が「石神問答」(10)でくわしく書いている。甕も同じ性格をもつが、石が静的で盾の意味をもつとすれば、甕には矛的な要素がある。それは、単に防ぐだけでなく、異境に行く人を加護する。しかし単なる加護ではなく、異境の荒ぶる魂を呑むことによって防ぎ、故郷《くに》の荒ぶる魂を吐き出し旅人に付加して、異境の地に向かう人を加護するという攻撃的な側面をもつ。この甕の神を祀るのが、大洗では大甕磯神社である。

宮廷の鎮魂祭は、新嘗祭(冬至祭)の前夜に行なわれる。この祭儀では、遊離した魂を筥《はこ》に招くが、筥はかつては甕だったにちがいない。甕の呪力とは、魂を入れて鎮めることである。招魂と鎮魂、生魂と足魂の一体二面性を、甕はもつ。甕を「モタヒ」と訓み(『和名抄』には「甕 毛太非」とある)、「母袋」と書くのも、甕が母胎と同じく、生命を生み育てる霊力をもっていると考えられたからである。

酒列磯前神社は昔から「乳母《うば》神様」と呼ばれ、育児安産の守護神としての信仰をもっていた。いまも二月十六日に安産祭を行ない、氏子の女性たちが餅撒きに奉仕する。また、鏡餅は氏子のなかの妊婦に頒与される。甕が母胎と同じく、生命を生み育てる腹とみられているのだから、育児安産の守護神になるのは自然の成り行きであろう。

『日本書紀』には、スサノヲが八《や》岐大蛇《またのおろち》を退治するとき、「酒八《や》甕《はら》に醸《か》」んだとあるが、「甕」を「ハラ」と訓むことについて、日本古典文学大系の『日本書紀』の頭注は、「酒のかめの腹が広がって太いので、甕自身をハラという」と書く。しかし、甕を「ハラ」というのは、そのような、形だけの単純な理由によるものではない。祈年祭の祝詞に、「瓺《みか》の腹満《はらみ》て雙《なら》べ」とあるように、甕に母の腹の生命力(生魂)と、成長力(足魂)の充足をみたからである。「腹満《はらみ》」とは「足る」ことである。甕(母・足魂)は、種や酒などを入れてあるからこそ甕たりうる。種や酒が生魂・荒魂であり、スクナヒコナなのである。「酒八《や》甕《はら》に醸《か》む」とは、甕をたくさん並べて酒を醸すことだが、これが「酒列」の意味でもある。「瓱和《みかわ》に斎《い》みこもり」（出雲国造神賀詞）、「瓱《みか》の腹満《はらみ》て雙《なら》べ」（祈年祭祝詞）も同じである。この「酒」にかかわる「酒（薬）《くし》の司《かみ》」がスクナヒコナであることからも、スクナヒコナを祭神とする「酒列」には、「甕輪《みかわ》」の意味もあると考えられる。

注

（1）金沢庄三郎『日鮮同祖論』一七三頁、昭和四年。三品彰英『建国神話の諸問題』六二―六三頁、昭和四十六年。大林太良『日本神話の構造』一三一頁、昭和五十年。
（2）西郷信綱「大国主神」『古事記の世界』所収、昭和四十二年。
（3）松村武雄『日本神話の研究』第三巻、三七八頁、昭和三十年。
（4）柳田国男「ダイダラ坊の足跡」『柳田国男集』第五巻所収。
（5）尾畑喜一郎「若子伝承の語るもの」『古代文学序説』所収、昭和四十三年。
（6）大場磐雄「常陸鏡塚」『考古学上から見た古代氏族の研究』所収、昭和五十年。
（7）安永寿延『日本のユートピア思想』一〇三頁、昭和四十年。
（8）高崎正秀「お正月の話」『高崎正秀全集』第七巻所収。
（9）折口信夫「ほうとする話」『折口信夫全集』第二巻所収。
（10）柳田国男「石神問答」『柳田国男集』第十二巻所収。
（11）折口信夫「口訳万葉集」『折口信夫全集』第四巻所収。

穂《ほ》高《たか》神社――山国の海人が祀る神とその伝承

穂高神社は、海人族の安曇《あずみ》氏が北アルプスの霊峰に祖神穂《ほ》高見《たかみ》命の名をつけて祀ったもので、現在の鎮座地（長野県南安曇郡穂高町穂高）は里宮である。この里宮は穂高連峰の絶好の眺望地であり、小穴芳実は、「現社殿のうしろに小丘があり、御神木が植えられているが、これは無社殿のころの斎場だったのではなかろうか」と書いている(1)。

海人の祀る穂高岳

奥宮は、里宮の西南約二〇キロの前穂高岳（三〇九〇メートル）南麓の明神池のほとりにある。拝殿のみで、山そのものが御神体である。毎年十月八日、明神池に小舟を浮かべて御船祭が行なわれる。神官と楽人を載せた二艘が明神池を一周するだけの古式の祭だが、周囲の紅葉と笙・笛の音がよく合う。里宮の大祭も御船祭といい、九月二十七日に行なわれる（もとは旧暦の七月二十七日）。

『新撰姓氏録』の右京神別の安曇宿禰の条に、

海神綿積豊玉彦《わたのかみわたつみ》神の子、穂高見命の後なり。

とあり、河内国神別には、

綿積《わたつみ》神命の児、穂高見命の後なり。

とある。だから当社は綿積神・穂高見命を祀っているが、社名からすれば、祭神は穂高見命であろう。穂高見命は海神だが、なぜ海神が穂高岳に祀られたのだろうか。

大洗磯前神社・酒列磯前神社の項で述べたように、海から依り来る神は山に鎮座する。常陸の場合は、浜降り神事

（磯出祭）を行なう海辺が社地の冬至日の出方位にあるが、こうした具体的関係を抜きにしても、海から依り来る神は山に鎮座する。三輪山の神は海を照らして依り来ったと記・紀は書いている。

「アマ」に海・天の漢字をあてるように（「天日槍」を『古語拾遺』は「海日槍」と書く）、海と天は同一視されていた。水平線の海と天が交わるはるか彼方が「アマ」であり、沖縄の人々がいう「ニライカナイ」であった。その「アマ」の意識をもつ海人たちが山に入った結果、「アマ」の意識が垂直化して、穂高山頂に海神が祀られたのであろう。

信濃国の安曇氏系海人

『日本書紀』の応神天皇三年十一月条に、

処処《ところどころ》の海人《あま》、訕哤《さばめ》きて命《みこと》に従はず。則ち阿曇連の祖大浜宿禰を遣して、其の訕哤を平《たひら》ぐ。因りて海人の宰《みこともち》とす

とあるように、安曇氏は海人の統領である。

松前健は、「信州は、山国ながら、古く海人族が移住分布した地であり、『倭名抄』郷名にも、安曇郡、小県郡跡部（アトベ、アツミ、アトメ、アタミなどという語は、同語で、海人族の宰領家安曇と関係がある）、同海部、埴科郡磯部、同船山、水内郡大島、同中島など、海や船に関係する地名が少なくない。また、『延喜神名式』には、安曇郡に、海神綿積豊玉彦神の子穂高見命を祀る穂高神社名神大の名も見える」と書くが[2]、このように、信濃国には海にかかわる地名が多い。

松前健は書いていないが、更級郡の式内社氷鉇斗売《ひかなとめ》神社（長野市稲里町下氷鉋）も安曇氏の神社である。穂高見命は『姓氏録』に載る名だが、『古事記』は、綿津見神の子として「宇都志日金折命《うつしひがなさく》」と書く。『新撰姓氏録』河内国未定雑姓の安曇連条に「于都志奈賀命《うつしなが》」が載るが、本居宣長（『古事記伝』）、栗田寛（『新撰姓氏録考証』下）は宇都志日金折命の誤記とみる。この宇都志日金折命と穂高見命は、佐伯有清（『新撰姓氏録の研究』考証篇・第三）が「同一神か」と推測するように、一般には同じ神とみられている。

氷鉇斗売神社の「氷鉇」は「日金」のこととみられており、同社では宇都志日金折命が祀られている。穂高見命は『古事記』や『日本書紀』にはみえないから、宇都志日金折命の方が穂高見命より古い神名と考えられる。氷鉇斗売神

社のある更級郡の東に埴科郡・小県郡があり、北に水内郡がある。海部郷のある小県郡には、海野、塩田、塩川や、「ワタツミ」の和田など、海とかかわる地名が多いが、この郡には生島足島神社がある。生島足島神社は、穂高神社と共に式内名神大社だが、生島神・足島神は宮中で生島巫が祀る神である。この神について岡田精司は、「元々は海辺で生活する人々が島々の精霊を讃えた名であり、海人達が豊漁や海路の安全を祈っていたものらしい」と述べているが、(3) 生島足島の神は、難波の海人たちが祀っていた神である(『神社と古代王権祭祀』の生国魂神社の項で詳述)。

生島巫の行なう八十島《やそしま》祭(海若《わたつみ》祭とも呼ばれる)が、海人の祀る島々の祭祀から国家による国土祭へと発展したように、信濃に入った海人たちの東国開発のための国魂神として、生島足島神は祀られたのであろう(『古語拾遺』は、この神を「大八州之霊」と書く)。

生島・足島神の原郷の難波は、安曇氏の本拠地でもある。信濃の名神大社穂高神社、生島足島神社は、もともと難波の海人が奉斎していた神だから、更級郡の氷鉇斗売神社だけでなく、生島足島神社も安曇氏と関係がある。諏訪大社の下社も安曇氏とかかわることは、『神社と古代王権祭祀』の諏訪大社の項で述べた。

日光泉小太郎伝承

『信府統記』(享保九年〔一七二四〕)に、泉小太郎の伝説が載っている。その大筋は次のようなものである。

人皇十二代景行天皇の御宇まで、安曇・筑摩の平地は一面の湖で、そこに犀竜がいた。犀竜は、白竜王と交って八峰瀬《はちぶせ》山で日光泉小太郎を生んだが、我身を恥じて湖に身をかくした。小太郎が母の行方を尋ね、母と出会ったとき、犀竜は、「我は諏訪大明神の変身なり、氏子繁栄なさしめんと欲して化現せり。汝我に乗るべし。此の湖を突き破り、水を落として陸となし、人里にせん」といって、小太郎を背に乗せた。その場所が尾入沢だが、今は犀乗沢という。小太郎は教えに従って、三清路の巨巌を突き破り、水内の橋下の岩山を破り開いて、千曲川の川筋を越後の大海へ引き入れたので、犀乗沢から千曲川と落ち合うところまでを犀川という。

仕事を終えた日光泉小太郎は、有明の里に居住して子孫繁昌した。年を経て、白竜王と犀竜は川会に来て小太郎と会ったが、そのとき白竜王は、「我は日輪の精霊ぞ、則是大日如来の化身なり」といい、犀竜と共に仏崎の岩穴に隠れた。小太郎も、「我は八峰瀬権現の再誕なり、此の里の繁栄を守護すべし」といって、両親の居る岩穴に隠れたので、その地に川合大明神社を建てて霊神を祀った。湖から陸になった土地には田地を開き、人が住み、次第に郷村ができた。

この伝説の川会神社は、『延喜式』神名帳の安曇郡二座のなかに穂高神社と共に記載されており、穂高神社と同じ海神を祀っている。川会神社の縁起を略記すると、

昔、白竜と犀竜とが婚し、子を生む。その後、母の犀竜、我が姿を恥て湖中に入る。父の白竜は、「我は諏訪明神の変身なり、氏子の為にせん」といって、湖を破り、千曲川の川筋を越後の大海に入らしめ、今の十日市場川会に住居し、子孫繁衍す。白竜は日輪の精霊である。

とあり、社記には、

海神綿津見神を祀る。建御名方命の妃は海神の女なり。太古海水国中に氾濫。建御名方とその妃は、治水のため水内山を破って水を流し、越海へ注ぎ、始めて平地を得た。神胤蓄殖し因ってここに祀る。

とある。

『信府統記』では日光泉小太郎とその母（犀竜）が主役だが、縁起では白竜、社記では建御名方命（諏訪大社上社の祭神）とその妃が主役になっている。いずれにしても、川会神社の祭神が穂高神社と同じであることからみて、これらが海人伝承であることは確かである。なお、『仁科濫觴記』は日光泉小太郎を「日光白水郎」と書く。「白水郎」は海人のことだが、「泉」を分ければ「白水」である。

宮地直一は、諏訪大社の下社が祀る建御名方命の妃、八坂刀売命《やさかとめ》を、日光泉小太郎伝説からみて安曇系の神であろうとし、「八坂刀売神は諏訪に程遠くない安曇の山野に育まれ、此処に拠った安曇の勢力を母胎として出現された地方の女神」であり、この女神は「安曇部族の何れかに奉載されて何れかに根拠を占め給うた神として、強いて比較する時は、

かの更級郡の氷鉇斗売神と相類似する」と書き、「八坂刀売神が諏訪の地に祀られ給うに至ったのは、恐らく之を奉戴した部族の来往に起因」すると推測している。(4)

以上の伝承や宮地説を系譜化すれば、

建御名方命（白竜）
　‖────日光泉小太郎
綿津見神──女（犀竜・八坂刀売命）

という関係になる。

この関係は、夫婦関係からみれば、安曇系海神（穂高神社・川会神社）と諏訪神の結びつきを示しており、親子関係では、竜蛇伝説と日の御子生誕の小子《ちいさこ》伝説との結びつきを示している。

この親子関係の伝承を除いた、穂高神と諏訪神の神威譚が上州にある。吉田東伍は、群馬県利根郡の小高神社について次のように書く。(5)

神祇志料云、小高神は清和紀、貞観五年授位の社にして、今神戸郷後閑村に在り。沼田惣社小高諏訪宮といふ。本国帳には、利根郡従二位小高明神と載す。蓋海神の子、穂高見命を祭る。土人伝説して曰く。上古沼田郷の地、湖水なりし時、穂高見命、此処を治め給ひき、其後諏訪神来り、綾戸の滝磐を劈きて、水沼を陸として、人民を住ましむ。因て之を配せ祭ると。按ふに、信濃安曇郡にも、穂高神社あり、穂高、小高相近く、本郡又保高山あり。皆由縁あり。彼此共に同神を祭る。

この小高神社（利根郡月夜野町後閑）以外に、同じ利根郡昭和町糸井にも小高神社があり、この両社の中間の沼田市下沼田に武尊《ほたか》神社がある。保高山（標高二一五八メートル）は武尊《ほたか》山とも書く。武尊神社は利根郡片品村花咲にもあり、「武尊」の宛字は、日本武尊伝承をホタカ山に付会したことによる。後閑の小高諏訪神社には、天正十九年（一五九一）に社殿を沼田城主真田信幸が再建したときの棟札があるが、「奉再建沼田惣社小高諏訪宮一宇」とあり、この神社に伝わる信幸の父昌幸の「真田昌幸寄進状」には、社領五百文を天正八年（一五八〇）に寄進したとある。

真田昌幸は、小県郡を支配する上田城の城主だったから、信州に伝わる国土開拓伝承と信州で祀る神を、この地に持ち込んだと考えられる。その結果、沼田の地の聖山がホタカ山と呼ばれ、沼田惣社として諏訪神が祀られたのであろう。

このような推論を裏づけるものとして、真田氏の本貫の信州小県郡に類似の伝承がある。その主人公は小泉小太郎・泉小次郎などと呼ばれており、母が大蛇で、成長しても小子《ちいさこ》であった小泉小太郎は、岩鼻の梗塞を抜いて、湖だったこの地を平野にしたという。岩鼻の地名は上田市小泉にあるが、『吾妻鏡』の文治二年（一一八六）二月十二日条に「小泉庄」の記載があるから、この地には中世以前から小泉小太郎伝説があったと推測できる。

真田氏はこの伝承を上州の沼田へもちこんだのだろうが、沼田の伝承では、信州の穂高神と諏訪神の神威譚になっていて、竜蛇伝説も小子伝説もない。理由は、真田氏にとって、沼田へもちこんだ神（諏訪神・穂高神）の神威を強調すれば足りたからだろう。

穂高神社の祈雨祭には、宝物の竜頭を持って奥宮へ詣る（奥宮の御舟祭のとき明神池に浮かべる舟にも竜頭がついている）。その途中で蛇に会ったり、奥宮で一泊したとき夢に蛇が現れれば、神のお告《つげ》があったとされる。穂高神の化身は蛇とみられているのである。

なお、対馬には、安曇氏の後裔という長岡氏が代々宮司を務める式内名神大社の和多都美《わたつみ》神社があり（長崎県下県郡豊玉町仁位）、社伝によれば、海神《わたつみ》は白い蛇で、宮司の世継ぎには背中に鱗があるというが、穂高神社の氏子の家には、脇の下に魚の鱗のあざをもつ子が生まれるという。この子は、竜蛇神の白竜（白蛇と解してもいい）もしくは犀竜から生まれた泉小太郎（小泉小太郎）と重なる。

犀竜の「犀」と日光泉小太郎の「日光」

穂高神社の境内に、犀に乗った泉小太郎のブロンズ像があるのは、『筑摩安曇古城開記』などが『信府統記』の犀竜の「竜」を削り、「犀」という動物に小太郎が乗ったとしているからである。「犀川」も動物の「犀」にちなんだ名であると『筑摩安曇古城開記』

は書くが、犀竜の「犀」は、白竜の「白」と同じく竜を形容した言葉で、小太郎が乗ったのは「竜」であって「犀」ではない。

白竜王は日輪の精だと『信府統記』は書くが、「白」には日光の意味がある（志呂志神社・向日神社の項参照）。この日輪の精を受けた女から生まれたのが日光泉小太郎であり、この伝承は日光感精伝承の変型であるが、対馬の日光感精伝承でも、照日《てるひ》の菜《さい》の女が日輪の光に感じて懐妊し、天道童子（略して天童）という子を生んでいる。この天童は日光泉小太郎と重なり、照日の菜の女は犀竜と重なる。「菜」も「犀」も、塞（境）の神の「サイ」の意で、「サイ」の女は日女《ひるめ》である。白竜に日神（日輪の精）を示す「白」をつけ、犀竜には日女を示す「犀」をつけたのであって、「白」も「犀」も、同義に近い形容詞である（「白」のもつ境界性については、白神社と白山比咩神社の項で詳述した）。

そのことは、日光泉小太郎が「八峰瀬権現の再誕」と書かれていることからもいえる。『信府統記』の別伝には、鉢伏（八峰瀬）山の権現の御子とある。とすれば、日光泉小太郎の父の日輪の精・大日如来の化身という白竜は、鉢伏山の神ということになる。この山は、奥宮のある前穂高（明神）岳の冬至日の出方位にある。時間の境界である冬至は、太陽の死と再生の日であり、太陽の再誕の時である。

冬至の日の出方位のもつ意味については大洗磯前神社・酒列磯前神社の項で述べたが、明神岳・鉢伏山の線を延長すれば諏訪湖に至る。浜降り神事は、冬至日の出方位にある海辺に神が依り来るという海人の発想だが、信州の海人は諏訪湖を海とみたのであろう。『古事記』も「州羽海《すはのうみ》」と書く。

日輪の精の白竜を鉢伏山の神（『信府統記』）、または諏訪神の化身（『川会神社縁起』）とみるのは、鉢伏山の東南山麓に諏訪湖があり、穂高神社や川会神社を信仰する安曇野の人々にとって、鉢伏山々系（「高ボッチ」ともいう）から昇る朝日は諏訪神にみえるからで、犀竜を諏訪神の化身というのも、白竜の妻だからであろう。日光泉小太郎が鉢伏山で生まれ、鉢伏権現の再誕といわれるのも、この山が諏訪地方と安筑地方の境の山だからであろう。

日光泉小太郎とは、建御名方神（白竜）と八坂刀売命（犀竜）の間に生まれた日の御子、現人神と観念されていた、少童《わたつみ》

（海童）なのである（現人神としての少童については大海神社の項参照）。

安曇氏の信濃入り

小穴芳美は、「安曇氏の当郡への定着は、大和朝廷や諸豪族の信濃への部民制施行や郡内の古墳群の築造年代から、六世紀代と推定される。おそらく、中央畿内（河内）からエゾ地開拓の兵站基地を築くべく大和朝廷によって派遣されたものであろう」と書くが、[1] この見解には問題がある。

まず、中央畿内を河内とするのは『新撰姓氏録』の河内神別に安曇連が載るからだが、『新撰姓氏録』は弘仁五年（八一四）成立であり、その時点で安曇氏は河内にいたのであって、六世紀代の安曇氏の本拠地は摂津である（大海神社の項参照）。また、「エゾ地開拓の兵站基地」と書くが、当時は信濃も開拓の地であった。だから、安曇氏の信濃移住は、信濃も含めた「東国開拓」のためであって、「エゾ地開拓の兵站基地を築くべく」派遣されたとは考えられない。

『播磨国風土記』揖保《いひぼ》郡石海《いはみ》里の条に

石海と称《い》ふ所以《ゆゑ》は、難波長柄豊前天皇（孝徳天皇）のみ世、是の里の中に百便《ももたり》の野ありて、百枝《ももえ》の稲生ひき。即ち、阿曇連百足《ももたり》、仍《よ》りて其の稲を取りて献《たてまつ》りき。その時、天皇、勅《の》りたまひしく、「此の野を墾《は》りて、田を作るべし」とのりたまひき。乃《すなは》ち、阿曇連太牟《たむ》を遣《や》りて、石海の人夫《よぼろ》を召して、墾《は》らしめき。故《かれ》、野を名づけて百便といひ、村を石海と号《なづ》く。

とあり、同郡浦上里の条には、

昔、阿曇連百足等、先に難波の浦上に居りき。後、此の浦上に遷り来けり。故、本居《うぶすな》に因りて名と為す。

とある。石海里は、兵庫県揖保郡太子町南部から姫路市網干区・余部区、御津町に及ぶ揖保川下流域をいう。浦上里は、石海の西の揖保川町浦部付近の平野地から相生市の室津港に及ぶ地域をいう。『和名抄』に石見郷・浦上郷が載る。

この『播磨国風土記』の伝承によれば、阿曇連百足は摂津から播磨国へ移住して浦上の地に居住し、揖保川下流域の石海を開拓した。これは、日光泉小太郎や小泉小太郎が湖を干拓した伝承と関係があり、阿曇連百足が伝説化して神の子小太郎になったといえる。

「石海の人夫を召して、墾《は》らしめき」の石海を『和名抄』が石見と書くところから、日本古典文学大系『風土記』の頭注は「石見国(島根県)の農耕者か」と書く。このように他地域から人を連れてくるのは、安(阿)曇連が「海人の宰《みこともち》」だからである。とすれば、信濃の場合にも同じことが想定できる。

『和名抄』に三河国渥美《あつみ》郡が載るが、この「アツミ」は安曇氏にかかわる地名であり、八世紀頃の郡域は、渥美半島全域と現在の豊橋市の大半を含んでいた。この地から北上する道を伊那街道といい、信州へ入る。また美濃国にも厚見《あつみ》郡がある。長良川流域の岐阜・各務原市周辺である。現在の木曽川は、安土桃山時代の大洪水で南へ流れを変えたが、その前は木曽川も厚見郡の境を流れていた。安曇海人は、木曽川・長良川の氾濫原を開拓して住みついたのであろう。美濃から東山道の神坂《みさか》峠を越えれば信濃に入る。隣接する信濃・三河・美濃のアツ(ヅ)ミ郡は、たがいに無関係ではなかろう。

一方、日本海からのルートを想定する説がある。黛弘道は、穂高神は姫川を通って南下して来たとみて、糸魚川市成沢の穂高神社を例としてあげるが(6)、この神社は明治十八年までは諏訪神社であった。穂高神社と社号を変えたのは、穂高神社とつながりがあったためだとしても、この例だけで日本海沿岸からの南下を主張する説には同調できない。考古学上の発掘成果などからみて、長野県居住の古代史家や考古学者の多くは、愛知県・岐阜県からのルートを推定している。塩のルートからみて、日本海の海人も無視できないが、塩は太平洋からも入っている。安曇氏の場合も、摂津から東海道・東山道を通っての信濃入りが主流であろう。

犬養氏と穂高神社

当社は安曇氏が祀っていたことは確かだが、中世の文献に犬養(甘)氏の名がみえるので、安曇犬養氏を祭祀氏族とみる説がある。たとえば太田亮は、「信濃国安曇郡の犬飼島は安曇氏に属する犬養部のありし地と思はる。なほ犀川を隔てて筑摩郡にも犬飼の地あれど、こは辛犬甘とて帰化族によって組織されたるもの、此とは別也」と書き、「穂高神社の旧神官に犬養氏あり、こは安曇犬養氏の後裔」と書く(7)。この説を宮地直一は『穂高神社史』で受け入れており、黛弘道も採用している(6)。

一志茂樹は、安曇郡の「犬飼(甘)島」が『和名抄』の筑摩郡の「辛犬郷」(太田亮のいう筑摩郡の犬飼の地)であることを、綿密な考証にもとづいて論証している。(8) 『三代実録』仁和元年(八八五)四月五日条に、信濃国筑摩郡の人「辛犬甘秋子」が載る。一志茂樹は、筑摩・安曇における地方権力が次第に安曇氏から辛犬甘氏へ移ったとみて、太田亮がいう穂高神社の祭祀にかかわる犬養氏を、安曇犬養氏でなく辛犬養氏と推論する。(8)

文明十五年(一四八三)から天平十三年(一五八五)の間の「御造営日記」では、犬飼島は三ノ宮的存在の若宮の所役に奉仕しているのみで、一ノ宮の大宮に奉仕していない。一志茂樹は、安曇犬養氏なら大宮に奉仕すべきであるとして、後から穂高神社の祭祀に加わった辛犬養氏の居住地が犬飼島だとみて、辛犬飼氏が自分たちの祖神を祀るために若宮を創建し、奉仕したとみる。私も犬飼島の犬飼(甘・養)については一志説を採るが、穂高神社の祭祀氏族の犬養氏を辛犬養氏に限定することには賛成できない。穂高神社の本来の祭祀氏族が安曇氏であることを認めるなら、辛犬養氏以外に安曇犬養氏がいたとみるべきであろう。

当社の南八キロ余の地に住吉神社があり、『吾妻鏡』文治二年の条に住吉庄が載る。この地は平安末期には皇室領となっているが、穂高神社の造営のときには御門屋の所役に奉仕しており、当社と縁が深い。宮地直一は、福岡県の住吉神社(式内名神大社、福岡市博多区住吉)の近くに犬養村(福岡市博多区犬飼新掘町・犬飼南町・犬飼三社町)があるのは、安曇郡の住吉神社と犬飼島の関係にあてはまるとして、安曇犬養氏の存在を推定する。(9)

犬飼島は辛犬養氏の居住地とみられるから、住吉庄(荘)は安曇犬養氏の居住地とみてよかろう。理由は、摂津の住吉大社にかかわる安曇氏は、安曇連でなく安曇犬養氏だからである(大海神社の項参照)。

安曇弘道は、博多の犬飼が『和名抄』の海部郷の地にあるから、そこを海犬養の居住地とみるが、(10) 『姓氏録』では、安曇連・安曇犬養連・海犬養連はワタツミ神を始祖とする同系である。したがって海犬養説も可能だが、摂津の住吉大社にかかわる犬養は安曇犬養の方だから、住吉大社の線からすれば、海犬養よりも安曇犬養とみたほうがよいだろう。

『御造営日記』記載の所役の序列は、大宮・南宮・御門屋・若宮である。御門屋は住吉庄、若宮は犬飼島だから、大宮・南宮は安曇氏、御門屋・若宮は犬養氏の奉仕で、御門屋は安曇犬養氏、若宮は辛犬養氏の奉仕と推測される。

一方、『新抄勅格符抄』記載の大同元年（八〇六）牒に「葛木犬養神二十戸信濃」とある。この神社を『大和志料』は『延喜式』神名帳の葛木大重《かつらぎおおえ》神社に比定するが、『日本書紀』皇極天皇三年・四年条に葛城稚《わか》犬養連綱田が載ることからみて、稚犬養氏にかかわる神社である。稚（若）犬養連（宿禰）は、『姓氏録』によれば火明《ほあかり》命の後裔で、尾張氏系だが、住吉大社の祭祀氏族の津守氏も火明命の後裔である。住吉大社と大海神社はセットの関係にあり、津守氏・安曇氏・安曇犬養氏は結びついている。稚犬養氏の祀る神社の神戸二十戸が信濃のみにあるのは、それが安曇犬養氏の居住地にあった神戸だからであろう。

このように、穂高神社には、安曇・辛・稚を冠した犬養（甘・飼）氏がかかわっている。

犬養氏については、犬を飼育して狩猟に従事したとする説と、屯倉《みやけ》を守衛したとする説と、両方を行なったとする説がある。たぶん、各地の猟人を犬養部とし、守衛にあてたものと考えられる。信濃の場合、屯倉の史料はないが、犬養という地名の近くには官牧があることからみて、官牧の守衛にあたったのであろう。

当社の周辺の有明古墳群・西穂高古墳群は、「猪鹿牧につながる氏族とかかわるもの」といわれているが（『長野県の地名』『長野県史・考古資料編』）、有明古墳群の古厩という地名の近くに犬養塚古墳があり、玉類・武器・馬具・須恵器が出土し、有明山神社の宝物になっている（日光小泉小太郎は鉢伏山で生まれて有明の地に住んだと『信府統記』は書く）。犬養と猪鹿牧の「猪鹿」の名からみて、狩猟と馬飼にかかわる人々がこの地に住んでいたと推測できる。

『日本書紀』雄略天皇十一年十月条に、大和の宇陀と信濃と武蔵の人を「面《おもて》を黥《きさ》みて」鳥養部にしたとある。この黥《げい》面《めん》を『日本書紀』は、狩猟にかかわる山人や海人に失敗や悪事の罰として入墨したように書いているが、『魏志倭人伝』の記事からみて、黥面は古くは倭人の一般的風習だったと思われる。それが海人・山人に残っていたのを、中国思想の影響で刑罰の結果のように書いたのである（そのことについては拙著『天武天皇論（一）』で詳述した）。だから鳥養部についても、飼っていた犬が鳥を襲ったので罰として黥面にし、鳥養部にしたという話になっているが、刑罰の発想を抜きに考えれば、宇陀や信濃や武蔵の、犬を飼う黥面の猟人が、鳥養部になったということであろう。

宇陀の人が黥面であったことは、鳥養部の話だけでなく、同じ雄略紀に載る、鳥獣の肉を調理する宍人《ししと》部の真鋒田《まさきだ》が黥面だったことからもいえる。この真鋒田について、金井清一は「マサキ（黥面）」の「ウド（人）」と解している(11)。『播磨国風土記』託賀郡都麻里の「目前田《まさきだ》」の地名起源に、「天皇の獦《かり》犬、猪に目を打ち割《さ》かれき。故《かれ》、目割《まさき》といふ」とあるが、猟犬が「目割」であることも、守衛や猟のための犬を飼う犬養部の中に黥面の人がいたことを暗示している。黥面のことを「阿曇目《あづみめ》」というが（『日本書紀』履中天皇元年条）、安曇犬養は安(阿)曇氏系であり、黥面の犬養であったと考えられる。

だが、辛犬養氏はちがう。辛犬養氏のいた辛犬郷（松本市の北半から東、旧松本市・本郷村・岡田村一帯）とその周辺には、高句麗系の積石塚古墳群があり、後部・前部・卦婁などという、高句麗部族の姓をもつ人々がいた（『続日本紀』延暦八年、『日本後紀』延暦十六年・十八年）。後部牛養は延暦八年（七八九）に「田河」、前部綱麿は延暦十六年（七九七）に「安坂」、卦婁真老は延暦十八年（七九九）に「須々岐」に姓を改めている。このような史料からみて、辛犬養の辛（韓）は高句麗のことであろう。一志茂樹も、辛犬養氏を高句麗系渡来人とみている(8)。高句麗人は、朝鮮の南部海岸地方の人とちがって扶余《ふよ》系であり、狩猟・騎馬に長じていた。

官牧は、平安時代に入っても信濃国が抜群に多いし、天武天皇が革命王朝を樹立した壬申の乱でも、信濃の騎兵が活躍したと推測される（このことについては拙稿「天武天皇と信濃」〔『信濃』三八巻九号〕に詳述した）。つまり、信濃の高句麗人は、馬にかかわっていたとみられる。とすれば、高句麗系の辛犬養氏は官牧の管理の馬飼だから、犬養(甘)といっても黥面とは無関係である。しかし、鳥養部の例からも、信濃の猟人・馬飼の中には黥面の人がいたとみてよかろう。

『日本書紀』によれば、馬飼部・猪甘部も黥面であった。

『古事記』によれば、久米直の始祖の大久米命も黥面であった。黥面なのは、久米部がもともと猟人・山人の集団だからである（久米部が山人であることは、上田正昭が「戦闘歌舞の伝統——久米歌と久米舞と久米集団」〔『日本古代国家論究』所収）で詳述している）。久米直の祖を『古事記』は七拳脛《ななつかはぎ》と書くが、七拳脛とは、脛《すね》の長い駿足の猟人の表現である。宮城十二門の守衛に海犬養氏（安曇氏系）や稚（若）犬養氏が従事したのも、犬養が久米と同じ猟人の集団だったからであろう。

黥面をする山人・海人は、戦闘集団としてもっとも有能であったとみられるが、海人が騎射に長じていることは、『肥前国風土記』松浦郡値嘉《ちか》郷（現在の長崎県の五島列島）の海人（白水郎）の記述から明らかである。『風土記』によれば、この地の海人も阿曇連百足が統属した（『播磨国風土記』が阿曇連百足を孝徳朝の人とし、『肥前国風土記』が景行朝の人としているのは、百足が阿（安）曇氏を代表する伝承上の人物だったからであろう）。

久米部を統属するのは大伴氏だが、穂高神社の祭祀氏族の犬養氏（たぶん辛犬養氏）は、平安朝に入って出自を大伴氏に結びつけ、伴《とも》氏を称している。『日本霊異記』には、信濃国小県郡嬢《おうな》里（『和名抄』の童女郷、現在の東部町一帯）の大伴連忍勝の名が載り、『延喜式』神名帳の佐久郡には大伴神社が載る。また、『類聚国史』の延暦十四年（七九五）四月条に、小県郡の人として久米舎人望足が載る。小県郡に大伴と久米がいたことは、両氏の統属関係を示している。辛犬養氏は高句麗系渡来人だが、彼らが伴氏を称したのは、安曇・筑摩の官牧守衛の人々や猟人などの管掌者である立場から、自らを久米部の統率者に重ねて、出自を大伴氏に仮託したものと考えられる（渡来人であることを消す意味もあったろう）。

信濃へ入った海人たちは、秀麗な山を氏神として祀り、信濃の山人たちと協力して荒野を開拓し、定着農民になった。その結果、当社も、泉小太郎の干拓伝承、安曇百足の開拓伝承にみられる農業神的性格をもつようになったのであろう。平安時代に入り、安曇氏の勢力の減退につれて、穂高神社の祭祀に辛犬養氏系の人々が祭祀に加わるようになったが、祭祀氏族が交替しても、当社の信仰の本質は変わっていない。

注

（1）小穴芳美「穂高神社」『日本の神々・9』所収、昭和六十二年。

(2) 松前健『日本神話の形成』四四九—四五〇頁、昭和四十五年。
(3) 岡田精司『古代王権の祭祀と神話』七八頁、昭和四十五年。
(4) 宮地直一『諏訪史』第二巻前編、一三七頁、昭和六年。
(5) 吉田東伍『大日本地名辞書』第六巻、八〇四頁、明治三十六年。
(6) 黛弘道「海人族のウヂを探り東漸を追う」『日本の古代・8』所収、昭和六十二年。
(7) 太田亮『姓氏家系大辞典』第一巻、四八五頁、昭和十一年。
(8) 一志茂樹「信濃上代の一有力氏族——犬甘氏について」「信濃」三巻五号・六号。
(9) 宮地直一『穂高神社史』三八—三九頁、昭和二十四年。
(10) 黛弘道「犬養氏および犬養部の研究」『律令国家成立史の研究』所収、昭和五十七年。
(11) 金井清一「ヤマトタケル物語と久米氏伝承」「国語と国文学」昭和五十一年十月号。

大海《たいかい》神社――ワタツミ神と住吉神と安曇海人

「アラヒトカミ」と少童《わたつみ》神

大海神社は、住吉大社の境内の西端に鎮座し、『延喜式』神名帳は「オホワタツミ」と訓むが、一般には「タイカイ」神社と呼ばれている（伴信友『神名帳考証』）。『延喜式』神名帳は「元名二津守安人神一」と注している。この「安人神」を「氏人神」とする説があるが、『住吉大社神代記』には、「津守安必《あらひ》登《と》神」とあるので、田中卓は『住吉大社神代記の研究』で、「氏人神」と解するのは誤りだとし、「安人神」は「現人《あらひと》神」のことだと書く。住吉の神を「現人神」とする信仰が顕著だから、私も田中説を採る。

『万葉集』の「石上乙麿卿、土佐国に配されし時の歌」と題詞にある歌には、

かけまくも　ゆゆしかしこし　住吉の荒人《あらひと》神　船の舳に　うしはきたまひ（一〇二一）

とある。「荒人神」は、船の舳にうしはきたまう水先案内神である。安曇氏が奉斎する筑前の志賀海神社の縁起にある安曇磯良を、西田長男が「竜王・海竜王の居城たる海神宮へ神功皇后の使者を案内する、いわば『海導者』であった」と書くのは(1)、『日本書紀』神功皇后紀の、神功皇后が新羅に向かう船を案内した「磯鹿海人名草《しかのあまなぐさ》」が安曇磯良だからである。

『住吉大社神代記』は、新羅に国守神として鎮祭された「墨江大神の荒御魂」に祝《はふり》として奉仕したのが、志加乃奈具佐（磯鹿海人名草）だと書いている。「磯鹿」「志加」は志賀海神社の「志賀」である。荒御魂が示現したのが荒（安・現）人神だから、大海神社の「津守安人神」は、志賀海神社を祀る安曇氏にかかわる神である。『日本書紀』の白雉《はくち》四年（六五三）に、孝徳天皇が僧旻《そうみん》を安曇寺に見舞ったという記事があるが、この安曇寺の位置についてはいろいろの説がある。

京都山科の安祥寺の鐘は、かつて安曇寺にあったものだが、その鐘銘には「摂州渡辺安曇寺洪鐘一口」とある。山根徳太郎は、坐摩《いかすり》神社のお旅所（旧坐摩神社鎮座地）付近が古文書に渡辺と記されていることから、現在の天満橋付近を安曇寺の所在地と推定する。(2)

『続日本紀』天平十二年（七四〇）二月条に、聖武天皇が「安曇江に幸す」とある「安曇江」も摂津である。また、『播磨国風土記』揖保郡の項には、阿曇連百足（百足については穂高神社の項参照）の本貫は摂津で、摂津から播磨に移住したとある。このように、摂津に安曇氏系氏族がいたことは確かだが、『新撰姓氏録』摂津国神別には安曇連・安曇宿禰はみえず、安曇犬養連と凡海連が載っている。だから、当社の祭祀は、安曇連でなく安曇犬養連・凡海連がかかわっていたとみるべきであろう。

大海神社は住吉大社の摂社としてその境内にあり、住吉大社との関係を無視して当社を語ることはできない。

「津守」について

住吉大社の祭祀氏族は津守氏である。津守氏について、『旧事本紀』の天孫本紀の尾張氏系譜は、火明命の五世の孫建筒草命を多治比《たじひ》連、津守連、若倭部《わかやまとべ》連らの祖としており、『新撰姓氏録』の摂津国神別には、津守宿禰は尾張宿禰と同祖で、火明命の八世の孫大御日足尼《すくね》の後裔だとあるが、津守氏は、住吉大社の神主であるだけでなく、津守宿禰和麻呂が摂津国住吉郡の擬大領、津守宿禰浄山が少領（延暦八年（七八九）八月二十七日「住吉大社司解郡判」）であったように、摂津国住吉郡の郡司に任ぜられている。後世の人では、津守宿禰茂連（天徳三年（九五九）四月五日付「摂津国司解」『類聚符宣抄』七）、同貫茂（天徳三年十一月十四日付「宣旨」『類聚符宣抄』七）が、住吉郡の大領であった。このように、津守氏は住吉郡の祭政を一手に掌握していた。

尾張氏系が火明命を祖とする海部であることは、前著『神社と古代王権祭祀』でくりかえし述べたが、火明命を祖とする摂津の海部が津守連である。津守は「津の守り」の意で、祭祀氏族が祭神の性格を氏族名にしたのであろう。津守神としての住吉神（「住吉」は「墨江《すみのえ》」という地名による名）に対して、大海神を「津守安人神」（津を守る荒〔現〕人神）というのだから、当社の祭神は津守の荒御魂といえよう。

尾張氏系海人(津守氏)と安曇氏系海人(安曇犬養氏・大海氏)は、住吉大社と大海神社が対《つい》の関係にあるように、氏族系譜でも結びついている。『姓氏録』によれば、大海神社の「大(凡)海」を名のる大(凡)海連は、山城・摂津の大海連が、ワタツミ神を始祖とする安曇氏系で、右京の大海連が、火明命を祖とする尾張氏系である。『日本書紀』によれば、尾張連草香の娘目子姫は、継体天皇の妃として安閑天皇と宣化天皇を生んでいる。右京の大海氏が尾張氏系と結びついたのは、そのためであろう。

こうした関係は、『神社と古代王権祭祀』の樺井月神社・月読神社の項で述べた水度《みと》神社についてもいえる。水度神社の祭祀氏族は尾張氏系のミ(ム)ト部(水渡部・三富部・六人部)氏で、同社では和多都弥豊玉姫という安曇氏系海神を祀っていた。このことから、中村明蔵は阿曇山背連比羅夫の本貫地を水度神社の付近とみている(3)。この水度神社の例からしても、尾張氏系と安曇氏系の一体化がわかる。

このように、津守の性格をもつ安曇犬養氏・津守氏が住吉大社と大海神社で一体化している関係は、筑前の住吉神社でもみられるし、対馬の住吉神社・和多都美《わたつみ》(海神)神社の関係にもみられる。筑前の住吉神社には安曇犬養氏がかかわっており(穂高神社の項参照)、対馬の住吉神社にも安曇氏系海人がかかわっている。そして、これらの神社とかかわりのある阿麻氐留《あまてる》神社は、津守氏と同じ火明命を祖とする竹田氏が祭祀している(『神社と古代王権祭祀』の「阿麻氐留神社」の項参照)。このように、安曇・尾張氏系の氏族関係は密接である。

安曇氏の本貫地と大海神社

安曇氏の発祥地あるいは本貫地は、『和名抄』の「筑前国糟屋郡阿曇郷」の地とみるのが一般的である。糟屋郡内には志阿《しか》郷があるが、この地は金印が出土した志賀島で、式内社の志賀海《しかのうみ》神社があり、祭神はワタツミ三神である。中村明蔵は、この阿曇郷や志賀郷のアヅミや、ワダツミ神を祀る神社を、磐井の乱後に難波から進出した安曇氏の北九州における処点とみる(3)。

『日本書紀』応神天皇三年十一月条に、

処々の海人、訕哤《さばめ》きて命に従はず。則ち阿曇連の祖大浜宿禰を遣して、其の訕哤を平ぐ。因りて海人之宰《みこともち》とす。

とある。中村明蔵は、この「海人之宰」を阿波・淡路・紀伊などの海人集団の「宰」とみて、その本貫地を難波と推定する。(3)

私も、当社とかかわる安曇犬養氏・大海氏、阿波国名方郡の安曇氏などの存在から、阿波・淡路の海人と安曇氏は深くかかわっていると考えているが、「海人之宰」をこの地域だけに限定し、六世紀前半の磐井の乱後、安曇氏が九州へ進出したという中村説には賛成できない。沖ノ島の遺跡からも、六世紀以前からヤマト王権が「海北道中」の航海安全のために沖ノ島祭祀を行なったとみるべきであり、したがって、北九州の海人を含めての「海人之宰」として任命されたと考えるべきであろう。志賀島などのある糟屋郡の那の津と難波の津は、ヤマト王権にとって、もっとも重要な津(港)である。この「ナ」と「ナニハ」の地を安曇氏が拠点としたため、両地に「アヅミ」の地名または安曇氏系氏族の祀る式内社があるのだろう。

ただし、「阿曇連の祖大浜宿禰」は、北九州の海人とみるよりは、阿波・淡路の海人の長とみるべきであり、本貫地を強いて推測すれば、阿波・淡路であろう。その点で、建御名方命の「名方」にかかわる阿波名方郡と、名方郡の豊玉比売神社・多祁御奈刀弥《たけみなとみ》神社が無視できないが、この問題は豊玉比売神社の項で述べる。

「訕哤《さばめく》」について、日本古典文学大系『日本書紀』補注は、「上をそしり、わけのわからぬ言葉を放つ意。この記事はアマが、支配層と異る言語を使っていた異民族であることを示す記事とも解釈される」と書くが、この「サバメク」異人としての海人らの祀る神が、津守荒(安)人神なのである。

宮城十二門を守る氏族には、海犬養・若(推)犬養・県犬養(『弘仁陰陽式』『拾芥抄』門号起事・或書)などのほか、山氏・猪使氏がいる。これら海人・山人が門を守るのは、海人・山人の神が門客人神になるのと共通している。大海神社の神は、住吉大社の門客人神の性格をもそなえているのである。

住吉大社と大海神社は、ヤマト王権の海の神と、王権に服属させられた海人たちの神が、対《つい》で祀られたものであろう。

注

（1）西田長男「神楽歌の源流——安曇磯良を中心として」『古代文学の周辺』所収、昭和三十九年。

（2）山根徳太郎『難波王朝』一五〇—一五三頁、昭和四十四年。

（3）中村明蔵「阿曇氏とその拠点」「東アジアの古代文化」三三号・三四号。

住吉《すみよし》大社——星神としての筒男三神

住吉大社の祭神について『住吉大社神代記』は、第一宮・表筒男《うわつつのお》、第二宮・中筒男《なかつつのお》、第三宮・底筒男《そこつつのお》、第四宮・姫神、御名「気息帯長足姫皇后宮」と書く。「息帯」は、『古事記』の用字の挿入であろう（『日本書紀』は「気長足姫《おきながたらしひめ》」、『古事記』は「息長帯比売」）。現在は第一本宮・底筒男命、第二本宮・中筒男命、第三本宮・表筒男命、第四本宮・息長足姫となっているが、祭神の順序は『住吉大社神代記』に従うことにする。

祭神についての諸説

表・中・底の「筒男《ツツノヲ》」神については、次の諸説がある。海路を主宰する神だとする江戸時代からの説。津を司る長神《おさがみ》としての津之男神とする山田孝雄説。船の帆柱を立てる底部の柱の穴の個所を筒穴とよび、底に船魂《ふなだま》を安置するところから、船魂と筒の関係で筒男神の信仰が生まれたとする岡田米夫説。対馬の豆酘《つつ》の地を本拠としていた安曇系海人の「ツツの男」の意とする田中卓説。「ツツ」を「ユフヅツ」（金星）の「ツツ」として星の神とする吉田東伍説。このなかで田中説をもっとも拠るべき見解として、住吉大社宮司西本泰の『住吉大社』は、スペースを大きくとって採りあげている。[1]

田中卓は、対馬は「豆酘島と呼べる者再転して津島と為れるにあらずや」と『大日本地名辞書』で吉田東伍が述べている推測を引用して、対馬における豆酘の地の重要性を強調している。[2] しかし、そうだとすれば対馬に「筒男」を祀る神社がたくさんあっていいはずだが、対馬の住吉神社八社のうち、筒男三神を祀っているのは府中（現在の厳原《いずはら》）の住吉神社だけで、他は豊玉姫・神功皇后・宗像三女神など、女神に限定されていて、異質である。『延喜式』神名帳に

「名神大」とある雞知《けち》の住吉神社（下県郡美津島町）の祭神も、豊玉姫である。このような事実から、永留久恵は、「対馬の住吉神社が神功皇后の伝説を語り、和多都美《わたつみ》と一緒にされた祭祀の状況は、田中説に有利にみえる。しかし対馬には住吉という社名はあるが、ツツノヲの神名がないのは不都合である」と書いている。[3] 住吉八社の多くは東海岸にあり、西海岸や、豆酘とその周辺に住吉神社はない。豆酘が対馬にとって重要な地であることは事実だが、もし田中説のように「筒男」が「豆酘の男」なら、豆酘を中心として対馬全土に筒男三神を祀る神社があるか、すくなくとも住吉神社八社は筒男三神を祀るべきだが、ほとんどが他の海の女神であるから、田中説には賛同できかねる。

山田孝雄は「住吉大神の御名義について」で、従来の名義の解釈とその批判を書いている。まず、垂加流《すいか》の神道で「筒は土なり、敬《つつしむ》なり、敬をもって清明の験を得、故に筒男命といふ」とする解釈は付会の説であるとし、次に、本居宣長が『古事記伝』で、「ツツ」を「ツチ」と同じとし、「ツツノヲ」はツ（助詞）チ（尊称）ノ（助詞）ヲ（尊称）に底・中・表がつけられたものとする説にふれて、この解釈では、単に底・中・表の神という意になり、住吉三神は、実体のない神になってしまうと、批判している。また、鈴木重胤《しげたね》が『祝詞講義』で「筒は伝《つたふ》なり、伝とは海の底と中と上とを持ち分けて、その御霊の至り及ばせ給はぬ限無き事なり」と書き、航海の神とする説については、「伝」がどうして「ツツ」になるのか理解しがたいと批判している。また岡吉胤の『徴古新論』には「筒は津路の義にて、海路を司り給へる神なるべし」とあるが、「筒」と「津路」の関係が不明で「津路」の語も落ち着かないとし、吉田東伍の『倒叙日本史』の、「ツツ」を「ゆふづつ（金星）」の「ツツ」で星とする説については、根拠薄弱で従うことができないと批判する。そして、ツ（助詞の「之」）ツノヲ（津之男）と解する自説を述べ、たとえば「底筒男」は「底の津之男」で「津之男とは津を司る長神《おさがみ》の意」とみる。[4]

この山田説について田中卓は、「博士御自身が注意してをられるやうに、助詞の〝ツ〟と体言の〝ツ〟との重なったものを『筒』の一字であらはしたといふのは、果して穏当といへるであらうか。古事記の大戸惑子の『マドヒ・コ』の『ヒコ』を彦の意味に用ゐた例もあるから『非常な異例でもない』と博士は弁解されてゐるが、なほ例証に不足の憾みは禁じえない』と批判し、対馬の「豆酘の男」説を述べている。[5] 西宮一民も、『つ（連体助詞）津』を『筒』の借訓で表記するのは異常である」とし、津の男説より船霊《ふなだま》説をとる。[6] いずれにしても、「つ津」より「つつ」と解する方が穏当である。

ツツノヲを星神とする説

吉田東伍の「つつ」を星と解する説を、山田孝雄は「根拠薄弱」とするが、倉野憲司は吉田説にヒントを得て、「筒は星（つつ）で底中上の三筒之男は、オリオン座の中央にあるカラスキ星（参星）で、航海の目標としたところから航海を掌る神とも考えられる」と書いている。[7] また大野晋は、イザナキが火神カグツチを斬った十握剣《とつかのつるぎ》の「鋒《さき》より垂《したた》る血」によって成った磐筒男命および磐筒女命について、「ツツは星。色葉字類抄に『長庚　ユフツツ、大白星同』とあり、日葡辞書に Yŭtcuzzu、伊京集にユフツヅ、大白星・長庚とある。島根・壱岐・筑後久留米・大分・香川・徳島・高知で粒をツヅという。古く空の星粒をツツまたはツヅといったのであろう（軻遇突智《かぐつち》を斬る時に生れた磐筒男神・磐筒女神も、岩から散る火花を名づけたものと思われる）。住吉大神は航海の神であるから星によって名づけられたのであろう」と述べている。[8]

この両説について、日本思想大系の『古事記』補注で岡田精司は、「筒＝ツツを星と解する説が有力で、三神をオリオン座の三つ星にあてるなどしている。しかしこの説は宵の明星（金星）をユウツヅということが根拠であるが、ツヅだけで星をさす例はみあたらず、筒はツツであってツヅとは訓めないこと、等の理由から不可であろう」と批判している。[9] だが、倉野憲司は星のことを「ツヅ」とは書いていないし、大野晋も「ツツまたはツヅ」といったのであろうと書いているのに、「筒はツツであって、ツヅとは訓めない」と、自らに都合のいいように曲解して「不可」とするのでは、批判にならない。

倉野・大野の両氏はとりあげていないが、『和名抄』の「長庚」の条には、「太白星一名長庚、暮見於西方、為長庚此間云由不豆豆」とあり、「由不豆豆《ユフツツ》」と訓じているのだから、古くは「ツヅ」でなく「ツツ」である。『万葉集』の巻二には「夕星《ゆふつつ》之彼《の か》往此去《ゆきかくゆき》」（一九六）、巻五に「憂星《ゆふつつの》乃由布弊爾奈礼婆《ゆふべになれば》」（九〇四）、巻十に「夕星《ゆふつつ》毛往来天道《も かよふあまぢ》」とある。この

「星」を「つつ」「づつ」「つづ」などと『万葉集』の注釈本は訓ませているが、「つづ」の訓みは新しく、『和名抄』や『色葉(伊呂波)字類抄』の訓みに従えば、「つつ」と訓むのが正しい。このことは、『万葉集』が「星」と書いて「つつ」と訓ませていることからいえる。

倉野憲司は、筒男三神の「筒」を「カラスキ星即ちオリオン座の中央にある三つ星」と推測しながらも、「石筒之男神の筒を星と解し難いことが大きな障害となる」とし、山田孝雄説の場合も「石つ津の男とは解し難いから」「これもやはり石筒之男神が大きな障碍をなしてゐる」と述べ、「筒之男の三神の名義は、なほよく考へねばならないのである」と書く(10)。倉野憲司はふれていないが、船霊を安置する筒穴説も、「豆酘の男」説も、磐(石)筒男・磐筒女の「磐筒」の障碍を解かないと説得力がない。

日本思想大系の『古事記』は、「石筒之男神」について、「ツッは刀剣(つつ)の借訓という説がある」と頭注に載せながら、住吉の神の「筒之男」については、補注で「津の男」説をとる。つまり同じ「筒」をまったく別々に解釈しているが、これは倉野憲司のいう障碍をさけたことにはならない。

また、日本思想大系の『古事記』補注で岡田精司がとりあげる「ツッは刀剣(つつ)の借訓という説」(9)は、新潮日本古典集成『古事記』の西宮一民の説であるが、西宮一民は同書で、住吉の筒男三神については、「船玉の神を納める筒柱が、神そのものとして信仰されたことに基づくものであろうと理解できる」と書いている(6)。しかし、石筒之男と底筒之男が、石と底(中・表)のちがいから「刀剣」と「筒柱」に意味が分かれる理由の説明は、まったくなされていない。したがって、「理解できる」と書いても私には理解できない。

その点では、大野晋が、「ツッは粒の古語、磐が裂けて粒になって飛び散るによる命名」とし、補注で「ツッ」を星と解して、「岩から散る火花を名づけたものと思われる」と書き、住吉の三神を、星粒の「ツッ」からの命名としているほうが(8)、一貫性がある。

しかし、この大野晋の解釈について、倉野憲司は、「磐が裂けるなどといふことはこの神名から考へられない」「なぜ岩から火花が散るかがわからない」と批判し、『日本書紀』の一書の七に「軻遇突智《かぐつち》を斬る時、其の血激越《そそ》きて、天八《あまのや》十河中《そかはち》に所在《あ》る五百箇《いほつ》磐石《いはむら》を染む。因《よ》りて化成《な》る神を、号《なづ》けて磐裂神《いはさく》と曰《まう》す。次に根裂《ねさく》く神、児磐筒男神《いはつつのを》。次に磐筒女《いはつつのめ》神、児経津主神《ふつぬし》」とあることから、この系譜は「どういふ意味かよくわからない。しかし試みに言へば、磐裂・根裂（雷＝火）→磐筒男・女（礁＝錬鉄の石）→経津主（刀剣）、となるのではあるまいか。つまり鉄を火で焼き、礁の上で鍛へて、刀剣が出来るといふ意味である」と述べている。[10] しかし、倉野憲司は、磐筒男を錬鉄の石と解釈すると、底筒男など住吉三神を和名カラスキ星と呼ばれるオリオン星座の三つ星とみる自説と結びつかないので、磐筒男（石筒之男）を「障碍」とみなしているのである。では、磐筒男は住吉三神と結びつかないであろうか。私は、「障碍」といわれる「磐筒」は障碍にならないと考える。

筒男三神と韓鋤の三つ星

磐筒男について、『古事記』『日本書紀』ともに、火の神カグツチをイザナキが斬ったとき、十握剣《とつか》の先からしたたる血によって成る神と書き、この神の子に剣神フツヌシがいるとする一書の七の記事などから、カグツチを剣にかかわる神とみる点では、住吉三神ほど意見は分かれていない。ところで、『古事記』や『日本書紀』本文は、スサノヲは十握剣を抜いてヤマタノヲロチを斬ったと語るが、この十握剣を『日本書紀』の一書の三は、「韓鋤剣《からすき》」と書く。大野晋は「カラサヒノツルギ」と訓み、「韓鋤は、韓から伝来した小刀の意であろう。鋤は本来は、スキ。鉏に同じ」（日本古典文学大系『日本書紀』）と書くが、草薙剣を尾に呑みこんでいる大蛇の頭と腹と尾を、小刀で三段に斬れるはずはない。

また、この剣は十握（十挙）剣ということからみて（日本思想大系『古事記』の補注は、「ツカは小指から人差指までの幅（八〜一〇センチ）で、物の長さをいう単位である。そうすると、十挙剣は八〇センチから一メートルの剣ということになるが、八〇センチの剣は古墳から出土している例がある」と書いている）、大刀《たち》であって「小刀《さひ》」ではない。それをあえて「サヒ」と大野晋が訓むのは、「サヒ」なら日本語で「小刀」の意味があり剣に通じるが、本来の訓み方の「スキ」は農具であって、剣に通じないからである。しかし、オリオン星座のカラスキ星の意味にとれば剣に通じる。

磐筒男は十握剣によって成り、カラスキノ剣は十握剣だから、磐筒男—十握剣—韓鋤剣は結びつく。筒男三神をカラスキの三つ星とする説との関係を図示すれば、次のようになる。

カラスキノ剣———磐筒男
カラスキノ三ッ星——底（中・表）筒男

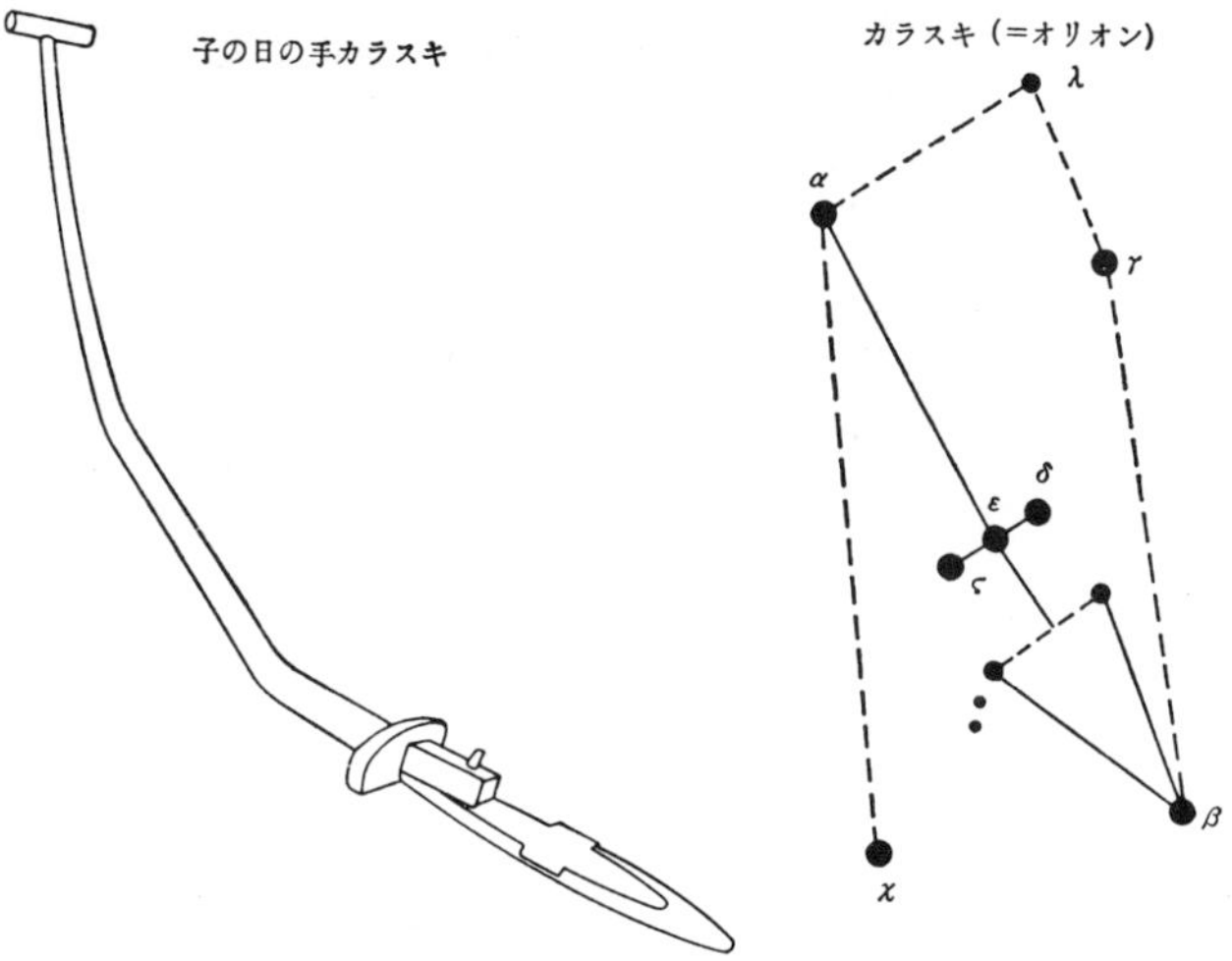

北沢方邦『天と海からの使信——理論神話学』（朝日出版社）より

正倉院の御物に、子《ね》の日の手韓鋤が二つあるが、その一つには、天平宝字二年（七五八）一月三日に孝謙天皇が使用したと記されている。この韓鋤は、正月の最初の子《ね》の日に宮中の神田で天皇が行なう、起耕の儀式に使われたものである。このカラスキと星座カラスキを比較してみれば、図のように、その一致は明らかである。この図は北沢方邦の『天と海からの使信——理論神話学』に載るものだが、北沢方邦も、カラスキ三星をスサノヲのカラスキノ剣とみている[11]。だが、この三星を住吉三神でなく宗像三女神にあてている点で、私見とは異なる。あえて北沢方邦のように、カラスキ（オリオン）星座の三つ星を宗像三女神にあてはめるとすれば、筒男の亦《また》の名が筒女とみれば可能であろう。

剣と星との関係を示すものに、正倉院御物の儀礼用直刀「呉竹鞘杖刀」がある。日本刀で最も古い製法の切刃法であることから国産といわれるが、この刀身には金象眼で四つの星座と六つの瑞雲が彫りこまれており、ツカに近いところにカラスキ三星がある。反転形で北斗七星もある。聖徳太子の佩刀と伝承される大阪の四天王寺蔵の「七星剣」も、反転形の北斗七星が彫られている。だから「七星剣」と呼ばれているが、野尻抱影は、群馬県の方言で北斗七星を「シチショウケンサマ（七星剣様）」という例をあげている(12)。このように剣と星との関係は深く、星神磐筒男が剣神になる理由もそこにある。いずれにしても、剣神には女神はいないから、宗像三女神にあてる北沢説を私は採らない。

住吉大神の祭神が剣とかかわりをもつ例に、『住吉大社神代記』が神宝の第一にあげる「神世草薙剣一柄」がある。今はないが、草薙剣とは十握剣（韓鋤剣）で、スサノヲがヤマタノヲロチを斬ったとき大蛇の尾から出てきた剣である。この剣は熱田神宮に伝わる神剣として有名だが、住吉大社にもあったため、『源平盛衰記』の「剣の巻」には、住吉と熱田の関係がみえる。ちなみに、熱田神宮を祀る尾張連と住吉大社を祀る津守連は、火明《ほあかり》命を祖とする同族であり、尾張連には海人的要素がある。

この住吉大社の草薙剣について、「験あり。日月五星、左青竜、右白虎、前朱雀、後玄武」と『住吉大社神代記』は記している。日月・五星・四神が剣に描かれているというのである。なお、藪田嘉一郎は、スミノエに「墨」の字をあてるのは「墨陽」という剣の名にちなむとして、『淮南子』の「修勢訓」に「剣に服するに銛利《せんり》を期す。而し墨陽莫邪《ぼくようばくや》は期せず」とあり、高誘の注に「墨陽莫邪は美剣の名也」、『広雅』巻八の「釈器」にも「墨陽鉅闕辟閭剣《ぼくようきよけつへきりよけん》也」とある例をあげている(13)。

『日本書紀』の一書の七の磐筒男神・磐筒女神化成の神話と類似した話は一書の六にもあるが、そこでは、剣からしたたる血がそそいで成った神と、はっきり記されている。これらの神を、鎌倉中期の学者卜部兼方の『釈日本紀』巻五「述義一」は、次のように書く。

私に問う。大八《おおや》洲《しま》及山川草木皆陰陽の所生にあらざるはなく、終《つい》に日神月神を生みて、未だ星神を生ずるを見ざるは如何。

答う。記紀の中誠に見る所なし。但《ただ》、此の紀の下に、星神香々《かか》背男《せお》云々。その父母神を注せずと雖《いえど》も若《もし》くは是《こ》れ諸冉（イザナキ・イザナミ）尊の所生か。旧史に云《いわ》く、師説共に此事を闕《か》く。今愚管を述ぶるのみ。

又、問う。春秋説題辞を案ずるに、星《せい》の言たる精《せい》なり。陽の栄ゆるや陽を日と為す。日は分れて星と為る。故にその字日生を星と為す云々。然《しか》るときんば、已《すで》に日神を生む。其の精分れて星と為る可《べ》くは、陰陽二神別に星神を生むべからざるか。

答う。漢家の風儀と日域の古事と史書の注す所和漢皆異れり。更に比擬し難し。日月已《すで》に生じて天に懸る。然らば陰陽二神何ぞ星神を生ぜざらんや。天書に曰《いわ》く、経津主《ふつぬし》神は天の鎮神なり。その先諸尊より出づ。初め諸尊軻遇突《かぐつ》智《ち》を斬るに血赤霧となる。天下陰闇、直ちに天漢に達し、化して三百六十五度、七百八十三の磐石となる。是れ星度の精を謂えるなり。気化して神と為る。号して磐裂《いわさく》と曰《い》う。是れを歳星の精と謂《い》う。裂、根去《ねさく》を生む。是れ螢惑《けいわく》の精と謂う。去《さく》、磐筒男を生む。是れを太白の精と謂う。男は磐筒女を生む。是れを辰星の精と謂う。女は経津主を生む。是れを鎮星の精と謂う。

兼方之《これ》を案ずるに、星精の化生、天書已に粲然《さんぜん》たり。先賢猶《なお》委曲に迷えるか（傍点は引用者）。

歳星は木星、螢惑は火星、太白は金星、辰星は水星、鎮星は土星で、住吉大社の草薙剣に描かれている「五星」は、この木・火・金・水・土の五星のことである。このように卜部兼方は、磐筒男などを星神にしているが、兼方の意見を受けて一条兼良は、『日本書紀纂疏』巻三で、

張衡曰く、水精を天漢と為すと。五百筒磐石は星辰を謂うなり。按ずるに、通志略に載す。殷の巫咸、斉の甘徳、魏の石申の三家の説に曰く、経星すべて三百座。一千四百六十五星の内、二十八宿の計一百六十六星、此れを五百筒と謂えるは、五行の満数に配せるなり。然らば則ち石の星たるは何ぞや。曰く、春秋に曰く、星隕《お》ちて石と為ると、前漢（書）の天文志（『史記』の「天官書」）に曰く、星は金の散気なり、その本を人と曰うと。孟康曰く、星は石なりと。金石相生ず。人と星と相応ず。春秋説題辞に曰く、星の言たる精なり。陽の栄なり。陽を日と為す。日分れて星と為る。故に其の字日生を星と為すなりと。諸説を案ずるに星の石たること明らけし。また十握剣を以て

軻遇突智《かぐつち》を斬るは是れ金の散気なり。

と書く。卜部兼方や一条兼良も、星と石との関係から、磐筒男らを星神と解しているのである。

住吉大社の摂社に星宮がある。祭神は国常立命になっているが、寛政十年（一七九八）に出版された『摂津名所図会』には、「星宮、坂之井邑にあり。祭神太白星・磐裂・根裂の三星なり」とある。この三星は、卜部兼方が『釈日本紀』に引く『天書』の、金星の太白（筒磐男）、木星の歳星（磐裂）、火星の螢惑《けいわく》（根裂）である。『天書』では、『日本書紀』の軻遇突智《かぐつち》を斬って生まれた五神を五星（火・水・木・金・土星）にあてており、したがって星宮の祭神も五星にすればいいのに、あえて三星に限定していることも、筒男三神との関連を暗示していて興味をひく。

西宮一民は、住吉大社を航海の星神とする説について、「古代の航海は潮流と風向きと磯づたいによったもので、この説は成立しない」として、船玉（霊）説をとるが(6)、方向を知るうえで、昼間の太陽や夜明け・夕べの星をまったく無視していたなどということはありえない。磯づたいの航海であろうと、方向は山や島と太陽・星・月の位置によって判断していた。藤原浜成が宝亀三年（七七二）頃に撰したといわれる『歌経標式』に載る、久米広足の「春日山峯漕ぐ船の薬師《やくし》寺《てら》淡路の島のからすきのへら」という歌は、意味不明の歌といわれるが、「からすきのへら」（「へら」は「靴べら」などの「へら」と同じ）を、淡路島の上にかかるオリオン星座と理解すれば、星と航海との関連から、薬師寺が「漕ぐ船」とみたてられたと解される。

オリオン三星と航海

オリオンの三つ星について、野尻抱影は、「三つ星は天の赤道に位置して、正しく東から昇り、正しく西に入るので、海上では重要なアテ星となる。安永年間の俳人暁台の《佐渡日記》には、『……未練の舟子哉、あれ見よ三つ連たる星にあてゝやらんには礦輪かならずはぐるべからず、おせや〳〵と舷をたたきてをたけびす。……又三つぼしにあてて漕ぐほどに、あれよ、磯かたに火の二つ見ゆるぞ、よせよ〳〵と曳々《えいえい》こゑを出してやりければ、小木の間といふに舟入なり云々』とある。戦時中の実話では、東支那海で爆沈された輸送船からボートで脱出した人たちが、オリオンによって方角を知り、台湾北部の無人島に漕ぎつけて全員助かったと、甥が話して、星は単にロマンチックなものではありませんと、たしなめるようにいった。それが別れで、今もガダルカナルの海底に艦を柩に眠っている。登山家が道に迷ったときに雲間の三つ星を見つけて命拾いをしたという話もめずらしくない。（中略）また、静岡県榛原郡地方の漁夫は、三つ星が西に沈むころを、『入り合いナギ』といい、海の最も静かな時刻としている」と書いている。[14] このことからも、古代の航海は星を無視していたとする西宮説は成り立たない。

また野尻抱影は、「前水産研究所の石橋船長は、八ノ戸鮫町の老船長の話で『イカ釣り船の船頭は、星を見ることがへたではやれない。さんこう（三光＝三つ星）の上りまどは漁をあきらめずにつづける』と聞いた。（中略）また、イカの他にも、宮本常一氏の採報には、福井県三方郡地方で、『カラスキが宵に現れるころになると、アジやサバがよく食うといっている』とあった」とも書いている。[14]

野尻抱影が書く、このような例からしても、「三ツ星」「カラスキ星」と呼ばれるオリオン星座が、漁民にとっていかに重要であったかは明らかである。明の茅元儀の『武備志』巻二百四十の「鄭和航海図」の「海洋牽星図」に記す「布司星」も「三ツ星」のことであり、中国でも「三ツ星」を航海の目標にしていたことがわかる。

金星は磐筒男、三つ星は表・中・底筒男

金星については『和名抄』に、「太白星、一名長庚《由布都々》」とあるが、「長庚」の「庚」は陰陽五行説では「金」である。藪田嘉一郎は、住吉三神の筒男を、金星の「ユウツツ」とみて、「ユウツツ」は「金の精であった。この太白金星は殆ど年中西にまた東に出現し、その光輝が鮮明であるから、古代の航海者にとっては、一つの天然灯台であった。古代の航海者の一部族であった安曇氏がこれを神と崇敬するのは当然である。『万葉集』巻二の一九六の歌に『夕星之《ユフツツノ》　彼往此去《カユキカクユキ》　大船《オホフネノ》　猶預不《タユタ》定見者《フミレバ》』とあり、また巻十の二〇一〇の歌に『夕星毛《ユフツツモ》　往来天道《カヨフアマヂヲ》　及何時鹿《イツマデカ》　仰志将待《アフギテマタム》　月人壮《ツキヒトヲトコ》』とある。新月・半月を天の海を航く船に見立てるのはわが古詩人の常套で、夕星も随って天の炉台と見られたのである。位置によってユフツツが最も高く上がるのを上筒男、中空にかかるのを中筒男、最下にあるのを底筒男といったのであろう（標準は高三舎）。古人の心理では天《あま》も海《あま》も同じものであるので、神話では水上に成れる神、水中に成れる神、水底に成れる神としたのである」と書く(13)。

しかし、前述したような理由から、私は住吉三神を三つ星と推定し、金星を磐筒男神にあてたい。卜部兼方、一条兼良も、磐筒男を「太白の精」、金星としている。金は荒金（鉄のこと）の精だが、荒金の精は剣である。剣にかかわる磐筒男は金星、航海にかかわる表・中・底筒男は三つ星とみたい。だが、金星も航海と無関係でないことはいうまでもない。

神殿の配置と三つ星

住吉大社の神殿・拝殿が図のように西面し、三社が独立して並んでいることも、三つ星に関係があると考えられる。神が一座以上の場合は、南面して横に並ぶのが普通であるが（筑前と長門の住吉神社も例外ではない）、住吉大社の場合は東西に縦に並んでいる。西面の理由を、住吉の神は航海神だから海に向けたというのなら、西面して横に並べればいい。縦に並ぶのは、まったく異例である。

野尻抱影は、「三つ星は初冬のころ、真東から現れるときは縦一文字に立ち、南中のころから斜めに傾き、暮春のころ横一文字となって真西の地平へかくれて行く。この出入りと位置とを見て、漁村・農村の人たちは、それぞれの作業の季節を誤らなかった」と書き(15)、また、住吉大社の筒男三神が「次ぎ次ぎと海から生まれたとする神話は、ミツボシが直立して、一つ一つ海から現れる姿をしきりに思わせる。現在でも諸地方の漁師は、ミツボシを土用一郎、二郎、三郎と呼び、その三日にわたり、沖から一つずつ昇ると言っている」と書いているが(16)、神殿が東西に縦に三つ並ぶのは、この三つ星の「直立」とかかわるのではないだろうか。

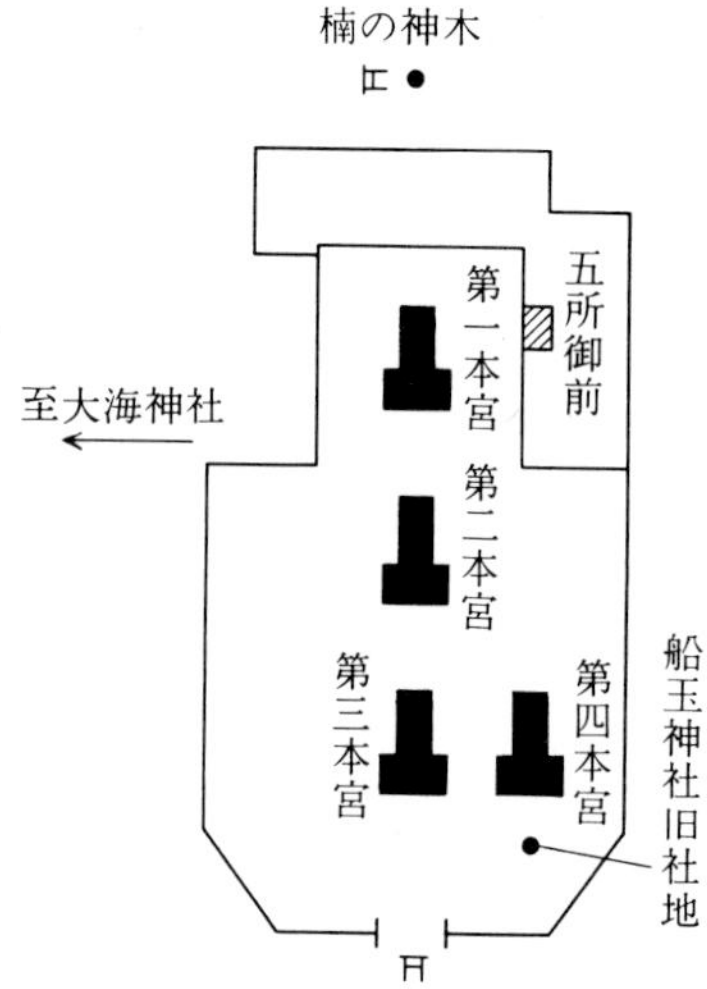

住吉大社概念図

住吉大社の神殿はすべて西面しているが、出雲大社は、神殿は南面し、神殿内の神座《かみくら》は西面している。鹿島神宮の神殿は北面し、神座は東面している。和歌山市の日前《ひのくま》・国懸《くにかかす》神宮は、神殿は南面し、神座は東面している。これらの場合は、神社の東と西の方向に海があるから海に向けたともいえるが、松江市の神魂《かもす》神社は神殿は南面し、神座は海のない東を向いている。また京都の伏見稲荷大社の神殿は西面しているが、その方向にも海はない。大神《おおみわ》神社の拝殿が西面しているのは東の三輪山を拝するためであり、伏見稲荷大社の神殿・拝殿も、東の稲荷山を拝するために西面している。しかし、住吉大社のように、三つの神殿が縦に並んで西面しているのは異例である。

さらに、西面といっても真西を向いていない。神座は東南東方向を背にしている。この角度からみて、旧正月（立春）の頃に昇る朝日を拝するための東南東方位とも推測できる（オリオン座の子午線経過は二月五日、立春の翌日だから、そのことにかかわるとも思われる）。

オリオンの三つ星と農耕祭祀

住吉大社の祭神は航海神だが、農耕神でもある。六月十四日の御田植神事は著名である。三つ星が農民に種まきを知らせる星であることは、野尻抱影の「農村と三つ星[17]」にくわしい。

土居光知は、中国の伝説上の皇帝舜の皇宿がオリオン星座であることから、「堯は舜に、彼の二皇女と九男を托して共に住ましめたというが、オリオン座で肉眼に見える星は十二であって、参星を舜と、その左右に並ぶのは二人の后とし、残りの九星を日神の九人の男子（星は日の生んだもので、日の子という思想であった）とすれば、『史記』の語を理解することができよう。舜が危難を免かれた『井宿』もその左肩（オリオンは地球の方に向かい、天に対しては、後ろ向きになっているので）のところにある。井宿は双児座の足部の宿である。オリオン座とスバル座の間に畢《ひつ》宿（Aldebaran を主星とする）がある。日本では『あめふりぼし』とよばれている。『孟夏の月日畢あり』といわれているように、この星が夜中空に上るころ五月雨があって、田植に多忙なときであった。……かくオリオン星は左肩の上に井をもち、右肩の上に雨降り星をもち、人畜や田畑に、春、夏の間水を与えた。舜もまた井を掘り、九疑の山から雲を起し、田畑に幸して雨を降らした」と、オリオン座が農神舜の星になった理由を述べている[18]。

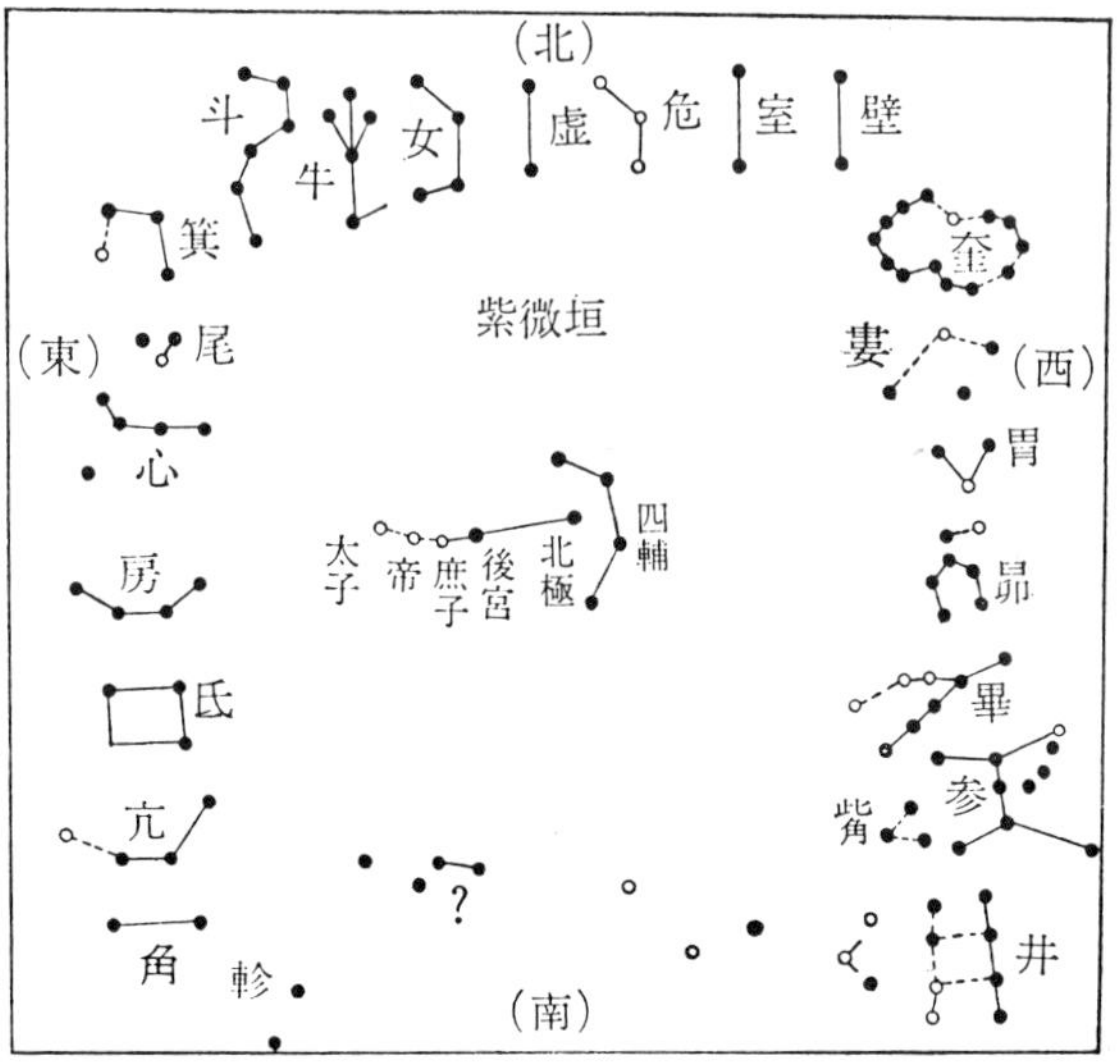

野尻抱影『日本星名辞典』（東京堂出版）より

土居光知の書く参宿（オリオン座のこと。参宿というのは、オリオン座を代表する星が三つ星だからである）を住吉大社の祭神とする視点で考えれば、住吉大社の御田植神事も、祭神三つ星（筒男三神）と結びつく。

浦島伝説と星

参宿、井宿、畢宿は、中国の二十八宿の星名である。図は、高松塚古墳天井の二十八宿を野尻抱影が作図したものだが、天の中心にある北極星（太極・太と一いい、日本の神では天御中主神《あめのみなかぬし》）は、参宿の位置から西北西にあり、参宿の位置を住吉大社とすると、本殿も同じ方向に向いている点が注目される。

この参宿の隣に畢宿《ひつ》（牡牛座の頭部、あめふり星）、その隣が昴宿《こう》（プレアデス星団、すばる星）であるが、『丹後国風土記』逸文の浦嶼子《うらしまこ》の物語に、この畢宿（畢星）と昴宿（昴星）の話が載っている。

浦嶼子が美しい娘に案内されて海中の玉楼（竜宮城）の門の前までくると、娘は浦嶼子を門の外に待たせて中へ入っていった。やがて、七竪子《ななわらわ》と八竪子《やわらわ》が門の外へ出てきた。彼らとの話で、娘は亀姫といい彼らは亀姫の夫であることを知った。そこへ亀姫が門から出てきたので、竪子のことを聞くと「七竪子は昴星《すばる》。八竪子は畢星《あめふり》です。恠《あやしむ》ことはありません」といって、竜宮城のなかへ案内し、亀姫は父母に浦嶼子を紹介したとある。

図でみればわかるように、昴星は七つ、畢星は八つである。海中に星があらわれることについて、秋本吉郎は「海上の仙境と天上の仙境とを混じて語っている」と書いているが、(19)なぜ「混じて語」らねばならないのだろうか。野尻抱影は「竜宮城ともいわれる場所にどうして昴星・畢星が童の姿で天下っているのか、これは浦島でなくても怪しむし、どんな仙郷伝説にも類はない」と不思議がっているが(20)、この謎を解く鍵は浦嶼子にある。

浦嶼子は、丹後国与謝郡日置里筒川村の日下部《くさか》首等の先祖筒川嶼子のことだと『風土記』は書く。筒川嶼子は、塩筒老翁とダブルイメージである。鈴木重胤は、塩筒(土)老翁と住吉大神は同一神だと『日本書紀伝』で書くが、西本泰も「〈塩ツツの老翁〉は〈(底・中・表)ツツの男の命〉と語幹をひとしく、同じ神格、ないし実体を有する神とみてよい。したがって、住吉大神(筒男命)が現形せられた神を塩筒老翁として語られているものと考えられる」(『住吉大社』)と書いている。住吉明神は白い鬚《ひげ》をはやした老翁の姿で庶民に親しまれているが、浦嶼子も海中から現れると老翁になっている。この海中から顕現する老翁は、いずれも「ツツ」という名をもつ。とすれば、先の話は参星《みつぼし》の浦嶼子のところへ昴星《すばるぼし》・畢《あめふりぼし》星がきたことになる。それらが豎子《わらわ》(童)なのは、海《わたつみ》の神を「少童《わだつみ》命」と書くことと関係があろう。あるいは、星は字のごとく日から生まれた日子だから、豎子になっているとも考えられる。

日の御子とヒコホホデミは、塩筒老翁の教えにしたがって、海中のワタツミの宮に行き、海神の娘豊玉姫の夫になっているが、昴星・畢星も海神の娘、亀姫の夫である。ヒコホホデミ(『古事記』では天津日高日子穂々手見命)は、門の前の井のそばにある湯津香木《ゆつかつらのき》にのぼっていたが、浦嶼子も門の前にいて昴星や畢星に会い、亀姫に導かれてワタツミの宮で亀姫の夫になる。つまり、星(参星・昴星・畢星)はすべて海神の娘の夫ヒコホホデミであり、だからこそ筒川嶼子というのである。そして、海神の娘の夫になることによって塩筒老翁にもなる。ヒコホホデミに海神の宮を教える塩筒老翁は、かつての日子(星)であろう。

浦島伝説と摂津と日下部氏

この浦島伝説が住吉大社とかかわることについては、星神と海神の共通性だけでなく、筒川嶼子が日下部首であることがあげられる。日下部首については、『新撰姓氏録』(和泉国皇別)に「日下部宿禰と同祖、彦坐命《ひこいます》の後なり」とあるが、摂津国皇別に、日下部宿禰について「開化天皇の皇子の彦坐命より出づるなり」とあり、また依羅《よさみ》宿禰について「日下部宿禰と同祖、彦坐命の後なり」とある。このように日下部宿禰・日下部首・依羅宿禰は同族だが、『日本書紀』神功皇后摂政前紀九月の条に、神功皇后の西征に際し、住吉の荒魂・和魂を依網吾《よさみあ》彦男《びこお》垂見《たるみ》を神主として祭らせたとある。『続日本紀』天平勝宝二年（七五〇）八月十六日の条にも「摂津国住吉郡人、外賜五位下依羅我《よさみあ》孫忍麻呂《びこおしまろ》等五人に依羅宿禰の姓を賜う」とある。摂津国住吉郡の式内名神大社大依羅《おおよさみ》神社は、住吉の筒男三神と依羅我孫氏の祖を祀っているが、浦島伝説の日下部首の祖が筒川嶼子であるのは、筒男三神の筒男と無関係ではなかろう。

日下部は仁徳天皇の皇子、大日下王・若日下王の名代であるが、『日本書紀』安康天皇元年二月条と雄略天皇十四年四月条に、大日下（草香）王に仕えた難波吉士《なにわのきし》日香蛟《ひかか》は、大日下王が無実の罪で死んだのを傷《いた》み、みずから王の頸《くび》を抱き殉死したが、のちに讒言《ざんげん》であることがわかったので、日香蛟の子孫を探して彼らに「大日下（草香）部吉士」の姓を賜わったとある。この日下部吉士は天武朝に難波連となっているが、『正倉院文書』では、日下部吉士の一族と思われる日下部忌寸《いみき》が、摂津の東成郡の郡司になっている。この難波（日下部）吉士の祖は天之日矛《あめのひぼこ》である（難波吉士については、『神社と古代王権祭祀』の坐摩神社・比売許曽神社・生国魂神社の項参照）。

このように日下部が摂津とかかわっていることからも、日下部首の祖の浦嶼子の伝説は、住吉大社と無縁ではない。それを裏づける実例に、『万葉集』巻九の「水の江の浦の島子を詠む一首」と題して載る長歌（一七四〇番）がある。この長歌には「春の日の霞める時に墨の江の岸に出でいて……」とある。水野祐は「この『万葉集』の伝説歌謡の題材となっている浦嶼子伝説は、丹後国のそれと関係がなく、それと別なもので、その伝承地を摂津国住吉の浦とする」と書く[21]が、前述したように関係がある。

ただ、『丹後国風土記』や『日本書紀』雄略紀に載る伝承には「蓬来《ほうらい》」という神仙思想が入っているが、『万葉集』の伝承には固有の常世《とこよ》観がみられることから、佐々木信綱は「諸伝中、この万葉集の長歌が最も浦島伝説の原始的、また本原的の形を有している」（『万葉集選釈』）と書いている。その長歌の舞台は丹後でなく墨江だから、住吉の神を祀る海人たちの伝承が、日下部（依羅《よさみ》）氏をとおして丹後の日下部首の始祖伝承になったと考えられる。この浦島伝承に星が登場することを、住吉大社の筒男三つ星とみる自説にひきつけて推測すれば、中国の二十八宿の参星・昴星・畢星の関係から、昴星・畢星が登場したのであろう。

海中の牡牛と住吉明神が闘う絵巻

住吉大社と星については、サンフランシスコのアジア美術館所蔵の『八幡縁起絵巻』（十四世紀後半の南北朝時代に書かれたといわれる）にある、海中から出現した牛を住吉明神が素手で投げ倒している絵が問題になる。この絵について、草下英明は次のように書いている。

「波の間から黒い大牛が角をふりたてて上半身を見せている絵を見た時、あれ、こいつはどこかで見た形だなと思ったものだ。まさしく、この牛の姿勢は、星座の牡牛座の絵姿に間違いない。（中略）もし、この図を、十四世紀の日本で作られた絵巻といった先入観を与えず、星座のことに詳しい人に見せたならば、十人が十人、牡牛座が描かれているというだろう。（中略）住吉明神がオリオンの三つ星であるならすぐ隣りの牡牛座と対決していてもおかしくはない（本当は実におかしなことなのだが）。住吉明神と名乗る老人の姿勢も、そう考えればなんとなくオリオンの姿に似ているような気もしてくる。（中略）なお、興味を惹かれるのは、上代日本人は、（日本人に限らないようにも思われるが）星が海中から生れたり、出現する如くに考え、星が海中に存在していても不思議ではないと思っていた節がある。住吉明神がオリオンの三つ星とすれば、水底から誕生したのもその一つ、住吉明神と闘った牡牛座にそっくりな怪牛も海中から出現しているし、もっと面白いのは、丹後風土記の浦島太郎伝説（原文は現存せず、十四世紀に書かれた『釈日本紀』十七に一部が引用されているもの）にも、浦島太郎が海中の竜宮城に到着すると、七人と八人の童子が出迎え、七人の方が昴星《すばる》、八人の方は畢星《あめふり》（ヒアデス星団）であると説明されることだ。（両方合わせれば、牡牛座になる!!）海の中に星がいるなんて、おかしいじゃないかと思うのは、現代人の先入観で、おそらく四周海にかこまれていた（という自覚はなかったかも知れないが）昔の日本人は、海の中に星が住んでいたり、星が生まれてくる場所があると、当り前に考えていたのではなかろうか。少くとも海岸の近くに住んでいた人々は、そう考えても無理ではないだろう。『天稚彦草子』の主人公が海竜王でありながら天界とも往来しているという矛盾も、すんなり解釈できるのではなかろうか？」[22]

『天稚彦草子』でも海竜王は星になっているが、なぜ海中の牡牛と住吉明神は闘うのか。草下英明は「本当は実におかしなことなのだが」と書いているが、それは、『備前国風土記』逸文に「神功皇后の御舟、備前の海上を過ぎたまひし時、大きなる牛あり。出でて御舟を覆《くつがへ》さむとしき。住吉の明神、老翁と化《な》りて、その角を以て投げ倒したまひき。故にその処《ところ》を名づけて牛転《うしまろび》と曰《い》ひき。今、牛窓《うしまど》と云ふは訛れるなり」とある伝承によるものであろう。

また、『丹後国風土記』の亀姫の夫になろうとする参星（浦島）が、門から入ろうとすると、昴星と畢星が門の外へ出てきて、私たちは亀姫の夫だと名乗る例が参考になる。昴星と畢星が一緒に現れるのは、一緒になると牡牛座になるからである。この牡牛は亀姫の夫で、これから夫になる浦島のライバルである。

『丹後国風土記』には書かれていないが、この牡牛（昴星と畢星）は、夫になろうとする浦島と門前で闘い、敗れて亀姫の夫としての権利を失ったという意味が秘められているのであろう。そうでなければ、なんのために浦島が門前で待たされ、そこに昴星と畢星が現れ、自分たちは亀姫の夫であることを浦島に告げるのかわからない。夫であることを告げるのは、ライバルとしての闘いの宣言であろう。だから、浦島が勝ったところへ門が開いて亀姫が現れ、竜宮城へ導かれ、父母に紹介され、亀姫の夫と認められるのであろう。こう解釈すれば、『丹後国風土記』の浦嶼子の伝説に昴星と畢星が登場するのも理解できる。

浦嶼子と住吉明神とがダブルイメージであることは前述したが、牡牛が海中から出てきて住吉明神と闘う絵図についての、「なぜ海中から牛が出てくるのか」という問いの答えも、やはり『丹後国風土記』の浦嶼子の伝説が示唆している。海中の昴星と畢星が、牛として描かれたのであろう。この牡牛のイメージは、推古朝のころ入った黄道十二宮の一つである牡牛座の影響かとも考えられるが、いずれにしても、『八幡縁起絵巻』の絵は、筒男三神を星とみたてたものと推測される。

神功皇后伝説と日神・星神

住吉大社には、筒男三神と神功皇后（第四本宮）が祀られている。

『日本書紀』によれば、神功皇后は、難波に入る前にホムタワケ星子（応神天皇）と紀伊国日高で会うが、「昼の暗きこと夜の如く」になり、「常夜《とこやみ》行く」という状態になったので、紀直の祖豊耳に問い、その託宣によって、日の光が再び照り輝くようになったという。この話は、太陽の死と復活、つまり日の御子の誕生説話である。即位儀礼の大嘗《だいじょう》祭が、太陽の死と復活の冬至祭に重なっているのと同じである。そのとき、死んだ太陽（日神）を再び出し奉り復活させたのが紀直だが、紀直は住吉大社ともかかわっている。

『住吉大社神代記』には、「大八島の天の下に日神を出し奉るのは船木の遠祖、大田田命《おほたた》なり」とあり、大田田命は神功皇后の西征や新羅遠征の船をつくり、神功皇后や日の御子をのせたとある。この船木氏は、津守氏らと共に住吉大社の大禰宜《おおねぎ》・大祝《おおはうり》であったと書かれているが、船木氏が造った船を武内宿禰が祀ったのが紀伊国の式内名神大社の志磨《しま》神社・静火《しずひ》神社・伊達《いたち》神社の三社であり、この三社は船玉神で紀国の紀氏神《きのうじのかみ》であると『住吉大社神代記』は記している。この紀氏とは紀直（紀国造）であり、武内宿禰は紀直の娘を母として紀臣らの祖となっている。この紀直の祀る船玉神社は、神功皇后を祀る住吉大社第四本宮の正面にあった。

このように、当社にかかわる神功皇后と紀直の伝承は、『日本書紀』『住吉大社神代記』では、星の神でなく日の神祭祀の伝承だが、星の神と日の神は、古代人のイメージのうえでは重なっている。

一条兼良が『日本書紀纂疏』で引用する『春秋説題辞』には、「日分れて星と為る。故に其の字日生を星と為す」とある。日が分かれたのが星ならば、星は日の御子であるが、星の古い字形は晶に生であり、「日生」でなく「晶生」である。だから、『春秋説題辞』の説はそのまま受け入れるわけにいかない。

「晶」は「日（太陽）」を三つ重ねた字だとみて、『大漢和辞典』（諸橋轍次）や『漢和中辞典』（貝塚茂樹他）は光の極盛を示した字とし、『漢和中辞典』は「昌」についても、「日を二つ重ねて日の光のさかんなさま、ひいてさかんなことを意味する」と書く。とすれば、「晶生」は「日生」と同義である。しかし『漢和大字典』（藤堂明保）は、「晶は、星が三つ光るさまを描いた象形文字」だとし、『字統』（白川静）も、晶は「星の光、三星をもってその晶光を示す」と書き、昌についても、「星の二つある形。日は星の象形。二星を合わせて、星の明るい意とする」と書く。このように、「日」

を太陽または星とする二つの見解がある。

だが、この二つの見解は、二字以上の「日」が並んだ場合であって、一字の「日」を星とする見解はない。しかし、「昴《すばる》」という字は一字の「日」で星をあらわす。これは、初冬の日没後の東の中空に昴星がみえることから、東をいう「卯」を星の「日」につけたのであろう。

このように、「日」に星と太陽の意味があるのも、天空で光るものとして星と日が同じものとみられていたからであろう。つまり、「日」は天空において「光るもの」の意と考えられる。月も「光るもの」だが、「月」という象形文字が、満ち欠けする月を示し、三日月の表現であることからみて、別扱いにされたのであろう。

『説文解字』（後漢の許慎〔五八―一四七頃〕の著、中国で最も古い漢字の解説書）は、「日」は「太陽の精で欠けず」「月」は「太陰の精で闕《か》く」と書き、星は「万物の精」と書く。星は太陽と太陰の精を生む「万物の精」であるところから、「精」の意味の「生」を加え、「万物」を示すために日を三つ並べる「晶」とし、それが略されて「日生」になったのである。「精」「生」を共に「セイ」と訓むのも、そのためであろう。

この「万物の精」から「太陽の精」が生まれた。星は万物の「種」であり、この「種」が集まって一つになったのが太陽と太陰であり、欠けぬものが陽、欠けるものが陰とみられたのである。古代日本人の考え方は、この古代中国人の日・月・星についての考え方ほど体系的でないにしても、基本的には大差なかったであろう。夜の星は昼の太陽の「種」とみられていた。だから星神信仰は、日神信仰に包含されてしまったのであろう。しかし航海民にとって、具体的な水先案内として星は無視できない存在であった。

昴星は牡牛座にあり、三つ星は牡牛と対峙するオリオン座にある。三つ星は天の赤道に位置して正しく東から昇り、正しく西に入る。つまり、海上では重要なアテ星であった。東から昇る点では太陽と同じだが、どちらも航海にとって重要な目印である。船木氏が日神を祀ると『住吉大社神代記』は書くが、それは、星を含めた天体としての「天照」の神を船木氏が祀ったという意味にも解されよう。

船木氏は「日神を出し奉る」と『住吉大社神代記』は書くが、この「船木」は、単に船材だけでなく、船のなかに立つ船霊降臨の木（筒柱）の「船木」を意味するとも考えられる。伊勢神宮の御神体の鏡は「船（御船代《みふねしろ》）」に入れてあり、この御船代のある床の下に「心《しん》の御柱《みはしら》（忌柱《いみはしら》）」がある。この柱こそ筒柱であり、鏡（日神）の船（御船代）は船魂（日神）をのせた船である。『住吉大社神代記』に、大田田命の子神田田命の孫が伊勢津比古《いせつひこ》命で、伊勢の船木にいると記されているのも、そのためであろう。

この伊勢の船木直は宇治土公《うじとこ》（うじのつちのきみ）と重なる（拙著『日本古代試論』参照）。宇治土公の祖は太田命・神田命といい、その祖を猿田彦とする。猿田彦が船玉神で（船玉神社の現在の祭神は猿田彦と天鳥船）、猿田彦に日神の性格があることは、松前健ら神話学者たちが論じている。住吉の船木氏が、住吉大社の神木や、神の船の木材を伐り出す役目を果たすように、心の御柱や御船代の木材を伐り出す役目は、伊勢船木氏の宇治土公の役目である。

このような伊勢神宮と当社の伝承の一致からすれば、伊勢の天照大神は住吉大社の祭神神功皇后と重なる。『神社と古代王権祭祀』の伊勢神宮の項で述べたように、天照大神は、日神を祀る日女《ひるめ》が、祀られる日神に成り上ったものだが、日女は日妻である。その点では、神功皇后も、日の御子ホムタワケ（応神天皇）の母として皇祖神（皇母）天照大神と同性格である。とすれば、筒男三神は、日の御子としての性格をもつ。神功皇后と筒男三神は、母子神の関係にある。

住吉大社の大祭を「卯の葉神事」という。この神事を真弓常忠は「御阿礼神事」とみるが(23)、「御阿礼」は神の誕生をいい、「阿衣平止女《あれをとめ》」とは、神妻・神母、つまり日女をいう。神功皇后は「阿礼平止女」である。この神事は卯月卯日を定日とする。『帝王編年記』にも、「神功皇后十一年辛卯、住吉神顕神」とある。卯方位（東）は、朝に日が昇り、夕べに三つ星が昇る方位である。昴も「日の卯」である。この神事は、「阿礼平止女」が三つ星や朝日を生む（阿礼）神事と考えられる。

「筒」の意味と船魂

「つつ」が航海にかかわる例としては、『日本書紀』の海宮遊幸神話（一書の四）に登場する塩筒老翁《しおつつのおじ》（紀の本文や記は「塩土」と書く）があげられる。塩筒老翁は、火折尊《ほおり》（神武天皇の父、彦火火出見尊）が海宮（竜宮）へ行く航海の案内と守護の神で、「塩」は「潮」の意である。鈴木重胤は『日本書紀伝』で、住吉三神を一神とした名が「塩筒老翁」だと解しているが、『住吉大社神代記』でも、「塩筒老人」は住吉大神のかわりに国見をしたとある。だから田中卓も、「塩筒老人は住吉大社神の御使ないし現人神」（『住吉大社史』）だと書いている。この筒の名をもつ「塩筒老翁」の性格からも、「筒」のもつ意味は明らかである。航海の案内と守護をするのが「つつ（星）」なのである。

船の中央に立てる柱を「つつ」といい、その柱の下部の穴に船霊を納めるところから、この「船魂」を住吉三神の「筒」にあてる説があるが、柱は天と海を結ぶものだから、「船霊」の降臨する柱を「つつ」といったとも解しうる。「住吉と申すは船路を護りの御神にて……船玉神とも申すなり」（『国姓爺合戦』）といわれるように、住吉神と船玉（魂）は一体化している。

真弓常忠は、「船玉神社の祭神は、本来は住吉大神の荒御魂と断定してよいであろう」と書いているが[23]、船玉（魂・霊）社の祭神が猿田彦なのは、猿田彦が先導神だからである。

猿田彦は荒ぶる神である。荒魂の「荒」は、誕生の「阿礼」と同じ意であり、和魂・足魂が「実」なら「荒魂・生魂」は「種」である。古代の人々は、星を太陽の「種」とし、夜の天空にまたたく多数の「種」が「実」となって、東（卯）の空に現れるのを朝日とみた。このような種と実の関係が星と太陽の関係であり（それが「晶生」と書く「星」の本来の字に表れている）、その関係を当社の祭神は示している。しかし、「種」としての荒魂を船玉神社・大海神社の祭神とし、「実」の和魂を住吉大社の神に限定しようとしたため、本来の星神としての要素は、記・紀その他の文献にも、現在の信仰にも現れてこないのである。

注

（1） 西本泰「住吉大社の鎮祭」『住吉大社』所収、昭和五十二年。

(2) 田中卓「ツツノヲの命と対馬の豆酘」『住吉大社史』所収。
(3) 永留久恵「住吉神社」『日本の神々・1』所収、昭和五十九年。
(4) 山田孝雄「住吉大神の御名義について」「歴史公論」昭和十二年五月号。
(5) 田中卓、注2前掲書、一八六―一八九頁。
(6) 西宮一民「神名の釈義」『新潮日本古典集成・古事記』所収、昭和五十四年。
(7) 倉野憲司『日本古典文学大系・古事記祝詞』頭注、七一頁、昭和三十三年。
(8) 大野晋『日本古典文学大系・日本書紀(上)』補注、五五七頁、昭和四十二年。
(9) 岡田精司『日本思想大系・古事記』補注、三二六頁、昭和四十七年。
(10) 倉野憲司『古事記全註釈』第三巻、三〇六頁、昭和四十九年。
(11) 北沢方邦「冬至ニヒナへの星――カラスキ剣とスバル珠」『天と海からの使信――理論神話学』所収、昭和四十七年。
(12) 野尻抱影『日本星名辞典』一六頁、昭和四十八年。
(13) 藪田嘉一郎「住吉大神とその鎮座処〝玉野国渟名掠長岡玉出峡墨江御峡〟について」『日本古代文化と宗教』所収、昭和五十一年。
(14) 野尻抱影、注12前掲書、一三八頁。
(15) 野尻抱影、注12前掲書、一三六頁。
(16) 野尻抱影、『星の神話・伝説集成』一九―二〇頁、昭和三十年。
(17) 野尻抱影、注12前掲書、一三七頁。
(18) 土居光知「神話・伝説の伝播と流転」『神話・伝説の研究』所収、昭和四十八年。
(19) 秋本吉郎『日本古典文学大系・風土記』頭注、四七二頁、昭和三十三年。
(20) 野尻抱影、注12前掲書、一〇六頁。
(21) 水野祐『『万葉集』に見える浦嶼子伝説」『古代社会と浦島伝説』所収、昭和五十年。
(22) 草下英明『星の文学・美術』九三―九六頁、昭和五十八年。
(23) 真弓常忠「船玉神考」『日本古代祭祀の研究』所収、昭和五十三年。

豊玉比売《とよたまひめ》神社——海人と海幸山幸神話

『古事記』『日本書紀』の海幸山幸神話によれば、豊玉姫は海神の娘で、山幸彦の妃になっている。『延喜式』神名帳の阿波国名方郡に「和多津美《わたつみ》豊玉比売神社」と「天石門別《あまのいわとわけ》豊玉比売神社」が載るが、比定地については諸説があり、定まっていない。

和多津美豊玉比売神社と天石門別豊玉比売神社

和多津美豊玉比売神社は、ワタツミ神を始祖とする安曇氏にかかわる神社であろう。『三代実録』貞観六年（八六四）八月八日条に、阿波国名方郡人の正六位上安曇部粟麻呂が安曇宿禰になったとあり（安曇連百足《ももたり》の後裔と自称したともある）、名方郡には安曇部がいたことがわかる。

一方、天石門別豊玉比売神社の「天石門別」は、忌部《いんべ》氏にかかわる神名である。板東悊天・松本隆義は、阿波国名方郡（徳島市国府町矢野）の式内大社、天石門別八倉比売神社について、天石門別（石窓神）は、「忌部氏が奉斎する神であるから（『古語拾遺』）、阿波忌部氏が気延山麓一帯に勢力を築いたとき（現在は気延山山麓にあるが、以前は山頂付近にあったと『阿波志』に書かれている——引用者注）、氏神として祀ったのが、天石門別八倉比売神社と推定される。『日本霊異記』に名方郡埴《はに》村（現徳島市入田町）の女、忌部首多夜須子の記事があることからして、忌部氏の支配地であったことは確かであろう」と書いている[1]。

とすれば、天石門別豊玉比売神社は、忌部氏が祀っていたとみてよいであろう。

『名東郡史』（名方郡は平安時代に名東郡・名西郡に別れた）は、天石門別豊玉比売神社について、もと名西郡入田村の竜王峰に鎮座していたのを、元禄のころ蜂須賀綱矩が徳島城内に勧請し、竜王宮として祀ったと書く。『特選神名牒』『徳島県史』『徳島県神社誌』も、徳島城内の竜王宮を天石門別豊玉比売神社とみる。この神社の旧鎮座地（徳島市入田町）は、『日本霊異記』の忌部首多夜須子のいた所だから、天石門別豊玉比売神社が忌部氏の神社であったことは確かである。

和多津美豊玉比売神社について、『大日本史』『神社志料』『大日本地名辞書』は竜王宮にあてるが、竜王宮は、同じ豊玉姫でも忌部氏の豊玉姫を祀ったものである。板東哲夫・松本隆義は、和多津美豊玉比売神社の所在地を、『阿波志』『徳島県史』は名東郡井上郷和田（徳島市国府町和田）に比定する。「和田は、鮎食川が四国山脈の山あいを抜けて平野部に開口する気延山麓にあり、（中略）このあたりは海抜五メートルの等高線に相当する所で、古代の海岸線はこの付近であったと推定される」と書き、「吉野川河口部と鮎喰川との合流点に近いこのあたりに、和田津美豊玉比売神社は祀られていたのであろう」と書く(2)。

『阿波国式社略考』『特選神名牒』『式内社調査報告・第二十三巻』は、和田の北の徳島市不動西町の雨降《あまたらし》神社に比定しているが、和田津美豊玉比売という社名からすれば、和田の王子和田津美神社を採るべきであろう。

阿波と信濃

豊玉姫神社を名乗る神社は、『延喜式』神名帳では前記の二社だけであり、豊玉姫の妹、玉依姫を祀る神社は、同じ神名帳の信濃国埴科郡に載る玉依比売命神社だけである（長野市松代町東条の玉依比売命神社）。なぜ豊玉姫と玉依姫を名乗る神社が、阿波と信濃にのみあるのだろうか。

二つの豊玉姫神社のある阿波国名方郡には、『延喜式』神名帳によれば、多祁御奈刀弥《たけみなとみ》神社がある（名西郡石井町浦庄字諏訪）。この社名については、「タケミナカタトミ」の「カタ」が欠落したとみるのが通説だが、土地の人々が「お諏訪さん」と呼ぶのは、信濃の諏訪大社の祭神が建御名方命だからである。『延喜式』神名帳には、信濃国諏訪郡の名神大社として「南方刀美《みなかたとみ》神社」（諏訪大社）、水内郡の名神大社として「建御名方富命彦神別神社」が載る。後者はタケミナカタトミの御子神だから「彦神別《ひこかみわけ》」がつくのだが、このように「タケミナカタトミ」の神も阿波と信濃のみにある。これを偶然の一致でかたづけるわけにはいかない。

建御名方神は、『古事記』にのみ登場し、正史である『日本書紀』には登場しない。しかも『古事記』は、大国主命の神統譜にはみえない建御名方神を、国譲り神話の中に大国主命の子として登場させ、諏訪と結びつけている。このような『古事記』の書き方と、建御名方命の「名方」を名乗る郡が阿波にあることは、安曇氏が『古事記』にかかわっていたことを推測させる。

『日本書紀』は、ワタツミ三神を安曇氏の祖とする伝承を、一書の六に載せているだけである。『日本書紀』でこのような扱いしかうけていない記事を、『古事記』が本文にくわしく載せていることからも、『古事記』編者の安曇氏への関心が察せられる。ただし、これは安曇氏全般と『古事記』の関係を示す事例であって、特に阿波の安曇氏と『古事記』の関係を示すものではない。だが、『古事記』には阿波の安曇氏にかかわる事例がある。それは、『古事記』の雄略記にのみ三首載る「天語歌《あまがたりうた》」である。

「天語歌」について折口信夫は、「天語連の配下なる海部《あま》駈使丁《はせつかい》」が口誦する「海部《あま》物語」の歌の部分とみるが、(3)次田真幸は、折口説を認めたうえで阿波の安曇氏を考証し、「阿波国の和多津美豊玉比売神を奉斎した阿曇氏は、大嘗祭に内膳司として奉仕したこと、阿波国や紀伊国の海人の採取した魚介類が、大嘗祭の祭料として献上されたこと、などを考え合せると、新嘗祭の豊楽のとき奏上されたらしい三首の天語歌が、元来、阿波国の阿曇系の海人部によって伝承された宮廷寿歌であることは、ほぼ明らかであるといえよう」と述べている。(4)

天語歌にかかわる天語連について、『新撰姓氏録』(右京神別)は、「県犬養宿禰同祖、神魂命七世孫、天日鷲命後也」と書き、『日本書紀』(一書の三)の天石窟条も、「粟国忌部の遠祖天日鷲」と書く。また『古語拾遺』は、天日鷲命を「阿波国忌部等祖也」と書く。このような記事から推して、天語歌には阿波の忌部と海部(安曇部)が関与していると考えられる(天語連は海語連とも書く〔『続日本紀』養老三年十一月七日条〕)。とすれば、『古事記』のみに載る建御名方神の神名をもつ神社(多祁御奈刀弥神社)が阿波の名方郡にあることは、『古事記』のみに載る天(海)語歌にかかわる氏族と無関係ではなかろう。

だが『古事記』は、建御名方命を信濃の諏訪の神とする。理由は、『古事記』の編者の太(多)氏と信濃国造(金刺氏《かなさし》)

が、同祖氏族だったからであろう（『古事記』『旧事本紀』〔「国造本紀」〕）。諏訪大社（南方刀美神社）の下社の大祝は信濃国造（金刺舎人《かなさしのとねり》・他田舎人《おさだのとねり》ともいう）の同族の金刺舎人であるから、下社大祝→信濃国造→太（多）朝臣という線と、安曇氏や天（海）語歌関係氏族との回路が考えられる。

なお、『古事記』が、歴史書よりも文学書として分類され、国文学者の研究の対象になっているのは、歌謡物語といわれるほど歌謡が多いことなど、内容の文学性による。平安時代の多氏が雅楽寮の大歌所の中心であったことは拙著『日本古代試論』で述べたが、『古事記』の歌謡性はそのような多氏の性格にかかわるものであり、『古事記』にのみ天語歌が載るのも、そのことと無関係ではあるまい。

豊玉姫と海幸山幸神話

豊玉姫神社は、『延喜式』神名帳では阿波だけにあるが、『山城国風土記』逸文によれば、水度《みと》神社の祭神として「和多津弥豊玉比売命」がある。この神社が海幸山幸神話にかかわることは、『神社と古代王権祭祀』の「樺井月神社・月読神社」の項で詳述した。

海幸山幸神話は海人物語だが、海人物語の歌の部分が天（海）語である。この天語を伝える天語連は、『新撰姓氏録』によれば、「県犬養連」と祖を同じくする。このことからみても、穂高神社にかかわる「犬養」との関係を考慮する必要がある。犬養氏は、『新撰姓氏録』によれば、次の四流がある。

一、ワタツミ神を始祖とする安曇犬養・海犬養。
二、隼人の始祖火闌降命を始祖とする阿多御手犬養。
三、天語連と同じ神魂命を始祖とする県犬養・犬養。
四、火明命を始祖とする若（稚）犬養。

豊玉姫神社のある阿波の名方郡には、一のワタツミ神にかかわる安曇氏と、三の天語連にかかわる忌部氏がおり、山城の豊玉姫を祀る水度神社と関係ある神社や地域には、一と二と四にかかわる氏族がいる（前掲書の樺井月神社・月読神社の項を参照）。水度神社は、四の火明命を祖とする六人《むと》（水度）部氏が祀り、樺井神社・月読神社は二の隼人が祀っていた。海幸山幸神話では、二の始祖は海幸彦として登場し、四の始祖は海幸彦・山幸彦と同じ火中出生の神で、系譜上密接な関係にある。

このように、豊玉姫を祀る神社の地にいた犬養関係氏族は、海幸山幸神話にかかわる氏族とみられるが、穂高神社の項で述べたように、信濃にも犬養氏がいた。犬養氏族には、『新撰姓氏録』記載以外に辛(韓)犬養(甘)氏がいるが、この犬養氏は、安曇氏の祖を祀る穂高神社の祭祀にかかわっていた。信濃には、辛犬養のほかに、大和国葛城の若(稚)犬養氏が祀る神社の神戸があり、また、安曇犬養氏がいたと考えられる(穂高神社の項参照)。この信濃に、豊玉姫の妹を祀る玉依比売神社のあることからみても、海幸山幸神話と「犬養」の線は無視できない。

前述のように、豊玉姫と玉依姫と建御名方神を社名にする神社は阿波と信濃のみにあるが、それだけでなく、安曇と犬養も阿波と信濃にかかわっている(徳島市に犬飼の地名があるが、この地は和多津美豊玉比売神社や多祁御奈刀弥神社のある名方郡である)。この事実は、両地のつながりを推測させるに充分であろう。

安曇海人と隼人

海幸山幸神話に豊玉姫と隼人の祖が登場することから、瀧川政次郎は、「阿曇隼人族」なる語を用い、安曇と隼人を海人として同族にしている[5]。この瀧川説を中村明蔵は批判し、「すでにみてきたように、阿曇と隼人を同一だとすることはもちろん困難であるし、じつはその類似性をあげるにしても、両者が海人的性格をもつということのほかでは、ほとんどあげえないように思う。阿曇と同じ海人的性格をもつ隼人は阿多隼人であるが、両者の拠点はそれぞれ畿内・筑前と薩摩にあって、その地理的位置はもちろんのこと、文化的にもかなりの差異がある」と書き、海幸山幸神話は、「隼人・南島に対する朝廷の支配力の伸長」に伴い、「新しい神話世界の構成によって成立したもの」と考えている[6]。

だが、海幸山幸神話の豊玉姫を社名にする神社が阿波の名方郡にのみあることからみても、阿波の安曇海人を無視することはできない。

中村明蔵も、安曇海人と隼人に共通するものとして、前述した犬養氏をあげており、「政権への服属のしかたで類似していた」にすぎないとしながらも、犬養氏に安曇系と隼人系がいることを無視していない。それを重視すれば、海幸山幸神話の成立に安曇氏と隼人がかかわっていたことを、認めなければならないからである。だから、安曇海人や隼人の本拠地が地理的に重ならないことをもって、両者の関係を否定する方へ論旨を向けているが、この見解には賛成できない。中村明蔵は、この神話を天武・持統朝の頃の成立とみていながら（その点では次田真幸も同意見）、服属以前の地域だけを問題にしている。だが、この神話の成立には、隼人が服属した後のヤマト王権における海人や隼人の役割がかかわっているとみるべきであろう。とすれば、海幸山幸神話における安曇海人と隼人の関係を考える場合には、犬養部を無視できない。

犬養部が屯倉《みやけ》にかかわることは、穂高神社の項で述べた。『日本書紀』履中天皇即位前紀の住吉仲皇子《すみのえのなかつみこ》の反乱記事では、皇子の近習に隼人がおり、皇子に加担した人物に阿（安）曇連浜子がいるが、この記事も隼人と安曇海人の結びつきを示している。浜子は淡路の野島の海人を率いて反乱に加担したが、海人たちは、反乱が失敗した後、屯倉の労役につかわれている。たぶん、この海人たちは、安閑紀が各地に設置したと書く犬養部の前身であり、彼らが安曇犬養、海犬養になったのであろう。

『古事記』も、履中記に同じ話を載せて、住吉仲皇子（墨江中王）の近習の隼人のことを記しているが、反乱に加担した阿曇連浜子と淡路の海人たちのことなど、安曇氏にとって都合の悪い記事は、まったく載せていない。このことからも、多氏と安曇氏の関係の密接さがわかる。

履中紀に登場するのは安曇氏と淡路の海人だが、阿波国内で名方郡は淡路にもっとも近いところにある。この海人たちが隼人と共通性をもっていることと、名方郡の安曇部が安曇連百足《ももたり》の後裔と称していることは重要である。『肥前国風土記』松浦郡値嘉郷の条に、安（阿）曇連百足が平定した値嘉島《ちかのしま》（五島列島）の「白水郎《あま》は、容貌《かたち》、隼人に似て、恒《つね》に騎射を好み、其の言語は俗人に異なる」と書かれている。とすれば、安曇が統属した各地の海人（白水郎）の中には、隼人に似た容貌の海人だけでなく、犬養部に属した阿多隼人のような、隼人の集団もいたのではないだろうか。

阿波国の二つの豊玉比売神社は、日本古代史と日本神話について、さまざまな問題を提起する式内社である。

注

(1) 板東悊夫・松本隆義「天石門別八倉比売神社」『日本の神々・2』所収、昭和六十年。
(2) 板東悊夫・松本隆義「二つの豊玉姫社について」、注1前掲書所収。
(3) 折口信夫「古代研究」『折口信夫全集』第一巻所収。
(4) 次田真幸「天語歌の成立と大嘗祭」「古代文化」二六巻一〇号。
(5) 瀧川政次郎「猪甘考」「日本歴史」二七二号・二七三号。
(6) 中村明蔵「日向神話と海神文化圏の成立」『熊襲・隼人の社会史研究』昭和六十一年。

大山祇神社《おおやまつみじんじゃ》——海人が祀る山の神「三島神」と祭祀氏族

当社は、『延喜式』神名帳に「大山積《つみ》神社名神大」とある。「オオヤマツミ」を『日本書紀』は「大山祇《つみ》」、『古事記』は「大山津見」と書く。現在は「大山祇」と書いて「オオヤマズミ」と訓んでいる。

大山祇神の神統譜

『日本書紀』の一書の六は、伊奘諾《いざなぎ》尊と伊奘冉《いざなみ》尊が生んだ「海神等を、少童命《わたつみ》と号《まう》す。山神等を山祇《やまつみ》と号す」と書き、一書の七は、伊奘諾尊が剣を抜いて軻遇突智《かぐつち》を三段に斬ったとき、二段目に「大山祇神」が為《な》ったと書き、一書の八は、伊奘諾尊が斬った軻遇突智の首が「大山祇」に化したと書く。『古事記』は一の六の記事をとり、一書の七・八の記事は載せていない。

大山祇神については、『日本書紀』天孫降臨の条の本文に、娘の鹿葦津姫《かしつ》（亦の名、神吾田津姫《かむあたつ》・木花之開耶姫《このはなのさくや》）が天孫瓊々《にに》杵《ぎ》尊の妻になり、一夜で妊《はら》んだとある。この記事は、内容にややちがいはあるが、一書の二・五・六にも載っている。同じ話は『古事記』にもあり、一夜で妊み、火中で子を生んだと書かれている。

『古事記』による大山津見（祇）神の神統譜は、次のようになる。『日本書紀』の本文や一書も同じである。

天照大神——天忍穂耳命——邇邇芸命
大山津見神——神阿多都比売（木花之佐久夜比売）
（邇邇芸命＝神阿多都比売）——火照命（海幸彦）・火須勢理命・火遠理命（山幸彦）
綿津見神——豊玉毗売
（火遠理命＝豊玉毗売）——鵜葺草葺不合命——神倭伊波礼毗古（神武天皇）

『古事記』は、このような神統譜のほかに、『日本書紀』にはない二つの神統譜を載せる。須佐之男命《すさのを》の八岐大蛇《やまたのおろち》退治の話に足名《あしな》椎《づち》・手《て》名《な》椎《づち》が登場するが、『古事記』は足名椎を大山津見神の子と書き（『日本書紀』には記載なし）、足名椎の娘を娶《めと》った須佐之男命の神統譜を載せている。

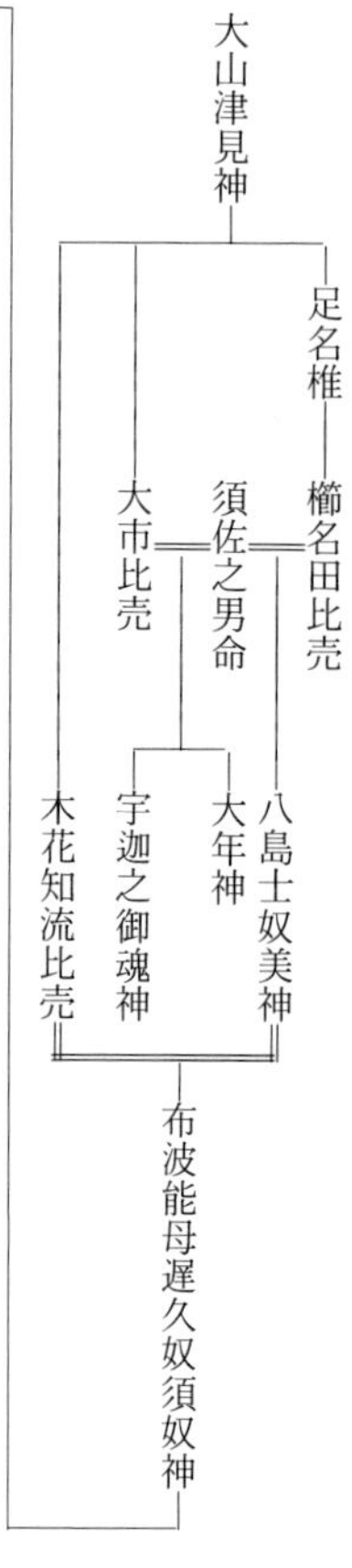

この神統譜以外に、『古事記』は大年《おおとし》神の神統譜をも載せるが、この神統譜については後述する。

二つの系譜に見るように、大山津見（祇・積）神は、『古事記』によれば、須佐之男命を通して大国主神に結びつき、邇邇《にに》芸《ぎ》命を通して神武天皇に結びついている。つまり、国つ神の代表神と初代天皇の母系の原点に位置している。

より詳しくいえば、国譲りの出雲神話では、客人神としての須佐之男命と子の妻が大山祇神の娘たちになっており、天孫降臨の日向神話では、客人神の邇邇芸命の妻が大山祇神の娘になっている。大山祇神は、皇祖神天照大神の神統譜製作過程で、国つ神の元祖的役割を受け持たされたのである。一方、海神との関係では、大山祇神は天孫の山幸彦の母系の祖父になっている。

『伊予国風土記』逸文の記事

昭和四十七年八月の調査によれば、大山祇神を奉斎する神社は全国に一万三百十八社あり（『式内社調査報告・第二十三巻』）、当社はその総本社として、瀬戸内海の要衝、大三島（愛媛県越智郡大三島町）に鎮座する。社地は大三島の中心港、宮浦にあり、傾め後方には、この島の最高峰鷲ヶ《わしが》頭《とう》山（四三七メートル）がそびえている。山は一般に海人たちの航海の目じるし（アテ山）であり、日本神話では、その象徴が大山祇神である。瀬戸内でも特に島々が密集する芸予海峡の中心部に、航海守護神として山神が祀られたのは当然であろう。

『伊予国風土記』逸文に、

乎知《をち》の郡、御島。坐《いま》す神の御名は大山積の神。一名《またのな》は和多志《わたし》の大神なり。是《こ》の神は、難波の高津の宮に御宇《あめのしたしろ》しめしし天皇の御世に顕《あらは》れましき。此《この》神、百済の国より度《わた》り来まして、津の国の御島に坐しき。云々。御島と謂ふは、津の国の御島の名なり。

とある。この文章は、次の四つに分けることができる。

一、御島に坐す神の名は大山祇神で、その別名は「和多志の大神」である。

二、この神は仁徳天皇のとき顕れた。

三、この神は百済の国より渡来して、摂津の御島に鎮座した。

四、御島は摂津の御島のことである。

「和多志の大神」の「ワタシ」について、『日本国語大辞典』は、動詞「わたす(渡)」の連用形の名詞化とし、「海・川などで、人や貨物を船で対岸に渡すこと。また、その場所。わたしば。わたり。津」と書き、「和多志の大神」を「船の守護神」とみる。

日本古典文学大系『風土記』の頭注は、一の「和多志の大神」を「航海・渡航の神」とし、二の、「難波高津宮御宇天皇(仁徳天皇)」のとき「顕れましき」という記述を、「韓国出征の時にこの神があらわれて航海神としての神徳を発揮した意」と解し、三の「此神、百済の国より度《わた》り来まして」については、「韓国の百済から帰って来てか。百済を本国として来朝した意ではあるまい」と書く。

この頭注について、金達寿は、「『韓国出征の時にこの神があらわれて航海神としての神徳を発揮した意』とはどういうことで、どうしてそうなるのか。(中略) そのうえさらにまた、『韓国の百済から帰って来てか。百済を本国として来朝した意ではあるまい』とあっては、これはもうお笑いというよりほかないであろう。人が『神』として語られる上古のことに『来朝』ということばが使われるのもおかしなものである」と批判し、「和多志大神」を百済からの渡来神と解している。

金達寿も批判するように、頭注者（秋本吉郎）は、いわゆる「三韓征伐」を念頭において書いているが、そのような見解には私も同調できない。

栗田寛は、『神祇志料』（明治四年成稿）で、

此神百済より帰来ると云るは、日本霊異記に越智郡大領の先祖、越智直百済の援軍に遣され、唐国に捕はれしが、其後帰来りしを、天皇召問て其楽む所を申さしめしに、郡を建て仕へ奉らんとて、郡を建てたりとある事を謬り伝へて、風土記には其事を神異にものせんとて、云々と記したるにはあらざるか。

と書いている。大山祇神社の大祝は、栗田寛のいう「越智直」である。

「百済」に関する三者の解釈はそれぞれちがうが、一と三の「この神」を同じとみている点では共通している。しかし、一と二は大山祇神の説明、三と四は御島の説明で、一と三は一緒にできない。『伊予国風土記』逸文の文章をよく読めば、「この神」を単純に同じとみるわけにはいかなくなる。百済から渡来したのは摂津のミシマの神であり、大三島の鷺ヶ頭山の神ではない。

「和多志の大神」の「和多志」を渡来の意味にとる見解もあるが、鷺ヶ頭山（大山祇神）は、海人にとっての航海の目じるしだからこそ「和多志の大神」なのであって、「和多志の大神」に渡来神の意味はない。『伊予国風土記』逸文は、「ミシマ」という地名は摂津の「ミシマ」にかかわるといっているのである。

三島木綿と韓神

神楽歌の「韓神」に、「三島木綿《ゆふ》　肩に取り掛け　我韓神は　韓招《からを》ぎせむや　韓招ぎ　韓招ぎせむや」とある。

『延喜式』神名帳、摂津国島上郡の項に神服《かむはとり》神社が載るが、この神社は『和名抄』の島上郡服部《はとり》郷にあり（高槻市宮之

川原元町)、その北方二キロほどの所に式内社阿久刀《あくと》神社がある(高槻市芥川清福寺町)。両社が、神輿渡御を交すなど密接な関係にあったのは、祭祀氏族が共に「三島木綿」にかかわっていたからであろう。

阿久刀神社の「アクト」は、『新撰姓氏録』に載る調首《つきのおびと》の祖「百済国努理使主《ぬりおみ》の孫阿久太」によるといわれている。阿久太の子孫は機織《はたおり》に従事していた(『新撰姓氏録』左京諸蕃、調首の条)。服部連は、『新撰姓氏録』では、熯《ひ》速日《はやひ》命(摂津国神別)、天御中主命(大和国神別)を祖にしているが、後者は記・紀の編者の手になる観念的な神である。大和国の服部氏は、そのような新しい神を祖とすることによって、「諸蕃」から「神別」になったのであろう(『新撰姓氏録』で神別・皇別に入っている氏族でも、元は渡来系である例は多数ある)。

また、神服神社の北の原、西の桑原には、東漢《やまとのあや》氏系の渡来氏族の原首《おびと》・桑原史《ふひと》が居住したが(『新撰姓氏録』摂津国諸蕃)、機織の技術者を連れてきたと応神紀・雄略紀が書く阿知使主《あちのおみ》・都加使主《つかのおみ》は東漢氏の始祖であり、身狭村主青《むさのすぐりあお》・檜隈民使博徳《ひのくまのたみのつかいはかとく》は東漢氏系氏族の祖である。「韓神」を招ぐには、三島の服部郷とその周辺の人々が作る「三島木綿」を用いなければならなかったのである。

摂津の三島(島上・島下・豊島)は、渡来人の多い所である。『日本書紀』によれば、摂津国三島郡埴廬(高槻市土室《はむろ》)に新羅人が住みついたという(欽明天皇二十三年条)。また『播磨国風土記』は、揖保郡大田里について、呉の勝が韓国から渡来して紀伊国名草郡大田村に住んだあと、摂津国三島の加美郡(島上郡)大田村(高槻市三島江)に移住し、さらにその分かれがこの里に住んだ地だと書く。この呉は高勾麗をいう。三島郡埴廬も三島加美郡大田里も『伊予国風土記』逸文の「津の国御島」に比定されており、近くには島下郡の式内社三島鴨《みしまかも》神社(高槻市三島江)がある。『伊予国風土記』は「百済」と書くが、記・紀の記事でも新羅・高勾麗・百済を混同した例があるから、この「百済」は広義の韓《から》国《くに》の意で、百済の神は「韓神」とみてよいだろう。

三島の物部韓国連と伊予の越知直

谷川士清は、『日本書紀通証』(寛延元年成立)で、伊予の三島の神を祀る氏族が物部氏系の越智氏で、物部氏に物部韓国連がいることから、『伊予国風土記』

逸文の伝承は物部氏と韓国の関係が反映したものとみる。谷川士清は『続日本紀』に載る物部韓国連をあげているが、『新撰姓氏録』は摂津国神別に物部韓国連を載せている。また、『旧事本紀』天孫本紀は、物部氏の始祖饒速日命の十四世の孫の物部塩古を「葛野韓国等祖」、弟の物部金古を「三島韓国連等祖」と書いており、摂津の物部韓国連は三島にいたと推測できる（「葛野韓国連」の「葛野」は山城国の葛野《かどの》）。

私は、当社の大山祇神が「ミシマ」の神と呼ばれるようになったのは、摂津国三島の物部韓国連と、当社の大祝の越智氏とのかかわりによるものとみる。

当社の大祝越智氏は、越智郡大領の越智直の一族である。伊予国の越智直については、天平八年（七三六）の『伊予国正税帳』に越智直広国（越智郡大領）、越智直東人（越智郡主政）が載り、『続日本紀』神護景雲元年（七六七）二月条に越智直飛鳥麻呂（越智郡大領）、六月条に越智直国益（伊予国白丁）、宝亀十一年（七八〇）七月条に越智直静養女（越智郡人）、延暦十年（七九一）十二月条に越智直広川（越智郡人）が載る。

また、『日本後紀』延暦十八年（七九九）八月条には、伊予国人越知直祖継は左京の人とある。『新撰姓氏録』左京神別に「越智直、石上と同祖」とあるが（「石上」は「物部」を改めた姓）、『姓氏録』は弘仁五年（八一四）に成立しているから、この越智直は祖継らのことである。『新撰姓氏録』には、関係者として、「治部省小録、従七位下越智直浄継」の名がみえる。『旧事本紀』天孫本紀は、越智直を小市直と書き、饒速日命の七世の孫の新河大連の子の物部大市連を、小市直の祖と書く。また国造本紀は、応神天皇のとき、大新川命（天孫本紀の新河大連のこと）の孫、子致命（「子」は「乎」の誤記であろう）が小市（越智）国造になったと書き、小市国造は「物部連と同祖」と書く。一般に国造は「直《あたい》」の姓《かばね》を用いるから、小市（越知）国造は小市直である。

『続日本後紀』承和二年（八三五）十一月条に、左京人の越智直年足と、伊予国越智郡人の越智直広成ら七人が「宿《すく》禰《ね》」の姓を賜わったとある。また、『三代実録』の貞観十五年（八七三）十二月条には、左京人の越智直広峯が善淵朝臣になったとあり、出自は「神饒速日命の後」とある。このように、どの文献も、越智氏が物部氏系であることを記している。

物部韓国連について、『続日本紀』（延暦九年十一月十日条）には、父祖が使をした韓国の名を名乗ったとあり、『新撰姓氏録』（和泉国神別）も似た記事を載せている。佐伯有清は、このような記事について、「韓国の国名を称していたことによって、韓国派遣の氏名起源説話を造作したものであって、元来は韓国より渡来したことにもとづく氏名か」と書いているが、(2) 私も佐伯説を採る。

この物部韓国連広足の師が役小角《えんのおづぬ》で、広足も呪禁師である（『続日本紀』文武天皇三年（六九九）五月二十四日条）。広足について、『藤原家伝（下）』（『武智麻呂伝』）は、「呪禁、余仁軍、韓国連広足等」とあるが、「余」は百済王族の姓である。広足は、天平四年（七三二）十月に典楽頭に任ぜられているが（『続日本紀』）、『令集解』僧尼令（凡僧尼卜相吉凶の条、「持呪」の釈）に、

古記云。持レ呪謂二経之呪一也。道術符禁。謂二道士法一也。今辛国連行レ是。

とあるように、辛（韓）国連は道教の呪術を行なう一族である。

広足の師が役小角だが、室町時代末期にまとめられた『予章記』は、伊予大領玉興について、役小角が讒《ざん》にあったとき（讒訴したのは広足だと『続日本紀』は書く）、「玉興行者」は小角の無罪を主張して入れられず、同罪になって、摂津の三島江で唐船を調達し、伊予に渡ったと書く。『予章記』の記事は史実とは考えられないが、ここにも役行者と三島江が登場することは無視できない。

「百済」の神は、この伝承からみても、道教的要素をもつ「韓神」と考えられる。

当社大祝と物部氏と摂津三島

『三島宮御鎮座本縁』には（原文は漢文）、

慶雲四年、玉澄（前条に、小千玉澄が大宝元年、三島迫戸浜から大三島へ三島神を遷座したとある）、これを奏するに依り、二男高橋冠者安元を以って、三島大山積社務とし、神体に擬す。大祝に任ず可き勅許これ有り云々。右の安元は大祝家の始祖なり。

とある。すなわち慶雲四年（七〇七）、小千（越智）玉澄の子の安元が初代大祝になったとあるが、安元については、『三島大祝系図』に次のような付記がある（原文は漢文）。

遠土御子十七代の孫越智国造の二男を高橋冠者広江と云う。高橋郷の塔本に住みき、後に安元と改め、文武天皇御宇、慶雲四年、玉澄の次男広江、再び三島の社務職となる。

高橋郷とは『和名抄』の越智郡高橋郷で、蒼社川《そうじゃ》左岸一帯の平地と野間郡境の丘陵に比定されているが（今治市の高橋・別名・小泉・片山などの地域）、『新撰姓氏録』（右京神別）の高橋連は、越智直と同じく大新河（川）命の後とあり、高橋氏と越智氏は同族である。

『三島宮御鎮座本縁』は、大祝として高橋四郎安時・高橋安家などの名をあげ、大祝五家のうち嫡家は高橋家だと書いている。元応二年（一三二〇）十月二十日付宛行状（三島家文書）に「高橋別名」の記載があるが、別名《べつみよう》の地には大祝の屋敷や所領があり、今も大祝屋敷跡に五輪塔などの石塔群が残っている。この地に、大山祇神社の末社で小千（越智）玉澄を祀る玉澄神社がある。別名にいた大祝は、天正五年（一五七七）三十五代大祝安任のとき鳥生（今治市東鳥生町）に移り、延宝三年（一六五三）三十八代安朗のとき、大山祇神社のある宮浦へ移った。

「玉澄公碑文」などによると、祭神の玉澄は越智国造乎致命の末孫で、初め宇摩《うま》大領であったが、父玉興の後を継いで越智大領となり、迫戸浦にあった当社を宮浦に移し、長男益男に大領を譲り、次男安元を大祝にして、天平十九年（七三八）に没し、この地に葬られたが、楠を植えて墓標としたので樹下大明神といわれたという（『予章記』や『河野系図』も玉純の父を玉興とするが、『越智系図』では玉興・玉純は兄弟になっている）。

このように、高橋の地は大祝にもっともゆかりのある地だが、『旧事本紀』天孫本紀では、高橋連の祖（饒速日命十三世孫）物部建彦は、三島の物部韓国連の祖（十四世孫、物部金古）の叔父になっている。また、高橋の地は野間郡に隣接しているが、天孫本紀によれば、野間連の祖は高橋連の祖の兄（物部金）である。現在の高橋・別名に隣接する矢田は、かつて野間郡に属していたが、越智直・高橋連の祖の大新河命を祖とする氏族に矢田部がおり（『新撰姓氏録』大和国神別）、摂津の矢田部造は物部韓国連と同祖である（『新撰姓氏録』摂津国神別）。こうした地名の一致と、系譜のつながりの密接さからみても、三島の韓国連と当社の祭祀氏族の関係は無視できない（伊豆の三島大社の社家は矢田部氏）。

高橋郷と蒼社川をへだてて新屋郷があり、現在の今治市五十嵐《いかなし》・新谷《にいや》・松木・町谷あたりに比定されている。新谷は新屋であり、摂津の三島にも新屋郷がある。三島の新屋坐天照御魂《にいやにますあまてるみたま》神社は、物部氏の祖、伊迦賀色許男《いかがしこを》を祀るが、五十嵐の式内社伊加奈志《いかなし》神社の祭神も同じである。「イカナシ」は「イカガシ」の「ガ」が「ナ」に転じたものとみられている。

この神社は、五十嵐字上の山の丘陵地先端に位置し、社地からは今治平野が一望できる。伊予国の総（惣）社として「惣社明神」と呼ばれていた。文久四年（一八六四）の記録に「五十嵐村惣社大明神及七社神主高橋村居住高尾日向」とある。蒼社川も江戸時代の文献には惣社川とある。惣社川とは、惣社のそばを流れる川の意味である。物部氏の祖を祀る当社が惣社になったのは、この地を本貫とする越智直（国造）が物部氏系だったためであろう。

このように、惣社川をはさんで隣接する高橋郷・新屋郷が、摂津三島の物部韓国連・新屋連にかかわることからみても、『伊予国風土記』逸文の記事の由来が推測できる。摂津三島の物部氏系氏族を回路として、鷲ヶ頭山の神に摂津の韓神（三島神）を架上したのが、『風土記』の記事であろう。

『古事記』は、前述の大山津見（祇・積）神の神統譜で、須佐之男命と大市比売の間に生まれた大年神について、後の段で次のような系譜を載せている。

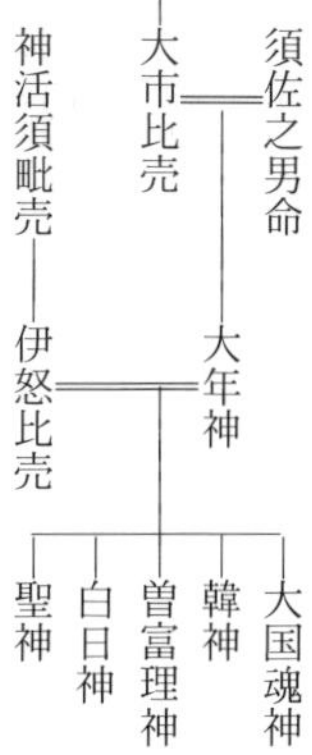

韓神は大山津見神の曽孫になっているが、曽富理神の「ソフリ」は韓国の首都ソウル（京）と同じ意であり、白日神・

聖神にも渡来神の要素がある。韓神とは、朝鮮の山の神を意味するのかもしれない。

なお、大年神が天知迦流美豆比売を妻として生ませた子の中に、大山咋《おおやまくい》神がいる。この神は、比叡山の神であり松尾の神だが、松尾大社は秦氏の奉斎する神社である。このように、渡来人の祀る神や韓神が大年神を媒介として大山祇神に結びつく神統譜は、たぶん、大山祇神の神統譜のなかでいちばん新しいものであろう。この神統譜と『伊予国風土記』逸文の伝承は、無関係ではなかろう。そして、問題の鍵は摂津の三島にある。

三島鴨神社・伊豆三島神社と当社の関係

前述の『予章記』の玉興の伝承には摂津の三島江が登場する。三島江には三島鴨神社があり（高槻市三島江二丁目）、大山積（祇）神を祀っている。

『神社明細帳』（明治四十三年）は、「社記数回ノ水災ニテ流失シ不詳ナラサレトモ口碑ニ拠レハ伊豆国加茂郡三島神社、伊予国越智郡大山祇神社トモニ一神ト云々」と書く。

『日本の神々・2』の伊予国の伊加奈志神社の項では、伊加奈志神社の所在地は旧鴨部《かんべ》郷とされている。前述したように、伊加奈志神社のある五十嵐はかつての新屋郷だが、鴨部郷とまちがえられるほど隣接している。五十嵐に隣接して小鴨部の地名がある。この鴨部は三島鴨神社の「鴨」にかかわる（『日本の神々・2』の伊加奈志神社の項には、「いうまでもなく鴨部は『神戸』で、神に仕える人々の集落を意味した」とあるが、「部」は部民制の「部」で、鴨氏の部民が鴨部である）。

『新撰姓氏録』逸文の賀茂朝臣の条に、大賀茂都美命の孫の小田田足尼《すくね》の子が「伊予国鴨部首の祖」で、小田田足尼の孫、意富禰足尼の八世孫が「伊予国賀茂伊予朝臣・加茂首等の祖」だとある。賀茂朝臣は、山城の賀茂（鴨）氏でなく、大和の葛城の賀茂氏である。

このように、小田田足尼の子の宇麻斯《うまし》賀茂足尼と孫の御多弖《みたて》足尼が伊予国の鴨部首の祖とされているが、小田田足尼の子の小《を》瓱《みか》足尼は役君の祖とある。物部韓国連広足の師で『予章記』の玉興にもかかわる役小角は、『続日本紀』には「役君小角《えだちのきみおづぬ》」と記されている（文武天皇三年五月丁丑条）。

このような事実からみて、三島の鴨（加茂）氏と越智の鴨部首の関係も無視できない。高橋郷・新屋郷に隣接する鴨部郷は、越智郡玉川町のほぼ全域にあたるといわれているが、小鴨部にある式内社大野神社（玉川町大野）は「鴨部明神」「三島若宮」の別称があり、祭神は大山祇神社と同じである。

三島鴨神社の山神（大山祇神）は、古い葛城鴨の山神信仰に大陸や半島の信仰を架上したもので、「此神、百済の国より度《わた》り来まして、津の国の御島に坐しき」という『伊予国風土記』逸文の一節は、そのことを反映したものではなかろうか。その三島鴨神が鷲ヶ頭山の信仰に架上され、大山祇神社も三島明神と呼ばれるようになったのであろう。

同じことは、伊豆の三島大社についてもいえよう。

『続日本後紀』承和七年（八四〇）九月二十三日条に、「伊豆国言、賀茂郡有二造作島一。本名二上津島一。此島坐阿波神。是三島大社本后也」とあるが、上津島は伊豆七島の神津島のことで、この島には式内名神大社の阿波命《あわのみこと》神社がある。『和名抄』の賀茂郡三島郷は伊豆七島に比定されているが（『大日本地名辞書』『静岡県史』『角川日本地名大辞典』）、伊予国越智郡大三島の大山祇神が三宅島に遷座したという伝承が、鎌倉時代中期の『東関紀行』『源平盛衰記』や、それ以後に書かれた『三宅島薬師縁起』『増訂豆州志稿』などに載っている。

『三宅記』によれば、三島神と妃神は三宅島から白浜（下田市白浜）に遷り、のちに三島神のみが現在地（三島市大宮町）に遷ったとある。白浜の地は『和名抄』の賀茂郡大社郷だが、『延喜式』神名帳の伊豆国賀茂郡には「伊豆三島神社名神大。月次新嘗」「伊古奈比咩命神社名神大」が載るから、神名帳の書かれた時代には（『延喜式』は延長五年（九二七）に完成）、まだ賀茂郡大社郷に三島大社はあったと考えられる。妃神（伊古奈比咩命）は今も白浜に鎮座し、白浜神社と呼ばれている。

三宅島に伊予の大山祇神が遷ったという伝承について、吉田東伍は、駿河・伊豆の国造が小市（越智）国造と同じ物部氏系（『国造本紀』）であったためとする栗田寛の説を紹介し、この説に賛同している。[3] 岡田米夫も、伊豆三島大社の社家矢田部氏（東大夫・西大夫）が伊豆国造の後裔と称し、大山祇神社の社家越智氏と同じ物部氏系であることをあげている。

このように、物部系氏族という関連から大山祇神社と三島大社の関係ができたとする説はあるが、鴨（賀茂）氏については指適がない。しかし、伊豆の三島郷や三島大社が賀茂郡にあること、小鴨部の式内社の祭神が大山祇神であること、摂津の三島鴨神社が大山祇神を祀っていることからみて、鴨氏の存在は無視できない。

『三島神主家譜』は、矢田部氏を国守兼神主と記しているが、『新撰姓氏録』の山城国神別の矢田部には、

鴨県主同祖、鴨建津身命後也。

とあり、矢田部氏は鴨氏とも重なっている（鴨県主は山城の鴨氏だが、山城鴨氏も大和の葛城鴨氏の別れである）。

前述の『予章記』は、系譜の玉輿の条に、

和銅年中ニ三島大明神相二共役行者一、自二豆州一有二御上洛一而後、霊亀年中、摂津国淀河岸ノ御臨幸ニ之時、依レ有二因縁一、明神玉輿之乗船ニ乗移御ス。仍此所ヲ号二三島江一是也。社壇御ス。本地相二同予州一……

と書く。すなわち、伊豆の三島神が役行者と共に「上洛」し、摂津の三島江から玉輿に乗って伊予に下ったとある。

一方、『予章記』の本文には、役行者は和銅年中（七〇八―七一五）でなく、大宝二年（七〇二）に伊豆国から「帰洛」したとあり（『続日本紀』によれば、文武三年〔六九九〕に役行者は伊豆へ流されている）、そのとき玉輿も伊予から「参洛」し、「此時奇瑞有テ三島大明神造宮有」とある。

系譜と本文の記述に違いはあるが、三島神・役行者（役君小角）・伊豆・伊予というモチーフは共通している。役君は山城鴨氏で、小角は物部韓国連広足の師である。物部韓国連の本拠は摂津の三島であり、この地には三島鴨神社がある。この三島と大山祇神社の関係からみて、伊予・摂津・伊豆にかかわる役行者伝承は、三島鴨神社と物部韓国連と大山祇神社のかかわりから生まれたものであろう。

三島鴨神社では、大山祇神と共に事代主神《ことしろぬし》を祀っている。室町時代に成立した『二十二社本縁』の賀茂社の条に、事代主神は賀茂家が陰陽道の祖神として奉斎する神で、伊豆と伊予の三島神と同体だとあり、三島神は陰陽道の祖神とみられている。とすれば、摂津の御島へ百済から渡来した『伊予国風土記』逸文の神には、陰陽道の神のイメージがある。

大山祇神社の『三島宮御鎮座本縁』によれば、大宝元年、迫戸浜から現在地に玉澄が神社を移し、和銅元年に二男の安元を初代大祝とし、霊亀二年までに五社を造営したという。一方、『予章記』によれば、和銅年中または大宝二年に伊豆の三島大明神が役行者と共に上洛し、摂津の三島江から伊予に向かったとあるから、この時期に三島鴨神社の神は伊予と伊豆に移動したと考えられる。

以上を要約すれば、推古天皇即位前後に鷲ヶ頭山の神の祭祀のために社殿が建てられ、和銅または大宝年間に三島神の信仰が入ったときに越智玉澄が新たに社殿を建て、二男を世襲制の初代大祝にした。これが、三島神としての大山祇神社の成立であろう。

越智氏と河野氏

『予章記』に載る越（遠）智系図や、越智・河野系図から、河野氏は越智直の後裔とみられている。だが、河野氏は越智直の後裔ではなく、中世に当社とかかわってから後裔系図を偽作したと考えられる。「国造本紀」では、越智（小市）国造（越智直）の祖は「物部連同祖大新川命孫、乎（子）到命」となっているにもかかわらず、河野氏の系譜の多くは孝霊天皇皇子の伊予皇子（彦狭島導）を祖にしている。しかし、『古事記』によれば、伊予皇子は播磨の牛鹿《うしか》臣の祖であって、伊予とはまったく関係ない。その皇子を始祖にしたのは、「伊予」という名を利用したためであろう。

太田亮は、これらの系図には国史や古書などに多く登場する越智直の名がまったく記されていないこと、特に、越智郡の大領や宿禰姓を賜わった人々が無視されていること、また、「国史上に見ゆる当国の越智氏の人は、所貫を明記するもの総べて越智郡とありて、他郡なるもの一もあるなし。然るに此の系図に拠れば、多く他郡の人」であることなどをあげて、鎌倉時代に台頭してきた河野氏が捏造《ねつぞう》した系図とみる。私も太田説を採る。

河野氏は、伊予国風早郡河野郷による姓である。

『予章記』や『越智系図』『河野系図』によれば、河野新大夫と称する親経の子は娘一人だけだったので、源頼義の末子（実は源義家の末子）の親清を婿にしたとあり、この親清は「三島四郎」または「河野冠者」と称したとある。源義家・頼義の子とするのは信じられないが、この時期に河野氏は大山祇神社と関係をもったようである。そのことは、婿が「三島」を名乗ることと、その三島四郎親清を婿にした親経の娘の伝承からも推測できる。『予章記』は次のように書く。

親清ニモ長子無カリケレバ、女中親経之女、氏神三島宮へ参籠有リテ家ノ事ヲ祈請セラル。其此迄ハ、家督タル人社参ニハ、丑時《ノ》諸社《ニ》燈明《ノ》悉《ク》消シメ参リ玉ヘバ、明神三階《ミツノキダハシ》御出有テ御対談有シ事也。如レ其女中《モ》参勤有テ心中ノ趣キヲ具ニ申給ヘバ、明神モ下ラセ玉フ。就レ中長子無テハ誰ニ家ヲバ可レ令レ続仰有ケレバ、明神御声《ノ》ニテ、親清ハ異姓他人也。努メ努メ不レ可レ為二種姓一ト、有ケル。女中然ラバ我身ヲバ、何トテ男子トハ成セ玉ハヌヤ。サリトテハ子孫御絶可レ有哉ト申給ヘバ、明神モ道理ニ攻ラレテ、然ラバ今一七日伺候有ントテ、神ハ上ラセ給ケリ。御託宣ニ任セテ、又七ケ日御社籠有ケル。第六日ニ当夜半ノ程ニ、長十六丈余ノ大虵、身ヲ現シテ御枕本ニ寄給フ。本ヨリ大剛ナル女中ナレバ、少モ不レ騒。其ノ時ヨリ御懐姙有テ、男子一人出来給フ。其形常ノ人ニ勝リテ、容顔微《ニシテ》妙、御長八尺、御面両脇《ノ》ニ、鱗如ナル物有り。小踞テ背溝無也。面前異《ノ》相相成ヲ恥給フテ、人ニ向《フ》事ヲ慎《ム》。常ニ手ヲ挿頭ヘバ、河野ノ物恥ト申伝タリ。烏帽子手形《ノ》有ル事《モ》此ヲ謂也。河野新大夫ト云。後伊与権介通清と称す。是ヨリ通《ノ》字を名乗也。其故は、明神一夜密通ノ義ヲ以テコレヲ云フ。

鎌倉時代以降、史上に登場する河野氏は、名前にすべて「通」の字をつけている。このことから河野氏の祖は通清といえるが、当社の大祝が初代安元の「安」をとって歴代大祝の名にしている例をみても、両氏の出自は別である。だから、『予章記』の系図も、『越智系図』『河野系図』も、初代大祝安元の名はもちろん、大祝そのものを系図から削っている。

通清は、『平家物語』などにも書かれているように、源頼朝が平氏討伐のため挙兵すると、養和元年（一一八一）息子の通信と共に風早郡河野郷（北条市）の高縄山城で挙兵したが、伊予国内外の平氏方の攻撃をうけて高縄山城で討死した。通信は脱出して体勢をたて直し、義経に協力して屋島・壇ノ浦の戦いで活躍し、鎌倉幕府の御家人になった。たぶん、越智氏系は平家方についていたため、鎌倉幕府の成立と共に、河野氏に取って替わられたのであろう。だから、初代大祝安元の本貫地越智郡高橋郷に、安元の父玉澄を祀る神社があるにもかかわらず、『予章記』は、玉澄が風早郡河野郷の高縄山麓の館に居住したと書き、河野の館にいながら「姓ヲバ越智ト称ス」と書くのである。しかし『越智系図』は、河野にいて越智を称したとするのはおかしいと思ったのか、玉澄は風早郡高縄山麓に居住して河野と称したと書く。いずれにしても、高縄山麓で討死した河野通清に越智玉澄を重ねて、越智氏と河野氏を一体化しようと意図した書き方である。通清を三島明神と河野氏の娘の間に生まれた子とする伝承も、伊予皇(王)子と小千御子の伝承も、同じ意図から作られたものであろう。

孝霊天皇の子伊予皇子は伊予郡神崎庄に居住し、今「霊宮」というと『予章記』は書く。『越智系図』『河野氏系図』も同じことを書いているが、神崎庄は『和名抄』の伊予郡神前郷(伊予郡松前町神崎)で、式内名神大社の伊予神社がある。祭神は伊予皇子(彦狭島命)である。伊予郡は伊予国造の本拠地であり、小市(小千・越智)国造の本拠地とはまったくちがう。伊予皇子は海童《わたつみ》の女和気姫を娶って三子を生んだが、三子を「棚無小船三艘ニ乗セテ、海上に放チ奉ル」と『予章記』は書く。この伝承はウツボ舟漂着譚である(『越智系図』『河野氏系図』も同じ記事を載せている)。

三人のうち、長子の小船は伊豆に着いたと『予章記』『河野氏系図』は書くが、『越智系図』は駿河国清見崎に着いたと書く。第二子は備前の小(児)島に着き、第三子の小子御子は和気郡三津浦に着き、七歳にして都に上り、帰国して四国の主として越智郡大浜に館を営んだとある。この伝承は伊豆と伊予の関係を伝えているが、伊予郡と越智郡を結びつけて河野氏と越智氏を連結しようとしている点で、前述の小千玉澄に関する記事と共通している。河野氏の出自は伊予国造系であろう。

三島大祝と諏訪大祝

三島大祝家(越智大祝家は江戸中期に「三島」に改姓)の古文書に、南北朝のころの二十一代大祝安顕が書いた『三島大祝記録』がある(貞治三年〔一三六四〕十一月の奥書が付いている)。この時代、伊予の実権は河野氏が握っていたが、大祝は越智安元の直系(高橋氏)を嫡家としていた(『三島宮御鎮座本縁』)。

大祝職について、『三島大祝記録』は、

大祝職者、構二神壇《ヲ》於居所《ニ》一、忝《モシ》号二半大明神《ヲ》一、不レ携二弓箭《ヲ》一、不レ出二国境《ヲ》一、専《ラ》連日御神事、抽二長日御祈禱《ヲ》一者也。

と記している。この記録が書かれた南北朝時代には、大祝の居館は高橋別名にあり、大祝はその居館に神壇を構えて神事祈禱を行ない、大三島へは、祭礼のときだけ渡海した。室町時代中期に高橋から鳥生に大祝の居館を移した後も同じであった。

延宝四年（一六七三）に領主の命で大三島の宮浦に居館を建てたが、島に住んでいたのではなく、今治の鳥生にいたことは、『三島大祝日記』の安永五年（一七七六）十二月一日条に、

於二今治鳥生村一、構二居宅《ヲ》一御祭礼並社用之節者、三島表江渡海仕候。

とあることからも証される。この渡海については、

鳥生村自今治浜迄、并於二三島一も海辺より旅宅迄途中且御神事之節は勿論乗輿。

とある。大祝は「半大明神」（『三島大祝記録』）だから、土を踏まず、人の目にふれないよう、輿に乗って行動したのである。この「乗輿」を『日記』は「先祖代々」のことと書いている。

このような「乗輿」は、大祝が「半大明神」、つまり現人神であったためだが、『予州由来記』には、

当家ハ社職ヲ務リ権化之体ニテ朝夕ノ食器ニ土器ヲ用ル也。其レヲモ二度トハ不レ用也。

とある。「権化之体」とは現人神のことである。『東鏡（九）』は、

河野通信、令レ持二土器一食事《ニ》毎度用《ユ》レ之。

と書き、これを武将たちが「珍事」と評したと書いている。

通信は、三島大明神と河野氏の女の間に生まれたという通清の子だから、自分も大祝と同じ神の子、現人神であることを示すために、そのような行動を演じたのであろう。

ところで、『三島大祝記録』は、

大祝職者、於三諏訪與二当社一者、以二大祝一擬二神体一。

と書き、当社と諏訪の大祝が擬神体（現人神）だとみている。そして、諏訪大祝とのちがいについて、

如レ聞者、至二諏訪祝一者、生替之儀有レ之者歟。当社者、無二生替一之故、以二嫡子一任二権祝一、令レ補レ之也。重穢出来之時者、一廻御神事依可レ令二代勤一也（伝云、大祝重穢不レ受、古式也）。

と書いている。諏訪の大祝には「生替《いきかわり》」があるが、当社にはないので、重穢（父母の喪）には嫡子の権祝が代役を勤めるというのである。カッコ内の注記は、寛永年中（一八四八—一八五三）に書写した大祝安長のものだが、古式では大祝は重穢も受けなかったとある。

ラマ教では、ダライラマが亡くなったとき、ダライラマの「生替」の童子をチベット内で選出し、次のダライラマにする。諏訪大社では、それと同じ方法により、「御衣ヲ八歳ノ童男ニキセテ」（『諏訪大明神絵詞』）大祝にした（有員《ありかず》大祝から世襲制になる）。選ばれた八歳の童男に大祝の御衣を着せることによって、その童男は大祝の「生替」になるのだが、この生替の儀礼は、大祝が重穢だからといって簡単に行なわれるものではない。

生替儀礼は大祝就任儀礼だが、南北朝の頃の記録によれば、大山祇神社の場合は京都に上り、神祇伯によって大祝職に任じられており、諏訪大祝とくらべて俗的である。なお、前述の記録に、大祝は「以二神御印一相続」とあるが、神御印とは太刀である（総長一〇五センチ、刀身長七〇・四センチの、平安時代の黒漆塗金銅金具の細太刀）。太刀の授受による大祝就任が新しい形であることは、いうまでもない。

注

（1）金達寿「大三島の大山祇神社」『日本の中の朝鮮文化・9』所収、昭和六十一年。
（2）佐伯有清『新撰姓氏録の研究・考証篇・第四』一二六頁、昭和五十九年。
（3）吉田東伍『大日本地名辞書』一〇三三頁、明治三十五年。
（4）岡田米夫『神社』一五二頁、昭和五十二年。

(5) 太田亮『姓氏家系大辞典』第一巻、九八四―九八五頁、昭和十一年。

第五章　金属にかかわる神々

南宮《なんぐう》大社――「南宮」の由来と金山彦神と壬申の乱

当社は、『延喜式』神名帳の美濃国不破郡の項に「仲山金山彦神社名神大」とある。美濃国一ノ宮で、岐阜県不破郡垂井町宮代に鎮座する。

「仲山金山彦」と「仲山」

金山彦について、『日本書紀』（一書の四）は、

伊奘冉《いざなみ》尊、火神軻遇突智《かぐつち》を生まむとする時に、悶熱《あつか》ひ懊悩《なや》む。因《よ》りて吐《たぐり》す。此《これ》神と化為《な》る。名を金山彦と曰《まう》す。

とある。『古事記』にも、似た記述がある。

「タグリ」とは反吐《へど》のことである。高崎正秀は、「鉱山の神を嘔吐《たぐり》云々と云ったのは、即ち冶金の際の金滓の見立てなのだ」と書くが[1]、倉野憲司は、日本古典文学大系『古事記』の頭注で、「へどが鉱石を火で熔かした有様に似ていることからの連想」と書き[2]、真弓常忠は「灼熱の熔鉱を神格化したもの」とみる[3]。私は高崎説よりも倉野・真弓説を採る。

尾張連の祖天香山命《あまのかぐやま》は天香語山《かご》とも書くが、『旧事本紀』の天孫本紀は、天香語山命が天降りしたときの名を「手栗《たぐり》彦命、亦は高倉下《たかくらじ》命と云う」と書く。この「タグリ彦」を、高崎正秀は金山彦の「タグリ」とみて、天香語山命を「鍛冶神」と解している[1]。西田長男も、高崎説にひかれて、天香山命の「カグ(ゴ)山」を「鉱山」の意と解している[4]。

しかし、金山彦命を単に鉱山の神とみるわけにはいかない。『鉄山必用記事』の「金屋子神祭文」には、

先づ、高殿の四本の押立柱の東の方は句句廼馳《ククノチ》ノ命、南の方は金山彦ノ尊自ら守護《まも》りたまふ。

とある。句句廼馳命は、記・紀によれば木の神である。五行思想では、木の方位は東だから、この神は高殿(タタラ)のまわりの東西南北の東の柱に祀られるのである。木の神が祀られるのは、タタラの火の材料が木(炭)だからであろう。

木から火は生まれる。

金山彦の金の方位は西だが、金山彦が南に祀られるのは、南が火の方位であり、火によって溶けた「タグリ」を金山彦とみたからであろう。五行相剋の理では「火剋金」で、金（鉱石）は火によって溶解し、新しいものに生まれ変わる。その状態が「タグリ」なのである。

金山彦が金の方位の西でなく、南方に祀られることからみても、金山彦の「金山」をただちに「鉱山」とみるわけにはいかない。人間の成長のために食物が腹中で成り変わったものが「タグリ」である。鉱山の石は火の力によって鉄や銅や金になる。「タグリ」を「金山彦」とする紀・記の表現は重要である。

冒頭で述べたように、『延喜式』神名帳における当社の神名は「仲山金山彦」であるが、同じ神名帳の美作国には名神大社「中山《ちゅうさん》神社」が載る。これも金属精錬集団が祀った神社で、社記は祭神を鏡作命とするが、金山彦神とみる説もある。「仲(中)山」のつく神社を金属精錬にかかわる人々が祀るのは、「中山」に鉱山の意があるからである。『山海経』の中山経《ちゅうさんけい》（五蔵山経）の「中山」は、鉄や銅の主産地である。

ちなみに、『古今集』の一首「真金《まかね》吹く　吉備の中山　帯にせる　細谷川の　音のさやけき」の「吉備の中山」は、備中一ノ宮の吉備津神社の中山でなく、美作一ノ宮の中山神社だとする説がある。美作国は和銅六年（七一三）に備前六郡を割いてできた国だから、それ以前は美作も吉備である（折口信夫・山本健吉・池田弥三郎・八木意知男などが吉備の中山＝中山神社説をとるが、特にくわしい論証は、池田の「かむなび私考」〔「文学」昭和三十年十二月号〕、八木の「吉備中山覚書」〔「美作短期大学研究紀要」二十一号〕に載っている）。いずれにしても、「中山」が鉱山を意味するからこそ、「吉備の中山」は「真金吹く」とうたわれたのであろう。

「南宮」について

当社は「南宮《なんぐう》大社」と称しているが、「南宮社」という表記の初見は、嘉永元年（一一〇六）以後の十二世紀前半に書かれた『今昔物語』である。

「南宮」と呼ばれる神社は、当社と信濃の諏訪大社、伊賀国一ノ宮の敢国《あえくに》神社、摂津の広田神社南宮の四社である。

八木意知男は、前述の『鉄山必用記事』の「金屋子神祭文」にもとづいて、南の柱に金山彦を祀るから南宮と称したと推測し、南宮を名乗る四社の祭神をすべて製鉄神とみる。[5]

『梁塵秘抄』（治承三年（一一七九）に後白河法皇の撰によって成立した歌謡集）巻二の二六二番歌に、

南宮の本山は　信濃国とぞ承《うけたば》る　さぞ申す　美濃国には中の宮　伊賀国には稚《おさな》き児《ちご》の宮

とある。信濃国の「南宮の本山」は諏訪大社であり、美濃国の「中の宮」は南宮大社、伊賀国の「稚き児の宮」は敢国神社のことだが（敢国神社については、保安三年（一一二二）の「伊賀国東大寺出作封米返抄案」に「南宮三昧」「南宮御宝前」とあり、永万元年（一一六五）の「神祇官諸社諸年貢注文」に「南宮社」とあるから、南宮大社と同じ時期に「南宮」と称した可能性が強い。文亀三年（一五〇三）吉田兼倶著の『延喜式神名帳頭註』には「号南宮、金山姫命云々」とある）、この歌には、広田神社の南宮は登場しない。

しかし、同じ『梁塵秘抄』巻二の二七六番歌に、

浜の南宮は　如意や宝珠の玉を持ち　須弥の峰をば櫂《かひ》として　海路の海にぞ遊《ゆ》うたまふ

とある「浜の南宮」は、摂津の広田神社の南宮であり、『梁塵秘抄』は、諏訪南宮を本山とする南宮と、浜の南宮を区別している。

広田神社の南宮は、本宮に対する南宮であり、本宮そのものが南宮と呼ばれている他の三社とは、性格が異なっている。しかも、他の三社とちがって、浜の南宮には製鉄および製鉄関連伝承はないから、私は、四社をすべて製鉄神とする八木説は採らない。同氏も「広田神社関係の資料の中では製鉄に関わるものは管見に入らない」と述べてはいるが、[5]『常陸国風土記』香島郡の条に「若松の浜の鉄を採りて」とある例をあげ、近くで浜砂鉄を採集していたから「浜の南宮」と呼ばれたと解している。だが、文献資料はもちろん、考古資料にも、そのようなことを示すものは見あたらない。

また「浜の南宮は　如意や宝珠の玉を持ち」という『梁塵秘抄』の歌詞からみても、八木説は無理である。

「如意や宝珠」は、高良大社の神が宗像大社の神と共に神功皇后の船を加護した如意や宝珠のことであり、海幸山幸

神話の海神の「潮満瓊《しほみちたま》・潮涸瓊《しほひたま》」のことである。広田神社の南宮は、中央に豊玉姫命と大山咋命、東殿に市杵島姫命、西殿に御斎殿を祀っているが、この祭神の顔ぶれからみても、海神信仰による「浜」の南宮であって、浜砂鉄の「浜」でないことは明らかである。

しかし、広田神社（本宮）の脇殿の南宮は、諏訪大社の祭神建御名方神《たけみなかた》（南方刀美神《みなかたとみ》）を祀っていることからみて、後世、広田神社の南宮も諏訪大社を「本山」とするようになったのであろう。『神道寄書』には、

諏訪者号二南宮大明神一、西宮坐号二浜南宮一、到二伊賀国一号二伊賀南宮一、於二美濃国一名二垂井南宮一云々。以レ鎌為二神体一云々。

とあり、「南宮」と称する四社の神体はすべて同じとみられている。だが、『梁塵秘抄』編纂時の浜の南宮は、他の南宮と別にみられていた。他の三社は、何らかの共通性によって南宮と呼ばれたのであろう。

たしかに南宮大社と敢国神社は金山彦神を祀るが、諏訪大社では祀らない。にもかかわらず、諏訪大社が「南宮の本山」になったのは、南方刀美という神名を、タタラの元山柱に祀られる南方神（金山彦）に結びつけたためであろう。それだけでなく、タタラとは切っても切れぬ風神としての性格を、諏訪大社はもっていた。

かつて諏訪大社には「風祝」がいたが、今も神木（御柱）に薙鎌を打ちこむ神事がある。「ナギ」とは「風を和《な》ぐ」意である（薙鎌と諏訪大社の風神的性格については『神社と古代王権祭祀』の諏訪大社の項参照）。『諏訪大明神絵詞』でも薙鎌は神宝の一つになっているが、当社の現在の神宝のなかにも鎌がある。この鎌は藤原鎌足の鎌と伝えられるが、それは後世の付会であろう。

前述の「金屋子神祭文」によれば、風神（級長津彦・級長戸辺命）は吹子《ふいご》に祀られるが、吹子は鞴（韛）・吹草・吹籠とも書く。『日本書紀』（一書の一）の天岩窟の記事には、

石凝姥《いしこりどめ》を以て冶工《たくみ》として、天の香山《かぐ》の金を採りて、日矛を作らしむ。又真名鹿《まなか》の皮を全剝《うちは》ぎて、天羽鞴《はぶき》を作る。

とある。羽鞴は鹿皮で作った手吹子だが、足で蹈《ふ》む吹子が「蹈鞴《たたら》」である。この「フイゴ」が送る人工の風によって高

温の火をおこす炉も、「タタラ」という。

このように、鉱石を火で熔かすために風は欠かすことができない。前述のように、金山彦は、鉱石の熔けた状態になぞらえて「タグリヒコ」とも呼ばれるが、その「タグリ」は風の力によって生まれる。諏訪大社が「南宮の本山」になったのは、風神の南方刀美神と、南宮大社の金山彦神が重なったからであろう。

「南宮＝製鉄神」と推論する八木意知男は、諏訪大社の神宝の鉄鐸と、天目一箇神《あまのまひとつ》が鉄鐸を作ったという『古語拾遺』の記事を結びつけて、諏訪神を天目一箇神とみるが(5)、鉄鐸が神宝だからといって諏訪神を天目一箇神とするのは、浜の南宮の「浜」を浜砂鉄の「浜」とみるように、「南宮」と呼ばれる諏訪社と広田社をどうしても製鉄神にしたいからであろう。

壬申《じんしん》の乱と南宮大社

「真金吹く」とうたわれているように、「吹く」には特別の意味がある。南宮大社の金山祭は十一月八日に行なわれ、鞴祭《ふいごまつり》と呼ばれる。神社正面の祭場（高舞殿）で御神体のフイゴを動かし、炭火で焼いた鍬先を鍛錬する神事だが、この祭には全国の鉱山・金属精錬業者が参加する。

当社の鎮座する垂井町の東隣りに赤坂鉱山（大垣市赤坂町）がある。今から十二年ほど前の鞴祭に谷川健一らと当社を参拝したとき、社務所に寄って宮司から話を聞いた。それによると、鉱山のある金生山の北側は鉄、南側は銅が多く産し、関の孫六で有名な関市の刀工も赤坂から移ったのだという。

当社の奥宮のある南宮山から見て、金生山は艮《うしとら》（北東）の方位、伊吹山は乾《いぬい》（西北）の方位にある。一つは鉱山であり、一つは西北風を送る風の山である。しかも、南宮大社の社殿は辰（東南東）の日の出方位を向いている。これらの方位関係は、社地の設定が意識的に行なわれたことを意味しているように思われる。

伊吹山の「イブキ（イフキ）」は「吹子」に通じる。当社の宮司の話では、伊吹おろしは、寒いというよりは痛いくらいに強烈なので、昔はタタラを風の方向にむけておくと、風が炉に入って、フイゴを使わなくても炭をおこすことができたという。

伊吹山の東南麓、南宮山の北に、式内社の伊富岐《いぶき》神社がある（不破郡垂井町伊吹）。美濃国二ノ宮で、伊福部《いふくべ》氏が奉斎した神社である。伊福部氏が金属精錬にかかわる氏族であることは、谷川健一の『青銅の神の足跡』にくわしいが、「イフクベ」の原義は、吹子（鞴）によってタタラ炉を操作する「吹」部であろう。

延暦三年（七八四）の奥書のある「因幡国伊福部臣古志（佐伯有清に「因幡国伊福部古志の研究」がある。『新撰姓氏録の研究・論考篇』所収）の系図は、イフク部を気吹部とし、「便《すなは》ち禱祈《とうき》を以て気を飄風《はやて》に変化《かへ》る」のが「気吹」だと書く。気吹は送風のことだが、系図の二十四代には飃飄《はやて》臣、十七代には建火《たけひ》屋宿禰《やのすくね》がいる。火屋へ「ハヤテ」のような風を送るのが「吹」であろう。

この伊福部が祀る伊富岐神社の近くに、壬申の乱のときの大海人皇子（天武天皇）の野上行宮《あんぐう》があった。

吉田東伍は、野上行宮（不破郡関ヶ原町野上）と伊福部氏の関係について、「野上の北数町（中略）、此に伊吹神社ありて、野上の民も之を氏神とす。蓋古姓氏に尾治（尾張に同じ）伊福部（五百木部・蘆城部にも作る）ありて実に同族とす。野上宮の邸主を尾治氏とし、此に伊福神の存在するを見れば、尾治伊福部二氏の祭れる者たること明瞭也」と書く(6)。『続日本紀』（天平宝字元年十二月九日条）は、尾張大隅が壬申の乱のとき、私邸を行宮として提供、さらに「軍資を供助」した功で、三世にわたって功田四十町を賜わったと書く。吉田東伍は、この尾張大隅の私邸を野上行宮とみて、「野上宮の邸主」を大隅と推定している。伊福部氏も尾張氏と同族で、火明《ほあかり》命を祖とする(6)。

伊富岐神社の社伝によれば、大海人皇子は当社に戦捷を祈願し、即位後、行宮を当社に寄贈したという。社伝が事実かどうかは疑わしいが、当社が野上に近いことからみても、当社の祭祀氏族が、壬申の乱に大海人皇子側に立って協力したことが推測できる。『続日本紀』によれば、美濃国山方郡三井里の伊福《いふく》（五百木《いほき》）部姓の二名が壬申の乱の功で授位されているが、前川明久は、尾張大隅が私邸と共に提供した「軍資」を、「美濃の伊福部の鍛造した武器類」とみている(7)。大海人皇子の命で最初に兵を挙げたのは、南宮大社のある不破郡の隣りの安《あ》八磨《はちま》郡だが、『和名抄』によれば、安八磨郡には伊福部郷がある。

「大海人皇子《おおあまのみこ》」の名は、大和国の葛城の大海氏に養育されたことによるが（天武天皇の葬儀では大海氏が養育氏族として誄《しのびこと》を奉している）、この大海氏は尾張氏・伊福部氏と同族である。しかも、大海氏と伊福部氏は大和の葛城の忍海《おしみ》で葛木坐火雷神社を祀っていた（くわしくは拙著『天武天皇論（一）』参照）。

『新撰姓氏録』大和国神別に、

尾張連　天火明命子天香命之後也

伊福部宿禰　同㆑上

とあり、左京神別の尾張連の条には「火明命之男天香吾《こ》山命之後也」とある。天香山命は「香吾」「香語」とも書かれ、「タグリ彦命」という別名をもち、金山彦命と同性格である。南宮大社も、伊福部氏などの尾張氏系氏族が祭祀していたのであろう。大海人皇子が、私領地（湯沐邑《ゆのうながしのむら》）のある安八磨郡で湯沐令の多品治《おおのほむじ》に命じて最初に挙兵させ、伊富岐神社の近くの野上に行宮を設けたのは、この地が戦略上重要だっただけでなく、大海人皇子にとってもっとも信頼のおける氏族の居住地だったからであろう。

天武天皇が薨《こう》じた殯宮《もがりのみや》で、壬生《みぶ》（「乳部」とも。皇子皇女を養育すること）の誄《しのびこと》をした大海菖蒲《あらかま》は、大宝元年（七〇一）、冶金のために陸奥国へ派遣されている（『続日本紀』）。大海人皇子は、南宮大社・伊富岐神社・尾張氏・大海氏・伊福部氏と深い関係にあるが、これらの神社や氏族に共通するモチーフは金属生産であり、まさしくそれは、大海人軍を勝利に導く最大の要因だったにちがいない。ちなみに、野上から日守（南宮大社の北一キロ）にかけての地域で鉄滓が多く発見されている。

大海人皇子は、海人・山人・金属精錬氏族など非農耕的集団の協力により、武力によって政権を獲得した。南宮大社の周辺は、これらの集団の一大根拠地である（拙著『天武天皇論㈠』参照）。

諏訪大社の当社の関係も、壬申の乱と無縁ではなかろう。諏訪大社の大祝の金刺《かなさし》氏は信濃国造と同族だが、『古事記』によれば、信濃国造は神武天皇の皇子神八井耳命を始祖とし、『古事記』編者の多（太）氏と同族である。ところが、大海人皇子の命によって美濃国安八磨郡で最初に挙兵したのは多品治であり、品治は、美濃の兵を率いて不破の関を守り、たぶん信濃から駈けつけたであろう騎馬隊をも傘下に入れた騎馬軍団の将軍として、近江と国境を接する美濃・伊賀を転戦し、大海人軍を勝利に導いている。坂本太郎もいうように、(8)天武天皇が信濃造都（行宮造営に変更）の計画をもったのも、信濃国造と同族の多品治が進言したためであろう。信濃国造の同族で諏訪大社の大祝である金刺氏が、多氏と同族系譜をもつことは、多品治と美濃の関係と合わせて、壬申の乱の前後の南宮大社と諏訪大社の間に何らかのつながりがあったことを推測させる。

注

（1）高崎正秀「上代鍛冶族覚書」『神剣考』所収、昭和四十六年。
（2）倉野憲司、日本古典文学大系『古事記・祝詞』昭和三十三年。
（3）真弓常忠「古代製鉄祭祀の神々」『日本古代祭祀の研究』所収、昭和五十三年。
（4）西田長男「平野祭神新説」『日本神道史研究』第九巻、昭和五十三年。
（5）八木意知男「『南宮』考」「古代文化」二九巻一一号。
（6）吉田東伍『大日本地名辞書』第五巻、四〇三頁、明治三十五年。
（7）前川明久「壬申の乱の湯沐邑」「日本歴史」二三〇号。
（8）坂本太郎「古代史の信濃」『日本古代史叢考』所収、昭和五十八年。

一目連《いちもくれん》神社——天目一箇神と関連氏族

伊勢国桑名郡の式内名神大社多度《たど》神社は、本宮を多度神社、別宮を一目連《いちもくれん》神社といい、二社を合わせて「多度両宮」と呼ぶ。本宮は天津彦根《あまつひこね》命、別宮は天目一箇《あまのまひとつ》命を祀っている。

天目一箇神を祖とする氏族

『日本書紀』(一書の二)の天孫降臨の条に、

天目一箇神を作金者《かなだくみ》とす。

とあるように、この神は金属精錬にかかわる神である。

『新撰姓氏録』山城国神別には、

山背忌寸《やましろのいみき》　天都比古禰《あまつひこね》命の子、天麻比止都禰《あまのまひとつね》命の後なり。

とあるが、天麻比止都禰命は天目一箇神のことであり、天都比古禰命は、天照大神と素戔嗚《すさのお》尊の誓約《うけい》によって宗像女神らと共に生まれた天津彦根命である。天津彦根命は『日本書紀』に山代直らの祖とあるが、天武紀によれば、山代(背)直は直から連、さらに忌寸になっている。

天目一箇神を祖とする氏族について、『新撰姓氏録』は、天麻比止津乃《あまのまひとつの》命(天目一箇命)を祖とする葦田首《あしだのおびと》と(大和国未定雑姓)、天久斯麻比止都《あまのくしまひとつ》命(天奇目一箇命)を祖とする菅田《すがた》首(山城国神別)をあげており、『和名抄』は伊勢国三重郡に葦田郷を載せ、訓を「安之美多《あしみた》」と書く。三重郡の式内社に足見田《あしみた》神社があり、この神社(現四日市市水沢町、旧水沢村足見田)の周辺が葦田郷とみられている。但馬《たじま》国気多郡には式内社の葦田《あしだ》神社があり(豊岡市中郷)、祭神は天目一箇神で、現在も神主の姓を「阿麻比止《あまひと》」という。「天麻比止津」からとった姓であろう。

葦田神社のかつての鎮座地を「愛痛山《あいたち》」といい、地元の伝承では、天之日矛《あめのひぼこ》が但馬にやって来たとき、日矛の従者たちが日矛に無断でこの地に住み、足の痛い人を治療することを誓って日矛の許しを得たという。このような伝承からみると、「愛痛」は本来「足痛」で、「葦田」の「葦」も本来は「足」であろう。

『古事記』によれば、ヤマトタケルは三重村まで来て、「吾が足は三重の勾《まがり》の如くして甚《いと》疲れたり」といったという。本居宣長（『古事記伝』）、伴信友（『神名帳考証』）も、この「足」と三重郡の足見田神社の「足」は関係があると書いている。


後述するように、足痛は金属精錬にたずさわる人々の持病である。金属精錬にかかわる穴師神社の穴師を痛足《あなし》（『万葉集』）、痛脚《あなし》（『今昔物語』）と書き、葦田神社の旧鎮座地を愛痛（足痛）山ということからみて、足痛《あしいた》→足見田《あしみた》→葦田《あした》と転じたのであろう。足見田神社のある水沢を、吉田東伍は、「此村の西嶺字入導岳に黄玉石、煙水晶、電気石を産出す。又、字中谷に、花崗岩中より、黄鉄鉱と交り、辰砂現出す。土砂中に往々水銀の滴り居ることあり」と書くが[1]、中谷の地は入道岳の西の鎌ヵ岳（冠山ともいう。一一五七メートル）にあり、足見田神社もかつて鎌ヵ岳にあった。鎌ヵ岳の小谷・金山という地からも水銀が産出し、明治初年まで採掘していたという。

谷川健一は、『青銅の神の足跡』で、「水銀中毒によって腎臓がおかされると、足が腫れるという話を私は知り合いの医者から聞いた」と書き、「足見田」を「足痛」とみて、「ヤマトタケルの足が三重のまがりのようになったという記事も納得がいく。水銀を採掘したのは芦田首と呼ばれる一族であったろう」と書いている[2]。

このように、天目一箇命を祖とする葦田首は金属精錬にかかわる氏族であるが、天奇目一箇命を祖とする菅田首も鍛冶・鋳造にかかわりが深い。

『播磨国風土記』宍禾郡《しはさ》の敷草村の条に、「此の沢に菅生ふ……鉄を生《いだ》す」とあり、菅と鉄が登場する。現在のこの地は「千種」といい、千種鋼の産地だが、谷川健一は、菅田の「スガ」は「スカ」で、砂鉄にかかわる語とみており[3]、吉野裕も「産鉄場」の「洲処《すか》」とみる。(4)「菅」の地名には、製鉄遺跡のある群馬県太田市菅の沢、鉄鉱石の採掘が行なわれていた長崎県南高来郡有明町菅、菅谷タタラで有名な島根県飯石郡吉田村菅谷などがある（「スカ」については穴師神社の項参照）。このように、菅田も鉄にかかわる名である。

『延喜式』神名帳の近江国蒲生郡の項に菅田神社が載る。吉田東伍は、『大日本地名辞書』の近江国蒲生郡の桐原郷の項に、「和名抄、蒲生郷。今桐原村是なり。鏡山村の北に接し、岡山村の南なり、此桐原は古の鏡作天目一箇命の後裔、蒲生稲置の住所なりきと云ふ。鏡山と相接比するも、其故なきにあらず」と書き、菅田神社について、「延喜式に列す。今桐原村に在り。神祇志料云、蓋天津日子根命の子天麻比止都命を祀る。即菅田首蒲生稲置の祖神也（参取新撰姓氏録、古事記）。凡毎年九月十九日祭を行ふ、此日稲置の稲六十穂を伊勢多度神社に送るを例とす（滋賀県注進状）。桐原は今鋳《イ》物師《モジ》とも称する村にして、村北に字菅田あり、古へ稲置の旧地と云ふ」と書く。(5)

だが、式内社菅田神社の論社は二つあり、吉田東伍は両社を一緒にして書いている。桐原村は、近江八幡市中小森町の菅田神社の所在地をいい（旧蒲生郡桐原村中小森）、多度神社に稲六十穂を送ったと伝えられるのは、蒲生町（旧朝日野村）大字鋳物師字竹田の竹田神社である。両社とも天目一箇神を祀るが、『大日本史・神祇志』や『地理志料』は、竹田神社の社伝に、明神の森から寛仁元年（一〇一七）現在地へ移転したとあることから、桐原村の菅田神社の天目一箇神を鋳物師村に祀ったのが竹田神社だとみる。

鋳物師の小字に菅田・桐原があること、中小森がしばしば洪水の被害を受けている（そのため菅田神社の史料はきわめて少ない）ことからみて、菅田神社のある中小森の人々が鋳物師に移動し、同じ神を祀ったのが現在の竹田神社だと考えられる。たぶん、多度神社への稲の奉納は、中小森の菅田神社でも行なっていたのだろう。竹田神社の宮司の話では、多度からも菅田・竹田の両社に参拝があったというが、九月十九日（現在は九月一日）の稲置《いなぎ》の神事に「神火鋳徳、霊金鍛威」と書いた幟をたてることからも、祭神の天目一箇神の性格は明らかであり、この神を祖神とする氏族が鍛冶・鋳造にかかわる氏族であることは確かである。

片目片足の神と風神一目連

天目一箇命は一つ目の神である。この神が片目の不具神なのか、キュクロプスのような単眼の神なのかについては意見が分かれている。谷川健一は、この問題をめぐる諸説を『青銅の神の足跡』で詳述し[6]、タタラ炉の炎の色を見つめすぎたために一眼を損じたタタラ師の神格化が天目一箇命だとみて、「たたら炉の炎の色をみつめるものがかならず眼を悪くするということは、私たちが鉄工場で飛び散る火花をみただけでも眼を痛くすることからたやすく想像がつく。そこで六十をすぎる頃になると、たいてい片方の目はだめになってしまうという事実は、洋の東西を問わず、銅や鉄の精錬に従事する人たちの宿命であったろう。片目の神というのはたたら師たちの職業病とでも称せられるものの異なる表現であったのだ」と書いている。

また、「アナシを痛足とか病足と記すのも、たたらを踏むものの職業病を暗示している」と書き、「たたらを踏むのは中国地方では、伯耆大山に後向きに登るように辛い作業だと言われていた。そこで足や膝を酷使して疾患も起りやすく、足萎えになりやすかったのではないかと想像するのである。少なくとも一本足の神を一つたたらとか一本たたらとか呼んでいるのは、送風装置のたたらと一本足とが関連をもつことを暗示している」とも書き、その推論を補強する豊富な実例をあげている。私も谷川説に賛同する。

だが、一目連の神は風神としての性格が強い。『笈埃《きゅうあい》随筆』(巻三)によれば、一目連が外出するとき暴風雨がおきると、土地の人々はいい伝えていたという。強い風が金属精錬に欠かせないことは、南宮大社の項で述べた。

天保六年(一八三五)に書かれた『桑名志』は、一目連社について、「多度権現社ノ右ニアリ。(中略)祭神ハ多度大神御子天目一箇神也。今一目連ト云ハ、語ノ転誤ナルベシ。(中略)当社ハ当国ノ祖神ニテ、古ヨリ此地ニ鎮座アリ」と書いている。

『伊勢国風土記』逸文によれば、天日別命が伊勢に入り、土着の神伊勢津彦を討とうとしたとき、伊勢津彦は国譲りして、「八《や》風《かぜ》を起して海水《うしほ》を吹き、波浪《なみ》に乗りて東」に去ったという。『桑名志』は、この伊勢津彦と天目一箇命を重ねて「当国ノ祖神」と書いている。天目一箇命は鍛冶神であって、伊勢国の祖神ではないが、風神として同一視されたのであろう。

『勢桑見聞略志』は、多度神社の本社はもともと一目連社であったが、建治・弘安（一二七五―一二八八）の頃、美濃国宮代から天津彦根命を移して多度社として祀り、いつしか一目連社の方が摂社になったと書く。美濃の宮代とは南宮大社の所在地だが、南宮大社の神は、天津彦根命ではなく金山彦命である。だから、移したとすれば金山彦命である。南宮大社と同じ十一月八日に当社でも鞴祭が行なわれているから、当社と南宮大社の間に深い関係があることは推測できる。

建治・弘安の頃は、蒙古襲来（元寇）の時期である。『太平記』（巻三九）には、神風によって敵船を沈める祈願のために、勅使を諏訪南宮（諏訪大社）へ派遣したと書かれている。多度神社の場合、風神としての神威をいっそう高めるために南宮大社の神を合祀したことを、『勢桑見聞略志』は天津彦根命を遷座したと誤解したのであろう。『新撰姓氏録』では、天津彦根命は天目一箇命の父神である。

『鉄山必用記事』は、タタラの内に金屋子命と天目一箇命を祀ると書くが、「カナヤマヒコ」の略が「カナヤコ」であり、タタラ師は、天目一箇命と金屋子命を一緒に祀る慣習がある。これは、風神として仲山金山彦神社（南宮大社）の神を合祀した、もう一つの理由であろう。

天目一箇命を祖とする葦田首が祀る足見田神社の現在の主祭神は、風神の志那都比古《しなつひこ》・志那都比売《しなつひめ》であり、伊勢津彦とする説もある。このように、足見田神社の祭神が鍛冶神から風神に変わっていることからも、一目連の神が伊勢津彦と同一視されるようになった理由がわかる。

多度神社の背後には神体山の多度山があり、山中には多くの磐座がある。なかでも籠石は、明和七年（一七七〇）の豪雨で顚倒し、その下から三十面もの銅鏡が発見された。一目連社は扉も簾もなく、本宮よりも古い祭祀形態を残している。『延喜式』神名帳の多度神社は一座であるが、その一座は一目連社の祭神だったのではなかろうか。

天目一箇神と伊勢忌部

『新撰姓氏録』は、天目一箇神を天津彦根命の子とするが（山背忌寸条）、天目一箇神は忌《いん》部《べ》（斎部）氏にかかわる神でもある。斎部広成が編纂した『古語拾遺』（大同二年（八〇七）成立）には、斎部氏の始祖天太玉命が率いる神のうち、天目一箇神を「筑紫・伊勢両国の忌部の祖」と書き、天石窟の条では、「天目一箇神をして雑《くさぐさ》の刀斧及び鉄鐸《さなぎ》を作らしむ」と書く。また、崇神天皇の条には、「石凝姥《いしこりどめ》の裔、天目一箇神の裔の二氏を率て、更に鏡を鋳、剣を造らしめて、以て護《まもり》の御璽《みしるし》とす。是れ今、践祚《せんそ》の日、献る所の神霊の鏡・剣なり」とある。

また、『日本書紀』は、持統天皇の践祚の日（四年（六九〇）一月一日）、「忌部宿禰《いむべのすくね》色夫知《しこぶち》、神霊の剣・鏡を皇后に奉《たて》上《まつ》る。皇后、即天皇位《あまつひつぎしろしめ》す」と書いている。このように、神璽の剣や鏡を作る人々は忌部氏の配下にいた。

『古語拾遺』は、「石凝姥をして日の像の鏡を鋳《い》しむ」と書き、天目一箇神に刀斧・鉄鐸を作らせたと書く。つまり、同書によれば、鏡を鋳造するのは石凝姥の後裔、剣などを鍛造するのは天目一箇神の後裔である。崇神紀も、石凝姥と天目一箇神の後裔に鏡と剣をつくらせたと書く。『鉄山必用記事』は、「金屋子神御神体ノ事」には、「本尊ヲハ姫蹈鞴五十ヨリ姫尊、脇立ニハ天目一箇ノ神ヲ立、鏡作ノ祖神久志比加田ノ神ヲ左右ニ奉レ添ヘリシアリ」と書き、鍛造の神と鋳造の神に分けている。「金屋子神祭文」でも、天目一箇神は鍛冶の神になっている（『日本書紀』一書の一は、石凝姥を鏡作氏の祖と書く）。

天目一箇神が伊勢の忌部の祖であることからみて、多度神社は伊勢の忌部が祀っていたとも考えられる。佐伯有清は、天目一箇神を祖とする伊勢の忌部は、『延喜式』（伊勢太神宮、禰宜内人等明衣条）に載る伊勢神宮の「忌鍛冶」にかかわる氏族とみる(7)。

伊勢と筑紫の忌部が天目一箇神を祖とする理由について、津田左右吉は、「大宰府と伊勢神宮とに忌部氏の部下がゐたためであらう」と書いている。佐伯有清は津田説を受け入れているが(8)、羽床正明は、宗像大社に忌部がいたとみて(9)、沖ノ島遺跡から出土する金銅製雛形製品などは、宗像大社に奉仕する筑紫忌部が製作したものと推定する。私も、忌鍛冶は宗像大社に直接奉仕していたとみてよいと思う。しかし『古語拾遺』には、大宰府にも神司として忌部氏が派遣されていたとあるから、宗像の忌鍛冶は、大宰府に神祇官として派遣された忌部氏（太玉命を祖とする忌部連）の管理下にあったと推測される。宗像大社は、重要な国家祭祀の神社として古代中央政権が直接関与した神社であり、天目一箇神を祖とする伊勢と筑紫の忌部は、中央政権の神祇官（忌部）に直結する忌鍛冶と考えられる。

多度神社の摂社の代表は「美御前《うつしごぜん》社」だが、この神社は宗像の市杵《いちき》島姫《しまひめ》命を祀っている。本宮の多度社、別宮の一目連社、摂社の美御前社の三社を合わせて多度大社というが、それほどに、宗像女神を祀るこの摂社は重視されている。これについては、宗像三女神が天津彦根命と共に天照大神・素戔嗚尊の誓約《うけい》によって生まれたため、とみるのが従来の解釈である。だが、天目一箇神を祖とする伊勢と筑紫の忌部の関係も無視することはできない。

もう一つの視点は、天津彦根命を祖とする凡河内《おおしこうち》氏が、宗像の神を現地までおもむいて祀ったという雄略紀の記事であるが、これについては、『神社と古代王権祭祀』の「宗像大社」の項を参照されたい。

注

（1）吉田東伍『大日本地名辞書』第二巻、七八七頁、明治三十三年。
（2）谷川健一『青銅の神の足跡』一三三―一三四頁、昭和五十四年。
（3）谷川健一、注2前掲書、一二二頁。
（4）吉野裕『風土記世界と鉄王伝説』一四七頁、昭和四十七年。
（5）吉田東伍、注1前掲書、六九一頁。
（6）谷川健一「目ひとつの神の衰落」注2前掲書所収。
（7）佐伯有清『新撰姓氏録の研究・考証篇・三』二八二―二八四頁、昭和五十七年。
（8）津田左右吉「古語拾遺の研究」『津田左右吉全集』第二巻所収。
（9）羽床正明「忌部の職能と成立について」「東アジアの古代文化」五三号。

鏡作《かがみつくり》麻気《まけ》神社——鍛冶神「マラ」と客人《まれびと》

祭神について

当社の祭神については、天目一箇命《あまのまひとつ》と天糠戸命《あまのぬかと》の二説がある。卜部（吉田）兼倶の『神名帳頭註』は天糠戸命とし、『穴師神社斎部氏家牒』や『大和名所図会』『大和志料』なども、兼倶の天糠戸命説をとる。しかし、社記は「天麻比止都《まひとつ》命」とし、今はこの神を祀っている。『磯城郡誌』『大和名所旧蹟案内』も「天麻比止郡禰命」とする。社記は、天麻比止都命とする理由を、次のように書く。

古事記ニ曰、天照大御神入天石窟閉石戸而刺幽居、待従思兼神ノ議而取天安河上之天堅石取天金山之鉄、而求鍛人天津麻羅（雷神ノ火神ナリ）、而令作雑刀斧及鉄鐸矣。故是天麻比止都命者筑紫伊勢両国忌部倭鍛冶等祖ナリ。

「古事記ニ曰」とあるが、『古事記』の天石屋戸条には「鍛人《かぬち》天津麻羅《あまつまら》を求《ま》ぎて、伊斯許理度売《いしこりどめ》命に科《おほ》せて鏡を作らしむ」とあって、天麻比止都命は登場しない。『古語拾遺』の天石窟《いわや》の条に、「天目一箇神をして、雑《くさぐさ》の刀《たち》斧及び鉄鐸《さなぎ》を作らしむ」とあるが、この天目一箇神について『古事記』はまったく記さず、『日本書紀』は「天目一箇神を作金者《かなだくみ》とす」と書くのみである。『古語拾遺』は、「筑紫伊勢両国忌部祖也」と注しているが、「倭鍛冶等祖」と書いてはいない。しかし、『旧事本紀』天神本紀には「倭鍛師《やまとかぬち》等祖天津真浦《まうら》」、『日本書紀』綏靖天皇即位前紀には「倭鍛部《かぬち》天津真浦」とある。つまり、「天麻比止都命者筑紫伊勢両国忌部倭鍛冶等祖ナリ」という社記の一節は、『古語拾遺』の天目一箇神と、『日本書紀』『旧事本紀』の天津真浦と、『古事記』の天津麻羅とを一緒にしたものである。このように、天目一箇神と天津麻羅（真浦）を同一視したのが、社記のいう天麻比止都神である。

鍛人天津麻羅と倭鍛師等の祖天津真浦は同じとみてよいが、天目一箇神と天津麻羅を同一視するのは問題がある。というのは、両神の系譜がちがうからである。

天目一箇神は、一目連神社の項で述べたように、『新撰姓氏録』では天津彦根命の子で、凡河内忌寸や山城忌寸系の系譜に属し、『古語拾遺』では筑紫・伊勢の忌部の祖である。一方、天津麻羅は、『旧事本紀』の天神本紀に「物部造等の祖、天津麻良」とあり、物部氏系である。

鏡作坐天照御魂神社（田原本町八尾）と鏡作伊多神社（田原本町保津・宮古）と当社（田原本町小阪）は、『和名抄』の磯城郡鏡作郷に入るが、鏡作郷には物部氏の居住が認められる。

保津の伊多神社は環濠集落のなかにあり、集落を囲む典型的な城塁の北側は街道に面し、堀は道端の堀とともに二重堀になっている。中世の文献『大和国十五郡衆徒郷士記』に「保津、保津志摩、物部姓」とあり、『大和志』『万葉代匠記』は、『万葉集』巻一三（三二三〇番）の長歌「みてぐらを奈良より出でて水蓼《みづたて》穂積に至り、鳥網張る坂手を過ぎて……」の「穂積」を保津とする（『慶長郷帳』は「穂津」と書く）。この穂積を上ツ道の天理市新泉町、中ツ道の天理市前裁町とする説もあるが、「坂手」は現在の田原本町阪手で、保津はそのすぐ西に位置するから、『大和志』『万葉代匠記』の保津＝穂積説が妥当であろう。新泉町・前裁町説が出るのは、その地が物部氏系の穂積氏にかかわるからだが、保津志摩が「物部姓」なのは、やはり穂（保）津が穂積だからであろう。

坂手については、谷川士清の『日本書紀通証』に、「城下郡阿刀《あと》村、在坂手村東南今廃」とある。阿刀村の阿刀氏は物部氏系で、『旧事本紀』天神本紀は、物部氏の始祖饒速日《にぎはやひ》尊の天磐船による降臨に従った氏族の祖として、

梶取　阿刀造等祖大麻良《おおまら》

船子　倭鍛師等祖天津真浦《あまつまうら》

と記す。この阿刀氏が居住したとみられる坂手（阪手）は、北は八尾・小坂と隣接し、西は保津と接している。「大麻良」の「マラ」は鍛冶の意である。

このように、鏡作郷については物部氏系氏族の居住が推測できるが、文献のうえでも、物部氏系氏族のなかに鏡作が

いることが確かめられる。『旧事本紀』天孫本紀に「物部鍛冶師連公は鏡作小軽女連等の祖」とあり、鏡作は物部氏と縁が深い。鏡作麻気神社の祭神は、物部系の天津麻羅（真浦）とするのが妥当であろう。ただし、次に述べるように、鏡作郷の近くには天津彦根命の系譜に属する氏族が居住した。

鏡作郷から一キロほど北に庵治《おうじ》の地がある（天理市庵治町）。『日本霊異記』（中巻第三十三）に、「聖武天皇のみ世（中略）大和の国十市の郡菴知の村の東の方に、大きに富める家有り。姓は鏡作造なり」とある。菴知《あむち》は庵治に比定されているが、『古事記』は、天津彦根命を祖とする氏族に「倭淹知造」をあげている。『新撰姓氏録』大和国神別に、奄智造は天津彦根神の十四世孫、建凝命の後なりとある。建凝命の「凝《こり》」は、鏡作連の祖の石凝姥《いしこりどめ》の「凝」と同じで、鋳造にかかわる「コリ」であろう（「凝」については鏡作伊多神社の項で詳述）。菴智に鏡作造がいたのも、奄（恩）智氏と鏡作氏が似た仕事にたずさわっていたためであろう。

現在の奄治（菴知・淹知・奄智）の北一キロほどに、菅田の地がある（天理市二階堂北菅田町・二階堂南菅田町）。菅田首は、『新撰姓氏録』（大和国神別）では天久斯《あまのくし》麻《ま》比《ひ》止《と》都《つ》命（天奇目一箇命）を祖としている。天奇目一箇命が天目一箇命であることは、一目連神社の項で述べた（菅田首についても一目連神社の項参照）。菅田には、祭神を天目一箇神とする菅田神社があり、菅田の北北西の筒井（大和郡山市筒井町）には、式内社の菅田比売神社がある。

また、菅田の西を流れる佐保川の対岸の額田部北町・額田部南町・額田部寺町は、『和名抄』の額田郷だが、額田湯坐連は『古事記』では、倭淹知造と同じく天津彦根命を祖とする。『日本書紀』（一書の三）は、額田部連を天津彦根命の後裔と書く。額田部が鋳造にかかわる氏族であることは、松岡静雄（『古語辞典』）、香取秀真（「全文に現れたる鋳師の本質」「考古学雑誌」一七巻一号）、林田洋子（「額田王の塑像」「国学院雑誌」七巻九号）、森秀人（「青銅器論争」「東アジアの古代文化」六号）、若尾五雄（「鬼伝説の研究——金工史の観点から」）、谷川健一（『青銅の神の足跡』）などが述べている。

このように、天津彦根命の子天目一箇神にかかわる氏族が鏡作郷の北におり、天津麻羅にかかわる物部氏系氏族が鏡作郷にいることからみて、古代大和の鏡作には、これら二系統の氏族がかかわっていたと考えられる。

「マケ」と称する式内社は、当社以外に、越前国丹生郡と足羽郡に麻気神社、近江国高島郡に麻希神社、丹波国船井郡に麻気神社、隠岐国知夫郡に真気命神社がある。

「麻気」の意味

西宮一民は、「鍛冶職は職業柄、年中火の色を観察している。（中略）そのとき、片目で見つめるのだが、そのために目が次第に悪くなり、ついに失目に至る。一種の職業病で、古く鍛冶職には隻眼《せきがん》の人が多かったのである。それを方言で、『目がんち』というのは、『鍛人《かぬち》』（『金打《かねう》ち』が語源）に基づいている。（中略）『延喜式』神名帳に『鏡作麻気神社』（大和国城下郡）とある『麻気《まけ》』は『目消《まけ》』で『視力が消える眼病』の意味である」と書いている。(1)

『延喜式』神名帳は「マケ」の「マ」に「麻」「真」をあてているが、「麻布都《まふつ》鏡」（『播磨国風土記』賀古郡条）、「真《ま》経《ふ》津《つ》鏡」（『日本書紀』神代紀、『倭姫命世記』）と書かれるように、「マ」は霊威・精髄の意味をもつ美称であり、「気」は空気・風の「気」である。鉱石を銅や鉄に変え、さらに鏡や剣を作る特別な「ケ」が「マケ」（麻気・真気）なのであろう。

『古事記』は「鍛人《かぬち》天津《あまつ》麻羅《まら》」、『日本書紀』や『旧事本紀』は「倭鍛部《やまとかぬち》（師）天津《あまつ》真浦《まうら》」と書く。

なぜ、鍛人の祖を「マラ」というのだろうか。さしあたり、「マラ」の語源と語義について簡単にふれておきたい。

「マラ」について

「マラ」は、『日本霊異記』（中巻十一話）、『伊呂波字類抄』、『古今著聞集』などでは男根という意味で記されているが、その語源について『日本国語大辞典』は、

①善行のさまたげとなる神をいう梵語 māra（マラ）から〔金曽木・名言通・大言海・すらんぐ＝暉峻康隆〕。
②稀（まれ）の義で、婦人のためのマレビト（客人）の意か〔類聚名物考〕。
③尿まる所であることから、マルの転か〔菊池俗言考〕。
④マラ（末裸）の義か〔名語記〕。
⑤マラ（真茎）の義。茎のある物をラという〔俗語考〕。

の五説をあげている。このうち、まず③④⑤は、語呂合せで問題にならない。

①は「マラ」の語を主に僧侶が用いたことから出た説だが、おそらく、「マラ」という日本語がまずあり、それに僧侶が梵語の「マラ」を結びつけて、男根の陰語としたのであろう。私は語源としては②の説を採る。なぜなら、天津麻羅・天糖戸の神名の由来や、この神を祭神とする鏡作麻気神社の「マケ」は、②の説と深くかかわるからである。

高崎正秀は、天津麻羅の「麻羅は、梵語ではなかったかも知れぬ。それは常世の稀人のまらであり、人名――男の名の後につく磨でもあらう」と書いているが、(2) これは師の折口信夫の説を受けたものである。(3)

折口説によれば、稀人・客人の意味の「まれびと」は、音韻変化して「まらひと」「まらうど」ともいわれる。しかし、単純な「稀」ではなく、「唯一」「孤独」などの意味があり、したがって「尊・珍の名義を含んでゐる」から、上代皇族の「まろ」にもなったという。さらに折口は、「まれびとも珍客などを言ふよりは、一時的の渡来者の義を主にして居るのが古いのである」と述べ、「くすり師は常のもあれど、珍人《マラ》の新《イマ》のくすり師、たふとかりけり。珍《メグ》しかりけり」という仏足石の歌をあげて、「つねは、普通・通常などを意味するものと見るよりも、此場合は、常任、或は不断の義で、新奇の一時的渡来者の対立として用ゐられてゐるのである。まらは、まれの形容屈折である。尊・珍・新などの聯想を伴ふ語であったことは、此歌によく現れてゐる」と書き、「ひとと言ふ語も、人間の意味に固定する前は、神及び継承者の義であったらしい。其側から見れば、まれひとは来訪する神と言ふことになる」と述べている(3)(なお、折口信夫は「珍人《マラ》」と漢字にしているが、仏足石原文は「麻良比止」)。

この折口の「マレ→マラ→マロ」説以前に、貝原益軒は『東雅』で「マラ→マロ」説を唱えており、佐藤仁之助『古語の新研究(尊称篇)』もこの説を採る。松岡静雄は、逆に「マラ」は「マロ」から転じたとし、「マロ(麻呂)はマレ(稀)の転呼。マレヒト、マロウト(貴賓)の意を以て美称に用ひたのであるが、自称にもマロと名乗るやうになり、後には人名、擬人名を表示する語に用ひられた」と書く。(4)

松岡説のマロ→マラよりも、私はマラ→マロ説を採る。法隆寺金堂の四天王の光背銘に見える「鉄師《かぬち》⿰丬牛古《まらこ》」「木閛《こまら》」は、飛鳥・白鳳時代の表記である。『常陸国風土記』に鍛《かぬち》佐備大麻呂、『続日本紀』養老六年三月条に伊勢国金作部《かねつくり》牟良、

『皇大神宮儀式帳』に忌鉄師部《いむへかぬち》麻呂とあり、「マラ」から「マロ」「ムラ」になったことが窺われる。

本居宣長は『古事記伝』で、天津麻羅について、「麻羅は一神の名に非《アラ》で、鍛人の通名などにや、此名のみは神とも命とも云《ハ》ぬをも思《フ》べし」と書いている。天津麻羅は「鍛人《かぬち》」と同じ普通名詞である。だから、奈良時代以降も、「マロ」「ムラ」として鍛人の名となっているが、このように、「マラ」は鑪師《たたらし》を意味する「村下《むらげ》」の「ムラ」も「マラ」とかかわりがあると考えられる。石塚尊俊も、天津麻羅の「マラ」は「ムラゲ」につながると書いている。[5]

「マラ」は、語源的には「マレビト」(客人・異人)の「マレ」であり、語義的には鍛人《かぬち》(鍛師・鍛冶師・鍛部)である。

天津麻羅(真浦)と天目一箇神

タタラの羽口について、石川恒太郎は、「土製羽口は、円柱形の中心に孔を貫き、その一端はホドの中側に出ているが、この部分には金属滓が付着して、その外観は男根に似ている。天目一箇といい天津麻羅といい正しく羽口の別名にすぎない」と書いている。[6] この説は、少なくとも天目一箇神には当てはまらない。天目一箇神は「村下《むらげ》」にかかわる神であろう。

村下《むらげ》は、火所《ほど》穴をつまらせないため、たえず炉の燃える炎を見て、投入する砂鉄の量を加減する。石塚尊俊は、前述の菅谷鑪《たたら》の村下から聞きとった話を、次のように書いている。「村下は年中火の色を見ておりますから、だんだん目が悪くなっていきます。火を見るには一目をつむって見ねばなりません。両眼は見にくいものです。右目が得手の人や左目が得手の人や、人によって違いますが、どのみち一目で見ますから、その目がだんだん悪くなって、年をとって六十を過ぎる頃になると、たいていは一目は上がってしまいます」。そして、昔は十人の村下のうち七、八人は目が不自由だったという証言を載せている。[7]

天目一箇神が片目の神であることは、柳田国男も「一目小僧」「目一つ五郎考」でふれている。[8] 丹塗矢になった火雷神の子を別雷神というが、「別雷小童《わけいかづちわらし》」も一つ目である。天目一箇神は片目の神として村下的性格をもつ。

天津麻羅は天津真浦とも書くが、真浦も片目の神のイメージによる言葉とみる見解がある。[9] 飯田季治は、真浦は目卜《まうら》で、錬鉄の体形や火色その他を片目で卜定したことによる名前とみており、西宮一民も「目占《まうら》」が「マラ」になったとみる。そして、「鍛冶職は職業柄、年中火の色を観察しているので、これを『目で占う』と表現したものであろう。そのとき片目で見つめるのだが、そのために目が次第に悪くなり、ついに失明に至る。一種の職業病で、古く鍛冶職には隻眼《せきがん》の人が多かったのである」と書く。[1]

この「目占《まうら》」説は、天目一箇神のイメージとも結びつき、無視できない。「隻眼の人」のイメージは、「マラ」の原義の「異人《まれびと》（客人）」のイメージでもある。

　天津真浦について、『日本書紀』や『旧事本紀』は、倭鍛部《やまとかぬち》（師）の祖と書いている。倭鍛冶は韓鍛冶に対する「倭」である。

倭鍛冶と韓鍛冶と鏡作

香取秀真は、倭鍛冶は「鍛造する事を行はずして、雑刀・斧及び銅鐸を鋳造した工人」とみて、倭鍛冶と韓鍛冶の技法上の差を、鉄の「鍛造」と銅鉄の「鋳造」の相違とする。[10] 石川恒太郎は、香取説を引用して、「私は香取氏が『倭鍛冶は鋳造し韓鍛冶は鍛造した』ということをそのまま信ずるものではない。要するに鉄器の鋳造も鍛造も、その技術は日本に固有のものではなく、弥生式文化とともにこれを外国に仰いだものであることは云うまでもない」と書き、「従って初め中国大陸によって銑鉄によって鋳鉄器を作る技術がはじめられ、これがわが国に伝えられて鋳鉄を主とする作金者すなわち倭鍛冶の技術となり、この系統は永く鋳物師として残った。一方さらに中国大陸によって銑鉄を熔化鍛錬して錬鉄というより鋭利堅硬な鉄を作る技術が発明されると、それは朝鮮を経て、またわが国に流入された。ここにおいてはじめて鍛冶（加根宇知、加奴知）なる言葉ができたものであろう。（中略）そして鍛冶における倭と韓の差異は銑鉄を作るか、錬鉄を作るかの差であって、その意味において香取氏の提言は正しいものと思う」と述べている。[11]

中国の鉄文化については「鋳鉄→鍛鉄説」に対する反対説もあるが、倭鍛冶を「鋳造」、韓鍛冶を「鍛造」にあてる説に、私も基本的には同調したい。

平野邦雄は、倭鍛冶天津真浦や石凝姥《いしこりどめ》が日矛や日像の鏡を作ったという記・紀と『古語拾遺』の記事から、「日矛のモチーフが、新羅王子天日矛の渡来説話に用いられ、出石小刀や出石桙・日鏡などをもたらした」と書き、倭鍛冶は、天日矛伝承をもつ新羅系集団にかかわり、令制下では非品部・非雑戸とされたのに対し、韓鍛冶は、五世紀末頃、百済から鉄を鍛造する錬鉄技術を伝えた百済系の工人集団で、令制下では品部・雑戸に編入されるとみる。そして、「倭鍛冶の天日矛伝承が、秦一族によって荷なわれていたのではないか」と推定している[12]。秦氏が倭鍛冶系であることは、秦氏系金属工人がほとんど銅工・鋳工であることからもいえる（四六三頁の表参照）。和田萃は、弥生時代に銅鐸を製作していた「鋳銅技術者集団が、五世紀はじめに新羅から伝えられた鋳造・鍛造技術を吸収し、倭鍛冶と称されるに至ったと考える」と書く[13]。

ところで、大和盆地中央部の渡来系集団の分布は、とくに筋交道《すじかいみち》（太子道）に集中する。筋交道は飛鳥と斑鳩《いかるが》を結ぶ道だが、その痕跡は現在、高安～田原本町保津や田原本町多に残存している。鏡作郷は下ッ道と筋交道にまたがり、八尾の鏡作坐天照御魂神社と小阪の鏡作伊多神社は下ッ道の東西に位置し、保津・宮古の鏡作麻気神社は筋交道の東、多神社も飛鳥川をはさんで筋交道の東に鎮座する。

この筋カイ道が太子道と呼ばれるのは、聖徳太子が飛鳥から斑鳩に通ったという伝承によるが、和田萃は、「聖徳太子と秦氏や新羅系文化との繋りを想起すれば、筋カイ道に沿って秦氏や新羅系渡来氏族の分布が見られることが注目される」と書き、鏡作神社周辺の秦氏や新羅系渡来集団について、「川西町結崎（もと、城下郡）の糸井神社は式内社で、当社を奉祀する糸井造は新羅国の人、天日槍の後裔と伝える（『新撰姓氏録』大和国諸蕃）。また、糸井神社の南方域はもと三宅村（現在、三宅町）で、ミヤケ地名や周辺地域と異なった地割の存在から、屯倉の存在が確実視されているが、三宅連も天日槍の後裔である。田原本町秦之庄《はたのしよう》（もと、十市郡）には秦楽寺《じんらくじ》があり、秦河勝の創建と伝え、現在も秦姓の家が多い。唐古遺跡の東方、田原本町法貴寺《ほうきじ》（もと、城下郡）には、近世に至るまで大伽藍があり、法貴寺と号したが、これも秦河勝の草創と伝える」と述べている[13]。また田原本町秦之庄の東の「千《ち》代《しろ》」についても、『播磨国風土記』揖保郡大家《おおやけ》里の大法山《おおのりやま》の条に、大法山を勝部《すぐりべ》岡というのは、推古天皇の時代に大和国の千代の勝部らが墾田し、この山の辺に居住したことにちなむとある「千代」に比定する（勝部は秦氏の管掌下にあった渡来集団）。

さらに和田萃は、鏡作神社周辺の渡来文化の痕跡として、「唐古《からこ》の地名も、応神朝に来朝した諸々の韓人を役使して造った韓人池との関連が想起されよう。唐古遺跡のすぐ東、田原本町法貫寺には式内大社の池坐朝霧黄幡比売神社があり、『池』の古地名も韓人池に由来するかと思われる」と書くが、(13) この「韓人池」は、『日本書紀』応神天皇七年九月条の「高麗人・任那人・新羅人・並に来朝《まうけ》り。時に武内宿禰に命して、諸々韓人等を領《ひき》ゐて池を作らしむ。因りて、池を名《なづ》けて韓人池といふ」の「韓人池」を指す。この池を、並河誠所等の編（享保二十一年〔一七三六〕）の『大和志』は唐古池にあてているので、和田萃も『大和志』の説を「想起」したのであろう。

『古事記』は「新羅人参渡《まゐわた》り来ぬ。是《これ》を以て、建内宿禰命引率《ひきゐ》て、渡《わたり》の堤池として、百済池を作りき」と記す。この「渡の堤池」について日本思想大系『古事記』の補注は、「渡来人の居住者が使用するための堤池としての意であろう」とするが、倉野憲司は、「新羅人を労役に使って新羅池を作ったといふならともかく、百済池を作ったといふのはをかしなことで、どうも文意の通りにくい箇所である」と述べている。(14) たぶん新羅人の作った渡来人用の「韓人池」が「百済池」になったと考えられるが、唐古池が韓人池なら、その周辺が秦氏や新羅系渡来集団の居住地である以上、新羅人の作った池であろう。

『日本書紀』垂仁天皇三年三月条に「新羅の王子天日槍来帰《まうけ》り」とある記事は、『古事記』では応神記に載るが、「昔、新羅の国王の子」の天之日矛が「参渡《まゐわた》り来たり」とあり、「昔」と書いている。石見の鏡作神社の南に接して小字「今木田」があり、やや南に「今木」があるのは、天之日矛らの「古来《ふるき》」に対して「今来《いまき》」の渡来人が居住したとみられるから、鏡作の地は「今来」の韓鍛冶とも無縁ではなかろう。

旧田原本町内に「百済《くだら》」の地名が残っているが、和田萃は、このような地名の遺存や、「石凝姥命や天抜戸が鏡とともに日矛を作ったり、崇神朝に彼らの後裔が鏡と剣を製作したとの伝承は、鏡作氏が鍛造技術にも習熟していたことを示すからである。鏡作神社近傍に居住せしめられた韓鍛冶から、新しい技術を修得することもあったのではないか。鏡作連が奈良朝に至るまで大きな勢力を保っていた事実は、倭鍛冶の古い技術を継承していたことばかりからは説明しがたく思う」と書き、「近年まで法貫寺集落では、忍海《おしみ》地方と縁組みすることが多かったと仄聞するのも、韓鍛冶であった忍海漢人との関連が連想され、時代が余り隔っているとはいえ、興味深い」と述べている(13)。また、法貫寺のすぐ南の「ローケシ」の地名について、和田萃は「ホーケシ（法貫寺）」の誤りとするが、永仁二年（一二九四）三月の「大仏燈油料田記録」に、この地の付近が「ローケシ字多々羅部」と記されており、鏡作郷とその周辺は、倭鍛冶・韓鍛冶を含めて、古代から連綿と鍛冶集団の居住地であったことが推測される。しかし、鏡作神社の祭祀の主体は倭鍛冶系氏族であったろう。

古来《ふるき》の新羅系渡来人のシンボルが新羅国王子の天之日矛だが、天之日矛伝承は倭鍛冶とかかわりがある。

天之日矛について

天之日矛（『日本書紀』は天日槍、『古語拾遺』は海日槍と書く。「アマ」には「天」と「海」の表記がある）について、垂仁二年条に、「近江国の鏡村の谷の陶人《すゑびと》は、天日槍の従人なり」とあり、同三年条には、日槍のもたらした「神の物」七つのうちに、「日鏡一面」をあげている。日鏡と日矛（槍）は対である。

『日本書紀』（一書の三）は、鏡作の遠祖の天抜戸《あめのぬかと》の子石凝戸《いしこりと》辺《べ》が八咫鏡《やたのかがみ》を作ったと書くが、この石凝戸辺（姥）は日矛を作ったとも書く（一書の一）。鏡と矛の両方を鏡作の祖が作っていることと（剣が登場してこない点に注目したい）、天之日矛と日鏡との関係からみて、鏡作―倭鍛冶―天之日矛は結びついている。

『播磨国風土記』揖保郡広山里麻打山の条に、「昔、但馬国の人伊頭志《いづし》君麻良比、此の山に家居《いへゐ》しき」とある「伊頭志君」とは「出石君」だが、但馬の出石は、天之日矛が最後に居を定めたところである。この出石君に「麻良比」という人物がいることが注目される。

吉野裕は、この「伊豆志君麻良比」を天之日矛かあるいはその子孫の鍛師《かぬち》の長とみて、「〈マラ〉とは鍛人共通の名である可能性も多いから特定の一人の名とするわけにはいかないけれども、以上のように見ると天日槍も〈大マラ〉と〈天津マラ〉とかよばれる存在でありうることは疑いなく、むしろその元祖とする可能性も大きいかとおもう。そして言葉の上の対応関係からいえば〈天のヒボコ〉と〈天つマラ〉とは対応し、〈ヒボコ〉と〈マラ〉とは同格の語だったと考えることができるかとおもう。そして、あまりにも形式論理めいたもの言いで気にくわないけれども、〈ヒボコ〉もまた〈男根〉たりうるものではなかったか。――マラ以外に〈男根〉を意味する言葉が古代にはあったとおもうが、どうやらこのヒコボがそれに該当するのではないか。私の立川文庫的教養からすれば、〈抜き身のダンビラ(刀)〉が男根のことであったように、〈桙〉というものが男根を意味した時代もあったように思われる。すくなくとも〈桙〉を男根のシンボルとみたらしい形跡があることは否定できないかとおもう。それは〈桙〉が強力な呪具の性質を持っていたこととも関係しようが、桙と男根には共通性があるらしい」と書いている。[15] 男根のことを「へのこ」というが、林甕臣は「前之鉾《へのこ》」と解しているから(『日本語原学』)、「立川文庫的教養」でなくとも、桙と男根に共通イメージを昔の人はもっていたようである。

天之日矛(天日槍、天日桙)は、出石君麻良比や天津真浦(麻羅)とイコールではなく、鋳造工人の祖あるいは長としての彼らが祀る神という性格が強い。そのことは、『播磨国風土記』で、天日桙命が葦原色許乎命《あしはらしこお》(揖保《いいぼ》郡粒丘・宍禾《しさわ》郡奪谷・伊奈加川・御方里)、伊和大神(宍禾郡波加村・神前郡糖岡)と、土地占め、国取りの争いをしていることからもいえる。『播磨国風土記』は揖保郡粒丘の条では、天日桙命を「客《まれびと》の神」と書いている。

天糖(抜)戸について

『日本書紀』は、天石窟《いわや》隠《こも》りの条で、

鏡作部の遠祖天糖戸者《あめのぬかとのかみ》をして、鏡を造らしむ(一書の二)

鏡作の遠祖天抜戸《あめのぬくと》が児石凝戸辺《いしこりとべ》が作れる八咫《やた》鏡を懸《か》け(一書の三)

と書き、『古語拾遺』は次のように書く。

石凝姥神 天糖戸命の子、鏡作の遠祖也 をして天香山の銅を取りて日像《ひのかた》の鏡を鋳さしむ。

「ヌカト」については、「アラト」と訓んで「粗砥」とする大野晋説(日本古典文学大系『日本書紀』頭注)、土型《にかた》が「ヌカタ」「ヌカト」になったとする松岡静雄説(『播磨風土記新考』『日本古語大辞典・語誌』)、糖型とする森秀人説(「青銅器論争」、「東アジアの古代文化」六号）がある。額田《ぬかた》の「ヌカ」について谷川健一は、「土処田《ぬかた》」と解して産鉄場とする吉野裕説や、「ヌカ」は「ニコ」というこまかい泥のようなもの、米の「ヌカ」のように微細なものを指す語で、砂鉄を意味するという若尾五雄説、「ヌカ」には鋳造の際の鋳型の意味があるとする林田茂子説などを紹介し、「ヌカ」には「銅や鉄あるいはその精錬の意味がこめられている」とみる。(16) 私は、額田氏も鋳工であるから（四六三頁の表参照）林田説を採るが、「精錬の意味がこめられている」という点では同感である。だが、「ヌカ」そのものの意味については別の見解も持っている。

「抜戸《ぬくと》」「糠戸《ぬかと》」の「戸」は「門」「外」の意味がある。「マレビト（マラヒト）」に「門入り」の儀式があることについて、折口信夫は「国文学の発生――まれびとの意義」で詳述している。(3) 新嘗のときおとずれる客人《まれびと》が、日暮れて一夜の宿をたのむために戸をたたくのを「門入り」といい、この客人の来訪を、折口信夫は農事儀礼の「刈上げ祭」の関連でのみ解しているが、牛尾三千夫は、タタラ師の祭る金屋子《かなごや》神も天から降臨して一夜の宿を戸をたたいて乞うという、広島県比婆郡で採集した伝説を紹介している。(17) これも「門入り」である。

客人《まれびと》の「門入り」は、一夜《ひとよ》で去ることが前提にある。新嘗に客人を待つ一夜妻については拙稿「一夜妻と神聖処女」（『天照大神と前方後円墳の謎』）で詳述したが、新嘗の夜の神婚によって一夜妻は御子神を懐妊する。御子神とは、新しい生命の象徴である。牛尾三千夫によれば、鋼《はがね》製作の三日三夜または四日四夜の行程全体が「一夜《ひとよ》」と呼ばれるという。(17) これは客人（マケ）の一夜の来訪によって鋼ができる（誕生）という意識のあらわれであろう。

そのことは「マラ」の表記からもいえる。「[冂+牛]《まら》」が「閇」の略体であることは、『日本霊異記』に「マラ」が「閇」とあることからも証されるが、『伊呂波字類抄』（三巻本は平安時代の末期、十巻本は鎌倉時代初期成立）には「閇　屎。破前。一云、万良。今屎。閇字也」とあり、門に午《うま》で「マラ」と読ませている。つまり、牛・午が門（戸）を「ヌク」のであって、「マラ」とは「ヌクト（ヌカト）」、つまり、マラヒト（マケ）の「門入り」であろう。また「破前」を『本朝文粋』は「破《は》勢《せ》」と書くが、この二つの表記も、まさに門（戸）を貫くさまを表わしている。それはフイゴの機能のイメージでもある。

いずれにせよ、「門入り」を仲介するのは鍛人であり、この仲介者そのものも「マラ」と呼ばれるようになり、それがやがては「村下《むらげ》」（タタラ師）の「ムラ」に転じたのであろう。とすれば、「ヌカト」神、「マラ」神は、鍛人そのものの神格化ということができる。

先に当社の祭神を天津麻羅と推定したが、鏡作の祖ということに限定すれば、『日本書紀』のいう天糠(抜)戸とみてもよかろう。両者は鍛人の神として同一神格である。

注

(1) 西宮一民「神名の釈義」『新潮日本古典集成・古事記』所収、昭和五十四年。
(2) 高崎正秀「鍛冶職根元記」『金太郎誕生譚』所収、昭和四十六年。
(3) 折口信夫「国文学の発生——まれびとの意義」『折口信夫全集』第一巻所収。
(4) 松岡静雄『日本古語大辞典・語誌』一一六七—一一六八頁、昭和四年。
(5) 石塚尊俊「金屋子神の研究」「国学院雑誌」四七巻一〇号。
(6) 石川恒太郎『日本古代の銅鉄の精錬遺跡に関する研究』一八二頁、昭和三十四年。
(7) 石塚尊俊『鑪と鍛冶』一九二頁、昭和四十六年。
(8) 柳田国男「一目小僧」「目一つ五郎考」『柳田国男集』第五巻所収。
(9) 飯田季治『古語拾遺新講』二三二頁、大正五年。
(10) 香取秀真「金工史」『考古学講座』所収、昭和二十六年。
(11) 石川恒太郎、注6前掲書、一七一—一七二頁。
(12) 平野邦雄「帰化系技術の二系統」『大化前代社会組織の研究』所収、昭和四十四年。
(13) 和田萃「古代日本における鏡と神仙思想」『鏡』所収、昭和五十三年。
(14) 倉野憲司『古事記全註釈』第六巻、三八六頁、昭和五十四年。
(15) 吉野裕『風土記世界と鉄王神話』三四二頁、昭和四十六年。
(16) 谷川健一『青銅の神の足跡』一七九頁—一八〇頁、昭和五十四年。
(17) 牛尾三千夫「金屋神の信仰」「国学院雑誌」四七巻一〇号。

鏡作《かがみつくり》伊《い》多《た》神社——石凝姥と鏡作神社

式内社鏡作伊多神社の論社は奈良県磯城郡田原本町の宮古と保津に、南北二五〇メートルほど隔てて鎮座する。奈良県神社庁の『神社明細帳』や、『大和国神社神名帳』は、宮古と保津の両社を鏡作伊多神社とし、奈良県編の『大和名所旧蹟案内』は保津に比定する。『式内社調査報告・第三巻』は、「保津と宮古の神社は南と北に道をへだてた両大字にあり同じ名（イタ）の坪もあり池もあり、これは鋳造に必要な池であり両地でこの作業をなし両地に神を祭ったものか、今これを新旧は決め難い」と書く。

両社の祭神は鏡作連の祖の石凝姥《いしこりどめ》（戸辺《とべ》）である。

石凝姥《いしこりどめ》について

石凝姥（『古事記』は伊斯許理度売命）について、本居宣長は『古事記伝』で、「鋳重《イシキリ》の義ならむか。（中略）度売《トメ》は老女《オムナ》を云称と見えて、書紀に姥《トメ》と書り（此の字字書に老母也と有）」と書く。日本古典文学大系『日本書紀』の頭注は、「石凝のコリは、木樵《きこり》のコリに同じ。物を打ってけずり取る意。トメは老女の意。もとは石だけを扱ったが、後に金属も扱うようになったのであろう」と述べている。また西郷信綱は、「溶けた鉄を堅石《タカシハ》の上できたえて凝り固めて鏡を作るという意ではなかろうか。トメは老女の意であろう」と書き(1)、倉野憲司は、「イシ・コリでなくてイ・シコリではあるまいか。そのイは『鋳《い》』、シコリは『凝り《こし》』である。即ち鋳造に凝り固まる（熱中する）意と解したい」と述べ(2)、西宮一民は、「石を切って鋳型を作り溶鉄を流し固まらせて鏡を鋳造する老女」と解している(3)。日本思想大系『古事記』の補注も、ほぼ西宮説を採っている。

『日本書紀』（一書の一）に、石凝姥が鏡だけでなく、日矛を作ったとあることからみても、「石凝」とは、鋳型のなかで金属が凝り固まって鏡や矛になることをいうのであろう。また、この神が女性なのは、鋳型の凹型を人格化した結果であろう。これに対して、鏡作麻気神社の祭神は、天津麻羅（真浦）＝天抜（糖）戸で、男神である。天抜戸と石凝姥（戸辺）は、『日本書紀』一書の三では父娘になっているが、ヒコ・ヒメとして対応する。

『古事記』は、天照大神の天石屋戸神話のなかで、

天安河《あめのやすのかは》の河上《かはかみ》の天堅石《あめのかたしは》を取り、天金山《あめのかなやま》の鉄《くろがね》を取りて、鍛人《かぬち》天津麻羅を求《ま》ぎて、伊斯許理度売《いしこりどめ》命に科《おほ》せて鏡を作らしむ。

と書く。この記事では、何のために鍛人を求めたかが不明であり、本居宣長は『古事記伝』で、「矛を作らしめ」とあったのが脱落したとみる。この脱落説について、鈴木重胤（『日本書紀伝』）と西郷信綱（『古事紀注釈』第一巻）は異議を述べているが、西宮一民は「求《ま》ぎて」を「捜し求めて」とし、「砂鉄を採集し鍛える技術者として呼ばれた」と解しており（新潮日本古典集成『古事記』）、日本古典文学大系と日本思想大系の『古事記』も、「求めて」と解している。この『古事記』の記事と、『日本書紀』の記事と、麻気神社・伊多神社は、次のように対応する。

天抜（糖）戸――石凝姥（『日本書紀』一書の三）
‖　　　　‖
物部鍛冶師――鏡作小軽女（『旧事本記』天孫本紀）
‖　　　　‖
天津麻羅――石凝姥（『古事記』）
‖　　　　‖
麻気神社――伊多神社
‖　　　　‖
男　神――女　神

鏡作伊多神社の「イタ」は、鏡や矛が鋳型（石凝姥＝母胎）のなかで凝り固まった状態を「板」とみての社名であろう。なお、近江国伊香郡には式内社の「意太《いた》神社」がある（滋賀県伊香郡木之本町大音）。

天照御魂・麻気・伊多の鏡作神社がセットになっている理由

鏡作麻気神社の祭神天抜（糖）戸＝天津麻羅が男根を意味するのに対し、石凝姥は女陰《ほと》を意味する。そし

て、このような男女神の多くは、『神社と古代王権祭祀』の多神社の項で述べたように、母子神の関係にあるヒコ・ヒメ神である。ところが、麻気・伊多の関係は母子神でもなく、夫婦・兄妹のヒコ・ヒメ神でもない。鏡作坐天照御魂神社を軸に、三社がセットになっているのである。

三社がセットになっているのは、麻気神社の祭神が「客人《まれびと》」の仲介者（鍛人・鍛師・鍛冶師・鍛部）としての天津麻羅だからである。この仲介者（西宮一民は「砂鉄を採集し鍛える技術者」つまり鍛造者とみるが、[3]私は原料を炉に入れ鏡や矛を鋳造する人とみる）を「求め」ないと、石凝姥は客人（天照御魂神）の一夜妻となって鏡を作ることができない。そのことを、先に引用した『古事記』の記事は示唆している。すなわち、石凝姥（伊斯許理度売）は、鍛人天津麻羅を「求ぎて」こなければ鏡を作ることができないのである。

ところで、石凝姥は鹿の皮を剝いで天羽鞴《はぶき》を作り、紀伊の日前《ひのくま》神（鏡）を作ったと『日本書紀』（一書の一）は書くが、「羽鞴」とはフイゴのことで（「フイゴ」は「吹皮《ふきがは》」の転）、その大きなものが、足で踏み、炉へ空気を送る「踏鞴《たたら》」である。石凝姥は、羽鞴・踏鞴などの皮袋でもある。『古事記』のいう、神武天皇の皇后、富登多多良伊須須岐比売《ほとたたらいすすきひめ》の名を連想させる。「鉱物を調整する炉と子宮は似たものと考えられていた」とエリアーデが書くように、[4]「タタラ」は子宮をも意味し、「タタラ」と「ホト」は一体の関係にある。この「ホト」の名を「悪《にく》みて」、「ホト」を「ヒメ」に改めたと『古事記』は注すが、『日本書紀』は姫踏鞴五十鈴姫命と書く。このホト（ヒメ）タタラは、『古事記』によれば、美和の大物主神が丹塗矢に化《な》り、三島湟咋《みぞくひ》の娘勢夜陀多良《せやだたら》比売の「為大便《くそま》る時」、溝より流れ下り「富登《ほと》を突」いて生まれた子である。この丹塗矢は、客人の具象化である。

丹塗矢は、『山城国風土記』逸文の賀茂社の条では「火雷神」とされている。すなわち、賀茂《かも》建角身《たけつのみ》命の孫玉依日売が小川で川遊びをしているとき、丹塗矢（火雷神）が流れてきたので持ち帰り、「床の辺に挿し置き、遂に孕《はら》みて男子を生みき」とあり、[5]火雷神の子だから賀茂別雷命と名づけたとある。石塚尊俊は、鑪師《たたらし》が祭る金屋子神を、賀茂社の別雷神と同じとみているが、別雷神は、丹塗矢から生まれた富登多多良比売と重なる。金屋子神が女神なのは、ホトタタラヒメのイメージがあるためではなかろうか。

セヤタタラヒメの父はミシマミゾクヒ、タマヨリヒメの祖父はカモタケツノミだが、この関係に対応するのが、イシコリドメとアマノヌカトである。つまり、一夜妻のヒメの父または祖父が、仲介者としての鍛冶師《かぬち》なのである。そのことは村下《むらげ》の伝承にもみられる。島根県飯石郡吉田村菅谷鑪《すがやたたら》に伝わる金屋子神伝承では、神はムラゲと十五になるオマツというヲナリと一緒に降臨したという(5)。この神は鏡作坐天照御魂神社（鏡は日神アマテルの形代）、ムラゲは鏡作麻気神社、ヲナリは鏡作伊多神社の祭神と重なる。

このように、鏡作の三社（天照御魂・伊多・麻気）は、セットの関係でなければならなかったのである。

鏡作坐天照御魂神社は「日」にかかわり、鏡作麻気神社・伊多神社は「火」にかかわる。

「日」と「火」について

日と火は、上代特殊仮名遣では甲類・乙類に分かれるが、照り輝く明《あかり》としては同じものとみられていたことは、宮中の日置部が薪炭・燈燎のことを掌ることなどにもうかがわれ、天上の「ヒ」と地上の「ヒ」を分けるために音韻上区別がなされたと考えられる。たとえば、火明命に『日本書紀』（一書の八）が「天照国照」を冠するのは、「日」を「天照」、「火」を「国照」とみてのことともいえよう。さらに、日（天照）が火（国照）に転ずることは、「日」を盗ってくるという神話が、「火」の誕生譚として世界中に流布していることからもいえる。

また、『日本書紀』（一書の一）は、「石凝姥を以て冶工《たくみ》として、天香山の金《かね》を採りて、日矛を作らしむ」と書くが、倭鍛冶にかかわる伝承に天之日矛伝承があり（鏡作麻気神社の項参照）、その日光感精誕生譚は、先に引いた『古事記』や『山城国風土記』の神婚譚と同類である。床の辺に置いた丹塗矢や赤玉の「丹」も「赤」も、火や日の形容であり、これらの話の根は共通している。

井塚政義は、「製鉄炉の焔や溶けた鉄の輝く色が、大日輪の輝きと似ていること」からみて、製鉄は「太陽信仰と深く結縁をもっているのではなかったか」と述べ、「砂鉄製鉄のタタラ操作の技術的総責任者村下《むらげ》の操炉作業の極めて重要な口伝《くでん》として、作業第一日目の炉の焔の色は山の端を昇ったばかりの朝日のような紅い色であるべきだとか、第二日目の焔は真昼の太陽のように白く輝く色になるようにせよというように炉内の溶融温度の推測のために太陽の色や輝きが使われたのは、それが単にだれでもが身近な経験をもつ現象としての便利さから用いられているのではなくて、そのなかには太陽神信仰から発した呪術的あるいは神聖な意味合いが秘められてあったと考えるべきであろう。『製鉄と水稲という画期的な技術は、技術としてではなく、呪術として日本に上陸した』とする小島信一氏の考え方も、否定してはならない。製鉄・冶金の技術祖神として職場で広く祀られている南宮神社の冬の鞴祭《ふいご》にとって、黄色に熟した密柑はぜひとも神前に供えねばならない品である。（中略）それほどお供え品として鞴祭に密柑が重要視されたのは、黄金色に輝く鮮やかな密柑の色と円い形が、太陽と融けた鉄の姿を同時に象徴しているためであったに違いない」と書いている。(6)

しかし、製鉄が太陽信仰と深くかかわる理由は、「製鉄炉の焔や溶けた鉄の輝く色」が太陽の輝きに似ていることよりも（そのことをまったく否定するわけではないが）、土や石が火によって新しく生まれ変わるという現象の根源に、依りくる「客人」としての日の呪力をみたからであろう。井塚政義の記す、村下の口伝や鞴祭の供え物も、そのことに由来すると推測できよう。

倭鍛冶にかかわる物部・尾張氏が太陽信仰と深い関係にあることは、『神社と古代王権祭祀』の天照御魂神社の章で書いたが、『旧事本紀』は物部氏の祖神を「天照国照彦天火明櫛玉饒速日尊」とし、尾張連の祖の火明命と物部連の祖の饒速日命を合体した神名に「天照国照」を冠している。このことからも、「日」と「火」との関係がわかるであろう。「日」と「火」にかかわる代表氏族が尾張氏だが、高崎正秀は、尾張・物部の両氏を倭鍛冶にかかわる氏族とみている。(7) 私も高崎説に賛成だが、倭鍛冶の原流を銅鐸製作工人と考えている。

鏡作と倭鍛冶と黒田盧戸宮

八尾の鏡作坐天照御魂神社に隣接する唐古・鍵遺跡の弥生後期前半の自然流路から、流水文の刻線を残す石製の銅鐸鋳型の破片、大小二種の土製銅鐸鋳型片、銅鐸型土製品、各種のフイゴ羽口、コークス状の土塊などが出土しているが、この唐古・鍵の銅鐸鋳造技術は、鏡作での鏡製作に受け継がれたであろうと、森浩一と和田萃は述べている。(8) 銅鐸祭祀をやめさせた権力が、銅鐸製作工人に鏡を作らせたのであろう。そのことは、銅鐸製作工人の裔たる倭鍛冶の属する物部氏の始祖が、部下のナガスヒネコらとともに神武東征軍に抵抗したという伝承や、葛城の高尾張の「赤銅《あかがね》」のヤソタケルが神武軍と戦ったことからも推測できる。この伝承は、銅鐸祭祀の土着勢力の敗北・服従の古伝の反映と思われる。「高尾張邑」について、『日本書紀』が「或本に云く、葛城邑といふ」と注しているように、赤銅のヤソタケルとは葛城の銅鐸製作工人であり、その工人がのちに尾張系倭鍛冶となったため、葛城邑を高尾張邑といったのであろう。

この倭鍛冶が鏡作の地で鏡をつくるようになったことについては、七代孝霊天皇の黒田廬戸《いほど》宮（『記』『紀』）が無視できない。この天皇は実在の天皇とは思えないが、鏡作郷に隣接する黒田（正倉院文書の鏡作連浄麻呂は黒田郷に居住し、『大和志』は宮古・黒田の二村間の都杜を廬戸宮跡に比定するが、宮古には鏡作伊多神社がある）を宮地にしたという記・紀の伝承には、なんらかの古伝の反映があったと推測できる。

それまでの天皇の宮は、初代の橿原宮、四代の軽の境岡（曲狭）宮を除いて、葛城地方にあった。とくに、五代の孝昭天皇の后は尾張連の祖奥津余曽《おきつよそ》（瀛津世襲）の妹だが、オキツヨソの亦《また》の名は葛木彦である。また、孝昭天皇の宮は葛城掖上《わきがみ》宮だが、六代孝安天皇の宮も葛城室秋津島宮である。つまり、孝霊天皇の父と祖父は葛城を宮とし、祖母は葛木彦を名乗る尾張連の祖の妹ということになる。この天皇の宮が鏡作の地にあったという伝承は、葛城（高尾張）の倭鍛冶（赤銅のヤソタケル）の移住を推測させる。

孝霊天皇に関する記・紀の記事には、鍛冶のことはまったく現れない。しかし、山陰の大砂鉄地帯である鳥取県日野郡の楽々福《ささふく》神社には、孝霊天皇が皇后・皇女とともにやって来て鬼退治をしたという伝承があり、日南町宮内の楽々福神社は天皇の皇后細姫、日南町印賀の楽々福神社は娘の福姫を主祭神とする。若尾五雄は、細姫《ささ》の「ササ」は砂鉄、福姫の「フク」はタタラを「吹く」の意としているが、(9) この神社はタタラ師が祀る神社である。そうした神社が孝霊天皇と結びついていることからみて、鏡作の地の倭鍛冶と伯耆のタタラ師とを結びつける何らかの回路があったと考えられる。その鍵となるのは葛城と吉備であろう。

『古事記』によれば、孝霊天皇の皇子大吉備津日子命は吉備の上つ道臣らの祖で、若日子建吉備津日子命は吉備の下つ道臣らの祖である。一方、タタラ師が信仰する金屋子《かなやご》神は吉備の中山へ降臨して日南町印賀へ来たという伝承がある[7]（タタラ師が各地でまつる金屋子神の本祠の所在地は、島根県能義郡広瀬町大字西比田字黒田であるが、黒田という地名は採鉱場やタタラの所在地に多く、そういう場所の土が黒くなることからきた地名だという説もある。滋賀県の意太《いた》神社のある大音の東隣の地名も黒田である）。巻向地域の箸墓や石塚からは、吉備の楯築《たてつき》神社の神体「弧帯石」と同じ種類の文様をもつ器台や木製品が出土しており、三・四世紀の吉備と大和王権の関係が推察される。このように、倭鍛冶と吉備の関連も無視できない。

また、箸墓伝承の主人公倭迹迹日百襲姫《やまとととびももそひめ》は孝霊天皇の娘だが、不思議なことに、黒田の孝霊神社の旧社地（法楽寺境内。孝霊天皇の黒田廬戸宮伝承地で、近くに前方後円墳「大塚古墳」がある。神仏分離令で現在地に遷った）から見た箸墓古墳は冬至の日の出方位にあたり、旧社地から箸墓を通して見た冬至の朝日は三輪山から昇る。このように、鏡作・倭鍛冶と三輪山祭祀・巨大前方後円墳の間には、密接な関連があると推測できる（大塚古墳から祭祀用木製品が出土している）。

黒田廬戸《いほど》宮の「廬戸」は、「天石屋戸」（『記』）、「天石窟戸」（『紀』）の「イハヤト」と関連がある。廬・窟・穴は同義だが（『類聚名義抄』は「窟」をイハヤ・アナ・ムロ・スミカ・ホラ・イハムロ等と訓ませている）、穴太《あなほ》・穴師などの地名も鍛《かぬ》師《ち》とかかわる（穴師神社の項参照）。天照大神が天石屋戸に入る前、稚日女《わかひるめ》（『紀』一書の一）または服織女《はとりめ》（『記』）が女陰を突いて死んでいるが、倭迹迹日姫も女陰を突いて死に、箸墓に葬られている。稚日女、服織女と同じく、倭迹迹日姫も日女・巫女（織女）である。祀る側の巫女（日女）が死に、再生して神になるというのが、天照大神の誕生であるが、倭迹々日姫の死をそのような死と解釈すれば、箸墓は天石屋戸ということになる。そして、その父の宮が黒田廬戸宮といい、鏡作の地と密接に結びつくのは、鏡製作の問題とともに、興味深い事実といわねばならない。

注

(1) 西郷信綱『古事記注釈』第一巻、三二五頁、昭和五十年。
(2) 倉野憲司『古事記全註釈』第三巻、八五頁、昭和五十一年。
(3) 西宮一民「神名の釈義」『新潮日本古典集成・古事記』所収、昭和五十四年。
(4) ミルチャ・エリアーデ(岡三郎訳)『神話と夢想と秘儀』二一九頁、昭和四十六年。
(5) 石塚尊俊「金屋子神降臨譚」『鑪と鍛冶』所収、昭和四十六年。
(6) 井塚政義『和鉄の文化』一二六頁、昭和五十八年。
(7) 高崎正秀「上代鍛冶族覚書」『神剣考』所収、昭和四十五年。
(8) 森浩一「日本の遺跡と銅鏡」『鏡』所収、昭和五十三年。和田萃「古代日本における鏡と神仙思想」『鏡』所収。
(9) 若尾五雄「孝霊天皇と鬼退治」『鬼伝説の研究——金工史の視点から』昭和五十五年。

穴師《あなし》神社——「アナシ」の意味と採鉱・金属精錬集団

『延喜式』神名帳には、「アナシ」と称する神社が六社載っている。まずはじめに、それらを列挙する。

大和国城上郡　穴師坐兵主神社名神大。月次相嘗新嘗　穴師大兵主神社
和泉国和泉郡　泉穴師神社
伊賀国阿拝郡　穴石神社
伊勢国多気郡　穴師神社
若狭国遠敷郡　阿奈志神社

「アナシ」について

香取秀真は、「穴師と云ふのは、部族の名前の中にも僅かに出て来ますし、土地の名前としては大和、和泉、播磨、武蔵などに残って居ります。全体、穴師とはどう云ふことかと云ひますと、（中略）穴を掘ってそこから何か採り出す。即ち金属を採掘する部族ではないかと思ふ。（中略）私は武器をつくる材料を提供する部族と想像するので、穴を掘って鉱物を出す人達を穴磯部《アナシベ》と云ったものと見てよかろうと思ひます」と書く[1]。池田末則も、穴磯(師)部が居を定めて「武器の神、兵主の神を祀った」とみる[2]。

大宮守誠は、「私は穴師の称の起りは先づ砂鉄の採掘にあると考へる。尤もその後発達して鉄鉱その他の金属を採掘するに於ても、尚採鉱者は穴師と呼ばれたであろうが、先づかう考へて差し支へないものと思ふ。（中略）その兵主神と関連する所以は、穴師の徒が鉄と共に明け暮れし、鉄に於て、鋭利なる兵器を以て最とする故に、鉄の霊即ち武器—

利器の霊を彼等の守護神として斎祀し、のち兵主神なる漢名を以て称せらるゝに至ったものと思はれる」と述べている。

そして、昭和十三年夏、柳本町山田の福井家所有の田地（旧家福井家は景行陵と崇神陵の中間に位置し、巻向山と龍王山の山間から発するサイモン川のそばにある。この付近は山麓でも相当高く、縄文・弥生の土器片・玉類・青銅鏡が発見されたと、大宮守誠は書く）を調査したところ、「田の崖に鉄滓層の露出してゐるのを発見した。厚さにして約四五寸、瀝然としてそれと解るが、家人に資して見た所広さは数十坪に亙るらしい」と書いて、この鉄滓をタタラ製錬によるものとみている。(3)

樋口清之は、三輪山の「角閃斑粝岩中に含まれるチタン鉄鉱や磁鉄鉱の結晶体は、他の母岩の風化の中で独り残って黒色の粒状となって、山麓土壌中に散在し、ときには流水に流されて比重の重さから一カ所に集結して砂鉄状になって発見される。いわゆる標沙鉱床であって、これを集め硅砂と熔解すると、砂鉄と同じく製鉄を行なうことが可能である。硅砂は花崗岩中の石英砂が、初瀬川、巻向川の河床に堆積しているからその採集は容易である。この事実が、おそらく、三輪山麓の弥生文化期遺蹟から、製鉄用のタタラの火口や、タタラ壁が多く発見されて、この地で鉄精煉が行なわれたことが実証される」と書き(4)、池田末則も「穴師川上流、俗称『ドロコ』に廃坑があり、今なお『カネホリバ』とよんでいる。明治四一年の陸地測量部地図にも鉱山の記号を付し、事実、穴師神社付近に廃坑が残っていて、明治末年には石英が盛んに採掘されたという」と述べている。(2)

谷川健一も、「乾（健治）氏によれば、穴師には鉱山として掘られた穴が三つあるという。またこのあたりには製粉用の水車があった。それは巻向川の砂鉄を選出し破砕するためのものであったか、と乾氏は推量している。『天智紀』九年の条に『是歳《ことし》、水碓《みずうす》を造りて冶鉄《かねわか》す』とある。水車によって石臼で鉄鉱石をつきくだいたことを指すのであるが、それを思わせるように、そこには車谷という地名も残っている」と書いている。(5)

「車谷」の地名については、すでに大宮守誠が天智紀の記事を引用して、「鉄鉱の砕岩に使用せられた水車」の「車」の意味ではないかと推測しているが(3)、三輪山の角閃斑粝岩（磐座といわれる岩がそれであるが、風化して表面は酸化鉄に覆われ、黒灰色である）は「極めて堅硬」（樋口清之前掲論文(4)）だから、砂鉄状の土の採集以外に、水車を使って砕岩もしたのではないだろうか。三輪山の岩は露出しているが、石英の採掘には穴を掘る必要がある。吉野裕は、「アナシ」は「〈アナ〉に特別に起源がある」として、「アナシとは金師であり産鉄族の一称呼であったと私は考えてはいる」と述べ[6]、谷川健一も、『垂仁紀』に大穴磯部《あなしべ》の名が出てくるのをみても、穴師ということばは、岩穴の中に入って鉄鉱石や砂鉄を掘る人たちを指したにちがいない」と書く[5]。

このように「アナシ」を「穴を掘る人」「穴に入る人」と解する香取秀真・池田末則・大宮守誠・吉野裕・谷川健一などの説に対して、風の吹くところとみる説がある。

柳田国男は、「アナジ」「アナセ」が西北（乾・戌亥）の風、東南（巽・辰巳）の風をいう言葉であることから、「大和で有名な纒向の穴師山は、もと風の神を祭った山であるらしい。（中略）大和の穴師山の地形を見た人は、あそこが風神の本拠であった理由を、ほぼ想像することが出来ると思ふ、即ち真直ぐに通った渓の突当り、二列の連丘とちゃうど直角に、附近に秀でた大きな山があれば、山に吹当る色々の風が、多くは方向を転じて水筋に沿うて吹下す。是が大和国原に於て此山を風の源の如く、信ずるに至った原因では無かったか」と述べて、「屢々《しばしば》荒い風を吹起す山である故に、之を穴師の山と呼ぶことになり、或ひは又

まきむくのあなしの山に雲ゐれば雨ぞ降るちふ帰りこわがせ

といふ歌の如く、山の雲の起居を見て天候を卜する習はしにもなったことゝ察せられる」と書いている[7]。

志賀剛は、「アナシの語は風の名として中世の文献に見え、夫木集に『あなしふく』の歌があり、八雲御抄に『あなしはいぬゐ也』と見え、中臣祓義解に『戌亥は風神の座す所なり』とある。現今でも中国、四国方面では、冬季に西北から来る寒い風をアナゼ又はアナセといって、特に漁民は恐れている。柳田国男氏はアナジ、アナゼはアナシで多くは西北風を意味するが、しかし稀には風向が異なってもアナシと云ふ地方があると云はれた。関口武氏は統計の結果西北風以外は一〇パーセント位であると証明された。右を綜合して考へると、アナシは一般にはアラシ（嵐）の古語であるやうに思はれる。音韻学上タナラ相通の一方則があるからナ行―ラ行の交替が可能である。即ち西日本の風は西北風が強

いから、これにアラシ即ちアナシと命名したのがアナシと訛ったに過ぎないと思ふ」と述べている。(8)

そして、「大和の穴師には私は数回出かけて実地調査をしたのであるが、村の家は二階でも余り高くなく何れも丘に隠れて風を防いでゐる。弓月岳の中腹にある今の兵主神社のあるところも風が強く、お祭の主なるものは二百十日に近い頃行はれた風鎮祭であったといふ。水には事欠かないが風には困ると村人も神主も話された。伊賀の穴石神社は河合村字石川にあって北からの河合川の谷風又は西の田圃を吹いて来る風を防ぐ意味があるらしい。(以上実査)伊勢の穴師神社は櫛田村の佐奈谷の支谷神坂村にあり、北風の強い所であるらしい。若狭の阿奈志神社は小浜市の東の国富村にある。この村は南に開いたポケット地帯で広い田圃がありその北の山麓奈胡に式社がある。この附近は二百十日頃の南東からの台風、即ち若狭風のコースに当るからこの村で風神を祀ったのであろう。(報告)右によってアナシ神社はほぼ風の強いところにあることが判る」と書き、「鉱山の穴師(かかる語はない)ではなく」「アナシ神社は風神を祀る」と結論し、日置部を火招《ひおぎ》部、穴磯部を、フイゴ(タタラ)の風を祀る冶金に従事した部とみて、「風招部」とみる。(8)

私もアナシの神は単なる風神ではないと思う。柳田国男は、農民にとっては「特に吹いて欲しいと思ふ風」はないから、アナシ神を「風害を防ぐ」神とみる。(7) たしかに、池田末則が「毎年九月一日(二一〇日)には同区民が風の神、竜田神社に参拝するという遺習」があると書くように、(2) 穴師・巻向の里の農民は風鎮祭を行なっている。しかし、穴師神社の氏子がわざわざ竜田大社に参拝するのは、南宮大社や一目連神社の項で述べたように、風神の竜田大社を鍛冶の神とみてのことであろう(竜田大社が鍛冶神とかかわることは、金山彦神社・金山姫神社の項参照)。

「穴シ」と「荒シ」

「アナシ」は「アラシ」の古語で「鉱山の穴師」ではないと、志賀剛はいうが、(8) 私は「アナ」も「アラ」も、本来は同義とみる。

『万葉集』巻七の柿本人麻呂の歌に、「ぬば玉の夜さり来れは巻向の川音高しも荒足《あらし》かも疾《と》き」(一一〇一)とあることからも、巻向・穴師の地の風の強さが推察できるが、「アラシ」は「荒風《あらし》」だとする説が多い(『箋注和名抄』『雅言考』『和訓栞』『大言海』)。

柳田国男によれば、このような荒々しい風、「悪霊が吹かす風」を「タマカゼ」といい、「元来、アナジとタマカゼとは同じく西北から吹く悪い風を意味する言葉」であるという。(7) つまり、荒魂の風、「アラタマカゼ」が「タマカゼ」「アラカゼ（アラシ・アナシ）」と呼ばれたとも考えられる。「アナシ」の風が西北風だけに限らないように、荒々しい風であれば、他の方向から吹いても「アラシ」であったろう。

「アラ」は「新」「現」とも表記され、「荒」は「アレ」とも書かれる。「生《あ》れ」の意で荒・新・現・生・産などの字であらわされるこの言葉は、新しく生まれるための荒々しさを示している。「穴」とは、そのような生命力を内包するものをいう。その意味で、アラ・アレ・アナは共通する。

柳田国男は、「古く内海の航路に於て、兇しき神の住む処と言はれた吉備の穴済《あなのわたり》も、恐らくは亦アナジの吹荒れるやうな地形の地であったらうと思ふ。長門の古名を穴門《あなと》と謂ったのも、同じく此風を警戒すべき今の関門海峡のあたりから出た語だとすれば、後世九州などで専ら西北の風ばかりを、アナジ・アナゼと呼ぶに至った原因も、稍々《やや》説明が付くやうである」と書いているが、(7) この柳田説でいえば、穴済は荒済、穴門は荒門である。

吉野裕子は「西北の風が『アナシ』と呼ばれるのは恐らく『穴風』の意であろう」とし、「穴」は「女陰として意識されたはずである」とみるが、(9) 女陰の名をもつホトタタライスケヨリヒメは、『古事記』によれば狭井川のほとりに家があり、神武天皇はそこへ妻問いに行く。この姫は大物主神が丹塗矢になってホト（穴）を突いて生まれた子である。「ホトタタラ（ヒメタタラ）」の母も「セヤダタラ」といい、「タタラ」の名をもつ。タタラは風をおくるフイゴだから、ホトタタラとは「穴風」の意でもある。狭井川は三輪山を源流とするが、穴師神社を祀る弓月岳から流れるから、狭井川のホトタタラヒメは「穴風《あなし》姫《ひめ》」ともいえる。

『播磨国風土記』宍禾《しさわ》郡安師《あなし》里の条に、「安師と為すは、安師川に因りて名と為す。其の川は、安師《あなし》比売《ひめ》の神に因《よ》りて名を為す」とある。吉野裕はこのアナシヒメを「産鉄族の処女神」とみる。(10)

このように、穴風《あなし》は荒風《あらし》であり、生・産の「アレ」、新・現の「アラ」ともかかわり、生まれいづる生命力の荒々しさを内包するもの（穴）から吹く風、祖霊のよみがえりの場所（死者の穴、隠りの穴）から吹く風である。死と再生、破壊と生産の両面をもつのが、アナシでありアラシである。

　金属精錬の工人にとって「アナシ」は金属生成のための「マケ（真気）」であったが、これと関連して、アナシに「痛脚」「痛足」の表記があることが注目される。『今昔物語』（巻二十）に、和泉の痛脚《あなし》村の男の話が載っているが、大和の穴師も、『万葉集』の柿本人麻呂の歌に「痛足川」（巻七）、「纒向の痛足」（巻十二）とある。このような「痛足（脚）」表記について、吉野裕は「足《ア》ダタラ踏みがビッコをひくような姿態をとったこと」から、「製鉄従事者は杖をもつ跛者と考えられ」て「痛足」と書かれたとみる。[11] 谷川健一も、「足の疾患を暗示」する「痛足」を「穴師にかぎって」使うのは、「たたらを踏む人たちはなにかと足のわずらいになやまされたことによる」と推測している。[12]

　このように、「アナシ」には穴師・穴風（荒風）・痛足の三つの意味があるが、いずれも採鉱・金属精錬に深いかかわりがある。

「アナシ」と「丹生」

　吉田東伍は、『大日本地名辞書』で、武蔵国児玉郡に阿那志《あなし》の地名があることを記している（埼玉県児玉郡美里村阿那志）。[13] この阿那志から十キロ弱ほど西に、金山彦命を祀る式内名神大社の金讃《かなさな》神社がある（神名帳は「金佐奈」と書く）。この神社について吉田東伍は、「神祇志料云、金佐奈神社の後なる山を、金華山といふ。銅を掘し岩穴今現存すと云へり。之に拠るに、金佐奈、蓋金砂の義、其銅を出す山なるを以て、之を神とし祭る事、陸奥八溝黄金神社のごときか」と書く。[14]『社誌』も、「金讃は金砂の義であり、うしろ御嶽山を金華山と云ひ、山腹に銅を掘った跡があることを云ってゐる。実際鉄銅をほった穴は残ってゐる。又御室ケ嶽から出た金華山石といふ石は、大部分黄金色に輝いてゐて、黄鉄鉱、鉄硫鉱が多分に混入してゐる」と書いている。

　また、菱沼勇は『武蔵の古社』で、「金鑚部落から東方四キロほどのところに、金屋という部落がある。いまは児玉町に編入されているが、古くからの村落である。その地名からも冶金加工を業とする者たちの集団が居住したところと察せられる。付近には古墳が多くあり、積石塚も少なからず存する。これは、おそらく鉄製農具などを製造していた部民の集団で、金鑽部落付近の集団が採掘・精錬した鉄銅を原料として、これから製造加工を行うことを専業とした人たちであったのであろう。金鑽神社の宮司の談によると、金屋部落には、現在でも金物の製造加工を業としている家が、五軒あるということであった。また金屋部落からさらに東方五キロほどのところに、美里村阿那志という部落がある。この付近にも、多くの古墳の存したことが記録されている。この部落は、慶長以前には、穴師郷穴師村と記された古村で、その名前から判断すると、やはり金物師、すなはち鉄の加工を業とする者たちが、集団を作って住んでいたところと推測される。そしてその原料は、やはり金鑽の鉄鉱採掘業者たちから取得していたのであろうと思われる」と書いている。(15)

このように、北武蔵の地についてもアナシと金属の関係がうかがえるが、児玉郡や秩父郡には、鎌倉時代、武蔵七党屈指の大族「丹党《たん》」がいた。彼らの氏神は丹生《にう》明神だが、『新編武蔵風土記稿』によれば、児玉郡を中心に丹生神社が二十二社ある。また、金鑽神社の近くを流れる神流《かんな》川に沿った群馬県側にも（神流川は上野と武蔵の国境になっている）、丹生神社が五社ある。これら神流川沿いの丹生神社の近くで水銀が検出されること、丹生という地名や神社が朱砂・水銀の採取・精製にかかわることは、松田寿男の著述にくわしい。(16)

アナシと丹生と水銀の関係は、伊勢と若狭にもみられる。

『続日本紀』の文武天皇二年（六九八）九月条に、伊勢国が「朱砂《しゆしや》・雄黄《きに》」を献上したとあるが、これは水銀に精製する前のものである。また、和銅六年（七一三）五月条には、諸国が金属・薬石類を貢献したなかに、伊勢国は「水銀」とある。この朱砂や水銀は、多気《たけ》郡勢和町丹生の丹生水銀鉱山からのものといわれている。『延喜式』民部下・交易雑物の項にも、伊勢国は「水銀四百斤」とあり、全国で一番の水銀生産地は伊勢の丹生の地であった。この隣の佐奈谷にも水銀の旧抗があるが、この地に穴師神社・穴師寺があった。

吉田東伍は、『大日本地名辞書』の伊勢国多気郡神坂の条に、「金剛座寺は旧名穴師寺、延喜式『穴師神社』即此か。○式内社検録『近長谷寺資財云、穴師子寺田』、藤波氏所蔵文書『伊勢国普賢穴師両寺事論旨如此』とある穴師寺を求むるに詳ならず、普賢寺は今も佐奈谷神坂村にあり、其の西山に金剛座寺あり、中間の山路を神坂と云ふを以て考合するに、金剛寺即穴師寺にて、其域内に穴師神社もありけむを、山下に遷せるにて、神坂村の産神即当社なるべし」と書く。(17) 金剛座寺と普賢寺は、佐奈谷の神坂の金剛山の山頂と山麓にある。近長谷寺は西の城山山頂近くにあるが、天暦七年（九五二）の『近長谷寺資財帳』には、四至として「東限穴師子寺、田并溝」と書かれている。近長谷寺の東限とすれば、穴師子寺は金剛座寺付近といえるから、穴師神社もこの近くにあったとみられる。資財帳は、近長谷寺の寺山の南限を「丹生境阿幾呂」、西限を「丹生中山」とし、元禄年間まで丹生の神宮寺に属していたと書く。

若狭国遠敷《をにゅう》郡の式内社阿奈志《あなし》神社（小浜市奈胡）の近くに式内社丹生神社がある（小浜市太良荘）。『和名抄』の遠敷郡丹生郷は、丹生神社・阿奈志神社のあたりに比定されているが、丹生郷の南に遠敷郷がある。伴信友は、『若狭旧事考』で、「小丹生」が遠敷と書かれたとみて、東大寺関係文書に「小入《をにゅう》」とあること、「遠敷村のわたりの山々に美しき丹土の出る処多く、山ならぬ地も然る処多し」という事実をあげている。この伴信友の「小丹生」説は、平城京出土の木簡に「若狭国遠敷郡小丹生郷三家人波泉調塩一斗」と記されていること、滋賀県高島町鴨遺跡出土木簡に「遠敷郷小丹里秦人足嶋」とあることによって裏づけられる。「小丹里《をにゅうのさと》」は、「小丹生里」の「生」が落ちた書き方である。丹生郷・小丹生（遠敷）郷のどちらも水銀を産出することは、松田寿男の『丹生の研究』に詳述されている。(16)

このようなアナシと丹生・水銀の関係は何を意味するのだろうか。ここでは、金銀の精錬に水銀が欠かせないことを指摘するだけにとどめたい。ちなみに、武蔵の丹党にかかわる秩父郡は銅と金の産地として名高い。

播磨・和泉の「アナシ」と忌部

『新抄格勅苻抄』によれば、大同元年（八〇六）大和の穴師神社（穴師坐兵主神社）の神戸として大和五戸、和泉八戸、播磨三十九戸が与えられている。和泉の八戸は、『延喜式』神名帳に載る和泉国和泉郡の泉穴師神社や兵主神社の周囲とみられるが、播磨の神戸は、『播磨国風土記』餝磨《しかま》郡安師《あなし》里に、

安師と称《い》ふは、倭の穴无《あなし》の神の神戸に託《つ》きて仕へ奉る

とあることからみて、この地に所在したのであろう。姫路市の阿成《あなせ》が遺称地である（『和名抄』の穴無《あなし》郷の比定地）。

この穴師里の近くの因達《いだて》里に祀られたのが、神名帳の餝磨郡の項に載る射楯《いたて》兵主《ひょうず》神社である。これは、大和の穴師坐兵主神社の神戸の人々が祀った兵主神であろう。『日本紀略』の寛平三年（八九一）三月二十六日条に、「播磨国安志《あなし》神」への授位の記事が載るが、この安志神は、神戸の人々が祀った「倭の穴无の神」だと鎌谷木三次（『射楯兵主神社と播磨国総社の研究』）と広瀬明正（「穴師神社考」「皇学館論叢」第四巻六号）は述べている。

『播磨国風土記』宍禾《しさわ》郡にも安師里が載る。この地は『和名抄』の安志《あなし》郷で、安師川流域の安富町安志から山崎町須賀野付近にわたる地域とみられている。「本の名は酒加《すか》の里なり」とあるが、「スカ」は砂鉄・産鉄場にかかわる地名である。また、安師里の前に載る敷草村の条に、「菅生ふ」地に「鉄生ふ」とあるが、この地は千種《ちぐさ》鋼の産地である。一目連神社の項で、菅田首の「菅」の地名の土地に製鉄遺跡が多いことを述べたが、菅谷タタラとして有名な島根県飯石郡吉田村菅谷と同じく、安志《あなし》郷の比定地にも菅谷という地名がある。

このように、播磨の「アナシ」の地も鉄にかかわっている。鉄を精錬するには風が不可欠である。『伊勢国風土記』逸文は、風神としての伊勢津彦は「伊賀の穴志の社に坐す神」と書く。式内社の伊賀の穴石神社がそれにあたる。和泉国の式内社泉穴師神社（泉大津市豊中）の祭神を、元禄十三年（一七〇〇）に書かれた『泉州志』は、風神の級長津彦《しなつひこ》・級長津姫とする。

『新撰姓氏録』和泉国神別には、

穴師神主　天富貴命五世の孫、古佐麻豆智《こさまつち》命の後なり。

とある。「穴師神主」とは、和泉の泉穴師神社の神主のことである。『斎部氏家牒』は、天太玉命の孫を天富貴命にあてるが、『古語拾遺』は天太玉命の孫を天富命と書き、『家牒』と同じ記事を書いているから、天富貴命は天富命であり、泉穴師神社は忌《いん》（斎）部《べ》氏系である。『斎部氏家牒』は、泉穴師神主の古佐麻豆智命を小狭槌《こさつち》命とし、小狭槌命の子玉櫛命について、「勅により八咫《やた》鏡を鋳《い》る」と書く。また、崇神紀に、五十瓊敷《いにしき》命が茅渟《ちぬ》の菟砥《うと》川上宮にいて剣一千口を作らせ、そのとき十の品部を天皇より賜わったとあるが、そのなかに大穴《あなし》磯部が載る。茅渟とは泉穴師神社をも含む地方をいうから、この大穴磯(師)部も泉穴師神社にかかわるのであろう。

『古語拾遺』は天岩屋の段で、忌部氏の祖太玉《ふとだま》神が率いる諸部神のなかの「石凝姥神《いしこりどめ》 天糠戸《あまのぬかと》命の子、作鏡《かがみつくり》の遠祖 をして天香山の銅を取りて日像《ひのかた》の鏡を鋳しめ、天目一箇神をして雑《くさぐさ》の刀《たち》斧及び鉄鐸《さなぎ》を作らしむ」と書き、『日本書紀』は崇神紀に、「斎部氏をして、石凝姥神の裔、天目一箇神の二氏を率ゐて、更に鏡を鋳、剣を造らしむ」と書く。このように、忌部氏は鋳造と鍛造の氏族を率いていた。

穴師神主がヤマト王権の神祇氏族である忌部氏系に属していることからみて、畿内(大和・和泉)の穴師神社は王権祭祀にもかかわっていたと考えられる。

注

(1) 香取秀真「金石文に現はれたる鋳師の本質」「考古学雑誌」二七巻一号。
(2) 池田末則「三輪山付近の古代地名」『大神神社史』所収、昭和五十年。
(3) 大宮守誠「穴師及び兵主社に就いて」「歴史地理」七三巻七号。
(4) 樋口清之「神体山信仰の考古学的背景」注2前掲書所収。
(5) 谷川健一『青銅の神の足跡』一三二頁、昭和五十四年。
(6) 吉野裕『風土記世界と鉄王神話』一三四頁、昭和四十六年。
(7) 柳田国男「風位考」『柳田国男集』第二十巻所収。
(8) 志賀剛「穴師と日置」「神道史研究」七巻五号。
(9) 吉野裕子『日本古代呪術』六七頁、昭和五十年。
(10) 吉野裕、注6前掲書、一三三頁。
(11) 吉野裕、注6前掲書、一三五頁。
(12) 谷川健一、注5前掲書、一三三頁。
(13) 吉田東伍『大日本地名辞書』第六巻、四八二頁、明治三十六年。

(14) 吉田東伍、注13前掲書、四八三頁。

(15) 菱沼勇『武蔵の古社』二〇五頁、昭和四十七年。

(16) 松田寿男「神流川谷の丹生神社」『丹生の研究——歴史地理学から見た日本の水銀』昭和四十五年。

兵主《ひょうず》神社——天日槍伝承、鉄神蚩尤、河童

兵主神の性格

『延喜式』神名帳によれば、兵主神社は三河国以西に十九社二十一座あり、次にみるように、とりわけ但馬《たじま》国に集中する。

大和国城上郡　穴師坐兵主神社名神大。月次相嘗新嘗　穴師大兵主神社
和泉国和泉郡　兵主神社
三河国賀茂郡　兵主神社
近江国野洲郡　兵主神社名神大
〃　伊香郡　兵主神社
丹波国氷上郡　兵主神社
但馬国朝来郡　兵主神社
〃　養父郡　兵主神社　更杵村大兵主神社
〃　出石郡　大生部兵主神社
〃　気多郡　久刀寸兵主神社
〃　城崎郡　兵主神社　兵主神社二座
因幡国巨濃郡　佐弥乃兵主神社　許野乃兵主神社
播磨国餝磨郡　射楯兵主神社二座

播磨国多可郡　兵主神社

壱岐島壱岐郡　兵主神社名神大

兵主神について、志賀剛は金属鉱採掘者の守護神とする説（大宮守誠「穴師及び兵主神について」）を紹介し、この説は成り立たないと批判するが、[1]この批判は兵主神そのものに関する無理解による。

兵主という名は、漢の高祖が兵を挙げたとき、蚩尤《しゆう》を祀って勝利を祈ったことに由来する。蚩尤について、貝塚茂樹は、次のように述べている。[2]

蚩尤は八十一人、またある伝説によると七十二人の兄弟の一人で、みな獣の身体で人の言葉を解するという半獣半人の怪物団の一人であった。秦漢以後の伝説によると、彼の両鬢は逆立ち、剣の切先のように鋭く、頭のまん中には角が生えていた。これで頭突きをかませるのが彼の得意であったが、角力では誰も相手になるものがなかったという。（中略）

この大家族の生活ぶり、ことにその食生活は一風変っていた。世の常の人の食べるような穀物・野菜・魚肉はいっさい何も食べないで、ただ砂と石、ある説によると鉄石をくっていたという。いったいどんな歯と胃腸とをもった鉄人、いや鉄獣であったのだろうか。どんな事実をもとにして、こんな荒唐無稽な伝説を語ったのであろうか。中国の古代の系譜集である『世本』のなかには「蚩尤が兵つまり武器を創造した」と書いてある。盛んに新鋭の武器を製造し、その武刀によって中国を制覇したともいわれる。たぶんこの砂を食物にしたという伝説は、彼らの部族が砂鉄を材料とし、これを精錬して兵器を鍛造するのを職業にしていたことを擬人化したのであろう。（中略）

秦漢のころには、物凄い形相をした蚩尤の肖像画が、五月の節句にかける鐘馗《しょうき》の掛物のように民間に普及していた。蚩尤は鬼を退治した鐘馗と同様、悪魔をはらう守護神と観念されていたのであろう。

さらに、「風を支配してきた蚩尤は、またふいご技術によって青銅兵器の製造を行なった部族の代表者であり、この技術の発明者であり、古代において神秘的なふいごの用法、青銅器鋳造の秘密を知っている巫師の祖先と仰がれる人物であった。とくに彼は、山東地方の斉国では、天主・地主につぎ八神の一として兵主と呼ばれて、尊崇されていた」とも書いている。[2]

兵主神は砂と石、鉄石を食べていたというから、この神は鉄にかかわる氏族が祀っていたと考えられる。吉野裕も、貝塚茂樹の兵主神蚩尤に関する文章を引用して、「〈穴師兵主神〉とは武器製造の鍛冶屋の神」とみる。[3]

この兵主神の性格からみても、志賀剛の批判はあたらない。

但馬と兵主神

兵主神について橋川正は、但馬国に兵主神社が集中することから、天日槍《あめのひぼこ》（天之日矛）にかかわる新羅より将来された神とみるが（「兵主神社の分布と投馬国」）、志賀剛はこの説を批判し、兵主神社が但馬に集中しているのは「新羅系帰化人聚落と無関係」で、平安初期に「新羅船の侵寇に対する防衛祈願の意味」で、特に新羅に近い但馬に兵主神社が祀られたとみる。[1] また小南淳子は、この志賀説を下敷にして、承和元年（八二四）の最後の遣唐船に乗った留学僧常暁が兵主神をもってきて普及させたとみる。[4]

但馬の兵主神社は、式内社の七社以外に、式外の旧村社が城崎郡香住町九斗と隼人、美方郡浜坂町指抗と田井にあり、これらを合わせれば十一社になる。しかし、「新羅船の侵寇」を受けそうな土地は但馬国だけではない。

但馬の兵主神社を考える場合、天日槍伝承を無視することはできない。

垂仁紀に、新羅の王子天日槍は各地を遍歴し、最後に但馬に定住したとあり、『古事記』も但馬に留まったと書く。『播磨国風土記』も、天日桙命は「但馬の伊都志《いづし》の地を占めて在《いま》しき」と書く。記・紀は、天日槍の持って来た八種の神宝を「伊豆志の八前の大神」と書き、そのうちの刀と槍を「出石の刀子」「出石の槍」と書いている。

『正倉院文書』の天平勝宝二年（七五〇）の「東大寺奴婢帳」に、但馬国出石郡の「穴見郷戸主大生直山方」または「大生部直山方」の名がみえる。この大生部直が祀っていたのが大生部兵主神社である。その所在推定地はいくつかあるが、穴見郷とあることからみて、穴見川の上流の穴見谷の奥、豊岡市奥野字宮山の大生部兵主神社に比定するのが妥当であろう。

穴見の「穴」は、天日槍が立ち寄ったという近江国の「吾名邑」の「アナ」や「穴師」の「穴」にも通じる。当社のある奥野と、穴見谷の市場に「鍛冶屋」、三宅に「カチヤ」の小字名がある。

国司文書の『但馬故事記』出石郡の部に、出石郡司三宅吉士神床が天武天皇十二年十月に「連」の賜姓をうけ、その月、陣法博士大生部了らと共に大生部兵主神社を勧請し、「兵庫」を置いたとある。同じ穴見谷の入口の三宅に三宅連の祀る式内社中島神社があるが（豊岡市三宅）、三宅連について『新撰姓氏録』（右京・摂津国諸蕃）は、「新羅国王の子、天日桙命の後なり」と書く。

前述したように、大生部兵主神社の穴見郷の小字名には「鍛冶屋」地名が多いが、更杵《さらき》村《むら》兵主神社のある糸井郷の北方には朝日金山があり（金だけでなく銅・鉄も産出した）、床之《とこの》尾《を》山がある。床之尾山は鉄鈷山《かなとこやま》と呼ばれ、天日槍が円山川の川口の瀬戸を開くときに用いた道具を作ったところと伝えられる。この鉄鈷山伝承に関連して、石田松蔵は、鉄鈷山で鉄をきたえたという伝承をもつ家が、出石の奥の但東町の畑という部落の鍛冶という姓の家だといい、その家の前には鍛冶橋という橋が昔はあったと述べている。(5) たぶん、畑は秦に通じるだろう。

兵主神は「兵」の字の連想から、一般には武神とみられているが、本来は武器製造工人の神であったと考えられる。蚩尤も武器製造工人のイメージが強い。大生部・更杵村の兵主神社について、兵主神を祀り「兵庫」を置いたと『但馬故事記』が書くのも、そのためであろう。

『特選神名牒』や『神祇志料』は、久刀《くと》寸《ね》兵主神社（兵庫県城崎郡日高村久斗）の「寸」を、更杵村と同じく久刀村の意と解している。私もこの説を採るが、国司文書『神社系譜伝』には、持統天皇三年閏八月に「大穀忍海部広足祀レ之」とある。また、『正倉院文書』天平十年（七三八）の「但馬国正税帳」には、但馬国の大穀正八位忍海部広庭を因幡《いなば》国へ送ったとある。

和田萃は、大和の鏡作郷周辺の天日槍関連氏族は、葛城の忍海《おしみ》地方の鍛冶集団に関係があると述べているが、(6)『日本書紀』の神功皇后前紀によれば、忍海には新羅の「俘人《とりこ》」が住みついたという。『肥前国風土記』三根郡漢部《あやべ》郷の条には、新羅征討の武器を作るために忍海から漢人《あやひと》が来て住んだとあるから、忍海部広足・広庭も金属工人とみられる。忍海部が新羅系冶金工人であることは別著で述べたが（『天武天皇論㈠』）、但馬から因幡へ行った忍海部広庭は派遣工人であろう。対馬の金や銀の採鉱・精錬に忍海の人が派遣されていることが、『日本書紀』（天武天皇三年三月条）や『続日本紀』（大宝元年八月条）にみえる。

城崎郡の兵主神社は、豊岡市赤石と山本（どちらも旧城崎郡田鶴野《たづの》村）にある。国司文書『但馬郷名記』は、赤石の兵主神社は物部韓国連久久比を祀ると書き、『但馬故事記』城崎郡の部には、韓国連久久比と大生部了が楯縫連須賀を召して奈佐村に置き、矛や刀剣を作らせて赤石に兵庫を設け、兵主神を祀ったと書く。また、山本の兵主神社も「物部村」にあると『但馬郷名記』は書き、どちらにも物部が登場するが、この物部は物部韓国連であろう。

物部韓国連は『新撰姓氏録』の摂津・和泉の項に載るが、摂津の項には、「武烈天皇の御世に韓国に遣され、復命の日、姓を韓国連と賜ひき」とある。佐伯有清は、「事実は韓国の国名を称していたことによって、韓国派遣の氏名起源説話を造作したものであって、元来は韓国より渡来したことにもとづく氏名か。韓国連氏の本拠は、後の和泉国和泉郡唐国村（大阪府和泉市北松尾町唐国）の地であろう」と書くが、(7)和泉の兵主神社も和泉郡にある。

鏡作麻気神社の項で、記・紀の鍛人天津麻羅、物部氏の家記の『旧事本紀』に載る倭鍛冶の祖天津真浦や、物部氏系阿刀造の祖の大麻良の「マラ」は、金属工人にかかわる名であることを述べたが、『播磨国風土記』揖保郡の項には、但馬国伊頭志君麻良比の名がみえる。伊頭志《いづし》は出石である。谷川健一は、物部氏の一族にマラ、マウラという名が多いことから、この伊頭志君麻良比について、「これは但馬の出石に麻良比という鍛冶技術者がいて、物部氏の配下に組み入れられていたと考えてよかろう」とみている。(8)

但馬の国司文書は、但馬の兵主神社の創祀を天武・持統朝とする。それらは一級史料でないが、八世紀の『正倉院文書』の「東大寺奴婢帳」「但馬国正税帳」などの一級史料によれば、少なくとも八世紀の但馬には兵主神社があったとみてよく、志賀剛の平安朝初期兵主神改名説は無理である。また、わが国では九世紀中葉以降から兵主神が祀られるようになったという小南淳子の見解も認め難い。さらに、兵主神を新羅系渡来神・採鉱精錬にかかわる神でないとする両氏の見解も、以上述べた事例からみて成り立たない。

なお、因幡の佐弥乃《さみの》兵主神社と許野乃《このの》兵主神社は、鳥取県岩美郡岩美町に南北一キロほど隔てて鎮座する。この地は巨濃郡の中心部で、但馬との国境近くにあり、岩美銅山の所在地でもある。

近江の兵主神社と天日槍

垂仁紀に、天日槍は「近江国の吾名《あな》邑に入りて暫く住む。復更《また》近江より若狭国を経て、西《にしのかた》但馬国に到りて則ち住処《いどころ》を定む」とあるが、近江には二つの兵主神社がある。

近江の名神大社兵主神社（滋賀県野洲郡中主町五条）の冬至日の出方位には（東南東七キロ）、天日槍を祭神とする鏡神社が鎮座する（蒲生郡竜王町鏡）。この鏡の地は、垂仁紀に「近江国の鏡村の谷の陶人は天日槍の従人なり」とある「鏡村」である。さらに、兵主神社と鏡神社を結ぶ線を五キロほど東南東に延長すると、やはり天日槍を祭神とする苗村《なむら》神社があり（蒲生郡竜王町綾戸）、天日槍がいたという吾名邑の比定地になっている。「ナムラ」は「アナムラ」の転だという。さらにこの線をのばすと、鋳物師《いもじ》（蒲生町鋳物師）の竹田神社に至る。竹田神社は鍛冶神天目一箇神を祀っている（一目連神社の項参照）。

このように、兵主―鏡―苗村（吾名邑）―鋳物師が同一線上に並ぶのは、そのすべてが天日槍と金属精錬工人にかかわっていること、兵主から鋳物師への線が冬至日の出遥拝線であることからみて、偶然の一致とはいえないだろう。たぶん、天日槍伝承の鏡村と吾名邑の神社が冬至線上に配置され、さらに兵主と鋳物師の神社が配置されたのであろう。

この野洲郡の兵主神社の創祀を『兵主神社縁起』は養老二年（七一八）十月上旬と伝えているが、中国の兵主（蚩尤）神の例祭が十月だから、[2]十月はこれに合わせたのだろう。大和の穴師坐兵主神社の大祭も十月である。また、『但馬故事記』は出石郡の大生部兵主神社の創祀を天武天皇十二年（六八三）十月とし、『但馬世継記』は、養父郡の兵主神社を養老三年（七一九）十月の創祀とする。

近江のもう一つの兵主神社（伊香郡高月町横山）がある伊香郡には、天日槍を祀る式内社鉛練比古《えれひこ》神社（余呉町中之郷）

があり、『近江伊香郡志』は、「天日槍新羅より来り、中之郷に止り、坂口郷の山を切り、余呉湖の水を排して湖面を四分の一とし、田畑を開拓し余呉の庄と名づけしと云う伝説あり」と記している。余呉湖に面しているので、土地の人は同社を「江連《えれん》社」と呼んでいる。社前の古墳を「日槍塚」という。

石山進・丸山竜平は、この日槍墓について、「岡山宮司（鉛練比古神社の宮司――引用者注）が子供のころには、村人がヒボコ塚を聖地とあがめ、体を清めてから草刈りなどをした」と書いている。[9] この塚のある小字名は「日槍屋敷」である。

鉛練は「奈麻礼《なまれ》」で新羅の官位十七位の十一位の奈麻（末・摩）とする説がある（『日本書紀』は「奈麻礼」「奈末」と書く）。また、白粉は鉛を練って作るので白粉とみる説もある。伊勢白粉の原料を産出する丹生は伊勢国の式内社穴師神社の地であるが、鉛練比古神社は丹生谷の入口にあり、丹生谷には式内社の丹生神社の論社が二社ある（余呉町上丹生と下丹生）。両社には赤土（丹生）を神前に供える儀式があるが、この赤土には水銀が含まれている（〇・〇〇一五％、くわしくは丹生川上神社の項参照）。

天日槍の従人は鏡村の陶人《すえびと》だと『日本書紀』は書くが、鏡神社の近くには「須恵」の地名があり、須恵器の窯跡がある。上丹生の丹生神社の茶わん祭りは、陶器の人形を積み上げた山車《だし》がよびものである。この祭について山根宮司は、「昔、末遠《すえとう》という所に、春長という者がおって、春長が須恵器を焼いてお宮さんに供えたのが始まり、と言われております。お宮さんに供えた陶器をみんなに見せ、そのうち山車ができて今のような祭りになったわけです」と語っている。[10]「末遠」の「末」も須恵（陶）のことだろう。

陶人を従人とした天日槍は新羅の王子だが、鉛練比古神社の近くには、かつて新羅崎神社があり、天日槍を祀って白木明神と呼ばれていた。近くの森を今も「白木の森」というが、この神社は鉛練比古神社に合祀され、「新羅崎神社旧跡」と書かれた碑が旧所在地に立っている。

このように、近江の兵主神社二社の所在地周辺には、天日槍伝承と金属精錬工人、須恵器製作工人が濃厚に分布する。

播磨の兵主神社

『播磨国風土記』によれば、飾磨《しかま》郡と宍禾《しさは》郡に穴師里《あなしのさと》がある。飾磨郡の穴師里については、この地が大和の穴无《あなし》の神（穴師坐兵主神社）の神戸だから「アナシ」というと記されている。『和名抄』にも「穴无郷《あなし》」が載り、姫路市の市川河口近くの阿成が遺称地である。宍禾郡の穴師については、『和名抄』の宍《し》粟《さは》郡の条に「安志郷」が載る。遺称地は安富町安志だが、『風土記』は、「穴師川に因りて名と為す。其の川は、穴師比売の神に因りて為す」と書く。

飾磨郡には式内社「射楯《いたて》兵主神社二座」があり、姫路市本町に鎮座する。『風土記』は、穴師里の前に因達《いだて》里を載せ、地名起源として、神功皇后が「韓国を平《ことむ》けむと欲《おもほ》して、渡りましし時、御船前《みふねのさき》にましし伊太手《いだて》の神、此処《ここ》に在《いま》す」と書く。この「イダテ」神と大和の穴師坐兵主神を祀ったのが、射楯兵主神社二座であろう。

出雲には、意宇郡・出雲郡に、式内社韓国伊太氏《からくにいたて》神社が各三社、計六社ある。石塚尊俊は、『播磨国風土記』の因達里の地名説話に「韓国」が絡んでいること、渡来神の兵主神と一体になって射楯兵主神社といわれていることから、出雲に六社もある韓国伊太氏神社の『韓国』はやはり文字通り韓国そのものを意味し、そしてこれを冠する伊太氏神の原義は、あるいは『射立』神、すなわちかの八幡神が八旒の幡によって降臨されたというように矢となって降臨された神ということではなかったか。出雲と韓国との交流は深い。紀の一書には素戔嗚尊・五十猛命が往来されたとあり、『出雲国風土記』には新羅の一部を引いたという国引きの話がある。こうした話にはやはりそれなりの史的背景があったのであろうし、その痕跡が神社の場合はこの韓国伊太氏神社であると見ることもできる」と書いている[11]。私も、穴師神と兵主神との共通性からみて、因達神と兵主神にも共通性があったとみる。それは、武器製作神・渡来神としての共通性であろう。

多可郡の式内社兵主神社（兵庫県多可郡黒田庄町岡）は、延暦三年（七八四）に大和国の穴師兵主神を勧請したと伝え、同社の鎮座する加古川上流域は砂鉄の産地である。穴師里のある宍禾郡にも、天一目神社など金属工人にかかわる神社がある。

多可郡の兵主神社の社伝からもうかがえるように、播磨の兵主神社二社は、大和の穴師坐兵主神社と深いかかわりがある。その祭祀は、『新抄格勅符抄』が記す同社の「神戸三十九戸」を中心として営まれたのであろう。同じことは、和泉の式内社兵主神社（岸和田市西之内蛇淵）についてもいえるが、詳細は穴師神社の項で述べた。

穴師兵主神と秦氏の大生部

穴師坐兵主神社は、古くは弓月嶽の山頂付近にあった。弓月嶽を登りきると、大和高原と呼ばれるかつての闘鶏《つげ》（竹鶏・都祁・都介）国がある。ツゲに「鶏」の表記をあてていることや、この地の天日槍伝承や秦氏系地名をもとに、私は「大和の鶏林《しらぎ》・闘鶏の国」（「日本の中の朝鮮文化」二三号）という文章を書いたことがある。神楽歌に、

わぎもこが　穴師の山の　山人と　人も知るべく　山鬘《やまかづら》せよ

とある「穴師の山の山人」とは、闘鶏の人々をいう。大和国中《くんなか》の人からみれば、穴師山の奥に住む人々であった。闘鶏国に入るには、初瀬川、穴師川、布留《ふる》川をさかのぼる三つのコースがある。今は、穴師川をさかのぼるコースはあまり使用されていないが、古代はこの道が闘鶏と大和国中《くんなか》を結ぶ主要道路であった。この古道を登って最初にたどり着く部落を笠といい、穴師塚という古墳があるが、かつてこの古墳の近くに穴師坐兵主神社があったと伝えられている。笠の隣りの部落は白木である。白木は、かつて北白木・中白木・南白木に分かれていたが、『国民郷土記』によれば、祖先の天日槍が新羅からこの地に渡来して新羅城を築き、やがて新羅が白城になり、白木になったという。

前述したように、近江の伊香郡の兵主神社の近くにも、天日槍を祀る通称白木明神、新羅崎神社があった。笠・白木の部落は上の郷というが、上の郷には小夫《おぶ》という地名があり、都祁《つげ》（闘鶏）郷には大夫《おおぶ》という地名がある。この大夫・小夫は「大生部」であろう。

穴師には穴師坐兵主神社と穴師大兵主神社の二社があるが、「大」のつく後者が小社で、「大」がつかない前者が名神大社である。ということは、この「大」は「大社」の意味ではないだろう。但馬の養父郡の更杵村大兵主神社と出石郡の大生部兵主神社は大生部氏が祀っていた。とすれば、穴師の大兵主神社も、大生部氏らの祀る大生部兵主神社の略称

である可能性が強い。

皇極紀の大生部多は秦河勝とかかわっているが、大夫・小夫のある地域は秦氏にかかわる。都祁郷に隣接して服部郷がある。この地は波多野村といい、式内社神波多《かむはた》神社があり、波多横山という山がある。中世は畑荘と呼ばれ、切幡という地名も現存する。

『和名抄』の美濃国賀茂郡生部郷に、式内社の大部神社がある。大生部の「大」がぬけて地名になり、「生」がぬけて神社名になっているが、大宝二年（七〇二）の美濃国賀茂郡の戸籍には、戸主秦人小玉の妻生部乎弥奈美、戸主秦人安麻呂の姪生部意志売の名が載る。この生部も大生部である。秦氏は大生部にかかわるが、秦氏の勢力圏内の『山城国愛宕郡雲下里計帳』（神亀三年〔七二七〕）にも、大生部直美保万侶の名がみえる。

志賀剛は、兵主神社は秦氏が持って来たとする内藤湖南説[12]を批判し、「兵主神社の前身は日本の古代農村の普通の氏神」で、平安初期に「新羅船の侵寇に対する防衛祈願の意味」で兵主神に改名したとするが[1]、右の事実からみても、志賀説は成り立たない。

内藤湖南は、秦氏の始祖の弓月君と兵主神社があった弓月嶽に関連性をみている[12]。内藤説とは別の視点で、日野昭も弓月嶽と弓月君を結びつけており[13]、私も弓月嶽と弓月君・秦氏の関係を述べたことがある[14]。現在も韓国には秦姓の人がおり、本貫を中国の山東省にしている。兵主神の信仰は、この山東省が原郷である。

壬生部に「大」がついたのが大生部だと一般にはみられている。大生部多は、橘の木についた蚕に似た虫を常世虫として信仰した。穴師神社には、摂社として橘神社があり、三宅連の祖で常世から橘の実（トキジクノカグノミ）を持ち帰った田道間守《たじまもり》を祭神とする。三宅氏と大生部氏が但馬の大生部兵主神社や大兵主神社を祀っていることからみても、穴師坐兵主神社、穴師大兵主神社は但馬と深いかかわりがある。

但馬の三宅連は天日槍を祖とするが、大和の糸井神社の結崎から二キロ南に但馬出屋敷・東但馬・西但馬があり、現在は三宅町に属している。『万葉集』にも三宅の地名が登場する。但馬の出石の大生部兵主神社にかかわる三宅連が移住したのが、この地であろう。「但馬出屋敷」という地名がそのことを示しており、近くの糸井神社も実証になる。

但馬の国司文書『故事記』の養父郡の条には、三宅神床と大生部了は持統天皇三年七月、大兵主神を養父郡更杵村(兵庫県朝来郡和田山町寺内)に勧請したとあり、この地に住みついた神床の子の博床の子孫が、糸井連を名乗ったとも書かれている。更杵村は『和名抄』の糸井郷に属していた。『新撰姓氏録』(大和国諸蕃)に「糸井造。三宅連と同祖、新羅国の人、天日槍命の後なり」とある。結崎の糸井神社は、中世に観世猿楽の祖結崎清次(観阿弥)が、伊賀の小波多(秦)から移住して結崎座を結成したところであり、清次の子が元清(世阿弥)である。彼らは服部を名乗り、秦河勝を始祖としている。この三宅・糸井の地の人々も、穴師の兵主神社とかかわっていたと思われる。

兵主部と河童

柳田国男は、神楽歌の穴師の山人の歌に関連して、山人は「山から神霊を御降し申す為に、欠くべからざる方式では無かったか」と書いているが(15)、折口信夫は、「山の神を女神だと言ふのは、山姥を神と観じたのです。斎女王の野ノ宮ごもりには、かうした山の巫女の生活法が、ある点までは見えるのではありませんか。大和では、山人の村が、あちこちにありました。穴師山では、穴師部又は、兵主部といふのが其です。(中略)この山村などから、宮廷や、大社の祭りに、参加する山人が出たのでせう。

　まきもくの　穴師の山の山人と　人も見るかに　山かづらせよ(『古今集』巻二十)

かう言ふ文句は、穴師山から来なくなった時代にも、穴師を山人の本拠と考へて居たからです。山人の形態の条件が、山かづらにあった事は、此歌で知れます」と書いている(16)。

この山人を折口信夫は「山の神に扮した村の神人」とみて(17)、その代表者を穴師山の山人とする。この山人に憑《つ》く山の神は、「まれびと」としての常世神(海の神)の性格をもつが、水の神・田の神とも考えられ、「河童《かっぱ》とまでなり下って了うた」と折口信夫はみる。そして、「カッパ」を「ひょうすべと言ふ地方が多く、春山から下り、冬山に入るものとせられてゐるのは、山の神と海の神との職掌混淆の筋合ひを辿って見れば、難問題でもない。ひょうすべと言う名も、穴師兵主《ヒャウズ》神に関係するらしく、播州に因達《イタテ》兵主神のあるのは、風土記にある、穴師神人の移動布教によるものらしい」

とも書いている。(17)

土橋寛は、「ヒョウスベという語は、おそらく兵主神の眷族《けんぞく》を意味するものであろうが、もしそうだとすると、河童は山神として兵主神の眷族といわねばならない」と述べており、(18)柳田国男は、肥前国潮見の城主渋江家の歴史を述した『北肥戦志』に載る、橘諸兄の孫、兵部大輔島田丸が河伯(川の神)を鎮めたので、「河伯を兵主部と名付く」という記事を紹介している。(19)

また、「蛙の居らぬ池」では、(20)近江国野洲郡篠原村に不帰の池という東西に長い池があり、東の岡を夕日ノ岡、西の岡を朝日ノ岡と呼ぶが、同郡兵主村の兵主神が毎日三度ずつこの池へ影向し、帰るのを見た者がいないので、帰らずの池といったという、『近江国輿地誌略』六十八に載る話を紹介している。さらに同書六十九の、源頼朝が帰らずの池の畔にまで来て、どうしても馬が進まないので不審に思って土地の者に聞くと、兵主明神が一日に三度ずつ池へ影向するが、今はそのときであろうかと答えた。そこで下馬礼拝して武運を祈り、天下統一後、社殿を造営した、という話も紹介している。

この例からみれば、兵主神は明らかに水の神である。柳田国男は、「河童駒引」で、(21)川や池のほとりを馬(駒)が行くと、兵主明神が進まなくさせたり、つないでおいた馬の綱をひっぱって水のなかへ引きずりこもうとする話を載せている。柳田国男は指摘しないが、『近江輿地誌略』六十九に載る話は、兵主明神を河童にみたてている。

河童を兵主部《ひょうすべ》とみる折口信夫は、当然、兵主神を水の神とみる。しかし、『近江輿地誌略』に源頼朝が武運を祈ったとあるように、武神としての性格を兵主神はもつ。理由は、「兵主」という表記からうかがえるように、中国における兵主神が武神的性格をもっているからだが、私は、河童=兵主部とはみない。河童を退治する神としての兵主神が、水の神として「ヒョウスベ」と呼ばれ、それがいつしか、退治される河童のことにもなったと考えている。河童は鉄を忌む。金物を身につけていると河童は近づかないという。だから、鉄神の兵主(蚩尤)の神が河童退治の神になったのだろう。

しかし、河童のことを「兵主部」というのは、兵主神に河童と似た面もあったからであろう。河童は相撲（角力）を好む。兵主神（蚩尤）も同じである。

『事物原始』角觝の条に

黄帝時蚩尤有レ角、以レ角レ觝レ人、而後人作二角觝之戯一

とあるが、『夢粱録』には、「角觝者、相撲之異名也」とあり、『和名抄』にも、「角觝今之相撲也。和名須末比」とある。穴師神社では、七月七日に相撲祭がある。垂仁紀に載る野見宿禰《のみのすくね》と当麻蹶速《たぎまのけはや》の相撲にちなんだ祭といわれているが、兵主神が相撲の神であることも関係があろう。

日本人の神祇信仰には、古いもの、新しいもの、固有と外来など、さまざまなものが混在しているが、そのことは兵主神をみてもよくわかる。

注

（1）志賀剛「兵主神社――日本に於ける中国の神」『式内社の研究（一）』所収、昭和四十八年。
（2）貝塚茂樹「風の神の発見」『神々の誕生』所収、昭和三十八年。
（3）吉野裕『風土記世界と鉄王神話』一三八頁、昭和四十七年。
（4）小南淳子「『兵主神』成立に関する諸問題」『横田健一先生古稀記念文化史論叢・上』所収、昭和六十二年。
（5）石田松蔵「但馬地方における天日槍集団」『よみがえる古代の但馬』所収、昭和五十六年。
（6）和田萃「古代日本における鏡と神仙思想」『鏡』所収、昭和五十三年。
（7）佐伯有清『新撰姓氏録の研究・考証篇第四』二九一頁、昭和五十七年。
（8）谷川健一『青銅の神の足跡』一七五頁、昭和五十二年。
（9）石原進・丸山竜平『古代近江の朝鮮』一九一頁、昭和五十九年。
（10）石原進・丸山竜平、注9前掲書、一八九頁。
（11）石塚尊俊「韓国伊太氏神社について」『日本の神々・7』所収、昭和六十年。
（12）内藤湖南「近畿地方における神社」『日本文化史研究』所収、大正十三年。

(13) 日野昭「弓月君の伝承」「竜谷史壇」七六号。
(14) 大和岩雄「秦氏と波多氏——弓月君をめぐって」『日本古代王権試論』所収、昭和五十六年。
(15) 柳田国男「山人考」『柳田国男集』第四巻所収
(16) 折口信夫「翁の発生」『折口信夫全集』第二巻所収。
(17) 折口信夫「村々の祭り」注16前掲書所収。
(18) 土橋寛「山人の儀礼」『古代歌謡と儀礼の研究』所収、昭和四十年。
(19) 柳田国男「海神少童」『柳田国男集』第八巻所収。
(20) 柳田国男「蛙の居らぬ池」『柳田国男集』第二十七巻所収。
(21) 柳田国男「河童駒引」注20前掲書所収。

金山彦《かなやまひこ》神社・金山姫《かなやまひめ》神社——鉄と祭祀氏族

『延喜式』神名帳（河内国大県郡）には、金山孫《ひこ》神社・金山孫女《ひめ》神社とある。ヒコ社は柏原市青谷、ヒメ社は柏原市雁多尾畑に鎮座する。竜田越の道筋にあることから、山本博は竜田山にかかわる神社とみている。[1]

雁多尾畑《かりんどばた》と製鉄

竜田山には「金吹山」という丘陵が雁多尾畑の地籍にあり、金吹山から北一キロほどの竜田山の最高峰（三二〇メートル）を御座峰《ござみね》といい、竜田神の降臨地と伝承されている。御座峰の頂上には、「伝、竜田本宮、御座峰」と陰刻された一メートル余の碑が、竜田大社に向かって建っている。

山本博は、金吹山から御座峰に至る雁多尾畑の地域の二ヵ所で鉄滓を、一ヵ所で鉄塊を発見しており、[2]金山姫神社にも一五センチほどの鉄滓（神社の世話をしている谷口音次が発見したもの）が奉納されているところから、両社はこの地域の製鉄氏族らによって祀られたとみる。また、雁多尾畑に金吹山があるので、「雁多尾畑の人たちは、今日でもここを聖地として雑草を刈らない。おそらくたたら炉を築いて製鉄を行なったところであろう」と書き、[3]竜田山の鳴石（水酸化鉄によって形成された褐鉄鉱）を用い、自然風を利用した「たたら以前の製鉄」が行なわれたとみる。

雁多尾畑には、七世紀前半に築造されたとみられる横穴式石室の古墳群が四百基ほどある。鉄鉗を出土した古墳もあって、鍛冶あるいは鉄器生産に関係した集団も含まれているとみられている（大阪府教育委員会「平尾山古墳群分布調査概要」）。この地域は、高地の谷間で農耕地も少ないのに、古墳が四百基もあり、「畑千軒」と呼ばれていたのも、製鉄などにかかわる人々が多数居住していたからであろう。

古墳群から推して、この地の製鉄は六世紀後半から盛んになったと考えられる。鉄滓はその時期のものだから、山本博のいう「たたら以前の製鉄」によるものではないだろう。鉄滓については、「ここで鉱石からの製鉄を行ったのではなく、鉄素材の精錬ないし鍛冶を行ったときの溶滓ではあるまいか」という見解があり（『日本歴史地名大系・23・大阪府の地名』）、私もこの説を採る。

金山姫神社と上村主

金山姫神社のある雁多尾畑には、「畑千軒」という遺称が残るように、大集落があった。畑千軒の地は、『和名抄』の河内国大県郡賀美郷に比定されているが、文献で確かめられる賀美郷の氏族に上村主《かみのすぐり》がいる。

『続日本紀』神護景雲三年（七六九）八月十八日条に、「河内国大県郡従五位下上村主五百公、賜二姓上連一」とあり、『三代実録』貞観七年（八六五）三月二十一日条には、相模国鎌倉郡人の上村主真野と秋貞について、「改二本居一貫二附河内国大県郡一」とある。太田亮は「蓋し本貫に復帰せしならん」と書いており（『姓氏家系大辞典』第一巻）、佐伯有清も同じ意見である（『新撰姓氏録の研究・考証篇第四』）。大県郡賀美郡に居住した渡来人だから、上（賀美）村主と称したのであろう（村主《すぐり》は勝《すぐり》とも書き、渡来系氏族の姓《かばね》）。

ところが、『続日本紀』慶雲元年（七〇四）二月二十日条に、「従五位下上村主百済、改賜二阿刀連姓一」とあり、霊亀元年（七一五）四月二十二日条には、「上村主通、改賜二阿刀連姓一」とある。阿刀《あと》連は、『新撰姓氏録』では饒速日《にぎはやひ》命を始祖とする物部氏系氏族である。『旧事本紀』の天神本紀に載る饒速日命の降臨神話では、饒速日命の乗った天磐船の梶取は阿刀造の大麻良《まら》で、船子の中に倭鍛師《かぬち》の祖天津真浦《まうら》がいる。「マラ」は鍛冶・鋳造にかかわる氏族にゆかりの名である（鏡作麻気神社の項参照）。

亀井輝一郎は、史料にあらわれた八十余例の阿刀氏は、「職掌は造鋳造仏・写経などに携わるものを中心とした、中ないし下級の実務的官人であった」と書いている[4]。このアト氏を上村主が名乗ったのは、雄略紀に、百済の工人を「吾《あ》礪《と》」に住まわせたとあることからみて（「アト」の地については大和と河内の二説がある）、上村主は初め「アト」に住んだ百済の工人であったためにアトに改姓したのか、雁多尾畑の畑千軒にもアト氏系氏族がいて、このアト氏系氏族と姻戚関係になったために改姓したかの、どちらかであろう。いずれにしても、雁多尾畑の金山姫神社と上村主の関係が推測できる。

金山彦神社と鳥取氏

金山彦神社のある青谷には、「鳥取千軒」という小字が残っており、『和名抄』の大県郡鳥取郷に比定されている（「鳥取」という小字も青谷にある）。鳥取郷に隣接して鳥坂郷があり、柏原市高井田・安堂・大平寺に比定されているが、高井田には、鳥取の祖神アメノユカワタナを祀る式内社天湯川田《あまのゆかわた》神社があり、鳥坂寺跡と接している。このように、鳥取郷・鳥坂郷は鳥取氏の居住地であった。『新撰姓氏録』の河内国の鳥取連は、たぶんこの地の鳥取氏であろう。

鳥取氏は、垂仁紀に捕鳥の話が載るように（『古事記』にも似た話が載る）、鳥を捕える氏族とみられている。だから棚橋利光は、「鳥取千軒」の青谷は金山彦神社の原所在地でなく、金山彦・姫の両社は雁多尾畑にあったのではないかと推論するが[5]、この推論は、鳥取氏が金山彦神を祀るはずはないという前提に立っている。しかし、谷川健一が『青銅の神の足跡』や『白鳥伝説』で詳述し、山本昭が『謎の古代氏族・鳥取氏』で論証しているように、鳥取氏と鉄は関係がある。鳥取氏が始祖とする角凝魂《つのこりむすび》命の「コリ」は、鋳造・鍛造にかかわる鏡作連の祖の石凝姥《いしこりどめ》の「コリ」と同じであろう（「コリ」については鏡作伊多神社の項参照）。私は両社の祭祀氏族について、金山彦を鳥取氏、金山姫を上村主氏と考える。

鳥取氏は、系譜では物部とつながっていないが、物部本宗家が滅びるとき、難波の物部守屋の邸宅を兵百人を率いて守っていたのは、守屋の資人（近侍者）の捕鳥《ととり》（鳥取）部万《よろず》である。守屋は「阿刀《あと》」の地にこもって戦闘の準備をしたと『日本書紀』は書くが、この「アト」は河内の「アト」であり、この地に守屋の「別業」があったと『日本書紀』が書くことから（用明天皇二年四月条）、「アト」の地は物部本宗家の本拠地とみられている。守屋はこの地で戦って敗死し、現在も守屋の首塚といわれる遺跡がある。

『新撰姓氏録』の和泉国にも上村主が載るが、この上村主は、金山姫神社の所在地が大県郡賀美郷であるように、日根郡賀美郷に居住した。この日根郡には鳥取郷があり、和泉でも鳥取氏と上氏はセットの関係にある。たぶん、金山彦を祀る鳥取氏と金山姫を祀る上村主は、物部本宗家が滅びる前は、物部氏の支配下の金属精錬氏族だったのであろう。物部本宗家が滅びた後、彼らは青谷・雁多尾畑の地でヤマト王権の工人として金属精錬にかかわったと考えられる。

鉄と鳥

山本博は、「畑千軒、鳥取千軒は、鉄器素材の生産地として繁栄したのであろう。繁栄を支えたものは鉄以外にないからである」と書き、鳥取氏を金山彦神社の祭祀氏族とみて、捕鳥の功で姓を賜う以前の鳥取氏は鳥とは関係がなく、鳥取造となる以前の天湯河板挙命は製鉄に関係があったのではないかと述べているが(6)、そうとはいえない。

鉄そのものに古代人は呪力をみているから、現代人とは観念がちがう。鉄鋌は単なる鉄材ではなかったし、鉄を扱う人々はシャーマンであり、祝《はふり》(羽振り)でもあった。そのことは、鳥取氏についてもいえる(鳥と鉄とシャーマンの密接な関係、鳥取氏の祝人的性格と鉄との関係については、『神社と古代王権祭祀』の石上神宮の項で詳述した)。

『新撰姓氏録』(河内国神別)は、美努《みの》連をも天湯河桁命の後なりとしているが、美努(三野)連の前身は三野県主である。式内社の御野県主神社のある地域(八尾市上之島南町)が本拠地だが、この神社は、角凝魂命と天湯河桁命を祀っている。『古事記』には、大物主神を祀る神主意富多多泥古《おほたたねこ》を、河内の美努村(『日本書紀』は陶邑《すえむら》)から貢進したとある。『古事記』があえて美努村と書くのは、神主を出すのにふさわしい地とみたからでもあろう。

天湯河桁命を祖とする氏族は「祝《はふり》」にふさわしい氏族であり、鳥も鉄も「祝」にかかわっている。鳥取氏は、鳥と鉄にかかわるシャーマン性をもった氏族とみてよいであろう。

注

(1) 山本博「金山神社」『竜田越』所収、昭和四十六年。

(2) 山本博『古代の製鉄』二八頁、昭和五十年。
(3) 山本博、注2前掲書、五六頁。
(4) 亀井輝一郎「大和川と物部氏」『日本書紀研究』第九冊所収、昭和五十一年。
(5) 棚橋利光「金山孫神社」『式内社調査報告』第四巻所収、昭和五十四年。
(6) 山本博、注前掲書、六〇頁。

鐸比《たくひ》古《こ》鐸比《たくひ》売《め》神社——銅鐸と祭祀氏族

社名の「鐸」については「タク」「ヌデ」「カネ」の三つの訓み方がある。『延喜式』神名帳では鐸比古神社と鐸比売神社の二社になっているが、現在は一社で、鐸比古鐸比売神社と称している。

製鉄遺跡と高尾山

現在の所在地は、大阪府柏原市大県四丁目だが、旧村名では河内国大県郡大県村字中山である。南宮大社の項で、「中山」は鉱山・鍛冶にかかわる名称だと書いたが、当社の参道を中心に、昭和五十六年から六十一年にかけて十次にわたる発掘調査が行なわれ、第二次と第七次の調査の際に、大量の鉄滓・鞴羽口・砥石・土器などが出土している。鉄滓は、第二次調査で一〇四キロ、第七次調査では一五四・三キロ以上、他の八ヵ所を加えると、総重量三九一・三三キロという厖大な量にのぼる。このほか鞴羽口は五〇点以上（破片を含めると三八六点）、砥石は六二点以上も報告されている（柏原市教育委員会『大県・大県南遺跡』）。調査者は、鍛冶炉と推定される五ヵ所から出土した土器にもとづいて、稼動時期を五世紀末葉から六世紀と推定している。

鐸比古鐸比売神社の旧鎮座地は、現在地の背後の高尾山（鷹巣山）山頂と伝えられている。古くは高尾（鷹生）大明神と呼ばれたが、『柏原市史』によれば、元禄十三年（一七〇〇）の文書には、「高尾山ハ右高尾大宮之古跡ニ而神石有之」とある。高尾山の古跡とは、山頂（標高二七七メートル）の磐座で、『大阪府全志』は、高さ五丈、周囲約九〇間、広さ一五〇坪と書く。この巨岩が「神石」である。この古跡は今も鐸比古神社の旧地とされ、奥の院と呼ばれている。旱天の時、村人たちは毎夜松明を数百本もって登り、雨乞をしたという（『式内社調査報告・第四巻』）。

この山頂から東南へ数十メートル下った姫山というところに、周囲三〇間、広さ四四坪の磐石があるが、『大阪府全志』は、この地を鐸比売神社の旧跡とする。

高尾山山頂から北へ続く尾根の西側斜面には、弥生後期の土器破片と粗製の石鏃や石槍、石器製作に伴う石くずなどが散布している。これが高尾山遺跡である。遺跡は山頂から東側斜面へと、かなり広範なひろがりをもち、土製の紡錘車数個も採集され、生活の場であったことを示している。『大阪府史』（第一巻）は、高尾山遺跡は「防御的性格の強い弥生系高地性集落として、弥生時代の中期末もしくは後期初めに出現し、古墳時代初めごろまで続いた遺跡として注目すべきものである」と書いている。

高尾山山頂付近からは、鏡としてはもっとも古い多鈕細文鏡《たちゅうさいもんきょう》が出土している。出土した場所が三〇度近い急斜面であることから、『大阪府史』は、鐸比売神を祀っていた磐座の湧水地に埋納されていたと推論する。

多紐細文鏡の出土は数例しかなく、奈良県御所市名柄《ながら》で出土した鏡は、銅鐸と一緒に埋納されていた。高尾山遺跡の北方二キロの恩智の垣内山と、そこから四〇メートルほど離れた都塚山からも（いずれも標高一〇〇メートル）、銅鐸が出土している。

高尾山山頂に鐸比古・鐸比売神が祀られたのは、この山頂に弥生時代の高地性集落があることからみて、銅鐸などの鐸と無関係とはいえないだろう。まして、現鎮座地一帯が六世紀前後の製鉄遺跡であることからみても、当社は、銅鐸や鉄鐸にかかわる神社とみてよいであろう。

鐸石別命について

谷川健一は「鐸」について、「サナキと呼ばれる土地に銅鐸が出土している例が数例あるところからみれば、サナキ、つまり『鐸』はもともと銅鐸を意味していたにちがいない」と書き、垂仁天皇の皇子鐸子《ぬでし》別《わけ》命の「鐸」も銅鐸に関係があるとみる。そして、「鐸石別命の末裔に連なるとされるのが、本姓を磐梨別公といった和気清麻呂である。そして和気氏の一族と思わせる名の『別部の犬』という人物が、播磨国讃容郡の鹿庭山の付近で産出する砂鉄を発見して、その子孫たちが初めて朝廷にたてまつったと『播磨国風土記』が伝えることもすでに述べた。和気氏もその同族の石成《いわなし》氏も金属の精錬に縁由をもつ氏族だったのである。また和気氏の本拠である備前国石生《いわなし》郷からは銅鐸も出土している。磐梨氏（石成氏）が鐸石別命の末裔であるからには、鐸石別命も銅鐸と無縁であるとは思われない」と書いている(1)。

当社がこの鐸石別命を祭神としているのは、岡山県赤磐郡佐伯本村の宇佐八幡宮所蔵の、建武元年（一三三四）の年号のある『神村山記』所引の『弘文院記』に、鐸石別命は河内国大県郡高尾山に葬られ、鐸石別命を祭神とする鐸彦神社が創祀され、鐸石別命の曽孫の弟彦王が河内国から備前国神村山に遷座したとあり、この『神村山縁起』にもとづいて、半井真澄が大正三年に『延喜式内鐸比古神社祭神考』を発表したためである。

この鐸石別命説について、『式内社調査報告・第三巻』は、この地域と和気氏の関係を示すものがないことなどをあげて、祭神が「鐸石別命であると、いひきることは大変難しい」と書いている。神名帳に鐸比古神社・鐸比売神社とあるのだから、あえて祭神を鐸石別命にする必要はない。当社が鐸石別命としたのは、和気清麻呂にあやかって和気氏の祖を祭神にしたかったためであろう（『新撰姓氏録』右京皇別に、和気朝臣の祖は鐸石別命で、この鐸石別命の子孫の弟彦王が神功皇后の時代に吉備の磐梨《いわなし》県を賜わり、居住したとある）。だが、鐸石別命を祖とする和気氏と当社が、まったく無関係だとはいえない。

当社のある大県遺跡の地では、五世紀後半から六世紀に製鉄が行なわれていた。一方、金山姫神社のある雁多尾畑の古墳群の築造年代は七世紀前半から中葉といわれており、製鉄に関係ある人々の墳墓とみられている（くわしくは金山彦神社・金山姫神社の項参照）。たぶん、物部本宗家が滅びた後、大県郡の中心部にいた金属精錬にかかわる人々が、山の中の雁多尾畑・青谷の地に移住したのであろう。理由は、この地域の氏族が物部氏系または物部氏にかかわる氏族であり、しかも古墳群の年代から、物部本宗家が滅びた後に当地の人口が顕著に増加したとみられるからである（雁多尾畑や青谷では、七世紀に入ってから製鉄が始まったのでなく、その前から行なわれていたが、大量移住による大規模の事業は七世紀からだと私はみる）。

物部氏が倭鍛冶の管掌氏族であり（鏡作麻気神社の項参照）、三島の銅鐸鋳造地、東奈良遺跡とかかわることからみても（『神社と古代王権祭祀』の新屋坐天照御魂神社の項参照）、当社と物部氏の関係は無視できないが、鐸石別命を祖とする和気氏も物部氏とかかわりがある。

天保年間（一八三〇—一八四四）に書かれた『東備郡村誌』の吉備国赤坂郡竹枝荘大田村の条によれば（現在の岡山県赤磐郡は明治になって赤坂郡と磐梨郡が合併した郡）、当村の妙国寺に、和気清麻呂・広虫・広世らが伝えた『日本晦望録』『備前風土記』『日本私記』『和気譜讃』『民部省例』などの書があり、元禄五年（一六九二）の春の大火で焼失したが、「此書もと石上韴霊《ふつのみたま》神社の社蔵なり。清麻呂自ら納むる所也。然るに応永の頃、松田元成下知して此寺に納むるもの也」とある（「応永」は室町時代の一三九四—一四二八年）。「石上韴霊社」とは備前国赤坂郡の式内社石上布都之魂神社のことで、所在地は赤磐郡吉井町石上（旧赤坂郡石上村風呂谷）であり、この地は『和名抄』の赤坂郡鳥取郷にあたる。

『続日本紀』神護景雲三年（七〇四）六月壬戌条に、備前国の別部・物部・忍海部ら六十四人が石生《いわなし》別公に改姓したとあり、大和の石上神宮には石成《いわなし》社がある。このように、物部氏を回路として和気氏の祖の鐸石別命は当社と結びつく。また、石上布都之魂神社は鳥取郷にあるから、鳥取氏の線からも当社と鐸石別命のつながりが推測できる。鳥取氏が物部氏と親近であることは前項で述べたが、当社と同じ柏原市の高井田にある天湯川田《あまのゆかわた》神社・宿奈《すくな》川田《かわた》神社は、鳥取氏の神社を祀り（高井田は鳥坂郷にある）、金山彦神社の青谷は鳥取千軒といい、鳥取郷にある。

「鐸」と水沼

鐸石《ぬでし》別《わけ》命を『古事記』の沼帯別《ぬたらしわけ》命のこととする見解は、本居宣長が『古事記伝』で書いて以来、通説になっている。だが、『古事記』は、吉備の石无別《いわなし》（「石生（磐梨）別」のこと）を大中津日子命の祖と書く（大中津日子命も、沼帯別命と同じく垂仁天皇の皇女）。『古事記』によれば、石无別と同じく大中津日子命を祖とする氏族に山辺別、稲木別があるが、これらの氏族も、『新撰姓氏録』では、和気朝臣（吉備石无別）と同じく鐸石別命を祖としている（山辺別は「山辺公」、稲木別は「稲城壬生公」）。このように和気氏らの系譜からみれば、鐸石別命は『古事記』の大中津日子命にあたるが、これは和気氏らの系譜上のことであって、記・紀の比較のうえでは、鐸石別命は沼帯別命であろう。

というのは、『日本書紀』は、垂仁天皇と淳葉田瓊入姫《ぬはたにいりひめ》の間に鐸石《ぬでし》別《わけ》命と膽《い》香足《かたらし》姫命が生まれたと書くが、この淳葉田瓊入姫は『古事記』の沼羽田《ぬはた》入毗売《いりびめ》にあたる。この沼羽田入毗売が生んだ子を、『古事記』は沼帯《ぬたらし》別《わけ》命、伊《い》賀帯《がたらし》日子命と書く。イカタラシ（紀）とイガタラシ（記）は、ヒメとヒコのちがいはあるが重なっており、ヌデシワケ（紀）とヌタラシワケ（記）もよく似た名である。

問題は、「鐸」をなぜ「沼」と書くかである。

銅鐸の出土地の顕著な特徴は、湖沼ないし湿原に面した傾斜地だが、藤森栄一は、銅鐸に最も多い文様の流水文は「水」で、絵画に水鳥が多く描かれていること、沼の表現とみられるものもあることから、水が鐸の本質を示していると考え、鉄鐸を用いる諏訪大社の湛《たたえ》の神事との関連から、次のように書く。

銅鐸は、水およびその土地についての祭具だったことが類推できる。鉄鐸は誓約の鈴で、たたえ行事の祭具だったとすると、たたえを、神のたたえ言葉などと無理しないで、湛と、原義通り、水のたたえられたところと考えたらどうであろうか。山腹で巨木があり、水が湧出し、その水が流れ流れて、たたえられ、農耕の水または土地―水田の祭が行なわれたとしたら、鉄鐸の器能と、銅鐸の使い方はまったく同一であったといえることになる。[2]

「鐸」が「沼」と表記された理由は、この藤森説から説明できるのではなかろうか。

鐸石（沼帯）別命の母（淳葉田瓊入姫）は、丹波道主王の娘である。折口信夫は丹波道主王の娘たちを「水の女」と書き、「水の女」について水沼君を重視している。[3] 水沼君については『神社と古代王権祭祀』の宗像大社と高良大社の項で詳述したが、水沼氏は白鳥伝承をもち、鳥養部や物部氏とかかわりがあった。銅鐸の水鳥も白鳥だといわれているが、このような回路からみても、鐸と沼の結びつきが推測できる。

銅鐸・鉄鐸と祭祀氏族

前述の水沼君は筑紫の水沼君である。『旧事本紀』（天皇本紀）は、景行天皇の皇子武国凝別命を筑紫水間君の祖とし、弟の豊門別命を三島水間君・奄智首らの祖としている。奄智は恩智だが、恩智の垣門山銅鐸について『大阪府史』は、茨木市奈良遺跡の第三号流水文銅鐸鋳型を使った「東奈良遺跡の工人たちの手になる製品であった可能性が強い」と書く。

東奈良遺跡は三島の地にあるが、この三島の水沼(間)君と奄(恩)智首が同祖関係にあることは、三島の銅鐸鋳型と同じ流水文の銅鐸が恩智で出土していることと無関係ではなかろう。この銅鐸の鈕内縁には魚と蛙が描かれている。

奄智造について、『古事記』や『新撰姓氏録』(大和国神別)は、凡河内国造(直・忌寸)と同祖で天津彦根命の後裔と書くが、凡河内国造も三島と関係が深い。凡河内国造は、河内だけでなく摂津を含めた国造である。雄略紀九年条に載る凡河内直香《か》賜《たぶ》は(国造の多くの姓《かばね》は「直」)、三島郡藍原にかかわる人物であり、安閑紀元年条の凡河内直味張は、国造の地位を保つため、天皇に三島の良田を献上している。

このように、祖はちがっても奄(恩)智を名乗る氏族が三島にかかわりをもつことと、銅鐸をめぐる恩智・三島の共通性は、偶然の一致とみなすわけにはいかない。またそれは、金属精錬にかかわる天目一箇命が天津彦根命の子である点からも無視できない。

倭奄(恩)智造らの祀る倭恩智《やまとおんち》神社に対して、河内の奄(恩)智氏らが祀るのが銅鐸出土地の近くの恩智神社である(八尾市恩智)。『姓氏録』は、奄智造は天津彦根命十四世の孫、建凝命の後と書くが、「凝」は、鏡作連の祖石凝姥や、鳥取連の始祖角凝命の「凝」と同じく、鋳造・鍛造にかかわる(鏡作伊多神社、金山彦神社・金山姫神社の項参照)。大和の奄(恩)智に鏡作連がいたことを『日本霊異記』は記しているが(鏡作麻気神社の項参照)、この奄知と鏡作の間にある唐古・鍵遺跡からも、銅鐸の鋳型が出土している。

ところで、当社の鎮座地は大県郡の郡衙《ぐんが》のあった地で、地名も大県という。だから、『姓氏録』の河内国神別に載る大県主が当社を祭祀していたと推測できるが、県主が古い土着氏族をいうことから推して、大県主は銅鐸祭祀にもかかわっていたのではないだろうか。

大県主は、天目一箇命の父の天津彦根命を祖としている。『古語拾遺』は、天津彦根命の子の天目一箇命について、

「雑《くさぐさ》の刀《たち》斧及び鉄鐸《さなぎ》」を作り、天照大神を天石屋から出す呪具にしたと書く。『延喜式』四時祭式の鎮魂祭の条には、魂振りの祭具として鉄鐸《さなぎ》が記されている。当社は、銅鐸・鉄鐸の製造と祭祀にかかわる大県主一族が、鐸を神として祀った神社であろう。当社の参道は製鉄遺跡の上にあるが、県主という名称の古さからみて、大県主は製鉄以前に鋳銅を行なっていたと推測できる。

鏡作麻気神社の項で、天津彦根命・天目一箇命を祖とする氏族と物部氏系氏族が、大和の鏡作郷とその周辺に混在していること、秦氏系氏族もこれらの氏族と混在し、倭鍛冶とかかわりをもつことを述べた。当社は『和名抄』の大里郷にあるが、『新撰姓氏録』河内国諸蕃に、大里史は「太秦公宿禰同祖」とあり、当社の旧鎮座地の高尾山の高尾を名乗る高尾忌寸《いみき》も「秦宿禰同祖」と記されている。これらの秦氏系氏族も、当社を考えるうえでは無視できないだろう。

当社と金山彦・金山姫神社の関係でいえば、五世紀から六世紀にかけて大県における製鉄の地であった当地の関係氏族たちは、古来の鐸の神を祀っていたが、物部本宗家滅亡後、雁多尾畑や青谷に移住し、その地において鐸比古・鐸比売神は金山彦・金山姫神に変身したのであろう。

注

（1）谷川健一『青銅の神の足跡』二二一―二二三頁、昭和五十四年。
（2）藤森栄一「銅鐸と鉄鐸の対話」『銅鐸』所収、昭和三十九年。
（3）折口信夫「水の女」『折口信夫全集』第二巻所収。

丹生《にう》川上《かわかみ》神社——吉野と水銀と神武東征伝承

『延喜式』神名帳の大和国吉野郡に「丹生川上神社名神大。月次新嘗」とあるが、林羅山が『本朝神社考』に所在不明と記しているように、この式内社の所在地は、すでに江戸時代初期には不明確になっていた。

丹生川上神社は大和神社の別社

『神社啓蒙』や『神社便覧』で白井宗因が「下市之傍山中丹生村」にあるとして以来、並河誠所・関祖衡他編の『大和志』、度会延経の『神名帳考証』が奈良県吉野郡下市町長谷の神社（現在の丹生川上神社下社）に比定し、同社は明治四年に官幣大社に列した。しかし、『類聚三代格』寛平七年（八九五）の太政官符、「応㆑禁㆓制大和国丹生川上雨師《アマシ》神社界地㆒事」には、

四至　東限塩匂《シホニホヒ》　南限大山峯
　　　西限板波滝　北限猪鼻滝

とあり、この四至が同社の位置に合わないため、明治七年、小宮司の江藤正澄は、北限の猪鼻滝を小川郷内萩原村の滝と推定し、川上村迫《さこ》の高龗《たかおかみ》神社を奥の宮とし、四至に合わせた。その結果、明治二十九年に迫の奥の宮も官幣大社となり、上社と呼ばれるようになった。

ところが、大正四年に森口奈良吉が『丹生川上神社考』を発表し、小川村の蟻通《ありとおし》神社（東吉野村小《をむら》）を丹生川上神社とした。その理由として森口は、四至の北限をこの神社にした方が地名が合うことや、前掲の太政官符が神地をけがしたと書く国栖《くず》の人々にゆかりの国栖の地にあること、丹生社の銘をもつ弘長三年（一二六三）の石燈籠があり、春日大

社文書の「宇陀郡田地帳」に「雨師庄、田五町、吉野郡小河雨師明神領」とあること、また、平安朝初期の女神像があることなどをあげている。

この森口説がとりあげられ、同社は大正十一年に「丹生川上神社中社」として官幣大社になり、丹生川上神社の本社に定められて、三社の社務所が置かれることになった。

松田寿男は、上・中・下の三社のうち、「どう考慮しても丹生と呼ばれた形跡のない上社（旧称タカオカミ）は、まず第一に失格である」と書いているが、(1) 四至のつじつまを合わせるために上社は生まれたのだから、私も松田説に賛成したい。松田寿男は、森口説を批判して下社説を採り、そのために、太政官符の「丹生川上雨師神社」の「丹生川上」と「雨師」を分けて、上社を丹生川上神社、中社を雨師神社に比定している。(1) しかし、前述の春日大社の文献で明らかなように、「雨師明神」は吉野郡小河にあった。つまり、「丹生川上」と「雨師」の二つの神社があったわけではなく、「丹生川上雨師神社」が小河にあったと考えられる。私は、森口奈良吉と同じように、式内社「丹生川上神社」を現在の中社とみる。

問題は、奈良・平安時代に祈雨神として朝廷から奉幣使が派遣され、特に平安時代には貴布禰（貴船）神社と共に黒馬を献納されるほどの特別扱いを受けていた名神大社が、なぜ近世に所在さえわからなくなってしまったかである。

前述の太政官符に「大和《おおやまと》神社神主大和人成」が「別社丹生川上雨師神」について解状を出したとあるように、当社は山辺郡の式内社「大和坐大国魂神社三座並名神大。月次相嘗新嘗」、通称「大和神社」の別社である。『大倭神社註進状』にも、「別社、丹生川上神社一座在㆓大和国吉野郡㆒」とある。

『延喜式』臨時祭式は、祈雨神祭八十五座の神社を列記し、末尾に奉納の品物を記しているが、特に「丹生川上社、貴布禰社、各加㆓黒毛馬一匹㆒」とあり、さらに、「奉㆓幣丹生川上神㆒者、大和社神主随㆑使向㆑社奉之」と記している。

祈雨神として奉納使が派遣される八十五座のうち、吉野郡の神社は、吉野山口神社、吉野水分神社、丹生川上神社の三座である。また、名神として奉幣使をうける吉野郡の神社は、大穴持神社、丹生川上神社、金峯神社である。吉野山口・水分・大穴持・金峯は、今も地元民の信仰に支えられているが、丹生川上神社は、国栖にあっても（かつてこの地は国栖荘に属していた）、国栖の人々が祀る神ではなく、中央権力の祈雨神であった。だから、この神社は中央権力が大和氏をとおして奉幣を行なわなくなってから衰退し、神名も消えてしまったのであろう。

もし国栖の人々が奉斎していたならば、寛平七年（八九五）六月二十六日の太政官符は出されなかったであろう。官符によれば、「自㆑昔至㆑今奉㆑幣奉㆑馬、仍四至之内、放㆓牧神馬㆒、禁㆓制狩猟㆒、而国栖戸百姓、并浪人等、寄㆓事供御㆒、奪㆓妨神地㆒、屢触㆓汗穢㆒、動致㆓咎祟㆒」とある。こうした行為に対し、祝や禰宜らは「依㆑称㆓供御㆒不㆓敢相論㆒」という態度で「既犯㆓神禁㆒」の事実を言上し、官裁を請うたので、大納言正三位の源朝臣能有の宣によって、「下㆓知彼国㆒令㆑加㆓禁制㆒」とある。

神禁を犯す行為について、大和神社関係の祝・禰宜らは、あえて相論もせず、自分たちの力ではおさえられないので、太政官から禁令を出してもらっている。それは、神禁を犯した人々が「供御と称して」いるからである（「供御」は天皇の供御〔食物〕を貢進することだが、『延喜式』の諸節会によれば、国栖は贄を供し、歌笛を奏している。贄が供御である）。だが、「供御」のためとはいえ、自分たちが祭祀している神社なら、「神禁」の地を犯してまで神地に入り、狩猟などはしなかったであろう。

ところが、神地に入った人々のなかには、国栖の百姓たちだけでなく「浪人等」がいた。この浪人が問題である。私は金峯山の修験の山伏ら浮浪の徒のことと推測している。というのは、太政官符の寛平七年という年が、当山派（真言系）の大峯入峯の年だからである。

修験の当山派の伝承によれば、役行者が吉野の大峯を開いた後、峯中に大蛇が出現して入峯は中絶したが、宇多天皇の御世、寛平七年に、聖宝（理源大師）が大峯に踏み入り、この大蛇を退治して入峯が再開されたという。この伝承は、『本光国師日記』やその他の文献にみられる（くわしくは鈴木昭英の「修験道当山派の教団組織と入峯」〔「大和文化」十巻六号〕参照）。

大峯は、『続日本紀』の文武天皇二年（六九八）四月二十九日条に「馬を芳野水分《みくまり》峯の神に奉り、雨を祈る」とある吉野水分峯のことである。五来重は、この吉野水分峯の信仰が「金峯神社と水分神社と勝手神社（吉野山口神社）に分化した」とみる。(2)

吉野水分神社は、明治初年まで、金峯山修験の本地神（地蔵菩薩の垂迹）として奉祀されていたが、寛平七年を入峯の初めとする当山派の本拠の桜木坊の旧址には、吉野連の祖を祀る井光《いひか》神社がある（井光については後述）。この吉野連ら地元の氏族が大峯入峯の当山派と組んで、地元の氏族でない大和氏が祭祀する神社の神地へ、「国栖戸百姓并浪人等」を、「供御」を理由に入りこませたのであろう。太政官符と大峯入峯が寛平七年なのは、そのことを示唆している。丹生川上雨師神社が中世以降衰微した理由は、奉幣使派遣と黒馬奉納の中央祭祀が途絶えたこと、地元の信仰とは無縁の大和神社の別社であったこと、祈雨の神としての金峯神社の発展がマイナス要素になったことなどであろう。

当山派の本山高野山の神は、丹生都比売《にうつひめ》神である。丹生川の流域にある西吉野村大字大日川の丹生神社の木造鳥居には、明暦二年（一六五六）高野山沙門春深寄進の「正一位勲八等丹生大神」と記す扁額がかかっている。これは丹生川上神社下社のものである。旱魃のときには、下社の御神火をもって来たといわれているから、明治四年に官幣大社になったとき、下社の両部鳥居が大日川の丹生神社に移されたのであろうが、江戸時代には下社が丹生川上神社とみられていた。

下社本殿背後の丹生山（宮山）山頂の平坦地の東寄りに、古代祭祀跡といわれる遺跡がある。長径三〇センチ、短径一五センチほどの丹生川岸の緑化片岩や自然石で囲んだ、三・三メートル、二・三メートルの長方形の遺構が発見されており、神社の西の地域からは、石器・弥生式土器・須恵器・鉄刀などが出土している。このような遺構からみて、この地も古くからの祭祀地であり、後に当山派によって丹生都比売が祀られ、近世には丹生川上神社にみたてられたのであろう。

「丹生」と水銀

丹生川上神社は現在の中社と考えられるが、この神社が重要な意味をもつのは、神武紀の「丹生川上」の神事とかかわるからである。そのことにふれる前に、「丹生」について述べておく。

「丹生《ニフ》」は、「丹」を「生む」の意で、「丹」はベンガラ（赤鉄鉱）・鉛丹などの赤色鉱物や水銀朱をいう。七十一番歌合の第五十六番（水銀掘《みずかねほり》の歌）に、

あぢなきや　にふのみ山に　掘るかねのみづから人に　思ひいりぬる

とあるように、丹生の山を掘るのが水銀掘《みずかねほり》である。

水銀朱は、硫化水銀として天然に産出する一方、水銀と硫黄を化合させれば容易に純粋な水銀朱ができる。これらをすべて辰砂という（朱・真朱・丹砂・朱砂という呼び方もある）。丹生は主に辰砂の採鉱・製造をいう。松田寿男は『丹生の研究』で、丹生という地に水銀鉱山があり、土壌分析の結果、水銀含有の数値が出たことを、次のように例示している[1]（数字は水銀の分析値）。

①出羽・北村山郡の丹生（尾花沢市）、〇・〇四六八％
②上野・甘楽郡の丹生（富岡市上丹生・下丹生）、〇・〇〇五六％
③上野・多野郡の丹生（鬼石町浄法寺）、〇・〇〇七三％
④越前・丹生郡（清水町竹生の場合）、〇・〇〇二三％
⑤越前・丹生郡の丹生（武生市丹生郷町）、〇・〇〇九八％
⑥若狭・三方郡の丹生（美浜町）、〇・〇〇一九％
⑦若狭・遠敷郡の丹生（小浜市太良荘）、〇・〇〇三二％
⑧近江・伊香郡の丹生（余吾村上丹生・下丹生）、〇・〇〇一五％
⑨近江・坂田郡の丹生（米原町上丹生・下丹生）、〇・〇〇五〇％
⑩伊勢・多気郡の丹生（勢和町）、丹生水銀鉱山あり
⑪大和・宇陀郡の入谷（菟田野町）、大和水銀鉱山あり
⑫大和・添上郡の丹生（奈良市丹生町）、〇・〇〇二五％

⑬大和・吉野郡の丹生（下市町）、〇・〇〇二一％
⑭紀伊・伊都郡の入郷（九度山町）、〇・〇〇八一％
⑮紀伊・那賀郡の上丹生谷（粉河町）、〇・〇〇八七％
⑯紀伊・有田郡の丹生（金屋町）、〇・〇〇一八％
⑰紀伊・日高郡の丹生（川辺町）、和佐水銀鉱山あり
⑱摂津・武庫郡の丹生山（神戸市兵庫区）、〇・〇〇五％
⑲但馬・城崎郡の丹生（香住町浦上）、〇・〇〇三二％
⑳備中・後月郡の丹生（井原市）、〇・〇〇一二％
㉑讃岐・大川郡の丹生（大内町町田）、〇・〇〇三〇％
㉒阿波・那賀郡の丹生谷（鷲敷町仁宇・小仁宇）、水井水銀鉱山あり
㉓豊後・北海部郡の丹生（大分市坂の市町）、〇・〇九八〇％

大和の吉野郡の丹生は、下市町長谷の丹生川上神社下社の近くの土壌分析だが、中社の所在地の土壌の水銀含有も『丹生の研究』によれば〇・〇〇二〇％で、下社の水銀含有とほぼ同じである。また、前述の大日川の丹生神社の地の水銀含有も〇・〇〇二〇％である（吉野町六田の丹生神社の場合は〇・〇〇〇七％）。

神武紀の「丹生川上」の神事

『日本書紀』は、神武天皇は熊野から宇陀に入り、さらに「丹生の川上に陟《のぼ》りて、用《も》て天神地祇を祭《いはひまつ》りたまふ」と書き、「則《すなは》ち彼《そ》の菟田川の朝原」で「祈《うけ》ひ」をしたと書く。この「丹生の川上」と「菟田川の朝原」を同じ場所とみて、『日本書紀通証』や『大和志』は、宇陀郡榛原町大字雨師字朝原にある丹生神社の地を丹生川上とし、『日本書紀通釈』や『大和志料』『大日本地名辞書（第二巻）』もこの説を採る。一方、『和州旧跡幽考』『神祇宝典』『吉野郡史料』は、丹生川上神社中社のあたりとする。

『日本書紀』の記述は、同じ日に同じ場所で祭祀をしたように読めるから、菟田川を丹生川、朝原を川上とする解釈

が生まれるのだが、宇陀の地から「丹生の川上に陟《のぼ》り」とある以上、宇陀の朝原を丹生の川上とみることはできない。

朝原の「祈《うけ》ひ」については、

「吾今当《まさ》に八十平瓮《ひらか》を以て、水無しに飴《たがね》を造らむ。飴成らば、吾必ず鋒刀《つはもの》の威を仮《か》らずして、坐《ゐ》ながら天下《あめのした》を平《む》けむ」とのたまふ。乃《すなは》ち、飴を造りたまふ。飴即ち自《おの》づからに成りぬ。

とあり、飴を作ったところが朝原で、川の祭祀とは関係がない。関係があるのは「又祈《うけ》ひて曰《のたま》はく」としてつづく、次の記事である。

「吾今当《まさ》に厳瓮《いつへ》を以《も》て、丹生之川に沈めむ。如《も》し魚《いを》大きなり小しと無く、悉《ふつく》に酔《ゑ》ひて流れこむこと、譬《たと》へば柀《まき》の葉の浮き流るるが猶《ごと》くあらば、吾必ず能《よ》く此の国を定めてむ。如《も》し其れ爾《しか》らずは、終《はた》して成《な》る所無《な》けむ」とのたまひて、乃《すなは》ち瓮《いつへ》を川に沈む。其の口、下に向けり。頃《しばらく》ありて、魚皆浮き出でて、水の随《まま》に噞喁《あぎと》ふ。時に椎根津彦《しひねつひこ》、見て奏《まう》す。天皇大きに喜びたまひて、乃ち丹生の川上の五百箇《いほつ》の真坂樹《まさかき》を抜取《ねこじ》にして、諸神《もろかみたち》を祭《いは》ひたまふ。

すなわち、宇陀の朝原で飴の「祈ひ」をした後、川を上って川の「祈ひ」をし、天神地祇（諸神）を祀ったのである。

この丹生川上の「祈ひ」は、倭（大和）国造の祖の椎根津彦が行なっている。大和国造（奈良・平安時代は大和宿禰）の祀る神社が大和神社だが、大和宿禰は丹生川上神社を大和神社の別社として祀っていた。この事実からみても、「丹生の川上」は中社の地である。

だが、宇陀の朝原も、大和氏や丹生川上とまったく無関係とはいえない。椎根津彦は天香具山から採ってきた土で作った八十瓮を朝原、厳瓮を丹生川上で用いたとあるが、朝原には丹生神社がある。中世に朝原は雨師荘といい、丹生川上雨師神社の所領であった（春日大社文書に「吉野郡小河雨師明神領」とある）。

丹生川上の「祈《うけ》ひ」と水銀

神武紀には、朝原で「水無し」に「飴《たがね》」を作ったとある。『神社と古代王権祭祀』の石上神宮の項で、「米餅搗《たがねつき》」「鏨着《たがねつき》」と書くワニ氏の祖について述べたが、「米餅」と「鏨」が同じなのは、「水を割る」という言葉があるように、混ぜることが割ることだからである。飴《たがね》も水がなくてはできない。

松田寿男は、この「タガネ」は飴《あめ》ではなく、「実体はアマルガムと考える」と書く(3)。アマルガムは水銀と他の金属の合金のことだが、私も松田説に賛成する。

水銀は、鉄・マンガン・コバルト・ニッケルなど少数の金属を除く他の多くの金属と混ざって合金を作る。松田寿男は、水銀を使って合金(タガネ)を作るための瓮に水銀を入れ、丹生川に沈めたから魚が浮いたと推論し、その例証として、爾保《にほ》(丹生)都比売《つひめ》が用いた「丹浪《になみ》」のため、「底潜る魚また高飛ぶ鳥ども往《ゆ》き来《かよ》わず」とある『播磨国風土記』逸文の記事をあげ、「朱砂ないしアマルガムに熱を加えた場合の、水銀ガスの猛毒についての知識が基礎となっているにちがいない」と書く(3)。私も「丹浪」の「丹」は、そうした知識によるものと推測するが、水銀を入れた瓮を丹生川に沈めて「祈ひ」をしたとする松田説は採らない。

予測困難なことを実行するのが「祈ひ」だから、水銀を入れた瓮を口を下にして沈めたのではなく、水銀の入っていない瓮を同じように沈めて魚を浮かせたとみるべきである。松田寿男は、自らの視点では朝原の「祈ひ」の説明ができないので、朝原と丹生川上の二つの「祈ひ」を一つのものとみているが、一つでなく別々の「祈ひ」である。朝原の「祈ひ」では、「飴」を作るのに必要な「水無しに」飴を作ったのである。だから朝原では平瓮を用い、丹生川上では厳瓮を用いたのである。

二回目の厳瓮の「祈ひ」を丹生川で行なったのは、水銀(丹生)によって魚が浮いてくるという知識が前提にあったからだろう。どちらの「祈ひ」も、椎根津彦の呪力を示している。

吉野の井光と丹生川上

『古事記』の神武天皇記には、次のように書かれている。

尾生ふ人井より出で来《く》。其の井に光有り。しかして、「汝《いまし》は誰《た》ぞ」と問ひたまへば、「僕《あ》は国つ神、名は井水鹿《ゐひか》と謂ふ」と答へ曰しき。此者《こは》、吉野首の祖なり。即ち其の山に入りたまへば、亦尾生る人に遇《あ》へり。比の人厳を押し分けて出で来たり。しかして、「汝《いまし》は誰ぞ」と問ひたまへば、「僕《あ》は国つ神、名は石押分之《いはおしわくの》子《こ》と謂《い》ふ。今天つ神の御子幸行《いでま》しぬと聞けり。故《かれ》、参向《まゐむか》へつるにこそ」と答へ曰しき。此は、吉野の国巣《くず》の祖。其の地より踏《ふ》み穿《うか》ち越えて、宇陀《うだ》に幸《いでま》しき。故、宇陀の穿《うかち》といふ。

この尾の生えた井氷鹿について、松田寿男は、大和水銀鉱業所の井上純一所長の話を紹介している。

昔の採鉱者が坑内で座業をするため、腰から尻の部分に円座のような尻当てを紐で吊下げていたという事実で、氏（井上純一氏のこと――引用者注）はこれこそ〝尾の生えている人〟の現実ではないかとされる。

ここに、井戸から出てきて神武天皇に見参したと伝えられている井氷鹿は「日本書紀」では〝井光〟と書かれているが、その光のある井戸とは何であるか。それこそは、水銀坑の形容ではないか。それは表土に露頭していた朱砂を掘りすすめたために生じた堅坑であって、あるいは自然水銀が坑の側面や底面で点々と光っていたかもしれない。では、〝石押分〟（『日本書紀』の磐排別）つまり岩磐を押分けるとは、どういうことか。まさしくそれは、岩山に穿たれた横穴式の鉱坑で、おそらく銅坑であろう。思うに、国巣族は銅鉱の採掘に従事し、吉野首の一派は水銀鉱の採取を特技としていた。その点でかれらが大和朝廷と特別な交渉をもったことが、このように伝説化されて保存されたにちがいない。(4)

また、松本信広は次のように書いている。(5)

自分は曽って西方の伝説に金を掘る坑夫が、後背に点火した尾の如き照明具を着けて入坑すると云う筋を読んだことがある。こういう事実が誤伝してかのヘロドタスに見えるスキタイ地方には大きな蟻が金を掘ると云う伝説を生じたのではないかと云うのであった。これといさゝか同様なことが神武帝伝説に於ても考えられるのではなかろうか？　古代吉野地方で穴を掘り鉱石を探る人々が、その尻に獣皮から成る尻当とか又は尾状の照明具の類をつけていたと云うような事実が尾ある人と云う伝説を発生し、井水鹿と云う地名解釈説話を生み出したのではないかと云う一つの想像説を自分は提出してみたいのである。

西宮一民も次のように書く。(6)

「氷鹿」は「光《ひか》る」の語幹。（中略）尾があるとは、鉱夫や樵夫《きこり》が獣皮の尻当てをしている姿を言い、光のある井戸とは水銀の坑口をさすか。吉野川上流の丹生川の「丹生」は水銀の朱砂《すさ》（辰砂）を産出することに基づく名。そのために赤く光るのである。したがって「井氷鹿」はそれを採掘する鉱夫の名となる。

『新撰姓氏録』大和国神別の吉野連（天武十三年に井水鹿（井光）を祖とする吉野首は「連」になっている）の条に、

加弥比加尼の後なり。諡《おくりな》は神武天皇、吉野に行幸《い》でまして、神瀬に到りて、人を遣して、水を汲《く》ましめたまひに、使者還りて曰はく、井に光る女有りといふ。（中略）天皇、即ち水光姫と名づけたまひき。今の吉野連が祭れる水光神是なり。

この「加弥比加尼」を西宮一民は「金光《かねひか》ね」と訓み（「ね」は親称）、「水銀の光の神格化」で、「祭神の『水光姫《みひか》』も水銀の光に基づく名であろう」と書く。(6)

現在、川上村に井光、碇《いかり》の地名があり、井光神社がある。林水月の『吉野名勝誌』は、「井光宅跡墓土人穴居の蹤跡在り」と記すが、「蹤跡」とは水銀坑の跡であろう。この地の水銀含有は、〇・〇〇六〇％ないし〇・〇〇七八％を示している。

井光神社は、吉野町大字吉野山の桜本坊旧址にもある。ここを登ると上千本だが、この地の水銀含有は〇・〇〇四四％、奥千本では〇・〇〇四〇％を示している。このように、吉野山は水銀鉱床の山である（水銀含有値は、いずれも松田寿男『丹生の研究』による。表面採取の数値だから、地下にはもっと数値の高い水銀床があることは確かであろう）。吉野首の祖の井氷鹿（井光）は、水銀朱にかかわっていたとみられる。

吉野の水銀鉱の近くには銅鉱がある。下社の近くの銅鉱脈については、明治初年に試掘願が県庁に出されているが、中社の近くの三尾銅山は昔の国栖の地である。三尾は「御尾」で、国栖の祖の「尾生人《をあるひと》」の石押分《いはおしわく》の「尾」にも通じる。石押分や井光は単なる穴居人でなく、松田寿男が推測するように、銅鉱採取者であろう。

垂仁紀は三十九年十月条に、五十《い》瓊《に》敷《しき》命が菟砥《うと》の川上宮にいて剣一千口を作ったので、その剣を川上部《かわかみのとも》または裸伴《あかはだがとも》と名づけたと書く。また一伝として、大刀《たち》一千口を「河上」という名の鍛《かぬち》に作らせたとも書く。『古事記』は、印色入日子命が横刀《たち》一千口を作らせ、「河上部」を定めたと書く。この河上部の「河上」は、「丹生川上」の「川上」とも無縁ではなかろう。「裸伴」には、石押分や井光(井氷鹿)と同じ、川上に住む非農耕民のイメージがある。丹生川上の「川上」は単なる地理的上流でなく、異境としての川上であり、吉野を神仙境とみるイメージと丹生川上は重なっている。

祈雨神としての丹生川上神社は、平地民・農耕民に水をもたらす川上の神格化である。それは平地民からみての「川上」であって、吉野の人々にとっての「川上」ではない。彼らの祈雨神である吉野水分《みくまり》の神は、さらに川上の山頂に坐す。丹生川上雨師の神は、大和の国魂を祀る大和神社の別社として、大和の平地民が祭祀していたのである。

神武紀の丹生川上の祭祀に用いた厳瓮は、大和神社を祀る大和氏の祖椎根津彦が、大和の国原にある天香具山から採ってきた土で造ったもので、椎根津彦は、大和の王の霊威を大和国原の川上の聖域で試したのである。川上にいる井光や裸伴は、平地人にとっては異形の異人《まれびと》である。特に吉野人の場合、単なる山の鳥獣・草木をとる山人でなく、水銀・銅などの鉱物採取の山人でもあった点が、吉野の風土と相俟って異人観を増幅させたのであろう。

注

(1) 松田寿男「丹生神社と丹生川上神社」『丹生の研究――歴史地理学から見た日本の水銀』所収、昭和四十五年。
(2) 五来重「金の御嶽」『山の宗教――修験』所収、昭和四十五年。
(3) 松田寿男「朱の女神ニウツヒメ」注1前掲書所収。
(4) 松田寿男「金のみたけ」注1前掲書所収。
(5) 松本信広『日本の神話』一七三頁、昭和四十一年。
(6) 西宮一民「神名の釈義」『新潮日本古典集成・古事記』所収、昭和五十四年。

第六章　秦氏の祀る神々

伏見《ふしみ》稲荷《いなり》大社——白鳥・白狐・白猿と秦氏

当社は、『延喜式』神名帳の山城国紀伊郡の項に「稲荷神社三座並名神大。月次新嘗」とあり、創祀について、『山城国風土記』逸文に次のような記述がある。

伊奈利と称ふは、秦中家忌寸《はたのなかつへいみき》等が遠つ祖、伊侶具《いろぐ》秦公、稲粱《いね》を積みて富み裕《さきは》ひき、乃《すなは》ち、餅を用《も》ちて的《いくは》と為ししかば、白き鳥と化成《な》りて飛び翔《かけ》りて山の峯に居り、伊禰奈利生《いねなりお》ひき。遂に社《やしろ》の名と為しき。

しかし、『二十二社註式』や『神名帳頭註』『諸社根元記』は、当社の創祀を和銅四年（七一一）とする。また『年中行事秘抄』は、神祇官の『天暦勘文』（『天暦』は九四七—九五七年）を引用して、

但彼社禰宜祝等申状云、此神、和銅年中、始顕二在伊奈利山三箇峯平処一、是秦氏祖中家等、（中略）即彼秦氏人等、為二禰宜祝一、供二仕春秋祭等一。

と書く。この記事からみても、当社の創祀は和銅年間であろう。だが、この「創祀」は、秦氏が社殿を建てて「伊奈利社」として祀った時期をいうのであって、稲荷山の神が古くから山の神として信仰されていたことは、先学がすでに指摘している。問題は、稲荷山の神が単なる山の神とはいえない点である。

稲荷山山頂の古墳と秦氏

稲荷山には、一ノ峰、二ノ峰、三ノ峰、荒神峯の山頂に、それぞれ古墳があった。『史料・京都の歴史・考古編』は、

稲荷山古墳群　丘陵斜面　稲荷神社境内
　円墳　三基　半壊　横穴式石室　後期
稲荷山一ノ峯古墳　山頂

円墳　全壊　前期
稲荷山二ノ峯古墳　山頂
前方後円墳の可能性あり　半壊　前期
稲荷山三ノ峯古墳　山頂
墳形不明　半壊　竪穴式石室　二神二獣鏡　碧玉白玉　変形四獣片出土　前期

稲荷山の峯には、三基の前期古墳がある。それぞれ継続的に築造されたと考えられ、稲荷山古墳を形成する。深草一帯の首長墓である。

と書いている。『日本の古代遺跡・京都I』も、「一ノ峰、二ノ峰、荒神峰の頂上『お塚』のあるところが古墳である。『お塚』で古墳は変形されているが、二ノ峰古墳は全長約七〇メートルの前方後円墳、他の三基は直径五〇メートルの大型円墳とみられる。古く鏡、玉類が出土しており、継起的にきずかれた前期古墳とおもわれる。西麓にあった番神山古墳はこれらにつづく首長墓とみられているが、全長五〇メートルの前方後円墳という以外いっさい不明のまま消滅した」と書く。

この山頂の古墳について、山田知子は、「秦氏の始祖の墳墓」とみるが、山頂に前期古墳（四世紀後半の築造とみられている）が作られた頃には、まだ秦氏は深草の地に来ていない。秦氏は五世紀代に大和の葛城に渡来し、山城へは五世紀の中葉以降に移住したとみられる(1)。

京大考古学研究会編の『嵯峨野の古墳』は、「山背盆地において秦氏が特に集中して居住する地域は、紀伊郡深草と葛野郡全域である。この地域を考えてみると、（中略）ともに近江・丹波に至る交通路の喉元ともいうべき要衝の地である。一般に、帰化人や服属した隼人・蝦夷などは軍事・経済的に重要な交通の要衝に置かれた例が多い。これはかれらが国家権力によって、一般人民に比して、より強く把握されていたがために生じた現象だと考えられる。とすれば、秦氏もその例にもれないのであって、帰化氏族秦氏が山背盆地において深草と葛野に集中して居住している理由も、単なる偶然ではなく、国家権力によって強制的にその地に定住せしめられたためとせねばならない。（中略）『新撰姓氏録』山城国諸蕃の秦忌寸の条には、秦氏が応神朝にわが国に帰化し、大和の朝津間掖上の地を賜ったことがみえる。この応神朝という年代は、あるいは雄略朝まで下げた方がよいかもしれないが、ともかく五世紀代に、大和に秦氏の本貫地が存在したことは確実であろう。そして、この秦氏が山背・近江をはじめとして各地に分散せしめられたと考えられる」と述べている。

和田萃も、五世紀代に「深草の地の開拓に秦氏が投入され、屯倉が設置されるに至ると、その実質的管理者に秦氏が宛てられたのである。深草屯倉を中心として、秦氏はこの附近一帯に居住し、その勢力を増大した。（中略）また山城国風土記逸文にみえる秦中家忌寸らの遠祖、秦伊侶具の時に稲荷社の創設があったとする伝承は、稲荷社が深草にあり、農耕神としての性格が濃厚であるところから、秦人・秦部などの農業部民を管理する秦氏の殖産的性格を如実に示しているといえる。秦氏による山城盆地の開発は、この深草に始まり、葛野地方に及んだのではないだろうか」と書いている。(2)葛野地方を嵯峨野というが、嵯峨野の古墳は五世紀後半から築造されていることから、田辺昭三は、五世紀後半に嵯峨野へ秦氏が進出したとみる。(3)

山尾幸久は、「五世紀末か六世紀初めごろには、秦氏は深草に居たと思われる」と書き、「葛野地方を開拓した葛野秦氏」は「六世紀末～七世紀初め」に嵯峨野へ入ったとみている。(4)いずれにしても、四世紀代に秦氏が山城の地にいたとみるのは無理だから、稲荷山山頂の古墳は先住者の首長墓で、秦氏の墓とはいえない。ただし、西麓の番神山古墳は五世紀末で、深草に移住した秦氏の墓とみてよかろう。このように、同じ稲荷山の古墳でも、山頂と山麓では被葬者は別氏族である。だから、稲荷山を単純に祖霊信仰の山というわけにはいかない。

稲荷山周辺の深草には、稲荷山を含む稲荷大社境内以外にも、円墳の山伏塚古墳（深草谷口町）、谷口古墳（深草鞍ヶ谷町）があり、深草砥粉山町の丘陵尾根上（標高七〇～九〇メートル）には、砥粉山古墳群と呼ばれる円墳三基がある。いずれも後期古墳であり、深草の秦氏の墓とみてよいであろう。

稲荷山山麓とその周辺は、葬地として、奈良・平安時代になっても特別視されていた。長岡京の時代（七九二）に葬地であったことは、『日本紀略』延暦十一年（七九二）八月四日条から明らかであり、『延喜式』諸陵寮式には、深草陵、後深草陵、深草墓が載る。また、『類聚三代格』の貞観十三年（八七一）閏八月二十八日の太政官符は、稲荷山の西麓の「紀伊郡一処」は「是百姓葬送之地」であるとして、耕地化を禁じている。また、『山城国風土記』逸文が記す、秦伊侶具の射た餅が白鳥に化して飛んだ鳥部里は、『和名抄』の愛宕郡鳥(戸)部郷で、これも平安時代の葬地である。葬地としてのアジールが、稲荷山西麓・北麓の深草・鳥部の地であり、このアジールを代表するのが、山頂・山腹・山麓に古墳をもつ稲荷山であった。

お塚信仰と稲荷山祭祀

一般に、神奈備山・神体山の山頂にあるのは磐座であるが、稲荷山の山頂には古墳がある。山田知子は、全国遺跡地図に載る「稲荷」のつく古墳名をあげているが[1]、それらは、北海道・沖縄など十二県を除いた四分の三の都府県に分布する。内訳は、群馬県二十五基、埼玉県二十基、京都府十三基、福島県・茨城県十基、宮城県・愛知県八基、千葉県・兵庫県七基、山梨県・静岡県六基、東京都・岡山県・香川県五基だが、ほとんどの県に二・三基はある（総計一八九基、昭和五十八年十二月調査）。

「稲荷」とつくのは、古墳に稲荷社を祀ったためだが、「稲荷」の名のつかない古墳にも稲荷社がある。『岡山県埋蔵文化財台帳』によれば、岡山市高松に竜王山古墳群（十一基）があり、山麓に最上稲荷社がある。また、茨城県石岡市の山崎古墳、結城市の繁昌塚古墳、滋賀県栗東町の宇和宮神社境内の古墳、京都市右京区太秦の天塚古墳、西京区大枝東長町の福西古墳群、京都府天田郡夜久野町の枡塚古墳にも、稲荷社が祀られている[1]。

伏見稲荷大社の信仰を代表するものにお塚信仰がある。上田正昭は、お塚の「塚」の由来について、「二ノ峰より仿製の二神二獣鏡や変形四獣鏡が出土しており、四世紀の後半頃にはすでにその地域が聖なる墓域とされていたことをたしかめることができる」と書いている[5]。前述したように、これらの鏡が出土したのは三ノ峰の古墳であるが、お塚信仰は、この山頂の古墳祭祀にさかのぼるであろう。

享禄（一五二八―三二）・天文（一五三三―五五）の頃に作られたといわれる「稲荷山山頂図」には、上ノ塚・中ノ塚・下ノ塚・荒神塚などの名がみえるが、上ノ塚は一ノ峰古墳、中ノ塚は二ノ峰古墳、下ノ塚は三ノ峰古墳、荒神塚は荒神塚古墳である。「お塚」は現在、稲荷山に約一万基も佇立しているが、不規則にあるのではなく、一ノ峰、二ノ峰、三ノ峰の山頂を中心に、それぞれ円陣をえがき、ストーンサークル状に配されている。

お塚に詣でることを「お山する」という。稲荷山山頂に登ることは、「お塚（古墳）」を拝することだからである。この「山の峯」に「社《やしろ》」を作ったと、『山城国風土記』逸文は書く。

当社の社殿は、最初、三つの峰にあった。『雍州府志』は、

山頂有㆓三壇㆒、古稲荷三社在㆓斯所㆒、弘法大師移㆓今地㆒、毎年正月五日、社家登㆓山上㆒拝㆓三壇㆒始依㆑為㆓鎮座之処㆒也。

と書くが、『稲荷谷響記』は、

当社下山ノ年紀未詳也、或記云、永享十年正月五日、依将軍義教公之命、稲荷社ヲ自山今ノ地ニ被遷云々

と書く。足利義教が永享十年（一四三八）に現在地に移したという伝承は、『花洛名勝図会』『都名所図会』など、江戸時代の案内書も踏襲しているので、十五世紀に移転したとみてよいであろう。だが、正月五日に社家が山上に登って「三壇」を拝すとあるように（「三壇」とは三つの古墳）、山頂祭祀はその後も続いており、一般の人も含めた「お山巡り」の信仰になっている。

現在、山麓の稲荷社拝殿から山頂にかけての参拝路には、約二万といわれる朱塗の鳥居が立ち並び、「お山巡り」の参拝者で賑わうが、現在の「お山巡り」も、中世の一ノ塚、二ノ塚、三ノ塚、荒神塚の「お塚巡り」の性格をもつ。

『枕草子』の「うらやましげなるもの」の段に、

稲荷に鬼ひおこして詣でたるに、中の御社のほどの、わりなう苦しきを念じ登るに、いささかの苦しげもなく、遅れて来と見る者どもの、ただ行きに先に立ちて詣づる、いとめでたし

とあり、清少納言は二ノ峰の中社に詣でている（二ノ峰は上社、三ノ峰は下社）。伴信友も、当社のことを書いた『験《しるし》の杉』で、中社が本社だと述べている。この「中の御社」のある二ノ峰古墳のみが前方後円墳（他は円墳）であることからも、稲荷山信仰の原像がうかがえる。

これらの古墳の被葬者は秦氏の祖ではないが、稲荷山とその山麓が奈良・平安時代まで葬地として特別視されていたことからみて、アジールの象徴として稲荷山山頂の古墳を秦氏も信仰の対象とし、稲荷山山麓やその周辺に古墳を築造したものと考えられる。

白鳥伝承と稲荷信仰

『山城国風土記』逸文に載る前述の白鳥伝承について、神話学者・民俗学者・民族学者らは、穀霊の白鳥に穂落し神のモチーフがあることを指摘している。とすれば、稲荷山の三つの峰の古墳祭祀（お塚信仰）と白鳥伝承は、一見、相反するようにみえる。だが、相反するどころか、両者は結びついている。

穂落し神説話は穀物起源伝承であるが、当社の主祭神は宇迦之御魂《うかのみたま》神である。「宇迦《うか》」は「うけ（食物）」の古形で、穀霊をいう。『日本書紀』は、「倉稲魂」を「于介能美柂磨《うかのみたま》」と訓めと注している。『延喜式』の大殿祭の祝詞にも、「屋船豊宇気姫」に注して、「是れ稲霊なり。俗の詞に宇賀能美多麻」とある。稲霊としてのウカノミタマは地母神でもあるから、『古事記』のオホゲツヒメと同性格である。

『古事記』は、スサノヲが出雲の肥《ひ》の河上で「大気都比売神《おほげつひめ》」に食物を乞うたところ、

大気都比売、鼻口また尻より、種々の味物《ためつもの》を取り出でて、種々作り具へて進《たてまつ》る時に、速須佐の男の命、その態《しわざ》を立ち伺ひて、穢汚《きたな》くして奉るとおもほして、その大宜津比売《おほげつ》の神を殺しきたまひき。故《かれ》、殺さえましし神の身に生《な》れる物は、頭に蚕《こ》生り。二つの目に稲種生り。二つの目に粟生り。鼻に小豆生り。陰《ほと》に麦生り。尻に大豆生りき。故、ここに神産巣日《かみむすび》御祖《みおや》の命、これを取らしめて、種と成したまひき。

と書く。『日本書紀』は、月夜見尊が保食神《うけもち》を殺した死体から、穀物・牛馬・蚕が化生した話として載せている。

中山太郎は、「田植に女を殺す民俗」や「田の神に供へた女の犠牲」などで[6]、オナリを殺すことを、穀神、水神または太陽神への供儀とみている（「オナリ」については『神社と古代王権祭祀』の伊勢神宮・多神社の項参照）。だから、各地にある「嫁殺し田」の伝承も、「古くオナリを田の神の犠牲として殺したのが、伝承となって斯く語り残されたのである」とみる[7]。松村武雄も、中山説に同調して、『常陸国風土記』逸文の、「昔、兄ト妹ト同日《オナジキヒ》ニ田ヲツクリテ、『今日オソクウエタランモノハ、伊福部神ノワザハヒヲカブルベシ』ト云ケルホドニ、妹ガ田ヲオソクウエタリケリ。其ノ時、イカツチナリテ、妹ヲケコロシツ」という説話を、神への供儀とみる[8]。

私は、中山太郎や松村武雄のような「犠牲」「供儀」説は採らない。オナリは単純な人身御供の女性ではなく、神妻であり、神の依代として神そのものでもある。祀る日女が祀られる日神になった天照大神の例は、オナリの典型である（オナリと天照大神の問題については『神社と古代王権祭祀』の伊勢神宮の項で詳述）。「嫁殺し田」の民俗伝承は、犠牲伝承のように受けとられがちだが、本質は、宇加之御魂神や保食神の伝承にみられる穀物起源伝承である。犠牲伝承をともなった穀物起源伝承とみる見解もあるが[8]、私は死と再生の神話と考えたい。人が神への犠牲になるのでなく、神の死と再生の儀礼をオナリが演じているとみたい。

各地の「嫁殺し田」伝説のうち、『因幡志』に載る伝説に次のようなものがある。

八頭郡大御門村西御門に、昔、邪慳《じゃけん》な姑が嫁に向かい、一人で一日に植え終わることのできない田を、一日で植えよと命じた。日が西に傾いても植え終わることができなかった嫁は、心乱れて死んだ。その死体をそのまま田に葬ったので、この田を「嫁殺し田」といったという。この話は、姑の嫁いじめの話になっているが、植えることができずに死んだのは、植えるのがおそくて殺された妹の話と共通している。その死体を田に葬ったというのは、死体化生の穀物起源説話が根底にある。オホゲツヒメが女であるように、これらの説話の死ぬか殺される人物が女なのは、オホゲツヒメと同じイメージ、つまり、オナリに見立てられているからである（『二十二社註式』も、当社の祭神倉稲魂命を「比咩大明神」と書いている）。だから、牛や馬を犠牲にするように女を犠牲にしたというよりも、オホゲツヒメに代表される穀物起源説話が「嫁殺し田」伝承になったとみるべきであろう。

では、なぜ穀物起源説話に、死体化生の話が登場するのだろうか。それは、「種」が「死」を内包するとみられていたからであろう。「種」は、春、土にまかれて「芽」となり、夏に成育・生長し、秋に「実」となり、刈りとられて再び「種」となる。土から離れることは死を意味するから、死と再生の循環である。その保管場所が「倉」だから、「種」は「倉稲魂」という神名をもつ。この「倉」にある時期は、土から離れた植物の死の状態だが、この時期を「冬」という。だから、死―冬―種は古代人にとって同義であり、「倉稲魂」も同じ意味である。

折口信夫は「冬」は「殖《ふ》ゆ」だという(9)。古代人の死のイメージは、現代人の「科学的思考」による、終末としての死ではない。再生のための死が冬だから、冬に飛来する白鳥は穀霊となる。穀物が死体から化生するのも、死・冬のイメージによる。ヤマトタケルが死んで白鳥になるのも、白鳥に死のイメージがあったからだが、穀物の死体化生と同様に、白鳥のイメージは誕生を内包する。「イネナリ」の白鳥伝説に死と再生のモチーフがうかがえるのも、白鳥と冬・死・種・倉稲魂のイメージが重なっているからであり、穀霊伝承としての白鳥伝承とお塚信仰は結びつくのである。

『山城国風土記』逸文に、

南鳥部の里、鳥部を称ふは、秦公伊呂具が的《いくは》の餅、鳥と化《な》りて、飛び去《ゆ》き居りき。其の所の森を鳥部と云ふ。

とあり、稲荷山の白鳥は鳥部の森へ飛んでいる。現在の鳥部は清水寺西南、大谷本廟の墓地の周辺をいうが、この鳥部は江戸時代以降の狭い範囲の鳥部で、本来は、顕昭の『拾遺抄註』に、「トリベ山ハ阿弥陀峰ナリ、ソノスソヲバ鳥辺野トイフ。無常所ナリ」と書かれているように、鳥辺山の北・西・南麓の扇状地一帯をいう(現在「トリベ」は北麓だけをいう)。

『京都市の地名』(『日本歴史地名大系・27』)は、「この地域が無常所つまり葬墓地となったのは、古く平安京開都以来のことであった」と書くが、平安時代の御陵は北麓にあり、天長三年(八二六)の淳和天皇子恒世親王の葬送についても、「愛宕郡鳥部寺以南」(『日本紀略』)と書かれており、天長四年の大僧都勤操の葬送についても、「茶ニ東山鳥部南麓二」（『性霊集』）とある（鳥郡南麓は稲荷山北麓）。このように、『山城国風土記』逸文の「南鳥部の里」は葬地である。

『拾遺都名所図会』は、「稲荷坂」について、「新熊より稲荷三ッの峰へ詣する道あり、今車坂といふ。是いにしへの順路なり」と書くが（「新熊《いまくま》」は「今熊」とも書く）、この順路の稲荷坂は、南鳥部の里から稲荷山に登る坂をいう。

稲荷山・鳥部のどちらの伝承でも、登場人物が秦伊呂具であることからみて、葬地としての二つのアジールは、秦氏の管掌下にあったのだろう。鳥部に秦氏がいたことは、天平十五年（七四三）正月七日の『正倉院文書』に、愛宕郡鳥部郷人として「秦三田次」の名が載ることからもいえる。この地には、鳥部古墳群・梅谷古墳・総山古墳があるが、いずれも後期古墳である。こうした古墳の存在からみても、平安遷都以前からの葬地といえる。このように、白鳥伝承は葬地としての稲荷山と鳥部にかかわっている。

『豊後国風土記』速見郡田野の条にも、郡内の百姓が餅を的にしたところ、餅が白鳥に化して南へ飛んでいったとある。そして、白鳥が飛び去ったため、「百姓死に絶えて、水田を造らず、遂に荒れ廃《は》てたり」とある。だが、『豊後国風土記』は冒頭に、餅と化した白鳥が、「更に、芋草《いも》数千《いくち》許株《もと》と化《な》り」、この「化生《なりかは》りし芋」のため、天皇が「豊国」と命名したと、もう一つの白鳥伝承を載せている。

このように、『豊後国風土記』でも、白鳥が飛び去り飛び来ることが、滅（死）と豊（生）を招いている。ただし、白鳥の飛来は春でなく冬である点で、「豊」としての生は新生でなく再生である。葬地としての稲荷山とその周辺（深草・鳥部）を代表するのが稲荷山山頂の古墳だが、この山頂は白鳥伝承と重なっている。お塚信仰も、死と再生の信仰といえよう。二月の初午祭も、この視点からみれば、冬（死）から春への再生儀礼といえる。

稲荷のお塚信仰と白鳥伝承を別個のものとみるのが従来の見解だが、以上のような視点に立ってこそ、稲荷信仰の実体がみえてくると思われる。

稲荷と狐

稲荷と白鳥は文献に載る例だが、信仰のうえでは、「稲荷」といえば狐である。

当社の信仰の原点が、稲荷山の峰の古墳祭祀にあるとすれば、狐もなんらかの関連がなければならない。

東大阪市の瓢箪山稲荷神社は、瓢箪山古墳(双円墳)の墳丘中央部に社殿があり、石室に狐を飼っている。大和郡山市昭和町の狐山古墳、和歌山県の岩橋千塚の狐塚のように、「狐」のつく古墳もある。

「稲荷」のつく古墳が多いことから、稲荷信仰の普及の結果、古墳と狐が結びついたという面も否定できないが、狐神の信仰と稲荷信仰が似ていたため、稲荷信仰に狐神が吸収されたとも考えられる。その例として「狐塚」がある。

柳田国男は、「村の大字又は小字の地名となって残って居るもので、今日は其名の塚があるかないか未定なものまで合すれば、北は奥州の端から南は九州の末までに少くも三四百の狐塚といふ地名がある」と書き[10]、「塚の上に稲荷の小祠があるから狐塚だといひ、又はその祠の背後には狐の穴のあるのも幾つかある。古墳には狐はよく穴居するから、それから出た名とも考へられ、又現実に狐塚を発掘して、古墳遺物を得た例が二三は報告せられてある」とも書いて[11]、古墳と狐塚の関係にふれている。また、稲荷と狐塚の関係については、「自分の見る所では多くの他の塚と同じ様に、狐神といふ一種の神を祭る為に設けたる祭壇である。狐神は恐らくは今日の稲荷の前身である」と書いている[10]。

柳田国男は、「狐神」は田の神で、狐神は「もと田の神の祭場だったらう」と推測し、その理由として、山の神が早春に里に降りて田の神となり、秋の収穫後に山に入るのと、山の狐が里に現れることとの共通性をあげている。特に狐が山(田)の神の神使となったのは、「以前は狐が今よりもずっと多かったこと、彼の挙動にはやや他獣と変ったところがあり、人に見られたと思ふとすぐに逃竄せず、却って立上って一ぺんは眼を見合せようとすること、それから又食性や子育ての関係から、季節によって頻りに人里に去来することなどを例挙してもよい」と書き、稲荷の神が山(田)の神だから、狐が稲荷社の神使になったとみる[12]。

柳田は、山の神が田の神となって里に現れるのと、狐が里に現れることとの共通性をあげているが、この二つは時期がまったくちがう。山の神が里に現れるのは種まきから収穫までで、その間、里にいて田の神になる。ところが、狐が里に現れるのは、田の神が山に帰った後である。だから、狐が山から里に現れるからといって、単純に田の神と重ねることはできない。里人が狐を見るのは、草木の枯れ伏した後であり、白鳥が飛来してくる時期である。とすれば、里人は白鳥と同じイメージで狐を見ていたというべきであろう。

狐塚の「狐」に冬、「塚」に死のイメージがあることは、白鳥伝承の稲荷の「山の峯」に塚があることと重なる。また、穀霊として登場する鳥が「白」鳥であるように、稲荷神の化身は「白」狐である。「白」に死と再生のイメージがあることは第二章で詳述したが、白狐は、生命の源泉である「種」として、豊饒（福）を約束するものであったろう。京阪地方で少し前まで行なわれていた行事に、狐の「寒施行《かんせぎょう》」（「狐施行」ともいう）があった。旧正月前後の夜、小豆飯とか油揚を、狐のいそうな所に置いてくる行事である。また、京都・兵庫から福井・鳥取にかけての農村には、旧正月の年越しの晩に「狐狩り」の行事がある。「狩り」という言葉から、狐の害を防ぐために狩り立てるのだという意見もあるが、直江広治は「寒施行」と同じだとみて、「元は年のはじめに当たって、狐からめでたい祝言を聴こうとした一つの儀式であった」と書く(13)。

直江広治は書いていないが、「狐狩り」は、七歳から十二歳ぐらいまでの男の子が、藁でつくった狐を青竹の上につけ、それを先頭に太鼓を叩きながら村中の各家を廻り、家の前で、手に持った御幣を振りながら、太鼓の音に合わせて、「われは何をするぞいや、狐狩りをするぞいや（中略）、貧乏狐追い出せ、福狐追い込め」とうたう。この言葉が、節分の豆まきの「福は内、鬼は外」と共通していることからみても、「狐狩り」は福をもたらす狐を招き入れようとする行事であることがわかる。この行事は旧正月または小正月の行事だが、「寒施行」も同じ時期に行なわれる。

白鳥は、山城や豊後の『風土記』に書かれているように、豊饒（福）をもたらす冬の鳥であり、狐も福をもたらす冬の動物である。前述の「寒施行」や「狐狩り」は、直接には稲荷信仰と結びついていないが、稲荷の白鳥伝承からみて、狐も、福をもたらす冬の動物であったからこそ、稲荷信仰と結びついたのであろう。

秦大津父の猿伝承

友田吉之助は、「伏見稲荷大社の祭神と狐神(14)」で、当社の狐神は中国秦王朝の狐神信仰を源流にしていると述べ、秦の始皇帝を祖とする秦氏が当社を祀ることによって普及したとみるが、秦氏と秦王朝は直接には結びつかない。秦氏は南朝鮮の洛東江流域から、五世紀にわが国に渡来した技術集団とみられるから(15)、友田説は無理である。ただし、中国の狐神信仰が朝鮮に入り、その信仰を秦氏がもってきたとみることは可能だが、当社だけに狐神信仰があり、他の秦氏の祀る神社にないことからみて、前述のように、当社の信仰と狐神・狐塚の信仰が重なったものとみたい。とはいえ、秦氏と狐は無縁ではない。

西田長男は「稲荷社の本縁」(16)で、『日本書紀』の欽明天皇即位前紀に載る、山背国紀郡深草里の秦大津父《はたのおおつち》の記事にふれて、「大津父は、いはば深草街道・伏見街道或は深草越・伏見越とも名づくべき、かの八科峠の狼谷・大亀谷に於て、適々二匹の相ひ闘へる狼を助けたために、その現報によって大いに饒富を致し、遂ひに国家の財政をも主管するに至ったといはれてゐるが、この二匹の狼は既に『汝是貴神《カシコキカミ》』とも記されてあるやうに、神そのものとして考へられてゐたのである。大津父がその狼に対して、「下㆑馬洗㆓漱口手㆒、祈請曰」うたとあるのは神に就いての作法を語るものに外ならない」と書く。そして、狼は山の神とみられ、稲荷神も山(田)の神とみられているから、「狼とは稲荷社の眷属たる狐神で、古くはこの狐は狼であったのではあるまいか。若しくは狐と狼とは同類に考えられていたのではあるまいか」と推論している。私はこの西田説に賛成する。柳田国男は、狐塚で狼を供養する例をあげているが(「狐塚の話」)、狐と狼は同類とみられていた。

狼や狐に小豆飯などを供えるのを「初衣祝《うぶぎいわい》」ということから、柳田国男は、産育の際に食物を求めて里を荒らしにくることをおそれて、人間の誕生と同じ祝いをし、狼や狐の害を防ごうとしたのだろうと推測しているが(17)、この見解には賛成できない。伴信友は『験の杉』で、秦大津父の狼の話に関連して、次のように書いている。

今丹後国加佐郡に大川大明神の社あり、此神社式に載られたり。狼を使者《ツカハシメ》としたまふと云ひ伝へて或は狼大明神とも呼べり其わたりの山々に狼多く棲り。さらに人の害をなす事なし。諸国の山かたづきたる処にて、猿鹿の多く出て田穀を害ふ時、かの神に申て日数を限りて、狼を貸したまはらむ事を祈請《コノメ》ば、狼すみやかに其郷の山に来入り居りて、猪鹿を逐ひ治むとぞ。又武蔵国秩父郡三峯神社あり。其山に狼いと多し。これも其神に祈請ば、狼来りて猪鹿を治め、又其護符を賜はりてある人は、其身殃害に遭ふ事なく、又盗賊の難なしといへり。

松山義雄も、狼（山犬）伝承を収集し、狼が、農作物を荒らす猪や鹿を退治してくれる益獣であることを、指摘している[18]。

伴信友の書く三峯神社では、狼に小豆飯をあげるのを、「御犬様（山犬、狼のこと）の産養ひ」といっている。また、狼の「産見《うぶみ》舞《まい》」といって、関東・中部地方には、小豆飯（赤飯）を供する風習がある。「初衣祝《うぶぎいわい》」も同じ行事である。これは「寒（狐）施行」「狐狩り」が、狐の害を防ぐことでなく、狐から福をさずかる行事であるように、狼や狐の出産（多産）にあやかった豊饒予祝の行事と考えられる。また、多産は安産を意味するから、安産祈願ともみられる。だから、「小豆飯」を供える産見舞（初衣祝）は春の始めに行なわれるのであろう。多産な動物は狼・狐以外にもいるが、特に狼・狐が選ばれているのは、山の神の化身とみられていたからであろう。

山の神は、秋の終わりに山へ戻り、春の始めに再び山から里に降りて田の神になるといわれている。狼や狐の寒施行や産見舞（初衣祝）は、山の神が里に降りる前の時期に行なわれることからみて、春の予祝行事としての冬（殖ゆ）祭であろう。

白鳥が冬の鳥であるように、狼も狐も冬の動物である。特に「小豆飯」を供するのは、冬至に「小豆」が欠かせないことと関係があろう。冬至が太陽の死と再生を意味するように、「フユ」という言葉にも死と再生の意味がある。田の神が春・夏・秋のイメージなら、山の神は冬のイメージである。狼や狐は山にすむ冬の動物だから、山の神の化身とみられ、小豆飯が供されたのであろう。また、狼や狐は、単に山に住む冬の動物というだけでなく、巣穴で子を沢山生む。そのことも、死（穴こもり）と再生（多産）のイメージを強く植えつけた一因であろう。

「オオカミ」は「大神」だと西田長男は述べているが[16]、千葉徳爾も、「『日本書紀』では狼を大口の真神と呼んだ。（中略）わが国の肉食の猛獣としては人里に現れることの多いものだったから、人間の側からは畏怖すべき存在であった。大口は姿を形容したもの、真神とはその威力をたたえた言葉で、これが縮まって大神、オオカミとなったとみられる」と書いている[19]。

稲荷山を祭祀する深草の秦氏の伝承に狼伝承があることからみて、稲荷信仰に狐が登場する基盤には、狐神・狐塚と稲荷神・稲荷塚の重層だけでなく、秦氏の狼伝承があったと考えられる。秦大津父は狼を助けて「大きに饒富《にぎはひ》を致す」が（『日本書紀』欽明天皇即位前紀）、柳田国男は、「秦の大津父の出世譚以来、狼が人の恩に報いた話は算へ切れぬほどある」と述べている。[18] 狼が「大神《オオカミ》」の意とみられることからも、秦大津父に福をもたらした狼は、伏見稲荷大社にとって「貴《かしこ》き神」の代表であったろう。それが狐に変わったのは、中国の福神としての狐に関する知識によるのであろう。

前述したように、狐といっても、稲荷の狐は「白狐」である。中国では、白狐は吉、黒狐は凶とされた（ただし、白狐・黒狐がともに瑞獣・福神とみられた例もあるから、一概にはいえない）。

稲荷の白狐・白鳥の「白」について

『土佐郷土民俗譚』や『南路志』に載る、狼が鍛冶屋の姥に化けた民話には、「白毛の古狼」とある。この民話は、「産の杉」という古木のそばで旅の女が子供を生んだ話から始まっている。「白」には死と再生（誕生）のイメージがある。当社の創始伝承に登場する白鳥の「白」も、白狼・白狐の「白」とかかわっている。冬の鳥である白鳥や白鶴に穂落し伝承があるのも、「白」に死と再生のイメージがあるからだろう。「稲の産屋」を「シラ」と呼ぶのも、「白」のイメージによると考えられる。

武蔵の狼信仰は、三峯神社を拠点として各地にひろがっているが、三峯神社（埼玉県秩父郡大滝村三峯）、両神《りようかみ》神社（秩父郡両神村）、宝登山《ほとさん》神社（秩父郡長静町）、御嶽《みたけ》神社（東京都西多摩郡奥多摩町）、大嶽《おおたけ》神社（西多摩郡檜原村白倉）の社伝には、日本武尊と山犬伝承がある。『日本書紀』の景行天皇四十年条に載る日本武尊の東征伝承に、

山の神、王《みこ》を苦びしめむとして、白き鹿と化《な》りて王の前に立つ。王異《あや》しびたまひて、一箇蒜《ひとつのひる》を以て白き鹿に弾《はじきか》けつ。則ち眼に中《あた》りて殺しつ。爰《ここ》に王、忽《たちまち》に道を失ひて、出づる所を知らず。時に白き狗《いぬ》、自づからに来て、王を導きまつる状《かたち》有り。

とある。この伝承は、信濃に入った日本武尊が、信濃坂を越して美濃に出るときの話だが、「白き狗」は山犬、狼のこ

とである。この話が秩父と奥多摩の神社の社伝になっているのは、この地方が狼の生息地として著名だったことと関係があろう（伴信友も「狼いと多し」と書いているが、昭和六十二年九月二十三日の朝日新聞に、西多摩郡檜原村の旧家に「魔よけ」にしていた狼の頭骨があったことが載っている）。

景行紀の日本武尊伝承の「鹿」や「狗」も、「白き」鹿・狗である。『古事記』では、この伝承は相模国の足柄山での話になっているが、やはり「白き鹿」が登場する。記・紀の伝承では、ヤマトタケルは伊吹山に登るが、伊吹山の神は「白き猪」に化して現れたと『古事記』は書く。白鹿・白猪はヤマトタケルに危害を加えるが、白狗（狼）はヤマトタケルを助けている。これは、山村・農村の人々にとって狼が、畑を荒らす鹿や猪を退治してくれることと共通する。

白鹿・白狗・白猪が登場する記・紀のヤマトタケル物語では、墓に葬られたヤマトタケルは白鳥になって墓からぬけ出し、『古事記』では河内へ、『日本書紀』では大和、さらに河内へ飛び、そこで墓（白鳥陵）に入り、さらに墓から天に飛び去っている。これは前述した白鳥の死と再生の循環を示している。

『山城国風土記』逸文の秦伊呂具の白鳥伝承は、前の文につづけて、

其の苗裔《すゑ》に至り、先の過《あやまち》を悔いて、社の木を抜《ねこ》じて、家に殖ゑて禱《の》み祭りき。今、其の木を殖ゑて蘇《い》きば福を得、其の木を植ゑて枯《か》れば福《さきはひ》あらず。

と書かれているが、「其の苗裔」とは伊呂具の子孫の「秦中家忌寸《いみき》等」のことである。「先の過《あやまち》」（伊呂具が餅を的にした占い（祈《うけ》い）のこと）を悔いて、神社の木を家に植えて根づくか枯れるかの祈《うけ》いを行なったというのだが、「木を抜《ねこ》じ」とは死を意味し、餅を的にして射る行為と重なっている。

このように、木の植え替えの記事も死と再生の説話であることからみて、稲荷信仰は白神信仰ともいえるだろう。伊呂具の積んだ「稲梁《いね》」は、柳田国男が「稲の産屋」[20]で書く稲の貯蔵の「シラ」を想わせる。「シラ」には死と再生のイメージがある。『山城国風土記』の、「稲梁を積みて富む」話は稲荷大社創祀前、白鳥伝承は創祀時、神社の木の植え替え説話は創祀後の、死と再生の説話ともいえる（秦氏と白神信仰の関係については、第二章および本章の養蚕神社の項参照）。

なお、稲荷社の鳥居が赤いのは、稲荷の初午祭の「午」が、陰陽五行説では「赤」を意味するからであろう。

鍛冶屋の姥と稲荷神

謡曲「小鍛冶」に、一条上皇のとき、小鍛冶宗近のところへ、稲荷明神が小狐に化身して現れ、相槌を打ったという話があり、この謡曲が影響して、稲荷社を鍛冶屋が信仰するようになったといわれている。だが、岩井宏実は、それ以前から「鍛冶屋のあいだに稲荷の信仰があったのであろう」と推測している(21)。岩井宏実はふれていないが、秦氏は金属工人とかかわりが深い（香春神社の項参照）。したがって、秦氏が祀る稲荷の神を金属工人たちが信仰するのは当然ともいえよう。また、能楽は秦氏によって盛んになったのだから（大酒神社・大避神社の項参照）、稲荷神が謡曲に登場するのも不思議ではない。

秦伊侶具の祖は秦大津父だが、大津父には狼伝説がある。柳田国男は、狼が鍛冶屋の姥に化身した伝説を紹介しているが(17)、狐にも鍛冶屋にかかわる伝承がある(22)。おとら狐は左の眼が悪く目脂《めやに》を出しており、左の足が跛であったという。柳田国男は、このおとら狐から、一眼一足の山の神や、天日一箇神や、多度神社の「一目連といふ荒神」を連想している。一眼一足の山の神は鍛冶神だが（一目連神社の項参照）、一眼一足のおとら狐は女狐である点でも、鍛冶屋の姥である。当社の白狐も、鍛冶屋の姥としてのおとら狐のイメージをもつ。鍛冶屋の姥に化身した狼は白毛の狼だといわれている。

鍛冶屋の姥の話には出産の話があるが、柳田国男は、「鍛冶の母なるものが今日の産婆の前身、即ち半ば信仰の助けを借りて、婦女産褥の悩み憂ひを、軽くする役目を持って居たのでは無いかと考へて居る」と述べている(17)。谷川健一は、鍛冶屋の姥の産の杉の話について、「たたらは子宮であり、鍛冶技術は産婦人科の技術と同じであるとエリアーデは言っている。たたら炉の穴から『湯』つまり溶けた金属が流れるのは、赤ん坊が産道を通って誕生するのと同じである。鍛冶屋の母が産婆の前身としての役割を果たしていたというのは、両者の親縁性をつよく意識していた未開人と古代人の発想によるものと思われる」と書いている(23)。

おとら狐の「トラ」は本来は「タラ」で、「タラシヒメ」の「タラ」だと柳田国男は書くが(22)、「足《たらし》(帯)姫」は、皇子を生み・育てる母のことである。鍛冶屋の姥に化身するのが狼や狐なのは、鍛冶屋と狼や狐が、出産・多産・安産などのイメージで重なるからである。

稲荷山の「お山巡り」を「お山する」というが、稲荷神には山の神の性格がある。ところが、鍛冶屋の姥も山姥で山の神の化身といわれており、山姥には安産伝承や子宝を授けてくれたという伝承が多い。これは山の神の化身である狼や狐の安産・多産のイメージが山姥と重なったためで、狼や狐の「産養ひ」「産見舞」「御衣祝」なども、山の神信仰の一端であろう。

山の神やおとら狐は一目一足といわれるが、鍛冶の神の天目一箇神も一目である。稲荷山の三つの峰にある前期古墳の被葬者は、秦氏でないとすると、たぶんこの地の先住民族の山背《やましろ》国造であろう。彼らの祖は「天麻比止都禰命（天一箇目命）」である（『新撰姓氏録』山城国神別、山背忌寸条。山背国造は直→連→忌寸と姓が上がっている）。この土着氏族らが祭祀していた山の神と山の神信仰を秦氏は受けつぎ、さらに自らの信仰を架上して、『日本書紀』の狼伝承、『風土記』の白鳥伝承を作ったのであろう。ただし、山の神信仰といっても、山頂に古墳が築かれている山、つまり、他界・異界・冥界としての山の神の信仰である。稲荷山とその周辺は、葬地としてのアジールであった。

古代人にとって、葬地は単なる墓地ではない。山の神の化身とみられる姥や動物に多産・安産・産育のイメージがあるように、葬地はいわば「生地」でもあった。このような死と再生観こそ稲荷信仰の原点であり、それが今日までつづいているのである。

注

（1）山田知子「稲荷信仰と古墳」『稲荷信仰の研究』所収、昭和六十年。
（2）和田萃「山背秦氏の一考察」『嵯峨野の古墳』所収、昭和四十一年。
（3）田辺昭一「古墳と県主」『京都の歴史・1』所収、昭和四十五年。
（4）山尾幸久『日本古代王権形成史論』三四〇頁、昭和五十八年。

(5) 上田正昭「お塚の信仰」「朱」一二号、昭和五十七年。
(6) 中山太郎『日本民俗誌』一三二―一三四頁、昭和三年。『日本民俗学・風俗編』三六九―三七〇頁、昭和五年。
(7) 中山太郎『日本民俗学辞典』八五四頁、昭和八年。
(8) 松村武雄『日本神話の研究』第三巻、一五二―一五三頁、昭和三十年。
(9) 折口信夫「大嘗祭の本義」『折口信夫全集』第三巻所収。
(10) 柳田国男「塚と森の話」『柳田国男集』第一二巻。
(11) 柳田国男「狐塚の話」『柳田国男集』第一三巻。
(12) 柳田国男「田の神の祭り方」注11前掲書。
(13) 直江広治「稲荷信仰普及の民俗的基礎」「朱」四号、昭和四十三年。
(14) 友田吉之助「伏見稲荷大社の祭神と狐神」「朱」二四号、昭和五十五年。
(15) 大和岩雄「秦氏と波多氏」『日本古代王権試論』所収、昭和五十六年。
(16) 西田長男「稲荷社の本縁」『日本古典の史的研究』所収、昭和三十一年。
(17) 柳田国男「狼史雑誌」『柳田国男集』第二二巻所収。
(18) 松山義雄「日本狼の墓標」『狩の語部』所収、昭和五十二年。
(19) 千葉徳爾「狼はなぜ滅んだか」「朝日百科、日本の歴史」七一号。
(20) 柳田国男「稲の産屋」『柳田国男集』第一巻所収。
(21) 岩井宏実「稲荷と狐、稲荷と絵馬」『稲荷信仰』所収、昭和五十八年。
(22) 柳田国男「おとら狐の話」『柳田国男集』第三一巻所収。
(23) 谷川健一「弥三郎婆」『鍛冶屋の母』所収、昭和五十四年。

松尾大社《まつのおたいしゃ》——秦氏の神祇信仰と酒の神

『江家次第』によれば、当社は天平二年（七三〇）に大社の称号を許されているが、『続日本紀』には、延暦三年（七八四）十一月十一日に桓武天皇が乙訓《おとくに》の長岡京へ行幸、二十日に「都を遷せるを以って」「賀茂上下の二神を従二位に叙し、松尾・乙訓の二神を従五位下に叙す」とある。また延暦五年十二月二十六日に、従五位下から従四位下へ昇叙されている。

平安遷都後になると、承和十二年（八四五）五月二十四日に従四位上勲二等から正四位下、承和十四年七月二十六日には従三位（『続日本後紀』）、仁寿二年（八五二）五月八日には正二位（『文徳実録』）、貞観元年（八五九）正月二十七日には従一位、貞観八年十一月二十日には従一位勲二等から正一位に昇叙された（『三代実録』）。

また『続日本後紀』の嘉祥二年（八四九）二月七日条には、従三位松尾神社の禰宜・祝らに勅して「笏を把る《しゃくと》の例に預える《くわ》」とある。ちなみに、諸国の三位以上の神社の神主・禰宜・祝らに把笏の例を与えたのは斉衡三年（八五九）四月からである（『文徳実録』）。

松尾大社と伏見稲荷大社

『延喜式』（九二七年成立）では、同じ秦氏が祀る稲荷大社とともに名神大社になっているが、当社が「月次・相嘗・新嘗」なのに対し、稲荷社は「相嘗」を欠いている。また神階も、稲荷社は「正一位稲荷大明神」として有名だが、当社と稲荷社では、神階の上昇にかなりの差がある（次頁の表参照）。

両社とも秦氏が奉斎する神社でありながら、稲荷社は当社より一一〇年おくれて正一位に昇っている。

平安中期の二十二社の制についていえば、康保二年（九六五）にまず十六社（伊勢・石清水・賀茂・松尾・平野・稲荷・

神階	松尾大社	稲荷大社
従五位下	七八四年	八二七年
従四位下	七八六年	八四四年
正四位下	八四五年	八五七年
正四位上		八五九年
従三位	八四七年	八七四年
正二位	八五二年	（不明）
従一位	八五九年	九四〇年
正一位	八六六年	一〇八一年

春日・大原野・大神・石上・大和・広瀬・竜田・住吉・丹生・木船）がきまり、正暦二年（九九〇）に三社（吉田・広田・北野）が加わり十九社となったが、新しく加わった三社の順位は住吉と丹生の間であった。さらに正暦五年に梅宮が住吉と吉田の間に加わり、長徳元年（九九五）には祇園（八坂神社）が広田と北野の間に、長暦三年（一〇三九）には日吉が住吉と梅宮の間に加わり、合わせて二十二社となった。

吉田兼倶（一四三五―一五一一）の編といわれる『二十二社註式』に、

上七社　伊勢・石清水・賀茂・松尾・平野・稲荷・春日
中七社　大原野・大神・石上・大和・広瀬・竜田・住吉
下八社　日吉・梅宮・吉田・広田・祇園・北野・丹生・木船（貴布禰）

とあるように、平安から室町時代までの当社は、上七社のうちの第四位で、明治四年に官幣大社になったときも、全国の第四位であった。

このように松尾大社は、秦氏の奉斎社のなかで常にトップに位置していた。

松尾大社の創祀

『本朝月令』（惟宗公方《これむねきみかた》（九三八―九七〇頃）の編）の引く『秦氏本系帳』（『三代実録』の元慶五年（八八一）三月二十六日条に、松尾社の祝部の氏人に「本系帳」を提出させたとあるので、このとき書かれたものであろう。『三代実録』によれば、元慶七年（八八三）十二月、秦宿禰・秦忌寸らが惟宗朝臣に改姓しているから、『秦氏本系帳』は惟宗家にあって、惟宗公方はそれを『本朝月令』に引用したのであろう。なお、薩摩の島津家、対馬の宗家も、もとは惟宗氏である）に載る「松尾祭事」（四月上申日）に、

大宝元年、川辺腹男秦忌寸都理、自二日埼岑一更奉レ請二松尾一。

とある。

『続日本紀』大宝元年（七〇一）四月三日条には、

勅山背国葛野郡月読神、樺井神、木島神、波都賀志神等神稲、自レ今以後給二中臣氏一

とある（月読神は葛野坐月読神社、樺井神は樺井月神社、木島神は木島坐天照御魂神社、波都賀志《はつかし》神は羽束師坐高御産日神社）。「自レ今」と書かれているから、それまでは他氏に給していた神稲を、大宝元年から中臣氏に給するようになったというのである。この大宝元年の中臣氏の登場と、大宝元年に松尾の地に神殿が創建されたことは、無関係ではないだろう。

『続日本紀』には、大宝元年の三年前の文武天皇二年八月、「神事に供する縁によって、宜《よろし》く旧姓に復す」とあり、神祇伯で伊勢神宮の祭主でもあった藤原意美麻呂《おみまろ》らが中臣姓に戻っている。意美麻呂らが藤原から中臣に復した翌月（九月）には、伊勢斎宮へ当耆《たき》皇女が派遣されており、十二月には、多気大神宮が度会郡に移されている。このような神祇記事のあとに書かれているのが、前述の記事である。

月読神・樺井神は月神であり、木島神は日神（天照御魂神）である。波都賀志（羽束師）神は高御魂神だが、高御魂神については顕宗紀に日神・月神の祖とある。この日神・月神関係の神社にのみ中臣氏がかかわっている点に、私は注目したい。『続日本紀』における日・月神と中臣氏の登場は、大宝律令施行に伴う神祇政策によるものとみられるが、大宝律令は藤原不比等の主導のもとに制定され、神祇政策は不比等と意美麻呂のコンビによって推進された（『神社と古代王権祭祀』の伊勢神宮の項参照）。現在地に社殿を創建して日埼峰（松尾山）の神を祀ったのも、彼らによる一連の神祇政策に秦氏がかかわっていたためであろう。

稲荷大社の場合、稲荷山の三つの峰の古墳祭祀のため山頂に社殿が作られたが、当社は山麓に社殿を作っている。そのちがいはあるが、当社の神の鎮座地は日埼峰である（「御神蹟」と呼ばれる磐座が現在もある）。この日埼峰は、大宝元年以前から神の坐す山であった。だが、当社が大宝元年の創祀であるのに対し、稲荷大社が十年後の和銅四年（七一一）に創祀されたという伝承からみても、当社は山城の秦氏の奉斎社のなかで本山的性格をもっていたといえる。

松尾大社の祭神

松尾山を「ヒノミサキ」というのは、比叡（日枝）山から昇る夏至の朝日を拝する位置にあるからである（『神社と古代王権祭祀』の木島坐天照御魂神社の項参照）。

『古事記』に、

大山咋神《おおやまくひ》、亦《また》の名は山末之《やますゑの》大主《おほぬし》神、此の神は、近淡海《ちかつあふみ》国の日枝《ひえ》山に坐《いま》し、また葛野《かづの》の松尾《の》に坐して、鳴鏑《なりかぶら》を用《も》つ神ぞ。

と書かれているが、「大山咋神、亦の名は山末之大主神」とある当社の祭神の名義について、本居宣長は『古事記伝』で、「此二《ツ》の名《ノ》義、いかなる故か未《ダ》思《ヒ》得ず。山と云《フ》は、共に日枝《ヒエノ》山に因れる名にや、（中略）咋《クヒ》とは、亦名の大主と同意にて、其山に主《ウシ》はき坐《ス》意にや、又山に末《スヱ》と云は、麓を山本と云に対《ムカ》ひて、上方《カミノカタ》のことなり」と書く。この本居説に倉野憲司（『古事記全註釈・第三巻』）、西郷信綱（『古事記注釈・第三巻』）も同調している。

「咋」は角杙《つのくひ》神・活杙《いくくひ》神の「杙」であると、神田秀夫・太田善麿（日本古典全書『古事記』）、荻原浅男（日本古典文学全集『古事記・上代歌謡』）はみる。西宮一民は、大山咋神を「山頂の境界をなす棒杙の神格化」、山末之大主神を「山頂の支配神」と解し（新潮日本古典集成『古事記』）、岡田精司は日本思想大系『古事記』の補注で、西宮説を採っている。いずれにしても、大国主神が国の主なら、山末之大主神は山頂の主であり、大山咋神は山頂を示す杙（咋）の神、すなわち、山頂に坐す境の神である。

この神を鳴鏑をもつ神だと『古事記』は書くが、矢が雷光・日光の象徴であることは、『出雲国風土記』の加賀の潜《くけ》戸《ど》の伝承や、『古事記』の三輪の神の丹塗矢伝承からもいえる。とすれば、日枝山山頂の神と日埼峯の神が「鳴鏑を用つ神」なのは、日枝山（四明岳）から昇る夏至の朝日が日埼峰に刺すことと重なる。日枝山と日埼峰のこのような関係が、『古事記』の伝承を生んだと考えられる。

『延喜式』神名帳は当社の神を二座と書く。それは大山咋神と姫神と考えられるが、姫神は市杵島《いちきしま》姫とされている。対馬の天童伝説によれば、「照日の采《さい》」の娘が日光に感精して天童を生んだ地は、「倸《さい》山の川のほとり」だという。(1) この「倸」「采」は塞《さい》の神の「サイ」と同じであり、「日埼峯」を「倸山」、日埼峯の姫神（市杵島姫）を照日の采の娘にあてるなら、桂川のほとりの松尾大社の地は、まさに「倸山の川のほとり」であって、市杵島《いちきしま》姫は倸山を斎《いつ》く斎島姫である。

『本朝文集』(『江家次第』にも同じ文章が載る)は、

大宝元年、秦都理、始建二立神殿一立二阿礼一、居二斎子一供奉、天平二年預二大社一者。

と書いているが、この「斎子《いつきのみこ》」は賀茂神社の「阿礼乎止女《あれをとめ》」の「斎王《いつきのみこ》」と同じである。『山城国風土記』逸文の賀茂の丹塗矢伝承は、『秦氏本系帳』では、賀茂川が葛野川(桂川)、玉依姫が「秦氏女子」になっている。阿礼乎止女としての斎子が斎島姫(市杵島姫)として祀られたのは、賀茂神社の阿礼乎止女である玉依日売が神として祀られ、伊勢神宮の日女《ひるめ》が天照大神(大日女貴《おおひるめむち》、天照日女尊)になったのと共通している。

ただし、当社の市杵島姫は、単に「斎《いつ》く」という意味の神名ではない。『秦氏本系帳』には、大宝元年に天降《あまくだ》った「筑紫胸形坐中部(「都」の誤記)大神」を祀ったとある。このように、当社が宗像の女神を特に祀っているのは、なぜだろうか。

秦氏と宗像の関係については、平野邦雄[2]、井上辰雄[3]がふれているが、正木喜三郎は、宗像郡辛家郷(津屋崎町勝浦字唐木)の渡来人を秦氏と推測する[4]。深溝徳穂は、秦氏が渡来人氏族として大陸との交通に特殊な関係があったから、「道主貴」としての宗像神を信奉したとみる。しかし、葛野坐月読神社の祭祀氏族壱岐《いき》氏も無視できない。葛野坐月読神社と当社の関係は密接である(『神社と古代王権祭祀』所収の葛野坐月読神社の項参照)。壱岐氏は宗像大社とも深い関係をもっており(『神社と古代王権祭祀』の宗像大社の項参照)、当社が市杵島姫を祭神とするうえでも一役かっていたと考えられる。中臣氏による大宝元年の神祇政策や、宗像祭祀と中央政権とのかかわりの深さからみても、ヒメ神を宗像女神にしたのは秦氏だけの意図ではなかろう。

酒の神になった理由

中世以降、当社は酒の神として信仰され、巷間では、酒に酔うことを「松尾様が乗る」といっていた。現在も境内には、全国の酒造業者から奉納された多くの酒樽が一括して並べられている。社殿背後の霊泉「亀の井」の水は、これを混ぜると酒が腐敗しないといわれ、醸造家が汲んで持ち帰る風習がある。黒川道祐の『雍州府志』(貞享元年(一六八四)成立)には、

縁起日、当社神徳、為二弓矢神一、為二社稷神一、為二寿命神一、為二酒徳神一、酤レ酒者専尊崇、為二酒福神一

とあり、井原西鶴も『織留』で、酒造家の繁盛の様子を「上々吉、諸白《もろはく》松尾大明神のまもり給へば」と書いている。

神功皇后がうたった歌として、『古事記』は、

この御酒《みき》は　我が御酒ならず　久志《くし》の司《かみ》　常世にいます　石立たす　小御神《すくなみかみ》の　神寿《ほ》き……

という歌謡を載せている。この歌謡の「久志《くし》」に対して一般に「酒」の字をあてるのは、この歌が造酒の歌だからである。酒造の神の「少御神（少彦名神）」は常世の神でもある。『日本書紀』（一書の六）は少彦名命について、

行きて熊野の御碕《みさき》に至りて、遂に常世郷《とこよのくに》に適《いでま》しぬ。亦曰《いは》く、淡島に至りて、粟茎《あはがら》に縁《のぼ》りしかば、弾かれ渡りまして常世郷に至りましきといふ。

と書く。『古事記』も、この神が常世国へ渡ったと記しており、茨城県日立市の養蚕《こかい》神社の伝承では、金色《こんじき》姫が蚕を持って海から依って来たという。雄略紀に、小子部連が「蚕《こ》」を集めよと天皇に命じられて「児《こ》」を集めてきたという話が載るが、皇極紀には、蚕に似た虫を大生部多が、「此《これ》は常世の神なり。此の神を祭る者は、富と寿《いのち》を致《いた》す」といって人々にすすめたとある。

蚕に似た虫を常世の神と称したというが、これは後世、オシラ神となる福神であり、松尾社の酒徳・酒福神も、文字どおり酒の福神である。蚕も酒も常世神・福神だが、秦氏が常世神信仰にかかわっていたことは、平野邦雄が「秦氏の研究」で詳述している。(2) 当社の祭神が酒の神になったのは、秦氏が祭祀氏族であることと無関係ではなかろう。

酒を「ササ」ということについては、「サ」を二つ重ねた、酒をすすめる囃子言葉とか、「栄えよ」の意の祝福の言葉とする説がある。仲哀記の歌謡には、「献《まつ》り来《こ》し　御酒《みき》ぞ　残《あ》さず飲《を》せ　佐々《ささ》」「この御酒《みき》の　御酒の　あやに甚楽《うたたの》し　佐々」とある。

一方、応神記には、ワニ臣の娘が天皇に酒をすすめたときの歌に「和邇坂《わにさ》」とあり、坂を「サ」と訓んでいる。また「丸邇坂《わにさ》に忌瓮《いはひべ》を据え」と崇神紀にある。坂（境）に据えた忌（斎）瓮に酒などを入れたことは、スサノヲの八岐大蛇《やまたのおろち》退治

の伝承からも推測できる。『日本書紀』には、八岐大蛇を退治するとき「酒八甕《やはら》に醸《か》」み、八つの岐《また》(境界)に八つの甕を置いて酒を入れたとある。この場合、瓮が甕になっているが、本来、境界に酒の入った甕を並べるのは、外から来る邪霊を防ぎ、寄り来る神を迎えるためである。

茨城県の酒列磯前《さかつらいそざき》神社の「酒列」について、伴信友は『神名帳考証』で、寛文三年(一六六三)に平磯村で発見された古墳の四囲数百歩に陶器が埋めてあり、そこが磯前明神の跡と伝承されていることから、「酒列」とは「酒瓶ヲ列ネタル」ものとみる。この場合、土器が四囲に並んでいるのは神域を示すためでなく、葬墓祭祀によるものだが、「酒列」を「酒瓶ヲ列ネタ」とみる見解には注目したい。「酒八甕《やはら》に醸《か》む」とは、甕をたくさん並べて酒を醸《かも》すことで、これが本来の「酒列」なのであろう(大洗磯前神社・酒列磯前神社の項参照)。

太秦《うずまさ》の大酒神社も秦氏の祀る神だが、『延喜式』神名帳に、元の名は「大辟の神」とある。播磨には大避《おおさけ》神社が「坂越」という地にある。山城国乙訓郡の酒解《さかとけ》神社は、『延喜式』に元の名は「山埼社」とあるように、山の崎の地に鎮座する。また酒列磯前神社は、太平洋の荒波洗う磯前にある。「坂《さか》」「辟《さけ》」「避《さけ》」「崎《さき》(前)」や、道祖神をいう塞の神の「サイ」は、みな同義である。大酒・酒解・酒列は、いずれも境(坂)の神である。これらの神社に「酒」の字をあてるのは、「坂《さ》」にたむける「饌《け》」すなわち「坂饌《さけ》」の霊威を示す最も代表的なものが酒だからであろう。当社の祭神大山咋神が酒の神となったのも、「酒」表記の神社の性格に通ずる神格をもっていたからであろう。

酒の神のスクナヒコナも、熊野の「御碕」から常世の国へ去っている。酒解の山埼、酒列の磯前のように、現在地に移る前の当社は日埼峰に祀られていたことからみても、当社の祭神は山の境の神で、その「サカ」「サキ」が「サケ」となったのであろう。

松尾社・賀茂社・日吉社

『本朝月令』の「中西賀茂祭事」が引く『秦氏本系帳』は、『山城国風土記』逸文の「賀茂社」の項の、石川(賀茂川)で川遊びをしているとき丹塗矢が川上から流れて来たという伝承を載せ、「又云」として、「秦氏女子」が葛野川で洗濯をしているときに矢が流れてきたという伝承を付記している。その矢を持ち帰って「戸上」に刺し置いたという話以降は『風土記』の記事と同じだが、丹塗矢と化して流れてきた神を『風土記』が乙訓社の火雷《ほのいかづち》命とするのに対して、『秦氏本系帳』は「戸上矢者松尾大明神是也」とし、鴨上社・鴨下社・松尾社は「是以秦氏奉祭三所大明神」と書く。

さらに『秦氏本系帳』は、秦氏と鴨氏の関係について、

鴨氏人為二秦氏之聟一也、秦氏為レ愛レ聟以二鴨祭一譲与之、故今鴨氏為二禰宜一奉レ祭、此其縁也。鴨祭之日、楓山《カツラヤマ》之葵《アフヒ》挿頭《カザシテ》、当日早朝、松尾社司等令レ齎《モタ》二挿頭料一、参二候内蔵寮一、祭使既来置二楓山葵於庭中一詔戸《ノリト》申、使等各挿頭《カザシテ》出立、禰宜祝等賜二禄物一、又走馬近衛捧謝幣与二禰宜祝一、倶参二松尾神社一、是乃母子愛之義、芬芳永存之心也。

と記している。

この記事について伴信友は、「もはら己が蕃種の卑姓なるを匿《カク》して、建角身ノ命の神別とし、かへりて賀茂の氏人の社家の上に出むとかまへたる巧には、神をも神おもひて奉らず、祖《オヤ》をも祖とおもはざる、いともにくむべき偽説になむありける」と述べて、「そもそも秦氏の祖は、姓氏録の諸蕃に載て、秦ノ始皇が後なる事詳にして、今旧史に合せ見ても混レなく、又本系帳も上に論へるごとく、元慶五年の頃奉上《タテマツ》れる書にて、今其全書は伝はらざれど、古書どもに引たるを見あたるかぎりは、上に挙たるがごとく、正しき伝説ときこゆるに、ただ件の又云一条のみいみじき偽説なるは、旧く伝来れる本系帳に、後に狡黠なる氏人のありて、書加たるものなる事著し」と書く。

つまり、上述の「又云」以下の記事は、『秦氏本系帳』に後から書き加えた「いともにくむべき偽説」だというのだが、『秦氏本系帳』の記事は、秦氏の側に立った我田引水的な書き方をしているとはいえ、すべてが偽説というわけではない。伴信友も、「但しその偽説の中」の「戸上矢者松尾大明神是也」については、『古事記』に「鳴鏑（鏑矢）を用つ神ぞ」とあるので、「偽説」とはみていない。そればかりか信友は、賀茂説の丹塗矢は、日吉社↓乙訓社↓松尾社と移ったと書いて、賀茂氏と秦氏の関係を認めている。

『山城国風土記』逸文の「賀茂社」の項では、丹塗矢と玉依日売（賀茂建角身命の子）の間に生まれた子は賀茂別雷命

だが、この丹塗矢を『秦氏本系帳』が松尾大明神とするのは、『古事記』が、日吉社と松尾社の神を「鳴鏑を用つ神」、つまり鳴鏑矢に化身する神と書くからである。「丹塗」「鳴鏑」は、神の化身した矢の美称だから、鳴鏑矢の神は丹塗矢の神でもあった。矢に化身した賀茂の神、日吉の神、松尾の神は同性格である。

　このような伝承が生まれた原因の一つに、これらの神社に賀茂氏と秦氏がかかわっていたことがあげられる。日吉大社の創始以来の禰宜の祝部氏は、賀茂氏の出自である。賀茂県主系図には、

　建角身命十一世孫、大伊乃伎。二男伊多足尼之七世裔宇志丸、大津朝ニ祝仕奉、而庚午年籍、負二祝部姓一、為二山王最初社司一

とあり、伴信友はこの系図から、『瀬見小河』で、「大伊乃伎の子孫は賀茂の神等に仕へ奉り、二男の伊多足尼の子孫は日吉神に世々仕へ奉る」と書く。西田長男も、「日吉社の祭神大山咋神は、山城国の旧族中でも最も有力な賀茂氏によって、相当に夙い頃より祀られて来たものであろう。その確実な年代はもとよりわからない。そうして、この賀茂氏の氏族が祝部氏を称して日吉社の累代の祠官となったものと思われる」と書いている(6)。

　また、『要略記』が引く「寺家行事」に、延久三年（一〇七一）十月二十九日、後三条天皇が日吉社へ行幸したとき、社司六人が従五位下に叙せられたとあり、そのなかの一人に、

　禰宜祝頼永譲二与惟宗実俊一叙二従五位下一

が見えている。惟宗《これむね》氏は秦氏が改姓した氏族である。このような祭祀氏族の共通性が三社にあることも、同性格の神であることを証している。

秦氏と神祇信仰

　平安京の造営に秦氏の力があったことは通説だが、桓武天皇の意をうけて長岡京を造営した藤原種継の母は、秦朝元の娘である。また、種継と共に長岡京造営の責任者であった藤原小黒麻呂の妻は、秦島麻呂の娘で、その間に生まれた子を葛野麻呂という。この「葛野《かどの》」は、秦氏の本拠地の山城国葛野郡の「葛野」である。このような関係からも、長岡京→平安京という移転について秦氏は無視できない。平安京の中心である大《おお》

内裏《だいり》は秦河勝の居宅跡だったという伝承もある(『拾芥抄』)。

このような秦氏の力からみて、賀茂神社・日吉大社に秦氏の勢力が及んだ結果、前述のような伝承が生まれたと解すべきであろうが、渡来氏族中、神祇信仰にまでくいこんでいる例としては、秦氏がきわだっている。神祇信仰は日本固有の信仰だとして国粋主義の中核に神祇信仰を置くのは、国学者らの偏見である。伴信友の前述の見解が、それを示している。このような発想が明治新政府の宗教政策の基本にすえられたため、神仏分離令によって寺と神社は切り離されたが、この国粋化は、上からの人為的なもので、民衆の信仰心の結果ではない。

養蚕神社の項で述べるように、民衆にもっとも親しく信仰された稲荷・八幡・木島の神は、すべて「諸蕃」の秦氏に深いかかわりがある。このことからみても、神祇信仰の実体は、国粋的な神道史家や宗教学者のいうようなものではない。「神ながらの道」という言葉も、かつて拙稿で述べたように[(7)]、道教用語である。なお、秦氏は道教とも結びつきが深いが、本題からはずれるので略す。

注

(1) 三品彰英「対馬の天童伝説」『増補日鮮神話伝説の研究』所収、昭和四十七年。
(2) 平野邦雄「秦氏の研究」「史学雑誌」七〇巻三・四号。
(3) 井上辰雄「大宝二年の豊前国戸籍をめぐる問題」『日本史研究』二二号。
(4) 正木喜三郎「宗像三女神と記紀神話」『沖ノ島と古代祭祀』所収、昭和六十三年。
(5) 深溝徳穂「古代ムナカタ神について」「西日本史学」一〇号。
(6) 西田長男「日本神話の成立年代」『日本神道史研究』第一〇巻所収、昭和五十三年。
(7) 大和岩雄「柿本人麻呂の神——天武天皇と道教(一)」『天武天皇論(二)』所収、昭和六十二年。

養蚕《こかい》神社——秦氏と養蚕と白神信仰

当社は木島坐天照御魂神社の本殿の東にあり、一般に「カイコノヤシロ（蚕の社）」と呼ばれているが、秦氏の神社の境内に養蚕《ようさん》にかかわる神社がある理由は、秦氏を「ウヅマサ」と呼ぶ命名伝承から推測できる。

秦氏と養蚕

「ウヅマサ」命名の由来について、『日本書紀』は雄略紀十五年条に、

詔して秦の民を聚《と》りて、秦酒公に賜ふ。公仍《よ》りて百八十種勝《ももあまりやそのすぐり》を領率《ひき》ゐて、庸調《ちからつき》の絹縑《きぬかとり》を奉献りて、朝庭《みかど》に充積《つ》む。因りて姓を賜ひて禹豆麻佐《うつまさ》と曰ふ。一《ある》に云はく、禹豆母利麻佐《うつもりまさ》といへるは、皆盈《み》て積める貌《かたち》なり。

と書く。百八十種の秦の民を率いる秦酒公が、祖税の上質の絹を朝庭にうず高く積んだので、「ウヅマサ」の姓を賜わったということであろう。また『新撰姓氏録』には、蚕を養い、絹を織って貢進したためとあり、『古語拾遺』は『日本書紀』と同じ記事を載せ、「秦氏の貢《たてまつ》る所の絹を以て、神を祭る剣の首《つか》に纏《ま》く。今俗猶然《なおしか》す」と記している。このように、内容にいくらかの違いはあるが、いずれも命名の由来を蚕と絹に関連づけている。

雄略紀十六年七月条には、

詔して、桑に宜《よ》き国県にして桑を殖えしむ。又秦の民を散《あか》ち遷して、庸調を献らしむ。

とある。

一方、雄略紀六年三月七日条には、天皇に蚕を集めよと命じられた小子部雷が、「蚕《こ》」を「児《こ》」とまちがえて嬰児を集めたので、「小子部《ちいさこべ》」という姓を賜わったとある。この小子部雷は、『新撰姓氏録』山城国諸蕃の秦忌寸《いみき》では、秦の民

を集めたと記されているが、これは秦の民が「蚕」にかかわるからであろう。

山城の秦氏の中心は葛野《かどの》と深草だが、和田萃は「山背秦氏の一考察」で、「肥沃な深草地方に比して、葛野の地は標高も高く水利も悪い。当然、葛野の開発は深草よりも遅れたのであり、秦氏の各集団を動員して開拓せしめたものの、水田となしうる地は少なく、畦地（陸田）が大半を占めたであろう。それは天長五年のものと推定されている葛野郡斑田図にも窺える。こうしたことを考えると、秦氏が養蚕にたずさわったという伝承も、強ち否定さるべきものではないかもしれない」と書いている(1)。

『三代実録』仁和三年（八八七）七月十七日条の、従五位下時原宿禰春風が朝臣姓を賜わった記事に、春風が自ら言った言葉として、自分は「秦始皇帝の十一世孫功満王の子孫」で、この功満王が帰化入朝のとき「珍宝蚕種等」を献じ奉ったとある。『三代実録』貞観五年（八六三）九月五日条には、「山城国葛野郡人図書大允従六位上秦忌寸春風」が時原宿禰姓を賜わったとあるから、秦忌寸春風と時原朝臣は同一人物である。「図書大允」である以上、図書に造詣が深かったと考えられるが、その彼が「蚕種」を特にあげていることからみても、秦氏と葛野と養蚕は切り離せない。

常世神と蚕と秦氏

『日本書紀』皇極天皇三年七月の条に、「東国《あづまのくに》の不尽《ふじ》河の辺の人大生部多《おほふべのおほ》、虫祭ることを村里の人に勧めて曰はく。『此は常世《とこよ》の神なり。此の神を祭る者は、富《とみ》と寿《いのち》を致す』といふ」とあり、この虫は「養蚕《かひこ》」に似ていたが、人々がこの「常世の虫をとりて、清座《しきゐ》に置きて、歌ひ儛《ま》ひて、福を求めて珍財《たから》を捨」てるので、「葛野の秦造《はだのみやつこ》河勝、民の惑はさるるを悪《にく》みて大生部多を打つ」とある。

蚕に似た虫を祀ったということは、蚕も単なる虫ではないことを示している。蚕については『荀子』賦篇に、「其の状《さま》、屢《しばしば》化すること神の如し」とあるが、その化身するさまは、中国人だけでなく、わが国の古代人にも神秘と感じられたにちがいない。大生部多が蚕に似た虫を常世神としたのも、そのためであろう（「富と寿を致す」とは、道教の攘災致福と不老長生にあたる）。

谷川士清は、大生部多を秦氏の所摂と考えているが（『日本書紀通証』）、平野邦雄も、大生部が秦氏と新羅人の有力な居住地にいること、常世連に改姓した赤染造が「秦氏と同族、または同一集団を形成した氏族で、恐らく新羅系帰化人で、常世神信仰の母体をなしたと想定」できることから、秦河勝は「神道や道教側の統制者として、大生部多に矯正を加えた」ものとみて、谷川士清の説を支持している。(2)

上田正昭も、「七三八年（天平一〇）の駿河国正税帳にも秦忌寸稲粟らが名を連ねており、この地方（大生部多のいた富士川のほとり）に秦氏を名のるものがあったことは否定できない」と述べ(3)、太田亮も『和名抄』の駿河国益頭郡八田郷を秦郷とみている。(4)また上田正昭は、神亀三年（七二六）の「山背国愛宕郡出雲郷計帳」に大生部直美保麻呂の名がみえるが、「出雲郡雲下里には大生部氏と姻戚関係をもつ秦氏がおり、秦造―秦氏―大生部氏のあいだには密接につながりがある。（中略）この常世の神には、海のかなたから来臨する神の面影に、富と長寿の中国の道教的信仰がかさなっており、それに参加する巫覡にはシャーマン的要素が加わっている。また常世の虫が『養蚕《かいこ》に似たり』とされているのも、養蚕に関係があった秦氏にふさわしい説話である」と述べている。(3)

とすれば、当社は「富」と「寿《いのち》」をもたらす常世信仰にもかかわっていることになる。

「富」については、『山城国風土記』逸文に、秦公伊侶具が「稲《いね》梁を積みて富み裕ひき」とある。「稲梁を積む」とは、沖縄の「シラ」のイメージである（「シラ」については、柳田国男の「稲の産屋(5)」、宮田登の「シラと稲霊(6)」にくわしい）。「シラ」は死と再生、すなわち生まれかわりを意味する（白山比咩神社・伏見稲荷大社の項参照）。この生まれかわりによって富と福（寿）が招来される。その代表例が蚕である。

『古事記』によれば、仁徳天皇の皇后石之《いわの》比売《ひめ》が、山代《やましろ》（山背・山城）の筒木《つつき》の韓人《からひと》、奴理能美《ぬりのみ》の家に来て帰らないので、天皇が理由をたずねたのに対し、丸邇《わに》臣口子らが、

「大后の幸行《い》でまし所以《ゆゑ》は、奴理能美が養《か》へる虫、一度《ひとたび》は匐《は》ふ虫と為《な》り、一度は殻《かひこ》と為り、一度は飛ぶ鳥と為りて、三色《みくさ》に変る奇《あや》しき虫有り。此の虫を看行《みそなは》しに入り坐ししにこそ。」

と答えており、それを聞いた天皇は、「吾も奇異《あや》しと思ふ。故、見に行かむと思ふ」といって、奴理能美の家に行幸し

ている。

蚕は、幼虫（匐ふ虫）、繭（穀）、蛾（飛ぶ鳥）と、三度生まれかわる、つまり化身する。それが珍しかったのである。死と再生を三度《みたび》くりかえす「カイコ」は、「シラ」の代表である。

皇極紀は、蚕に似た虫を祭ることについて、

常世の神を祭る者は、貧しき人は富を致し、老いたる人は還《かへ》りて少《わか》ゆ

と書く。これは化身であり、逆転を示す。

そのためには、「家の財宝《たから》を捨て」、酒や野菜・動物を路に供えて、「新《にひ》しき富《とみ》、入り来《きた》れ」と言う必要があった。財宝を捨てなくては、新しい財宝（富）は入らない。つまり、死ぬことなくして生まれてはこないという、逆転の発想を示唆している。だが、結果は次のようであった。

都鄙《みやこひな》の人、常世の虫を取りて、清座《しきゐ》に置きて、歌ひ儛ひて、福《さひはひ》を求めて珍財《たから》を棄捨《す》つ。かつて益《ま》すところ無くして、損《おと》り費《つひ》ゆること極めて甚《はなはだ》し。是《ここ》に、葛野の秦造河勝、民の惑《まど》はさるるを悪《にく》みて、大生部多を打つ。

現実には誰も「常世虫」のようにはなれなかった。むしろ、それだからこそ「蚕」は「神」たりえたともいえよう。

養蚕と秦氏と新羅

蚕に似た「常世虫」に関する『日本書紀』（皇極紀）の記述からみても、秦氏と養蚕・蚕神信仰の関係は無視できない。この関係は、蚕神信仰が外来のものであることを示している。前述の奴理能美も「韓人」である。

和田萃は「現在、関東・東北地方でみられるオシラサマは、農業神・養蚕神であって、桑木にて作った男女一対の像を、イタコや主婦などが遊ばせるものであるが、これは『本朝世紀』にみえる天慶八年七月から八月にかけておこった志多良神の入京事件とともに、養蚕―秦氏―新羅神に関連する信仰かと思える」と書いている。(1)

『播磨国風土記』は、牧野《ひらの》の里の「新羅《しら》訓《くに》村」について、「昔、新羅の国の人、来朝《まゐき》ける時、此の村に宿りき。故《かれ》、新羅訓と号《なづ》く」と書くが、その地は「蚕子《ひめこ》落ち処」の日女道《ひめじ》丘（姫路城の所在地）の北方の白国に比定されている。新

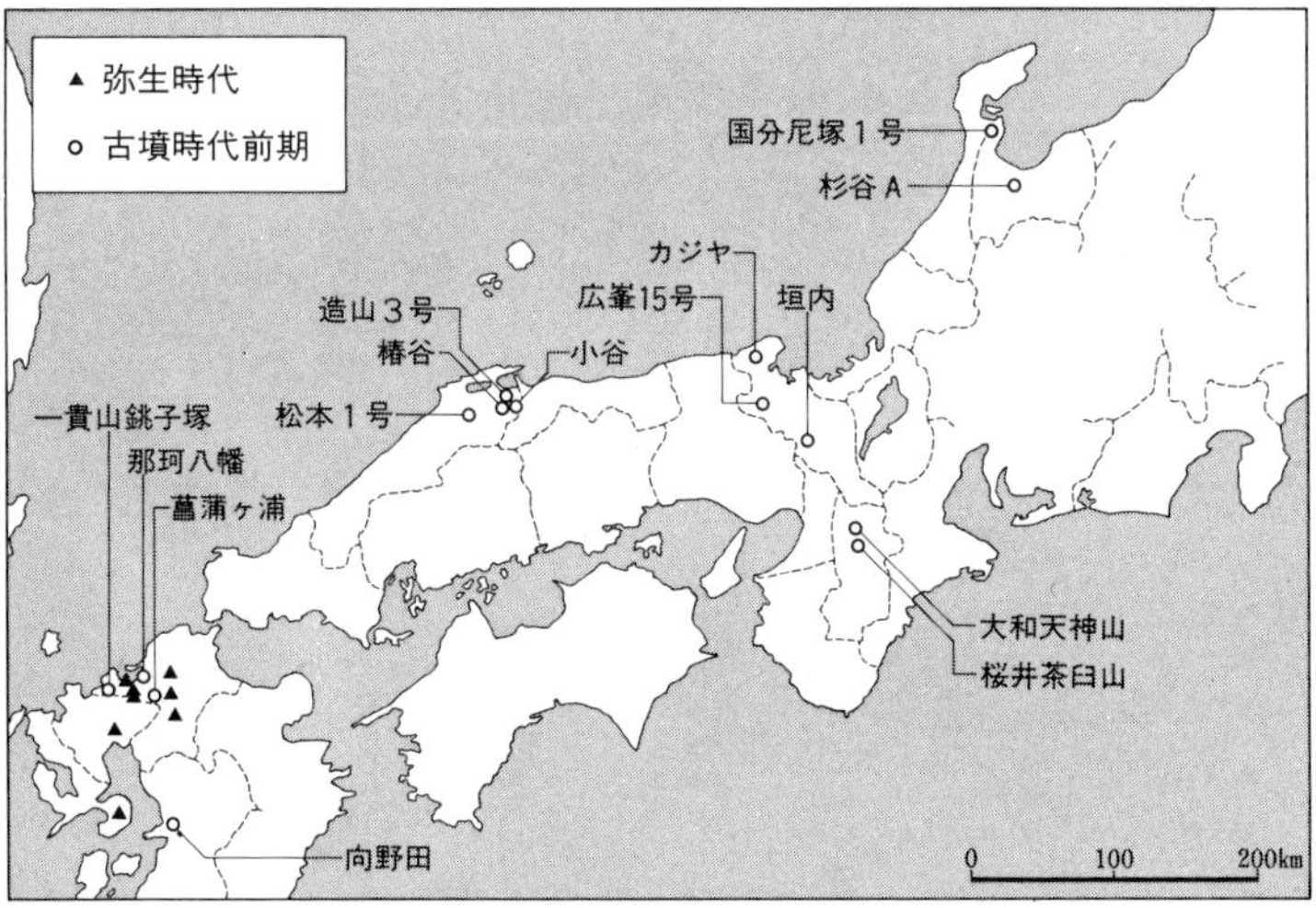

絹が出土した弥生時代・古墳時代前期の遺跡（『絹の東伝――衣料の源流と変遷』より）

羅と養蚕に関しては、『三国史記』新羅本紀に、始祖赫居世《かくこせ》や五代婆沙尼師今《はさにしきん》が養蚕を奨めたとあり、布目順郎は、新羅の「シラ」は「朝鮮語の絹を意味する sir, ひいては絹を意味する、満州語の sirge, 蒙古語の sirkek sirghek sereg などとの関連も考えられる」と推測している。[7]『三国史記』の知証麻立干《ちしょうまりつかん》四年（五〇三）十月条によれば、古くは斯盧《しろ》・新羅《しら》と称していた国号を、この年に「新羅」に定めたという。「新」は「徳業が日々に新たになる」、「羅」は「四方を網羅する」の意であると、『三国史記』は書くが、これは「新」の「羅」の漢字の字義であって、「シロ・シラ」という言葉の意味ではない。しかし、初期の王が養蚕を奨めたという記事から、養蚕と新羅のかかわりは推測できる。

養蚕神社の祭祀者秦氏は、新羅国に併合された加羅の地からの渡来人で、一般に新羅系といわれている。秦河勝は新羅使の導者を勤めており、『日本書紀』によれば、推古十一年・二十四年・三十一年に新羅王から仏像を贈られているが、三十一年の記事には、仏像を「葛野秦寺」に収めたとある。秦寺とは広隆寺である。二十四年の記事には新羅仏とあって寺は記されていないが、『聖徳太子伝暦』『扶桑略記』には峰岡寺（これも広隆寺のこと）に置いたとある。また、十一年の仏像については『聖徳太子伝補闕記』や『聖徳太子伝暦』に「新羅国所献仏像」とあり、『扶桑略記』は広隆寺縁起を引き、国宝第一号となった「弥勒仏」をこの仏像のこととしている。なお、『広隆寺来由記』によれば、白髪の天神が広隆寺守護のため新羅から飛来したという。

このように、養蚕—新羅—秦氏は太い線で結ばれるが、平野邦雄は、「天日矛の説話を有する地域と秦氏の居住区は、ほぼ完全に重複している」と書いている。[1] 天之日矛は新羅国の王子である。

前頁の図は、布目順郎が「絹を出した弥生時代・古墳時代前期遺跡」を作図したものだが、[8] その絹は、中国・朝鮮で作られた絹でなく、「出土地のあたりで生産されたもの」と布目順郎は書いている。しかも、遺跡の所在地は、天之日矛伝承地とはほぼ重なっている。秦氏の渡来時期の上限は五世紀初頭とみられるから、秦氏渡来以前から日本海沿岸では養蚕が行なわれていたのである。その養蚕の担い手も、やはり新羅・加羅地方からの渡来人だったにちがいない。

『三国遺事』によれば、新羅の延烏郎《えんうろう》・延烏女《えんうじょ》が日本へ去ったため、日・月がでなくなったので、新羅王は帰国するよう使者を派遣して伝えたが、日本から戻らないかわりに、延烏女が織った絹を使者に渡した。その絹をもちかえって祀ると、日・月が再び出るようになったという。

太陽と桑と蚕

養蚕は桑をぬきには考えられないが、中国では、太陽は東海の島にある神木の桑から天に昇るとされ、日の出の地を「扶桑《ふそう》」と称した。『礼記』にも「后妃は斎戒し、親《みずか》ら東に向《おもむ》き桑をつむ」とある。桑をつむのに特に「東に向く」のは、扶桑の観念による。当社が天照御魂神社の摂社になっているのも、この「扶桑」とのかかわりによると考えられる。

『風俗通義』によれば、黄帝が昇天のとき地上に残した「烏号」という弓は、烏のとまっていた柘桑の枝で作ったものだという。太陽の中に三本足の烏がいるという伝承は、古くから中国にある。新羅の延烏郎・細烏女も、日神祭祀にかかわる名であろう。また、『礼記』の射義によれば、太陽信仰と結びついた桑の弓が、太陽崇拝にかかわる霊草(蓬《よもぎ》)の矢とともに、男の子の出生の儀礼に用いられている。このように、桑は太陽信仰と結びついているから、日の出の地を「扶桑」と書くのだろう。

蚕神を祀る茨城県の蚕影《こかげ》神社(筑波郡筑波町)の祭神は「金色姫《こんじき》」という。「金色」という称は、桑が太陽とかかわることに由来するものであろう。この神社の伝承によれば、金色姫は桑の木のうつぼ船に乗って漂着したという。『播磨国風土記』餝磨郡の地名由来譚では、火明《ほあかり》命の怒りによって父神大汝《おおなむち》命の船が破られたとき、「蚕子《ひめこ》落ち処、即ち日《ひ》女道《めぢ》の丘と号く」とあるが、火明命は海部系の太陽神とみられている。

大隅正八幡宮（鹿児島神宮）の縁起では、「大比留女《ひるめ》」（大日女《ひるめ》）という女性が、日光に感精して生んだ御子（八幡神）とともに空船《うつぼぶね》に乗せられ、大隅の磯に漂着している。対馬の天道菩薩の縁起には、「照日《てるひ》の采《さい》」の娘が日光に感精して生んだ御子が「天童」だとあるが、別伝では、不義で妊った宮中の女院が「うつぼ舟」に乗せられて豆酘《つつ》の内《ない》院の浜に漂着し、天童を生んだという。天照大神も、「大日孁《ひるめ》貴《むち》」（『日本書紀』）、「天照日女《ひるめ》命」（『万葉集』）と呼ばれるように、本来は「日女」だが、「養蚕の道」を開いたと『日本書紀』には書かれている。このように桑や蚕が太陽信仰にかかわる以上、秦氏の祀る天照御魂神社の境内に養蚕神社が鎮座するのは当然ともいえよう。

木島坐天照御魂神社という社名より、摂社の養蚕《こかい》神社の通称「蚕の社」のほうが土地の人々に親しまれているのも、天照御魂神が蚕神のイメージによって民衆に親しまれたからであろう。木島社は、秦氏系の人々が祀る白日神を、天照御魂神として祀ったものといえよう（白日神については志呂志神社・向日神社の項、天照御魂神社については『神社と古代王権祭祀』の第一章を参照）。

『梁塵秘抄』に載る、「太秦《うづまさ》の薬《くすし》がもとへ行く麿を、しきりにとどむる木島の神」の歌は、太秦の医者《くすし》よりも太秦の木島神のほうが、不老長生の御利益をもたらすという意味の歌であろう。とすれば、この場合の「木島の神」は、福神としての「白神」である「蚕の社」のことを指していると考えられる。同じ『梁塵秘抄』に、「稲荷も八幡も木島も、人の参らむ時ぞなき」とあるように、天下の伏見稲荷や石清水八幡とともに参詣者の多かった木島社も、養蚕社を指しているのであろう。

石清水八幡宮宇佐の八幡神を勧請したものだが、宇佐八幡宮は秦氏がかかわっている（くわしくは香春神社の項参照）。このように、「人の参らむ時ぞなき」稲荷・八幡・木島の神には、すべて秦氏が関与している。この点に私は注目したい。

白比丘尼と秦氏と白神信仰

蚕神信仰がオシラ神信仰と重なっているのは、どちらにも再生、変身・化身のイメージがあるからである。このイメージは、後には不死・長寿のイメージを生んでいる。

その代表が白比丘尼《しらびくに》だが、白比丘尼も秦氏とかかわりがある。

林道春の『本朝神社考』巻六、良香の条には、

余が先考嘗て語りて曰く。伝へ聞く、若狭の国に白比丘尼と号するものもあり。其父一旦山に入りて異人に遇ふ。倶に一処に至る。殆ど一天地にして別世界なり。其の人一物を与へて曰く、之を食すると年をへて老いずと。父携へて家に帰る。その女子、迎へ歓んで衣帯を取る。因りて人魚を袖に得て乃ち之を食ふ（蓋し肉芝の類か）。女子寿四百余歳、所謂る白比丘尼是なり。余幼齢にして此事を聞きて忘れず。（原文は漢文だが、『大日本風教叢書』本の訳文を参照した。）

と書かれている。林道春が「幼齢」の頃とは、天正十五年・六年（一五八七・八）頃にあたるが、同様の話はすでに『康富記日記』文安六年（一四四八）五月条や、『臥雲日件録』同年七月二十六日条にもみえている。これらの記事には、「若狭白比丘尼」「八百歳老尼」と称して京都にあらわれ「俗信を集めた」者がいたとあり、八百歳の白比丘尼であることを公然と名乗る現実の老尼がいたことがわかる。この白比丘尼伝説は、漂泊の巫女たちが語り伝えたもので、その分布は、堀一郎によれば、「本居と伝へる若狭を中心として、北は岩代、東は上野、武蔵、相模、下総の諸国。佐渡、越後、美濃、飛驒、能登、駿河。西は紀伊、播磨、因幡、隠岐、土佐にも及び、これと姉妹関係にあるらしい長寿女性の物語は筑前と筑後にも存している」という(9)。

『野史』（巻二七四）は、白比丘尼の父は若狭国遠敷郡根来鵜瀬川の傍の一匠人で、名を「道満」といったと書くが、『笈埃随筆』（後編巻二）は、「空印寺縁起」を引いて、比丘尼の父は「秦道満」と称したと記している。『新編会津風土記』（巻五十五）によれば、秦川勝の子で日光を開いた秦勝道が、元明朝の和銅元年（七〇八）岩代国耶麻郡金川村に来て、村の長《おさ》の娘を妻として村に住みついたが、勝道は庚申を崇信していたので、村人を集めて庚申講を行なっていると、

ある日、駒形山のあたりの鶴淵から竜神が出て村人を饗応し、土産をくれた。その中に「九穴ノ貝」があり、村人が怪しんで道に捨てたのを、勝道が拾って子女に食べさせたところ、長寿を保ち、八百比丘尼になったという。このように、秦道満・秦勝道など白(八百)比丘尼の父が「秦」姓であることが注目される。

柳田国男は、「山島民譚集」で、「道満は亦一箇の伝説上の中心人物で、安倍晴明と併立して陰陽道の霊異を代表し、諸国に其遺跡がある。比丘尼を其娘と云ふのは会津の勝道上人説と共に注意すべきことである」と書く。[10]

道満は芦屋道満という。堀一郎は、「姫路附近の阿成村宇津呂の近くの三宅村は陰陽師芦屋道満及びその子孫の住みし所と伝へてゐる。近年まで芦屋塚あり(中略)、大和生駒郡安堵村飽波の特殊部落の伝承には、芦屋道満が此地に流されて此村に死んだと云ひ、その塚も有してゐた。近江国犬上郡北青柳村長曽根の南に非人小屋あり、その代々の頭善五郎は先祖を道満といひ(中略)、『信達二郡村誌』によると信夫郡福島町には字名として晴明塚と道満塚とが相接して存在してゐた」と述べている。[11]

この道満が若狭では「秦道満」になっているのは、漂泊遊行の下級陰陽師のうち唱門師が、安倍晴明の系統よりも、秦河勝を祖とする猿楽の徒に近かったためであろう。室町時代の『雑事記』は、寛正四年(一四六三)十一月二十日条に、宿者《しゅくもの》の七道者として「猿楽、アルキ白拍子、アルキ御子《ミコ》(巫女——引用者注)、金タ、キ、本タ、キ、アルキ横行、猿飼」をあげているが(七つの道者をあげているから「七道者」と書く。宿者の神の宿神と秦氏については大酒神社・大避神社の項参照)、彼らは後に非人と呼ばれている。秦河勝を祖とする猿楽の徒らを「道者」というが、道満・勝道にも「道」がつくように、「道者」とは漂泊芸能者のことである。

中山太郎は、白比丘尼の「伝説を運搬したものは、漂泊のつづけた巫女」とみており、[12] 堀一郎も、白比丘尼伝説を「巫女遊行の伝説的証跡」とみている。[11] おそらく、秦河勝を祖とする「七道者」のなかでも、歩き白拍子、歩き巫女が主に白比丘尼伝説を拡めたのであろう。白比丘尼の父が秦道満であったり、秦河勝の子勝道であったりするのは、そのためと考えられる。

この白比丘尼について五来重は、白比丘尼に関する諸文献からみて、「集団の勧進比丘尼であったことは疑がないので、熊野比丘尼とおなじ職能をもっていたとすれば、その出所も熊野に対立する修験本山でなければならない。そうしてかんがえるのは白山であるし、その唱える祭文の一つが白山《しらやま》祭文または白神《しらがみ》祭文であったかとおもわれる[13]」と書き、白比丘尼は白山信仰を伝えた勧進比丘尼とみている。若狭にも白山信仰は濃厚である。

私は、白比丘尼の祖を秦氏とする伝承と共に、白山の開山の泰澄を秦氏とする伝承があることに注目したい。

山岸共は、泰澄の出目について、

　中世の行者が秘伝とした『白山大鏡第二神代巻初一』（『山岳宗教史研究叢書17・修験道史料集(1)東日本編』所収）は、泰澄を越前阿佐宇津（麻生津）の渡守泰角の子、古志（越）路行者秦泰澄大徳と述べている。秦氏は新羅系渡来氏族といわれ、その居住の多く見られる国の一つは越前であった。泰澄を十一面観音の行者として性格づける以上、『泰澄伝説』の三神氏（三上氏か）より秦氏とする方が、ふさわしいといえよう。

と書いている[14]。

このように、白比丘尼と白山と秦氏が結びつくことは、白神としての蚕神を秦氏が祀ることと関係があるとみてよかろう。

越前・若狭も秦氏の居住地であった。『日本古代人名辞典』（第五巻）によれば、八世紀の越前に秦一六・秦人部二、若狭に秦一・秦人三がみえる。大森宏は、秦氏は若狭全域に分布していた可能性があることを論じている[15]。

越前・若狭におけるこうした秦氏の存在からみても、泰澄・白比丘尼の祖と秦氏のかかわりは否定できない。養蚕神社は白神信仰の神社といえよう。

注

（1）和田萃「山背秦氏の一考察」『嵯峨野の古墳』所収、昭和四十一年。

(2) 平野邦雄「秦氏の研究(一)」「史学雑誌」七〇巻四号。
(3) 上田正昭『日本神話』二一七頁、昭和四十五年。
(4) 太田亮『姓氏家系大辞典』四七二五頁、昭和十一年。
(5) 柳田国男「稲の産屋」『柳田国男集』第一巻所収。
(6) 宮田登「シラと稲霊」『原初的思考』所収、昭和四十九年。
(7) 布目順郎「帰化人と養蚕」『養蚕の起源と古代絹』所収、昭和五十四年。
(8) 布目順郎「古代日本海沿岸の絹文化」『絹の東伝』所収、昭和六十三年。
(9) 堀一郎『我が国民間信仰史の研究』六九一頁、昭和二十八年。
(10) 柳田国男「山島民譚集」『柳田国男集』第二七巻所収。
(11) 堀一郎、注9前掲書、五二七頁。
(12) 中山太郎「漂泊巫女の代表的人物八百比丘尼」『日本巫女史』所収、昭和四年。
(13) 五来重「布橋大灌頂と白山行事」『白山・立山と北陸修験道』所収、昭和五十二年。
(14) 山岸共「泰澄伝承」『白山信仰』所収、昭和六十一年。
(15) 大森宏「若狭にみる民族移動の跡」「日本のなかの朝鮮文化」第五号。

大酒《おおさけ》神社・大避神社——石神《しゃくしん》・麻《ま》多羅《たら》神と秦河勝

酒・避の意味と祭神について

当社は『延喜式』神名帳の山城国葛野郡の条に、「大酒神社元名二大辟神一」とあり、太秦の広隆寺の境内に鎮座する。

注記にあるように、神名の「酒」は「辟《さけ》」から転じたものだが、「サケ」について柳田国男は、「サカ・サキ・サク・セキ・ソキ・ソク・ソコ」と同根であることを、豊富な例証にもとづいて述べている。[1] 同じ山城国の式内社酒解《さかとけ》神社は、神名帳の注記に「元名二山埼社一」とあり、「埼《さき》」が「酒」になったことがわかる。

松尾大社が酒の神を祀る神社になったのも、松尾社の祭神の大山咋神（山頂という境界を示す標識としての杙の神格化）が境の神だからである。この神の鎮座地を「日埼峰」というのも、神名とかかわっている。「大山咋」という神名には、天と地の境界・埼としての山頂の意味がある。だから、この神は、山頂の支配神を意味する「山末之大主神」という別名をもつ。「日埼峰」も、日にもっとも近い埼の意である。

このように、「辟」「酒」に埼・境の意味があるところから、上田正昭は大酒神社の祭神を道祖神とみる。[2] 大酒神社が中世には広隆寺桂宮院の鎮守社であったことは、『空華日用工夫集』に「太秦桂宮院主云、鎮主(守)大裂明神」とあることで明らかだが、そこには「而見所レ祭石也」とあり、『広隆寺縁起』にも「此神元是所レ祭石也」とある。このように、当社の神体は石だが、石神《しゃくしん》の多くは猿田彦とも呼ばれ、道祖神である。

金春禅竹は『明宿集』に、

当寺（太秦寺《ウツマサテラ》）ヨリチト西ニ離レテ霊場アリ。桂宮院《ケイキウ》ト号ス。古今ニ桂《カツラ》ノ宮トアルワコレナルトカヤ。ソノ所ニ、河勝ノ御垂迹、大避大明神マシマス。コレスナワチ桂《カツラ》宮ナルベシ。

と書く。秦氏の祖秦河勝が登場するのは、当社が秦氏の神社だからである。一方、兵庫県赤穂市坂越には大避神社があり、大避大神と称して秦河勝を祀っている。この地に秦河勝を祀る神社があるのは、赤穂郡一帯に秦氏がいたからである。延暦十二年（七九三）四月十九日付の播磨国坂越・神戸両郷解には、天平勝宝五年（七五三）頃、この地に秦大炬なる人物がいたとあり、『三代実録』の貞観六年（八六四）八月十七日条には、播磨国赤穂郡大領、外正七位下秦造内麿が外従五位下になったとある。秦河勝を祭神とする当社の分祀は三十余社あり、その分布は、千種川流域の赤穂郡を中心として佐用郡・揖保郡に及び、河勝について多くの口碑が伝えられている。今井啓一によれば、「旧時、赤穂郡内の神社の三分の一は秦河勝を奉祀した大避社であったと伝えている」[3]。『播磨鏡』（宝暦十二年（一七六二）成立）は大避神社の社伝を引用し、秦河勝がこの地で没したので、河勝の霊と秦氏の祖酒公を祀り、社名を「大荒《さけ》」「大酒」と称したが、治暦四年（一〇六八）に「大避」に改めたとある。また、山背大兄王と親しかった河勝が蘇我入鹿の嫉みを受け、ひそかにこの地に難を「避けた」ので、「大避」に改めたとも記している。

この社名由来譚は、秦河勝を祀る山城の神社の「大酒」を本来の表記と思い込み、「大避」と書く理由を創作したものであろう。だが、神名帳の注記にあるように、「辟」「避」の方が古い表記である。

大避神社の所在地を「坂越《さこし》」という。現在は「サコシ」と訓むが、「坂越」は「シャクシ」の宛て字である。世阿弥の『風姿花伝』は、「坂越《しゃくし》」と訓ませている。禅竹の『明宿集』も「シャクシ」とし、「坂越」「尺師」の字を宛てている。『円満井座系図』は「釈師」とも書く。

柳田国男は「シャクシ（シャグジ）」は石神《しゃくじん》、塞《さえ》の神《かみ》、道祖神をいい、「サウヅ・ソウシ」も同じ意味だとする[1]。また、塞の神の「サイは限境の義」であるとし、「サケ」はサカ・サキ・サク・セキ・ソキ・ソク・ソコと同根で、「凡て皆隔絶の義」であると指摘しているが、「避」という字も同じ意味である。

『明宿集』は、当社の祭神を「大荒神」の秦河勝とし、「宿神」ともいうと書いている。喜田貞吉は、「猿楽の徒の宿《しゅく》神も、当道（盲人の徒――引用者注）の輩の祭る守宮《しゅぐう》神も、其の根原は蓋し同一のものであって、（中略）観じてここに至れば宿神の及ぶ範囲は更に広くなって、彼の社宮神《しゃぐじん》・社宮司《しゃぐじ》・赤口神《しゃくじん》・石神《しゃくじん》・佐軍神《さぐじん》・佐具叡神《さぐえじん》など称するものとの関係をも認めたくなる。或は陰陽道其の他諸道の守護神たる式神に其の根原を求めねばならぬものであるかも知れぬ。或は傀儡子《くぐつし》の祭る道祖神と合せて研究せねばならぬものであるかも知れぬ」と書き(4)、宿神とシャグジ・道祖神は関係があるとみている。

石神は必ずしも「シャグジ」の神とはいえないが、「石神《しゃくじん》」と称するのは、石を祀る慣習（石神信仰）とシャグジの信仰が重なったためである（ミシャグチ神社の項参照）。とすれば、大酒神社と同様に大避神社の祭神も同じ石神であったのが、宿神秦河勝になったのであろう。

秦河勝は猿楽の徒の祖になっているが、宿神は彼らが祀る神である。この宿神を『能伝書』は麻多羅神とする。

麻多羅神と牛祭

麻多羅神については、林羅山（道春）が『本朝神社考』に引く『山家要路』に、伝教大師最澄が唐の青竜寺に赴いたとき寺の鎮守の麻多羅神が現れたとあり、「日吉大宮」と同体の神だと記されている。鎌倉時代に叡山の学僧光宗が書いた『渓嵐拾葉集』（常行堂麻多羅神事）には、比叡山の麻多羅神について、慈覚大師円仁が唐から帰る船中にこの神が現れ、「我を崇敬せざる者は往生の素懐を遂げるべからず」と告げたので、常行堂に勧請したとある。そして麻多羅神を「障礙《しょうがい》神」と書いている（障礙は障碍に同じ）。

『京都名勝志』の広隆寺の項には、「伝へいふ、むかし慈覚大師入唐の帰路、順風を麻吒羅神に祈り、帰朝の後叡山の西麓に祭り、後、当寺に分祀せしにて、牛祭は即ち麻吒羅神の祭礼とし、其の式頗る奇異なり」とある。

九月（現在は十月）十二日の牛祭（麻多羅神祭）は、鞍馬の火祭、今宮のやすらい祭とともに、京都の三大奇祭といわれている。

図は、『都名所図会』に載る江戸時代の牛祭の様子である（牛に乗るのが麻多羅神）。この祭儀は神仏分離で大酒神社が現在地に移転したため中止されていたが、明治二十年、祭文の「麻吒羅神」を「諸神等」、「大黒天神」を「大穴牟遅乃神」、「道祖神」を「猿田彦神」に改め、はなはだしい卑猥の句を削り、当社の祭として復興した。

この明治以降の祭について、鈴木棠三は『日本年中行事辞典』で、次のように書いている(5)。

「夜九時ごろ、西門から金棒、各町神灯、囃子（太鼓・竹を鳴らす）、松明などが順々に出て、次いで四天王と呼ぶ白衣、白袴の赤鬼・青鬼二人ずつが頭に大きな紙冠をいただき、巨大な面を付け、銀紙を張った矛を手にして現れ、その後から、白衣装束に、紙を垂らした冠をかぶり、特異な面を付けた摩多羅神が飼牛に乗って行く。行列はいったん外を練ってからふたたび東門より境内に入り、祖師堂前の拝殿に来て、まず四天王が拝殿の四隅に立ち、次いで摩多羅神が拝殿の周りを三周して段に昇り、祖師堂に向かって腰を下ろし、祭文を読み上げる。祭文は半ば地口を交えた災厄退散の祈願文だが、はなはだ珍文である。これを長々と奇妙な節で四天王とともに唱え上げる。群衆はその読み方についていろいろな悪口を投げ掛ける。終わって、摩多羅神と四天王は堂内に飛び込む。昔は厄をのがれるといって、群衆が追ってその面を取り上げたという。」

麻多羅神が比叡山の常行堂（念仏三昧堂）の後戸に安置されているのは、念仏守護神だからである。広隆寺の麻多羅神は、太子が念仏を誦した太子堂の守護神として安置されている。この守護神と大酒神社の石神とが一体化したのは、障礙神として同性格だからである。

石神としての猿田彦は障礙神である。『古事記』『日本書紀』の猿田彦は「天の八衢《やちまた》」にいる神で（八衢は道がいくつにも別れているところ）、『日本書紀』は「其の鼻の長さ七咫《あた》、背の長さ七尺余り、当《まさ》に七尋《ひろ》と言ふべし。且口尻明《またくちわきあか》り耀《て》れり。眼は八咫鏡の如くして、絶然《てりかがやけること》赤酸醬《あかかがち》に似れり」と記すが、牛祭のときの麻多羅神は、鼻の長い面をかぶり、その容貌は「天の八衢」の猿田彦に似ている。

以上のように、石神・宿神・麻多羅神には共通性がある。

　坂・境・避・裂・酒などと表記される神は、守護と障害の荒ぶる道祖神、塞の神である。宿神となった秦河勝は、聖徳太子の守護神になっている。

祭神としての秦河勝

秦河勝は、『日本書紀』では推古紀と皇極紀に登場するから、七世紀前半に活躍した人物だが、『日本書紀』推古天皇十一年十一月一日条には、

　皇太子、諸《もろもろ》の大夫に謂《かた》りて曰《のたま》はく。「我、尊き仏像有《たも》てり。誰か是の像を得て恭拝《ゐやびまつ》らむ」とのたまふ。時に秦造《はだのみやつこ》河勝進みて曰はく、「臣《やつかれ》、拝みまつらむ」といふ。便《すで》に仏像を受く。因《よ》りて蜂岡寺《はちのをかでら》を造る。

とある（皇太子とは聖徳太子のこと）。また推古天皇三十一年七月条には、

　新羅、大使奈末智《なまち》洗爾《せんに》を遣《まだ》し、任那《みまな》、達率奈末智《だちそちなまち》を遣して、並に来朝《まうけ》り。仍《より》て仏像一具及び金塔并《あはせ》て舎利を貢《たてまつ》る。且《また》大きなる観頂幡一具・小幡十二条たてまつる。即ち仏像をば葛野の秦寺《うつまさでら》に居《ま》しまさしむ。余《あたし》の舎利・金塔・観頂幡等を以て、皆四天王寺に納《い》る。

とある。

推古紀の蜂岡寺・秦寺はともに広隆寺のことだが、桑和五年（八三八）の『広隆寺縁起』によれば、この寺はもと葛野郡九条河原里・同荒見社里にあったが、土地が狭いため現在地の五条荒蒔里に移ったという。旧地については、紙屋川（現天神川）上流右岸説、北区平野神社付近説、北区白梅町北野廃寺説などがあり、『京都の地名』（『日本歴史地名大系27』）は、「葛野郡の条里からすれば、九条は荒見川（現天神川）辺りの現広隆寺の東北数キロの地点であったことは間違いない」と述べている。

現在地への移転の時期については、天智朝説と、平安朝遷都の頃とする説があるが、定説はない。はっきりしているのは、広隆寺が聖徳太子と秦河勝にかかわっていることである。

広隆寺の建立について『上宮聖徳太子伝補闕記』は、丙午年（推古天皇二十四年）より以前に聖徳太子が山城を巡幸し、蜂岡の南麓に宮を建てたところ、河勝が親族を率いて仕えたので太子はよろこび、宮を預け、新羅の献じた仏像を下賜し、宮を寺にしたと書く。『聖徳太子伝暦』『扶桑略記』も、広隆寺の建立と秦河勝について、同じような記事を載せている。一方、『広隆寺縁起』や『広隆寺資財交替実録帳』には、推古十一年に河勝が太子より仏像を賜わり、推古三十年に広隆寺を太子のために建立したとある。広隆寺の創建については、縁起の記事のほうが正しいであろう。

また『広隆寺来由記』は、推古十一年に太子から河勝が賜わった仏像について、

　金銅弥勒菩薩像（坐像高二尺八寸）

と記している。この仏像が国宝第一号の「宝冠弥勒菩薩半跏思惟像」である。

大酒神社は、広隆寺桂宮院の守護神として祀られていたが、江戸初期の『雍州府志』には、桂宮院は聖徳太子の住む所、その内の八角堂は太子みずから修造した所であり、そこには太子の手作りの如意輪観音と、中華の仏工が作った弥陀と、太子自作の像があると書かれている。桂宮院は法隆寺の八角堂の夢殿にあたる。『山州名跡志』は、俗に太子堂といい、太子が念仏を誦したところなので「号二御念誦一也」と書いている。

金春禅竹は『明宿集』で、前述のように「桂ノ宮」を「河勝ノ御垂迹、大避大明神マシマス」と書き、つづいて、

社ノ前ニ、一宇ノ小堂アリ。太子手ヅカラ槌ヲ上ゲ、材木ヲ取テ、造リ現ワシ給エル御堂ナリ。

と書く。「社」は大酒神社で、「一宇ノ小堂」は太子堂のことである。

禅竹（一四五〇―七〇?）の頃には、大避大明神は「宮」と呼ばれて太子堂の裏にあった。念仏守護神としての麻多羅神が念仏常行堂の後戸にあるように、太子堂の後戸に大避大明神が鎮座するのは、太子を守護する寵臣河勝のイメージと重なる。

『上宮聖徳太子伝補闕記』には、用明天皇二年七月の物部守屋の討伐に際し、

軍政人秦川勝、率レ軍奉レ護二太子一

とある。「軍政人」とは、太子の家政所で軍事を管理する近侍者のことだが、「護二太子一」が秦河勝の役目なのだから、太子堂の守護神としての石神が河勝の垂迹とされたのも当然であろう。

この河勝について、世阿弥の『風姿花伝』は、「諸人に憑き祟りて、奇瑞をなす。則、神と崇めて、国豊也。大きに荒るゝと書きて、大荒大明神と名付く。今の代に、霊験あらた也」と書く。この「諸人に憑き祟り」「大きに荒る」「大荒大明神」とは、障礙神である。このように秦河勝は、「守護と障害」「和魂と荒魂」の二面性をもつ塞の神・石神の性格をうけついで神（宿神）になっている。

大酒神社の祭神は、古来の石神から神仏習合の麻多羅神、さらには聖徳太信仰と芸能信仰の秦河勝へと変わっているが、境界神としての性格は一貫している。

鬼面と翁面

『風姿花伝』は秦河勝を猿楽の祖とし、次のように書く。

此芸をば子孫に伝へ〔化人《けにん》〕跡を留めぬによりて、摂津国難波の浦より、うつほ舟に乗りて、風に任せて西海に出づ。播磨の国坂越《しゃくし》の浦に着く。浦人舟を上げて見れば、形人間に変〔れ〕り。諸人に憑き祟りて、奇瑞をなす……

『明宿集』も、「空舟《うつぼぶね》」による秦河勝の播磨坂越浦への漂着説話を載せ、次のように書く。

ソノ後、坂越《シャクシ》ノ浦ニ崇《アガ》メ、宮造リス。次ニ、同国山ノ里ニ移シタテマッテ、宮造リヲビタ、シクシテ、西海道ヲ守リ給フ。所ノ人、猿楽ノ宮トモ、宿神トモ、コレヲ申タテマツルナリ。

大避神社を「猿楽ノ宮」と呼ぶのは、秦河勝を猿楽の祖とみるからだが、この猿楽の徒の神「宿神」について、禅竹は『明宿集』で、「翁ヲ宿神ト申タテマツル」と書き、「秦ノ河勝ハ、翁ノ化現疑ヒナシ」とも書く。「翁」とは「翁面」のことである。

秦河勝が猿楽の祖といわれるのは、聖徳太子が「六十六番の物まね」を秦河勝に演じさせたからだと、『風姿花伝』は書き、そのとき太子は「六十六番の面」を作って河勝に与えたが、そのなかの一面（鬼面）だけが円満井座に伝えられて重宝になったと書く。『申楽談儀』は、この「聖徳太子の御作の鬼面」を、河勝の賜わった「根本の面」と書く。宿神は翁面だといわれているが、「聖徳太子作」として伝来する「根本の面」は鬼面である。翁面と鬼面は別のものだが、この二面が一対のものであることによって、翁面は宿神たりうるのである。禅竹も『明宿集』で、

翁に対シタテマッテ、鬼面を当座ニ安置〔シ〕タテマツルコト、コレワ聖徳太子御作の面也。秦河勝ニ猿楽ノ業ヲ被㆓仰付㆒シ時、河勝ニ給イケル也。是則、翁一体ノ御面ナリ。諸天・善神・仏・菩薩ト初メタテマツリ、人間ニ至ルマデ、柔和・憤怒ノ二ノ形アリ。コレ、善悪ノ二相一如ノ形ナルベシ。サルホドニ、降伏ノ姿、怒ル時ニハ、夜叉・鬼神ノ形ト現ワレ、柔和・忍辱・慈悲ノ姿ヲ現ワス時、面貌端厳ニシテ、本有如来ノ妙体也。然者、一体異名ナリ。

と書いている。

石神・宿神・麻多羅神が守護神と障礙神の両面性をもつのは、翁面と鬼面が一体だからである。「二相一如」「一体異名」が神の姿といえる。

『播磨鏡』は、大避神社の面について、

其舞面一ッ、猿田面一ッ、社内に蔵し、神威を畏れて拝見する人なし。元禄の時、住僧観了法印拝見す。翁の面也。

と記している。翁の面とは「舞面」のことであろう。猿田面が鬼面であることは、中村保雄が「大僻神社の仮面」[6]で、舞楽面の「蘭陵王」のような怪奇な相貌の面と書いていることからも推測できる。

社名の「サケ」は境界を示す言葉だから、「オオサケ神」は猿田彦でもよい。しかし、秦河勝は「大きに荒る神」「大荒大明神」として当社に祀られたと、世阿弥も（『風姿花伝』）、禅竹も（『明宿集』）書いている。「大きに荒る神」とは鬼面である。だが、「大荒大明神」は「荒るる」ことによって守護神としての役を果たす。『風姿花伝』は、『上宮太子、守屋〔の〕逆臣を平らげ給〔ひ〕し時も、かの河勝が神通方便の手に掛りて、守屋は失せぬ」と書き、河勝を太子の守護者とする。『明宿集』も、河勝（大荒神）は当社に鎮座して「西海道ヲ守リ給フ」と書く。

このような二面性は、荒魂《あらたま》・和魂《にぎたま》、生魂《いくたま》・足魂《たりたま》、魂振《たまふり》・魂鎮《たましづめ》の二面性そのものである。すなわち、当社の鬼面は荒魂・生魂・魂振、翁面は和魂・足魂・魂鎮であり、この「二相一如」の場所が「避」なのである。

注

（1）柳田国男「石神問答」『柳田国男集』第十二巻所収。
（2）上田正昭「神々の世界」『京都の歴史・1』所収、昭和四十五年。
（3）今井啓一「秦河勝と播州大避社」『秦河勝』所収、昭和四十三年。
（4）喜田貞吉「宿神考」「民族と歴史」四巻五号。
（5）鈴木棠三『日本年中行事辞典』五九一—五九二頁、昭和五十二年。
（6）中村保雄「大避神社の仮面」「芸能史研究」第三号。

香春《かわら》神社——秦王国と香春神と八幡神

豊前の香原岳は三つの峰から成り、当社は一ノ峰の南麓に鎮座する。祭神は辛国息長大姫大目命《からくにおきながおおひめおおま》（一ノ岳）・忍骨命《おしほね》（二ノ岳）・豊比咩命《とよひめ》（三ノ岳）の三座で、『延喜式』神名帳には、田川郡三座として「辛国息長大姫大目命神社」「忍骨命神社」「豊比咩神社」と並記されている。また、『三代実録』貞観七年（八六五）二月二十七日条には、「辛国息長比咩神」とある。

香春山と鏡山

香春の地と香原岳について、『豊前国風土記』逸文は、次のように記している。

鹿春《かはる》の郷《さと》。此の郷の中に河あり（中略）。此の河の瀬清浄《きよ》し。因りて清河原《きよかはら》の村と号《なづ》けき。今、鹿春の郷と謂ふは訛れるなり。昔者《むかし》、新羅の国の神、自ら度《わた》り到来《きた》りて、此の河原に住みき。便即《すなは》ち、名づけて鹿春の神と曰《い》ふ。又、郷の北に峯あり。頂に沼あり。黄楊《つげ》樹生ひ、兼《また》、竜骨あり。第二の峯には銅、并びに黄楊・竜骨あり。第三の峯には竜骨あり。

この記述によれば、「カワラ」の原義は「河原《カハラ》」で、それが「鹿春」と表記されたことになる。しかし、中野幡能は、地元では「香春」を「カワラ」といっており、「カワラ」は「唐＝韓＝辛」に通じ、「一説によると新羅語の『金の村』は『カグポル』であるというので（美野晃順「魏志倭人伝倭三十国の地名比定」「地名学研究」十七号、昭和三十六年）、その語源は『河原説』をとるより『カグポル』の方が正しいかと思う」と書き、香春岳の三ノ岳が銅山であることを例証にしている。(1)

富来隆は、韓国語のKuri（銅）が香春になった（クリ↓カル↓カアル↓カハル）と推測し、「『天ノ香山の金《かね》をとりて……』とあることからすれば、香はカグというよりもカルではないだろうか。カオルのつづまった音として本来はカルとよむべきで、カル山というのがもともとのよび方ではなかっただろうかとも考えてみたくなる。そうすると豊前の香原（カワル）と同義となる。軽・香・刈などが、カル・カリの宛て字として用いられたこと（ついで字から読み方が変化したこと）も多いのではないだろうか」と書いている。[2]

富来隆はふれていないが、『古事記』の允恭記には、軽太子の作った「軽箭《かるや》」について、「箭之内《やのうち》を銅《あかがね》にせり」とあり、軽が銅の意味で使われている。富来隆が引用する「天香山の金《かね》をとりて」は『日本書紀』（一書の一）の文章だが、この「カネ」を『古語拾遺』と『旧事本紀』は「銅《かね》」と書く。

畑井弘は、朝鮮語で鉱山をいう「광산」（Kwaːŋ-San）のŋの後の母音がAなら「カガ」、Uなら「カグ」、Oなら「カゴ」になると書くが、[3] 日本語でも、天香山命は、天香語山命、天香吾山命、伊香色雄命、伊迦賀色許男《しこを》命のカグ・カゴ・カガは同義であり（『神社と古代王権祭祀』の新屋坐天照御魂神社の項参照）、西田長男は、天香語山命という名は「鉱山をさしていったもの」とみている。[4] 天香語山命の別名を「手栗《たぐり》彦命」というが（『旧事本紀』）、鉱山神の金山彦・金山姫は伊奘冉《いざなみ》神の嘔吐《たぐり》から生まれている（『日本書紀』）。なお、富来隆[2]と畑井弘[3]は、「カゴ」は銅を意味する古代朝鮮語とみている。

『豊前志』で、渡辺重春は、

香春は加具波留《かぐはる》の略言か。加具は加賀とも加宜とも活きて、鏡の名義の炫見《かがみ》なるに合えれば、鏡原《かぐはる》にて、鏡を作る野原の意にもや有らむ。鹿春の字を加具とも云う例は、鹿島《かぐしま》、香山《かぐやま》など猶多きを共に略して加とのみ云うは、常の事なり。説の当否を見む人撰びてよ。

と書き、「カグ」を「カガミ」に結びつけているが、『万葉集』には、「桜作村主益人《くらつくりすぐりますひと》、豊前国より京に上る時に作る歌一首」と題して、次の歌が載る。

梓弓引き豊国の鏡山、見す久《ひさし》ならば恋しけむかも（巻三・三一一）

この鏡山について、万葉学者は勾金村鏡山の小さな岡をあてている。しかし泊勝美は、この「円墳を特大にしたような丘」が『万葉集』の鏡山ではないとして、「香春岳の麓近くの中学校に通った私は、（中略）東京にいてもっとも恋しかったのは、香春岳であった。夏休みや冬休みが終って、桜作村主益人のように上京するつど、列車の窓からこの香春岳の姿が消えるとき、文字どおり『見ず久しならば恋しけむかも』と悲嘆にくれた思い出があるからである。われわれは鏡山をなつかしんだことはなく、そんなちっぽけな丘の存在すら知らなかった。豊国に住んだ者の生活感情としては、どうしても、万葉にうたわれた鏡山は香春岳のことだと思われてならないのである」と書いている。[5]

『万葉集』には、「河内王を豊前国の鏡山に葬る時に、手持女王の作る歌三首」を載せているが、河内王は、持統天皇三年に筑紫大宰帥に任ぜられて赴任し、八年に薨《こう》じている。この河内王の墓は、鏡山と称する岡の麓にある古墳に比定され、現在宮内庁指定の御陵になっている。だが、考古学者たちの通説では、この古墳は持統八年（六九四）より一世紀ほど古い古墳で、河内王の陵墓とはいえない。

香春の地に河内王が葬られたのは、都から大宰府へ行く途中で見た香春岳に対して、泊勝美と同じ想いをいだき、遺言したためであろう。そうでなければ、大宰府から遠く離れた香春の地に大宰帥の遺体を埋葬するはずはない。河内王が、「豊国の鏡の山を宮と定むる」（巻三・四一七）とうたった山は、道中の人の目にも入らぬような山ではなく、香春岳であろう。

『豊前国風土記』逸文は、田河郡の鏡山について次のように書く。

昔者《むかし》、気長足《おきながたらし》姫尊、此の山に在《いま》して、遙に国形を覧《み》て、勅祈《うけ》ひたまひしく、「天神も地祇も我が為に福《さきは》へたまへ」とのりたまひて、乃便《すなは》ち、御鏡を用《も》て、此の処へ安置《お》きたまひき。其の鏡、即ち石と化為《な》りて山の中に見在《あ》り。因《よ》りて名づけて鏡山といふ。

この記事からみても、鏡山は、香春岳が視界をさえぎる現在の鏡山ではない。香春岳こそ、国見にふさわしい鏡山である。

宇佐八幡宮の放生会《ほうじょうえ》には、三ノ岳の南側中腹から出る鉱石によって作られた銅鏡が、八幡神の形代として宇佐の和間浜まで神幸した。現在も三ノ岳には「採銅所」という地名がある。一つの山にはいろいろの名称がつけられているが、三つの峰をもつこの山は、見る場所によってさまざまな山容を呈する。鏡山は、特に鏡の材料を産出する三ノ岳につけられた名称であろう。

香春神社と秦氏

香春神社の神官三家は、赤染氏二家、鶴賀氏一家である（『太宰管内志』）。当社の「古縁起」（『太宰管内志』所収）が引用する『伝教大師流記』には、豊前国田川郡人赤染連清が、最澄の入唐に際し香春神宮寺の檀起として『法華経』を寄進し、一堂を建立したとある。この赤染氏について平野邦雄は、「秦氏と同族、または同一の生活集団を形成した氏族で、恐らく新羅系帰化人」であると書き、「香春神は新羅国神で秦氏に祭祀された銅産神であった」と書く(6)。

半田康夫は、『正倉院文書』の大宝二年（七〇二）の豊前国の戸籍帳残簡に載る上三毛郡塔里・加目久也里・仲津郡丁里を、山岡川左岸より京都郡行橋に至る間に位置したとみて、各里の姓の数と百分比を、次のような表で示している(7)。

各里・各姓人員表

里名＼姓	秦部	勝	其他	計
丁里	二四〇	一六二	七八	四八〇
加目久也里	二六	二九	一九	七四
塔里	六三	五八	八	一二九
計	三二九	二四九	一〇五	六八三

各理・各姓人員、百分比表

里名＼姓	秦部	勝	其他	計
丁里	五〇	二四	一六	一〇〇
加目久也里	三五	三九	二六	一〇〇
塔里	四九	四五	六	一〇〇
計	四八	三七	一五	一〇〇

そして、「右の表にみえる秦部が秦氏の部曲であることは云ふまでもないが、勝も亦半島からの帰化人系に属し、（中略）雄略天皇十五年紀に『詔聚㆓秦民㆒賜㆓於秦酒公㆒、公仍領㆓率百八十種勝㆒、奉㆓献唐調絹縑㆒』云々とあることは勝が秦

の民であったことを示してゐるのである。即ち秦部も勝も共に秦氏の隷下にあり、実に各里の八割は秦系に属してゐたのであって、その里名の濃厚な半島的色彩を併せ想へば、此の地方に於ける秦系の圧倒的勢力を肯定して差支へないであらう」と書き、鏡山猛の「日唐交通と新羅神の信仰」（『史淵』十八）を引用して、「北九州の嘉穂郡から田河、京都、築上の諸郡にかけての、秦氏或ひは秦系部民の存在を認めることが出来よう」と結論し、香春神の「奉仕集団は秦系の帰化人ではなかったらうか」と述べている。

さらに『三代実録』の元慶二年（八七八）三月五日条の記事、

詔《みことのり》して、大宰府をして豊前国規矩《きく》郡の銅を採らしめ給ひき。彼の郡の徭夫《えたちのたみ》百人を充《あ》て、採銅の客作児《つぐのひびと》と為し、先づ潔清斎戒《ものいみ》して八幡大菩薩宮に申奏《まを》しき。

を引き（規矩郡は企救郡のこと）、「風土記逸文に伝へる鹿春峰の銅の産出は、企救郡の銅（吉原銅山現存）が香春神の御名に於て採掘されたことを指し、そして直接採銅に当ったのは秦系集団ではなかったかと考へられるのである。そして秦系集団が辛島勝を八幡神に祢宜として送ってゐたことを想ひ起せば、三代実録が、企救郡の銅を採るに相って先づ八幡大菩薩に申奏すと伝へてゐるのは、八幡神が企救郡の銅へ聯関をもってゐた名残りであると云ふことが出来るであらう。重ねて云へば八幡神は秦系祀官を通して秦系集団へ聯関し、此の集団が香春神の御名の下に採掘してゐた企救郡の銅を左右する可能性を有してゐたのではあるまいか」と述べている(7)（塔里は、朝鮮の慶州市にも同名の地名がある）。

半田康夫は、八幡神祭祀は大神・宇佐氏らが行ない、そこへ香春神を祀る秦系集団が辛島勝を送りこんだとみているが、『神社と古代王権祭祀』の宇佐八幡宮の項で述べたように、「ヤハタ」の神は本来、辛島勝が祀っていた韓国《からくに》の神で、大神・宇佐氏によって御《お》許《もと》山の神体山信仰が付加されたものである。その点では半田説に同調できないが、香春神と八幡神との関係に秦氏と銅をとりあげている点は、注目に価する。

「秦王国」について

大業四年（推古十六年〔六〇八〕）、隋の煬帝は裴世清を倭国に派遣した。その順路を、『隋書』倭国伝は次のように書く。

百済を度《わた》り、行きて竹島に至り、南に耽羅《たんら》国を望み、都斯麻《つしま》国を経、迥《はる》かに大海の中に在り。又、東して一支国に至り、又、竹斯国に至り、又、東して秦王国に至る。其の人華夏に同じ。以って夷洲と為すも、疑うらくは、明らかにする能わざるなり。又、十余国を経て海岸に達す、竹斯国より以東は、皆倭に附属す。

この訓みは、和田清・石原道博の『隋書倭国伝』によるが、同書は「秦王国」に注して、「不詳。松下見林は厳島とし、山田安栄は周防の音を秦王にうつしたとする。山陽道西部にあった秦氏の居住地とも関係があるまいか」と書き、「華夏」は「中華・中夏・中国」、「夷州」は「今の台湾であろう。ここで疑っているのは正しい」と書く。[8]

平野邦雄は、秦王国の「其人同華夏」について、

同じ隋書の新羅伝にも、「其人雑、有華夏、高麗、百済之属」とあり、また、その「田甚良沃、水陸兼種其五穀、果菜獣物産略与華同」ともあって、新羅に関して既に用いられ、華夏が中国を指すことは申すまでもない。北史・梁書の諸夷伝は新羅について、「言語名物似中国人」とし、明らかに華夏を中国に置代えている。そしてこの二書は、新羅が中国に似る理由を、「居之以秦人、故名之曰秦韓」に求めている。要するに、新羅は秦人の居住地であるから、風俗・言語・物産ともに、華夏、即ち中国に似ているという論理を展開しているのである。ところで、遡って魏志東夷伝によれば、辰韓は「其言語不与馬韓(略)、有似秦人」同じく後漢書東夷伝には、「有似秦語」とあって、ここでは北史・梁書の中国人(語)は、秦人(語)となっているから、魏志以来新羅については、秦人=中国人=華夏という一貫したシェーマのあることを理解しなければ、隋書にいう秦王国=華夏の思想を理解することは出来ない。なるほど秦王国は周防国の音であろうけれども、何故秦王の語を用いたかは、少くも秦人の居住地たる意味があり、秦人の語は新羅のみに用いられたことからすれば、秦王国は新羅の再版と意識されていたのであろう。(中略)秦王国は竹斯(筑前)とそれら諸国の中間地域、即ち豊前か長門・周防にあたるであろう。

と書き、音では周防だが、「音の問題を外せば、豊前・長門でも差支えなく、あるいは、これらの地域を含めたものとしても支障はない」と述べている。[9]

だが、秦王国と周防国が音で一致するとはいいがたい。後藤利雄は、「秦王と周防の音は、相当に離れていて、到底音を写したとは考えられないのである。試みに双方の上古音と中古音を掲げれば、

秦　dzicn—dziĕn　王　fiuaŋ—fiuaŋ

周　tiog—tʃreu　防　biuaŋ—bluaŋ

の如くである」と書いている(10)。また、松下見林（『異称日本伝』）も、「今の厳島か」と書いているだけで、根拠を示していない。

泊勝美は、豊前の香春の神が新羅の国神であり、大宝二年の豊前の戸籍では九〇%以上が秦氏系氏族であること、豊前の古寺跡の多くから新羅系の瓦が出土すること、八幡神の祭祀氏族の辛島勝が新羅系とみられることなどから、秦王国を豊前とみる。さらに泊勝美は、『日本書紀』の記事を引き、斐世清が小野妹子と共に筑紫に来たとき、「難波吉士雄成を遣して、大唐の客裴世清を召す」とあることから、『隋書』の「又、十余国を経て海岸に達す」を、「海岸に達し、又十余国を経る」と読みかえ、筑紫から陸路で秦王国（豊の国）を通って海岸に達し、十余国を経て難波に至ったとみる(11)。

推古朝より時代は下がるが、筑紫の大宰府が「遠《とお》の朝廷《みかど》」として栄えた奈良時代から平安時代初期にかけて、都から大宰府へのルートは、瀬戸内海を航行して博多から陸路で大宰府に達する道と、豊前に上陸して香春岳の一ノ岳の麓を通って大宰府に至る道があったと考えられる。泊勝美は、斐世清の一行は『万葉集』の桜作村主益人と同じく後者の道を通ったとみるが、『隋書』の原文には、秦王国から十余国を経て海岸に達すとあり、この海岸は難波津とみるのが妥当であろう。裴世清は、秦王国を陸路で通ったのではなく、海上から秦王国を見たと考えられる。彼らが「夷州」（台湾）かと思ったのも、「華夏」と同じ秦人がいると聞かされたからであろう。このように、私は陸路説は採らないが、秦王国豊前説には賛同する。隋書は新羅に「華夏（中国人）」がいるとして「秦人」をあげているのだから、秦人が非常に多い豊前こそ秦王国といえよう。

香春山に祀る新羅国神も秦人らが祀る神であり、『隋書』の筆法でいえば華夏の神である。宇佐八幡宮の放生会には、この山の銅で作った神鏡（八幡神の御正躰）が豊前国を一巡するが、この神事に国中の人々がこぞって奉仕するのも、この国に秦人が多かったからである。八幡神が朝鮮のシャーマニズムの性格を濃厚にもち、祭祀氏族も秦氏系氏族であることは、『神社と古代王権祭祀』の宇佐八幡宮の項で詳述した。本来の八幡神は、秦王国の神といえよう。

古宮八幡宮と赤染氏

『香春社縁起』によれば、元明天皇の和銅二年（七〇九）に一ノ岳南麓に一社を築いて一・二・三岳に神を合祀し、新宮と称したという。弘安十年（一二八七）の『香春社解文』（『香春社縁起』所収）には、和銅二年、日置絢子が採銅所内の阿曽隈（本宮）のほかに新宮（香春社）を創祀し、古宮・新宮を「両社」と号したとある。採銅所内の本宮（阿曽隈・阿蘇熊）が、現在の古宮八幡宮（元宮八幡宮）である。『長光家記録』によれば、古宮は採銅所村岩本にあったが、永禄の頃（一五五八―一五七〇）現在地に遷座したという。

古宮八幡宮は、香春の神を合祀した新宮の古宮だとすれば、「古宮香春社」と呼ばれるべきであろう。しかるに、古宮八幡宮と名乗るのはなぜか。

『三代実録』の貞観七年（八六六）二月二十七日条には、「豊前国従五位下辛国息長比咩神・忍骨神、並授従四位上」とある。この記事の香春神は一ノ岳・二ノ岳の神をいい、採銅所のある三ノ岳の豊比咩神（古宮は豊比咩神社ともいう）は含まれていない。三ノ岳は八幡宮の神鏡の銅を産出する山であり、作られた銅鏡は豊比咩神の形代である。この銅鏡は「八幡神の御正躰」といわれ、放生会に豊前国を宇佐へと神幸した。つまり豊比咩神＝八幡神とみられていたのであり、「古宮」とは宇佐八幡宮に対する古宮であろう。「元宮」ともいうことから、三木彊は、「八幡宇佐宮の元宮的ニュアンスがこめられている」と述べている[12]。

『太宰管内志』が引用する香春社の「古縁起」には、「第一御殿は大目命、第二御殿は忍骨命、第三御殿は空殿なり」とあり、「第三御殿は豊比咩命の御殿なれども、此御神申比より、採銅所に移り給へるによりて、常に空殿なり」と注記されている。『太宰管内志』も、祭のときだけ豊比咩神は現在地の香春社へ神幸し、祭がすむと採銅所に帰るとある。

このような独自性は、古宮が香春社の古宮でなく、八幡宮の古宮であったことに由来するのであろう。また、古宮のある山が特に鏡山と呼ばれたのも、そのためであろう。

八幡神の形代（御正躰）の鏡を作ったのは長光氏である。中野幡能は、宇佐八幡宮の最初の祭祀氏族である辛島氏と長光氏は、「香春社に奉仕する赤染氏とは同族かまたは赤染氏そのものであったのではないかと推定せざるを得ない」と書き、[13] 三木彊も、「清祀殿社地にある長光家土蔵紋に㊅とあることから、長光氏も、あるいは赤染でなかろうかと推理する」と書く。[14] 赤染氏は、平野邦雄が詳細な考証のすえに結論したように、[6] 秦氏系氏族である。辛島氏も秦氏系であることは『神社と古代王権祭祀』の宇佐八幡宮の項で述べたが、古宮八幡宮だけでなく香春神社も赤染氏の奉祭社である以上、香春神と八幡神は共に秦氏系氏族の祀る神といわざるをえない。

韓国宇豆峯神社について

『延喜式』神名帳の大隅国曽於《そお》郡に「韓国宇《からくにう》豆《づ》峯《みね》神社」があるが、宇佐八幡宮の祭祀氏族の辛島氏の『辛島系図』には、

素戔嗚命―五十猛命―豊都彦―都万津彦―曽於津彦―身於津彦―照彦―志津喜彦―児湯彦―諸豆彦―奈豆彦―辛嶋勝乙目

とある。中野幡能は、豊都彦から奈（「宇」の設写）豆彦までは日向・大隅の隼人地方の地名であることを考証し、この系図には、「辛島氏の古伝に隼人国を討伐、統一し、辛国神が南九州へ入って行った事」が反映しているとみる。[1]

『続日本紀』の和銅七年三月十五日条に、「隼人は昏荒《こんこう》、野心にして未だ憲法に習はず。因りて豊前国の民二百戸を移して、相勧め導かしむ」とある。中村明蔵は、この記事の二百戸について、「豊前国の八世紀初頭の戸籍の一部が残存しているので、その一戸あたりの平均家族数（約二五人）からみると、二〇〇戸で約五〇〇〇人ということになる」と書いている。[15]

二百戸の住民の多くは豊前の渡来系氏族とみられる。大隅国の国府の所在地は国分市府中だが、この地はかつての桑原郡である。ところが、香春神社のある田川郡にも、『和名抄』の桑原郷がある（大任町桑原）。大隅の桑原郡には、仲

川(仲津川)郷・大分郷・答郷があるが、いずれも豊前にある地名で、豊前の塔里の大半は秦氏系の人々が占めていた。また大隅には豊国郷もあり、そこには大隅正八幡宮（現在の鹿児島神宮）がある。

これらの郷のある国分平野から遠望できる霧島山の最高峰（一七〇〇メートル）を韓国岳といい、その山麓に韓国宇豆峯神社がある（国分市府中の東南東三キロ）。この山を「曽之峯」と『続日本紀』（延暦七年〔七八八〕三月四日条）は書く。曽之峯のある郡を曽於《そお》郡というが、朝鮮語の神降臨の聖地をいうソホリ・ソフリ（リ・ルは土地の意）のソホ(フ)が、曽於郡曽之峯であろう。『日本書紀』は天孫降臨の山を「添《そほ》の山」と書く。韓国宇豆峯神社の近くに「銅田《どうた》」という地名があることからも、大隅正八幡宮と韓国宇豆峯神社の関係は、宇佐八幡宮と香春神社の関係とダブルイメージである。香春岳の神も「カラクニ」（辛国息長大姫大目命）を称している。

鹿児島の「カゴ」も、朝鮮語の「銅《カゴ》」であろう。中村明蔵は、「鹿児島の地域が本来は鹿児島神社の周辺部を指していたことはほぼまちがいない」と書く(15)。前述の「銅田」もたぶん「カゴタ」であり、豊前からの秦氏系移民にかかわる地名であろう。

香春の赤染氏と大仏鋳造

『続日本紀』によれば、天平十九年（七四九）に赤染造広足・高麻呂が常世連に改姓し、宝亀八年（七七七）には赤染国持・人足ら十三人と赤染造長浜・帯縄ら十人が常世連になっているが、当社の赤染連は改姓しなかったようである。

赤染から常世への改姓は、常世信仰と新羅系氏族のかかわりによる。皇極紀に、大生部多が常世神を祀ったとあるが、大生部と秦氏の関係については兵主神社と養蚕神社の項で述べた。常世国へ「トキジクノコノミ」を求めに行ったタジマモリは三宅連の祖であるが、『姓氏録』（右京・摂津国諸蕃）に「新羅国王子天日桙命の後」とある。和泉国の豊国奇巫の後裔の巫部《かんなぎべ》連は姓を「当世《まさよ》」に変えているが、豊国奇巫には豊国の赤染氏が加わっていた可能性もある（『神社と古代王権祭祀』の宇佐八幡宮の項参照）。

『新撰姓氏録』の常世連は河内国の項に載るが、『延喜式』神名帳の河内国大県郡の項には「常世《とこよ》岐《き》姫《ひめ》神社」が載る。

宝亀八年に常世連になった赤染人足らは河内国大県郡の人で（『続日本紀』）、その赤染氏が祀っていたのが式内社常世岐姫神社であるが、大県郡は東大寺の大仏造立のきっかけとなった所である。

『続日本紀』の天平勝宝元年（七四九）十二月二十七日の条に、

> 八幡大神の禰宜尼大神朝臣杜女、東大寺を拝す。天皇・太上天皇・太后も同じく亦行幸す。是の日、百官及び諸氏の人等咸《ことごと》に寺に会《つど》ひ、僧五千を請じて礼仏読経せしむ。大唐・渤海・呉の楽、五節の田舞、久米舞を作《な》さしむ。因りて大神に一品を、比咩神に二品を奉《たてまつ》る。左大臣橘宿禰諸兄、詔を奉《う》け、神に白《まを》して曰《い》はく。「天皇が御命に坐せ、申し賜ふと申さく。去《い》にし辰の年、河内国大県郡の智識寺に坐す盧舎那仏《るしゃなぶつ》を礼《をろが》み奉りて、則ち朕も造り奉らむと思へども、得為さざりし間に、豊前国宇佐郡に坐す広幡八幡大神に申し賜へと勅《のりたま》はく。神我天神地祇を率ゐいざなひて、必ず成し奉らむ。事だつに有らず。銅の湯を水と成し、我身を草木土に交へて、障《さは》る事無くなさむと勅《の》り賜ひながら成りぬれば、歓《うれ》しみ貴みなも念《おも》ほし食《め》す。然《さ》て猶《なほ》止む事得ずして、恐もけれど御冠献る事を恐《かしこ》み恐み申し賜はく申す」と。尼杜女に従四位下を、主神《かむつかさ》大神朝臣田麻呂に外従五位下を授く。

とある。「大神」「比売神」とは、八幡宮の祭神のことである。天皇らが河内国大県郡の智識寺にある盧舎那仏《るしゃなぶつ》をモデルにして大仏を作りたいと思っていたところ、豊前国宇佐郡の広幡八幡大神の託宣があったので、造営にふみきったという。「去にして辰年」とは天平十二年（七四〇）のことだから、発願してから十年たって成就したことになる。

智識寺とは、智識衆の信徒たちが建造した寺である。智識寺のある河内国大県郡は渡来人系の氏族が多い。これらの人々が知識寺の智識衆であり、そのなかに赤染氏が入っていたことが、八幡神の登場となったのであろう。

『続日本紀』によれば、孝謙天皇は天平勝宝元年（七四九）十月九日、知識寺に行幸し、茨田《まむた》弓束女の家を行宮《あんぐう》として十五日まで滞在した。翌月（十一月）の十九日、八幡神は京に向かい、十二月十八日に入京し、二十五日に大仏は開眼した。弓束女は天平十七年（七四五）一月に、無位から一挙に外従五位下になり、天皇が彼女の家に居る間に正五位上に昇っていることからみて、茨田氏も赤染氏と同じ智識寺の知識衆で、聖武太上天皇や孝謙天皇は弓束女の線から大仏造立を計画したと考えられる。

この茨田氏が茨田連の配下の渡来人であることは、別稿で詳述した(16)。仁徳紀（十一年十月条）には、茨田連が新羅人を使って茨田堤を作ったとあるが、『古事記』は秦人を使ったと書く。現在の寝屋川市には秦（同市秦町）、太秦《うずまさ》（同市太秦）の地名があるが、これらの地は『和名抄』の茨田郡幡《はた》多郷にあたる。幡多郷には川勝山太秦《たいしん》寺がある。「川勝」は秦川（河）勝のことである。

このように茨田は秦氏にゆかりの地だが、その茨田を名乗る茨田氏と、秦氏系の赤染氏が智識寺の知識衆であることからみても、大仏造立に八幡神が関与した背景は明らかであろう。

行基は天平十五年（七四三）大仏勧進役に任命されているが、彼は河内の出身であり、その生家は茨田・赤染氏と同じく渡来氏族である。行基の本貫は和泉国（霊亀二年（七一六）に河内国の大鳥・和泉・日根郡が分かれて和泉国となった）の大鳥郡だが、大鳥郡の巫部連は豊国奇巫の末裔だと『続日本後紀』や『姓氏録』は書く。この大鳥郡には陶邑《すえむら》があるが、宇佐八幡宮の大神《おおが》氏とかかわりのある大神《おおみわ》氏は、陶邑出身の大田田根子を祖とする。『神社と古代王権祭祀』の宇佐八幡宮の項で、大神比義《おおがのひぎ》―和泉国大鳥郡陶邑と、豊国奇巫―巫部連を重ねたが、須恵器は「行基焼」とも呼ばれている。勧進役の行基の線は八幡宮の大神氏と結びつき、智識寺の茨田・赤染氏の線は香春社の赤染氏、八幡宮の辛島氏に結びつくと推測される。

智識寺の知識衆とは、『東大寺要録』（巻第二、縁起章第二）に、

材木知識　五萬一千五百九十人
役夫　一百六十六萬五千七十一人
金知識　卅七萬二千七十五人
役夫　五十一萬四千九百二人

とある技術者のことである（役夫は労働者）。

この数は大仏と東大寺の造営のための延人数だが、智識寺の知識衆は「金知識衆」と考えられる。『続日本紀』は、天平宝字五年（七六一）正月十六日条に、外従五位下茨田宿禰枚野が鋳銭次官になったと記しているが、彼は金知識衆の指導者であったろう。

『延喜式』主税上二六巻に、「凡、鋳銭年料銅鉛者（中略）豊前国銅二千五百十六斤十両二分四銖、鉛千四百斤、毎年採送」とあるから、茨田枚野の鋳銭次官就任については、香原岳の採銅所の赤染氏とのつながりが無視できない。

智識寺の大仏をモデルに巨大な仏像を作りたいという願いが、「銅の湯を水と成し云々」の八幡神の託宣によって叶えられたという宣命は、銅の湯を水と成すように銅の鋳造技術に長じていた豊前系の金知識衆の協力を、八幡神に託して述べた表現であろう。

大宰府の都府楼址の東にある観世音寺に、白鳳時代製作（年代を下げても文武朝）の鐘がある。その鐘銘には「上三毛」で作ったとあるが、これについては、秦氏系氏族が九〇％以上を占める豊前国上三毛郡塔里・加目久也里の「上三毛」とするのが通説である。天武紀の十一年（六八二）四月条に、「筑紫大宰丹比真《たじひのま》人島《ひとしま》等、大きなる鐘を貢《たてまつ》れり」とあるように、大鐘は筑紫の人でなければ作れなかった。大仏鋳造も、八幡神を信仰する豊前の秦氏系氏族の助力なしには不可能であったろう。知識寺の大仏も、豊前の秦氏系工人が香春岳の銅を使って製作した可能性がある（その場合、もちろん管理・監督者は河内の赤染氏らであったろう。東大寺の大仏鋳造の場合も、大和の高市氏や柿本氏がその任にあたっている）。

秦氏系氏族が大仏鋳造にかかわっていたことは、平野邦雄が作製した大宝令以降の金属工の一覧表からもいえる。(9)

この表によれば、秦氏は鋳工・銅工にいても鍛冶・鉄工にはいないから、秦氏は銅製品の鋳造が専門だったことがわかる。25に日置足桙が載るが、香春の祭祀氏族の赤染連の下には日置氏がいた。また、27に辛人三田次が載るが、『大日本古文書』によれば、備中国都宇郡河面郷辛人里戸主に赤染部首馬手（二巻二四八頁）、戸主秦人部稲麻呂、戸口秦人部弟島（二巻二一七頁）の名がみえる。

	年代	人名	専業(所属等)	出典
1	大宝元	凡海(宿禰)麁鎌	冶金工(陸奥派遣)	続紀
2	同	三田(首)五瀬	冶金工(大倭忍海郡人 雑戸、対馬冶金)	同
3	同	家部宮道	獲金人(対馬)	同
4	慶雲元	佐備太麻呂	鍛冶(常陸砂鉄)	常陸風土記
5	神亀三	磯部(君)牛麻呂	鍛師(上野国人)	上野山名下賛郷碑
6	天平六	穴太小広	銅工(造仏所)	古一552
7	同	野家葦人	鉄工(同)	古一552
8	勝宝元	戸浄山	冶金工(左京人)	続紀
9	同	丈部大麻呂	獲金人(上総国人)	同
10	勝宝二	朝妻望万呂	銅鉄工(内匠寮 造東大寺司)	古三403
11	同	日佐(首)智久万呂	銅鉄工(同)	同
12	同	三宅庭万呂	銅鉄工(同)	古三402
13	同	山下黒麻呂	銅鉄工(同)	同
14	同	三使(連)浄足	獲金人(駿河盧原郡)	続紀
15	勝宝四	高笠万呂	金工(東大寺)	正人名
16	勝宝七	奏常(伊美吉)大吉	鋳工(山背葛野郡人 造東大寺司)	古四50
17	同	秦(伊美吉)船人	鋳工(同)	同
18	同	秦物集(伊美吉)広立	銅工(同)	同

〔注〕「続紀」は「続日本紀」、「古一552」は「大日本古文書・第一巻・五五二頁」の略。

	年代	人名	専業(所属等)	出典
19	宝字五	調乙万呂	鋳修理使・鉄工カ	古十五158
20	宝字六	石村宿奈万呂	鋳工(造石山院所)	古十六309
21	同	守小茇	鉄工(同)	同
22	同	額田広海	鋳工(同)	同
23	同	海弓張	鉄工(同)	古十六311
24	同	物部根万呂	鉄工(同)	同
25	同	日置足桙	鋳工(同)	同
26	同	椋人深万呂	鋳工(同)	古十六315
27	同	辛人三田次	鋳工(造法華寺 作金堂所)	古五205
28	同	秦乙万呂	鋳工(造石山院所 御鏡鋳造)	同
29	同	秦仲国	鋳工(同)	同
30	同	狛身名万呂	鋳工(同)	同
31	同	山代野守	鋳工(同)	同
32	同	王広島	鋳物師(山背相楽郡岡田郷人 造石山院所)	古五266
33	同	和久真時	鉄工(造東大寺司)	古五30
34	宝字七	宗形石麻呂	銅工(造東大寺司 大宰師宅)	古五464
35	神護二	昆解宮成	鉄工カ(丹波天田郡人 鋳鏡)	続紀
36	景雲元	王清麻呂	私鋳銭人、鋳工カ	同

大仏や大鐘・大鏡の鋳造技術は豊前秦氏系の金知識衆がもっとも優れていて、彼らは自らの技術を八幡神の霊力によるものと考えていたのではなかろうか。とすれば、彼らにとっては、香春岳の銅で作られた鏡が八幡神の形代であるように、大仏もまた八幡神の形代だったであろう。大仏開眼に八幡神が宇佐から神幸した一つの理由は、そこにあったと考えられる。

道鏡・和気清麻呂・秦氏

孝謙天皇が天平勝宝元年（七四九）に行宮とした邸宅の持主茨田弓束女は、前述のように、その四年前まではまったく位もない女主人であった。このような人物のところへ天皇が泊るのは、異例である。たぶん弓束女は、八幡宮の大神杜女（大仏開眼に登場）や辛島乙女（八幡神が最初に憑いた巫女）と同じく、霊力の強い巫女だったのであろう。

孝謙天皇は重祚《ちょうそ》して称徳天皇になるが、天平神護元年（七六五）十月、天皇は道鏡を連れて紀伊和歌浦へ行幸、帰りに和泉から河内へまわり、弓削の行宮に入ったと『続日本紀』は書く。弓束女の場合と同じく、この行宮も道鏡の私邸である。ここで道鏡は太政大臣禅師に任ぜられているが、これも、弓束女が行宮（私邸）で正五位上を授けられたのと同じである。道鏡と弓束女の邸宅のみを行宮にしていることからみて、弓束女の異常な昇進も、道鏡と同じく、霊力ある者に対する天皇の特別の寵愛によるものと考えられる。

弓削行宮（八尾市弓削町・東弓削・志紀町）と智識寺址（柏原市太平寺二丁目）は二キロほどの近距離にあること、天皇が道鏡と知り合ったのは茨田弓束女の家を行宮にした後であることからみて、道鏡を天皇に紹介したのは弓束女ではないかという推測もできる。弓削の地は赤染氏の常世岐姫神社（八尾市神宮寺）の一キロほど西にあたるから、赤染氏と道鏡との間に以前から関係があったことも考えられよう。神護景雲三年（七六九）五月、道鏡を天皇にすれば天下は太平になるという八幡神の託宣を、豊前国司習宜阿曽麻呂《すげのあそまろ》が大宰主神《だざいのかんづかさ》として報告しているが、この託宣には赤染氏などもかかわっていたのではないだろうか。

しかし一方、道鏡の横暴を阻止したという和気氏も、赤染氏らと無関係ではない。平野邦雄は、託宣の真偽を確かめるために和気清麻呂が選ばれたのは、和気氏と秦氏が美作・備前で密接な関係にあったためとみている[17]。

以上のように、智識寺の金知識衆（指導者は茨田氏・赤染氏）と行基、道鏡、清麻呂らは、香春・八幡の祭祀氏族（赤染・辛島・大神）と無関係ではない。これらの人々や氏族の複雑な絡み合いが八幡宮の託宣の混乱となってあらわれたのであろう。いずれにしても、大仏造立や道鏡事件に、秦氏系氏族がかかわっていたことは確かである。

豊前には秦氏系氏族が多いが、智識寺のある河内の大県だけをみても、茨田・赤染氏のほかに、鐸比古鐸比売神社のある大里郷の大里史や、鐸比古鐸比売神社の旧鎮座地高尾山（常世岐姫神社も高尾山の山麓にある）にちなむ高尾忌寸など秦氏系氏族が多い（『新撰姓氏録』河内国諸蕃）。このことからみても、大仏造立にかかわる八幡神は、いわゆる応神八幡ではなく、香春の採銅所の古宮八幡を元宮とする神であろう。

香春と八幡と祭神名

香春の銅鏡（八幡神の御正躰）の神幸は、八幡宮の放生会に行なわれる。この祭典について中野幡能は、香春の銅鏡を八幡に奉上する儀礼と、古要神社・八幡古表神社の傀儡子《くぐつ》が細男《くわしお》舞を奉納する儀礼に、仏教の放生儀礼が付加されたものであることを詳論している[18]。

銅鏡を製作する香春の長光氏が秦氏系氏族であるように、細男舞を奉納する傀儡子などの漂泊芸能民も秦氏と密接な関係にある。猿楽や能にかかわる氏族は秦河勝を祖と仰いでいるが、秦系氏族の多い上三毛郡（上毛郡）は古要神社の近くであり、古要神社のある中津市伊藤田には六世紀後半の須恵古窯群がある。六世紀代の須恵器は加羅・新羅系の渡来人が作っていたことからみて、古要神社と秦氏系氏族の関係が推測される。

『宇佐託宣集』には、馬城峯（御許《おもと》山）の鍛冶翁伝承が記されている（『神社と古代王権祭祀』の宇佐八幡宮の項参照）。桜井好郎は、鍛冶翁伝承は「馬城峰と関係のない香春の神の伝承であったろう」と書き、辛島氏の伝承を大神氏伝承に変えたことを論証している[19]。

辛島氏はシャーマンであり、シャーマンは鍛冶師と関係が深い（『神社と古代王権祭祀』の石上神宮の項参照）。宇佐八幡宮の鍛冶翁伝承は香春の赤染氏と辛島氏の伝承であり、この両氏族は秦氏系である。秦氏系氏族はシャーマンと鍛冶の要素を兼ねそなえているが、中野幡能は鍛冶翁を「韓系シャーマン」、辛島氏を「鍛冶シャーマン」とみる。[20]

『託宣集』は、大神比義が馬城峯（御許山）に顕現した八幡神を祀ったことを強調するが、この山は宇佐国造の宇佐氏が古くから祀っていた神体山であり、辛島氏が祀る「辛国宇《からくにう》豆《づ》高島《たかしま》」（『養老縁起』）、「辛国城《からくにのき》」（『託宣集』）に顕現したヤハタ神とはもともと無関係である。韓（辛）国の神のヤハタ神祭祀に大神氏が関与することによって、大神氏の大和における神体山（三輪山）信仰がヤハタ信仰に付与され、その顕現の地が辛国宇豆高島・辛国城から馬城峯に変更された。その結果、宇佐氏が馬城峯祭祀をとおして、八世紀後半から八幡宮に直接関与したのである（くわしくは『神社と古代王権祭祀』の宇佐八幡宮の項参照）。

「宇佐」八幡宮という名称は、石清水八幡宮が創建された貞観元年（八五九）以降、「石清水」と区別するためにつけられたものであって、それ以前は「八幡神」「八幡大神宮」「広幡八幡大神宮」などと呼ばれていた。このことからも、八幡神が宇佐の土着神でないことがわかる。宇佐八幡の放生会では、古宮八幡の地で作られた八幡神の御正躰（神鏡）が十五日かかって豊国を一巡し、宇佐の和間浜の浮殿（洲の上に浮いたように建てられた神殿）に入る。放生会の神事はこの浮殿で行なわれるが、御正躰の神幸の終点が浮殿であって本宮でないのも、この神事が本来、香春岳にかかわる氏族（辛島氏）の神事だったからであろう。中野幡能も、「この伝承（放生会の神鏡巡幸伝承——引用者注）を伝えたのは、八幡宮社家の中では土族宇佐氏でもなければ、大神氏でもなく、古い形を伝えたのは実に辛島氏のみである」と書いている。[1]

宇佐八幡の『承和縁起』によれば、八幡神は「辛国宇豆高島」に天降ったという。しかし、島はいわゆる島だけを意味しない。「宇豆高島」には、「辛国宇豆峯」と同じく、聖なる山の意味がある。「辛島」は「辛国宇豆高島」の略であろう。香春神社の地について、『豊前国風土記』逸文は「鷹羽郡鹿春郷」と記している。鷹羽郡は田河郡のことだが、『日本書紀』（景行紀）にも「高羽」とある。つまり、「タカ・ハ」が「タ・カハ」（田河）になったと考えられるが、『承和縁起』『託宣集』には、八幡神は鷹に化身して顕現したとある。このことからも、八幡宮の元宮は古宮八幡宮であったと推測できる。この地こそ「辛国宇豆高島」であろう（『神社と古代王権祭祀』の宇佐八幡宮の項参照）。

「辛国宇豆高島」に天降りした八幡神は、巡幸して「比《ひ》志《し》方《かた》荒城《あらき》潮辺《うしをのあたり》」に留まり、辛島乙目に託宣したと『承和縁起』は書く。「比志方」は、鍛冶翁が現れた宇佐八幡菱形池の「菱形」を連想させる。しかし、菱形池は菱の形をしていない。『大隅国風土記』逸文は、「比志里」について、

昔者《むかし》、此の村の中に海の洲《ひし》ありき、因りて必志の里といふ。海の中の州は、隼人の俗の語に必志といふ。

と書く。日本古典文学大系『風土記』の頭注は、「ヒシ」を「ヒス(干州)の音訛であろう」とし、その遺称地を鹿児島県囎唹《そお》郡大崎町菱田（菱田川の河口、志布志湾に臨む地）にあてている。このように、『大隅国風土記』逸文の「ヒシカタ」が渚の意であることからみて、『承和縁起』の「比志方」は「干《ひ》州《す》潟《かた》」であろう。

記・紀は、豊玉姫が渚に産屋を作って出産した書くが、渚に産屋をつくることについて谷川健一は「若狭の産屋」で詳述し、「ウブスナ」の語源を、産屋に敷く砂とみている(21)。それは「ヒシカタ」の渚の砂でもあろう。

「荒城」の「アラ」は「現」「阿礼」で、顕現・誕生を意味し、「城」は、『託宣集』の八幡神が顕現した「辛国城」の「城《き》」と同じく場所・村をいう。すなわち、「アラキ」は神の顕現の地である。この荒城の比定地は宇佐市荒木であるが、この地に隣接して「乙女」がある。「荒城潮辺」で八幡神が最初に託宣したという辛島乙目の乙女であり、乙咩八幡社が鎮座する。この地は古くは海岸（潮辺）であった。「比志方」「荒城潮辺」は、神の誕生（御阿礼）の地を示す表現と考えられる。それを神事のうえで象徴するのが、神鏡巡幸の終点の和間浜であろう。

香春岳一ノ岳の祭神辛国息長大姫大目命が、辛島乙目という原型に息長帯命（神功皇后）を重ねたものであることは、『神社と古代王権祭祀』の宇佐八幡宮の項で述べた。この女神と対の忍骨命は、天照大神の子天忍穂根(骨)命の「天」をとった神名である。金沢庄三郎は、天忍穂根命が天忍穂耳命とも書かれることから、「根《ね》・耳《みみ》」を尊称、「オシホ」を「大シホ」と解し、「シホ」は神の降臨の聖地を意味する朝鮮語「ソホ」の転と解している(22)。香春岳の祭祀氏族が秦氏系であることを考えるなら、この金沢説は無視できない。『託宣集』は、八幡神降臨の「辛国の城」を「蘇於峯是也」と書くが、「蘇於《そお》峯」は天孫降臨の「添山《そほのやま》」に通じる。鈴木重胤も『神社覈録《かくろく》』（明治三十五年刊）で、忍骨命は天忍穂命

の「同名異神にして、蕃神にもあらん」と書いている。

八幡神の官製化過程における香春神の自己主張

八幡神にかかわるのは、古宮八幡宮のある香春の採銅所である。

和銅二年（七〇九）に新宮が現社地に造営されたが、三ノ岳の神を祀る第三殿は空殿である。これは、大神(賀)氏・宇佐氏の台頭による八幡祭祀のあらわれであろう。

『託宣集』は、大賀比義が鷹居瀬社で初めて八幡神を祀ったと書き、

　鷹居瀬社、和銅五年壬子依二神勅一、初度、造レ宮也。

と書く。また、別のところでは、造宮について、「此者《これは》和銅五年、後者《あとは》天平元年也」と書く。「此者」は宇佐八幡宮、「後者」は大隅正八幡宮である。宇佐八幡宮が現在地に移ったのは神亀二年（七二五）だから、和銅五年（七一二）は鷹居瀬社の造宮である。だが、鷹居瀬（鷹居）社の造営を『養老縁起』は天智朝とする。中野幡能は、和銅五年造立説を、「中央状勢にからんで作りあげられた大神氏側の主張」とみている[23]。とすれば、和銅二年の香春の新宮造営も、それに連動した行為であろう。

和銅元年三月十三日、粟田真人が大宰帥に任命されている。前任者の大伴安麻呂にくらべれば、藤原不比等らの神祇政策を忠実に実行する人物である。私は、香春の新宮（現在の香春社）創設は大宰府の命によって強引に行なわれたと推測する。新宮が、大宰府から周防灘に出る官道のそばに作られたのも、大宰府の意向であろう。このような政策は、辛島氏にマイナス、大神氏にはプラスの政策である。

和銅二年の新宮創設は、古宮八幡宮（形代としての鏡）の神幸を、神仏習合の新しい神事である放生会に組み込んだのと、同じ発想によるものであろう。放生会は養老四年（七二〇）から始められたという。これは、和銅二年（七〇九）の新宮造営、和銅五年（七一二）の鷹居瀬社造営、神亀二年（七二五）の八幡宮の小椋山（現在地）への移転と連動した出来事であろう。

和銅五年を八幡宮創始とする『託宣集』の伝承（大神氏による伝承）は、八幡宮の最大行事の放生会から銅鏡の神幸儀

礼を削り、放生会と並ぶ重要な行事である行幸会《ぎょうこうえ》の真薦《まこも》の神幸儀礼を、放生会の中へ割りこませている。このような書き方を敢えてしているのは、古宮八幡宮が宇佐八幡宮の元宮であることを、何としても無視したかったからであろう。つまり、香春の赤染氏と八幡の辛島氏の関係を切って、八幡神を宇佐古来の神にしたいための曲筆である。

和銅から神亀に至る八世紀前半の八幡宮の変革は、辛島氏や赤染氏にはマイナスに作用した。和銅七年の豊前から大隅への二百戸移住（『続日本紀』）は、官製八幡宮への変革の過程で行なわれたが、前述したように、移住者の大半は赤染氏や辛島氏など渡来系の人々であった。彼らは豊前で祀っていた神と共に大隅に移り、その神を「正八幡」と称した。この「正」は香春の「古宮」「元宮」と同じ意味をもつ。『辛島系図』（四五八頁）が人名として大隅・日向の地名をあげているのも、この地の八幡宮を「正」とする発想によるのであろう。

養老四年（七二〇）の大隅国守陽侯史麻呂《やこのふひとまろ》殺害に端を発した隼人の争乱は、一年数ヵ月にわたった。八幡宮の放生会に関する文献も、この隼人争乱に関連して八幡神の遠征を伝えているが、中村明蔵は、「二〇〇〇戸、約五〇〇〇人の豊前などからの移住民が大隅へ移ったのは、和銅七年（七一四）のことであり、争乱のおこった養老四年（七二〇）はそれからまだ六年しかたっていなかった。移住した人々の親族をはじめ、豊前の現地の住民が移住者への救援にとくに熱心であったことは十分に推測できるところである」と書いている。[15]「移住者への救援」は、豊前にいての救援だけでなく、あらたな移住もあったと思われる。というのも、五千人の移住民では隼人を「相勧め導かしむ」（『続日本紀』）ことができずに争乱がおきたのだから、さらにふやす必要があったはずである。もともと秦氏系渡来人であった彼らは、国分平野から遠望できる山々の最高峰を韓国宇豆峯（韓国岳）、曽之峯と呼び、韓国宇豆峯神社を祀り、自らの居住地をカゴ（銅）島・カゴ（銅）田などと名づけたのであろう。

放生会は八幡宮のもっとも古い祭祀儀礼だが、『扶桑略記』や『承和縁起』（正式には『宇佐八幡宮弥勒寺建立御縁起』という。承和十一年（八四四）豊前国司に勘上したもの）、あるいは『三宝絵詞』によれば、養老四年に朝廷が隼人征伐を八幡神に祈請したので、禰宜辛島勝波豆米《はとめ》が神軍を率いて隼人を討ち、殺生した。そのため八幡神が放生するよう託宣したという。辛島勝波止米(女)が神軍を率いたという伝承も、隼人「征伐」における辛島・赤染氏系氏族の軍が「神軍」であったことを示唆している。

沖縄の文献には陣頭巫女の記録がある。谷川健一は、「沖縄では『女《いなぐ》は戦さのさちばえ（魁《さきが》け）』という諺がある。島津藩の琉球侵略のとき、琉球の巫女群が侵略軍にたいする呪詛をおこなったのは『おもろ』にも出ている。また琉球王府が八重山を侵略したとき、その先頭に立ったのが久米の君南風《きみはへ》という巫女であったことは有名である」と書くが、(24)辛島波止米は陣頭巫女である。神功皇后も陣頭巫女であろう。

中野幡能は、「八幡宮の祭神は長らく八幡宮・比咩神の二神を祀っていたが、弘仁十四年（八二三）に大帯姫《おおたらしひめ》が奉斎された。『延喜式神名帳』にも『大帯姫廟神社』となっている。廟神社も式内社では唯一の神社であり、その源は筑前香椎宮に始まったものであろう。香椎宮では廟か陵か神社か創祀の頃のあいまいさを残している。宮地博士はこの大帯姫そのものも神功皇后に宛てて異論はないが、『記・紀』に皇后のこの別名のない事に疑問をもっている。ただ皇后として八幡宮に奉斎されるようになったのは、八幡神が応神天皇であるという事がいよいよ広く知られるようになったためであろう。しかし『日本三代実録』によると元慶三年（八七九）三月十六日には、

　豊前国八幡大菩薩宮前殿東一神功皇后御前瓶無故破裂、成九十片、破裂時、其鳴如積細声

とある。『前殿東一《ぜんでんひがしのひとつ》』とあることや、社殿の場所からみても神功皇后を祀ったことは間違いない」と書いている。(25)

八幡宮の祭神が応神天皇であるという史料の初見は『住吉大社神代記』である。天平三年（七三一）七月五日に神祇官に上進した解文があるが、平安時代に書かれたとする説と天平三年真撰説がある。私は一部に平安時代の付加記事はあっても、基本的には天平三年に書かれたとみる。応神天皇も付加記事とはみない。八幡宮の文献における初見は弘仁十二年（八二一）の官府「大神清麻呂解状」である。神亀二年（七二五）の現在地移転は、八幡神を応神天皇とする発想によってであろう。この発想は、大神氏らが八幡宮を官製にするために不可欠のものであった。大神氏らのバックには、大宰府政庁がいたと考えられる。

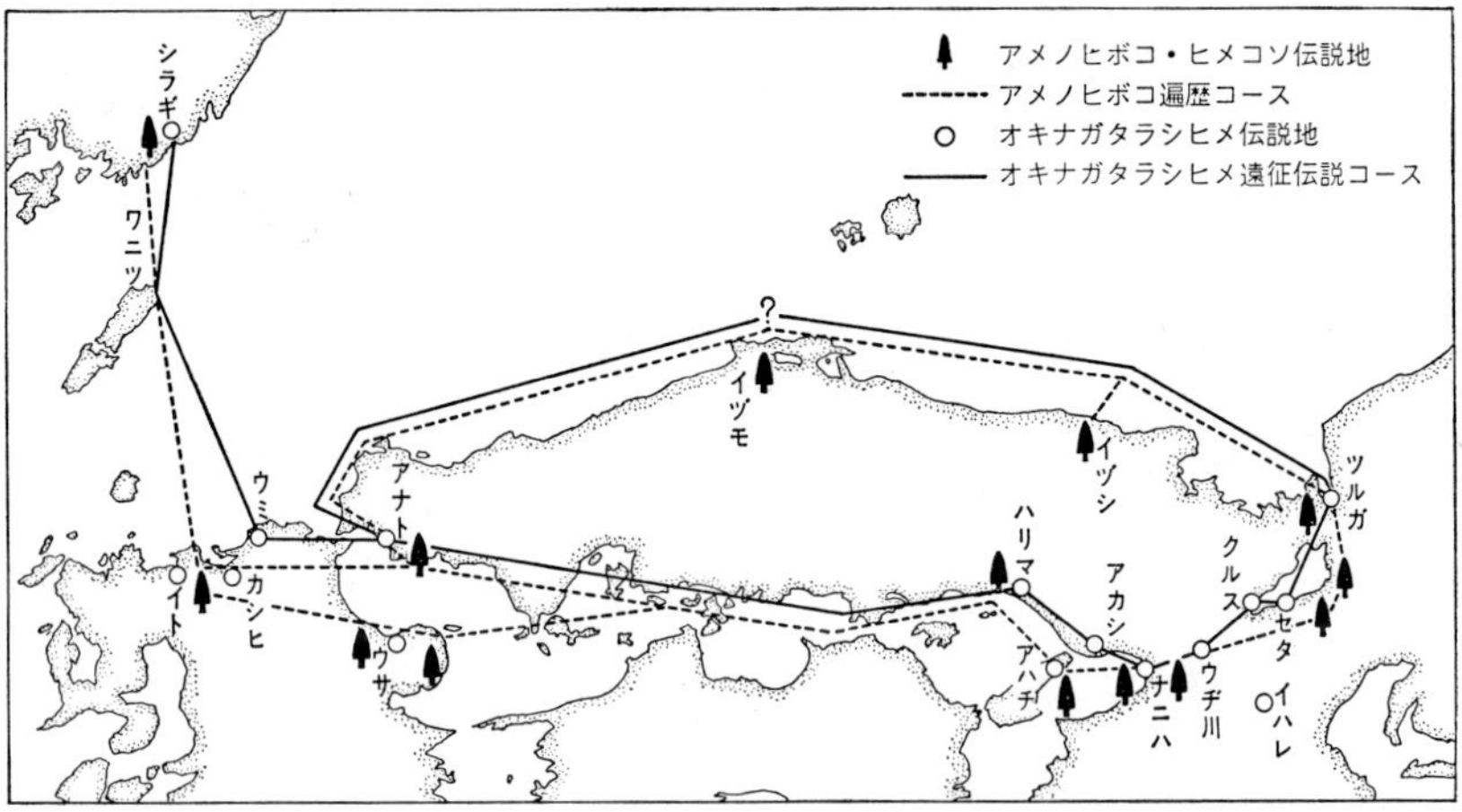

アメノヒボコとオキナガタラシヒメの伝承地（増補『日韓神話伝承の研究』平凡社より）

八幡神の応神天皇化は、比咩神の神功皇后化となる。しかし、神功皇后は新羅征討の陣頭巫女だから、辛島氏らは抵抗したであろう。そのため比咩神を神功皇后にできず、第三殿を作り、「大帯姫」として別に祀ったのであろう。これは香春神社の祭神にも連動したはずである。ただし、本来のヒメ神（豊比咩神）のほかに作られた「辛国息長大姫大目命」は、「辛国」を冠することによって、香春の祭祀氏族赤染氏らの自己主張を伝えている。

『古事記』は神功皇后の母方の祖を新羅王子の天之日矛にしている。三品彰英は、「アメノヒボコ→オキナガタラシヒメ」の系譜が「必然的であることを示唆する」ものとして上図を示し、「二者の伝説地は、その地理的分布において驚くべきほど一致している」と書いている。(26)垂仁紀に、天日槍は「近江国の吾名邑に入りて暫《しばら》く住む」とあるが、『和名抄』には近江国坂田郡阿那郷がみえる。坂田郡は息長氏の居住地である。「息長」と新羅のこうしたかかわりからみても、『風土記』が新羅国神を祀ると書く香春の神を、『三代実録』（貞観七年〔八六五〕二月二十七日条）が「辛国息長比咩神」一神として記していることの意味は深い。

注

(1) 中野幡能「原始八幡信仰の発生と移動」『八幡信仰史の研究・上巻』所収、昭和五十年。
(2) 富来隆『卑弥呼』一一七頁、一二五頁、昭和四十五年。
(3) 畑井弘『物部氏の伝承』一五二頁、昭和五十二年。
(4) 西田長男「平野祭神新説」『日本神道史研究・第九巻』所収、昭和五十三年。
(5) 泊勝美『古代九州の新羅王国』六二頁、昭和四十九年。
(6) 平野邦雄「秦氏の研究(一)」「史学雑誌」七〇巻三号。
(7) 半田康夫「秦氏とその神」「歴史地理」八二巻二号。
(8) 和田清・石原道博『隋書倭国伝』七五頁、昭和二十六年。
(9) 平野邦雄「秦氏の研究(二)」「史学雑誌」七〇巻四号。
(10) 後藤利雄『邪馬台国と秦王国』一三八頁、昭和五十六年。
(11) 泊勝美、注5前掲書、二一一—二一八頁。
(12) 三木彊『宇佐神宮の原像』一〇九頁、昭和五十五年。
(13) 中野幡能「八幡信仰の研究について」注1前掲書。
(14) 三木彊、注12前掲書、一一三頁。
(15) 中村明蔵「鹿児島神宮」『日本の神々・1』所収、昭和五十九年。
(16) 大和岩雄『弘仁私記』序考」『日本書紀研究・第九冊』所収、昭和五十一年。
(17) 平野邦雄「豊前の条理と国府」「九州工業大学報告」六号。
(18) 中野幡能「放生会——銅鏡神験の奏上」注1前掲書所収。
(19) 桜井好郎「八幡縁起の展開」『中世日本文化の形成』所収、昭和五十六年。
(20) 中野幡能「八幡信仰の研究について」注1前掲書。
(21) 谷川健一「若狭の産屋」『常世論』所収。昭和五十九年。
(22) 金沢庄三郎『日鮮同祖論』二二六—二二七頁、昭和三年。
(23) 中野幡能「官社八幡宮の創建」注1前掲書。
(24) 谷川健一『谷川健一著作集・7』二二七頁、昭和五十七年。
(25) 中野幡能『八幡信仰』二二頁、昭和六十年。
(26) 三品彰英「増補・日鮮神話の研究」『三品彰英論文集』第四巻所収、五一頁、昭和四十七年。

あとがき

八《や》百《ほ》萬《よろづ》の神々を皇祖神天照大神を中心とした神統譜に組みこんだのが、古代王権の祭祀である。この神統譜にもとづく神社と祭神については、前著『神社と古代王権祭祀』で述べた。本書のテーマである古代の民間祭祀については、その王権神統譜に組みこまれた神々を、もとに戻す作業が必要であった。

民衆が祭祀していた神々について、『古事記』は「荒振《あらぶ》る国つ神等《ども》」、『日本書紀』は「蠅《さばへ》なす邪《あ》しき神」「邪《あ》しき鬼」どもと書く。こうした神々がいた国を「葦原中国《あしはらのなかつくに》」という。葦原中国で、荒振る邪しき神々を祀っていた我々の祖先は、この列島へ外（高天原）から入ってきた人たちからみれば「まつろわぬ者」どもで、彼ら征服者は「まつろう者」であった。彼らが祀る神は天照大神とその神の従属神で、彼らの王は天照大神の子孫（天孫・皇孫）と称した。神統譜では、まつろう者どもの神が天つ神（高天原の神）、まつろわぬ者どもの神が国つ神（葦原中国の神）だが、この天つ神・国つ神、高天原・葦原中国の神話構図は、古代の征服者・被征服者の関係の反映である。古代の民間祭祀は、被征服者側の祭祀、つまり「まつろわぬ者」の祭祀であり、被権力者たちの信仰なのだから、本書の神々の本来の姿は、まつろわぬ者たちの祀る神である。

「蠅《さばへ》なす」ことを「さばめき」ともいうが、さばめく海人を安曇氏の下に統属したと記・紀は書く。海人・山人、蝦夷・隼人らは、「蠅なす邪しき神」を祀る「まつろわぬ者」どもであった。彼らの神は悪神とみられていたが、本居宣長や平田篤胤が書くように、善悪の両面をもつ「古き神」であった。権力者は、記・紀の神統譜でこの神の両面性を、善神・悪神に分離し、単純化・合理化した。しかし、民衆は、神統譜に組みこまれない「蠅なす」雑多な神々を、今日も祀っている。このような信仰を、知識人たちは、アニミズムといい、俗信というが、本居宣長にいわせれば、そうした知識人の神観念こそ「小さき智」であった（本文六〜八頁参照）。私は、その「小さき智」におちいらないように、神統譜に入っていない神々を主にとりあげることにした。

さてそうなると、記・紀を中心とした歴史以外の史料や、中世・近世の史料も参考にする必要があり、民間伝承や民俗学の成果もとりあげる必要があった。だから、そうした資料も多く採用したが、特に柳田国男・折口信夫の論考を参考にした。ただし、この二大先学の民間祭祀論は、農耕民が主体であり、非農耕民の採鉱・鍛冶・鋳造などの工人や、賤民視された漂泊民の神は無視されがちなので、柳田民俗学の枠外の民間祭祀に焦点をあててみた。そのため、従来の定住農耕民中心の民間祭祀論とはちがった内容になった。

このような視点に立つと、渡来人、特に秦氏の存在が無視できない。稲荷と八幡はもっともポピュラーな神社で、日本中どこにでもあるが、その本社の祭祀氏族はいずれも秦氏および秦氏系氏族であり、白神信仰などにも渡来の民間信仰の影響がみられる。本居宣長と弟子の平田篤胤は、日本の神々の本質をつかんでいたが、これらの神を「大和心《やまとごころ》」の中に包みこんでしまったため、秦氏と神祇信仰とのかかわりの深さを承知しながら、あえて無視しようとした。国学の限界はそこにある。わが国の神社研究は、国学の伝統に立つから、この限界を乗り切っていない。私は、民間信仰論に秦氏や渡来信仰をとりあげることで、従来の研究の枠を破ろうと試みてみた（宇佐八幡宮については『神社と古代王権祭祀』に書いたので、本書では直接ふれなかったが、香春神社の中で主要点は書いた）。

以上が、本書における主な視点であるが、『神社と古代王権祭祀』を含めて、私の神社研究が試論であることはいうまでもない。ふれなければならないもので、まだ落ちている神社と信仰もある。熊野信仰などもその一例だが、前著と本書で、二千枚を優に越える原稿になったので、ここでひとまず筆をおく。このような枚数の拙稿を二冊の著書にまとめて刊行してくださった白水社と、担当編集者として大変お世話になった関川幹郎氏に、心から御礼を申上げる。

大和岩雄

神社名索引（太数字はその項目のはじまりの頁を示す）

カ　行

サ　行

タ　行

ナ 行

ハ 行

マ 行

ヤ　行

ラ　行

ワ　行

著者略歴

一九二八年長野県生まれ。

長野師範学校（現・信州大学教育学部）卒。

主要著書

『古事記成立考』（一九七五年、大和書房）

『日本古代王権試論』（一九八一年、名著出版）

『「日本国」はいつできたか』（一九八五年、六興出版）

『神社と古代王権祭祀』（一九八九年、白水社）

『人麻呂伝説』（一九九一年、白水社）

『鬼と天皇』（一九九二年、白水社）

『秦氏の研究』（一九九三年、大和書房）

『神々の考古学』（一九九八年、大和書房）

『箸墓は卑弥呼の墓か』（二〇〇四年、大和書房）

本書は、一九八九年に初版が小社より刊行された。

神社と古代民間祭祀《新装版》

二〇〇九年 一 月三〇日 印刷

二〇〇九年 二 月二〇日 発行

著　者 © 大《おお》和《わ》岩《いわ》雄《お》

発行者 川村雅之

印刷所 株式会社 理想社

発行所 株式会社 白水社

東京都千代田区神田小川町三の二四

電話 営業部〇三（三二九一）七八一一

　　 編集部〇三（三二九一）七八二一

振替 〇〇一九〇-五-三三二二八

郵便番号 一〇一-〇〇五二

http://www.hakusuisha.co.jp

乱丁・落丁本は、送料小社負担にてお取り替えいたします。

松岳社 株式会社 青木製本所

ISBN978-4-560-03196-4

Printed in Japan